Studien zum ausländischen und internationalen Privatrecht

489

Herausgegeben vom

Max-Planck-Institut für ausländisches
und internationales Privatrecht

Direktoren:

Holger Fleischer, Ralf Michaels und Reinhard Zimmermann

ARTIBUS INGENUIS
J·C·B·M·
1·8·0·1

Michael Pfeifer

Selbstregulierung und Soft Law im japanischen Gesellschaftsrecht

Corporate Governance Code, Stewardship Code und der „konstruktive Dialog"

Mohr Siebeck

Michael Pfeifer, geboren 1986; Studium der Rechtswissenschaft an der Bucerius Law School, Hamburg, mit Auslandstrimester an der Waseda Law School, Tōkyō; Referendariat und Zweite Juristische Staatsprüfung am Hanseatischen Oberlandesgericht Hamburg; Wissenschaftlicher Mitarbeiter am Lehrstuhl für japanisches Recht der Goethe Universität Frankfurt am Main; 2015/16 Stipendiat am Deutschen Institut für Japanstudien, Tōkyō; 2021 Promotion; seit 2017 Rechtsanwalt in München.

D 30

ISBN 978-3-16-161455-2 / eISBN 978-3-16-161456-9
DOI 10.1628/978-3-16-161456-9

ISSN 0720-1141 / eISSN 2568-7441
(Studien zum ausländischen und internationalen Privatrecht)

Die Deutsche Nationalbibliothek verzeichnet diese Publikation in der Deutschen Nationalbibliographie; detaillierte bibliographische Daten sind über *http://dnb.dnb.de* abrufbar.

Das Buch wurde von epline in Böblingen gesetzt, von Gulde Druck in Tübingen auf alterungsbeständiges Werkdruckpapier gedruckt und gebunden.

Printed in Germany.

Meiner Mutter,
in Dank und Erinnerung

Vorwort

Die vorliegende Arbeit entstand im Wesentlichen während meiner Beschäftigung als wissenschaftlicher Mitarbeiter am Lehrstuhl für japanisches Recht an der Johann Wolfgang Goethe-Universität in Frankfurt am Main und meiner Zeit als Stipendiat der Max-Weber-Stiftung am Deutschen Institut für Japanstudien in Tōkyō.

Ziel der Arbeit ist, die Rolle von Soft Law in der Regulierung der japanischen Corporate Governance anschaulich zu machen. Sie fällt in eine Zeit höchster regulatorischer Aktivität und hat diese über sieben Jahre begleitet. In der vorliegenden Fassung bildet die Arbeit die Rechtslage und den Stand der Diskussion zum Oktober 2021 ab. Der japanische Corporate Governance Code, zu Beginn der Untersuchungen noch kein breit diskutiertes Thema, liegt wie der Stewardship Code mittlerweile in der dritten Fassung vom 1. Juni 2021 vor. Diese Entwicklungen wurden ebenso berücksichtigt wie die zum April 2022 in Kraft getretene Reform der Marktsegmente der Tokyo Stock Exchange. Ich danke zuvorderst meinem Doktorvater Prof. Dr. *Moritz Bälz* für die fürsorglich Betreuung und den wahrlich konstruktiven Dialog, der dieser Arbeit zu Grunde liegt, genauso aber auch für seine Nachsicht bei deren Finalisierung.

Angesichts der dynamischen Entwicklung waren Hinweise aus erster Hand umso wichtiger, um die Relevanz der Änderungen sowie der Flut an Veröffentlichungen einordnen zu können. Inhaltlich trägt die Arbeit so den Stempel einer Vielzahl von Gesprächen mit Personen, die den japanischen Diskurs seit Jahren maßgeblich prägen. Herausheben möchte ich hierbei Prof. *Hiroyuki Kansaku* von der Universität Tōkyō, der mich trotz seines vollen Terminkalenders stets außerordentlich freundlich mit wichtigen Erläuterungen und Einschätzungen aus erster Hand versorgte.

Ein besonderer Dank gilt weiter Prof. Dr. *Harald Baum* vom Max-Planck-Institut für ausländisches und internationales Privatrecht in Hamburg und Prof. Dr. *Franz Waldenberger* vom Deutschen Institut für Japanstudien. Ihre nachdrückliche Förderung des Vorhabens und die wertvolle Unterstützung bei der Anbahnung von Kontakten ermöglichte mir einen Zugang zu Gesprächspartnern und aktueller Literatur, der aus Deutschland heraus so nicht denkbar gewesen wäre.

Vor allem die monatliche Teilnahme an den lebhaften und offenen Treffen einer von Prof. Dr. *Zenichi Shishido* an der Hitotsubashi-Universität organisierten Forschungsgruppe zur Reform der Corporate Governance eröffnete mir einen wertvollen Einblick in den aktuellen akademischen Diskurs und die sehr offene Diskussionskultur. Ich bin ausgesprochen dankbar für die stets aufschlussreichen und hilfreichen Gespräche auch nach Abschluss des öffentlichen Programms und möchte hierbei gerade Prof. *Kenichi Ōsugi* von der Chūō-Universität, Prof. *Gen Gotō* und Prof. *Takahito Katō* von der Universität Tōkyō sowie Prof. *Hideaki Miyajima* von der Waseda-Universität nennen. Prof. *Akira Tokutsu* und Frau Prof. *Wen Xiaotong* luden mich nach Sendai für einen Austausch an der Tōhoku-Universität ein, der mir lange im Gedächtnis bleibt. Schließlich danke ich Prof. *Tomotaka Fujita* von der Universität Tōkyō für das sehr inspirierende Gespräch zu den theoretischen Grundlagen des Soft Law-Diskurses und die weiterführenden Hinweise. Ohne die großzügige finanzielle Förderung des Forschungsaufenthalts in Japan durch die Max-Weber-Stiftung hätte sich dieser Austausch und damit die Arbeit selbst so nicht realisieren lassen.

Meinem Zweitgutachter Prof. Dr. *Tobias Tröger* danke ich für die wertvollen Impulse außerhalb des japanischen Diskurses nach meiner Rückkehr nach Deutschland und die schnelle und wohlwollende Korrektur.

Wegen eines unvorhergesehenen Trauerfalls in der Familie und der kurz darauffolgenden Geburt meines Sohnes Minoru stand die Arbeit zwischenzeitlich unter keinem guten Stern. Ich bin mehr als glücklich über die eingeräumte Möglichkeit, diese trotz der pandemischen Situation doch noch einem guten Ende zuzuführen, und möchte daher auch Herrn Dr. *Dirk Schüßler-Langeheine* stellvertretend für meine Kollegen bei Hoffmann Eitle für das entgegengebrachte Verständnis für die akademische Betätigung neben der Mandatsarbeit herzlich danken. Ebenso dankbar bin ich Dr. *Lena Groth*, Dr. *Johanna Büstgens*, Dr. *Köksal Sahin*, Dr. *Tobias Klemm* und *Frank Schwalb* für ihre hilfreichen inhaltlichen und sprachlichen Anmerkungen, nicht zuletzt aber auch die emotionale Unterstützung neben ihrer eigenen beruflichen Tätigkeit.

Japan beschäftigt und prägt mich seit meiner Schulzeit und einem Austauschjahr in der Präfektur Hiroshima im Westen des Landes. Darauf folgten Studienaufenthalte an der Waseda Law School und während des Referendariats.

Mein weiterer Dank gilt daher all jenen, die mich auf diesem langen Weg unterstützt und ermutigt haben, allen voran meinen Eltern und meiner Frau und Partnerin. Sie ist mit mir nach Frankfurt, nach Tōkyō und zuletzt bis nach München gegangen. Ohne ihre liebevolle Sorge und unerschöpfliche Geduld wäre dieses Buch wohl unvollendet geblieben.

München, im Februar 2022 *Michael Pfeifer*

Inhaltsübersicht

Inhaltsverzeichnis

Abbildungsverzeichnis

Abkürzungsverzeichnis

a. E.	am Ende
ABl.	Amtsblatt
Abs.	Absatz
AcP	Archiv für die civilistische Praxis
AFGC	*Kansa Hōjin no Soshiki-teki na Kei'ei ni kansuru Gensoku (Kansa Hōjin no Gabanansu Kōdo)* [Principles for Effective Management of Audit Firms (The Audit Firm Governance Code)] vom 31. März 2017
AfP	Archiv für Presserecht (Zeitschrift)
AG	Die Aktiengesellschaft (Zeitschrift)
AktG	Aktiengesetz vom 6. September 1965 (BGBl. I S. 1089), i. d. F. vom 17. Juli 2017 (BGBl. I S. 2446)
AktionärsrechteRL	Richtlinie (EU) 2017/828 des Europäischen Parlaments und des Rates vom 17. Mai 2017 zur Änderung der Richtlinie 2007/36/EG im Hinblick auf die Förderung der langfristigen Mitwirkung der Aktionäre, ABl. EU L 132, 1.
Am. J. Comp. L.	American Journal of Comparative Law
Art.	Artikel
Aufl.	Auflage
Bd.	Band
Bearb.	Bearbeiter
BGBl.	Bundesgesetzblatt
BGH	Bundesgerichtshof
BGHZ	Entscheidungen des Bundesgerichtshofes in Zivilsachen
BörsDR	TSE, *Yūka shōken jōjō kitei sekyō kisoku* [Börsendurchsetzungsregeln/Enforcement Rules for Securities Listing Regulations] vom 1. November 2009 i. d. F. vom 5. November 2019
BörsZR	TSE, *Yūka shōken jōjō kittei* [Börsenzulassungsregeln für Wertpapiere/Securities Listings Regulations] vom 1. November 2009 i. d. F. vom 16. Juli 2019 (soweit nicht anders bezeichnet)
BTDrucks.	Bundestagsdrucksache
bzgl.	bezüglich
bzw.	beziehungsweise
ca.	circa
CalPERS	California Public Employees' Retirement System
CEO	Chief Executive Officer
CG Bericht	*Kōporēto gabanansu ni kansuru hōkoku-sho* [Corporate Governance Bericht]
Colum. Bus. L. Rev.	Columbia Business Law Review

Colum. L. Rev.	Columbia Law Review
COM	Commission
Corporate Governance Code	siehe JCGC
CG-Kommission	*Kōporēto Gabanansu Kōdo no settei ni kansuru Yū'ishiki-sha Kaigi* [Council of Experts Concerning the Corporate Governance Code]
CSR	Corporate Social Responsibility
CVSG	*Kigyōkachi Kenkyū-kai* [Corporate Value Study Group]
d. h.	das heißt
DAX	Deutscher Aktienindex
DB	Der Betrieb (Zeitschrift)
DCGK	Deutscher Corporate Governance Kodex
ders.	derselbe
dies.	dieselbe/dieselben
DG	Distriktgericht
DJT	Deutscher Juristentag
DPJ	Democratic Party of Japan [*Minshu-tō*]
EBOR	European Business Organization Law Review
ECGI	European Corporate Governance Institute:
EG	Europäische Gemeinschaft
engl.	englisch
erw.	erweitert
ESG	Environment, Social, Governance [Investment]
et al.	et alia
etc.	et cetera
EU	Europäische Union
EUR	Euro
f.	folgend
FBG	*Kin'yū shōhin torihiki-hō* [Finanzprodukte- und Börsengesetz], Gesetz Nr. 25/1948, neu kodifiziert durch Gesetz Nr. 30/2009 i. d. F. des Gesetzes Nr. 95/2018
FBG-DVO	*Kin'yū shōhin torihiki-hō jikkō gyōrei* [Durchführungsverordnung zum Finanzprodukte- und Börsengesetz], Regierungsverordnung Nr. 321/1970 i. d. F. Regierungsverordnung Nr. 207/2020
FBG-PubVO	*Kigyō naiyō-tō no kaiji ni kansuru naikaku furei* [Kabinettsverordnung zur Publizität von gesellschaftsinternen Informationen], Kabinettsverordnung Nr. 5/1973 i. d. F. Kabinettsverordnung Nr. 24/2015
ff.	folgende
FFAJ	Financial Futures Association of Japan
Fn.	Fußnote
Follow-up Council	*Suchuwādoshippu Kōdo oyobi Kōporēto Gabanansu Kōdo no Forōappu Kaigi* [Council of Experts Concerning the Follow-Up of Japan's Stewardship Code and Japan's Corporate Governance Code]
FRC	Financial Reporting Council
FS	Festschrift
FSA	*Kin'yū-chō* [Financial Services Agency]

FSAG	Gesetz zur Errichtung der Financial Services Agency [*Kin'yū-chō settchi-hō*], Gesetz Nr. 130/1998 i. d. F. Gesetzes Nr. 66/2015
GesG 2015	*Kaisha-hō* [Gesellschaftsgesetz], Gesetz Nr. 86/2005 i. d. F. des Gesetzes Nr. 90/2014
GesG 2021	*Kaisha-hō* [Gesellschaftsgesetz], Gesetz Nr. 86/2005 i. d. F. des Gesetzes Nr. 70/2019
GesG-DVO	*Kaisha-hō shikō kisoku* [Durchführungsverordnung zum Gesellschaftsgesetz], Ministerialverordnung Nr. 12/2006
ggf.	gegebenenfalls
GmbH	Gesellschaft mit beschränkter Haftung
GPIF	*Nenkin Tsumitatekin Kanri Unyō Doku-ritsu Gyōsei Hōjin* [Government Pension Investment Fund]
Hrsg.	Herausgeber
i. d. F.	in der Fassung
i. S. d.	im Sinne des
i. V. m.	in Verbindung mit
ibid.	ibidem
IFLR	International Financial Law Review
inkl.	inklusive
ISS	International Shareholder Services
J. Legal Stud.	Journal of Legal Studies
JACD	*Nihon Torishimari-yaku Kyōkai* [Japan Association of Corporate Directors]
jap.	japanisch
JASBA	*Nihon Kansa-yaku Kyōkai* [Japan Audit & Supervisory Board Members Association]
Jasdaq	Japan Association of Securities Dealers Automated Quotations
JCGC	TSE, *Kōporēto Gabanansu Kōdo – Kigyō no taizoku-teki na seichō to chūchōki-teki na kigyōkachi no kōjō no tame ni* [Japan's Corporate Governance Code. Seeking Sustainable Corporate Growth and Increased Corporate Value over the Mid- to Long-Term] vom 1. Juni 2015 i. d. F. vom 11. Juni 2021 (soweit nicht anders bezeichnet)
JCGC 2015	JCGC i. d. F. 1. Juni 2015
JCGC 2018	JGCG i. d. F. 1. Juni 2018
JPX-R	Japan Exchange Regulation, Inc. [*Nihon Torihikijo Jishu Kisei Hōjin]*
JPY	Japanischer Yen
JSC	*„Sekinin ga aru kikan tōshi-ka“ no shogensoku „Nihon-han Suchuwādoshippu Kōdo“* [Principles for Responsible Institutional Investors „Japan's Stewardship Code“] vom 26. Februar 2014 i. d. F. vom 24. März 2020 (soweit nicht anders bezeichnet)
JSDA	*Nihon shōken-gyō kyōkai* [Japan Securities Dealers Association]
JZ	Juristenzeitung (Zeitschrift)
KK	*Kabushiki kaisha* [Aktiengesellschaft]
krit.	kritisch
LDP	*Jiyū Minshu-tō* [Liberal Democratic Party]
LG	Landgericht
lit.	littera

m. N.	mit Nachweisen
m. w. N.	mit weiteren Nachweisen
MarktTR	Tokyo Stock Exchange, *Torihiki sanka-sha kitei* [Trading Participants Regulations/Marktteilnehmerregeln] vom 1. November 2007 i. d. F. vom 30. August 2015
MDAX	Mid-Cap-DAX
METI	*Keizai Sangyō-shō* [Ministry of Economy, Trade and Industry]
Mothers	Market for the High-Growth and Emerging Stocks
MoJ	*Hōmū-shō* [Ministry of Justice]
Mrd.	Milliarden
MSCB	multiple strike convertible bonds
NJW	Neue Juristische Wochenschrift
Nikkei	*Nihon Keizai Shinbun*
Nr.	Nummer
NSE	Nagoya Stock Exchange
NYSE	New York Stock Exchange
NZG	Neue Zeitschrift für Gesellschaftsrecht
OECD	Organisation for Economic Co-operation and Development
OG	*kōtō saiban-jo* [Obergericht]
OGH	*saikō saiban-jo* [Oberster Gerichtshof]
Osaka Gakuin Rev. Ec.	*Ōsaka Gakuin Daigaku Keizai-ronshū* [The Osaka Gakuin Review of Economics]
OSE	Osaka Stock Exchange
PRI Pub. Pol. Rev.	Policy Research Institute Public Policy Review
Preventing Principles	TSE, *Jōjō kaisha ni okeru fushōji yobō purinshipuru* [Principles for Preventing Corporate Scandals] vom 30. März 2018
R.	Regel
RabelsZ	Rabels Zeitschrift für ausländisches und internationales Privatrecht
Reformgesetz 2014	*Kaisha-hō no ichibu wo kaisei suru hōritsu* [Gesetz zur Reform eines Teils des Gesellschaftsgesetzes], Gesetz 90/2014,
Reformgesetz 2019	*Kaisha-hō no ichibu wo kaisei suru hōritsu* [Gesetz zur Reform eines Teils des Gesellschaftsgesetzes], Gesetz Nr. 70/2019,
Responding Principles	TSE, *Jōjō kaisha ni okeru fushōji taiō purinshipuru* [Principles for Responding to Corporate Scandals] vom 24. Februar 2016
RIETI	Research Institute on Economy, Trade and Industry
RL	Richtlinie
Rn.	Randnummer
ROE	return on equity
S.	Satz/Seite
Shōji Hōmu	*Junkan Shōji Hōmu* [Zeitschrift]
sog.	sogenannte
Stewardship Code	siehe JSC
TakeoverRL	METI/MoJ, *Kigyō kachi/Kabunushi kyōdo no rieki no kakuhō mata ha jōkō no tame no bō'ei-saku ni kansuru shishin* [Guidelines Regarding Takeover Defense for the Purposes of Protection and Enhancement of Corporate Value and Shareholders' Common Interests] vom 27. Mai 2005
TSE	Tokyo Stock Exchange

TSE Principles 2004	TSE, *Kōporēto Gabanansu Gensoku* [Principles of Corporate Governance for Listed Companies] vom 16. März 2004
TSE Principles 2009	TSE, *Kōporēto Gabanansu Gensoku (2009nen kaitei-han)* [Principles of Corporate Governance for Listed Companies (Revised on December 22, 2009)]
u. a.	unter anderem
Übers.	Übersetzung
UK AGC	UK Audit Firm Governance Code
UK SC	UK Stewardship Code
Urt.	Urteil
USD	US Dollar
usw.	und so weiter
Verf.	Verfasser
vgl.	vergleiche
VGR	Wissenschaftliche Vereinigung für Unternehmens- und Gesellschaftsrecht
VVDStRl	Veröffentlichungen der Vereinigung Deutscher Staatsrechtslehrer
WM	Wertpapier-Mitteilungen
WpHG	Wertpapierhandelsgesetz in der Fassung der Bekanntmachung vom 9. September 1998 (BGBl. I S. 2708)
z. B.	zum Beispiel
z. T.	zum Teil
ZBK	Zeitschrift für Bank- und Kapitalmarktrecht
ZEuP	Zeitschrift für Europäisches Privatrecht
Zf.	Ziffer
ZGR	Zeitschrift für Unternehmens- und Gesellschaftsrecht
ZHR	Zeitschrift für das gesamte Handels- und Wirtschaftsrecht
ZIP	Zeitschrift für Wirtschaftsrecht
ZJapanR	Zeitschrift für Japanisches Recht

Einleitung

In der Sprache der japanischen Rechtspolitik wird das Jahr 2015 auch als „Jahr eins der [Corporate] Governance" bezeichnet.[1] Das ist erstaunlich, prägt die Debatte um die japanische Unternehmensführung und deren Verbesserung den gesellschaftsrechtlichen Diskurs in und mit Japan doch bereits seit Jahrzehnten.[2] Neu aber ist die prominente Rolle von Selbstregulierung und Soft Law. So wird das komplexe Mehrebenensystem der japanischen Corporate-Governance-Regulierung um zwei Kodizes erweitert: Der Corporate Governance Code[3] trat zum Juni 2015 in Kraft und ist Teil der Börsenzulassungsregeln der Tokyo Stock Exchange (TSE). Institutionelle Investoren wurden bereits ein Jahr zuvor aufgerufen, sich freiwillig zum Stewardship Code[4] zu bekennen. Beide Kodizes sollen nach dem Verständnis der Urheber wie ein „Wagen mit zwei Rädern" (*ryōrin no kuruma*)[5] ineinandergreifen, um die festgefahrenen Strukturen im japanischen Corporate-Governance-System zu überwinden. Sie sollen den Einfluss institutioneller Investoren steigern, Manager zu mehr unternehmerischem Risiko anhalten und damit letztendlich zu mehr Wirtschaftswachstum führen.

Stewardship Code und Corporate Governance Code sind kein Gesetzesrecht, sondern gleich in verschiedener Hinsicht Soft Law. Dies bezeichnet Verhaltensregeln ohne rechtliche Verbindlichkeit, die dennoch praktische Wirkung entfalten.[6] Zunächst steht den institutionellen Investoren frei, ob sie sich zum

---

[1] H. Kansaku, Shōji Hōmu 2101 (2016), 4, 5: *gabanansu no gan'nen.*

[2] Siehe für eine ausführliche Aufarbeitung der Diskussion in den 90er Jahren H. Baum, RabelsZ 62 (1998), 739; jüngerem Datums H. Kansaku, in: Perspectives, 243 ff. wie auch die Beiträge bei Z. Shishido (Hrsg.), Enterprise Law; sowie die weiteren Nachweise bei H. Baum/M. Bälz (Hrsg.), HB Japanisches Recht, § 3 Fn. 144.

[3] TSE, *Kōporēto Gabanansu Kōdo – Kigyō no taizoku-teki na seichō to chūchōki-teki na kigyōkachi no kōjō no tame ni* [Japan's Corporate Governance Code. Seeking Sustainable Corporate Growth and Increased Corporate Value over the Mid- to Long-Term] vom 1. Juni 2015 i. d. F. vom 11. Juni 2021 (soweit nicht anders bezeichnet), im Folgenden: „Corporate Governance Code" oder „JCGC". Abgedruckt in engl. Übers. als Annex D.

[4] FSA, *Sekinin ga aru kikan tōshi-ka no shogensoku „Nihon-han Suchuwādoshippu Kōdo"* [Principles for Responsible Institutional Investors „Japan's Stewardship Code"] vom 26. Feburar 2014 i. d. F. vom 20. April 2020 (soweit nicht anders bezeichnet), im Folgenden: „Stewardship Code" oder „JSC". In engl. Fassung abgedruckt als Annex F.

[5] CG-Kommission, JCGC Final Draft (2015), Rn. 9.

[6] H. Kansaku, Shōji Hōmu 2068 (2015), 13, 15, siehe unten Kapitel 1. A. II.

Stewardship Code bekennen. Beide Kodizes enthalten, jedenfalls zum überwiegenden Teil, eher abstrakte Prinzipien als strikte Vorgaben. Die Auslegung dieser Prinzipien bleibt nach dem sogenannten *principles based*-Ansatz den Regelungsadressaten selbst überlassen. Schließlich basiert die Durchsetzung der Kodizes auf dem sogenannten *comply-or-explain*-Mechanismus. *Comply-or-explain*-Regulierung erwartet keine strikte Befolgung, sondern verlangt lediglich die Offenlegung der Gründe bei Nichtbefolgung. Der Mechanismus hat seine Ursprünge im traditionell stark von Selbstregulierung und früh von institutionellen Investoren geprägten britischen Gesellschaftsrecht und hat sich zu einem „zentralen Bestandteil der europäischen Corporate Governance“[7] und darüber hinaus entwickelt. Kodizes, die Prinzipien guter Unternehmensführung verkörpern sollen, haben sich – mit der verbleibenden wichtigen Ausnahme der Vereinigten Staaten – international so weit durchgesetzt, dass auch von einer globalen „Kodexbewegung“ gesprochen wird.[8] *Hideki Kanda*, einer der maßgeblichen akademischen Akteure hinter dem Konzept und seit Jahren prägender Kopf der japanischen Corporate-Governance-Debatte, spricht sogar von einer Neuausrichtung der Regulierung in wirtschaftlich schwierigen Zeiten. Anders als die Vereinigten Staaten musste Europa und insbesondere das Vereinigte Königreich neue Instrumente entwickeln, um seine Wirtschaft nach der Finanzkrise auf solide Beine zu stellen. Dies nimmt man sich in Japan zum Vorbild:

> „In letzter Zeit orientiert sich Japan bei der Corporate Governance Regulierung usw. plötzlich stärker an Europa als an Amerika. Das ist ein sehr großer Wandel, dessen Grund augenfällig ist: Unternehmen in Europa wachsen nicht, die amerikanischen schon. Anders ausgedrückt, in Zeiten großen Wachstums ist ein Governance-Diskurs gar nicht notwendig.“[9]

Japan schließt hier also zum europäischen Trend auf. Hintergrund ist eine zunehmende Diversifizierung der Corporate-Governance-Strukturen japanischer börsennotierter Unternehmen, von denen derzeit mehr als 3.700 allein an der TSE gelistet sind. Der Abbau von Regelungen und tiefgreifende Reformen des Gesellschaftsrechts sowie ein dramatischer Wandel in der Aktionärsstruktur der großen und international orientierten Gesellschaften haben ein Nebeneinander von tradierten Elementen und einer Öffnung gegenüber anglo-amerikanisch inspirierten Neuerungen entstehen lassen. Während manche Großunternehmen im internationalen Wettbewerb gut gerüstet scheinen, halten gerade kleinere und mittlere Unternehmen weiterhin an den tradierten Charakteristika der japanischen Corporate Governance fest. Das an sich wäre wohl wenig besorgniserregend, wenn japanische Unternehmen nicht gleichzeitig eine im Vergleich

[7] Europäische Kommission, Kommissionsempfehlung Comply or Explain (2014), Erwägungsgrund 6.

[8] K. J. Hopt, ZHR 175 (2011), 444, 448.

[9] H. Kanda, Shōji Hōmu 2103 (2016), 24, 25 (Übers. des Verf.).

niedrige Investitionsrendite und, damit verbunden, hohe Kapitalkosten aufweisen würden. Das wird jedenfalls auch auf die homogenen Leitungszirkel in traditionell geführten japanischen Unternehmen zurückgeführt, die weitgehendend ohne Druck von Seiten des Kapitalmarkts agieren können. Von einer verbesserten Corporate Governance erhofft man sich so nicht nur eine gesteigerte Attraktivität des Kapitalmarkts, sondern einen Struktur- und Kulturwandel in der Breite.[10]

Wie auch der jüngst grundlegend überarbeitete Deutsche Corporate Governance Kodex[11] sind Stewardship Code und Corporate Governance Code nicht spontan entstanden, sondern gehen auf staatliche Initiative zurück. Für den Inhalt der Regeln zeichnen aber aus Privaten zusammengesetzte Expertenkommissionen verantwortlich. In der deutschen Literatur würde man hier wohl eher von heteronomer Selbstregulierung anstelle von „künstlichem Soft Law"[12] sprechen. Die unterschiedliche Begrifflichkeit ist von Relevanz für den inhaltlichen Zuschnitt des Diskurses. Dieser konzentriert sich in Deutschland eher auf die Legitimation sowie die Funktionsvoraussetzungen erfolgreicher Selbstregulierung. In der japanischen Diskussion nimmt dagegen die Frage nach der Bindungswirkung untergesetzlicher, von Privaten erstellter Normen und deren Nutzbarmachung zur Erzielung effektiver Regelungen die dominierende Stellung ein. Das mag daran liegen, dass die Integration privat organisierter Interessen im Sinne einer kooperativen Regulierung eine starke Tradition in Japan hat. Auch das japanische Gesellschaftsrecht und die Kapitalmarktregulierung stellen hier keine Ausnahme dar.[13] Eine fehlende Pflicht zur Umsetzung bedeutet indes nicht, dass die Empfehlungen der Kodizes nicht dennoch ganz erhebliche Bindungswirkung entfalten können. Entscheidet sich die Gesellschaft, eine Regel nicht umzusetzen, obliegt es im Ausgangspunkt dem Markt, die hierzu offengelegten Gründe zur Kenntnis zu nehmen und sodann zu bewerten. In der Praxis aber haben die institutionellen Rahmenbedingungen ganz beachtliche Auswirkungen auf die faktische Bindungswirkung der Kodizes. Bestes Beispiel in dieser Hinsicht ist die kontroverse Debatte um die Wirkung der Empfehlungen des Deutschen Corporate Governance Kodex, die über § 161 Abs. 1 Aktiengesetz vermittelt wird. In Deutschland hat die als übermäßig wahrgenommene Bindungswirkung dazu geführt, die Frage nach der Legitimation der Selbstregulierung – und ihrem Scheitern – als zentrales Problem zu etablieren. Diese Verbindung wird in Japan deutlich seltener gezogen oder Legitimation auch nur

[10] Siehe insbesondere K. Itō, Ito-Review (2014) und ausführlich Kapitel 2. B. III.

[11] Deutscher Corporate Governance Kodex vom 16. Dezember 2019 („DCGK"), veröffentlicht im Bundesanzeiger vom 20. Feburar 2020 und abrufbar unter <https://www.dcgk.de/de/kodex.html>.

[12] H. Kansaku, Shōji Hōmu 2068 (2015), 13, 15 f.; vgl. dagegen P. Buck-Heeb/A. Dieckmann, Selbstregulierung (2010), 13, 45.

[13] H. Kanda, 12 University of Pennsylvania Journal of International Business Law 569 (1991); siehe für eine breitere Perspektive M. Dernauer, ZJapanR Sonderheft 10 (2018), 3 ff.

thematisiert. Dabei lassen sich einige Lehren aus der deutschen Diskussion, bei aller Vorsicht, durchaus übertragen.[14]

Wenn *Kenjirō Egashira*, einer der Kenner des japanischen Gesellschaftsrechts, in einem vielbeachteten Aufsatz postuliert: „Durch die Reform des Gesellschaftsrechts werden sich die japanischen Unternehmen nicht ändern,“[15] führt er dies nur zum Teil auf rechtliche Ursachen zurück. Die Kernaspekte seiner These bilden die gewachsenen Beteiligungsverhältnisse und die rationale Apathie der institutionellen Investoren, namentlich der inländischen Versicherungsunternehmen und Treuhandbanken, sowie die durch Ausbildung und Auswahl verfestigte Managementkultur. Genau hier setzen der japanische Stewardship Code und der Corporate Governance Code an. Ganz am Puls der Zeit nehmen institutionelle Investoren hierbei eine Schlüsselrolle ein. Investoren sollen als *stewards* die ihnen von den Anlegern treuhänderisch anvertrauten Gelder nicht nur verwalten, sondern ihre Befugnisse aktiv im Sinne einer langfristigen Steigerung des Unternehmenswertes einsetzen. Das Konzept nahm in der britischen Reaktion auf die Finanzkrise Gestalt an und hat davon ausgehend auch die Regulierung auf europäischer Ebene maßgeblich beeinflusst. Indem man die institutionellen Investoren im Interesse ihrer Treugeber auf ein langfristiges *engagement* in den Investitionszielen einschwor, sollten pervertierte Marktmechanismen eingegrenzt und verlorenes Vertrauen in die Finanzmärkte wiederhergestellt werden.[16] Im Kontext der japanischen „wachstumsorientierten Governance“ wird aus *shareholder engagement* der „konstruktive Dialog“ (*kensetu-teki na taiwa*) und damit der Schlüssel, mit dem sich die Probleme in der Corporate Governance lösen sollen.[17] Die spannende Frage hinter dem japanischen Diskurs liegt nun darin, ob sich die Kodizes als *legal transplants* ganz im Sinne japanischer Unternehmenskultur durch die Generierung eines Abstimmungsprozesses (*suri awase*) zwischen Management und Anteilseignern zur Stimulation von Wirtschaftswachstum fruchtbar machen lassen.[18]

Für die hiesige Diskussion sind die japanischen Erfahrungen auch aus einem weiteren Grund von Interesse. Japan war im Jahr 2014 erst das dritte Land weltweit, das einen Stewardship Code nach britischem Vorbild einführte. Mit der Neufassung der Aktionärsrichtlinie im Jahr 2017[19] ist das Thema der Aktivie-

---

[14] Hierzu unten Kapitel 1. B. II. und bezogen auf JCGC und JSC Kapitel 4. B. II. bzw. Kapitel 4. B. III.

[15] K. Egashira, Hōritsu jihō 86:12 (2014), 59.

[16] Prägend auch für die japanische Debatte Kay-Review (2012); zum historischen Kontext des ersten UK Stewardship Code B. R. Cheffins, 73 The Modern Law Review 1004, 1008 (2010).

[17] Ito-Review (2014), 109 f.; siehe G. Gotō, 15:2 Berkeley Business Law Journal 365, 396 (2018).

[18] Ausführlich unten Kapitel 3. D. I.

[19] Richtlinie (EU) 2017/828 des Europäischen Parlaments und des Rates vom 17. Mai 2017 zur Änderung der Richtlinie 2007/36/EG im Hinblick auf eine langfristige Mitwirkung der Aktionäre, ABl. EU L 132, 1, dort Kapitel 1b.

rung institutioneller Investoren auch in Europa stärker auf die Agenda gelangt. Auch in der deutschen Diskussion gibt es zudem Überlegungen – bei aller Kritik an dem Konzept –, die neuen Regeln im Aktiengesetz um einen erläuternden Stewardship Code zu ergänzen.[20] Die Erfahrungen aus Japan sind keineswegs eindeutig: Sowohl Stewardship Code als auch der Corporate Governance Code weisen hohe Umsetzungsquoten auf. Gleichzeitig mehren sich die Anzeichen, dass diese Befolgung nur formal geschieht, die Kodizes aber nicht inhaltlich gelebt werden.[21] Auch dieses Phänomen ist in Europa durchaus bekannt.

Derweil bleibt die regulatorische Taktzahl hoch. Bei Vorstellung des Stewardship Codes im Jahr 2014 war von einem Corporate Governance Code auch in der japanischen Literatur noch keine Rede.[22] Zum 1. Juni 2015 in Kraft getreten, erfuhr der Corporate Governance Code nur drei Jahre später eine erste Revision; im Juni 2021 folgte die zweite.[23] Auch der Stewardship Code liegt nun bereits in seiner dritten Fassung von 2020 vor und reagiert so auf Kritik aus der Praxis.[24] Selbstregulierung erfolgt, wie auch im Falle des DCGK, immer auch im Schatten des Rechts und steht damit unter erheblichem Erfolgsdruck. Denn es besteht immer die Möglichkeit, eine weiche oder selbstregulatorische Regelung durch eine verbindliche zu ersetzen.[25] Das lässt sich nicht zuletzt auch in Japan beobachten. Strukturell ähnlich zu § 161 Abs. 1 Aktiengesetz brachte die erste große Reform des 2005 neu geschaffenen japanischen Gesellschaftsgesetzes (*Kaisha-hō*) auch einen gesetzlichen *comply-or-explain* Mechanismus mit sich. Art. 327:2 GesG in der Fassung des Reformgesetzes 2014[26] zielte auf die Einführung von mindestens einem externen Direktor, also einem Mitglied im Verwaltungsrat als dem zentralen Organ der Geschäftsführung mit einer gewissen Unabhängigkeit von der Gesellschaft.[27] Dem kamen innerhalb kürzester Zeit die allermeisten der von der Norm betroffenen börsennotierten Gesellschaften nach. Formal betrachtet war diese Form der Regulierung also sehr erfolgreich. Es drängt sich der Eindruck auf, dass der *comply-or-explain*-Mechanismus nicht trotz, sondern geraden wegen dieses Erfolgs wieder aus dem Gesellschaftsgesetz entfernt wurde. Mit Inkrafttreten der nächsten Gesellschaftsrechtsreform zum 1. März 2021 ist im Anwendungsbereich des

---

[20] T. Baums, ZHR 2019, 605, 610.

[21] Siehe unten Kapitel 4. B. I.

[22] Vgl. die rein referenzielle Einarbeitung bei K. Ōsugi, Hōritsu jihō 87:3 (2015), 4, 11; H. Kansaku, in: *Kigyō-hōsei* 2015, 104, 117.

[23] Follow-up Council, CG Revision 2018 sowie CG Revision 2021.

[24] FSA, JSC Revision 2020.

[25] Vgl. J. Köndgen, AcP 206 (2006), 477, 499.

[26] Gesetz 90/2014, *Kaisha-hō no ichibu wo kaisei suru hōritsu* [Gesetz zur Reform eines Teils des Gesellschaftsgesetzes]. Art. 327:2 GesG 2015 abgedruckt in eigener Übersetzung als Annex A.

[27] G. Gotō et al., in: Independent Directors in Asia, 135 ff., T. Spiegel, Independent Directors (2017) sowie unten Kapitel 4. A. I.

Art. 327:2 GesG die Bestellung wenigstens eines externen Direktors zur Pflicht geworden.[28]

Diese Arbeit untersucht, wie sich Soft Law und Selbstregulierung in die japanische Regulierung des Gesellschaftsrechts einordnen lassen. Das Augenmerk liegt hierbei weniger auf einem Rechts- als vielmehr auf einem Diskursvergleich. Weiterer Schwerpunkt ist die Frage, wie die Problematik der formalen Befolgung und die unterschiedliche Wahrnehmung der Legitimationsfrage zusammenhängen. Untersucht wird damit nicht nur, ob man die Reformen als erfolgreich ansehen kann. Es wird auch versucht, Anregungen für den Umgang mit dem *comply-or-explain*-Mechanismus über den spezifisch japanischen Kontext hinaus zu liefern.

Der Gang der Untersuchung ist wie folgt:

Anschließend an diese Einleitung stellt das erste Kapitel die theoretischen Grundlagen der Selbstregulierung dem Soft-Law-Diskurs gegenüber. Besondere Berücksichtigung/Beachtung findet dabei die Frage nach der Legitimation einer von Privaten erstellten Regelung als Bindungsgrund.

Das zweite Kapitel führt thematisch in die japanische Corporate-Governance-Diskussion ein. Der Schwerpunkt liegt hier neben der Prüfung der Veränderungen in rechtstatsächlicher Hinsicht in den letzten zwei Jahrzehnten auf den wirtschaftspolitischen Hintergründen der jüngsten Reformen. Ohne die – bisweilen stark politisch motivierten – Gedanken hinter der sogenannten „wachstumsorientierten Governance" (*seme no gabanansu*) lassen sich der Auftrag der Kodizes wie auch deren Verortung im japanischen Mehrebenensystem der Regulierung kaum verstehen. Dieses wird im dritten Kapitel dargestellt, wobei hier das Augenmerk vor allem auf der wachsenden Bedeutung von Soft Law, der Selbstregulierung der Börse und dem Zusammenspiel von Corporate Governance Code und Stewardship Code liegen soll.

Anschaulich wird das Ineinandergreifen der verschiedenen Regelungsebenen anhand der Debatte um die Stärkung der Aufsichtsfunktion des Verwaltungsrates. Der im Jahr 2014 in das Gesellschaftsgesetz eingeführte *comply-or-explain*-Mechanismus zur Einführung externer Verwaltungsmitglieder zeigt deutlich, welch starke Bindungswirkung der Mechanismus in Abhängigkeit von seiner rechtsinstitutionellen Einkleidung entfalten kann. Auch die beiden Kodizes weisen hohe Befolgungsquoten auf und erscheinen so zunächst als großer Erfolg. Allerdings erhärtet sich der Eindruck, dass die Befolgung nur formal besteht, Gesellschaften und institutionelle Investoren den Geist der Kodizes indes nicht teilen. Im vierten Kapitel wird argumentiert, dass die Kodizes zwar eine starke faktische Bindungswirkung entfalten, jedoch nur bedingt auf die legitimationssteigernden Aspekte zurückgreifen können, die Selbstregulierung aus-

[28] Gesetz Nr. 70/2019 vom 11. Dezember 2019, *Kaisha-hō no ichibu wo kaisei suru hōritsu* [Gesetz zur Reform eines Teils des Gesellschaftsgesetzes] („Reformgesetz 2019"). Siehe unten Kapitel 4. A. V.

zeichnen. Unter diesen Bedingungen scheint fraglich, ob die Reformen ihr großes Ziel, die Revitalisierung der japanischen Wirtschaft, erreichen können. Das fünfte Kapitel wagt einen abschließenden Ausblick. Am Ende der Arbeit werden die aus dieser Darstellung gezogenen Schlussfolgerungen in Thesenform zusammengefasst.

Die Arbeit enthält weiter einen umfangreichen Anhang, der die wesentlichen Regelwerke zusammenträgt. Soweit verfügbar wurde dabei auf die englische Arbeitsübersetzung zurückgegriffen, an anderer Stelle hat der Verfasser die Übersetzung nach bestem Vermögen selbst vorgenommen. Gleiches gilt für die Titel der referrierten Literatur. Die Transkription japanischer Wörter und Namen erfolgt nach dem modifizierten Hepburn-System, soweit keine andere Schreibweise üblich ist.[29] Entsprechend der (bislang)[30] in westlichen Sprachen üblichen Schreibweise und im Gegensatz zur Schreibweise im Japanischen selbst stehen Vornamen vor Familiennamen.

---

[29] Siehe R. EFFINOWICZ ET AL., Zitierregeln 2020.

[30] In offiziellen Dokumenten der japanischen Regierung steht mit Wirkung zum 1. Januar 2020 auch in westlichen Sprachen der Familienname zuerst, siehe SHUSHŌ KANTEI, Gemeinsame Absprache (2019).

Kapitel 1

Selbstregulierung und Soft Law

Der Begriff der Selbstregulierung mag seit Jahren, wenn nicht Jahrzehnten, Konjunktur haben.[1] Es handelt sich dennoch nicht um einen feststehenden Rechtsterminus, der ohne Weiteres aus sich selbst heraus verständlich wäre. Beim verwandten und nicht minder unkonkreten Begriff Soft Law verhält es sich im Kern nicht anders.[2] Dieser ist im deutschen Schrifttum bislang weniger verbreitet, findet in der japanischen Literatur aber üblicherweise Verwendung, um ganz ähnliche Phänomene zu charakterisieren, welche in Deutschland vornehmlich unter dem Begriff der Selbstregulierung behandelt werden. Um einen Diskursvergleich zu ermöglichen, soll im Folgenden die Schnittmenge der beiden Begriffe identifiziert werden (A). Ein großer Unterschied liegt dabei in der Rolle, die die Frage nach der Legitimation der Regeln in beiden Diskursen einnimmt (B).

A. Die Schnittmenge von Selbstregulierung und Soft Law

Mechanismen der Selbstregulierung und des Soft Law werden in der deutschen wie in der japanischen juristischen Literatur an verschiedensten Stellen identifiziert. Oftmals geht es dabei um eine größtenteils exemplarische Analyse verschiedener Phänomene, die auf den ersten Blick nicht viel miteinander gemein haben. Wie sich schon aus den Begriffen selbst ableiten lässt, schaut Selbstregulierung hierbei vor allem auf die Herkunft der Regelungen (I), während Soft Law die Durchsetzungsmechanismen in den Vordergrund rückt (II). Dennoch ist die Schnittmenge zwischen Selbstregulierung nach deutschem Verständnis und dem gerade in der japanischen Diskussion üblichen Topos vom Soft Law groß (III).[3]

---

[1] Erste ausführliche, rechtsvergleichende Erläuterungen aus dem kapitalgesellschaftsrechtlichen Referenzgebiet bereits bei K.-D. SABROWSKY, Selbstregulierung (1978), 177 ff.

[2] T. FUJITA, Soft Law Journal 22 (2013), 1 f.; für die Verwendung im Kontext des öffentlichen Rechts etwa M. KNAUFF, Regelungsverbund (2010), 211 ff.

[3] Vgl. auch H. KANSAKU, in: Markt und Staat, 145, 146.

I. Selbstregulierung zwischen Staat und Privaten

Eine verallgemeinerungsfähige Definition der Selbstregulierung mit Geltungsanspruch für alle Rechtsgebiete gibt es – zum allgemeinen Bedauern der unter diesem Schlagwort erschienenen Literatur – nicht.[4] Es handelt sich um eine Sammelbezeichnung für verschiedene Phänomene, in denen private Akteure als Regelsetzer agieren. Selbstregulierung kann frei sein von staatlicher Beeinflussung, sogenannte autonome oder echte Selbstregulierung, erfolgt in aller Regel aber als sogenannte heteronome Selbstregulierung eingebettet in das staatliche Gefüge mit einem variierenden Grad an Staatseinfluss (1). In der japanischen privatrechtlichen Literatur wird der Begriff der Selbstregulierung typischerweise enger im spezifisch regulatorischen Kontext verwendet (2).

1. Autonome und heteronome Selbstregulierung

Kern der Selbstregulierung ist die Regelsetzung durch Private. Im engeren Sinne betrifft dies zunächst institutionalisierte Einheiten, bei denen die einzuhaltenden Verhaltensmaßstäbe von den Mitgliedern selbst gesetzt werden.[5] Diese Art der Selbstregulierung ist kein ausschließlich modernes Phänomen, sondern findet ihre historische Parallele in der Befugnis der Rechtssetzung von Zünften und Universitäten, vor allem der Adelsfamilien und der Gemeinden.[6] Ähnlich historische Beispiele lassen sich im vormodernen Japan im Stand der Händler beobachten, der während der Edo-Zeit (1603 bis 1868) große Bedeutung erlangte.[7]

Diese ursprüngliche Form der Selbstregulierung erfolgt auf Basis privatrechtlicher und damit privatautonomer Gestaltung, sei es durch Vertrag, insbesondere auch in allgemeinen Geschäftsbedingungen, oder durch Satzung. So lässt sich fast das gesamte Binnengesellschaftsrecht, soweit es der Satzungsautonomie zugänglich ist, als Selbstregulierung der Mitglieder – etwa der Aktionäre, der Gesellschafter, Mitglieder eines Vereins und der Genossenen – betrachten.[8] Nicht jeder Adressat der Selbstregulierung ist zwangsläufig an der Regelsetzung beteiligt; umgekehrt wirken bei deren Erlass auch Nichtadressaten mit, die von der Regelung dennoch betroffen sind. In der Praxis dürfte der

---

[4] Ausführlich zu verschiedenen Definitionsansätzen P. BUCK-HEEB/A. DIECKMANN, Selbstregulierung, 8 ff. sowie G. BACHMANN, Private Ordnung (2006), 27 ff.

[5] E. SCHMIDT-AẞMANN, in: Regulierte Selbstregulierung, 253, 255; ähnlich R. BAGGOT, Public Administration 67 (1989), 435, 436: „institutional arrangement whereby an organization regulates the standard of behaviour of its members".

[6] S. MEDER, Ius non scriptum, 56 ff.

[7] M. DERNAUER, ZJapanR Sonderheft 10 (2018), 3, 11 ff.

[8] P. BUCK-HEEB/A. DIECKMANN, Selbstregulierung, 90 ff.; H. MERKT, in: Markt und Staat, 169.

Regelsetzung durch in ihrer Zusammensetzung variierende Gremien sogar die Hauptrolle zukommen.[9]

Der Begriff der Selbstregulierung wird darüber hinaus auch dann bemüht, wenn der Staat die von der Regelsetzung betroffenen Normadressaten zur Gestaltung des regulatorischen Umfelds „ins Boot" holt.[10] Eine solche „Einbeziehung von Privaten in das Aufstellen, Anwenden und Durchsetzen von Verhaltensmaßstäben, neben oder anstelle des Staates" wird als heteronome Selbstregulierung bezeichnet.[11] Im deutschen verwaltungsrechtlichen Schrifttum spricht man dann eher von „*regulierter* Selbstregulierung" und betont so die Notwendigkeit der vom Staat erlassenen Strukturvorabgaben. Dem Spannungsverhältnis zwischen Privatinitiative und Gemeinwohlverpflichtung setzt der Staat eigene Regeln, Institutionen und Strukturvorgaben entgegen. Sie sollen den Defiziten freier Initiative entgegenwirken und verhindern, dass schwächere Parteien übervorteilt werden und öffentliche Interessen außer Acht bleiben.[12] Damit beschreibt Selbstregulierung einen Zwischenraum zwischen der hoheitlichen Gestaltung und dem freien Spiel der Marktkräfte.[13] Klare Abgrenzungen sind hierbei kaum möglich, in aller Regel aber auch nicht nötig. Vielmehr mehr handelt es sich um ein Spektrum mit fließenden Übergängen, dessen Skala je nach Perspektive variiert. Steht aus staatsrechtlicher Sicht die Einbindung privatautonomer Kräfte in die Staatsfunktionen im Vordergrund,[14] spannt sich die Differenzierung aus dem Blickwinkel des Privatrechts eher zwischen den Polen des spontanen oder indizierten Handelsbrauchs und formaler Regulierung.[15] So ist der Deutsche Corporate Governance Kodex nach seinem eigenen Verständnis „Selbstorganisation der Wirtschaft".[16] Geschaffen von einer aus Interessenvertretern und fachkundigen Privaten zusammengesetzten Regierungskommission, ist der Kodex gleichermaßen privat gesetztes Recht mit den

[9] P. Buck-Heeb/A. Dieckmann, Selbstregulierung, 20.

[10] T. M. J. Möllers/B. Fekonja, ZGR 2012, 777, 779.

[11] P. Buck-Heeb/A. Dieckmann, Selbstregulierung, 13, 45; C. Calliess, Zeitschrift für Medien- und Kommunikationsrecht (AfP) 2002, 465, 466.

[12] W. Hoffmann-Riem, in: Wechselseitige Auffangordnungen, 221, 302; E. Schmidt-Aßmann, in: Regulierte Selbstregulierung, 253, 255; siehe auch A. C. Thoma, Regulierte Selbstregulierung (2008).

[13] G. Bachmann, Private Ordnung, 47; vgl. P. Buck-Heeb/A. Dieckmann, Selbstregulierung, 20; zum Teil wird auch zwischen privater Fremdregulierung und Selbstregulierung im engeren Sinne unterschieden, vgl. J. Damrau, Selbstregulierung im Kapitalmarktrecht (2003), 58 f.; J. A. Kämmerer, in: Kapitalmarktgesetzgebung, 145, 150.

[14] Vgl. etwa die Typisierung bei E. Schmidt-Aßmann, in: Regulierte Selbstregulierung, 253, 259 ff.; W. Hoffmann-Riem, in: Wechselseitige Auffangordnungen, 221, 300 f.

[15] J. Basedow, 56 Am. J. Comp. L 703, 708 ff. (2008). auf einer insgesamt achtteiligen Skala.

[16] Vgl. G. Cromme, Vorwort DCGK (2002).

Vorteilen der Selbstregulierung,[17] genauso aber effektives Regulierungsinstrument.[18]

2. Selbstregulierungsbegriff im japanischen Kontext

Ein ähnlich abstrakt-weites Verständnis des Begriffs der Selbstregulierung (*jishu kisei*) ist auch der japanischen Literatur nicht gänzlich fremd. In der Regel ist dies aber auf den öffentlich-rechtlichen Diskurs beschränkt.[19] Im Kapitalmarkt- und Gesellschaftsrechts wird der Terminus der Selbstregulierung dagegen in erster Linie mit der Organisation der Börse verbunden. Hierbei unterscheidet die Literatur nach den Einflussmöglichkeiten der Exekutive zwischen klassischer Selbstregulierung „von unten" nach Vorbild der Londoner City und auf Gesetz basierender, öffentlich autorisierter Selbstregulierung „von oben".[20] Anleihen an dem stärker von der Privatautonomie geprägten Verständnis der Selbstregulierung im westlichen Schrifttum sind dagegen im japanischen privatrechtlichen Diskurs eher selten. Auch die hier zu analysierenden Kodizes werden typischerweise nicht unter dem Begriff der Selbstregulierung besprochen.[21] Der Diskurs findet stattdessen unter dem Terminus Soft Law statt.

II. Die Durchsetzungsperspektive: Soft Law als Frage der Verbindlichkeit

Der deutschen Rechtswissenschaft fällt der Umgang mit dem Begriff „Soft Law" eher schwer.[22] Dieser stammt ursprünglich aus dem Völkerrecht und verweist im Kern auf Regeln hoheitlichen Ursprungs ohne Anwendungsimperativ.[23] Privatrechtliche Abhandlungen verwenden den Begriff zumeist freier, gerade mit Blick auf den Deutschen Corporate Governance Kodex,[24] ziehen

---

[17] J. Köndgen, AcP 206 (2006), 477, 496; K. J. Hopt, in: FS Hoffmann-Becking, 563, 565 f.

[18] J.-H. Binder, ZJapanR Sonderheft 10 (2018), 127, 143 f.; P. Buck-Heeb/A. Dieckmann, Selbstregulierung, 99 ff.

[19] M. Dernauer, ZJapanR Sonderheft 10 (2018), 3, 4 bietet unter Verweis auf *Hiroki Harada* folgende Definition an: „arbitrary ordering by private entities in response to an outside impact and in conformity with public interests."

[20] S. Maeda, in: FS Kawamoto, 91, 97 f.; T. Katō, in: FS Egashira I (2), 683, 686; X. Wen, Soft Law Journal 22 (2013), 141, 141 ff.

[21] Vgl. aber H. Noda, Shōji Hōmu 2109 (2016), 14, 16 f., der sich an dem britischen Verständnis der *self-regulation* orientiert sowie K. Kawamura, Shōji Hōmu 1940 (2011), 51, 58 Fn. 1, der auch private Vorschläge für einen Corporate Governance Code als Selbstregulierung bezeichnet.

[22] S. Augsberg, Rechtsetzung (2003), 36; P. Buck-Heeb/A. Dieckmann, Selbstregulierung, 35.

[23] M. Knauff, Regelungsverbund, 215, aus dem japanischen Schrifttum T. Saitō, Hōritsu jihō 77:3 (2005), 1 f.

[24] J. Köndgen, AcP 206 (2006), 477; K. J. Hopt, ZHR 175 (2011), 444, 445; vgl. M. Knauff, Regelungsverbund, 217 f., der privates Recht von der Betrachtung ausschließen will, dem DCGK aber Soft Law entsprechende Wirkung beimisst (*ibid.*, 244 f.).

hieraus aber kaum inhaltliche Folgen. Nicht wesentlich anders dürfte die Situation in Japan zu Beginn der 2000er Jahre gewesen sein. Maßgeblich mitgestaltet wurde das Verständnis von Soft Law aber im Rahmen eines langfristig angelegten, an der Tōkyō Universität zwischen 2003 bis 2013 in zwei Phasen durchgeführten Forschungsprojekts. Die Ergebnisse wurden in zwei Publikationsreihen, dem Soft Law Journal (*Sofuto Rō Kenkyū)* und dem englischsprachigen UT Soft Law Review, sowie einzelnen Sammelbänden veröffentlicht.

Gegenstand des japanischen Diskurses zum Soft Law sind sämtliche Regeln, deren Urheberschaft nicht vollständig der staatlichen Sphäre zuzurechnen sind, weiter solche, die keiner staatlichen Durchsetzung unterliegen.[25] Beispiele für solche Normen gibt es im japanischen Kontext reichlich.[26] Selbst bei den Maßnahmen zur Eindämmung des Corona-Virus setzte man, zumindest anfangs auch sehr erfolgreich, auf zwar verbindliche Empfehlungen, ohne diese aber mit einem zwangsmittelbewerten Durchsetzungsimperativ zu verbinden.[27] Weit verbreitet ist eine Definition, die ursprünglich im Kontext der Handlungsmöglichkeiten der Europäischen Gemeinschaft entwickelt wurde. Nach dieser sind „Soft Law" alle Verhaltensregeln ohne rechtliche Verbindlichkeit, die dennoch praktische Wirkung entfalten.[28] Verhaltensregeln (*rules of conduct*) setzt *Hiroki Kansaku* im Japanischen hierbei mit dem Begriff der sozialen Normen (*shakai kihan*) gleich und greift damit einen stärker ökonomisch konnotierten Begriff auf. Der Begriff der sozialen Norm im hier verwandten Sinne ist dabei denkbar weit und geht über den klassischen deutschen Normenbegriff hinaus. Gemeint sind, in einem gewissen Gegenpol zum gesetzten Recht, Verhaltensmuster, die von den Mitgliedern einer Gesellschaft aus sich heraus bewusst befolgt werden, da sie diese als Regeln des Zusammenlebens als verbindlich anerkennen.[29] Eine wichtige Rolle bei diesem interdisziplinären Vorhaben an der Schnittstelle von Rechtswissenschaft, Ökonomie und Rechtssoziologie spielen im Grundlagenbereich die spieltheoretischen Überlegungen der vergleichenden Institutionenanalyse (*comparative institutional analysis*), die in Japan vor allem mit dem Namen des Ökonomen *Masahiko Aoki* verbundenen wird.[30] Aspekte der Cor-

---

[25] T. Fujita, Soft Law Journal 22 (2013), 1; siehe ausführlich zum Forschungsprojekt M. Iwamura, Reflections on the Past 10 Years of the Soft Law Project (2013).

[26] Aus dem Referenzgebiet H. Kanda, Soft Law Journal 22 (2013), 29 ff.

[27] T. Kurishima, ZJapanR 51 (2021), 69, 73 f.

[28] H. Kansaku, in: Markt und Staat, 145, 146; ders., Shōji Hōmu 2068 (2015), 13, 15 als wörtliche Übertragung ins Japanische von D. V. Snyder, 64 Ohio State Law Journal 371, 32 (2003): „rules of conduct which, in principle, have no legally binding force but which nevertheless may have practical effects." Ähnlich auch sowie im deutschen Schrifttum T. M. J. Möllers, in: Faktizität von Standards, 143, 162.

[29] T. Fujita/T. Matsumura, Soft Law Journal 1 (2005), 59, 61 m. w. N.: *shitagau beki mono toshite ukeirete iru.* In diesem Sinne etwa R. Cooter, 27 J. Legal Stud. 585, 586 f. (1998): „effectve consensus obligation".

[30] T. Fujita, Soft Law Journal 22 (2013), 1, 2 f.; Ders./T. Matsumura, UT Soft Law Review 5 (2013), 35, 39 f. m. w. N. zur Entwicklung und Verfestigung sozialer Normen. Re-

porate Governance erscheinen so in erster Linie nicht als rechtliches Phänomen, sondern als faktisches System sozialer Normen, auf die geschriebenes Recht, aber auch Soft Law einwirken.[31]

Die vielfältigen Phänomene, die unter dem Begriff Soft Law diskutiert werden, lassen sich anhand der Parameter „Urheberschaft“ und staatliche „Durchsetzung“ (*enforcement*) systematisieren. Beispiele für ein reines *private ordering* ohne staatliche Durchsetzung sind soziale Normen oder selbstgesteckte Regeln der Unternehmensethik (*kigyō rinri*). Den Gegenpol als Hard Law hierzu bilden hoheitliche Regeln, die vom Staat auch durchgesetzt werden. Zwischen diesen beiden Polen finden sich vorgegebene, aber nicht durchgesetzte Maßnahmen, wie die arbeitsrechtlichen „Bemühenspflichten“ (*dōryoku gimu*) und schließlich private Standards, die vom Staat durchgesetzt werden, etwa Standards der Rechnungslegung und Handelsbräuche.[32] Vergleichbar der deutschen Untergliederung in autonome und heteronome Selbstregulierung differenziert man weiter zwischen tradierten Bräuchen entspringendem Soft Law (*kanshu ni yoru yūrai suru sofuto rō*) „von unten“, also Handelsbräuchen, beispielsweise der *lex mercatoria*, und im Auftrag des Staates erlassenem künstlichem Soft Law (*jin'i-teki na sofuto rō*) „von oben.“ In letztere Kategorie fallen etwa die hier interessierenden Bereiche der Selbstregulierung der Tokyo Stock Exchange im Allgemeinen, aber auch der japanische Corporate Governance Code im Speziellen.[33]

Dahinter steht auch ein inhaltlicher Wandel des Diskurses. Kern des völkerrechtlichen Verständnisses des Soft Law war vor allem die Frage nach der rechtlichen Bindungswirkung (*hō-teki kōsoku-ryoku).*[34] Der Fokus der Diskussion hat sich im Rahmen des Soft Law-Projekts zunächst stärker auf die Gründe für die Befolgung der Regeln verlagert. Schließlich rückten die funktionellen Bedingungen von Soft Law und Hard Law und damit die Frage nach effektiver Regulierung in den Vordergrund. Die Frage nach der Effizienz spontaner Ordnungen und die Suche nach Beispielen erfolgt dabei nicht als Selbstzweck, sondern gerade mit dem Ziel, dem Gesetzgeber Maßgaben zur richtigen Intervention an die Hand zu geben.[35]

---

präsentativ mit dem Fokus auf der Entwicklung von Corporate Governance Systemem etwa M. Aoki, Comparative institutional analysis (2001); ders., Evolving Diversity (2010).

[31] Z. Shishido, Hōshakaigaku 66 (2007), 104 f.; H. Noda, Hōshakaigaku 66 (2007), 115, 120 f.

[32] T. Fujita, Soft Law Journal 22 (2013), 1, 6 f.; H. Kanda, Soft Law Journal 22 (2013), 29, 30 f.

[33] H. Kansaku, Shōji Hōmu 2068 (2015), 13, 15; für die Börsenregeln H. Kanda, Soft Law Journal 22 (2013), 29, 34 f.; Wen, Soft Law Journal 22 (2013), 141, 143; dies., in: *Kaisha, Kin'yū, Hō* (1), 375, 375 ff.

[34] T. Saitō, Hōritsu jihō 77:3 (2005), 1, 5.

[35] T. Fujita/T. Matsumura, Soft Law Journal 1 (2005), 59, 99 f.; für einen Überblick über den Verlauf des Soft Law Projekts T. Fujita, Soft Law Journal 22 (2013), 1 ff.; H. Morita, Jiyū to shōgi 67:7 (2016), 35, 36 f.

III. Verschiedene Perspektiven auf dieselben Phänomene

Die Überschneidungen zwischen dem deutschen Diskurs zur Selbstregulierung und der japanischen Literatur zum Soft Law sind offenkundig. Beide Topoi betreffen Regeln jenseits der klassischen hoheitlichen Regulierung durch Gesetzesrecht und dabei vor allem die Rolle Privater in der Regelsetzung. So wird man alle Phänomene der Selbstregulierung auch als Soft Law im Sinne des japanischen Diskurses wiedererkennen können. Lediglich Soft Law rein hoheitlicher Herkunft, wie die durch Gesetz auferlegten Bemühenspflichten ohne verbindliche Wirkung, dürften keine Selbstregulierung im eigentlichen Sinn darstellen.

Die Wahl des jeweiligen Begriffes verdeutlicht eher eine konzeptionelle Wahl der Perspektive.[36] Stellt der Topos „Soft Law" darauf ab, dass Regeln keine rechtsverbindliche Wirkung haben, ist der Begriff der Selbstregulierung eng mit der Regelsetzung durch Private verknüpft.[37] Der Selbstregulierungsdiskurs hebt die strikte Trennung zwischen öffentlichem und privatem Recht auf und führt so zu einer problemorientierten und wechselseitigen Verzahnung der Rechtsordnung.[38] Selbstregulierung indiziert einen gewissen Gegenentwurf zur staatlichen Regelung und rückt die Legitimation sowie die Frage der Bindung unbeteiligter Dritter an eine private Regelsetzung ins Zentrum.[39] Das sind Fragen, denen im japanischen Kontext allenfalls am Rande Aufmerksamkeit geschenkt wird. Gegenüber dieser akteursspezifischen Perspektive wird in der japanischen Literatur unter der Bezeichnung Soft Law eine wirkungsspezifische Sicht gewählt. Hierbei geht es um die (reduzierte) Bindungswirkung von Regeln, die nicht vom Staat durchgesetzt werden.[40] Die beiden Konzepte stehen nicht Widerspruch zueinander, lassen sich aber genauso wenig trennscharf voneinander abgrenzen. Dies rechtfertigt es, japanisches Soft Law auch aus der von der Selbstregulierung geprägten Sicht der deutschen Rechtswissenschaft zu betrachten und umgekehrt aus den Lehren der japanischen Forschung zum Soft Law Rückschlüsse auf die Wechselwirkung zwischen Verbindlichkeit und Wirkung von privat gesetzten Regeln zu ziehen.

---

[36] Hierzu auch M. Bälz/M. Pfeifer, ZJapanR Sonderheft 10 (2018), 261, 270 ff.

[37] G. Bachmann, Private Ordnung, 41.

[38] F. Möslein, Dispositives Recht (2011), 137 ff.

[39] J. Köndgen, AcP 206 (2006), 477, 521 ff.; G. Bachmann, Private Ordnung, 42; H. Merkt, in: Markt und Staat, 169, 169.

[40] H. Morita, Jiyū to shōgi 67:7 (2016), 35, 36 f.; T. Fujita, Soft Law Journal 22 (2013), 1, 7; in diesem Sinne auch P. C. Leyens, AcP 215 (2015), 611, 621 ff.

B. Wirkung und Legitimation privat gesetzter Regeln

Im Folgenden soll es darum gehen, den akteursspezifischen Diskurs zur Selbstregulierung mit dem Fokus des Soft Law-Diskurses auf der Wirkung von außergesetzlichen Regeln zusammenzuführen. Ein wichtiges Bindeglied stellt dabei die Legitimation der betreffenden Regeln dar. Zur näheren Erläuterung soll hierbei zunächst der Frage nachgegangen werden, warum Regeln befolgt werden, die keine rechtliche Verbindlichkeit haben und wie sich diese zu staatlicher Regulierung verhalten (I). Eng hiermit verbunden ist die Problematik der Legitimation privat gesetzter Regel (II). Obwohl im japanischen Kontext selten thematisiert, mag dies auch helfen, den erfolgreichen Einsatz von Soft Law im japanischen Regulierungskontext zu erklären (III).

I. Wechselwirkung von sozialen Normen und staatlicher Regulierung

Gründe, rechtlich nicht verbindliche Regeln und damit Soft Law zu befolgen, gibt es viele. Eine Erklärung hierfür bietet die Bindungswirkung sozialer Normen. Darunter sind im weitesten Sinne übliche Verhaltensweisen in einer Gruppe zu verstehen.[41] Ausgehend von der Bindungswirkung sozialer Normen (1) und deren Einbettung in die staatliche Regulierung (2) wird im Folgenden der Effekt der Durchsetzung einer Regelung untersucht (3). Der Schatten des Rechts, also die Möglichkeit eines stärkeren regulatorischen Eingriffs bei Nichtbefolgung, hat dabei gleichermaßen Folgen auf den Inhalt der Regelungen wie auch deren Bindungswirkung (4).

1. Bindungswirkung sozialer Normen

Soziale Normen spielen eine kaum zu überschätzende Rolle sowohl bei der Ausfüllung nicht geregelter Aspekte als auch für die tatsächliche Umsetzung gesetzlicher Regeln.[42] Aber auch in Bereichen ohne staatliche Durchsetzung beeinflussen soziale Normen unser Verhalten und entfalten so eine faktische Bindungswirkung.[43] So lassen sich auch Regeln, die der Selbstregulierung entspringen, als soziale Normen erfassen, jedenfalls soweit diese tatsächlich von den betroffenen Kreisen akzeptiert und damit internalisiert werden.[44] Eine genauere Analyse findet sich in dem für den japanischen Diskurs zum Soft Law

---

[41] M. A. Eisenberg, 99 Colum. L. Rev. 1253, 1256 (1999).

[42] J.-H. Binder, Regulierungsinstrumente (2012), 52, m. w. N., 225; speziell für die spezifischen Wirkungen in der (US-amerikanischen) Corporate Governance M. A. Eisenberg, 99 Colum. L. Rev. 1253, 1264 ff. (1999).

[43] G. Bachmann, Private Ordnung, 23, 350, 368 f.; H. Kansaku, in: *Kigyō-hōsei* 2015, 104, 130 f.: *„ittei han'in de ha jitsumujō no kōsoku-ryoku"* [in bestimmtem Umfang eine Bindungswirkung für die Praxis] (Übers. des Verf.).

[44] J.-H. Binder, Regulierungsinstrumente, 271. Dagegen distanziert sich G. Bachmann,

grundlegenden spieltheoretischen Beitrag von *Tomotaka Fujita* und *Toshihiro Matsumura* zur Wirkung sozialer Normen (*shakai kihan*), der wiederum stark auf den Erkenntnissen US-amerikanischer Autoren basiert und diese rezipiert. Bestimmte Verhaltensweisen verfestigen sich als langfristige Folge von Entscheidungen der Beteiligten. Dies erfolgt umso stärker, je kleiner und homogener die betreffende Gruppe ist.[45]

Auch ohne staatliche Intervention können solche Systeme hoch effizient sein. Ein oft zitiertes Literaturbeispiel bildet in dieser Hinsicht die Forschung *Lisa Bernsteins* zur Selbstregulierung des New York Diamond Dealers Club: Nahezu abgeschottet von der Außenwelt hatte sich dort unter den jüdischen Diamantenhändlern ein ganz eigenes Regelsystem entwickelt, das ohne Durchsetzungsmechanismus auskam. Die Erklärung für den Erfolg dieses Systems liegt für *Bernstein* in dem Vertrauen, das durch die Einhaltung von sozialen Normen entsteht.[46] Am Beispiel der zugegeben fast noch exotischeren Welt japanischer Sumōringer erkennt *Mark D. West* den wohlstandsfördernden Effekt einer flexiblen Kombination von festen Regeln und sozialen Normen. Die limitierten Anteile an der *Nihon Sumō Kyōkai*, der Organisation hinter den traditionellen japanischen Ringerturnieren, werden nur unter ehemaligen, verdienten Ringern übertragen. Bei der Nachfolgeregelung in diese Anteile gibt es zum einen starre persönliche Anforderungen. Ringer müssen etwa selbst an einer Mindestanzahl an Turnieren teilgenommen haben und ihre Absicht zum Erwerb eines bestimmten Anteils der Gesellschaft anzeigen. Diese Regeln können aber auch erstaunlich flexibel gehandhabt werden, wenn es opportun erscheint. So können gerade besonders verdiente Ringer, die mit ihrem Namen zur Popularität des Sports beitragen, in den Genuss einer Sonderbehandlung kommen. Im Konfliktfall dagegen vermag die Gesellschaft sich auf starre Regeln zu berufen, etwa, um als charakterlich ungeeignet eingeschätzte Kandidaten auch durch sozialen Druck auf den Veräußerer vom Erwerb von Gesellschaftsanteilen auszuschließen.[47] *Bernsteins* Diamantenhändler und die japanischen Ringer haben gemein, dass die betreffenden Gesellschaften in sich abgeschlossen unter dem Mantel der Verschwiegenheit agieren. Das staatliche Recht und dessen Durchsetzung spielen im Kontext dieser eng verschworenen Gruppen kaum eine Rolle.

Ausschlaggebend für die Bindung sozialer Normen ist, inwiefern die Adressaten – oder zumindest eine signifikant große Anzahl von diesen – die Einhaltung der betreffenden Regel erwarten und somit internalisieren.[48] Ein möglicher

Private Ordnung, 21 wegen dessen Unklarheit bewusst von der Verwendung des Begriffs der Norm.

[45] T. Fujita/T. Matsumura, Soft Law Journal 1 (2005), 59, 65 ff.

[46] L. Bernstein, 21:1 J. Legal Stud. 115, 157 ff. (1992); siehe hierzu auch S. Grundmann et al., Privatrechtstheorie (2015), 1931 ff.

[47] M. D. West, 26 J. Legal Stud. 165, 187 ff. (1997).

[48] G. Bachmann, Private Ordnung, 22 f.; R. Cooter, 27 J. Legal Stud. 585, 594 (1998).

Erklärungssatz für die Signifikanz sozialer Normen gerade in großen und diversen Gruppen, etwa der Verwaltung börsennotierter Unternehmen, interpretiert deren Befolgung als kommunikatives Zeichen (sogenanntes *signalling*). Mag der materielle Gehalt einer bestimmten Handlung auch bisweilen gering sein, wirken solche Signale über die Hoffnung auf den Erwerb indirekter Vorteile (beispielsweise Reputation innerhalb der Gemeinschaft oder Vertrauen). Dies gilt etwa auch für die sogenannte „Kaufmannsehre".[49] Die Bedeutung solcher Signale ist stark kontextabhängig: Unterwirft sich eine Gesellschaft etwa einem Kodex, zum Beispiel auf dem Gebiet der Corporate Governance aber auch in anderen Situationen, erzeugt dieser bezüglich der vermittelten Standards Vergleichbarkeit zwischen Wettbewerbern (*benchmark*).[50] Dies ermöglicht, (effektiven) Märkte auf die Einhaltung von Regeln zu achten und die Nichtbefolgung vorausgesetzter Verhaltensstandards mit steigenden (Kapital-)Kosten sanktionieren. Paradebeispiel für die Möglichkeiten, aber auch für die Grenzen einer solchen marktinduzierten Regulierung ist insbesondere der unten näher zu erläuternde *comply-or-explain*-Mechanismus.

Die eigentliche Frage nach der Signifikanz sozialer Normen stellt sich aber immer erst dann, wenn weder verbindliche Regelungen noch die rechtsökonomische Anreizlehre ein bestimmtes Phänomen plausibel erklären können. Wie unterschiedlich man die faktische Bindungswirkung sozialer Normen bewerten kann, zeigt sich gerade auf dem hier interessierenden Feld der Corporate Governance. So ist nach *Melvin A. Eisenberg* die Verbreitung des unten genauer zu besprechenden *monitoring model* unter börsennotierten US-amerikanischen Gesellschaften auch ein Zeichen eines tiefer angelegten Kulturwandels. Ebenso sei auch die zunehmende Aktivität traditionell passiver institutioneller Investoren nicht nur auf Veränderungen von strukturellen Faktoren zurückzuführen, sondern auch der Verbreitung einer normativen Erwartungshaltung geschuldet.[51] In vergleichbarer Weise sieht *William T. Allan* im Bereich der Organhaftung den Sinn der *duty of care* vor allem als Statuierung eines moralischen Imperativs zum ordentlichen Handeln. Denn der eigentlich strenge Haftungsmaßstab würde durch die *business judgement rule* weitestgehend ausgehöhlt und sei daher aus Anreizgesichtspunkten zu vernachlässigen.[52] Ein positiver Nachweis für die Wirkung sozialer Normen am konkreten Beispiel ist dagegen schwer zu führen und wird so im gesellschaftsrechtlichen Kontext zum Teil gänzlich negiert.[53] Die gerade für die japanische Corporate Gover-

---

[49] T. Fujita/T. Matsumura, Soft Law Journal 1 (2005), 59, 70f.; H. Noda, Hōshakaigaku 66 (2007), 115, 120f.

[50] C. Windbichler, in: Faktizität von Standards, 19, 28f.

[51] M. A. Eisenberg, 99 Colum. L. Rev. 1253, 1282ff. (1999).

[52] W. T. Allen, in: Comparative Corporate Governance, 302, 330f.; hierzu auch H. Noda, Hōshakaigaku 66 (2007), 115, 119.

[53] M. Kahan, 149 University of Pennsylvania Law Review 1869 (2000–01), der etwa bei

nance weitläufig festgestellte Diskrepanz zwischen geschriebenem Recht und gelebter Praxis zeugt jedoch von der erheblichen Relevanz sozialer Normen in diesem Bereich.

2. Kooperatives Verhältnis von Privaten und Staat

Ein Grundgedanke der Einbeziehung Privater in die Regulierung liegt in deren größerer Sachnähe. Jedenfalls bei dynamischen Sachverhalten sind die unmittelbar Betroffenen besser zur Aufstellung interessensgemäßer Regeln geeignet als es der Staat je wäre.[54] Einige Bereiche, wie das Finanztransaktionsrecht, sind so spezialisiert und international verwoben, dass an einer primären Selbstregulierung durch die Marktteilnehmer selbst in Form von Marktstandards kaum ein Weg vorbeiführt. In anderen hochkomplexen Bereichen wie dem Bilanzrecht, der Festlegung technischer Standards oder der Regulierung des Finanzmarkts ist der Staat jedenfalls auf eine komplementäre Einbeziehung privater Sachverständiger angewiesen.[55] Positiver formuliert können Selbstregulierung und Soft Law aber auch die Rolle eines „Experimentierfeldes" für den Gesetzgeber einnehmen und Raum für die Verbreitung und Erprobung von Konzepten und Gedanken schaffen.[56] So haben etwa frühe, rein private Initiativen für einen Corporate Governance Code maßgeblich auch zur Information des japanischen Gesetzgebers beigetragen.[57] Dies schafft Anwendungsmöglichkeiten, gerade soweit sich eine verbindliche Regelung (noch) nicht rechtfertigen lässt.[58] Vor allem aber vermittelt die Vorgabe von Soft Law den Unternehmen ohne direkten Zwang eine genauere Vorstellung von den Erwartungen, die Politik und Gesellschaft an sie stellen, und eröffnet ihnen so die Möglichkeit zur Selbstregulierung. Die so geschaffenen Lernanstöße werden, so *Gunther Teubner*, allerding nur dann nicht im Sande verlaufen, wenn die betroffenen Regelungsadressaten gezwungen sind, sich mit diesen auch auseinanderzusetzen. Außerrechtlicher Druck in Form der öffentlichen Meinung und vor allem ökonomische Zwänge dürften dabei größeres Potential haben als es staatliche Sanktionen je haben können.[59] Von diesem Blickwinkel aus verschwimmen die

---

der Managementvergütung eine stärkere Kontrolle durch die öffentliche Meinung, einen sog. „outrage constraint", erwarten würde.

[54] J.-H. Binder, Regulierungsinstrumente, 305 ff., der aber den Staat etwa bei der Auswertung von historischen Daten im Vorteil sieht. Aus der japanischen Literatur zur Selbstregulierung der Börsen etwa T. Katō, in: FS Egashira I (2), 683, 679 f.

[55] J. Köndgen, AcP 206 (2006), 477, 483 ff.; J. A. Kämmerer, in: Kapitalmarktgesetzgebung, 145, 151 ff.

[56] C. Windbichler, in: Faktizität von Standards, 19, 29 ff.

[57] S. Kozuka, in: Theorie of Soft Law (1), 101, 119; H. Noda, Hōshakaigaku 66 (2007), 115, 117 f. zu den Vorschlägen seitens des Japan Corporate Governance Forums.

[58] T. Fujita, Soft Law Journal 22 (2013), 1, 12 f.; H. Morita, Jiyū to shōgi 67:7 (2016), 35, 40.

[59] G. Teubner, in: FS Hopt I (2), 1449, 1466 ff.

Unterschiede zwischen Hard Law und Soft Law, der Staat wirkt eher als Partner denn als Regulator.[60]

3. Staatliche Durchsetzung und Rechtswirkung

Rechtliche Wirkung entfalten von Privaten gesetzte Regeln – jedenfalls unter dem deutschen Grundgesetz – nicht per se, sondern erst, wenn diese durch einen Transformationsakt in die Rechtsordnung überführt werden (Rechtsanerkennungsmonopol des Staates). Rechtstechnisch geschieht dies etwa im Rahmen einer Generalklausel oder durch Gestattung der Regelsetzung durch den Staat.[61] Aus privatrechtlicher Sicht unterscheidet *Patrick C. Leyens* so verschiedene „Bindungsmuster", die zu einer Verbindlichkeit der Selbstbindung führen: Gesetz, Verband, öffentliche Kundgabe (Publizität) und Aufsichtsrecht.[62] Je nach Kombination und Einzelfall kann die Verbindlichkeit der durch Selbstregulierung gesetzten Normen so auch stärker oder schwächer sein.[63]

Die Durchsetzung sozialer Normen kann ein soziales System stabilisieren und damit zu einer größeren Verbindlichkeit beitragen. Dies zeigt die Analyse der Thunfischauktion auf dem Tokioter Fischmarkt Tsukiji von *Eric E. Feldman.* Als Naturprodukt weist der Fisch Qualitätsunterschiede auf und selbst dem erfahrensten Händler gelingt es nicht immer, diese bei der kurzen Prüfung vor dem Kauf richtig zu erfassen. Die Tokioter Präfekturverwaltung hat hier eine Art Mediationskammer eingerichtet, die eine zeitnahe Begutachtung der hochpreisigen Ware von neutraler Seite ermöglicht. Dieses niederschwellige, formalisierte Beschwerdesystem hilft, Konflikte unter den Händlern zu lösen, ohne dass es zu einer streitigen Auseinandersetzung vor Gericht kommt. Die Grundlage für die häufige Nutzung dieses unverbindlichen Systems erkennt *Feldman* in richtig gesetzten Anreizen und der generellen Akzeptanz der Begutachtung.[64] Umgekehrt bedeutet dies nicht, dass eine staatlich gesetzte Norm zwangsläufig der Durchsetzung bedarf. So war es zumindest zu Anfang der Corona-Krise gerade der soziale Druck innerhalb der japanischen Bevölkerung, die sogenannte „*jishuku-Polizei*", welcher die unverbindliche Aufforderung zur freiwilligen Selbstbeschränkung (*jishuku yōsei*) in ein effektives Werkzeug der Pandemiebekämpfung verwandelte.[65]

Eine Garantie dafür, dass sich eine staatliche Durchsetzung von sozialen Normen zwangsläufig positiv auf deren Befolgung auswirkt, gibt es nicht. Im

---

[60] J. KÖNDGEN, AcP 206 (2006), 477, 521; G. F. SCHUPPERT, Governance und Rechtsetzung (2011), 231 f.

[61] F. KIRCHHOF, Private Rechtsetzung (1987), 112 ff.; G. BACHMANN, Private Ordnung, 62 f., 371 f.; kritisch hierzu G.-P. CALLIESS/P. ZUMBANSEN, RCRC (2010), 125.

[62] P. C. LEYENS, AcP 215 (2015), 611, 621 ff.

[63] G. BACHMANN, Private Ordnung, 368 ff.; P. C. LEYENS, AcP 215 (2015), 611, 636 ff.

[64] E. E. FELDMAN, 94 California Law Journal 313, 359 ff. (2006).

[65] Siehe kritisch T. KURISHIMA, ZJapanR 51 (2021), 69, 77 f.

Einzelfall kann ein Befolgungszwang auch negative Auswirkungen auf die bislang bestehenden Grundlagen des Gleichgewichts, also dessen *self-enforcement* haben.[66] Der Gedanke erscheint zunächst widersprüchlich. Zur Illustration verweist *Tomotaka Fujita* auf eine an israelischen Kindergärten durchgeführte Studie. Als man begann, eine Zusatzzahlung für Kinder zu erheben, die erst nach dem offiziellen Betriebsschluss des Kindergartens abgeholt wurden, trug dies mitnichten zur Pünktlichkeit der Eltern bei. Im Gegenteil: Durch die Einführung der Sanktion nahm die Befolgung der Regel ab. Eine mögliche Erklärung aus dem Bereich der Verhaltensökonomie liegt darin, dass die Sanktion für spätes Abholen die Pünktlichkeit weniger als soziale Norm, als vielmehr als Leistung mit einem Marktpreis erscheinen lässt. Eltern erhielten so den Eindruck, sie könnten sich durch eine entsprechende Zahlung von ihrer Bemühungen „freikaufen".[67] Eine weitere Erklärung des Phänomens lässt sich aber auch den abstrakten Ausführungen von *Jens-Hinrich Binder* entnehmen: Divergieren soziale Normen und öffentlich-rechtliche Vorgaben, wirkt sich dies auch auf die Befolgung aus, was wiederum Durchsetzungsstrategien erfordert.[68] Die Verknüpfung privat gesetzter Regelungen mit (staatlichen) Sanktionen mag jedoch dazu führen, dass diese weniger als Ergebnis eines Selbstregulierungsprozesses wahrgenommen werden. Dies wiederrum kann sich in einer verringerten Akzeptanz unter den Regulierungsadressaten und damit verbunden geringer Befolgung niederschlagen.[69]

Diese Effekte gilt es auch beim Einsatz von Regulierung zu beachten. Soziale Normen lassen sich im Sinne der Spieltheorie als das Ergebnis eines Verhandlungsprozesses zwischen den betroffenen Parteien darstellen. Das Recht gibt die Regelung vor, die im Falle des Scheiterns der Verhandlungen gilt, den sogenannten *threat point.* Die Kenntnis der Alternative einer möglichen einverständlichen Lösung beeinflusst das Verhalten der Parteien und somit mittelbar die Regelsetzung.[70] *Fujita* versucht diese zentrale Erkenntnis der spieltheoretischen Literatur für Fälle fruchtbar zu machen, in denen der gewünschte Effekt durch eine gesetzliche Regelung nicht herbeigeführt werden kann. Denn bloß, weil eine Regelung sinnvoll ist, heißt dies noch nicht, dass sich ihr Effekt auch so einstellt, wie von den Urhebern gedacht:

„Wie zuvor schon wiederholt angeführt, beschränkt sich die Rolle von Hard Law auf die indirekte Kontrolle des *private ordering.* Deshalb genügt es nicht, die Effektivität von Hard Law für sich genommen zu diskutieren; vielmehr gilt es zu erwägen, ob unter dem

---

[66] T. Fujita/T. Matsumura, Soft Law Journal 1 (2005), 59, 88 f.

[67] U. Gneezy/A. Rustichini, 29 J. Legal Stud. 1, 10 f. (2000).

[68] J.-H. Binder, Regulierungsinstrumente, 226.

[69] *Ibid.*, 272.

[70] T. Fujita, in: Theory of Soft Law, 227, 228; ders., Soft Law Journal 22 (2013), 1, 11: jap. *ikakuten*; aus dem deutschen Schrifttum siehe etwa F. Möslein, Dispositives Recht, 138 m. w. N.; zum spieltheoretischen Konzept weiter R. Kirstein/M. Preiss, in: Private Macht, 91, 103 ff.

Eindruck des Inhalts der dies voraussetzenden Debatte sowie der Entscheidung für oder gegen eine Durchsetzung sich im Ergebnis eine gewünschte Ordnung einstellt. Diese funktionale Analyse des *private ordering* ist bei Weitem schwieriger als die Diskussion, ob eine bestehende Regel wünschenswert ist.“[71]

4. Selbstregulierung im Schatten des Rechts

Ob eine Regulierung verbindlich ist oder durch Soft Law erfolgt, ist also eher eine Frage der Intensität der Bindungswirkung. Denn auch Selbstregulierung bewegt sich in aller Regel nicht im rechtsfreien Raum. Das Bild vom „Schatten des Rechts“ entstammt einer Analyse von Scheidungsverhandlungen,[72] wurde aber von *Johannes Köndgen* auch als *„private rule-making in the shadow of the law“* in der Diskussion zum Deutschen Corporate Governance Kodex verankert. So muss den Akteuren der Selbstregulierung bewusst sein, dass diese, auch zum Schutz der eigenen Interessen der Regelungsbetroffenen, jederzeit durch eine staatliche Regelung verdrängt werden kann.[73] Bereits der Vorbehalt einer staatlichen Regelung trägt so zur inhaltlichen Ausgestaltung der Selbstregulierung wie auch zu deren Befolgungsusus bei.[74] Diese Erwartungshaltung tritt zwar nicht immer so deutlich zu Tage wie für den Kontext des DCGK immer wieder hervorgehoben. Auch wird die Reichweite des Schattens des Rechts durch die Abhängigkeit des Staates von privater Expertise maßgeblich beschränkt. Der auf „subtile und informelle Art und Weise“ vermittelte Erfolgsdruck, der auf den Regelungsadressaten lastet, dürfte aber jeder Art der staatlich induzierten Selbstregulierung innewohnen.[75]

II. Legitimation privat gesetzter Regeln

Legitimation gilt nach verbreiteter Meinung in der deutschsprachigen Literatur als eines der Kernprobleme untergesetzlicher beziehungsweise privater Rechtsetzung. Durch die Verzahnung mit der staatlichen Regulierung tritt dieses noch prägnanter in den Vordergrund.[76] Was genau unter Legitimation zu verstehen ist, wird dabei freilich nicht ganz klar.[77] Im Kern geht es um die Rechtfertigung privater Machtausübung und die Würdigung von Regeln mit verbindlicher Wir-

---

[71] T. Fujita, in: Theory of Soft Law, 227, 224 f. (Übers. des Verf.).

[72] R. H. Mnookin/L. Kornhauser, 88 Yale Law Journal 950, 968 (1979); siehe die ausführliche Diskussion bei S. Grundmann et al., Privatrechtstheorie, 2012 ff.

[73] J. Köndgen, AcP 206 (2006), 477, 495 f.; G. Bachmann, Private Ordnung, 13.

[74] J. Köndgen, AcP 206 (2006), 477, 523; G. F. Schuppert, in: Regulierte Selbstregulierung, 201, 239.

[75] F. Möslein, ZJapanR Sonderheft 10 (2018), 83, 104; H. Merkt, in: Autonomie im Recht, 167, 168 f.

[76] G. F. Schuppert, Governance und Rechtsetzung, 528; G. Bachmann, Private Ordnung, 157; P. C. Leyens, AcP 215 (2015), 611, 612 f.

[77] S. Magen, in: Privates Recht, 229, 230 f.

kung.[78] Während es zunächst einer Begründung bedarf, warum privat gesetzte Regeln überhaupt legitimationsbedürftig sein sollen (1), kann eine solide Legitimationsbasis sich gerade auch in einer stärkeren Bindungswirkung niederschlagen (2). Erreicht werden kann dies durch entsprechende Anforderungen an den Regelungsprozess (3).

1. Legitimationsbedürftigkeit

Lässt der Staat Private an der Regelsetzung teilhaben, so hat er auch, nicht zuletzt wegen der gesteigerten imperativen Wirkung, für die Ordnungsmäßigkeit der Regelbildung Rechnung zu tragen.[79] Angesichts der nur relativen Unterschiede zwischen Hard Law und Soft Law gilt dies im Grundsatz unabhängig von der Verbindlichkeit der Norm. Wie *Gregor Bachmann* schreibt, bringt schon „[d]ie Missachtung staatlicher Empfehlungen [...] den Adressaten gegenüber Dritten unweigerlich in Erklärungsnot".[80] Legitimationsbedürftig sind aber auch, wenn auch in geringerem Maße, Normen, die ohne staatliches Zutun entstanden sind. Denn auch diese steuern das Verhalten der Regelungsadressaten. Die wichtigste Form der Legitimation ist hierbei der Konsens. Gleichstarke Parteien üben durch Zustimmung zu den Regeln ihre Parteiautonomie aus.[81] Oftmals wird diese Zustimmung aber nicht materiell und von Überzeugung getragen sein, etwa weil die Betroffenen meinen, keine andere Wahl zu haben, als einer privat gesetzten Regel zu folgen. In der Regelsetzung liegt dann auch eine Form der Machtausübung. Auch diese bedarf als Einmischung in die Freiheitsrechte Dritter prinzipiell einer Rechtfertigung.[82]

Nach dem von *Bachmann* vorgelegten Legitimationskonzept kann Zustimmung in einem gewissen Maß durch insgesamt „gerechtes" Handeln ersetzt werden. Zustimmung und Gemeinwohl sind dabei keine Fixpunkte, sondern als Elemente eines beweglichen Systems zu verstehen, in dem fehlende materielle oder verdünnte Zustimmung durch positive langfristige Folgen für das Gruppenwohl ausgleichen werden kann.[83] In eine ähnliche Richtung gehen Konzepte, die der partizipatorisch-demokratisch vermittelten, sogenannten Input-

---

[78] G. Bachmann, in: Privates Recht, 207, 212.

[79] P. C. Leyens, AcP 215 (2015), 611, 621, vgl. F. Kirchhof, Private Rechtsetzung, 528: Abwägungsgebot bei der Zulassung privater Regelungen.

[80] G. Bachmann, Private Ordnung, 320.

[81] L. Raiser, in: FS Juristentag 1960, 101, 106; S. Grundmann et al., Privatrechtstheorie, 889 m. w. N.

[82] G. Bachmann, in: Private Macht, 603, 616 f. Macht ist nach der rechtssoziologischen Definition von Max Weber „jede Chance, innerhalb einer sozialen Beziehung den eigenen Willen auch gegen Widerstand durchzusetzen, gleichwohl worauf diese Chance beruht", M. Weber, Wirtschaft und Gesellschaft, 28, siehe hierzu S. Grundmann et al., Privatrechtstheorie, 1030 ff.

[83] G. Bachmann, Private Ordnung, 225 f.; ders., in: Privates Recht, 207, 227, vgl. L. Raiser, in: FS Juristentag 1960, 101, 126 f.

Legitimation, gemeinwohlorientierte utilitaristische Überlegungen, sogenannte Output-Legitimation, zur Seite stellen.[84] Privater Regelsetzung haftet demnach ein Legitimationsproblem an, sofern sich diese nicht mehr auf dem Boden gesicherter Zustimmung bewegt und dies sich nicht durch entsprechende Wohlstandsgewinne rechtfertigen lässt („Ausbeutungsverbot“).[85]

Zwar kann man es grundsätzlich als Pflicht des Staates ansehen, Private vor einer übermäßigen Fremdbestimmung durch andere Private zu schützen. Das deutsche Verfassungsrecht kennt hierzu die sogenannte Wesentlichkeitslehre, wonach der Gesetzgeber alle Entscheidungen, die wesentlich für die Entwicklung der Grundrechte sind, selbst zu treffen hat und diese nicht anderen Normgebern überlassen darf.[86] Eine Norm kann noch so effektiv und wegen ihrer wohlstandsfördernden Effekte legitim sein; Defizite im Bereich der staatsrechtlichen Legitimation, also der verfassungsrechtlichen Vorgaben, können dadurch nicht ausgeglichen werden.[87] Die Grenze der Notwendigkeit repräsentationsbasierter parlamentarischer Strukturen dürfte jedenfalls erreicht sein, sofern private Normen gesetzlichen Regeln entsprechende Bindungswirkung entfalten,[88] darüber hinaus aber auch dann, wenn die Einbeziehung Privater in den Regulierungsprozess in Konflikt mit dem Demokratieprinzip und dem Gleichheitssatz tritt, etwa wenn dies zu einer strukturellen Bevorzugung von Partikularinteressen führt.[89]

2. *Legitimation als Bindungsgrund*

In den soeben referierten Überlegungen *Bachmanns* wirkt der Gedanke *Max Webers* nach, nur eine als legitim empfundene Ordnung könne auf Dauer stabil sein.[90] Nicht nur erscheint die Ausübung privater Macht legitimationsbedürftig, aus dem Blickwinkel der Rechtssoziologie gerät die Legitimation einer Regel selbst zu einem Grund der Befolgung.[91] Die Akzeptanz der Regelungen in den betroffenen Kreisen ist „erster und zentraler Faktor“ funktionierender Selbst-

---

[84] T. Conzelmann/K. D. Wolf, in: Macht und Ohnmacht, 145, 161 ff.; siehe P. Hohl, Private Standardsetzung (2007), 98 f. m. w. N.

[85] G. Bachmann, Private Ordnung, 415; deutlicher noch ders., in: Privates Recht, 207, 213, 223; kritisch hierzu etwa S. Magen, in: Privates Recht, 229, 241 f., der auf bestehende ineffiziente Gleichgewichte hinweist.

[86] Bundesverfassungsgericht, Beschluss vom 21.12.1977, 1 BvL 1/75, BVerfGE 47, 46, 79.

[87] H.-G. Dederer, Korporative Staatsgewalt (2004), 164 ff., der zwischen der staatsformabhängigen Legitimation und der materiellen Legitimität einer Norm unterscheidet.

[88] G. Bachmann, Private Ordnung, 373.

[89] H.-G. Dederer, Korporative Staatsgewalt, 362 f.

[90] G. Bachmann, Private Ordnung, 160 ff.; vgl. M. Weber, Wirtschaft und Gesellschaft, 122: Legitimitätsglauben.

[91] E. H. Witte et al., in: Private Macht, 65, 74; J.-U. Franck, in: Private Macht, 529, 534 f.

regulierung.[92] Einer hoheitlichen Durchsetzung der Regeln, etwa von Corporate Governance-Grundsätzen, bedürfte es daher nicht, sofern diese von den Adressaten und vom Markt tatsächlich geteilt werden. In diesem Sinne sei erfolgreiche Selbstregulierung auch aus sich selbst heraus legitimiert.[93]

Werden Private in den Regulierungsprozess einbezogen, so lässt sich Expertenwissen nutzbar machen, das andernfalls nicht zur Verfügung gestanden hätte. Gleichzeitig vermag die Beteiligung der Betroffenen die Akzeptanz und damit die Legitimation der Steuerung zu sichern. Die legitimationsstiftende Bedeutung von Verfahren und Partizipation wird gerade in öffentlich-rechtlichen Abhandlungen hervorgehoben.[94] So befolgen die Adressaten unverbindlicher Regeln, weil sie – und hier zieht *Gunnar Folke Schuppert* die entscheidende Verbindung zur Legitimation der durch Regeln ausgeübten Herrschaft[95] – diese „in einem neutralen, rationalen, expertengeleiteten und die diversen Interessen repräsentierenden Verfahren entwickelt wurden."[96] Dies kann durchaus auch Bindung im Rechtssinne hervorrufen: So sollen die Gerichte privat gesetzte Standards nach *Thomas M. J. Möllers* nicht einfach ignorieren dürfen, sondern sollen sich mit diesen zumindest auseinandersetzen. Entsprechend kann sich für die Adressaten eine subsidiäre Befolgungspflicht ergeben. Als Grund führt *Möllers* die Legitimation der Regelungen an, die diesen aus dem regelsetzenden Verfahren erwächst.[97] Das soll nicht bedeuten, dass auch eine Regelung mit in diesem Sinne reduzierter Legitimation nicht aus anderen Gründen Wirkung entfalten kann, etwa weil es die soziale Konformität verlangt oder so gesetzliche Regelungen vermieden werden können.[98] Befolgung ist nicht mit Akzeptanz gleichzusetzen, wie nicht zuletzt die Debatte zum DCGK zeigt.[99] Gleichermaßen ist wenig verwunderlich, wenn ein von den Adressaten wahrgenommenes Legitimationsdefizit mit einer geringeren Wirksamkeit der Regelung einhergeht. Dieses kann sich etwa in der Suche nach Umgehungsstrategien oder verstärkter *non-compliance* bei Wegfall des faktischen Zwangs äußern.[100]

---

[92] H. Merkt, in: Autonomie im Recht, 167, 177.

[93] J.-H. Binder, Regulierungsinstrumente, 271; H. Merkt, in: Autonomie im Recht, 167, 168; P. Buck-Heeb/A. Dieckmann, Selbstregulierung, 282.

[94] S. Magen, in: Privates Recht, 229, 244 f.; M. Eifert, in: Grundlagen des Verwaltungsrechts (1), § 19 Rn. 67 f.

[95] G. F. Schuppert, Governance und Rechtsetzung, 240.

[96] O. Lepsius, in: Standardsetzung und Legitimation (16), 345, 345 f.; ähnlich T. M. J. Möllers, in: Faktizität von Standards, 143, 166 f.; P. Buck-Heeb/A. Dieckmann, Selbstregulierung, 278.

[97] T. M. J. Möllers, in: Faktizität von Standards, 143, 160 f., 171.

[98] O. Lepsius, in: Standardsetzung und Legitimation (16), 345, 365 f.; P. Buck-Heeb/A. Dieckmann, Selbstregulierung, 278.

[99] M. Hoffmann-Becking, ZIP 2011, 1173, 1174; G. Krieger, ZGR 2012, 202, 210.

[100] S. Magen, in: Privates Recht, 229, 323 f.

3. *Anforderungen an den Regelungsprozess*

Der Kern des legitimatorischen Problems privat gesetzter Regeln liegt nach dem zuvor Gesagten gerade darin, alle betroffenen Interessen gegen eine Übervorteilung durch Partikularinteressen zu schützen.[101] Gerade in Fällen, in denen der Staat nicht absehen kann, ob das Ergebnis des Regulierungsprozesses selbst gerecht ist, wird die Lösung in strukturellen Vorgaben an den Entstehungsprozess zu sehen sein. Bei allen verbleibenden Zweifeln an der Effektivität des *private ordering*: Ein ausgewogenes Verfahren erhöht die Chance auf ein interessengerechtes Ergebnis.[102] Wesentliche legitimationsstiftende Elemente sind Expertise, Repräsentation, Transparenz und Responsivität gegenüber den geäußerten Interessen der Betroffenen einschließlich auch einer frühzeitigen Öffentlichkeitsbeteiligung. Damit lassen sich die für die Legitimation der Selbstregulierung vorgeschlagenen Kriterien grob untergliedern in Vorgaben an das Gremium, insbesondere an dessen Zusammensetzung, und solche Vorgaben, die den Prozess der Regelfindung betreffen.[103] An anderer Stelle wird die Offenheit für alternative Regelungsmodelle und die Verantwortlichkeit der Regelsetzer betont.[104] Flankiert werden diese Maßgaben durch weitreichende Publikations- und Dokumentationspflichten.[105]

Nah an der theoretischen Begründung der *member regulation* sind Betroffene eher gewillt, eine Regel zu akzeptieren, an deren Erstellung sie selbst mitgewirkt haben. *Köndgen* sieht in der Partizipation der Betroffenen sogar das charakterisierende Merkmal privater Regelsetzung.[106] Fast immer wird dies auf eine Ersatzrepräsentation durch ausgewählte Interessenvertreter hinauslaufen. Ziel kann nicht sein, das parlamentarische Verfahren möglichst getreu nachzubilden, würde dies doch gerade die mit der privaten Koordination befolgten Zwecke konterkarieren. In den Fokus rückt damit der Frage wie bei zwangsläufig nicht vollständiger Repräsentation eine hinreichende Beachtung der betroffenen Interessen gewährleistet werden kann.[107]

Überzeugungskraft erwächst dem Gremium nicht zuletzt infolge seiner – im Idealfall neutralen und überparteilichen – Kompetenz und anerkannten Auto-

---

[101] Siehe etwa J. Köndgen, AcP 206 (2006), 477, 522; J.-H. Binder, Regulierungsinstrumente, 279 f.

[102] G. Bachmann, Private Ordnung, 372 ff.; J.-H. Binder, Regulierungsinstrumente, 337 ff.: „Richtigkeitsgarantie" m. w. N.

[103] G. F. Schuppert, Governance und Rechtsetzung, 242 ff.; P. Buck-Heeb/A. Dieckmann, Selbstregulierung, 278 ff.: Grundsätze einer effektiven Selbstregulierung; ähnlich M. Kort, in: FS K. Schmidt, 945, 959.

[104] G. Bachmann, Private Ordnung, 373.

[105] P. Buck-Heeb/A. Dieckmann, Selbstregulierung, 287 ff.

[106] J. Köndgen, AcP 206 (2006), 477, 522; auch T. M. J. Möllers, in: Faktizität von Standards, 143, 158; einschränkend G. Bachmann, Private Ordnung, 374.

[107] P. Buck-Heeb/A. Dieckmann, Selbstregulierung, 280; S. L. Schwarcz, 97 Northwestern University Law Review 319, 334 ff. (2002); G. Bachmann, Private Ordnung, 373.

rität über die Materie.[108] Jedenfalls ab einem gewissen erforderlichen Kenntnisstand von der Regelungsmaterie wird der Pool wirklich neutraler Experten freilich auch beschränkt sein.[109] Dies bedeutet auch, dass politische Aspekte, die jenseits der anerkannten Fachkenntnisse der berufenden Experten liegen, besser dem demokratischen Prozess überlassen bleiben sollten.[110] Eine zu starke Einbeziehung staatlicher Akteure in die Regelsetzung dagegen kann den selbstregulatorischen Charakter des Prozesses untergraben und sich somit wiederum negativ auf die Legitimation auswirken. Nicht zuletzt stehen die idealtypischen Vorstellungen des selbstregulativen Prozesses dabei auch immer unter dem Primat der Machbarkeit. Während umfassende Pluralität und Einstimmigkeitserfordernisse die Akzeptanz des gefundenen Kompromisses fördern, dürfte dies gleichzeitig Folgen für die Innovationskraft der Regelsetzung haben.[111] Hieran wird deutlich, dass legitimationsstiftende und innovationshemmende Effekte oftmals einander bedingen und damit der sorgfältigen Abwägung bedürfen.[112]

III. Soft Law im japanischen Regulierungsprozess

In der japanischen Literatur wird der Aspekt der Legitimation (*seitō-sei*) von Soft Law und Selbstregulierung eher selten angesprochen und erfährt – jedenfalls im Rahmen des Referenzgebietes – keine dem deutschen Diskurs entsprechende theoretische Durchdringung. Das kann zum einem an dem rechtsökonomischen Fokus der Arbeiten liegen (1). Noch schwerer aber mag der Umstand wiegen, dass der Regelsetzung durch Expertenkommissionen traditionell eine wichtige Rolle zukommt, dieser Art der Regulierung also von vorneherein als nicht weiter hinterfragter Normalfall wahrgenommen wird. In dieser kooperativen Form der Regulierung tragen Regelungsadressaten ganz entscheidend zur Entwicklung eines zustimmungsfähigen Kompromisses bei (2).

1. Beschränkte Rolle des Legitimationsgedanken im japanischen Soft Law-Diskurs

Die Vorzüge einer selbstregulatorischen Lösung, nämlich Sachnähe, Kosteneffizienz und die gesteigerte Akzeptanz der Betroffenen, werden auch in der japanischen Literatur gesehen. Gleiches gilt für die Nachteile, insbesondere im Hinblick auf Befürchtungen um die willkürliche Bevorzugung von Partikular-

---

[108] G. F. Schuppert, Governance und Rechtsetzung, 243 f.; T. M. J. Möllers, in: Faktizität von Standards, 143, 160.

[109] S. Augsberg, Rechtsetzung, 104; G. Bachmann, Private Ordnung, 374.

[110] M. T. Moore, Shadow of the State (2013), 171; H. Noda, Shōji Hōmu 2109 (2016), 14, 23 Fn. 37.

[111] S. Augsberg, Rechtsetzung, 107 ff.; G. Bachmann, Private Ordnung, 374.

[112] G. F. Schuppert, Governance und Rechtsetzung, 246; J.-H. Binder, Regulierungsinstrumente, 279; ders., ZJapanR Sonderheft 10 (2018), 127, 139.

interessen zu Lasten der öffentlichen Interessen sowie die Instrumentalisierung der Selbstregulierung zur Vermeidung einer hoheitlichen Lösung.[113] Die für die deutsche Rechtswissenschaft so prägende Frage nach der Machtausübung durch demokratisch nicht legitimierte Private findet dagegen weniger Beachtung. Sie stellt sich nicht, wenn man die Gewähr von Freiräumen und gesetzgeberischer Zurückhaltung vielmehr als legitimationserhöhend versteht.[114]

Die beschränkte Rolle des Legitimationsgedankens mag zu einem dem rechtsökonomischen Fokus der Abhandlungen geschuldet sein, die stärker nach quantifizierbaren Erklärungsansätzen für die Wirkung von Soft Law streben, als Fragen der Selbstbindung zu erforschen. So präsentiert sich Soft Law als ein Regulierungsmodus in einem legislativen Konzept, der sich allenfalls graduell vom Hard Law unterscheidet. *Fujita* führt hierzu aus:

> „Die Anreizwirkung von Regeln, Probleme im Prozess der Regelsetzung, das Setzen von ineffektiven Regeln, die sich so leicht nicht wieder aus der Welt schaffen lassen – verschwänden diese Phänomene denn, wenn der Staat zum Akteur wird? Sicherlich nicht. Probleme, die wir im Bezug zum Soft Law behandelt haben, stellen sich logisch genauso im Hard Law. Freilich dürfte es relative Unterschiede bei der Bedeutung verschiedener Variablen geben. Aber auch die staatliche Durchsetzung bedeutet ja nicht, dass Normen vorbehaltslos befolgt würden.“[115]

In diesem Kontext beschränkt sich die Rolle der Legitimation auf die Frage nach der Gewährleistung gesellschaftlich wünschenswerter Ergebnisse bei der Entscheidung für oder gegen eine verbindliche Regelung.[116] Im Zentrum steht damit die Frage, welche Art der Vorgaben die größte wohlstandsmehrende Wirkung haben. Die Antwort auf Situationen mit unklarer ökonomischer Prämisse wird stärker in der vermittelten Flexibilität, eben der Betonung des Charakters als Soft Law, gesehen.[117] Das mag auch daran liegen, dass private Akteure bereits eng in die Vorbereitung hoheitlicher Regeln involviert sind (hierzu sogleich), Regulierung also weniger der Charakter einer Beschränkung von Freiheitsrechten, als der Erzielung eines fundierten Kompromisses anhaftet. Versteht man Soft Law insbesondere als Verzicht auf staatliche Durchsetzung und damit ein Gewinn an Flexibilität, geht es bei der Frage der Legitimation vor allem darum, zu welchem Maß ein Verzicht auf die mit einer hoheitlichen Regel verbundenen Sicherungsmechanismen gerechtfertigt ist.[118]

---

[113] M. Kondo et al., *Kin'yū shōhin torihiki-hō*, 472; tendenziell eher die Gefahren betont X. Wen, Soft Law Journal 22 (2013), 141, 154.

[114] Vgl. H. Noda, in: Soft Law and Commerce, 165, 188.

[115] T. Fujita, Soft Law Journal 22 (2013), 1, 11 (Übers. des Verf.).

[116] Vgl. H. Morita, Jiyū to shōgi 67:7 (2016), 35, 39 f.

[117] In diesem Sinne T. Fujita, UT Soft Law Review 5 (2013), 9, 12 f.; H. Morita, Jiyū to shōgi 67:7 (2016), 35, 40; H. Noda, Shōji Hōmu 2109 (2016), 14, 15 f.

[118] Vgl. T. Katō, ZJapanR Sonderheft 10 (2018), 183, 189 f., siehe hierzu auch schon M. Bälz/M. Pfeifer, ZJapanR Sonderheft 10 (2018), 261, 273 ff.

2. Kooperative Regulierung zwischen politischer Steuerung und Kompromiss – Die Bedeutung von Expertenkommissionen

Die Grenzen zwischen staatlicher und privater (Selbst-)Regulierung sind in der japanischen Praxis von jeher fließend. Auch dies mag ein Grund für die breite Akzeptanz von Soft Law sein. Bereits Anfang der neunziger Jahre betonte *John H. Haley* die Bedeutung der kooperativen Kompromissfindung im japanischen Verwaltungsprozess, in dem nicht zuletzt das Einverständnis der Adressaten von Regulierung eine bedeutende Rolle spielt.[119] Das Austarieren unterschiedlicher Interessenlagen durch die Berufung beratender Expertenkommissionen (*shingi-kai*) hat eine beachtliche Tradition und kaum zu überschätzende Bedeutung.[120] Traditionell werden etwa wichtige Gesetzgebungsprojekte in einer am Justizministerium (MoJ, *Hōmu-shō*) eingerichteten Legislativkommission (*hōsei shingi-kai*) unter Einbeziehung von Interessenvertretern, Politikern und renommierten Experten aus der Rechtswissenschaft vorbereitet. Diese Vorgehensweise reicht bis in die Vorkriegszeit zurück.[121] Gleichermaßen verfährt der japanische Staat aber auch in allen anderen Bereichen der Regelsetzung.[122] Neben der Einbeziehung der Betroffenen geht es hierbei auch um die wissenschaftliche Vorbereitung und Begleitung von Regulierung.[123] Dazu trägt die Zusammensetzung der *shingi-kai* bei. Dies gilt in verstärktem Maße gerade auch für die von der Financial Securities Agency oder der Tokyo Stock Exchange zur Vorbereitung von Börsenregeln eingesetzten Expertenkommissionen. Deren Zusammensetzung dürfte, wie *Takahiro Katō* aus eigener Erfahrung schildert, oftmals weniger repräsentativ erfolgen als vielmehr von Fachkenntnis geprägt sein.[124] Für *Hiroshi Noda* bildet die Expertise der Kommission sogar eine der maßgeblichen Legitimationsquellen des Japanischen Corporate Governance Code.[125]

Die Funktion der *shingi-kai* aber geht weit über die reine Akkumulation von Wissen hinaus: Die Kommissionen – unter wechselnden Bezeichnungen – dienen nach Analyse von *Frank J. Schwartz* genauso dem Ausgleich widersprechender Interessen der teilnehmenden Gruppen (*consensus*), wie sie die Zu-

[119] J. O. Haley, Authority without Power (1991), 144.

[120] H. Kanda, 12 University of Pennsylvania Journal of International Business Law 569, 584 f. (1991); allgemeiner historischer Überblick bei J. Schwartz, Advice and Consent (1998), 48 ff.

[121] S. Asagi, Hōritsu jihō 71:7 (1999), 23, 25; ausführlich für das Gesellschaftsrecht Z. Shishido, 49 Am. J. Comp. L 653, 656 (2001).

[122] Zur Regulierungspraxis unter dem alten Finanzministerium H. Baum, RabelsZ 64 (2000), 633, 643 f. und stärker verallgemeinernd C. J. Milhaupt, 37 Harvard International Law Journal 3, 31 (1996).

[123] H. Kanda, Jurisuto 1484 (2015), 14, 15; M. Saitō, in: Markt und Staat, 191, 200.

[124] T. Katō, ZJapanR Sonderheft 10 (2018), 183, 192.

[125] H. Noda, Shōji Hōmu 2109 (2016), 14, 23 Fn. 37.

stimmung zum Ergebnis der besprochenen Regulierung (*consent*) festigen.[126] Bisweilen kommt *shingi-kai* hierbei ein eher zeremonieller Charakter zu, der politisch prädeterminierte Entscheidungen mit dem Anschein der Objektivität adelt.[127] Der Politologe *Motoshi Suzuki* etwa unterscheidet zwischen konsensorientieren Beratungskommissionen (*classic referral*) an den Ministerien, die den Betroffenen weitreichende Möglichkeiten zur Blockade unerwünschter Vorstöße ließen, und solchen am Kabinettsbüro selbst eingerichteten Kommissionen, in denen die Politik etwa durch Auswahl der Mitglieder (*strategic referral*) selbst die Agenda setzt.[128] Gerade die kommissionsgetriebene Praxis der Finanzmarktregulierung wurde früher mit intransparenter Rechtsdurchsetzung und informeller Verwaltungslenkung assoziiert.[129] Oft fällt hierbei der Terminus *gyōsei shidō* (*administrative guidance*). Dieser fasst verschiedene Formen informeller Verwaltungslenkung zusammen und bezeichnet in diesem Kontext die Verknüpfung einer kooperativen Steuerung mit drohenden faktischen Nachteilen im Falle der Nichtbefolgung.[130] Bis etwa in die 1990er Jahre wurde das tradierte kooperative Systeme der japanischen Regulierung so auch als „regulatorisches Kartell" aus Wirtschaftsverbänden und Ministerialbürokratie beschrieben – mit entsprechenden Folgen für diejenigen, die diesem nicht angehörten.[131] Die traditionelle Stärke japanischer Unternehmensverbände lag denn nach Einschätzung *Kenjirō Egashiras* bislang auch stärker auf dem Gebiet des Lobbyismus und in der Beeinflussung der Regelsetzung, als in der selbstregulatorischen Lösung von Interessenkonflikten innerhalb der Gruppe.[132]

Die tradierte, zu einem gewissen Grad sicher auch kulturell bedingte Vorliebe für einstimmige Entscheidungen verleiht den einzelnen Akteuren in den betreffenden Komitees eine starke Verhandlungsposition.[133] So können Beschlüsse, die den eigenen Interessen zu stark entgegenlaufen, geblockt werden. Neben der Notwendigkeit (*hitsuyō-sei*) einer Reform erhält dadurch deren „Tolerierbarkeit" (*kyoyō-sei)* besonderes Gewicht. Dies gilt vor allem, soweit einzelne Reformvorschläge gesamtwirtschaftlich zwar sinnvoll erscheinen, dabei jedoch den Interessen einiger, gegebenenfalls einflussreicher Akteure zuwiderlaufen. Der japanische Regulierungsprozess weist so, ob er sich nun auf gesetzliche oder untergesetzliche Regelungen bezieht, eine gewisse Tendenz zu verhaltenen

---

126 F. J. Schwartz, Advice and Consent (1998), 287 f.; siehe unten Kapitel 4. B. III. 4.

127 F. J. Schwartz, Advice and Consent, 271 f.

128 M. Suzuki, Globalization and Institutional Reform (2016), 132 ff.

129 H. Baum, RabelsZ 64 (2000), 633, 639 f.; allgemeiner M. Dernauer, ZJapanR Sonderheft 10 (2018), 3, 15 f.

130 Y. Ohashi, ZJapanR 7 (1999), 43, 46; H. Baum/M. Bälz, in: HB Japanisches Recht, § 1 Rn. 53.

131 H. Baum, RabelsZ 64 (2000), 633, 643; M. Dernauer, ZJapanR Sonderheft 10 (2018), 3, 13 ff.

132 K. Egashira, in: *Genjō to kadai*, 115, 128.

133 F. J. Schwartz, Advice and Consent, 86 f.

Schritten auf (*status quo bias*).[134] Am Ende steht ein eher konservativer Kompromiss als kleinster gemeinsamer Nenner, der sämtlichen Stimmen gerecht zu werden versucht. Der Regulierung haftet, wie es *Curtis J. Milhaupt* treffend feststellt, ihre Entstehungsgeschichte in einem Komitee an.[135]

Dabei dürfte es einen Unterschied machen, bei welcher Behörde oder Institution, etwa ob am Justiz- oder Wirtschaftsministerium, die federführende Beratungskommission angesiedelt ist.[136] Zumindest die jüngere Regulierung der Corporate Governance scheint nach Analyse von *Gen Gotō*, *Manabu Matsunaka* und *Souchirou Kozuka* weniger parteipolitisch, als stark durch persönliche Überzeugungen der verantwortlichen Politiker motiviert. Einmal in Gang gesetzt, ist die Regulierung durch *shingi-kai* in ihrer regulatorischen Grundtendenz, etwa zur Implementierung (jedenfalls) eines externen Direktors, schwer zu verändern. So ist die einmal gefundene Überzeugung der Kommissionen in der Lage, auch tagespolitischen Verwerfungen von hoher politischer Aufmerksamkeit (*high salience*) wie Wirtschaftsskandalen oder gar einem Regierungswechsel zu widerstehen. Hierin lässt sich auch eine Stärke des japanischen Systems sehen.[137]

C. Synthese: Soft Law als legitimationserhöhender Kompromiss

Die oben herausgearbeitete, für den deutschen Diskurs so entscheidende Doppelwirkung privater Regelsetzung als Ausübung der eigenen Grundrechte und gleichzeitig rechtfertigungsbedürftiger Machtentfaltung scheint im japanischen Diskurs zumindest in der wissenschaftlichen Bearbeitung wenig Beachtung zu finden.

Das mag daran liegen, dass die Einbindung von Privaten auf eine lange Tradition in der japanischen Regulierungspraxis zurückblickt. Der japanische Staat ist versiert darin, in Expertenkommissionen Konsens unter widerstreitenden Interessen herzustellen und sich die Zustimmung wesentlicher Akteure zu sichern.[138] Mehr noch als im deutschen Kontext ist die Einbeziehung von Privaten Teil des legislativen Konzepts, Soft Law hierbei ein weiteres Werkzeug im regulatorischen Arsenal. Schon dies trägt zur Legitimation von Soft Law „von oben" und dessen Akzeptanz unter den Regulierungsadressaten bei. Selbstregu-

---

[134] H. Nakahara, in: Reforming Corporate Governance, 407, 420 ff.

[135] C. J. Milhaupt, in: Enterprise Law, 177, 188 f. zur Regulierung von Abwehrmaßnahmen gegen feindliche Übernahmen: „drafted by committee feel".

[136] Siehe unten Kapitel 3. B. V. 4.

[137] M. Matsunaka, in: Reforming Corporate Governance, 429, 472 f.; G. Gotō et al., in: Independent Directors in Asia, 135, 160 ff.; zum Konzept speziell bezogen auf Japan P. D. Culpepper, Quiet Politics (2011), 115 ff.

[138] F. J. Schwartz, Advice and Consent, 287 f.

lierung wird weniger als Mittel zur Vermeidung staatlichen Eingreifens, sondern vielmehr als bewusst gesetzter Impuls zu Erzielung bestimmter Ergebnisse verstanden. Es mag sein, dass es gerade deshalb auch seltener des scharfen Schwertes zwingender Vorschriften bedarf.[139] Überlegungen in ähnliche Richtung stellte für die deutsche Rechtswissenschaft bereits *Ludwig Raiser* an, der die Funktion der Privatautonomie vor allem als innovatives „Entdeckungsverfahren“ verstand.[140] Damit geht, jedenfalls im Ausgangspunkt, ein gewisser Staatszentrismus des Blickwinkels einher, der gegenüber den individuellen Präferenzen der jeweiligen Regelungsunterworfenen eher indifferent ist.[141]

Im Bereich der Corporate Governance versuchen die japanischen Regulatoren die verbliebenen Konflikte durch erhöhte Flexibilität zu lösen: „No size fits all.“[142] Grund dafür ist, dass sich die Überlegenheit bestimmter Corporate Governance Strukturen zwar logisch überzeugend begründen, aber kaum anhand der Entwicklung der Unternehmen beweisen lässt.[143] Indem den Regelungsadressaten nach Maßgabe des *comply-or-explain*-Mechanismus Abweichungen erlaubt werden, lassen sich bestehende Persistenzneigungen auch in Situationen beeinflussen, in denen die empirische Grundlage für eine uniforme Regelung nicht gesichert ist.[144] Der Rückgriff auf selbstregulatorische Mechanismen macht sich zu Nutze, dass eine Regel weniger einschneidend erscheint, wenn zumindest die abstrakte Möglichkeit besteht, von dieser abzuweichen. So war die Einführung des gesetzlichen *comply-or-explain*-Mechanismus in Art. 327:2 GesG 2015 weit mehr politischer Kompromiss als theoretisch stimmige Antwort auf die empirischen Gegebenheiten.[145] Vor dem Hintergrund der deutschen Erfahrungen mit dem *comply-or-explain*-Mechanismus mag das weniger überraschen.[146] Den entscheidenden Vorteil von Corporate Governance-Kodizes sieht *Hiroyuki Kansaku* so auch darin, dass es leichter ist, sich auf eine nichtverbindliche Regelung zu einigen.[147] Die Fähigkeit solcher Kodizes, ein System nachhaltig und vor allem im intendierten Sinne zu prägen, hängt wiederum nicht zuletzt von der Akzeptanz und damit der Legitimation der betreffenden Regelungen ab. Treffen die gesetzten Impulse den Zahn der Zeit, sind sie in der Lage, einen ohnehin laufenden Wandel zu unterstützen; tun sie dies nicht, ist die Wahrscheinlichkeit hoch, dass diese keinen oder jedenfalls nicht

---

[139] Siehe auch M. Bälz/M. Pfeifer, ZJapanR Sonderheft 10 (2018), 261, 270 f., 280.

[140] L. Raiser, in: FS Juristentag 1960, 101, 119.

[141] S. Grundmann et al., Privatrechtstheorie, 881.

[142] T. Fujita, UT Soft Law Review 5 (2013), 9, 12.

[143] Vgl. S. Bhagat et al., 108 Colum. L. Rev. 1803, 1826 ff. (2008).

[144] T. Fujita, UT Soft Law Review 5 (2013), 9, 14; G. Gotō et al., in: Independent Directors, 135, 158 ff.; K. Ōsugi, in: Reforming Corporate Governance, 181, 212 f.

[145] G. Gotō et al., in: Independent Directors in Asia, 135, 163; hierzu unten Kapitel 4. A. III.

[146] Vgl. J.-H. Binder, Regulierungsinstrumente, 224.

[147] H. Kansaku, Shōji Hōmu 2068 (2015), 13, 17.

den gewünschten Effekt haben.[148] Ein Erfolg ist nicht garantiert, vor allem soweit die Kodizes Konzepte aus dem anglo-amerikanischen Raum, etwa die Besetzung des Verwaltungsrates mit externen bzw. unabhängigen Mitgliedern, implementieren sollen.[149] Ob sich der gewünschte regulatorische Effekt durch das gegenwärtige Mittel der Wahl, also durch Soft Law, erreichen lässt, ist das bestimmende Thema der folgenden Abhandlung.

---

148 Vgl. J. BUCHANAN ET AL., ZJapanR 47 (2019), 69, 73 f.
149 Vgl. zu den ersten Versuchen der TSE K. ŌSUGI, in: Enterprise Law, 252, 261 ff.

Kapitel 2

Wandel und Steuerung der japanischen Corporate Governance

In der Präambel des japanischen Corporate Governance Code wird Corporate Governance definiert als

> „structure for transparent, fair, timely and decisive decision-making by companies, with due attention to the needs and perspectives of shareholders and also customers, employees and local communities."

Das betont die Verantwortung gegenüber den Interessen einzelner Stakeholder, allen voran der Aktionäre, erteilt aber auch einer einseitigen Ausrichtung an deren Interessen eine Absage. Dies trägt der traditionellen Stakeholder-Orientierung japanischer Unternehmen Rechnung und beugt der Sorge vor einer Abkehr von bisherigen Werten und damit einer „Verwestlichung" vor.[1] Gleichzeitig macht der Corporate Governance Code klar, dass Aktionäre in diesem Konstrukt eine herausgehobene Stellung einnehmen. Die Kapitalgeber sind „wichtiger Eckpfeiler und primärer Ausgangspunkt" für Disziplin in der Corporate Governance, auch wenn ohne Kooperation aller Stakeholder nachhaltiges Wachstum nicht zu erreichen ist.[2] Für japanische Verhältnisse ist dies ein nahezu klares Bekenntnis zur Ausrichtung an den Aktionärsinteressen, das vor wenigen Jahren noch undenkbar war.[3] Dahinter steht eine Abkehr von der stereotypen Wahrnehmung des japanischen Unternehmens als *community firm* oder *company community*, das als in sich geschlossenes System nahezu unbehelligt von den Zwängen des Kapitalmarkts für die Interessen seiner Mitglieder operiert.[4] Hier haben sich die Gewichte in den letzten zwei Jahrzehnten ganz erheblich in Richtung des *global standard* verschoben, ohne dass auch international ausgerichtete japanische Unternehmen ihre Eigenheiten verloren hätten (A).

Auf den Aspekt der Kontrolle, den zweiten Ausgangspunkt einer jeden Corporate Governance-Diskussion,[5] verzichtet die oben genannte Definition indes.

---

[1] K. Takei, Practical Introduction, 16. Im deutschen Sprachgebrauch würde man wohl eher vor einer Angloamerikanisierung oder dergleichen sprechen.

[2] Erläuterung zu Prinzip 1 JGCG, 4.

[3] H. Baum, in: FS Hopt II, 33, 39.

[4] Z. Shishido, 49 Am. J. Comp. L 653, 654 (2001); H. Kansaku, in: Perspectives, 243, 259; ausführlich K. Ōsugi, Kin'yū kenkyū 32:4 (2013), 105, 162.

[5] Vgl. A. Cadbury, Cadbury-Report (1992): „Corporate governance is the system by which companies are directed and controlled."

Stattdessen versucht sie, durch Betonung eines gemeinsamen Interesses alle Beteiligten in den Diskurs miteinzubeziehen und schaut damit großzügig über strukturelle Interessenkonflikte hinweg. Hieran lässt sich ein „Missverständnis (um nicht zu sagen: eine Verdrehung)“[6] des Corporate Governance-Diskurses erblicken, das nicht zuletzt an der politischen Stoßrichtung der vom Corporate Governance Code verfolgten „wachstumsorientierten Governance“ liegt. Deutlich ist die Politik in den letzten Jahren bestrebt, den Wandel in der Corporate Governance nicht nur zu begleiten, sondern aktiv mitzugestalten (B).

A. Das japanische Unternehmen als *community firm*

Wegen ihrer qualitativen Aufladung scheint die oben genannte Definition des Corporate Governance Code für die Frage nach der Rolle von Selbstregulierung und Soft Law bei der Regulierung der Corporate Governance weniger geeignet.

Für rechtsvergleichende Arbeiten wird stattdessen die weite Definition der Corporate Governance des Cadbury Code als System aus Leitung (*direction*) und Kontrolle (*control*) von Unternehmen als passend angesehen.[7] Dies verweist auf den klassischen Interessenkonflikt zwischen bezahlten Managern und den Aktionären als deren Auftraggeber oder Prinzipale. Ähnliche Konflikte stellen sich aber auch zwischen weiteren Akteuren im Unternehmen, etwa zwischen Mehrheits- und Minderheitsgesellschaftern sowie zwischen Gläubigern und dem Management. Wie stark diese jeweiligen Konflikte die Corporate Governance dominieren, hängt stark von den jeweiligen Gegebenheiten, insbesondere den Beteiligungsverhältnissen ab.[8] Dies offenbart die Systembezogenheit der Kodizes und deren Abhängigkeit von ihrem wirtschaftlichen und gesellschaftlichen Umfeld. Zu beachten sind nach *Klaus J. Hopt*

> „die innere Organisation und Machtstruktur im Unternehmen, die Arbeitsweise des Leitungsorgans im one-tier- und im two-tier-System, die Eigentümerstruktur des Unternehmens und die Beziehungen zwischen Unternehmensleitung, Aktionären und anderen am Unternehmen Beteiligten (Stakeholdern), insbesondere Arbeitnehmern und Gläubigern.“[9]

Hinzu kommen Faktoren der sogenannten externen Corporate Governance, also der disziplinierenden Wirkung von Marktkräften, etwa in Form von (feindlichen) Unternehmensübernahmen, Absatz- oder auch Arbeitsmärkten.[10] Wie die institutionelle Analyse lehrt, ist Corporate Governance ein System aus ver-

---

[6] K. Egashira, 92:1 Waseda Hōgaku 95, 99 (2016).
[7] K. J. Hopt, ZHR 175 (2011), 444, 448 ff.
[8] R. H. Kraakman et al., Anatomy, 29 f.
[9] K. J. Hopt, ZGR 2000, 779, 782; ähnlich OECD Grundsätze 2015, 9.
[10] Vgl. K. J. Hopt, ZHR 175 (2011), 444, 450.

schiedenen sozialen Normen und damit keineswegs statisch. Es reagiert auf externe Anreize wie Marktbedingungen genauso wie auf (zwingendes) Recht oder außergesetzliche Regelwerke.[11]

Es dauerte einige Zeit, bis die Corporate Governance-Debatte auch in Japan Fahrt aufnahm (I), auch wenn die Besonderheiten der „japanischen Art der Unternehmensführung" oft beschrieben wurden (II). Dieser Wandel ist in Unternehmen mit starkem internationalem Bezug stärker ausgeprägt, erfasst aber auch dort nicht alle Ebenen des komplexen Corporate Governance-Systems. Gerade Elemente, die die Interna der Gesellschaften betreffen, haben sich als erstaunlich robust erwiesen (III). Vor dem Hintergrund globaler Konkurrenz und dem bestehenden Konvergenzdruck erscheinen einige Überbleibsel der *community firm* nicht mehr in jeder Hinsicht zeitgemäß, sondern vor allem als Wachstumshindernis (IV).

I. Die Anfänge der japanischen Corporate Governance-Debatte

Frühe Untersuchungen der japanischen Corporate Governance sahen sich mit einem Mysterium konfrontiert. Zwar hatte sich das japanische Gesellschaftsrecht bereits seit Längerem von seiner frühen Prägung durch das deutsche Recht gelöst und orientierte sich zunehmend am Vorbild der US-Bundestaaten.[12] Gerade US-amerikanische Autoren fanden jedoch sowohl im Hinblick auf die Besitzverhältnisse als auch die gelebte Corporate Governance-Praxis Strukturen vor, die sich mit den vertrauten Erklärungsmustern nicht in Einklang bringen ließen. Einige prominente Stimmen gingen sogar so weit, jeglichen Einfluss des japanischen Gesellschaftsrechts auf die Rechtswirklichkeit zu verneinen.[13]

Ein lediglich beschränkter Einfluss des Rechts auf das reale Verhältnis der im Unternehmen versammelten Interessen ist nach dem oben Gesagten zwar keineswegs auf Japan beschränkt. Ins Auge springt jedoch die dominierende Rolle, die außerrechtlichen Institutionen und damit letztendlich sozialen Normen zugesprochen wird. Augenfällig war, dass die Organe der Gesellschaft gänzlich anders funktionierten, als im westlichen Kontext von diesen erwartet

---

[11] Z. Shishido, in: *Kigyō-hō kaikaku*, 1, 13; vgl. M. Aoki, Evolving Diversity, 281: „Namely a corporate governance mechanism is a set of self-enforceable rules (formal or informal) that regulates the contingent action choices of the stakeholders (investors, workers, and managers) in the corporate organization domain." Siehe auch J. Buchanan et al., ZJapanR 47 (2019), 69, 73 ff.

[12] Historischer Überblick bei H. Kansaku/M. Bälz, in: HB Japanisches Recht, § 3 Rn. 23 ff., für den Wandel im Verhältnis zum deutschen Gesellschaftsrecht siehe E. Takahashi, ZJapanR 38 (2014), 109, 109 ff.

[13] J. O. Haley, in: Corporate Governance in Context, 205, 206: „To be specific, I question whether the legal rules have in any meaningful way shaped the ways, in which Japanese firms are actually governed."; C. J. Milhaupt, 37 Harvard International Law Journal 3, 19 ff. (1996): „The shareholder-oriented agency model bears little resemblance, however, to the Japanese corporation as it is actually organized and monitored."

würde.[14] Die Rechte der Aktionäre zur Intervention gegenüber dem Management waren im japanischen Recht zwar stark ausgestaltet, blieben kaum genutzt.[15] In Ermangelung eines disziplinierenden Marktes für Unternehmensübernahmen und einem generell eher geringen faktischen Einfluss der Aktionäre stellte sich die Frage, wem gegenüber das Management Rechenschaft schuldig war. Die auf Basis der *agency*-Theorie unerlässliche Kontrolle des Managements, so vermutete die US-amerikanisch geprägte Literatur, werde vor allem durch eine komplexe Verbindung interner und externer nichtrechtlicher Substitute gelöst.[16] Die Vermutung war, dass vermeintliche Vorteile etwa bei der Vorbereitung von Entscheidungen die dem System innenwohnenden Effizienzverluste wieder ausgleichen würden.[17]

Hier muss der historische Kontext berücksichtigt werden. Frühe Publikationen aus dieser Zeit sind noch von dem Selbstverständnis *„Japan as Number One"* geprägt und tendieren dazu, Japan als Gegenmodell zu dem als anfällig angesehenen Shareholder-Kapitalismus amerikanischer Prägung zu stilisieren.[18] Der Blickwinkel änderte sich, als Japan nach Zusammenbruch der sogenannten *bubble economy* in den frühen 1990er Jahren nach Rezepten zur Bewältigung der Krise suchte und diese in den Lehren des Corporate Governance-Diskurses erblickte. Der plötzliche Verfall der Aktienkurse versetzte die japanische Gesellschaft in einen Schockzustand. Erst die Erkenntnis, nicht unverwundbar zu sein, führte zu Forderungen nach einer Stärkung der Aktionäre und einer Neuorientierung der Debatte an dem Diskurs der Vereinigten Staaten in den Folgejahren.[19] Die zeitliche Nähe zum Beginn der Diskussion in Deutschland ist keineswegs zufällig, sondern entsprach einem globalen Trend, der nicht zuletzt mit dem Aufschwung der amerikanischen Wirtschaft nach Jahren der Schwäche einherging.[20] Es herrschte die allgemeine Wahrnehmung, dass das bisherige Modell der japanischen Wirtschaft unter dem Druck der zunehmenden Globalisierung nicht mehr funktionierte. Nun machte man in der schwach ausgeprägten Aufsichtsfunktion und der dem System innewohnenden Inflexibilität jedenfalls einen Grund für die entstandenen Exzesse und den Verlust kompetitiver Vorteile aus.[21]

---

[14] H. Baum, RabelsZ 62 (1998), 739, 746 f.

[15] R. H. Kraakman et al., Anatomy, 75; H. Kansaku, in: Perspectives, 243, 250.

[16] M. Aoki, 28:3 Journal of Economic Literature 1 (1990); R. J. Gilson/M. J. Roe, 102 Yale Law Journal 871, 891 ff. (1993).

[17] M. J. Roe, 102 Yale Law Journal 1927, 1977 ff. (1993).

[18] H. Baum, RabelsZ 62 (1998), 739, 761 f.; rückblickend aus japanischer Sicht H. Miyajima, Nihon rōdō kenkyū zasshi 601 (2011), 58. Die Formulierung geht zurück auf E. F. Vogel, Japan as Number One: Lessons for America, New York (1979).

[19] K. Egashira, Fundamental issues (2011), 291, 298 f.

[20] B. R. Cheffins, in: Oxford Handbook CG, 46, 56 ff.; ausführlich J. von Hein, Rezeption (2008).

[21] H. Baum, RabelsZ 62 (1998), 739, 768 ff. m. w. N.; ders., RabelsZ 64 (2000), 633, 645 ff.

Es sollte etwas dauern, bis sich der akademische Umbruch auch in der japanischen Unternehmenspraxis bemerkbar machte. Dieser lässt sich in etwa in das Jahr 1997 datieren, als der Gesetzgeber die Ausgabe von Aktienoptionen gestattete und erste prominente Unternehmen begannen, ihre Leitungsorgane umzustrukturieren.[22] Zusätzliches Momentum gewann die Corporate Governance-Debatte zudem durch die steigende Popularität der Aktionärsklage: Plötzlich sahen sich japanische Leitungsorgane mit Haftungsfragen konfrontiert und suchten nach Absicherungsmöglichkeiten.[23] Marktrational erklären ließ sich der plötzliche Aktivismus von Aktionären in dieser Epoche nur schwer.[24] Ausschlaggebend für die Erhebung von Aktionärsklagen waren hier oftmals politische Motive von Einzelpersonen und Organisationen; bisweilen standen dahinter gänzlich unredliche Absichten.[25] Veränderungen in der Praxis und die Veränderung des rechtlichen Rahmenwerkes bedingen sich so gegenseitig.[26] Seitdem hat die Sensibilisierung des Managements für die Bedeutung der Corporate Governance – gerade auch im Vergleich zur Situation noch zu Beginn der 2000er Jahre – stark zugenommen.[27]

II. Die japanische Art der Unternehmensführung

Eigentümer eines japanischen Unternehmens sind nach der Konzeption des Gesellschaftsrechts dessen Aktionäre (1). Die tradierte Wahrnehmung des japanischen Unternehmens als sogenannte *community firm* betont dagegen die Interessen der Stakeholder, insbesondere der Angestellten.[28] Ihren Ausdruck erfährt diese in der stereotypen „japanischen Art der Unternehmensführung", deren Charakteristika hier nur kurz schlagwortartig erwähnt werden sollen (2). Diese hängen eng mit den externen Gegebenheiten der Corporate Governance zusammen. So waren es Japans Manager lange gewohnt, aufgrund disperser, aber stabiler Besitzverhältnisse relativ unbehelligt vom Druck der Aktionäre oder drohenden Übernahmen zu agieren (3). Die erforderliche Aufsicht von außen wurde lange den Banken zugeschrieben, die diese Funktion aber nicht (mehr) ausüben können (4).

---

[22] Z. Shishido, in: Corporate Governance in Japan (2007), 310, 313 f.

[23] K. Egashira, Fundamental issues, 291, 298 f.; H. Kansaku/M. Bälz, in: HB Japanisches Recht, § 3 Rn. 36.

[24] D. W. Puchniak, 9 Berkeley Business Law Journal 1, 20 f. (2012); ausführlich ders./M. Nakahigashi, Vanderbilt Journal of International Law 45 (2012), 1, 37 ff.

[25] D. W. Puchniak/M. Nakahigashi, Vanderbilt Journal of International Law 45 (2012), 1, 53 ff.

[26] K. Ōsugi, in: Reforming Corporate Governance, 181, 209.

[27] H. Kanda, in: Shōji Hōmu 2055 (2015), 9, 17 f. im Vergleich zur Situation vor den Corporate Governace Principles der TSE 2004.

[28] Z. Shishido, 49 Am. J. Comp. L 653, 654 (2001); H. Kansaku, in: Perspectives, 243, 259; J. Buchanan et al., Hedge Fund Activism (2012), 118 ff.; oft zitiert wird die empirische Erhebung von M. Yoshimori, Long Range Planning 28:4 (1995), 33.

1. Stakeholder-Orientierung im Widerspruch zum Gesellschaftsrecht

Die in der japanischen Corporate Governance-Diskussion immer wieder gestellte und neu verhandelte Frage, wem das Unternehmen „gehört",[29] mutet zunächst wenig intuitiv an, weist das moderne Gesellschaftsrecht der westlichen Industriestaaten diese „Eigentümerstellung" doch den Aktionären zu. Nicht anders ist die rechtliche Situation in Japan.[30] Die Begründung für diese herausgehobene Stellung der Aktionäre resultiert aus deren Eigenschaft als Restbetragsbeteiligte (*residual claimants*). Vor allen anderen Stakeholdern gingen diese das höchste Risiko ein, ihre in die Gesellschaft getätigten Investitionen bei einer etwaigen Insolvenz zu verlieren (*ultimate riskbearer*), sie profitierten im Erfolgsfalle aber auch am stärksten von Effizienzsteigerungen und hätten daher das größte Interesse an der Profitabilität des Unternehmens.[31] Eine solche Sichtweise hat ganz wesentliche strategische Implikationen für die Wahl von Investitionsentscheidungen und die Bevorzugung von Fremdkapital über die Eigenkapitalfinanzierung, aber auch flankierende Maßnahmen zur Steigerung des Aktienkurses wie eine am Leitbild des Streubesitzes ausgerichtete, möglichst umfassende Publizitätspolitik sowie *Investor-Relations*-Maßnahmen.[32] Am deutlichsten treten diese in der Debatte um die Zulässigkeit von nicht selten kapitalvernichtenden Verteidigungsmaßnahmen gegen feindliche Übernahmen zu Tage.[33]

Im Tagesgeschäft machen sich Zielkonflikte zwischen den Eignern und anderen Stakeholdern in erster Linie in der Ausrichtung der Geschäftsführung bemerkbar. Darf oder muss das Management der Steigerung des Aktienkurses alleinige Priorität einräumen (*shareholder value* bzw. *shareholder wealth maximization*)[34] oder sind im Sinne der Stakeholder-Orientierung neben den Interessen der Anteilseigner ebenso alle anderen Interessengruppen zu bedenken, die in der Wertschöpfung des Unternehmens von Bedeutung sind? Im Ergebnis dürfte sich die rechtliche Situation in Japan in etwa mit der Verpflichtung des Vorstands einer deutschen Aktiengesellschaft auf das Unternehmensinteresse vergleichen lassen, wenn auch unter umgekehrten Vorzeichen: In der deutschen Literatur ist anerkannt, dass die Ausrichtung der Geschäftsführung am

---

[29] Zuletzt etwa K. Ōsugi, in: FS Ochiai, 1 ff. unter Einbeziehung auch moderner Strömungen in der Corporate Governance Debatte.

[30] Z. Shishido, 49 Am. J. Comp. L 653, 654 (2001); K. Ōsugi, in: FS Ochiai, 1, 3; vgl. exemplarisch etwa M. Tatsuta, Shōji Hōmu 1364 (1994), 29, 30.

[31] R. H. Kraakman et al., Anatomy, 23; H.-B. Schäfer/C. Ott, Ökonomische Analyse, 699 f.

[32] Vgl. P. O. Mülbert, ZGR 1997, 129, 132 f.; C. Kuhner, ZGR 2004, 244, 264 ff.

[33] H. Eidenmüller, JZ 2001, 1041, 1047 f.; J. Buchanan et al., Hedge Fund Activism, 224.

[34] H. Eidenmüller, JZ 2001, 1041, 1043 f.; S. M. Bainbridge, New Corporate Governance (2008), 57 ff., z. T. wird auch die Bezeichnung *shareholder primacy* synonym verwendet.

Aktionärsinteresse jedenfalls ein *mögliches* Ergebnis im Rahmen der vorzunehmenden Abwägung pluralistischer Interessen sein kann.[35] Dagegen leiten gewichtige Teile der japanischen Gesellschaftsrechtsliteratur aus der Gewinnorientierung der Gesellschaft sowie der satzungsfesten Verankerung der Berechtigung der Aktionäre auf den Restbetrag der Gesellschaft (Art. 105 Abs. 1 Nr. 2 GesG) eine Pflicht zur Maximierung des Aktionärsgewinns (*kabunushi no rieki saidaika*) ab:[36] Bei deren Ausfüllung steht dem Verwaltungsrat und seinen Mitgliedern freilich ein großes Ermessen im Rahmen der grundsätzlichen Sorgfalts- und Treuepflicht (*zenkanchū'i* bzw. *chūjitsu gimu*, Artt. 330, 355 GesG) zu. So verstößt nach herrschender Meinung die Priorisierung von Arbeitsplätzen im langfristigen Interesse des Unternehmens genauso wenig gegen die Pflichten des Verwaltungsrates wie die Förderung von politischen oder Gemeinwohlinteressen im angemessenen Rahmen.[37] Die Gegenansicht sieht in der Maximierungspflicht so auch „lediglich einen unvollständigen Grundsatz", der sich zudem noch nicht einmal aus dem geschriebenen Gesetz ergebe.[38] Verwiesen wird stattdessen auf die zugunsten des Unternehmens getätigten Aufwendungen von Arbeitnehmern und anderen Stakeholdern, die sogenannten *firm specific costs*. Der Begriff *residual claimant* (*zan'yoken-sha*) wird im japanischen Schrifttum so auch generell zur Charakterisierung von Parteien verwendet, die über ihre gesetzliche und vertragliche Absicherung hinaus am Wohlergehen des Unternehmens interessiert sind, bleibt in seinem genauen Bedeutungsgehalt aber eher vage.[39]

Einen langsamen Prozess hin zu einer stärkeren Beachtung von Aktionärsinteressen durch das Management japanischer Unternehmen wird man insgesamt kaum in Abrede stellen können. Dies gilt gerade für Unternehmen, die in ihrer Finanzierung stark auf den Kapitalmarkt angewiesen sind.[40] So ließ sich in den Jahren 1999 bis 2009 bei Gesellschaften mit einem großen Anteil an ausländischen Investoren nicht nur eine bessere Gesamtperformance im Sinne einer höheren Gesamtkapitalrendite (*return on assets*), sondern auch ein größerer Personalabbau bei im Durchschnitt höheren Dividenden beobachten.[41] Insgesamt aber scheint sich die steigende Sensibilisierung gegenüber den Aktionärsinteressen nicht zwangsläufig in einer Verdrängung der unternehmerischen

---

[35] Vgl. G. Spindler, in: W. Goette/M. Habersack (Hrsg.), MüKo AktG, 74ff.

[36] K. Egashira, *Kabushiki Kaisha-hō*, 22f.; so bereits unter starkem Einfluss der US-amerikanischen Literatur S. Ochiai, in: *Kigyō to tō*, 3, 23f.

[37] Vgl. OGH, Urteil vom 19.3.1970, Minshū 24:6:625.

[38] K. Ōsugi, in: FS Ochiai (2014), 1, 31 m. w. N.

[39] So charakterisiert K. Ōsugi, in: FS Ochiai (2014), 1, 9, mit dem Begriff neben den Aktionären auch die Rolle der japanischen *main bank*, während Z. Shishido, 49 Am. J. Comp. L. 653, 654 (2001) den Begriff auf die Angestellten im japanischen Unternehmen ausdehnt.

[40] J. Buchanan et al., Hedge Fund Activism, 304ff.; K.-S. Kim, in: Kaisha, Kinyū, Hō (1), 135, 143; F. Waldenberger, in: Routledge Handbook, 59, 68f.

[41] K. Kubo, in: *Kigyō tōji*, 409, 423ff.

Loyalität gegenüber den Angestellten niederzuschlagen, sondern eher die bisherige Praxis zu ergänzen.[42]

2. *Die „japanische Art der Unternehmensführung" in Schlagworten*

Die lange Zeit übliche Wahrnehmung des japanischen Unternehmens als sogenannte *community firm* rückt die Fortführung des Unternehmens und die Interessen der Angestellten in den Fokus; den Interessen der ohnehin eher passiven Anteilseigner wird dagegen weniger Beachtung geschenkt. In der Praxis vereinten, so der Ökonom *Hiroyuki Itami*, die Stammbelegschaften der japanischen Unternehmen – und nicht etwa deren Aktionäre – die drei „Bürgerrechte" (*shiminken*) der Corporate Governance auf sich: Die Bestimmung der strategischen Ausrichtung der Gesellschaft, die vorrangige Beteiligung am wirtschaftlichen Erfolg sowie die Entscheidung über Auswahl und Entlassung des operativen Managements.[43]

Zu dieser Wahrnehmung haben gewisse Praktiken beigetragen, die stereotyp verkürzt als „japanische Unternehmensführung" (*nihon-teki kei'ei*) zusammengefasst werden. In deren Zentrum steht die hohe Motivation der Arbeitnehmer, gesichert durch langfristige, gar „lebenslange" Beschäftigung (*shūshin koyō*). Eingestellt direkt nach Universitätsabschluss, investieren japanische Unternehmen viel in ihre Beschäftigten. Statt Entscheidungen von oben vorzugeben, werden Arbeitnehmer früh in die Entscheidungsfindung im Kollektiv eingebunden. Die Kehrseite eines flexiblen internen Arbeitsmarktes mit gut ausgebildeten Fachkräften ist ein rangbasierter, hierarchischer Beförderungsprozess, der auf Bildungsstand und Dauer der Unternehmenszugehörigkeit (*nenkō seido*) aufbaut. An dessen Ende steht als maßgebliche Motivationsquelle die Berufung ins Management. Die Gremien waren lange Zeit sehr groß[44] und vorwiegend homogen aus Personen zusammengesetzt, die über einen ähnlichen Hintergrund verfügten und teils schon Jahrzehnte zusammenarbeiteten. So tragen auch die geringe Jobmobilität und die maßgeblich firmeninterne Karriereplanung der (leitenden) Mitarbeiter zur langfristigen Ausrichtung des Unternehmensinteresses bei.[45]

Die *community firm* ist keine Konstante der japanischen Unternehmenskultur, sondern eher eine Reaktion auf die politische Situation der Nachkriegs-

[42] H. Miyajima et al., RIETI Discussion Paper 13-P-012 (2013), 6 f. basierend auf einer empirischen Umfrage mit 482 teilnehmenden börsennotierten Unternehmen.

[43] H. Itami, *Jinpon shugi kigyō* (1987), 20 ff., hierzu ausführlich H. Baum, RabelsZ 62 (1998), 739, 761 ff. und jüngerem Datums H. Miyajima, Nihon rōdō kenkyū zasshi 601 (2011), 58.

[44] R. Dore, in: Corporate Governance in Japan, 370, 370 ff. gibt für die *Toyota Motors Company* eine Rekordzahl von 58 Direktoren an.

[45] Siehe nur M. Aoki, 28:3 Journal of Economic Literature 1 (1990); H. Baum, RabelsZ 62 (1998), 739, 744 ff.; zusammenfassend K. Egashira, *Kabushiki Kaisha-hō*, 49 f.; K. Ōsugi, Hōritsu jihō 87:3 (2015), 4, 5.

zeit und den bestehenden Fachkräftemangel. Am deutlichsten ausgeprägt waren deren klassische Elemente denn auch in der Hochphase der japanischen Wirtschaft, die sich in etwa auf die Zeit zwischen 1965 und 1985 datieren lässt.[46] So erfolgreich – und durch umfassende, gesellschaftsinterne Sozialmaßnahmen (*kigyōnai fukushi*) angenehm für die Angestellten – dieses Vorgehen in der Hochwachstumsphase auch gewesen ist, die Schwierigkeit, dieses mit den Anforderungen an ein modernes, flexibles Wirtschaftssystem zu verbinden, waren in dem Hang zu großen Konglomeraten bereits angelegt. Es muss kaum erwähnt werden, dass Arbeitsplätze, gerade in der Elektronikindustrie, keineswegs sicher sind.[47] Auch heute stellen Unternehmen noch langfristig ein, kombinieren diese Einstellungen aber nur noch selten mit dem senioritätsbasierten Lohnschema des *nenkō seido*.[48] Vor allem gilt der bisherige Handel aus hoher Sicherheit gegen Aufopferung für das Unternehmen nicht mehr für alle Beschäftigten. Flexibilität gewinnen Unternehmen gerade durch den wachsenden Anteil sogenannter irregulärer Arbeitnehmer (*hiseiki jūgyō'in* oder *hisei sha'in*), was nicht ohne soziale Folgen bleibt.[49] Die Prämisse der *community firm* galt indes auch im klassischen Modell nur für die Kernbelegschaft. Insofern dürfte auch die gewonnene Flexibilisierung eher einen Beitrag zu deren Absicherung leisten, als dass sie das bisherige Beschäftigungsmodell der großen Unternehmen grundlegend verändern.[50]

3. *Management control durch stabile Beteiligungsverhältnisse*

Im Bild des japanischen Unternehmens als *community firm* nehmen die Aktionäre eine passive Rolle ein. In Parallele zu den Verhältnissen in den Vereinigten Staaten über weite Teile des 20. Jahrhunderts sprechen japanische Rechtswissenschaftler auch von einer Kontrolle durch das Management (*kei'ei-sha shihai*).[51] Die damit bezeichnete Trennung von Eigentum und Kontrolle basiert(e) in der japanischen Spielart, zumindest bis in die jüngste Vergangenheit, aber auf komplett anderen strukturellen Voraussetzungen als die 1932 von *Berle* und *Means* für die USA beschriebene Publikumsgesellschaft. Die in einer Gesell-

[46] R. J. Gilson/M. J. Roe, 99 Colum. L. Rev. 508, 516 ff. (1999); Z. Shishido, 49 Am. J. Comp. L 653, 662 ff. (2001).

[47] K. Ōsugi, Shōji Hōmu 2109 (2016), 4, 6 weist etwa auf den Restrukturierungsprozess bei Matsushita Denki (nunmehr Panasonic) Anfang der 2000er Jahre hin, bei dem kurzfristig 8000 Stellen abgebaut wurden.

[48] H. Miyajima et al., RIETI Discussion Paper 13-P-012 (2013), Die Dauer der Firmenzugehörigkeit soll freilich auch in alternativen Lohnmodellen immer noch ein entscheidendes Kriterium bilden, siehe Č. Pejović, ZJapanR 37 (2014), 51, 61.

[49] H. Miyajima, Shōji Hōmu 2007 (2013), 17, 20.

[50] Č. Pejović, ZJapanR 37 (2014), 51, 60 f.: „change in scale, not in substance"; K. Ōsugi, Shōji Hōmu 2109 (2016), 4, 7.

[51] K. Egashira, Fundamental issues, 63 ff.; ders., *Kabushiki Kaisha-hō*, 50; H. Kansaku, in: Perspectives, 243, 259.

schaft vorherrschenden Beteiligungsverhältnisse haben einen wesentlichen Einfluss auf die Ausprägung der Corporate Governance und, damit verbunden, das Gesellschaftsrecht als solches. Ist die Beteiligung in der Publikumsgesellschaft dispers mit einer Vielzahl von Kleinaktionären, so hat der Einzelne wegen seines geringen Anteils kaum Anreize und Möglichkeiten zur Überwachung des Managements.[52] Zwar waren die Besitzverhältnisse in Japan zumindest auf der Ebene der Großunternehmen ähnlich dispers wie in den Vereinigten Staaten oder Großbritannien;[53] sie waren allerdings auch von großer Stabilität geprägt. So ermöglichte ein erheblicher Anteil von sogenannten „stabilen" Aktionären (*antei kabunushi*) und Überkreuzbeteiligungen zwischen Unternehmen (*sōgo mochiai*) dem Management, isoliert und nahezu frei von einer Einflussnahme durch die Aktionäre oder der Angst vor einer Übernahme zu agieren.[54]

Hervorgehoben wird an dieser Stelle oftmals das korporative Element der japanischen Volkswirtschaft, namentlich die (ehemalige) Dominanz bestimmter großer Unternehmensgruppen, der sogenannten *keiretsu,* in denen verschiedene Kerngesellschaften eher lose Beziehungsgeflechte bildeten. Einige der bekanntesten Unternehmensgruppen Japans wie *Mitsubishi*, *Hitachi* oder *Sumitomo* entstanden während der Industrialisierung in der Meiji-Ära des ausgehenden 19. Jahrhunderts als große hierarchisch organisierte Familienkonzerne. Diese fanden ihre planwirtschaftliche Instrumentalisierung in der japanischen Kriegswirtschaft, wurden in der Besatzungszeit aufgespalten und schließlich als horizontal strukturierte Überkreuzbeteiligungen ohne Zentrale neuorganisiert. Noch zu Ende der 1990er Jahre wurden innerhalb solcher Unternehmensgruppen durchschnittlich etwa 20% der Aktien einer der Kerngesellschaften von anderen Gesellschaften derselben Gruppe gehalten, wobei kaum eine Kerngesellschaft größere Aktienpakete an einer anderen hielt.[55] Neben dem Schutz vor feindlichen Übernahmen, die in der unmittelbaren Nachkriegszeit nicht selten waren, trugen diese Netzwerke auch zu einer stabilen Finanzierung der Unternehmensgruppen durch Bankkredite bei. Andere als *keiretsu* bezeichnete Unternehmensgruppierungen stellen eher vertikale Produktionsketten dar. Dabei mag auch die langfristig ausgelegte Beschäftigungspolitik japanischer Unternehmen diese von einer stärkeren Integration der Produktionskette in Konzerne abgehalten haben.[56] Strategische Beteiligungen unterstreichen die Bedeutung von Beziehungen in der japanischen Corporate Governance. Inhaberschaft unter-

---

[52] R. H. KRAAKMAN ET AL., Anatomy, 25f.; K. J. HOPT, ZHR 175 (2011), 444, 451f.

[53] H. MIYAJIMA, Shōji Hōmu 2007 (2013), 17, 25; schon R. LA PORTA ET AL., 54:2 The Journal of Finance 471, 494ff. (1999).

[54] R. J. GILSON/M. J. ROE, 102 Yale Law Journal 871, 897f. (1993); T. HOSHI, in: Comparative Corporate Governance, 847, 860.

[55] U. S. EISELE, ZJapanR 17 (2004), 115, 120; für einen umfassenden historischen Überblick siehe R. MORCK/M. NAKAMURA, ECGI Finance Working Paper (2003).

[56] F. WALDENBERGER, in: Routledge Handbook, 35, 38ff.; U. S. EISELE, ZJapanR 17 (2004), 115, 117f.

mauert langfristige Beziehungen und reduziert so opportunes Verhalten.[57] Vor allem aber reduziert die Praxis den faktischen Einfluss der nicht in die Überkreuzbeteiligungen eingespannten Aktionäre. Japanische Unternehmen waren so in der Lage, relativ unabhängig von kurzfristigen Reaktionen des (Kapital)-Marktes zu agieren.[58]

Die Praxis strategischer Beteiligungen ist trotz aller Veränderungen nie gänzlich verschwunden. Zwar begannen Unternehmen wie Finanzinstitutionen spätestens in Folge der Bankenkrise 1997 ihre Überkreuzbeteiligungen abzubauen;[59] im Falle der Banken durchaus auch unter regulatorischem Druck. 2002 wurden Banken verpflichtet, die von ihnen gehaltenen Aktien auf 8% ihrer Aktiva zu beschränken.[60] Auch heute verfügt eine nicht unerhebliche Anzahl von Unternehmen aber weiterhin über Überkreuzbeteiligungen an anderen Unternehmen und Finanzinstitutionen.[61] Institutionelle Investoren beurteilen dies kritisch: Die Praxis verringert zum einen die Kapitaleffizienz der Gesellschaft selbst. Vor allem aber trägt sie zur Isolierung des Managements bei, da sie die Einflussnahme institutioneller Investoren erschwert und strategischen Aktionären nur geringe Anreize zum Eingreifen bietet.[62]

4. Externes Monitoring durch Banken?

Auch wegen des Fehlens einer effektiven Kontrolle durch den Kapitalmarkt wurde nach alternativen Mechanismen gesucht. Eine bedeutende Rolle sah die Analyse der klassischen japanischen Corporate Governance in der sogenannten *main bank*. Zugleich Hauptkapitalquelle und bedeutender Anteilseigner hätte sie ein fundamentales Eigeninteresse daran, angeschlagene Unternehmen im Krisenfall zu stützen und, etwa durch von der Bank entsandte Board-Mitglieder, die Aufsichtsfunktion auch zu Gunsten anderer Gläubiger zu überneh-

---

[57] R. J. GILSON/M. J. ROE, 102 Yale Law Journal 871, 887 (1993); C. J. MILHAUPT, 37 Harvard International Law Journal 3, 25 f. (1996).

[58] H. MIYAJIMA/F. KUROKI, in: Corporate Governance in Japan, 79 f.; F. WALDENBERGER, in: Routledge Handbook, 35, 44 f.; K. IWAI, 53:2 The Japanese Economic Review 243, 253 ff. (2002).

[59] H. MIYAJIMA/F. KUROKI, in: Corporate Governance in Japan, 79, 88 ff.; J. BUCHANAN ET AL., Hedge Fund Activism, 139 ff.

[60] H. MIYAJIMA/T. HODA, 11:3 PRI Pub. Pol. Rev. 361, 368 (2015) unter Verweis auf die Bilanzierungsvorgaben in dem Gesetz Nr. 131/2001, *Ginkō-tō no kabushiki-tō no hoyū no seigen-tō ni kansuru hōritsu* [Gesetz zur Beschränkung des Aktienbesitzes durch Banken].

[61] F. WALDENBERGER, in: Routledge Handbook, 35, 44 f.; T. EGUCHI/Z. SHISHIDO, in: HB Shareholder Power, 552, 562. In einer 2012 durchgeführten Umfrage unter börsennotierten Unternehmen gaben 56,7% der 419 antwortenden Unternehmen an, Überkreuzbeteiligungen an anderen Unternehmen zu halten. Dabei gaben 85,5% der Unternehmen an, auch in Zukunft an Überkreuzbeteiligungen im bisherigen Maße an anderen Unternehmen festhalten zu wollen, für Beteiligungen an Banken betrug der Wert 92,0%, siehe H. MIYAJIMA ET AL., RIETI Discussion Paper 13-P-012 (2013), 8 f. und Tabelle 5.

[62] T. EGUCHI, in: *Kigyō-hō kaikaku*, 206, 222.

men.[63] Eine gewisse Einflussnahme durch die Hauptkapitalquelle auf die Unternehmensleitung scheint in der Tat nicht abwegig. Fraglich aber ist, ob eine Überwachung durch die *main bank* dem rechtlichen Rahmenwerk eines liberalen Kapitalzuganges entspricht oder überhaupt wünschenswert sein kann.[64] Rechtsökonomisch geprägte Wissenschaftler, allen voran *Yoshirō Miwa* und *Mark J. Ramseyer*, wandten sich mit teils harscher Kritik gegen die faktischen und logischen Grundlagen der mutmaßlichen Besonderheiten des japanischen *main bank*-Systems („*urban legend*").[65] Insgesamt war die teils datengestützte, teils anekdotische Beweisführung aber nicht geeignet, das verfestigte Bild der japanischen Corporate Governance umzustoßen. Vor allem in japanischen Quellen wird die Existenz der *main bank* als Faktum unterstellt und Kritik an dieser Prämisse findet nur wenig Beachtung.[66]

Die Debatte um die Rolle der *main bank* zu den Hochzeiten der japanischen Wirtschaft mag indes eher (rechts-)historischer Natur sein. Sofern die *main bank* jemals die ihr zugesprochene Funktion eines effektiven Monitorings erfüllt haben sollte, dürfte sie diese spätestens mit der japanischen Bankenkrise Mitte der 1990er Jahre stark eingebüßt haben. Neue alternative Finanzierungsformen ließen die Drohung eines Kapitalabzugs zunehmend ins Leere laufen.[67] So nahm der Grad der Fremdfinanzierung bei japanischen Großunternehmen seit den 1980er Jahren konstant ab. Gleichzeitig stieg neben der Bedeutung von Eigenkapital während der *bubble*-Wirtschaft auch der Anteil von Gesellschaftsanleihen (*shazai*) im Vergleich zur klassischen Kreditfinanzierung erheblich an.[68] Dies ist indes nicht mit einer faktischen Bedeutungslosigkeit der Banken für die japanische Corporate Governance (oder der hierauf aufbauenden Diskussion) gleichzusetzen: Während teilweise argumentiert wird, dass Banken

---

[63] M. Aoki, 28:3 Journal of Economic Literature 1, 14 ff. (1990); R. J. Gilson/M. J. Roe, 102 Yale Law Journal 871, 879 ff. (1993); zur etwas missglückten Parallele zum Hausbanksystem in der alten Bundesrepublik siehe H. Baum, RabelsZ 62 (1998), 739, 776 f.

[64] M. Tatsuta, Shōji Hōmu 1364 (1994), 29, 30 f.; H. Kanda, in: Corporate Governance in Context, 567, 568; vgl. H. Baum/U. Schaede, in: Institutional Investors, 610, 644 f., die hier versteckte politische Einflussnahme am Werk sehen.

[65] Y. Miwa/J. M. Ramseyer, 27 Law & Social Inquiry 401 (2002); dies. in: Corporate Governance in Context, 527, 553 ff. Die Argumentation zur Nichtexistenz des *main bank* Systems basiert maßgeblich auf der Analyse dreier Fälle, in denen eine Rettungsaktion der Banken Erfolg hatte (*Mazda*), das Unternehmen unter Aufsicht von Bankern die Reorganisation beantragen musste (*Eidai*) oder die Kreditvergabe auf politischen Druck hin erfolgte (*Sasebo Heavy Industries*). Kritisch auch zu den faktischen Möglichkeiten der Banken zur Einflussnahme K. Tanaka, in: JBS Frontier (8), 1, 6.

[66] Vgl. die nur referenzielle Erwähnung bei H. Miyajima, in: *Kigyō tōji*, 1, 4, Fn. 4. siehe weiter C. J. Milhaupt, 27 Law & Social Inquiry 425, 428 ff. (2002); L. Nottage, in: Redirecting Japan's Multi-level Governance, 579 ff.

[67] H. Miyajima, in: Kigyō tōji, 1, 11 f. mit dem Verweis auf die sog. „Zombie-Banken", die trotz schwindender Mittel versuchten, ihren Einfluss beizubehalten; M. Aoki, Evolving Diversity, 166; F. Waldenberger, in: Routledge Handbook, 59, 64.

[68] S. Hiroda, in: *Kigyō tōji*, 367, 369 ff. unter Berücksichtigung der ca. 500 größten japanischen Unternehmen.

während der „verlorenen Dekade(n)" gerade unrentable Unternehmen stützten,[69] dürfte die Bedeutung des Hauptgläubigers für die Finanzierung der japanischen Unternehmen insgesamt eher zugenommen, zumindest aber weitestgehend konstant geblieben sein.[70]

III. Ein unvollständiger Wandel

Die klassische japanische Corporate Governance hatte in den letzten Jahren und nach mehr als zwei Jahrzehnten niedrigen Wachstums keinen guten Stand. Die Gewichte im japanischen Corporate Governance-System haben sich indes verschoben, gerade auf Ebene der Anteilseigner (1). Der Wandel erfasst aber nicht alle Gesellschaften in gleichem Umfang, sondern betrifft vor allem die größten börsennotierten Gesellschaften (2).

1. Der Aufstieg institutioneller Investoren

Obwohl vorhanden, spielte institutionelles Investment als Anlagestrategie Anfang der 1990er Jahre für die großen Linien der japanischen Corporate Governance kaum eine Rolle. Sprach man vor dem Umbruch in der japanischen Wirtschaft über institutionelle Investoren, zählte man hierzu neben Investmentfonds gerade auch Banken, Versicherungsunternehmen und Unternehmen. Man betonte damit also die oben genannten relationalen Elemente. Auch Versicherungen als Anteilseigener seien wesentlich an guten Kundenbeziehungen und nicht an Konfrontation interessiert. Portfolioinvestoren dagegen seien zu schwach und aus strukturellen Gründen zu desinteressiert, um eine aktivere Funktion einzunehmen.[71] Dies hat sich dramatisch geändert. Ausgehend von einem Wandel im US-amerikanischen Rentensystem hin zu einem beitragsbasiertem Vorsorgeplan (*defined contribution plan*) sind institutionelle Investoren zur globalen Macht geworden und aus dem Corporate Governance-Regime der Industriestaaten wie auch Japan nicht mehr wegzudenken.[72]

Im Japan nach der Bankenkrise hat der Anteil an „stabilen" Anteilseignern stark abgenommen. Es dominieren nun „Outsider" wie ausländische Investoren, Privatanleger, Investment- sowie staatliche und private Rentenfonds die großen börsennotierten Unternehmen – oder, in den Worten *Kenjirō Egashiras*

[69] D. W. Puchniak, 16 Pacific Rim Law & Policy Journal 1, 34 ff. (2007).

[70] Y. Arikawa/H. Miyajima, in: Corporate Governance in Japan, 51, 59 ff.: konstanter Anteil der *main bank* an der Finanzierung relativ zum Kapital insgesamt wie auch zur Schuldenexpansion im Zeitraum 1980 bis 2007.

[71] H. Baum/U. Schaede, in: Institutional Investors, 610, 639 ff.; Z. Shishido, in: Institutional Investors, 665, 670 gesteht zumindest Lebensversicherungen *monitoring*-Kapazitäten zu.

[72] K. J. Hopt, ZHR 175 (2011), 444, 499; R. H. Kraakman et al., Anatomy, 26; für die DAX-Unternehmen W.-G. Ringe, 63 Am. J. Comp. L 493, 508 ff. (2015).

schärfer formuliert, „instabile, lautstarke Aktionäre" (*hi-antei ōguchi kabunushi*).[73] Dies veranschaulicht die folgende Graphik, die auf einer Erhebung der TSE zur Anteilseignerstruktur der an ihr gelisteten Unternehmen basiert:[74]

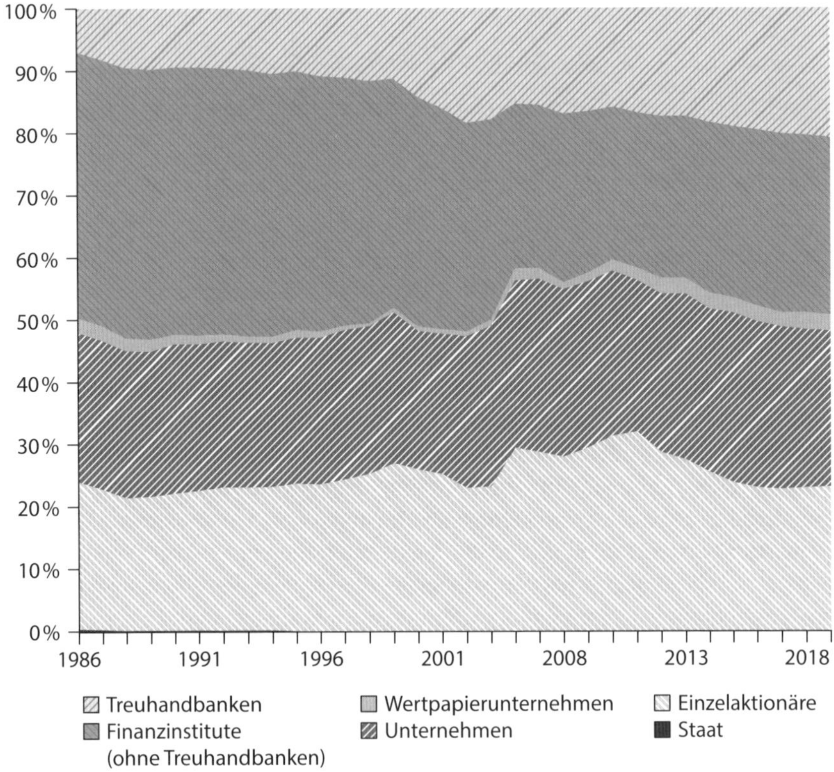

Abbildung 1: Entwicklung der Anteilseignerstruktur an der TSE gelisteter Gesellschaften (wertbasiert), 1986–2019

Wurden Mitte der 1990er Jahre noch mehr als 60% der im ersten Marktsegment der TSE notierten Unternehmen von Banken, Unternehmen und Versicherungsgesellschaften gehalten, waren es Anfang der 2010er Jahre weniger als ein Drittel. In die von Finanzinstituten und Unternehmen hinterlassene Lücke stießen ausländische und später auch japanische institutionelle Investoren vor.

[73] K. Egashira, in: KK Taikei, 1, 10 ff.; siehe auch J. Buchanan et al., Hedge Fund Activism, 141 f.; H. Kansaku, in: Perspectives, 243, 257 ff.

[74] TSE, 2019 Shareownership Survey vom 3. Juli 2020, abrufbar unter <https://www.jpx.co.jp/english/markets/statistics-equities/examination/01.html>, Tabelle 1-22-1 Transition in Share Holding Ratio by Shareholder Type (on a share number basis), Werte für 2004 und 2005 wurden wegen erheblicher Marktfluktuationen ausgeblendet. Siehe auch H, Kansaku, in: Perspectives, 243, 257 ff.; G. Gotō et al., in: Independent Directors in Asia, 135, 147 ff.

Zusammengenommen halten diese nunmehr nun etwa zwei Fünftel der Anteile an japanischen Unternehmen, zusammen mit anderen Finanzinstituten nahezu sechzig Prozent.[75] Die rein numerische Bedeutung institutioneller Investoren – jedenfalls in den Großunternehmen – in Japan ist damit durchaus mit der Situation in den Vereinigten Staaten oder dem Vereinigten Königreich vergleichbar. Lediglich Treuhandbanken und nationale Rentenfonds spielen eine etwas geringere Rolle,[76] wenn auch noch in größerem Maße als in den mittlerweile ebenfalls stark diversifizierten DAX-Mitgliedern.[77]

2. *Hybridisierung der Unternehmenslandschaft*

Empirische Analysen zeigen, dass der Wandel nicht alle Unternehmen in gleichem Maße erfasst. Institutionelle Investoren bevorzugen Unternehmen mit hoher Marktkapitalisierung, einem hohen Handelsvolumen und volatilen Aktienkursen, einem bedeutenden Auslandsgeschäft und niedriger Verschuldung. Ziel ausländischen Investments sind zudem in der Regel große, exportorientiere und im Ausland bekannte Unternehmen (sogenannter *home bias*).[78] Bereits die Spannbreite zwischen den an der TSE gelisteten Unternehmen ist enorm: Zwar sind die allermeisten der Großunternehmen Japans börsennotiert.[79] Bei etwa 100 Gesellschaften mit einem Gesamtaktienwert von über einer Billion JPY (etwa acht Milliarden Euro) kommt aber ungefähr die Hälfte der börsennotierten Gesellschaften nicht über einhundert Millionen JPY (etwa 800.000 Euro) hinaus.[80] Wohl nur ein Drittel der japanischen börsennotierten Unternehmen dürfte in seiner Finanzierung tatsächlich auf den Kapitalmarkt angewiesen sein; für die Mehrzahl der meist kleineren börsennotierten Gesellschaften spielt die Kreditfinanzierung eine wesentlich bedeutendere Rolle.[81] Unter vorgehaltener Hand spricht man beim Börsengang, dem *initial public offering*, auch vom *last public offering*: Gerade kleine Gesellschaften scheinen die Börsennotierung vor allem auch aus Gründen der Reputation zu nutzen, um die Bekanntheit des ei-

---

[75] H. Miyajima/T. Hoda, 11:3 PRI Pub. Pol. Rev. 361, 367 (2015). Die Studien zur Eignerstruktur klassifizieren die Aktionäre oftmals nach rein formalen Kriterien und weichen im Detail voneinander ab. Die im Text genannten Werte orientieren sich an der Analyse von *Miyajima* und *Hoda*, die Portfolioinvestment der Banken als solches erfassen, demgegenüber aber aus dem Wert für Ausländer ausländische Unternehmen, Banken und (große) Privatanleger herausrechnen.

[76] K. Egashira, in: KK Taikei, 1, 9; H. Kansaku, in: Perspectives, 243, 258.

[77] Vgl. W.-G. Ringe, 63 Am. J. Comp. L 493, 524ff. (2015).

[78] H. Miyajima/T. Hoda, 11:3 PRI Pub. Pol. Rev. 361, 369ff. (2015); C. Ahmadjian, in: Corporate Governance in Japan, 125, 130.

[79] H. Miyajima, Shōji Hōmu 2007 (2013), 17, 25.

[80] K. Egashira, *Kabushiki Kaisha-hō*, 4 Fn. 4 basierend auf Daten Stand März 2016. Eine Billion (*ichi chō*) bezeichnet hierbei wie im Deutschen üblich einen Wert von 10^{12}. Zum Vergleich wird im Folgenden ein vereinfachter Wechselkurs von 1 Euro = 125 JPY angenommen. Historische Daten können wegen der teils erheblichen Schwankungen abweichen.

[81] Y. Arikawa/H. Miyajima, in: Corporate Governance in Japan, 51, 74f.

genen Unternehmens zu erhöhen oder um attraktiver auf dem Arbeitgebermarkt zu wirken.[82] Auch die Börsennotierung von abhängigen Konzerngesellschaften mit einem herrschenden Aktionär ist keine Seltenheit. Eine Erklärung könnte sein, dass diese so von dem stärkeren *monitoring* durch den Finanzmarkt auch auf dem Kreditmarkt profitieren und ihre Reputation stärken.[83]

Nach der Analyse von *Hideaki Miyajima* ließen sich im Jahr 2002 im Wesentlichen drei Typen japanischer börsennotierter Unternehmen unterscheiden. Zwar würden auf eine große Anzahl von Unternehmen noch die von *Masahiko Aoki* u. a. beschriebenen klassischen Merkmale der *community firm* zutreffen, also eine im Wesentlichen bankengestützte Finanzierung, ein hoher Anteil von Überkreuzbeteiligungen und wenige ausländische Investoren, dazu eine größtenteils lebenslange Beschäftigung der Stammgesellschaft. Diese Unternehmen stehen jedoch nur noch für einen geringen Teil der japanischen Arbeitsbevölkerung.[84] Immer mehr Unternehmen weisen dagegen Eigenschaften einer Entwicklung auf, die *Miyajima* als Hybridisierung bezeichnet. Vor allem Unternehmen aus der Technologiebranche folgten bezüglich der Finanzierung eher traditionellen Mustern, seien im Hinblick auf ihre Beschäftigungspolitik sowie den Gebrauch anreizorientierter Vergütungssysteme jedoch wesentlich flexibler aufgestellt.[85] Dass der Wechsel des Arbeitsgebers auch unter Fachkräften keine Seltenheit mehr ist, zeigen indes die prominente Werbung einer Vielzahl privater Arbeitsvermittler und nicht zuletzt der anekdotische Blick ins persönliche Umfeld.

Auch viele der führenden Unternehmen Japans, oftmals mit einer langen Geschichte, exportorientiert und mit hohen Entwicklungsinvestitionen, finanzieren sich nun stärker über den Kapitalmarkt. Diese Unternehmen sind die Vorreiter des Wandels in der Corporate Governance. Sie haben schneller auf internationale Standards reagiert, publizieren Informationen transparenter und haben schon früh ihre Leitungsorgane reformiert, etwa externe Direktoren in den Verwaltungsrat berufen. Gleichzeitig hielten diese Unternehmen, die etwa zwei Drittel der japanischen Arbeitnehmer beschäftigten, noch immer an bestimmten tradierten Praktiken der *community firm* wie etwa der langfristigen Einstellungspolitik fest.[86]

---

[82] K. Ōsugi, in: FS Ochiai, 1, 22 und Fn. 46.

[83] H. Miyajima, Shōji Hōmu 2007 (2013), 17, 23 f. beziffert den Anteil an börsennotierten Tochterunternehmen auf etwa 15 % bis 17 %; siehe auch K. Egashira, *Kabushiki Kaisha-hō*, 8 und Fn. 13.

[84] H. Miyajima/G. Jackson, in: Corporate Governance in Japan, 1, 33 identifizierten, gestützt auf Daten von 2002, 44 % der börsennotierten Gesellschaften als sog. „J-type“ Unternehmen, die aber nur 16 % der Arbeitnehmer beschäftigten.

[85] H. Miyajima, in: *Kigyō tōji*, 1, 25: Als Beispiel werden genannt der Automobilbauer *Toyota Motor Corporation*, der Elektronikkonzern *Canon Inc.* und der Kosmetikkonzern *Kanebo* sowie (in geringerem Maße) Elektronik- und Maschinenbauer *Hitachi* und das Telekommunikationsunternehmen *NTT Docomo*.

[86] H. Miyajima/G. Jackson, in: Corporate Governance in Japan, 1, 37 f.; H. Miyajima, in: *Kigyō tōji*, 1, 26 ff.

IV. Die community firm als Wachstumshindernis

Japanischen Unternehmen,[87] vielmehr aber noch japanischen Führungskräften wird eine gewisse Risikoaversion nachgesagt. *Kenichi Ōsugi* erkennt im engen Zusammenhalt von Management und Angestellten zwar einen Faktor für den wirtschaftlichen Aufstieg Japans. Bei der Vornahme schmerzhafter Anpassungen sei dieser enge Zusammenhalt indes eher hinderlich.[88] Für *Kenjirō Egashira*

> „liegt die Ursache für den Niedergang der japanischen Unternehmen und des Kapitalmarkts offensichtlich in der Schwäche der humanen Ressourcen für die Besetzung des Postens mit der letzten Verantwortlichkeit für die Geschäftsführung (*shachō*, CEO)."[89]

Etwas sarkastisch wird dies als die „These von den ungenügenden Humanressourcen" (*jinzai ga tarinai-ron*) bezeichnet und steht in engem Zusammenhang mit dem internen Arbeitsmarkt japanischer Unternehmen. Die Berufung ins Management krönt in der Regel das Ende einer langen Karriere in dem Unternehmen, in dem sie zumeist unmittelbar nach dem Universitätsabschluss begann. Dies fördert zum einen die Homogenität innerhalb des Unternehmens, zum anderen dürfte dem individuellen Arbeitnehmer aufgrund seines firmenspezifischen Investments und dem Mangel an alternativen Karrierepfaden weit stärker am Fortbestand des Unternehmens als an effizienter Gewinnmaximierung gelegen sein.[90] Ein begrenzter interner Arbeitsmarkt, der zudem durch das bestehende Senioritätsprinzip zusätzlich eingeschränkt wird, bevorzugt seinen Kritikern zufolge dabei nicht zwangsläufig die besten Kandidaten.[91] In der Praxis dürfte zudem oftmals gerade der Einschätzung des ausscheidenden Präsidenten erhebliches Gewicht bei der Entscheidung über die Zusammensetzung des Verwaltungsrates und künftige Nachfolger zukommen. *Ōsugi* verweist auf die in der Praxis nicht unüblichen Listen verdienter Mitarbeiter, die der Präsident gegebenenfalls mit seinen Vorgängern (*old boys*) bespricht.[92] An anderer Stelle wird eine „Bürokratisierung" des Managements beklagt. Ohne starken Druck seitens der Aktionäre würden sich auch die Leitungsebene nicht als Teil des Unternehmertums, sondern weiterhin als Teil der Belegschaft, als *salarymen*, mit einer kurzen Amtszeit von wenigen Jahren vor ihrer Verabschiedung in den Ruhestand verstehen.[93] Dieser Effekt wird durch die tradierten Gehaltsstrukturen noch verstärkt. Im internationalen Vergleich sind die Festgehälter

[87] METI, CGS Report 2015 (2015), 3.
[88] K. Ōsugi, Hōritsu jihō 87:3 (2015), 4, 8.
[89] K. Egashira, Hōritsu jihō 86:12 (2014), 59, 60.
[90] Siehe oben Kapitel 2. A. II. 2.
[91] Z. Shishido et al., in: Reforming Corporate Governance, 155, 171; F. Waldenberger, 29:3 Japan Forum 354, 366 ff. (2017).
[92] K. Ōsugi, Hōritsu jihō 87:3 (2015), 4, 6 f.; siehe bereits H. Baum/U. Schaede, in: Institutional Investors, 610, 649 ff.
[93] Z. Shishido et al., in: Reforming Corporate Governance, 155, 171 ff.

und Boni des Führungspersonals niedrig, das so nur indirekt am wirtschaftlichen Erfolg des Unternehmens beteiligt ist. Anreizorientierte Vergütungssysteme spielen nur eine untergeordnete Rolle.[94]

Nicht alles ist negativ. Selbst wer die Folgerungen *Itamis* vom sogenannten humanen Kapitalismus (*jinpon shugi*)[95] nicht teilt, wird geneigt sein, dem traditionellen japanischen Unternehmen, vor allem im Vergleich zur klassischen anglo-amerikanischen Corporate Governance, eine große Fähigkeit zur Nutzbarmachung innerer, disziplinierender Kräfte, zuzusprechen.[96] Der auf dem Management lastende Druck zur guten Unternehmensführung speist sich nach dieser Sichtweise gerade aus internen Faktoren wie dem Interesse an motivierten Arbeitnehmern und dem Fortbestand des Unternehmens. So sprechen *Zenichi Shishido* und *Takaaki Eguchi* „gut geführten" japanischen Unternehmen auch für die Zukunft erhebliches Potential bei der Nutzbarmachung des internen Zusammenhalts in der japanischen *community firm* zu, halten aber externe Stimuli notwendig, um Wachstum zu generieren.[97]

B. Corporate Governance zwischen Deregulierung und Re-Regulierung

Das oben angelegte systematische Verständnis der Corporate Governance impliziert, dass Gesellschaftsrecht nicht nur gestaltend auf die tatsächlichen Verhältnisse einwirkt, es wird auch selbst von diesen geprägt. Manche Regeln entstammen einem marktgetriebenen Verhandlungsprozess und wirken damit effizienzsteigernd. Andere ergehen aus politischem Gestaltungswillen in Reaktion auf wahrgenommene Defizite oder Unternehmensskandale.[98] Im Vordergrund stand hierbei zunächst der Abbau zwingender Vorschriften (I). Auf die schrittweise Deregulierung folgte eine Phase, die von der Angleichung an den globalen Standard geprägt war und hierbei verstärkt auf Soft Law und die Selbstregulierung der Börse setzte (II).[99] Als die japanische Regierung begann, den bislang eher defensiv ausgerichteten Diskurs als „wachstumsorientierte Governance" mit einer wirtschaftspolitischen Agenda zu verbinden, trat auch die Regulierung wieder stärker in den Vordergrund (III). Mittlerweile ist das ständi-

[94] T. Watanabe, in: Reforming Corporate Governance, 249, 252f.; Y. Kuroda et al., Shōji Hōmu 2100 (2016), 33, 34.

[95] H. Itami, *Jinpon shugi kigyō*.

[96] H. Miyajima, Nihon rōdō kenkyū zasshi 601 (2011), 58, 61 „hat als Theorie für eine Neuplanung der japanischen Unternehmensleitung und -struktur im Rahmen der tatsächlichen Gegebenheiten nichts an seinem bisherigen Glanz verloren." (Übers. durch den Verf).

[97] T. Eguchi/Z. Shishido, in: HB Shareholder Power, 552, 559 in der Übertragung des Konzepts der *internal govervnace* nach V. V. Acharya et al., 66:3 The Journal of Finance 689, 690 (2011); ähnlich bereits R. J. Gilson/M. J. Roe, 99 Colum. L. Rev. 508, 524ff. (1999).

[98] R. H. Kraakman et al., Anatomy, 25.

[99] N. Matsuo, *Kin'yū shōhin torihiki-hō*, 14ff.; H. Kanda, Jurisuto 1484 (2015), 14, 15f.

ge Schrauben an den regulatorischen Vorgaben längst Routine, wobei Soft Law eine gewichtige Rolle spielt (IV).

I. Abbau zwingender Vorschriften

Die Frage der Corporate Governance wurde von der japanischen Rechtswissenschaft lange Zeit vor allem als Problem des Gesellschaftsgesetzes gesehen.[100] In seinen Grundzügen geht dieses auf die Rechtsrezeption des deutschen Rechts Ende des neunzehnten Jahrhunderts zurück, erfuhr dann nach 1945 aber eine stärkere Neuorientierung am US-amerikanischen Vorbild. Dies gilt nicht zuletzt für die Organisationsverfassung der Kapitalgesellschaften, in denen der Verwaltungsrat (*torishimari yakkai*) als Kollektivorgan Geschäftsführungs- und Aufsichtsfunktionen wahrnimmt.[101] Spätestens seit den 1990er Jahren war die Verbesserung der Corporate Governance japanischer Unternehmen wiederholt Gegenstand umfassender gesetzgeberischer Reformtätigkeit.[102]

Die rechtlichen Aspekte des Corporate Governance-Diskurses sind, soweit sie zentrale Aspekte der Organisationsverfassung betreffen, nicht neu. Was sich aber geändert hat, ist der Blickwinkel. Traditionell wurde zwingendes Gesellschaftsrecht in Japan vor allem aus der Sicht des Minderheitenschutzes zu erklären versucht:

> „Die Ausgestaltung der Vorschriften der inneren Verhältnisse der (Aktien-)Gesellschaft als zwingendes Recht ergibt sich aus der Befürchtung, dass bei einer unbegrenzten Akzeptanz der Satzungsgestaltung auf Basis der Vertragsfreiheit der gewöhnliche Aktionär zu Schaden kommt. An dieser Stelle nimmt das Recht eine sogenannte ex-post Betrachtung vor. In diesem Sinne hat es Aspekte, die im Geiste des Schutzes der Schwächeren verstanden werden. [...] Bei einer öffentlichen Beteiligung wie an einer Gesellschaft verlieren sie [die Aktionäre] ihre gesamte Individualität. Auch wenn man bei der Verfolgung von Privatsinteressen auf den homo oeconomicus abstellt, ist ganz offensichtlich, dass nicht alle Aktionäre die vollen Fähigkeiten haben, sich rational zu verteidigen."[103]

Dies ist Geschichte. In der ersten Phase der Rezeption der Corporate Governance-Debatte dienten japanischen Gesellschaftsrechtlern die Abhandlungen US-amerikanischer Wissenschaftler zu theoretischen Problemen wie der Natur des Unternehmens oder der Ausrichtung der Gesellschaft an der Maximierung des Aktionärsgewinns, um nur einige Beispiele zu nennen, als prägende Inspira-

---

[100] M. Ōshida, Himeji Hōgaku 41–42 (2004), 121, 123; X. Wen, in: *Kaisha, Kin'yū, Hō* (1), 375.

[101] Y. Itō, Institute for Law and Finance/Working Paper Series 125 (2011), 4 ff.; H. Kansaku/M. Bälz, in: HB Japanisches Recht, § 3 Rn. 29; siehe allgemeiner E. Takahashi, ZJapanR 38 (2014), 109 ff.

[102] Im Überblick H. Kansaku/M. Bälz, in: HB Japanisches Recht, § 3 Rn. 34 ff. sowie O. Kirchwehm, Reformen des Corporate Governance (2010), 82 ff.

[103] Takeo Suzuki, in: *Tanaka Kōtarō-Sensei kanreki kinen* [Festschrift für Prof. *Kōtarō Tanaka* zum 60. Geburtstag] (Tōkyō 1952), zitiert nach H. Kanda/T. Fujita, in: *Kaisha-hō to keizaigaku*, 453, 463 (Übers. des Verf.).

tionsquelle.[104] In der Corporate Governance-Debatte spiegelte sich nun auch in Japan der starke Einfluss der ökonomischen Analyse wider. Anstelle der „Angemessenheit" einer Norm rückte die Frage nach deren Effektivität in den Fokus. Eng damit im Zusammenhang stehen Verteilungsfragen unter den einzelnen Stakeholdern sowie die Ausrichtung des Unternehmens.[105]

Frühe, von der Debatte um die Corporate Governance getriebene Reformen standen so vor allem unter im Zeichen der Beseitigung von rechtlichen Hindernissen und der Prämisse der Deregulierung (*kisei kanwa*, wörtlich „Erleichterung der Regulierung").[106] So nahm die japanische Rechtswissenschaft die Diskussion um die Vertragsfreiheit in den *corporate chapters* der US-Bundesstaaten (sogenanntes *opting-out*) zum Anlass, die Rolle der Satzungsstrenge zu überdenken. Die Deregulierung im japanischen Gesellschaftsrecht ist nicht zuletzt Ausdruck einer Sichtweise, die die inneren Verhältnisse der Gesellschaft weitestgehend ihrer autonomen Ausgestaltung überlassen möchte. Ein unterschiedslos für geschlossene wie börsennotierte Gesellschaften zwingend ausgestaltetes Recht der Aktiengesellschaft schien auch in Japan nicht mehr erstrebenswert.[107] Die Diskussion kumulierte in der Einführung der Gesellschaft mit Ausschüssen (*i'in-kai setchi kaisha*) als zweite Option für die Organisationsverfassung börsennotierter Gesellschaften im Jahr 2002. Diese lehnt sich an das *board of directors* als in erster Linie mit Aufsichtsfunktion ausgestattetes *monitoring board* nach US-amerikanischem Vorbild an. Man vertraute hierbei darauf, dass Unternehmen letztendlich die für sie passende Organisationsverfassung selbst wählen würden, mit bestenfalls bedingtem Erfolg.[108] Die Kodifizierung des Gesellschaftsrechts in einem eigenen Gesetz, dem *Kaisha-hō*, im Jahr 2005 führte schließlich zur weitgehenden Liberalisierung der Regeln für geschlossene Aktiengesellschaften. Im Gegenzug fiel die Gesellschaft mit beschränkter Haftung (*yūgen gaisha*) als eigenständige Gesellschaftsform weg.[109]

---

[104] Etwa K. Iwai, 53:2 The Japanese Economic Review 243 (2002); S. Ochiai, in: *Kigyō to tō*, 3, 10: „Das Problem, wem das Management die Sorgfalt im Rahmen der Geschäftsführung schuldet, wird in Japan nicht genug diskutiert, in Amerika gibt es aber eine entsprechende Debatte." (Übers. des Verf.).

[105] H. Kanda/T. Fujita, in: *Kaisha-hō to keizaigaku*, 453, 474f.; K. Egashira, Fundamental issues, 291, 294f.; kritisch aber etwa T. Miyajima, Essenz, 154. Zum Einfluss der ökonomischen Analyse auf die parallele Debatte in Deutschland siehe etwa H. Eidenmüller, JZ 2001, 1041, 1041ff.; J. von Hein, Rezeption, 16f. m.w.N.

[106] M. Dernauer, ZJapanR 20 (2005), 123, 158f.; H. Kansaku/M. Bälz, in: HB Japanisches Recht, § 3 Rn. 44; vgl. zum Finanz- und Kapitalmarktrecht H. Baum, RabelsZ 64 (2000), 633, 657.

[107] M. Maeda, in: FS Kawamata, 139, 151ff.; E. i. Izumida, *Kaisha-hōron* (2009), 19f.

[108] Siehe nur R. J. Gilson/C. J. Milhaupt, 53 Am. J. Comp. L 343, 344 (2005).

[109] H. Kansaku/M. Bälz, in: HB Japanisches Recht, § 3, Rn. 40ff.; M. Dernauer, ZJapanR 20 (2005), 123ff.

Einige Reformen, wie die Reduzierung der Kosten für Aktionärsklagen im Jahr 1993, aber auch die Einführung einer Wahlmöglichkeit für die Ausgestaltung der Corporate Governance Strukturen waren eher politisch induziert denn von der japanischen Wirtschaft gefordert. Mit einem anderen Teil der Reformen, etwa der Gestattung von Aktienrückkäufen reagierte der japanische Gesetzgeber auf den Ruf aus der unternehmerischen Praxis nach mehr Flexibilisierung.[110] Hervorzuheben ist hierbei gerade die Reform des Handelsgesetzes von 1997, weniger aufgrund der damit erfolgten Einführung von Aktienoptionen als vielmehr aufgrund ihrer Entstehungsgeschichte: Hier gelang es Interessenverbänden, durch den direkten Zugang zu Abgeordneten den oben geschilderten, langwierigen Gesetzgebungsprozess durch die Ministerien und die von ihnen einberufenen Kommissionen zu umgehen (sogenannte *floor bill*).[111] Diesem Vorgang wird nachgesagt, die Machtverhältnisse in der Regulierung nachträglich zugunsten einzelner reformwilliger und besonders lobbystarker Stimmen aus der Wirtschaft verschoben zu haben.[112] Auch soll dies zu nicht unerheblichen Verstimmungen unter Japans bedeutenden Gesellschaftsrechtswissenschaftlern geführt haben.[113] In der Praxis blieben solche direkten Interventionen von außen zwar die Ausnahme. Ob die Reformen geeignet waren, die japanische Corporate Governance wesentlich zu prägen, ist auch eine Frage des Betrachtungswinkels.[114] Ein Wandel ist dabei gerade in einzelnen Teilbereichen auszumachen, etwa der Verbreitung von Compliance-Maßnahmen und der signifikant gestiegenen Bedeutung von Anti-Takeover-Maßnahmen[115] sowie der Zunahme von Aktionärsklagen (*kabunushi daihyō soshō*).[116] In jedem Fall erfuhren Corporate Governance-Themen nun weitaus größere Beachtung sowohl im Justizministerium (*Hōmu-shō*, Ministry of Justice – „MoJ") als auch im Wirtschaftsministerium (*Keizai sangyō-shō*, Ministry of Economy, Trade and Industry – „METI").[117]

---

[110] Z. Shishido, in: Corporate Governance in Japan, 310, 319ff. der zwischen *demand pulled* and *policy pushed* Reformen unterscheidet.

[111] Gesetz Nr. 72/1997, *Shōhō-tō no ichibu wo kaisei suru hōritsu* [Reformgesetz u. a. zu einem Teil des Handelsgesetzes]; siehe Z. Shishido, in: Corporate Governance in Japan, 310, 315; C. J. Milhaupt, in: Institutional change, 97, 109f.

[112] H. Morita, ZJapanR 37 (2014), 25, 29f.

[113] *Tsukasa Miyajima* in seiner Abschiedsvorlesung an der Keiō Universität am 20. Januar 2016.

[114] B. E. Aronson, 8:2 Washington University Global Studies Law Review 223, 235 (2009); Č. Pejović, ZJapanR 35 (2013), 107, 151; siehe auch B. E. Aronson et al., in: Routledge Handbook, 103, 104f.

[115] B. E. Aronson, 8:2 Washington University Global Studies Law Review 223, 239 (2009).

[116] H. Baum/M. Bälz, in: HB Japanisches Recht, § 1, Rn. 36.

[117] Z. Shishido, Hōshakaigaku 66 (2007), 104, 111.

II. Verlagerung der Regulierungsaktivität zur Börse

An Bedeutung auch für die Praxis gewann die Debatte um die Kontrollstrukturen in börsennotierten Unternehmen erst in jüngerer Zeit und in Folge der zunehmenden Bemühungen der TSE um die Corporate Governance der dort gelisteten Unternehmen.[118] Dabei spielte auch die Ausrichtung an den Vorlieben institutioneller Investoren eine gewichtige Rolle.[119]

Dass Handlungsbedarf bestand, zeigten Fälle wie der Ausschluss des Eisenbahnunternehmens *Seibu Tetsudo* wegen Falschangaben sowie die Bilanzfälschung beim Kosmetikunternehmen *Kanebo*, vor allem aber die Etablierung von Abwehrmaßnahmen gegen feindliche Übernahmen, sogenannte *poison pills*.[120] Dies hatte zur Folge, dass die TSE sich nunmehr verstärkt um die Corporate Governance der bei ihr gelisteten Gesellschaften bemühte. In die Börsenzulassungsregeln wurde 2007 ein neuer Teil implementiert, der sogenannte Code of Corporate Conduct, der zwei Jahre darauf auch mit Durchsetzungsmechanismen versehen wurde.[121] Etwa zeitgleich mit der globalen Finanzkrise infolge des Zusammenbruchs der US-amerikanischen Investmentbank *Lehman Brothers* 2008 trat Japan in eine weitere Reformphase ein. Seitdem steht vor allem die Annäherung der japanischen Corporate Governance an den globalen Standard im Mittelpunkt.[122] Auf das nicht unkomplizierte Verhältnis zwischen der Regulierung von Corporate Governance durch Gesellschafts- und Kapitalmarktrecht im Allgemeinen sowie die Natur der Corporate Governance-Regulierung durch die TSE im Speziellen wird zurückzukommen sein.[123] An dieser Stelle soll zunächst der Hinweis genügen, dass die TSE sich jedenfalls seit Mitte der ersten Dekade des neuen Jahrtausends kontinuierlich und mit steigendender Intensität um die Verbesserung der Corporate Governance der börsennotierten Gesellschaften bemühte.

III. Defensive (mamori no) und „wachstumsorientierte" (seme no) Governance

Zwar war bereits die Einführung der Gesellschaft mit Ausschüssen im Jahr 2002 maßgeblich von Effizienzerwägungen getragen.[124] In der Wahrnehmung der japanischen Wirtschaft dominierten aber, jedenfalls bis etwa ins Jahr 2010,

---

[118] N. Matsuo, *Kin'yū shōhin torihiki-hō*, 14 ff.; H. Kanda et al., Shōji Hōmu 2056 (2015), 4, 15 f.; M. Ōshida, Himeji Hōgaku 41–42 (2004), 121, 123.

[119] H. Kanda, Kin'yū Hōmu Jihō 1909 (2010), 18, 22 ff.

[120] K. Kawamura, Shōji Hōmu 1940 (2011), 51, 53.

[121] H. Kanda, Jurisuto 1484 (2015), 14, 15 ff.; H. Kawamura, Hōritsu jihō 91:3 (2019), 25, 26; hierzu unten Kapitel 3. B. II. 2.

[122] H. Kanda, Kin'yū Hōmu Jihō 1909 (2010), 18, 22.

[123] Siehe unten insbesondere Kapitel 3. B. V.

[124] H. Kanda, Kin'yū Hōmu Jihō 1909 (2010), 18, 22.

Compliance-Aspekte mit einem Fokus auf der Vorbeugung von Gesetzesverstößen, Risiko- und Krisenmanagement und dergleichen die Debatte. Im japanischen Schrifttum wird dies als „schützende", das heißt defensive Seite der Governance (*mamori no gabanansu*) bezeichnet.[125] Mit der erneuten Wahl *Shinzō Abes* zum Premierminister im Jahr 2012 wurde der Corporate Governance-Diskurs für die Zwecke der Wirtschaftspolitik neu entdeckt. Ziel der sogenannten „wachstumsorientierten Governance" (*seme no gabanansu*) soll nicht länger die Stabilität des Unternehmens, sondern dessen Profitabilität sein (1).[126] Unternehmensskandale, die auch in dieser Zeit aufgedeckt wurden, hatten dagegen nur geringen Einfluss auf die Reformen (2).

1. Corporate Governance als Teil der politischen Agenda

Die japanische Corporate Governance Reform der letzten Jahre muss im politischen Kontext gesehen werden. Die liberal-konservative Liberal Democratic Party of Japan (*Jiyū minshu-tō*, „LDP") ist die klassische Regierungspartei Japans und stellte seit 1955 fast durchgängig den Ministerpräsidenten. Sie unterhält beste Verbindung zur Wirtschaft und deren Dachorganisation, der Japan Business Federation (*Keidanren*) – lange Zeit einer der größten Gegner für die Einführung externer Direktoren.[127] Nach einer Reihe von politischen Skandalen sah sich die LPD zum erst zweiten Mal in die Opposition verbannt. Eines der Anliegen der neuen Regierung unter der Democratic Party of Japan (*Minshu-tō,* „DPJ") war die Reform des Gesellschaftsrechts, freilich unter stärker gewerkschaftsnahen Vorzeichen.[128] Die DPJ-Regierung selbst agierte indes wenig glücklich, vor allem war sie mit der Bewältigung der sogenannten Dreifachkatastrophe von September 2011, dem großen Erdbeben von Tōhoku mit Tsunami und Reaktorunglück von Fukushima, überfordert. Die nach dem erneuten Regierungswechsel 2012 neu konstituierte liberal-konservative Koalition aus LDP und der buddhistische geprägten *Kōmei-tō* übernahm das von der Vorgängerregierung angestoßene Projekt der Gesellschaftsrechtsreform und führte dieses zum Abschluss. Bereits im „Manifest" der LDP von 2010 findet sich der Gedanke, eine für die Bürger gesunde Wirtschaft und Wirtschaftswachstum mit einem integrierten Corporate Governance-Rahmen aus Unternehmens- und Ka-

---

125 H. Kanda und K. Karatsu, in: H. Kanda et al., Soft Law Journal 24 (2014), 51, 60 ff.

126 METI, CGS Report 2015 (2015), 3; siehe auch A. Tokutsu, ZJapanR 48 (2019), 111, 112 f.; J. Buchanan et al., ZJapanR 47 (2019), 69, 96 ff.

127 G. Gotō et al., in: Independent Directors in Asia, 135, 164 f.

128 G. Gotō, ZJapanR 35 (2013), 13, 15 f.; vgl. zur Einführung sog. Vertreter der Arbeitnehmer in den Prüferrat (*jūgyō'in daihyō kansayaku*): MoJ, *Hōseishingi-kai kaisha-hō seibu dai 16 kaigi, Kaisha-hōsei no minaoshi ni kansuru chūan shi'an* [16. Sitzung der Legislativkommission zum System des Gesellschaftsrechts: Zwischenentwurf zur Reform des Systems des Gesellschaftsrechts], 7. Dezember 2011, 6, abrufbar unter: <http://www.moj.go.jp/content/000082647.pdf>.

pitalmarktrecht zu verbinden.[129] Der Fokus auf Themen der Corporate Governance entsprach zunächst eher einem persönlichen Projekt einzelner Politiker, denn einem breiten Konsens innerhalb der Partei. Zumindest nach außen wurde dieses zunehmend mit der Wirtschaftspolitik *Shinzō Abes* assoziiert.[130]

In Anlehnung an die japanische Metapher von den „drei Pfeilen", die zwar einzeln schwach sind, sich im aber Bündel nicht brechen lassen, kombiniert die als „*Abenomics*" bekannt gewordene Wirtschaftsreform in der *Japan Revitalization Strategy* von 2013 „mutige Finanzpolitik" (*daitan no kin'yu seisaku*), „flexible Fiskalpolitik" (*kidō-teki na zaisei seisaku*) und eine „Wachstumsstrategie zur Förderung privater Investitionen" (*minkantōshi wo kanki suru seichō senryaku*). Im Rahmen der Wachstumsstrategie nimmt die Reform der Corporate Governance eine zentrale Rolle ein.[131] Das Ziel, Wirtschaftswachstum auf mittel- bis langfristige Sicht durch Steigerung der Produktivität (*kasegu chikara*, wörtlich *earning power*) zu generieren, zieht sich durch alle drei Reformvorhaben in der Corporate Governance-Regulierung des *Abe*-Kabinetts: den Stewardship Code von Februar 2014, die zum Mai 2015 in Kraft getretene Reform des Gesellschaftsgesetzes von 2014 und den Erlass des Corporate Governance Codes mit Wirkung zum Juni 2015. Die Zielsetzung kommt deutlich in der Wachstumsstrategie aus dem Jahr 2014 zum Ausdruck. Hierin unterstreicht die Regierung, dass eine stärker auf Produktivität getrimmte Corporate Governance allen Stakeholdern zugutekommt:

> „In order to increase corporate profits through improvement of productivity and ensure that the increased profits lead to increase of wages, reinvestment and the return of profits to shareholders, it is important – primarily for global companies – to achieve sustainable increases in corporate value by giving consideration to the cost of capital and enhancing corporate governance. […] Principles outlining key elements of good governance should help companies' initiatives towards sustainable growth of their corporate values and would thereby contribute to the prosperity of the companies themselves, investors and, ultimately, the whole economy. The ‚Corporate Governance Code' will be drafted, specifying the principles of corporate governance to be applied by listed companies."[132]

Der Gedanke, eine „gute" Corporate Governance stärke die Wettbewerbsfähigkeit der Unternehmen und wirke sich positiv auf die langfristige Entwicklung

[129] LDP, *Jimintō seisaku shū J-Fairu 2010 (Manifesuto)* [LDP Politiksammlung J-File 2010 (Manifest)], 7, Nr. 28, abrufbar unter: <https://www.jimin.jp/policy/manifest/>.

[130] G. Gotō et al., in: Independent Directors in Asia, 135, 168 f. unter Hervorhebung der politischen Ambitionen des Vorsitzenden des Policy Research Council der LDP, *Yasuhisa Shiozaki*; siehe auch J. Buchanan et al., ZJapanR 47 (2019), 69, 99, die stärker auf *Abe* verweisen.

[131] Shushō Kantei, Revitalization Strategy 2014, 28. In der „zweiten Phase der Abenomics" formulierte *Abe* drei „neue Pfeile", die neben der Wirtschaft nun stärker auch auf soziale Fragen eingehen, siehe Kabinettsbeschluss vom 2. Juni 2016, *Nippon Ichioku-sō Katsuyaku Puran* [Japan's Plan for Dynamic Engagement of All Citizens], abrufbar unter: <http://www.kantei.go.jp/jp/singi/ichiokusoukatsuyaku/pdf/plan1.pdf>.

[132] Shushō Kantei, Revitalization Strategy 2014 (2014), 30 f. = 34 f. (in der engl. Übers).

der Wirtschaft insgesamt aus, ist auch der europäischen Debatte nicht fremd.[133] So wurde die Notwendigkeit eines Corporate Governance Kodex in Deutschland noch mit der Nachfrage eines solchen Instruments und dem Bedürfnis nach der Erklärung deutscher Regelungen auch gegenüber ausländischen Investoren erklärt.[134]

Zwar geht es auch bei den hier besprochenen Reformen vordergründig um die Attraktivität des Investitionsstandorts Japan.[135] Damit verbunden ist aber nicht weniger als ein Kulturwandel in der Corporate Governance hin zu mehr Produktivität und besserem Einsatz der durchaus vorhandenen Kapitalreserven gerade im Interesse der Aktionäre.[136] Mit diesen sehr abstrakten Zielen verband die Reform des Gesellschaftsgesetzes von 2014[137] eine Reihe konkreter Regelungen, gerade im Bereich der Leitungsorgane japanischer Gesellschaften: Durch Bestellung externer Direktoren und die Eröffnung einer dritten Option für die Ausgestaltung der Leitungsorgane, die Gesellschaft mit Kontrollausschuss (*kansa-tō i'inkai setchi kaisha*), sollen japanische Unternehmern empfänglicher für die Interessen der Aktionäre werden[138] – erklärtermaßen, ohne gleichzeitig den Exzessen des Shareholder-Kapitalismus US-amerikanischer Prägung nacheifern zu wollen.[139]

2. *Unternehmensskandale und ihre (ausbleibenden) Folgen*

Treiber von Corporate Governance-Reformen sind nicht selten Unternehmensskandale.[140] Es verwundert also kaum, dass gerade Bilanzskandale bei zwei ehemaligen Vorzeigeunternehmen schwere Schatten auf die Funktionsfähigkeit der japanischen Corporate Governance geworfen haben. Umso bemerkenswerter ist der Umstand, dass diese auch international wahrgenommenen Fälle spektakulärer „Bilanzkosmetik" für die Entwicklung der Corporate Governance-Regulierung in den letzten Jahren bislang allenfalls eine untergeordnete Rolle spielten.[141]

---

[133] H. Kansaku, Shōji Hōmu 2068 (2015), 13, 14f.; vgl. Europäische Kommission, Grünbuch Corporate Governance-Rahmen (2011) sowie OECD Grundsätze 2015, 9: „wirtschaftliche Effizienz, nachhaltiges Wachstum und finanzielle Stabilität".

[134] T. Baums, Bericht Baums-Kommission, 28 Rn. 26.

[135] H. Kansaku, in: Perspectives, 243, 266.

[136] F. Waldenberger, 29:3 Japan Forum 354, 362f. (2017); G. Gotō, 15:2 Berkeley Business Law Journal 365, 392ff. (2018).

[137] Gesetz 90/2014, *Kaisha-hō no ichibu wo kaisei suru hōritsu* [Gesetz zur Reform eines Teils des Gesellschaftsgesetzes] („Reformgesetz 2014"), später geänderte Artikel i. d. F. des Gesetzes werden mit GesG 2015 gekennzeichnet.

[138] K. Ōsugi, in: Reforming Corporate Governance, 181, 214.

[139] S. Iwahara, Jurisuto 1472 (2014), 11, 14f.

[140] K. J. Hopt, ZHR 175 (2011), 444, 461f.

[141] G. Gotō, in: Kaisei 2014, 1, 11; G. Gotō et al., in: Independent Directors in Asia, 135, 143.

Unter höchst dramatischen Umständen informierte im Jahre 2007 der junge englische CEO *Michael Woodford* über die Medien die Öffentlichkeit über jahrelange systematische Bilanzfälschungen beim Kameraproduzenten *Olympus Corporation*. Ausweislich des Berichts der hierzu eingesetzten Kommission hatte *Olympus* in den Jahren 1999 bis 2003 unter Billigung des Managements mit der Hilfe externer Berater und eines komplizierten „Verlust-Separierungs-Plans" Verluste in Höhe von über JPY 117,6 Milliarden (ca. EUR 890 Millionen) verschleiert und in Folge weitere JPY 138,8 Milliarden (ca. EUR 1,05 Milliarden) zur Aufrechterhaltung des Plans aufgewandt, der unter anderem die Auslagerung von verlustbringenden Aktiva zu überzogenen Preisen in Tochtergesellschaften vorsah.[142] Für das Unternehmen hatte dies dramatische Folgen. Nicht nur brach der Aktienkurs um nahezu 80 % ein und *Olympus* entging nur knapp einem Ausschluss vom Handel an der TSE; auch sah sich das Unternehmen strafrechtlichen Ermittlungen sowie Aktionärsklagen ausgesetzt.[143] Von ähnlichem Ausmaß waren die Bilanzfälschungen, die der Elektronikkonzern *Toshiba Corporation* im Juli 2015 in Folge von Ermittlungen gegen die Gesellschaft bekannt geben musste. Ein von *Toshiba* in Auftrag gegebener Bericht externer Experten bezifferte die inkorrekt ausgewiesenen Gewinne zwischen 2008 und dem Ende des dritten Quartals 2014 auf insgesamt JPY 151,8 Milliarden (etwa EUR 1,149 Milliarden). Eine der Hauptursachen sah der Expertenbericht in den unrealistischen Zielen seitens der Geschäftsführung und dem damit verbundenen Druck, der auf den unteren Geschäftsbereichen lastete. Die internen Kontrollmechanismen der Gesellschaft hätten vollumfänglich versagt, die Fehlpraxis sei unbehebbar institutionalisiert gewesen.[144]

Verallgemeinerungen über den Einzelfall hinaus zum Zustand der japanischen Corporate Governance in Medienberichten, aber auch in der juristischen Diskussion ließen nicht lange auf sich warten.[145] Dabei galten beide Unternehmen vor den Skandalen geradezu als Musterbeispiel guter Corporate Governance: *Olympus* verfügte über immerhin drei externe Direktoren; auch *Toshiba* – organisiert als Gesellschaft mit Ausschüssen – wurde vor dem Skandal als positives Beispiel einer Hybridisierung des Leitungssystems japanischer Unternehmen geführt. Trotz aller fallspezifischen Einzelheiten und der jeweiligen „Unternehmenskultur", die das einberufene Drittparteienkomitee bei *Toshiba* als Mitursache ausgemacht hat,[146] illustrieren die Fälle nach Einschätzung von *Bruce E. Aronson* auch die Schwächen des japanischen Corporate Governance-Systems: Im Falle von *Olympus* ließ die faktische Macht des Präsidenten,

---

[142] Olympus Corporation, Olympus Investigation Report (2011), 117.

[143] B. E. Aronson, ZJapanR 35 (2013), 85, 93 ff.

[144] Toshiba Corporation, Toshiba Investigation Report (2015), 54 ff.

[145] Siehe etwa The Economist vom 3. November 2012, 68 und 25. Juli 2015; K. Ōsugi, Nikkei vom 3. September 2015 (Chōkan).

[146] Toshiba Corporation, Toshiba Investigation Report (2015), 61 f.

über seine Nachfolger und die Zusammensetzung des Verwaltungsrates zu entscheiden, das Management willfährig werden; die Berufung von externen Mitgliedern in den Verwaltungsrat der Form halber bewirkte noch keine effektive Aufsicht.[147]

Für die folgenden Reformen waren die Skandale indes fast ohne Einfluss. Das mag nicht zuletzt den äußeren Umständen zu der Zeit geschuldet sein. So überschatteten die Folgen der sogenannten Dreifachkatastrophe jegliche öffentliche Aufmerksamkeit (*salience*) für das so komplizierte Thema der Corporate Governance Reform, weshalb die Themen zunächst auf Arbeitsebene ohne Einflussnahme der politischen Führung verhandelt wurden.[148] Die Ministerialbürokratie ist ohnehin überzeugt, „*hard cases make bad law*."[149] Unter japanischen Gesellschaftsrechtlern haben die Vorfälle dazu geführt, den Fokus weniger auf die formellen Regeln der Corporate Governance als vielmehr auf deren Ausführung zu legen.[150] Defensive und wachstumsorientierte Governance-Regeln sollen so nicht als Gegensatzpaar zu verstehen sein. Vielmehr bilden diese als komplementäre Teile ein einheitliches Konzept, in dem der defensive Fokus auf Vorsorge und Krisenmanagement die unabdingbare Voraussetzung für wachstumsorientierte Governance bildet.[151]

IV. Corporate Governance als Daueraufgabe

Nach Jahren der Deregulierung im Bereich des Gesellschaftsrechts ist Japan nunmehr in eine neue, von Regulierung geprägte Phase eingetreten.[152] Anders als in den 2000er Jahren überlässt der Gesetzgeber das Thema der Corporate Governance nicht mehr weitestgehend der Börse, sondern greift selbst wieder stärker in das Gefüge ein. Dabei ist das Reformgesetz 2014 mit seinem *comply-or-explain*-Mechanismus zur Bestellung externer Direktoren bei großen, im Wesentlichen börsennotierten Unternehmen die erste Reform, die spezifisch auf die Wünsche institutioneller Investoren zugeschnitten ist.[153]

Die Entwicklung ist maßgeblich von der Annäherung an den *global standard* bestimmt. Durch eine Neudefinition der Aufgaben des Verwaltungsrates in erster Linie als Überwachungsorgan und eine weitgehende Delegation von Geschäftsführungsaufgaben auf das Management erhofft man sich in Japan eine effizientere Aufgabenteilung, vor allem aber eine stärkere Ausrichtung an den

---

[147] B. E. ARONSON, in: Independent Directors in Asia, 431, 447 ff.

[148] M. MATSUNAKA, in: Reforming Corporate Governance, 429, 472 ff.; G. GOTŌ ET AL., in: Independent Directors in Asia, 135, 166.

[149] H. NAKAHARA, in: Reforming Corporate Governance, 407, 424 f.

[150] K. ŌSUGI, Shōji Hōmu 2109 (2016), 4, 10.

[151] K. TAKEI, Jurisuto 1484 (2015), 60, 67; vgl. M. YŪFU/T. NAKANO, Jurisuto 1484 (2015), 18, 19.

[152] H. BAUM, in: FS Hopt II, 33, 35 f.

[153] S. IWAHARA, Jurisuto 1472 (2014), 11; G. GOTŌ, in: Kaisei 2014, 1, 11 f.

Interessen der Aktionäre.[154] Ein solch gravierender Wandel vollzieht sich nicht über Nacht und auch die japanischen Schritte in der Reform, wie gut an der „Anreizschraube" zur Einführung unabhängiger Direktoren ersichtlich, sind nicht immer groß. Sie müssen es auch nicht sein. Die japanische Exekutive verfügt mit Corporate Governance Code und Stewardship Code über neue Soft Law-Instrumente, mit denen sich ein regulatorisches Ziel ohne den langwierigen Prozess einer formalen Gesetzesänderung leichter und durch die – zumindest in der Theorie bestehende – Flexibilität auch zielgenauer auf große börsennotierte Unternehmen ausrichten lässt. Hohe Umsetzungsraten sprechen dafür, dass aus Sicht der Regulatoren eine solche weiche Regelung nicht zwangsläufig weniger bindend wirkt als eine gesetzliche.[155] Dies bedeutet nicht, dass der Gesetzgeber sich gänzlich zurückgezogen hätte, im Gegenteil. Gleich die nächste größere Reform des Gesellschaftsgesetzes, die erste nach Eintritt in die neue *Reiwa*-Ära, schaffte den mit dem Reformgesetz 2014 eingeführten *comply-or-explain*-Mechanismus im Gesellschaftsgesetz mit Wirkung zum März 2021 wieder ab.[156]

Noch weitergehende Anforderungen aber sieht der Corporate Governance Code in seiner dritten Fassung von 11. Juni 2021 vor[157] – das Konzept hat sich etabliert. Die Schlüsselrolle in diesem Prozess kommt dem *Council of Experts Concerning the Follow-Up of Japan's Stewardship Code and Japan's Corporate Governance Code*[158] („Follow-up Council") zu, einer an der FSA eingerichteten Expertenkommission, deren Aufgabe es ist, die Umsetzung der Kodizes in der Praxis zu überwachen.[159] In seinen Sitzungen hört das *Follow-up Council* Vertreter der betreffenden Regelungsadressaten, aber auch andere Experten an und stellt seine Ergebnisse in Form von Meinungspapieren zur Diskussion. Diese wiederum bilden die Grundlage für die Revision der Kodizes, die etwa alle drei Jahre erfolgen sollen. Die langsame, aber stätige Einführung von Neuerungen und Verschärfungen hält den Reformdruck aufrecht und institutionalisiert diesen. Damit hat das japanische Gesellschaftsrecht neue Regelungsebenen hinzugewonnen, die bestehende Probleme gezielt und mit der erforderlichen Flexibilität adressieren, vor allem aber auch schneller auf globale Trends reagieren können. Es ist daher davon auszugehen, dass auch in Zukunft Soft Law in der Corporate Governance-Regulierung als weiteres Werkzeug im regulatorischen Arsenal eine erhebliche Rolle spielen wird.[160]

---

[154] Etwa K. Ōsugi, Kin'yū kenkyū 32:4 (2013), 105, 122; G. Gotō, 15:2 Berkeley Business Law Journal 365, 393 f. (2018).

[155] Siehe unten Kapitel 4. A. III.

[156] Siehe unten Kapitel 4. A. V. 2.

[157] Follow-up Council, Opinion V (2020) und CG Revision 2021.

[158] Jap. *Suchuwādoshippu Kōdo oyobi Kōporēto Gabanansu Kōdo no Forōappu Kaigi.*

[159] Follow-up Council, Opinion I (2015).

[160] Ähnlich auch J. Buchanan et al., ZJapanR 47 (2019), 69, 101.

Kapitel 3

Selbstregulierung und Soft Law im Mehrebenensystem

Der Gesetzgeber ist nicht der einzige Regelungsakteuer im Gesellschaftsrecht. Regelungen von Relevanz für die Corporate Governance japanischer Unternehmen finden sich so nicht nur im Hard Law, also im japanischen Gesellschaftsgesetz und in der Kapitalmarktgesetzgebung (A), sondern gerade auch als Teil der – gleichwohl im Gesetz angelegten – Selbstregulierung (*jishu kisei*) der Börsen in den Börsenzulassungsregeln (B). Hier ist auch der japanische Corporate Governance Code verankert (C). Nach dem regulatorischen Konzept soll dieser zusammen mit dem Stewardship Code die zwei „Wagenräder" für die Reform der japanischen Corporate Governance bilden, die durch den konstruktiven Dialog zwischen Gesellschaften und institutionellen Investoren angetrieben werden (D). Verschiedene Regulierungsebenen ergänzen sich so zu einem komplexen „Mehrebenensystem",[1] in dem neben dem Staat auch verschiedene Private Standards setzen (E). In Bereichen, in denen das Hard Law keine eigenen Regelungen trifft, tritt Soft Law komplementär neben dieses. Weit häufiger setzt es strengere Anforderungen als die Regelungen des Hard Laws und entwickelt diese so proaktiv weiter.[2] Für die Verortung der Rolle von Soft Law im japanischen Gesellschaftsrecht ist es daher unerlässlich, sich einen Überblick über die verschiedenen Regelungsebenen zu verschaffen.

A. Formelles und materielles Gesellschaftsrecht

Der Abbau zwingender Vorschriften im Gesellschaftsrecht ging einher mit einer schrittweisen Verlagerung der Regulierungsaktivität. Zwar ist auch das 2005 verabschiedete Gesellschaftsgesetz im Kern vom Leitbild eines passiven Investors geprägt[3] und setzt in einigen Regelungen die Existenz eines Finanz-

---

[1] Vgl. für Deutschland H. Fleischer, ZGR 2011, 155, 163; für die Vereinigten Staaten M. A. Eisenberg, 2 Berkeley Business Law Journal 167, 183 (2005). Der für die Regulierung in der Europäischen Union bestimmende Subsidiaritätskonflikt zwischen der EU und den Mitgliedstaaten bzw. der zwischen den Bundesstaaten der USA und der föderalen Gesetzgebung findet in Japan keine Entsprechung.

[2] S. Maeda, in: FS Kawamoto, 91, 97 f.; X. Wen, Soft Law Journal 22 (2013), 141, 145.

[3] H. Kansaku/M. Bälz, in: HB Japanisches Recht, § 3, Rn. 44.

marktes voraus. Die spezifischen Corporate Governance-Probleme der derzeit ca. 3.700 an der TSE notierten Gesellschaften (*jōjō kaisha*) regelt das Gesellschaftsgesetz dagegen nur unvollständig (I). Neben diesem „formellen" Gesellschaftsrecht finden sich gesellschaftsrechtliche Regelungen zunehmend auch im Kapitalmarktrecht, das sich aber nur bedingt für die Regulierung der Corporate Governance eignet (II). Der eigentliche Hebel liegt stattdessen in den Regeln der Börse unter Aufsicht der Financial Securities Agency und wurde erst durch einen Paradigmenwechsel in der Regulierung ermöglicht (III).

I. Grenzen des Gesellschaftsgesetzes

Das Gesellschaftsgesetz deckt eine beträchtliche Bandbreite höchst unterschiedlicher Gesellschaften ab, von denen mindestens 1,95 Millionen als Aktiengesellschaft (*kabushiki kaisha*) organisiert sind. Hinzu kommen noch ungefähr 1,53 Millionen sogenannte *toku-rei yūgen gaisha*, die noch als Gesellschaften mit beschränkter Haftung unter dem alten Handelsgesetz gegründet wurden und für die im Grundsatz ebenfalls die Regeln für die Aktiengesellschaft gelten. Das ist der überwiegende Anteil der in Japan steuerpflichtigen Gesellschaften.[4]

Das Gesetz reagiert auf die Diversität der von den Regelungen betroffenen Unternehmen, indem es die Regeln für geschlossene Aktiengesellschaften – ähnlich der deutschen GmbH – weitestgehend flexibel ausgestaltet. Auch kleineren und mittelständischen Unternehmen wird so der Weg in die Rechtsform und damit unter strengere Bilanzierungsvorschriften eröffnet.[5] Sonderregeln stellen grundsätzlich darauf ab, ob es sich um eine offene Gesellschaft handelt (Art. 2 Nr. 5 GesG). So müssen offene Gesellschaften gemäß Art. 327 Abs. 1 Nr. 1 GesG über einen Verwaltungsrat (*torishimari yakkai*) aus mindestens drei Mitgliedern verfügen. Weitere Vorgaben bestehen, sobald das Stammkapital einen Schwellenwert von JPY 500 Millionen (etwa EUR 4 Millionen) bzw. die Gesellschaft Verbindlichkeiten über JPY 20 Milliarden (etwa EUR 160 Millionen) angehäuft hat. Solche „große" Gesellschaften im Sinne des Art. 2 Nr. 6 GesG müssen unter einer der von Art. 328 Abs. 1 GesG vorgesehenen Optionen für die Organisationsverfassung wählen: Die tradierte und lange Zeit weit dominierende Organisationsverfasssung sieht neben dem Verwaltungsrat einen ebenfalls von den Aktionären gewählten Prüferrat (*kansa yakkai*) vor, der allerdings anders als der deutsche Aufsichtsrat über keine Personalkompetenz verfügt. Alternativ ermöglicht das Gesetz die Wahl eines von zwei Ausschuss-

---

4 H. Kanda, *Kaisha-hō*, 7 f.: Zahlen Stand Oktober 2019; teils abweichende Zahlen bei K. Egashira, *Kabushiki Kaisha-hō*, 3, der von etwa einer Million inaktiver Gesellschaften ausgehnt; zur Weiterbehandlung der ehemaligen *yūgen gaisha* als *kabushiki kaisha* siehe H. Kansaku/M. Bälz, in: HB Japanisches Recht, § 3 Rn. 2.

5 K. Egashira, *Kabushiki Kaisha-hō*, 6; J. Westhoff, in: HB Japanisches Recht, § 5 Rn. 43.

modellen, die eine mehr oder weniger prominente Rolle externer Direktoren im Verwaltungsrat vorsehen.[6] Bis zur Einführung des *comply-or-explain*-Mechanismus mit dem Reformgesetz 2014 gab es für große börsennotierte Gesellschaften mit Ausschüssen dagegen keine generellen Vorgaben für die Ernennung von externen Direktoren.[7]

Grund für die Anknüpfung an die Höhe des Eigenkapitals ist wohl, dass die Anteile nicht-börsennotierter Gesellschaften in Japan in aller Regel vinkuliert sind.[8] Zudem wurde die Ausgestaltung des Verhältnisses von Organen und Aktionären lange Zeit vor allem als gesellschaftsinterne Frage gesehen. So enthält das Gesellschaftsgesetz nur wenige Regeln, die das Vertrauen in den Sekundärmarkt (*ryūtsū shijō*) für Aktien betreffen.[9] Für die spezifischen Belange börsennotierter Gesellschaften bedeutet dies, dass entsprechende Regelungen anderweitig getroffen werden müssen.[10]

II. Materielles Gesellschaftsrecht in der Kapitalmarktregulierung

„Materielles Gesellschaftsrecht" (*jisshitsu-teki igi no kaisha-hō*) findet sich nicht nur im Gesellschaftsgesetz und seinen Durchführungsverordnungen, sondern erfährt im Bereich der Regulierung des Wertpapierhandels eine weitreichende Präzisierung. So enthält auch die zum 27. September 2007 in Kraft getretene Neufassung des alten Wertpapierbösen- und Wertpapierhandelsgesetzes als Finanzprodukte- und Börsengesetz („FBG")[11] Regelungen, die eigentlich dem Gesellschaftsrecht zuzuordnen sind oder sich unter der Maßgabe des Investorenschutzes an der Schnittstelle zum Gesellschaftsrechts bewegen. Im Kern sieht das Konzept eine Aufgabenteilung vor: Das im Gesellschaftsgesetz kodifizierte „formale" Gesellschaftsrecht (*keishiki-teki igi no kaisha-hō*) regelt die Gründung, Organisation, Leitung und Management der Gesellschaft (Art. 1 GesG) und damit die Beziehungen der Beteiligten aus individualrechtlicher Sicht; es umschreibt weiter die Rechte von Aktionären und Anleihegläubigern.[12] Dagegen rückt das FBG den Schutz der „Investoren" – und damit den Schutz potentieller, zukünftiger Aktionäre – bei ihren Entscheidungen in den Fokus und kann so auch als Sondergesetz zum Gesellschaftsgesetz verstanden werden.[13] Rechtspolitisches Ziel des FBG ist die Schaffung eines re-

---

[6] Hierzu ausführlich unten Kapitel 4. A. I.

[7] Hierzu ausführlich unten Kapitel 4. A. III.

[8] K. Egashira, *Kabushiki Kaisha-hō*, 7 f., Fn. 10 a. E.

[9] E. Kuronuma, Hōritsu jihō 78:5 (2005), 24, 26; H. Kanda, Jurisuto 1484 (2015), 14, 15.

[10] E. Kuronuma, Hōritsu jihō 78:5 (2005), 24; T. Uemura, in: *Genjō to kadai*, 5, 17: Ausnahme und Regelfall ins Gegenteil verkehrt.

[11] *Kin'yū shōhin torihiki-hō*, Gesetz Nr. 25/1948 i. d. F. Gesetzes Nr. 95/2018.

[12] K. Egashira, in: *Genjō to kadai*, 115 ff.

[13] M. Kondo et al., *Kin'yū shōhin torihiki-hō*, 61 f.; vgl. K. Egashira, *Kabushiki Kaisha-hō*, 121.

gulatorischen Rahmens für den Handel mit Finanzprodukten und die Sicherstellung der angemessenen Operation der Finanzmärke, weiter die Etablierung eines Systems von Publizitätspflichten. Dieser regulatorische Rahmen regelt die faire Gestaltung der Ausgabe von Wertpapieren und den Handel mit Finanzprodukten. Er wirkt neben der Erhöhung der Umlauffähigkeit von Wertpapieren auf eine faire Preisgestaltung im Zuge der vollen Entfaltung der Funktion der Finanzmärkte hin und trägt so zur gesunden Entwicklung der Wirtschaft (*kokumin keizai no kenzen na hatten*) und dem Schutz von Investoren (*tōshi-sha no hogo*) bei.[14] Wie sich „Investorenschutz" und „Entwicklung der Wirtschaft" als die einzig konkreten Ziele des FBG zueinander verhalten, ist keinesfalls unstreitig – genauso wie die Frage, ob die Zielsetzung des FBG einer weitergehenden „Vergesellschaftsrechtlichung" der Kapitalmarktregulierung Grenzen setzt.[15] Einigkeit besteht aber im Hinblick auf die Folgen: Mittels Publizitätspflichten und dem Verbot unfairer Verhaltensweisen soll eine selbstverantwortliche Entscheidung der Investoren sichergestellt werden (*jiko seki'nin gensoku*), die sich wiederum positiv auf die Entwicklung der Märkte auswirkt.[16] Einige der Regeln im FBG adressieren, wie die Pflicht zur Veröffentlichung eines Berichts zum internen Kontrollsystem (*naibu tōsei hōkoku-sho*), die börsennotierten Gesellschaften direkt. Diese Pflicht wird wegen ihrer strafbewehrten Ausgestaltung in Anlehnung an den US-amerikanischen Sarbanes-Oxley Act auch als „JSOX-Regel" bezeichnet.[17] Andere Regelungen stellen Verbote in Ergänzung zum „formellen" Gesellschaftsrecht wie die Regeln zum Insiderhandel[18] oder zum Übernahmerecht im Wege des öffentlichen Erwerbsangebots auf.

Das Nebeneinander von gesellschaftsrechtlichen Regelungen im Handels- bzw. Gesellschaftsrecht und in der Kapitalmarktregulierung ist keineswegs auf Japan beschränkt.[19] Auch handelt es sich um kein neues Phänomen; es wurde vielmehr bereits in den 1950er Jahren unmittelbar nach Erlass des alten Wertpapierbösen- und Wertpapierhandelsgesetz diagnostiziert.[20] Der Unterschied liegt in der Durchsetzung: Das Gesellschaftsgesetz vertraut im Wesentlichen auf die zivilrechtliche Durchsetzung der Pflichten im Wege der Schadensersatz- oder Anfechtungsklage durch die Aktionäre. Ein Verstoß gegen Wertpapierhandelsrecht, etwa im Rahmen der Stimmrechtswerbung (*i'nin-jō kan'yū*, so-

---

[14] Diese Lesart des Art. 1 FBG orientiert sich an M. Kondo u. a., *Kin'yū shōhin torihiki-hō*, 6; vgl. dagegen T. Yamashita, in: *Kin'yū shōhin torihiki-hō*, 7 sowie die Verkürzung bei H. Kanda/H. Baum, in: HB Japanisches Recht, § 6 Rn. 15.

[15] Hierzu unten Kapitel 3. B. V. 4.

[16] M. Kondo et al., *Kin'yū shōhin torihiki-hō*, 8 f.; X. Wen, in: *Kaisha, Kin'yū, Hō* (1), 375, 379 f.

[17] Art. 24:4:4 FBG; siehe H. Kanda/H. Baum, in: HB Japanisches Recht, § 6 Rn. 23; H. Kansaku et al., FIEA (2018), 105.

[18] H. Kanda/H. Baum, in: HB Japanisches Recht, § 6 Rn. 30 und eingehend M. Thier, Das japanische Insiderrecht (2016).

[19] K. J. Hopt, ZHR 175 (2011), 444, 453 f.

[20] T. Suzuki, in: KK kōza 1 (1), 351.

genannte. *proxy solicitation*)[21] oder einer Publizitätspflicht, wird in der Regel nicht auf die gesellschaftsrechtliche Ebene durchschlagen und eine Anfechtbarkeit begründen. Ein solcher Verstoß kann zwar auch Schadensersatzpflichten der Investoren nach sich ziehen, unterliegt vor allem aber der hoheitlichen Aufsicht und damit der Sanktion durch Straf- und Bußgelder. Die Migration gesellschaftsrechtlicher Regeln in das Kapitalmarktrecht hängt damit auch mit den Grenzen einer Durchsetzung durch Private zusammen.[22] Daneben hat die Verlagerung in der Zuständigkeit vom MoJ hin zum METI bzw. der diesem unterstehenden Finanzmarktaufsicht aber auch Bedeutung für die inhaltliche Ausgestaltung der Regelungen, die fortan stärker einer wirtschaftspolitischen Zielrichtung unterlagen.[23] Eine vor allem von *Tatsuo Uemura* vorangetriebene Lehre der Zusammenfassung der Regelungsebenen von Gesellschaftsgesetz und FBG in einem kapitalmarktzentrischen „Publikumsgesellschaftsgesetz" (*kōkai kaisha-hō*)[24] hat sich, zumindest bislang, dagegen nicht durchsetzen können.

III. Paradigmenwechsel hin zu mehr Selbstregulierung

Auf die Adressierung von Corporate Governance-Problemen in der Breite ist aber auch das maßgeblich auf Vorgaben zur Publizität konzentrierte FBG nicht ausgerichtet. Für die Belange börsennotierter Gesellschaften bedeutet dies, dass entsprechende Regelungen anderweitig getroffen werden müssen.[25] Der Schwerpunkt der kapitalmarktrechtlichen Regulierung der Corporate Governance erfolgt so im Wege der Selbstregulierung der Börse.[26] Ermöglicht wurde die neue Linie durch einen schrittweisen Paradigmenwechsels weg von einer weitestgehend administrativen Steuerung des Finanzmarktes (*ex ante monito-*

---

[21] M. Kondo et al., *Kin'yū shōhin torihiki-hō*, 67 f.; K. Egashira, in: Genjō to kadai, 115, 124 f.; siehe Art. 194 FBG i. V. m. Art. 36:2 Regierungsverordnung Nr. 321/1970 i. d. F. Regierungsverordnung 207/2020, *Kin'yū shōhin torihiki-hō jikkō gyōrei* [Durchführungsverordnung zum Finanzprodukte- und Börsengesetz] („FBG-DVO"). Die Möglichkeit eines gesellschaftsrechtlichen Antrags auf Unterlassung bei Verstoß gegen die kapitalmarktrechtlichen Werberegeln wurde von der Legislativkommission zwar diskutiert, letztendlich aber nicht in die Gesellschaftsrechtsreform 2014 aufgenommen (S. Sakamoto et al., Shōji Hōmu 2040 [2014], 28, 33).

[22] K. Matsuo, Hōritsu jihō 91:3 (2019), 18, 21 ff. am Beispiel der Privaplatzierung von jungen Aktien und deren Implementierung in die Börsenregeln, siehe unten Kapitel 3. B. III. 2.

[23] K. Egashira, 92:1 Waseda Hōgaku 95 (2016) f.; H. Kawamura, Hōritsu jihō 91:3 (2019), 25, 26 f.

[24] T. Uemura, in: Genjō to kadai, 5 ff.; mit gewissen Sympathien, aber kritisch zur Umsetzung T. Yamashita, in: H. Kanda/T. Yamashita (Hrsg.), *Kin'yū shōhin torihiki-hō*, 470 Fn. 8.

[25] E. Kuronuma, Hōritsu jihō 78/5 (2005), 24; T. Uemura, in: Uemura (Hrsg), *Genjō to kadai* (2009), 5, 17: Ausnahme und Regelfall ins Gegenteil verkehrt.

[26] Vgl. K. Kawamura, Shōji Hōmu 1940 (2011), 51, 56 ff.; N. Matsuo, *Kin'yū shōhin torihiki-hō*, 12.

ring) hin zu einem gelenkten *private ordering* und dessen gerichtlicher *ex post*-Kontrolle.[27] Das FBG stärkte hierzu die zuvor auf die Prüfungen von Transaktionen und Börsenzulassung sowie die Aufsicht über die Mitglieder und Börsenverwaltung beschränkte Selbstregulierung der Börsen.[28]

Der Trend zu mehr Selbstregulierung geht mit einem Umschwung in der Strategie der Aufsichtsbehörde, der Financial Services Agency (*Kin'yū-chō*, „FSA"), einher. Gegründet im Jahr 1999 als Sonderabteilung des Kabinettbüros,[29] hat sich die FSA im Zuge des umfassenden Reformpaketes zur „Wiedergeburt des Finanzplatzes Tokyo", dem sogenannten „*big bang*", durch die vollständige Lösung der Finanzmarktregulierung vom ehemals zuständigen Finanzministerium zur maßgeblichen Aufsichtsbehörde für Banken, Wertpapiere, Versicherungen und sonstiger finanzmarktkritischen Bereiche entwickelt.[30] Die Durchsetzung des FBG und einer ganzen Reihe anderer Gesetze zur Regulierung des Finanzmarktes mit Ausnahme der Banken und Versicherungsaufsicht liegt bei der *Securities and Exchange Commission* (*Shōken Torihikijo Kanshi I'inkai*), einer erst im Zuge des Umwandlungsprozesses in die FSA eingegliederten Abteilung (Art. 8 FBG). Auch personell wurde die anfangs als ungenügend eingeschätzte Besetzung der FSA von 403 Beschäftigten bei ihrer Gründung im Jahr 1999 auf mehr als 1.500 Beschäftige – hiervon etwa 24% Spezialisten – zum Jahresende 2015 erheblich aufgestockt.[31] Vornehmlicher Auftrag der FSA ist die Gewährleistung der stabilen Funktion des japanischen Finanzwesens, der Schutz von Depotinhabern, Versicherten, Wertpapierinvestoren und anderen sowie die Gewährleistung und Aufrechterhaltung eines fairen und transparenten Marktes (Art. 3 FSAG). Angesichts des Umfangs der Verweisungen im FBG wird japanisches Kapitalmarktrecht in der Praxis im erheblichen Maße auch durch die von der FSA vorbereiteten Kabinettsverordnungen (*naikaku furei*) gestaltet. Ähnlich den Rechtsverordnungen des deutschen Rechts, stehen diese Verordnungen im Rang eines materiellen Gesetzes (*hōrei*) und haben bindende Wirkung.[32]

Die gewachsene Bedeutung von Soft Law im Kapitalmarktrecht reiht sich ein in den gegenwärtigen Regulierungsstil der FSA. Seit 2007 setzt die FSA

---

[27] H. Baum, RabelsZ 62 (1998), 739, 770 f.; sowie ausführlich zum Reformprozess ders., RabelsZ 64 (2000), 633, 650 ff.

[28] S. Ōsaki, Hōritsu jihō 81:11 (2009), 22, 32 f.; siehe H. Kanda/H. Baum, in: HB Japanisches Recht, § 6 Rn. 3.

[29] Art. 2 Abs. 1 Gesetz Nr. 130/1998 i. d. F. Gesetzes Nr. 66/2015, *Kin'yū-chō settchi-hō* [Gesetz zur Errichtung der Financial Services Agency] („FSAG").

[30] H. Kanda/H. Baum, in: HB Japanisches Recht, 6, Rn. 10; H. Baum, RabelsZ 64 (2000), 633, 656.

[31] N. Matsuo, *Kin'yū shōhin torihiki-hō*, 31 f.; vgl. T. Yamashita, in: H. Kanda/T. Yamashita, *Kin'yū shōhin torihiki-hō*, 467; H. Aoki, ZJapanR 12 (2001), 101, 106.

[32] M. Kondō et al., *Kin'yū shōhin torihiki-hō*, 561; N. Matsuo, *Kin'yū shōhin torihiki-hō*, 38.

zunehmend auf eine Kombination von regelgestützter und prinzipienbasierter Regulierung, die diese nach britischen Vorbild auch als Teil einer „*better regulation*" bezeichnet.[33] Unter Regeln im oben genannten Sinne versteht die FSA neben Gesetzen und Verordnungen unter anderem auch die von ihr herausgegebenen *inspection manuals* und *supervisory guidelines* (*kantoku shishin*), die als (interne) Anweisung und Mitteilung streng genommen keine rechtliche Bindungswirkung (*hō-teki kōsoku-ryoku*) gegenüber Dritten entfalten, sondern vielmehr als Auslegungshinweise der Behörde zu verstehen sind. In der Praxis dürfte diesen dennoch erhebliche regulatorische Wirkung zuteil werden.[34] Unter *principles based regulation* versteht die Behörde dagegen ein Vorgehen, dass sich weniger am Wortlaut der Gesetze und Verordnungen, sondern stärker an den dahinterstehenden Grundsätzen orientiert und so stärkere Anreize für Regelungsadressaten bieten soll, ihr Geschäftsmanagement selbst zu verbessern.[35] Sahen die Regelungen für Finanzinstitute früher etwa ein Verbot von Nebentätigkeiten der Mitglieder des Verwaltungsrates vor, ersetze man dieses durch die Vorgabe, Interessenkonflikte eigenverantwortlich zu handhaben.[36]

B. Selbstregulierung der Börse

Die Bedeutung der Selbstregulierung durch die Börse in der Gestaltung des Rahmenwerks für die japanische Corporate Governance hat in den letzten Jahren stark an Einfluss gewonnen und ist damit zunehmend ins Visier des Gesellschaftsrechts gerückt.[37] Hintergrund für die Prominenz der Regelung durch die TSE ist nicht zuletzt, dass gewisse Themen, insbesondere die Beseitigung von Hindernissen auf dem Sekundärmarkt (*ryūtsū shijō*) für Aktien, sich weder in das Regelungsregime des Gesellschaftsgesetzes mit seinem Fokus auf dem Aktionärsschutz, noch in das im Wesentlichen auf Publizitätspflichten zugeschnittene FBG einfügen lassen.[38] Dies ist ein durchaus beachtlicher Unterschied zur deutschen Rechtslage, in der die Kombination von aktienrechtlicher Satzungsstrenge und intensiver Regulierung des Kapitalmarkts innerhalb des regulier-

---

[33] T. Satō, Pressemitteilung vom 31. Juli 2007: Weitere Pfeiler der *better regulation* sind der effektive Einsatz von Ressourcen, das Schaffen von Anreizen für die Selbsthilfe der Finanzinstitute sowie stärkere Transparenz und Vorhersehbarkeit der Verwaltungstätigkeit. Siehe H. Kansaku et al., FIEA, 169.

[34] N. Matsuo, *Kin'yū shōhin torihiki-hō*, 38.

[35] FSA, The Principles in the Financial Services Industry vom 18. April 2010, abrufbar unter: <http://www.fsa.go.jp/en/news/2008/20080424/01.pdf>.

[36] M. Kondo et al., *Kin'yū shōhin torihiki-hō*, 564.

[37] Besonders E. Kuronuma, Hōritsu jihō 78/5 (2005), 24, 26; K. Kawamura, Shōji Hōmu 1940 (2011), 51, 56 ff.; T. Katō, Soft Law Journal 18 (2011), 55, 67; X. Wen, in: *Kaisha, Kin'yū, Hō*, 375 ff.; M. Saitō, in: Markt und Staat, 191, 199.

[38] H. Kanda, Kin'yū Hōmu Jihō 1909 (2010), 18, 24; ders., in: H. Kanda et al., Shōji Hōmu 1823 (2008), 13, 16.

ten Marktes – jedenfalls im Kerngesellschaftsrecht – nur wenig Raum für eine echte Selbstregulierung der Börsen lässt.[39]

Im Anschluss an eine erste Standortbestimmung der Selbstregulierung im Marktumfeld (I) soll zunächst ein Überblick über die für das Gesellschaftsrecht relevanten Bestimmungen in den Börsenzulassungsregeln gegeben werden (II). Die Regulierung durch die Börse erfolgte dabei bislang vor allem durch die Vorgabe strikter Standards. Beispielsweise wird das Übernahmerecht durch die Regeln gegen Abwehrmaßnahmen stark durch die Selbstregulierung der Börse geprägt (III). In den letzten Jahren aber beschreitet die Börse einen neuen Weg und setzt zunehmend auf die Vorgabe von offenen Prinzipien statt auf starre Regeln (IV). Auch dies unterstreicht den Charakter als Soft Law, es handelt sich aber klar um Soft Law „von oben", das maßgeblich durch den Staat vorgegeben und geprägt wird (V).

I. Standortbestimmung

Die heutige Selbstregulierung der Börsen in Japan baut, wie auch in westlichen Ländern, auf einer Tradition auf, deren Ursprünge auf einen Zusammenschluss von Händlern zurückgehen.[40] Im modernen Japan wurde diese indes mit einem weitaus stärkeren Staatseinfluss in Verbindung gebracht als etwa in den Vereinigten Staaten oder gar in Großbritannien mit seiner jedenfalls bis Ende der 1980er Jahre bestehenden „*club regulation*".[41] Dieser Staateinfluss musste sich erst in einem längeren Prozess herausbilden. Unmittelbar nach Kriegsende soll in Japan ein eher club-ähnlicher Zustand vorgeherrscht haben, wobei aufgrund des dominierenden Einflusses einzelner Händler von Selbstregulierung im eigentlichen Sinne nicht die Rede sein konnte.[42] Die Stärkung der Selbstregulierung der Börse war bereits Teil des sogenannten *big bang* und wurde mit der Neukodifikation des FBG schließlich auf gesetzliche Grundlage gestellt.[43]

1. Marktumfeld

Der Vorteil der Selbstregulierung gegenüber einer vollständigen Eingliederung in die Behördenstruktur wird auch mit regulatorischem Wettbewerb und den hieraus erwachsenden Anreizen zur Schaffung attraktiver Regeln (*race to the top*) verbunden. Auf nationaler Ebene findet ein solcher Wettbewerb in Japan

[39] Außerhalb des regulierten Marktes lässt sich vertragliche Selbstregulierung stattdessen durchaus beobachten, hierzu: R. Veil, in: FS Schneider, 1313 ff. Zu den verbleibenden Fällen im Übernahmerecht siehe J. A. Kämmerer, in: Kapitalmarktgesetzgebung, 145, 151 ff.

[40] M. Kondo et al., *Kin'yū shōhin torihiki-hō*, 471.

[41] S. Maeda, in: FS Kawamoto, 91, 118.

[42] X. Wen, Soft Law Journal 22 (2013), 141, 147 m. w. N.

[43] N. Matsuo, *Kin'yū shōhin torihiki-hō*, 487, siehe H. Baum, RabelsZ 64 (2000), 633, 650 ff.

gegenwärtig nicht mehr statt.[44] Stand 2020 existieren in Japan nach einer Konsolidierungswelle nur noch sechs Börsen für Finanzprodukte, von denen die unter dem Dach der Holding *Japan Exchange Group* betriebene Tokyo Stock Exchange (TSE) auf dem Aktienmarkt mit über 3.700 notierten Gesellschaften[45] die weitaus bedeutendste ist. Seit 2013 vereinigt diese auf sich auch das Geschäft der ehemaligen Nummer Zwei, der Osaka Stock Exchange (OSE), deren Fokus nunmehr auf Finanzderivaten liegt. Die von der OSE zuvor erworbene *Japan Association of Securities Dealers Automated Quotations* (Jasdaq) mit ihrem Fokus auf Venture-Unternehmen führt die TSE nunmehr als eigenen Markt fort. Die verbleibenden Börsen haben lediglich einen sehr spezifischen Zuschnitt wie die Tokyo Financial Exchange (TFX) für Finanztermingeschäfte oder richten sich wie die Börsen in Nagoya, Fukuoka und Sapporo vornehmlich an die regionale Wirtschaft.[46] Sofern die Konkurrenz zwischen Börsen in der jüngeren Vergangenheit nicht nur Skaleneffekten geschuldet war, bezog sich Innovation in der Regelsetzung allein auf Neunotierungen und spielte für etablierte Werte quasi keine Rolle.[47] Gerade für global agierende Unternehmen erscheint ein internationaler Wettlauf um die attraktivsten Bedingungen zur Erschließung andernfalls verschlossener Kapitalquellen zwar theoretisch denkbar.[48] Praktisch dürfte eine Zweitnotierung an ausländischen Börsen aus Reputationsgründen indes nur für wenige Unternehmen Sinn ergeben,[49] so dass sich die Auswirkungen von Zweitnotierungen einiger weniger japanischer Unternehmen an US-Börsen, insbesondere der NYSE, auf die Regelsetzung der TSE in Grenzen gehalten haben.

2. *Organisationsform und Verfassung der TSE*

Börsen waren in Japan ursprünglich als Aktiengesellschaften organisiert, bis im Jahr 1943 eine besondere Gesellschaftsform für Wertpapierbörsen eingeführt wurden. Heute werden noch zwei der Börsen (Fukuoka und Sapporo) in der Form der Finanzprodukte-Mitgliedschaftsgesellschaft betrieben, eines auf den

---

[44] T. Katō, in: FS Egashira I (2), 683, 689 f.; dagegen nennt S. Ōsaki, Hōritsu jihō 81:11 (2009), 22, 23 noch über 50 Aktienbörsen während der Industrialisierung und 11 im Jahr 1943.

[45] Stand 31. Juli 2021: 3,787 notierte Gesellschaften, siehe TSE, *Jōjō kaisha-su/jōjō kabushiki-su* [Anzahl an notierten Gesellschaften/Aktien], aktuelle und historische Zahlen abrufbar unter: <http://www.jpx.co.jp/listing/co/>.

[46] N. Matsuo, *Kin'yū shōhin torihiki-hō*, 478. An der Nagoya Stock Exchange (NSE) sind Stand 11. November 2020 291 Gesellschaften gelistet, NSE, *Jōjō meigara-su* [Anzahl an notierten Firmen], abrufbar unter: <http://www.nse.or.jp/listing/number/>. Die anderen Börsen in Fukuoka (109 gelistete Gesellschaften Stand Oktober 2020) und Sapporo (58 gelistete Gesellschaften zum 28. April 2020) sind noch kleiner.

[47] S. Ōsaki, Hōritsu jihō 81/11 (2009), 22, 26; M. Matsunaka, 62 Handai Hōgaku 1031, 1046 (2012).

[48] Vgl. J. C. Coffee, 102 Colum. L. Rev. 1757, 1798 f. (2002).

[49] C. Ahmadjian, in: Corporate Governance in Japan, 125, 139.

Betrieb eines Marktes für Finanzprodukte ausgerichteten Verbandes mit eigener Rechtspersönlichkeit.[50] Die verbleibenden vier Börsen wurden nach der (Wieder-)Gestattung einer kapitalgesellschaftlichen Verfasstheit ab dem Jahr 2000 in die Rechtsform der Aktiengesellschaft (*kabushiki kaisha*) überführt.[51]

Vollständige Muttergesellschaft der TSE und seit 2013 auch der OSE ist die im Jahr 2007 gegründete *Japan Exchange Group* (zuvor *Tokyo Stock Exchange Group*), die selbst im ersten Marktsegment des Hauptmarkts der TSE gelistet ist. Die Möglichkeit zur Errichtung solcher genehmigungsbedürftiger Börsenholdinggesellschaften wurde erst 2003 geschaffen.[52] Im Zuge der Börsenzulassung der *Tokyo Stock Exchange Group* an der TSE wurde die Selbstregulierung der Börse nach Vorbild der NYSE formal auf eine nunmehr als *Japan Exchange Regulation, Inc.* („JPX-R") firmierende, eigenständige juristische Person unter dem Dach der *Japan Exchange Group* übertragen.[53] Es handelt sich um die einzige Körperschaft ihrer Art in Japan. Diese nimmt seit der Fusion auch die Selbstregulierungsangelegenheiten für die OSE wahr. Die Möglichkeit der vollständigen oder teilweisen Übertragung der Selbstregulierungsangelegenheiten auf eine solche Selbstregulierungskörperschaft (*jishu kisei hōjin*), eine allein mit den genannten Angelegenheiten betraute juristische Person (Art. 85 Abs. 1 FBG), ist ein Zugeständnis an die Bedenken gegenüber der Unabhängigkeit der Regelsetzung, die sich aus der privatrechtlichen Verfasstheit des Börsenträgers und damit dessen Gewinnorientierung ergeben.[54] Im Falle der TSE bedeutet dies, dass die JPX-R zwar eine Prüfung vornimmt, die inhaltliche Ausgestaltung der Börsenregeln und dergleichen aber bei der TSE selbst verbleiben.[55] Mehr als der Charakter eines zusätzliches Sicherheitsnetzes wird dieser Struktur nicht zugemessen. Die sich aus der Profitorientierung der kapitalistischen Organisation ergebenden Interessenkonflikte löst sie jedenfalls nicht, da die Auswahl der Direktoren der Selbstregulierungskörperschaft deren einzigem Mitglied, der Holding als Muttergesellschaft der Börse, obliegt. Für die Übertragung der Selbstregulierungsdienste von der TSE auf die JPX-R dürften daher auch steuerliche Gründe sowie die Außendarstellung ausschlaggebend gewesen sein.[56]

---

[50] *Kin'yū shōhin kai'in-sei hōjin*, Art. 2 Abs. 15, Art. 88 ff. FBG.; siehe M. Kondo et al., *Kin'yū shōhin torihiki-hō*, 486 f.

[51] N. Matsuo, *Kin'yū shōhin torihiki-hō*, 478 ff.

[52] *Kin'yu shōhin torihiki-jo mochi kabushi kaisha*, hierzu N. Matsuo, *Kin'yū shōhin torihiki-hō*, 482 f.; M. Kondō et al., *Kin'yū shōhin torihiki-hō*, 470 f. Darüber hinaus bestehen weiterhin Grenzen für die Konzentrierung des Anteilsbesitzes, im Grundsatz liegen diese bei 20 % der Stimmrechte an dem Börsenträger (Art. 103-2 Abs. 1 FBG).

[53] *Nihon Torihikijo Jishu Kisei Hōjin*. Gegründet 2009 als *Tōkyo Shōken Torihikijō Jishu Kisei Hōjin* [Tokyo Stock Exchange Regulation, Inc.].

[54] N. Matsuo, *Kin'yū shōhin torihiki-hō*, 487 ff.

[55] N. Matsuo, *Kin'yū shōhin torihiki-hō*, 492 f.

[56] M. Maeda, in: JSRI Report Nr. 2020, 19; M. Kondō et al., *Kin'yū shōhin torihiki-hō*, 475.

3. *Marktgliederung der TSE*

Die TSE untergliederte ihren Markt bis April 2022 in vier Marktsegmente: *First* (*dai-ichibu*) und *Second Section* (*dai-nibu*) bildeten den Hauptmarkt und unterschieden sich im Wesentlichen in ihren Anforderungen an Unternehmensgröße und Marktkapitalisierung.[57] Daneben sollte das Segment *Mothers* (*Market for the High-Growth and Emerging Stocks*) Unternehmen mit Wachstumspotential auf den Aufstieg in die *First Section* vorbereiten,[58] während der wiederum zweigeteilte *Jasdaq* auf kleinere, innovative Unternehmen ausgerichtet war.[59] Aufsichtsrechtlich galten diese Marktsegmente als ein einheitlicher Markt,[60] wobei teilweise verschiedene Standards für die Zulassung zum und den Ausschluss vom Handel bestanden. Daneben unterhält die TSE mit dem *Tokyo Pro Market* einen weiteren Markt mit beschränkter Zulassung (sogenannter *market for professionals* bzw. *puro muke shijō*).[61] Dieser begann 2009 als Joint Venture mit der *London Stock Exchange*. Nachdem das Projekt wegen mangelnden Zuspruchs unter den anvisierten Unternehmen, vor allem im asiatischen Ausland, scheiterte, führte die TSE diesen in eigener Verantwortlichkeit fort.[62] Indem er die Verwendung des Englischen als Publikationssprache ermöglicht, zielt der *Tokyo Pro Market* gerade auf internationale Investoren und scheint nun zumindest in der Eigendarstellung der TSE erfolgreicher.[63] Teilaspekte der Selbstregulierung, wie die Festlegung von Standards für Zulassung und Ausschluss vom Handel sowie Informationspflichten, wie auch die Aufsicht über deren Einhaltung sind hierbei auf eine private Gesellschaft (*J-Adviser*) ausgelagert.[64] Soweit nicht gesondert vermerkt, beziehen sich die folgenden Ausführungen auf die Regelungen in dem mit über 2.000 (*First Section*) bzw. 500 (*Second Section*) gelisteten Gesellschaften faktisch ganz dominierenden Hauptmarkt[65] der TSE.

---

[57] Regel 205, 210 BörsZR beim erstmaligen Börsengang bzw. R. 308 BörsZR für eine spätere Hochstufung in die *First Section*: Aktiva über JPY 1 Mrd., mehr als 800 (bzw. 2.200) Aktionäre und 20.000 handelbare Aktien bei einer Markkapitalisierung von JPY 2 (bzw. 25) Mrd. usw.; siehe im Überblick: <http://www.jpx.co.jp/english/equities/listing/criteria/listing/>.

[58] Regel 102 BörsZR, siehe <http://www.jpx.co.jp/english/equities/listing/criteria/listing/01.html>.

[59] Regel 103 BörsZR, siehe <http://www.jpx.co.jp/english/equities/listing/criteria/listing/02.html>.

[60] N. Matsuo, Kin'yū shōhin torihiki-hō, 481.

[61] Eigentlich *Tokutei torihikijō kin'yū shōhin torihiki shijō* [Sonderbörsenmarkt für Finanzprodukte] (Art. 2 Abs. 32 FBG).

[62] S. Ōsaki, Gekkan Shihon Shijō 323 (2012), 12, 14 f.: nur zwei Börsengänge in drei Jahren.

[63] Siehe für Details: <http://www.jpx.co.jp/english/equities/products/tpm/outline/index.html>.

[64] N. Matsuo, *Kin'yū shōhin torihiki-hō*, 490, vgl. Art. 85 Abs. 4 FBG.

[65] Stand 31. Juli 2021 stellt sich das Bild wie folgt dar: First Section 2.190 Gesellschaften, Second Section 472 Gesellschaften, Mothers 379 Gesellschaften, Jasdaq 659 (open)/37 (closed) Gesellschaften, Tokyo Pro Market 50 Gesellschaften (TSE, oben Fn. 45).

Im Februar 2020 gab die *Japan Exchange Group* ihr Konzept für eine Neuordnung der Marktsegmente zum April 2022 bekannt:[66] An die Stelle der bislang vier Marktsegmente *First* und *Second Section*, *Mothers* und *Jasdaq* (*open* und *closed*) treten die Marktsegmente *Prime*, *Standard* und *Growth*. Die Zulassungsbedingungen für das Marktsegment *Prime* entsprechen im Wesentlichen der jetzigen *First Section*, die des Segments *Standard* der *Second Section*.[67] Neu ist vor allem das Selbstverständnis des Marktes *Prime*, der sich ganz den Interessen institutioneller Investoren verschreibt:

„A market for companies whose market capitalization (liquidity) is large enough to attract investments from many institutional investors, that also have a high quality of corporate governance, as well as a commitment to sustainable growth and medium-to-long term improvement of corporate value with a focus on constructive dialogue with investors, and a market for those institutional and general investors investing in such companies.“[68]

Inwiefern sich die Änderung und der anvisierte höhere Corporate Governance-Standard in den Börsenzulassungsregeln niederschlägt, bleibt abzuwarten.

II. Gesellschaftsrechtliche Regelungen in den Börsenzulassungsregeln im Überblick

Selbstregulierung auf dem Gebiet des Kapitalmarktes hat zu einem zu einer Vielzahl von Regelungen geführt, die das Verhalten der Marktteilnehmer, also der Händler, betreffen. Demgegenüber entfalten die Börsenzulassungsregeln der TSE für Wertpapiere („BörsZR“)[69] direkte Wirkung gegenüber den Emittenten. Einige der Regeln wirken lediglich komplementär zum Gesetz, indem sie die inhaltlichen Vorgaben des Gesetzes transparenter und konkreter ausgestalten bzw. einen höheren Standard etablieren, während andere originär selbstregulatorischer Natur sind.[70] In Parallele zur etablierten japanischen Gesetzgebungs-

---

[66] JSX, Overview of Market Structure Review and Outline of the New Market Segments vom 21. Feburar 2020, 6, abrufbar unter <https://www.jpx.co.jp/english/corporate/news/news-releases/0060/20200221-01.html>.

[67] Wesentliche Änderung ist das Erfordernis für die Börsennotierung, einen Anteil von gehandelten Aktien im Streubestiz (*ryūtsū kabushiki*), d. h. Aktien, die weder von der Gesellschaft selbst, ihren Organmitgliedern oder von Aktionären mit mehr als 10% Anteilsbesitz, von mindestens 35% (*Prime*) bzw. 25% (*Standard*) zu halten. Bislang war dies zwar für die Zulassung zum Handel erforderlich, ein Ausschluss vom Handel erfolgte aber erst bei einem Absinken auf 5%, weshalb in der Praxis viele Unternehmen diesem Standard nicht mehr gerecht wurden, siehe FSA, Capital Market Structure Report 2019.

[68] JSX (Fn. 66), 6.

[69] TSE, *Yūka shōken jōjō kitei* [Securities Listings Regulations] vom 1. November 2009 i. d. F. vom 16. Juli 2019 (soweit nicht anders bezeichnet); in der engl. Übers. abrufbar unter: <http://www.jpx.co.jp/english/rules-participants/rules/regulations/>. Auszugsweise abgedruckt in Annex C.

[70] Siehe X. Wen, Soft Law Journal 22 (2013), 141, 145, die dieser Unterscheidung indes wenig Wirkung beimisst.

technik[71] erfahren die oft sehr abstrakt gehaltenen Regelungen weitreichende Präzisierung durch die begleitenden Durchführungsregeln („BörsDR").[72] Traditionell sahen die Börsenzulassungsregeln der TSE in erster Linie Publizitätsanforderungen in Bezug auf die Bekanntgabe kursrelevanter Informationen vor (1). Hinzu kommt der sogenannte Code of Corporate Conduct (2), der eine Reihe von relevanten Verhaltensweisen beinhaltet. Daran knüpft ein ausdifferenziertes Durchsetzungsregime an (3).

1. Publizitätsanforderungen

Gegenüber dem Gesellschaftsgesetz, aber auch dem FBG erweiterte Anforderungen an die Publizität bilden den traditionellen Kern der BörsZR. So enthalten die BörsZR eine Reihe spezifischer, nach dem Gesetz nicht vorgesehener *ad hoc*-Informationspflichten (*tekiji kaiji* bzw. *timely disclosure*, Regel 402ff. BörsZR).[73] Diese betreffen verschiedene Phänomene, von eher klassischen Themen wie der weitgehenden Offenlegung von Informationen zur Gesellschaft über die Veröffentlichung finanzieller Informationen in Quartalsabschlussberichten (*kessan tanshin*, Regel 404 BörsZR) bis hin zur Verwendung von sogenannten *multiple strike convertible bonds* (MSCB, Regel 410 BörsZR). Technisch erfolgt die Veröffentlichung über ein von der TSE für alle Börsen zur Verfügung gestelltes elektronisches Informationssystem (TDnet),[74] das den gesetzlichen Anforderungen an die Veröffentlichung von wichtigen Informationen (*jūjō jikō-tō*) nach den Regeln über Insiderinformationen gerecht wird.[75] Die TSE versteht die im Einzelnen sehr detaillierten Anforderungen in den Börsenzulassungsregeln als Mindeststandard (Regel 411-2 BörsZR), der allerdings über die Bestimmungenen des Insiderrechts noch hinausgeht.[76]

In Ergänzung zur Offenlegung von Informationen über das interne Kontrollsystem nach dem FBG sind börsennotierte Gesellschaften verpflichtet, Informationen zur Corporate Governance bereitzustellen. Parallel zur Verschärfung der kapitalmarktrechtlichen Publizitätspflichten[77] sah sich die TSE durch Fälle von Falschangaben dazu veranlasst, ihre Anforderungen an die Publizität der bei ihr

---

[71] Vgl. H. Baum/M. Bälz, in: HB Japanisches Recht, § 1 Rn. 54.

[72] TSE, *Yūka shōken jōjō kitei sekyō kisoku* [Enforcement Rules for Securities Listing Regulations] vom 1. November 2009 i. d. F. vom 5. November 2019, in engl. Übers. abrufbar unter: <http://www.jpx.co.jp/english/rules-participants/rules/regulations/>.

[73] M. Kondō et al., *Kin'yū shōhin torihiki-hō*, 480; H. Kanda/H. Baum, in HB Japanisches Recht, § 6 Rn. 24.

[74] R. 414 BörsZR; siehe N. Matsuo, *Kin'yū shōhin torihiki-hō*, 602 f.; H. Kansaku et al., FIEA, 51 f.

[75] Vgl. Art. 166 FBG i. V. m. Art. 30 Abs. 1 Nr. 2 FBG-DVO.

[76] S. Ōsaki, in: Reforming Corporate Governance, 75, 77.

[77] M. Kondo et al., *Kin'yū shōhin torihiki-hō*, 283 f.

gelisteten Gesellschaften zu revidieren.[78] So reagierte die TSE mit Wirkung zum Geschäftsjahr 2006 auf ein gewisses „Gefühl des Misstrauens“ mit der Pflicht, grundlegende Informationen zur Corporate Governance in dem nach den Regeln 402, 404 BörsZR verlangten Abschluss- bzw. Quartalsabschlussbericht offenzulegen.[79] In Gestalt eines für Investoren zugänglicheren Corporate Governance-Berichts (*Kōporēto gabanansu ni kansuru hōkoku-sho*, „CG Bericht“) wurden diese Informationen ab dem Jahr 2008 für Investoren nutzerfreundlicher aufbereitet.[80] Der CG Bericht enthält zunächst Basisinformationen zur Gesellschaft, eine Erklärung zur grundlegenden Denkweise in Bezug auf die Corporate Governance und eine Darlegung der Kapitalstruktur der Gesellschaft.[81] Spezifischere Angaben zum System der Corporate Governance in der jeweiligen Gesellschaft beinhalten Informationen zur Willensbildung bei unternehmerischen Entscheidungen sowie zur Geschäftsführung und deren Überwachung. Eigene Sektionen erfassen Maßnahmen betreffend die Aktionäre und andere Stakeholder sowie eine Darstellung des internen Kontrollsystems (*naibu tōsei*).[82]

2. *Code of Corporate Conduct (Kigyō kōdō kihan)*

Seit 2007 differenziert die TSE in einem „Code of Corporate Conduct“ genannten Teil der Börsenregeln zwischen solchen Regeln, die von den gelisteten Unternehmen befolgt werden müssen (*junshu subeki jikō,* in der gegenwärtigen Fassung in den Regeln 432 ff. BörsZR) und solchen, deren Befolgung nur wünschenswert ist (nunmehr Regel 445 ff. BörsZR: *nozomareru jikō*).[83] Gedacht als funktionales Äquivalent zu einer umfassenden Kodifizierung von Corporate Governance-Regeln,[84] besteht dieser Code of Conduct auch nach Einführung des in Folge gesondert zu besprechenden Corporate Governance Codes von 2015 fort und stellt in Regel 436-3 BörsZR den Transmissionsriemen für dessen *comply-or-explain*-Mechanismus bereit.[85]

---

[78] E. Kuronuma, Hōritsu jihō 78:5 (2005), 24, 25; siehe H.-D. Assmann/C. Förster, in: FS Yamauchi, 11, 26 f.

[79] TSE, *Kōporēto gabanansu no jujitsu ni mukete jōjō seido no seibi ni tsuite* [Zur Erhaltung eines Börsensystems, das eine erfüllte Corporate Governance begünstigt], 22. November 2005, abrufbar unter <http://www.jpx.co.jp/files/tse/rules-participants/public-comment/data/051122jojo.pdf>.

[80] M. Saitō, Shōji Hōmu 1940 (2011), 18, 19.

[81] R. 204 Abs. 12 Nr. 1 BörsZR (Erstzulassung) bzw. R. 419 BörsZR (Änderungen im Bezug auf die Corporate Governance) i. V. m. R. 211 Abs. 4 BörsDR.; siehe auch M. Yanaga, in: *Shihon shijō seido*, 227, 246 ff.

[82] Beispiele für die Gestaltung des CG Berichts für die drei Gestaltungsoptionen für die Organisationsverfassung sind unter <http://www.jpx.co.jp/equities/listing/cg/01.html> abrufbar.

[83] M. Kondō et al., *Kin'yū shōhin torihiki-hō*, 480 f.; M. Saitō, in: Markt und Staat, 191, 196; H. Kanda, Jurist 1484 (2015), 14, 16.

[84] M. Saitō, in: Markt und Staat, 191, 196 f.

[85] Siehe unten Kapitel 3. C. II. 2.

Funktionell decken die Regeln eine große Spannweite ab, deren Zielsetzung im Detail stark variiert. Besondere Bedeutung nehmen Regelungen ein, die das Vertrauen der Investoren in den Markt sichern und Preisstabilität gewährleisten sollen, allen voran Regeln zu spezifischen Abwehrmaßnahmen gegenüber feindlichen Übernahmen. Die mit dem Code of Corporate Conduct verknüpfte Sanktionskaskade wurde 2009 durch die TSE nicht zuletzt eingefügt, um die Effektivität der Regeln zur Privatplatzierung junger Aktien (hierzu sogleich) in Regel 432 BörsZR sicherzustellen. Zuvor kam als Sanktionsmaßnahme nur die Veröffentlichung eines Hinweises auf der Website der TSE in Frage.[86] Andere Regelungen reichen weit in den Kernbereich des Gesellschaftsrechts hinein. So müssen bei der TSE notierte Gesellschaften zwingend aus einer der drei Wahloptionen des Gesellschaftsgesetzes für die Organisationsverfassung[87] wählen und dazu auch Rechnungsprüfer (Regel 437 Abs. 1 BörsZR) bestellen. Das Gesellschaftsgesetz verlangt dies eigentlich erst von „großen" Gesellschaften, was das Kriterium in der Sache entwertet. Auch solche Organisationsvorgaben lassen sich, so *Kawamura*, mit der angemessenen Informationsversorgung der Aktionäre begründen.[88]

Prominentestes Beispiel in dieser Beziehung dürften die kontinuierlichen Bemühungen der TSE zur Stärkung der Aufsicht über das Management durch *unabhängige* Mitglieder im Verwaltungs- bzw. Prüferrat (*dokuritsu yaku'in*, Regeln 436-2, 445 BörsZR) sein, wobei die Börse nicht nur numerisch, sondern auch in Bezug auf die Voraussetzungen der Unabhängigkeit einen höheren Standard vorgibt als das auf die Implementierung *externer* (*shagai*) Direktoren abzielende Gesellschaftsrecht. Die sogenannte „Anreizschraube" als Gesamtschau von Gesellschaftsrecht, Börsenregulierung und nun auch dem Corporate Governance Code wurde hier zunehmend fester gezogen. So enthalten in Anpassung an die Reform des Gesellschaftsgesetzes auch die Börsenzulassungsregeln seit März 2021 für alle börsennotierten Gesellschaften, und damit weitergehend als der auf große Gesellschaften mit Prüferrat beschränkte Art. 327:2 GesG 2021, die Vorgabe, einen externen Direktor im Verwaltungsrat zu bestellen (Regel 437-2 BörsZR). Wieder andere Regelungen betreffen eher die Sicherung der Aktionärsrechte, unabhängig von einer konkreten Investitionsentscheidung. Hierzu gehört beispielsweise die verpflichtende Einführung einer Abstimmungsmöglichkeit per Brief (*proxy voting*, Regel 435 BörsZR) und die Aufforderung zur Implementierung von elektronischen Möglichkeiten zur Rechtsausübung.[89]

---

[86] X. Wen, in: *Kaisha, Kin'yū, Hō* (1), 375, 376; siehe den für die Implementierung von Regeln zur Privatplatzierung maßgeblichen Bericht TSE, *Anshin shite tōshi dekiru shijō kankyō no seibi ni mukete* (2009), 4; vgl. M. Saitō, in: Markt und Staat, 191, 196.

[87] Siehe unten Kapitel 4. A. I.

[88] K. Kawamura, Shōji Hōmu 1940 (2011), 51, 57.

[89] X. Wen, in: *Kaisha, Kin'yū, Hō* (1), 375, 382; K. Kawamura, Shōji Hōmu 1940 (2011), 51, 57.

Zu den als wünschenswert klassifizierten Regeln gehörte etwa die Befolgung der Principles of Corporate Governance for Listed Companies von 2004, den unverbindlichen Vorläufern des Corporate Governance Codes.[90] Nunmehr ermahnt die entsprechende Regel 445-3 BörsZR die börsennotierten Gesellschaften zu Respekt gegenüber Zielen und Geist des aktuellen Kodexwerkes.[91] Während die Verletzung einer solchen Bemühenspflicht (*dōryoku gimu*) keine Konsequenzen nach sich zieht,[92] sehen die Börsenregeln bei einem Verstoß gegen die als zwingend deklarierten Regeln des Codes of Conduct eine Reihe einschneidender Durchsetzungsmaßnahmen vor.[93]

3. Durchsetzung

Die Durchsetzungsmechanismen für die genannten Informationspflichten wie auch den Code of Corporate Conduct sind weitestgehend parallel ausgestaltet. Basis dafür bildet die Prüfung der Informationen durch die TSE.[94]

Bei Feststellung eines Verstoßes klassifiziert die TSE die betreffende Gesellschaft zunächst als „Handelsfirma unter besonderer Beobachtung“ (*tokusetsu chū'i shijō meigara*).[95] Die jeweilige Emittentin hat binnen eines Jahres einen Bericht zu den internen Maßnahmen der Gesellschaft (*naibu kanri taisei kakunin-sho*) vorzulegen, auf dessen Basis die TSE ihre Prüfung vornimmt und das weitere Vorgehen beschließt.[96] Hält sie die Notwendigkeit für Verbesserungsmaßnahmen in Bezug auf die Verletzung von Publizitätspflichten und -anforderungen oder den verpflichtenden Teil des Code of Corporate Conduct für hoch, fordert sie einen Verbesserungsbericht (*kaizen hōkoku-sho*) an, der von der betreffenden Gesellschaft mit der gebotenen Schnelligkeit zu erstellen ist.[97] Soweit die TSE dies für notwendig erachtet, erlaubt ein Verstoß gegen die genannten Abschnitte der Börsenzulassungsregeln die öffentliche Anprangerung der Emittentin gemäß Regel 508 Abs. 1 BörsZR (sogenannte *kōhyō*

---

[90] Siehe unten Kapitel 3. C.I.

[91] T. Satō, Shōji Hōmu 2065 (2015), 57, 58.

[92] H. Kanda, Jurisuto 1484 (2015), 14, 16; H. Noda, Shōji Hōmu 2109 (2016), 14, 15. Insofern dürfte der Verweis auf die allgemeine Kompetenz der TSE zur Verhängung eines Strafgeldes nach R. 509 Abs. 1 Nr. 3 BörsZR bei T. Spiegel, Independent Directors, 204 allenfalls von theoretischer Bedeutung sein.

[93] M. Kondō et al., *Kin'yū shōhin torihiki-hō*, 480 f.; H. Kanda, Jurisuto 1484 (2015), 14, 16; für einen anschaulichen Überblick auf Englisch siehe auch die Homepage der TSE unter <http://www.jpx.co.jp/english/equities/listing/measure/index.html>.

[94] Die näheren Einzelheiten hierzu ergeben sich aus den *Jōjōkanri-tō ni kansuru gaidorain* [Guidelines Concerning Listed Company Compliance] vom 1. November 2007 i. d. F. vom 2. November 2020, abrufbar unter <http://jpx-gr.info/rule/tosho_regu_201305070043001.html>.

[95] R. 501 Abs. 1 Nr. 3 (*timely disclosure*) bzw. Nr. 4 BörsZR für den Code of Corporate Conduct.

[96] R. 502 Abs. 1 Nr. 2 BörsZR.

[97] R. 503 BörsZR.

sochi – „Veröffentlichungsmaßnahme") sowie die Festsetzung einer Vertragsstrafe wegen Verstoßes gegen den Börsenzulassungsvertrag (*jōjo i'yaku-kin*) gemäß Regel 509 Abs. 1 BörsZR. Auffällig ist, dass die Regeln bei der Wahl der Maßnahmen maßgeblich auf die Einschätzung der Lage durch die TSE abstellen und dieser so eine flexible Handhabung des Sachverhalts ermöglichen. Sollte die TSE zu der Überzeugung gelangen, dass eine Verbesserung nicht zu erwarten ist, kann sie vor der Einstufung als „unter Beobachtung stehend", aber auch nach der Anforderung eines Verbesserungsberichts, nach dessen Prüfung oder bei Aufrechterhaltung des Beobachtungsstatus das Verfahren zum Ausschluss vom Handel einleiten.[98]

In der Praxis sind Fälle, in denen die TSE zu so harschen Mitteln greift, eher selten. So mag ein *delisting* dem Schutz künftiger Investoren dienen, die dramatische Herabsetzung der Umlauffähigkeit der Aktien geht vor allem aber zu Lasten der Aktionäre.[99] Im Fall *Olympus* verhängte die TSE zwar eine „größtenteils symbolische"[100] Vertragsstrafe von JPY 10 Millionen (ca. EUR 80.000). Ein Ausschluss hätte nach dem damaligen Standard aber die Feststellung „schwerwiegender Auswirkungen" der Falschangaben auf den Handel bedurft. Diese sah die TSE als nicht gegeben und entschied sich schließlich für die Aufhebung des Beobachtungsstatus und gegen ein *delisting*. Als Grund führte sie hierfür unter anderem an, dass *Olympus* Fehlangaben keinen Einfluss auf die Kernzahlen des Unternehmens, Umsatz und Gewinn, gehabt hätten. Da *Olympus* aus seinen Falschangaben kein Vorteil entstanden sei, hätten sie sich nicht nachhaltig auf den Trend der Geschäftszahlen der Gesellschaft ausgewirkt.[101] Die Vorschriften für einen Ausschluss vom Handel nach Regel 611 Abs. 1 BörsZR wurde in Reaktion auf den Bilanzskandal bei *Olympus* eher noch restriktiver gefasst. Regel 611 Abs. 1 BörsZR n. F. verlangt nun „die Feststellung der Offensichtlichkeit von Schwierigkeiten in Bezug auf die Aufrechterhaltung der Marktordnung", sollte ein Marktausschluss unterbleiben. Es verwundert daher kaum, wenn *Naohiko Matsuo* zumindest im Fall berühmter Großunternehmen im *delisting* wegen Verstoßes gegen Publizitätspflichten oder Anforderungen der Börsenzulassungsregeln aktuell keinen wirklich disziplinierenden Faktor mehr sieht.[102]

Stattdessen scheint sich die Durchsetzung der Publizitätsregeln wie auch des Code of Conduct auf die Forderung von Nachbesserungen unter dem Deckmantel der Klassifizierung als „Wertpapier unter besonderer Beobachtung" zu verlagern.[103] Im Falle *Toshibas* hatte die TSE eine immer noch sehr moderat erscheinende Vertragsstrafe wegen Verstoßes gegen die Börsenzulassungsregeln

[98] R. 502 Abs. 2 bis 8 BörsZR.
[99] N. Matsuo, Shōji Hōmu 1960 (2012), 4, 6.
[100] B. E. Aronson, ZJapanR 35 (2013), 85, 93; siehe oben Kapitel 2. B. III. 2.
[101] N. Matsuo, Shōji Hōmu 1960 (2012), 4, 9.
[102] *Ibid.*, 11.
[103] N. Matsuo, *Kin'yū shōhin torihiki-hō*, 504.

in Höhe von JPY 91,2 Millionen (ca. EUR 730.000) festgesetzt und sodann wegen der im Drittparteienreport angemahnten Schwächen im Leitungssystem *Toshiba* als „Wertpapier unter besonderer Beobachtung" eingestuft.[104] Auch wenn die Börsennotierung *Toshibas*, zwischenzeitlich in die Second Division abgerutscht, wegen Überschuldung zunächst in Gefahr geriet, befand die TSE die angestoßenen Veränderungen im Corporate Governance-System für ausreichend und hob den Status „unter Beobachtung" wieder auf.[105]

Auch die Durchsetzung der Börsenzulassungsregeln erfolgt damit sehr flexibel und eher im „Schatten der Sanktion" denn nach einem klaren Rechtsbefehlsschema. Dies mag ein weiterer Grund für die Verortung der Börsenzulassungsregeln als Soft Law sein. In jedem Fall fügt sich der an die jeweilige Situation angepasste, eher zurückhaltende Umgang mit den bestehenden Sanktionsmechanismen nahtlos in die japanische Regulierungstradition ein.

III. Abwehrmaßnahmen gegen feindliche Übernahmen im Besonderen

Am Anfang der Bemühungen der TSE um die Corporate Governance stand die Regulierung von Abwehrmaßnahmen gegen feindliche Übernahmen. Die Regelungen zeichnen sich durch eine Kombination von regelbasierten Ansätzen und kooperativer Abstimmung aus. Bereits die Zulassungsvorrausetzungen für Aktien der TSE – und das damit einhergehende Verbot sogenannter *golden shares* mit Vetorechten – sind so von Relevanz für die Corporate Governance der gelisteten Unternehmen.[106] Im Allgemeinen wird mit Abwehrmaßnahmen aber eine Reihe von Kapitalmaßnahmen assoziiert (zum Hintergrund unter 1), die wie die Privatplatzierung junger Aktien entweder akut (2) oder als sogenannte *poison pills* präventiv (3) feindliche Übernahmen, wenn nicht verhindern, dann doch wesentlich erschweren.

1. Hintergrund

Bereits die abstrakte Gefahr einer feindlichen Übernahme hat eine disziplinierende Wirkung auf das Management.[107] Im kooperativen System der japani-

[104] TSE, Mitteilung vom 15. September 2015, *Tokusetsu chū'i shijō meigara no shitei oyobi jōjō keiyaku iyaku-kin no chōkyū: (Kabu) Tōshiba* [Deklarierung als Handelsfirma unter besonderer Beobachtung und Forderung einer Vertragsstrafe: Toshiba], abrufbar unter: <https://www.jpx.co.jp/news/1021/20150914-14.html>.

[105] TSE, Mitteilung vom 11. Oktober 2017, *Tokusetsu chū'i shijō meigara no shitei kaiji oyobi kanri meigara (shinsa-chū) no shitei kaiji: (Kabu) Tōshiba* [Aufhebung der Deklarierung als Handelsfirma unter besonderer Beobachtung und Aufhebung der Deklarierung als Handelsfirma unter Aufsicht (in Prüfung): Toshiba], abrufbar unter: <https://www.jpx.co.jp/news/1021/20171011-11.html>.

[106] M. Kondo et al., *Kin'yū shōhin torihiki-hō*, 481; M. Saitō, in: Markt und Staat, 191, 197 ff.

[107] F. Easterbrook/D. R. Fischel, Economic Structure (1996 [Reprint]), 171 f.; L. A. Bebchuk, 113 Colum. L. Rev. 1637, 1679 f. (2013).

schen Corporate Governance mit seinen institutionalisierten Beteiligungsverhältnissen und einem großen Anteil an stabilen Aktionären (*antei kabunushi*) waren Versuche feindlicher Übernahmen dagegen lange Zeit allenfalls ein Randphänomen.[108] In Folge der oben beschriebenen Umwälzungen und einiger spektakulärer, letztendlich erfolgloser Übernahmeversuche geriet das Thema zu Beginn der 2000er Jahre jedoch ins Zentrum des Interesses nicht nur gesellschaftsrechtlicher Beobachter. Dabei ist umstritten, ob dies wirklich auf einen plötzlichen Anstieg feindlicher Übernahmeversuche[109] oder nicht doch eher auf einen Wechsel in der Wahrnehmung zurückzuführen ist.[110] Von einem lebhaft funktionierenden *market for corporate control* kann keine Rede sein: „In der Regel scheitern feindliche Übernahmen in Japan“.[111]

Die japanische Gesellschaftsrechtspraxis kennt eine Reihe von effektiven Abwehrstrategien, die, wie beispielsweise Überkreuzbeteiligungen (*sōgō mochiai*), teils faktischer, teils wie Aktienklassen mit besonderen Stimmrechten (*shurui kabushiki*) oder die Privatplatzierung junger Aktien (*daisan-sha wariate*), rechtlicher Natur sind.[112] Das führt zu erheblichen Effizienzverlusten, die aus dem konkreten Widerspruch zwischen den Interessen der Aktionäre als Adressaten eines Übernahmeangebots und dem Arsenal an Störfaktoren resultieren, das dem Management zur Verfügung steht, um den Verlust der eigenen Position im Falle einer erfolgreichen Übernahme zu verhindern.[113] Auf die tragende Bedeutung von Soft Law in der Regulierung solcher Abwehrmaßnahmen wurde auch im westlichen Schrifttum bereits mehrfach hingewiesen.[114] Hierbei lag der Fokus meist auf den Berichten der am METI eingerichteten Corporate Value Study Group (*Kigyō Kachi Kenkyū-kai*, „CVSG“)[115] und den hierauf basierenden, gemeinsamen Take-over-Richtlinien von METI und MoJ aus dem Jahr 2005 („TakeoverRL“).[116] Die Vorarbeiten der CVSG erwuchsen zunächst einem Bedürfnis der Praxis nach „fairen und angemessenen“ Vorgaben im Umgang mit Abwehrmaßnahmen. Die Vorschläge der CVSG sowie die hierauf

[108] M. J. ROE, 102 Yale Law Journal 1927, 1972 ff. (1993); H. BAUM/M. SAITŌ, in: HB Japanisches Recht, § 7 Rn. 14 ff.

[109] C. J. MILHAUPT, 105 Colum. L. Rev. 2171, 2172 (2005): „The unthinkable has happened.“

[110] So energisch D. W. PUCHNIAK, ZJapanR 28 (2009), 89, 100 ff.

[111] K. KAWASAKI, Nikkei vom 28. Februar 2015 (Chō-kan), 16 (Übers. des Verf.) unter Verweis auf lediglich 13 bedeutende Fälle im Zeitraum 1985 bis 2012, von denen sich nur einer nach der für die Praxis wegweisenden Bulldog Sauce-Entscheidung von 2007 ereignetet. Siehe auch C. J. MILHAUPT, in: Enterprise Law, 177, 189 f.

[112] METI, CGS Report 2015, 73 ff.

[113] R. H. KRAAKMAN ET AL., Anatomy, 207 f.

[114] Deutlich C. J. MILHAUPT, 105 Colum. L. Rev. 2171, 2195 ff. (2005); M. HAYAKAWA, in: FS Hopt (2), 3081 ff.; P. D. CULPEPPER, Quiet Politics, 132 ff.; vgl. H. BAUM/M. SAITŌ, in: HB Japanisches Recht, § 7 Rn. 142 f. 153.

[115] CVSG Report 2005, abgedruckt in ZJapanR 21 (2006), 137 ff.

[116] METI/MoJ, TakoverRL (2005), abgedruckt in engl. Übers. in: ZJapanR 21 (2006), 143 ff.

aufbauenden TakeoverRL haben aber nicht nur in Praxis und Rechtsprechung große Resonanz erfahren,[117] sondern waren auch für den Umgang der TSE mit der Problemstellung von prägender Bedeutung. So werden die Börsen im Bericht der CVSG zur Überarbeitung ihrer Publizitätsanforderungen im Hinblick auf Verteidigungsmaßnahmen aufgefordert:

„Given that a rising number of companies are expected to issue stock acquisition rights and different classes of shares to counter hostile takeover bids, it may be worthy of consideration for stock exchanges to establish specific disclosure rules from the viewpoint of investor protection."[118]

Ungefähr zeitgleich reagierte die TSE mit der Bekanntgabe von „Punkten zur Beachtung", die börsennotierte Gesellschaften im Hinblick auf die Information zu Abwehrmaßnahmen zu veröffentlichen hätten.[119] Diese lehnten sich eng an die Empfehlungen der TakeoverRL an und fanden später Eingang in die Börsenzulassungsregeln.[120] Im Sinne der Tendenz der CVSG verbietet die TSE Abwehrmaßnahmen zwar nicht grundlegend, steht diesen aber kritisch gegenüber und versucht ihre Verwendung auf ein aus Investorensicht adäquates, angemesseneres Minimum zu reduzieren.[121] Es bleibt indes dabei, dass der *„market for corporate control*" auf absehbare Zeit in Japan keine Rolle für die externe Corporate Governance japanischer Unternehmen spielen dürfte.[122]

2. *Privatplatzierung junger Aktien (daisan-sha wariate)*

Die Verwässerung der Aktionärsrechte durch die Privatplatzierung (*daisan-sha wariate*), also die Ausgabe junger Aktien an Dritte, war lange Zeit das Mittel der Wahl zur Abwehr feindlicher Übernahmen.[123] Das Problem der Privatplatzierung liegt in ihrem Potential, allein durch Beschluss des Verwaltungsrates und losgelöst vom Willen der Aktionäre bestehende Beteiligungsverhältnisse nicht nur aufrechtzuerhalten, sondern durch Wahl eines Investors diese gar fle-

---

117 Ausführlich M. Hayakawa, in: FS Hopt (2), 3081, 3094 ff.; H. Baum/M. Saitō, in: HB Japanisches Recht, § 7 Rn. 147.

118 METI, CGS Report 2015 (2015), 79 f. = 85 in der engl. Übers.

119 TSE, *Tekitai-teki baishū bō'ei-saku no dōnyū ni saishite no tōshi-ka hōgo-jō no ryūi'jikō* [Punkte zur Beachtung bei der Einführung von Verteidigungsmaßnahmen gegen feindliche Übernahmen aus Sicht des Anlegerschutzes], 21. April 2005. Im Hinblick auf die im Juni beginnende Hauptversammlungssaison erfolgte die Verkündung der „Punkte zur Beachtung" wenige Tage vor Veröffentlichung des CVSG Report 2005.

120 M. Matsunaka, 62 Handai Hōgaku 1031, 1040 ff. (2012); E. Colcera, Market for corporate control (2007), 199: vgl. METI/MoJ, TakoverRL (2005), 15 (in der engl. Übers.): „The Tokyo Stock Exchange has announced that it will develop listing standards and a disclosure system based on the Guidelines."

121 M. Matsunaka, 62 Handai Hōgaku 1031, 1040 (2012); vgl. CVSG Report 2006, 35.

122 H. Baum, in: FS Hopt II, 33, 44.

123 H. Baum/M. Saitō, in: HB Japanisches Recht, § 7 Rn. 114. Die TSE selbst spricht in Englisch von *third-party allotment*. Im Folgenden wird in Anlehung an G. Gotō, ZJapanR 35 (2013), 13, 24 ff. der Begriff der Privatplatzierung verwendet.

xibel zu gestalten.[124] Innerhalb des genehmigten Kapitals ist nach dem Grundsatz der freien Platzierung (*wariate*) junger Aktien durch Beschluss des Verwaltungsrates (Art. 204 Abs. 2 GesG) ein Hauptversammlungsbeschluss nur einzuholen, soweit die Ausgabe zu einem „besonders vorteilhaften Preis" (*toku ni yūri na kingaku*)[125] erfolgen soll (Art. 201 Abs. 1, 199 Abs. 3 GesG).

Neben komplementären Regelungen zur Sicherung der Transparenz[126] und über die Vorgaben des Gesetzes hinaus verlangen die Börsenzulassungsregeln einen Hauptversammlungsbeschluss auch dann, wenn die Privatplatzierung zu einer Verwässerung von mehr als 25 %[127] oder einem Wechsel des herrschenden Aktionärs führt. Alternativ kann auch eine Stellungnahme durch einen Dritten mit einem „gewissen Grad an Unabhängigkeit vom Management" – genannt werden externe Prüfer oder Direktoren – betreffend Notwendigkeit und Angemessenheit der Maßnahme an die Stelle des Hauptversammlungsbeschlusses treten (Regel 432 BörsZR).[128] Den Ausschluss vom Handel wegen schwerwiegender Beeinträchtigung der Aktionärsrechte nach sich ziehen dagegen krasse Fälle der Privatplatzierung, die zu einer Verwässerung um mehr als 300 % führen.[129]

Die Regelung wurde notwendig, weil es immer wieder zu einem Missbrauch der Privatplatzierung bis hin zu „vorgespielten" Kapitalerhöhungen unter Umgehung der Zustimmungsbefugnisse der Hauptversammlung kam, die den Aktienkurs der betroffenen Unternehmen in den Keller rauschen ließen.[130] Ob die der TSE zur Verfügung stehenden Sanktionsmöglichkeiten auf diese Weise einen effektiven Aktionärsschutz gewährleisten, sofern die betreffende Gesellschaft ein *delisting* – etwa wegen Eintritt des angestrebten Erfolges der Maßnahmen – nicht scheut, wurde in Zweifel gezogen.[131] Der Gesetzgeber reagierte hierauf mit weitreichendend Offenlegungspflichten und dem Recht einer qualifizierten Minderheit, eine Hauptversammlung zu verlangen.[132] Es bleibt ein gewisses Spannungsverhältnis zwischen dem von der TSE angelegten nu-

---

[124] M. Nakahigashi, in: KK Taikei, 403, 421.

[125] Vgl. die korrespondierende Regelung der JSDA, unten Kapitel 3. E. I.

[126] Siehe zusammenfassend M. Nakahigashi, in: KK Taikei, 403, 411: Pflicht zur Abgabe einer Versicherung bezüglich des Ausschlusses antisozialer [= mafiöser] Kräfte vom Bezug (Zf. 417 Nr. 1 lit. g BörsDR), Bericht der Prüfer zur Angemessenheit des Ausgabepreises und die Veröffentlichung einer Bestätigung zur Kapitalaufbringung (R. 402 BörsZR i. V. m. Zf. 402–3 BörsDR).

[127] Verstanden als Ergebnis der Division der Anzahl der neu ausgegebenen Stimmrechte durch die Anzahl der vor der Kapitalmaßnahme bestandenen Stimmrechte, Zf. 435–2 BörsDR.

[128] M. Nakahigashi, in: KK Taikei, 403, 411 f.; vgl. den entsprechenden Vorschlag in METI, CGS Report 2015 (2015), 92.

[129] R. 601 Abs. 1 Nr. 17 BörsZR i. V. m. Zf. 601 Abs. 14 Nr. 6 BörsDR.

[130] K. Iida, Shōji Hōmu 1760 (2007), 18, 21; K. Matsuo, Hōritsu jihō 91:3 (2019), 18, 23 f.

[131] M. Nakahigashi, in: KK Taikei, 403, 412.

[132] Art. 206:2 GesG; siehe G. Gotō, ZJapanR 35 (2013), 13, 26.

merischen Standard und der Betonung des Aktionärswillens durch das Gesellschaftsgesetz.[133]

Daneben verlangt die für die Marktverwaltung der TSE zuständige Selbstregulierungsorganisation vor der Veröffentlichung eines Beschlusses zur Privatplatzierung die Durchführung einer Vorabkonsultation (*jizen sōdan*), auf deren Basis sie die Notwendigkeit des Ergreifens von Maßnahmen im Falle der Durchführung der Privatplatzierung eruiert. Hierauf aufbauend gibt sie der Gesellschaft Hinweise (*shiteki*) zur Vermeidung unangemessener Privatplatzierungen und zur Gewährleistung hinreichender Publizität. Dieser „weichen" Maßnahme dürfte erhebliches disziplinierendes Gewicht zukommen. So behält sich die TSE einen Informationsaustausch mit anderen Regulatoren wie anderen Börsen, der JSDA, dem Finanzministerium oder – zur Vermeidung einer Einbeziehung krimineller Elemente – gar der Staatsanwaltschaft vor.[134]

3. *Präventive Abwehrmaßnahmen im engeren Sinne*

Die Definition der „Abwehrmaßnahmen" gegen feindliche Übernahmen (*tekitai-teki baishū bō'ei-saku*) durch die Börse entspricht derjenigen der TakeoverRL und erfasst vor einem Übernahmeangebot implementierte Kapitalmaßnahmen, die nicht aus betrieblichen Gründen wie der Kapitalaufbringung vorgenommen werden, sondern präventiv den Erwerb durch einen unliebsamen Akquisiteur bereits vor dessen Auftreten faktisch erschweren sollen.[135] In der Regel sind solche Abwehrmaßnahmen nach dem sogenannten „Frühwarnmodell" (*jisen keikoku-kei*) ausgestaltet:[136] Hierbei erfolgt eine kostenlose Ausgabe von Bezugsrechten an die Altaktionäre, sobald von der Gesellschaft *ex ante* festgelegte Bedingungen, etwa die Überschreitung eines gewissen Schwellenwertes (etwa 20 % der Stimmrechtsanteile) durch den potentiellen Erwerber oder die Verletzung spezifischer, von der Gesellschaft selbst festgelegter Informationspflichten[137] erfüllt sind. Unabhängig von der konkreten Ausgestaltung

---

[133] X. Wen, Soft Law Journal 22 (2013), 141, 146.

[134] Tokyo Stock Exchange Regulation, Inc, *Jōjō kanri gyōmu ni tsuite – futekisetsu na daisansha wariate no mizen bōshi ni mukete* [Zur Marktverwaltung – hin zu vorbeugenden Maßnahmen gegen unangemessene Privatplatzierungen], September 2010, abrufbar unter: <http://www.jpx.co.jp/regulation/public/nlsgeu000001igbj-att/2-03index_pdf_09.pdf>, hierbei im Detail S. 15 f.

[135] Regel 6 Abs. 80 BörsZR, vgl. TakoverRL, 1 = ZJapanR 21 (2006), 143, 145.; K. Iida, Shōji Hōmu 1760 (2007), 18.

[136] Siehe nur H. Baum/M. Saitō, in: HB Japanisches Recht, § 7 Rn. 145; M. Hayakawa, in: FS Hopt (2), 3081, 3091 ff.

[137] Vgl. Art. 27-10 Abs. 2 FBG i. V. m. Art. 25 Abs. 3 der Verordnung des Finanzministeriums Nr. 38/1990 i. d. F. der Kabinettsverordnung Nr. 38/2015, *Hakkōsha igai no mono ni yoru kabushiki nado no kōkai kaitsuke no kaiji ni kansuru naikaku furei* [Kabinettsverordnung zur Veröffentlichung eines öffentlichen Erwerbsangebots für Aktien durch andere Personen als die Emmitentin]. Danach hat die von einem öffentlichen Erwerbsangebot (*kōkai kaitsuke*) betroffene Gesellschaft ein Fragerecht gegenüber dem potentiellen Erwerber.

wird die Akquisition durch die zusätzlich ausgegeben Aktien trotz des zu erwartenden Verwässerungseffekts erheblich verteuert. Solche sogenannten *poison pills* frustrieren feindliche Kontrollakquisitionen wirtschaftlich und unterwerfen diese damit *de facto* der Zustimmung des Managements. Der wesentliche Effekt der Maßnahme dürfte daher auf Abschreckung beruhen.[138] Zur Kapitalaufbringung tragen solche Abwehrmaßnahmen ersichtlich nicht bei.

Zwar ist nach dem Gesetz eine Implementierung von Abwehrmaßnahmen allein durch Beschluss des Verwaltungsrates durchaus zulässig.[139] Für die Praxis zu beachten sind aber gerade die Vorgaben der TSE. Anfangs basierte die Durchsetzung der an die Empfehlung der CVSG angelehnten „Punkte zur Beobachtung" noch im Wesentlichen auf der Durchführung von Konsultationen mit den betroffenen Gesellschaften im Vorfeld der Einführung (*jizen sōdan*).[140] Später wurden die Regelungen in den Börsenzulassungsregeln ab 2007 schrittweise zu einer Kombination von Transparenzpflichten, harten Verboten und flexiblen Prinzipien ausgebaut. Damit gewährleisten die Regelungen einen Mindeststandard mit quasi verbindlichem Charakter.[141] In extremen Fällen, etwa der Festlegung eines Ausgabepreises von jungen Aktien erheblich unter dem Börsenkurs, Abwehrmaßnahmen, die sich auch nach einem Beschluss der Hauptversammlung zur Aufhebung nicht außer Kraft setzen lassen (sogenannter *dead-hand rights plan*)[142] oder der Ausgabe von Aktienklassen mit Vetorechten gegenüber einer Abberufung der Mehrheit des Verwaltungsrates (sogenannte *golden shares* bzw. *ōgon kabu*),[143] droht wegen der „schwerwiegenden Beschränkung der Aktionärsrechte" der Ausschluss vom Handel. Darüber hinaus sind präventive Abwehrmaßnahmen als Teil des verpflichtenden Abschnitts des Codes of Corporate Conduct hinreichend offenzulegen (lit. a), in ihren Bedingungen transparent und vor allem dem willkürlichen Zugriff des Managements entzogen auszugestalten (lit. b). Sie dürfen nicht übermäßig zu instabiler Preisbildung auf dem Sekundärmarkt führen (lit. c) und haben ferner bestehende Aktionärsrechte „zu respektieren" (lit. d).[144] All diese Aspekte sind in hohem Maße auslegungsbedürftig und nach der Auffassung der TSE für

[138] H. Baum/M. Saitō, in: HB Japanisches Recht, § 7 Rn. 135.

[139] TakoverRL, 9 = ZJapanR 21 (2006), 143, 153, vgl. Art. 201 Abs. 1, 199 Abs. 3 GesG.

[140] M. Matsunaka, 62 Handai Hōgaku 1031, 1040 (2012).

[141] H. Baum/M. Saitō, in: HB Japanisches Recht, § 7 Rn. 125; C. J. Milhaupt, in: Enterprise Law, 177, 185; siehe im Detail K. Iida, Shōji Hōmu 1760 (2007), 18, 18 ff. und ausführlich zu den einzelnen Reformschritten M. Matsunaka, 62 Handai Hōgaku 1031, 1038 ff. (2012).

[142] R. 601 Abs. 1 Nr. 17 BörsZR i. V. m. Zf. 601 Abs. 14 BörsDR.

[143] R. 601 Abs. 1 Nr. 17 BörsZR i. V. m. R. 601 Abs. 12 Nr. 17 BörsDR; siehe auch H. Kansaku/M. Bälz, in: HB Japanisches Recht, § 3 Rn. 92g. Das Verbot greift nicht, soweit die Gefahr der negativen Auswirkungen auf die Aktionärsinteressen gering ist (TSE, *Shurui Kabushiki Report* [2008], 3. Einziges Fallbeispiel in der Praxis ist die Sicherung des Einflusses des METI auf die *Inpex Corporation* als Nachfolger der staatlichen Ölgesellschaften.

[144] R. 440 BörsZR, siehe auch H. Baum/M. Saitō, in: HB Japanisches Recht, § 7 Rn. 125.

jeden Fall individuell zu bewerten. Konkret scheint die TSE auf Mechanismen, die den Willen der Aktionäre im Rahmen der Implementierung der Maßnahme abbilden, Wert zu legen. Bei der faktischen Durchsetzung der Regelungen liegt der Schwerpunkt daher auf der Abstimmung mit der Börse und deren Selbstregulierung.[145] Für *Milhaupt* sind es sogar diese Vorfeldkonsultationen, die die Ausgestaltung der Verteidigungsmaßnahmen in ihrer spezifischen Weise, dem Frühwarnmodell, überhaupt erst befördert haben.[146]

Die Entscheidung zur Durchführung der Maßnahme soll nicht der Willkür des Managements überlassen bleiben, sondern auf objektive Bewertungsmaßstäbe oder die Entscheidung eines unabhängigen Gremiums gestützt werden. Die TSE verlangt hier, dass die Gesellschaft objektive Maßstäbe zur Unabhängigkeit festlegt.[147] Hintergrund ist, dass das OG Tōkyō einen Verweis an ein lediglich als unabhängig deklariertes Gremium als zu vage und damit als bloße Regelung zur Umgehung der Sorgfalts- und Treuepflicht angesehen hatte.[148] Für die Praxis spielt die grundsätzliche Offenheit der TSE – wie auch die der TakeoverRL[149] – gegenüber der Delegation der Entscheidungsbefugnis auf ein solches Gremium indes allenfalls eine begrenzte Rolle.

Das Gesetz ermöglicht den Aktionären, gegen die Ausgabe junger Aktien „in einer äußerst unfairen Weise" (Art. 210 Nr. 2 AktG) im Wege einer einstweiligen Verfügung vorzugehen. In der Vergangenheit war die Rechtsprechung noch gewillt, Kapitalmaßnahmen im Rahmen der Entscheidungsbefugnisse des Managements relativ großzügig zu bewerten, solange der Kontrollerhalt andere Zwecke nicht überlagert (sogenannte Hauptzweckregel),[150] bevor mit der Entscheidung *Nippon Broadcasting Systems* eine restriktivere Haltung eingenommen wurde.[151] Die Rechtsprechung ist jedoch bereit, die Kapitalmaßnahme unter bestimmten Bedingungen nicht als „äußerst unfair" zu bewerten. Unter Eindruck der Vorarbeiten der CVSG sowie der TakeoverRL sieht die Rechtsprechung das hierfür maßgebliche Kriterium in der Steigerung des Un-

---

[145] M. Matsunaka, 62 Handai Hōgaku 1031, 1037 (2012). Dies ergibt sich nicht unmittelbar aus den BörsZR sondern aus dem alljährlich von der TSE herausgegebenen *Kaisha jōhō tekiji kaiji gaidobukku* [Timely Disclosure Guide Book], Siehe K. Iida, Shōji Hōmu 1760 (2007), 18, 19f.

[146] C. J. Milhaupt, in: Enterprise Law, 177, 185; ähnlich auch E. Colcera, Market for corporate control, 200; vorsichtiger H. Kawamura, Hōritsu jihō 91:3 (2019), 25, 58.

[147] M. Matsunaka, 62 Handai Hōgaku 1031, 1037 (2012).

[148] OG Tōkyō, Hanrei Taimuzu 1186 (2005) 254, 272 – *Nireco*; siehe C. J. Milhaupt, 105 Colum. L. Rev. 2171, 2203 Fn. 2109 a. E. (2005).

[149] TakoverRL, 12 = ZJapanR 21 (2006), 143, 157.

[150] *Shuyō mokuteki rūru*; siehe H. Baum/M. Saitō, in: HB Japanisches Recht, § 6 Rn. 134.

[151] OG Tōkyō, Beschluss vom 23 März 2005, in: Hanrei Taimuzu 1173 (2005) 125, 133 = T. Fujita, in: Business Law in Japan, 313, 314ff. – *Nippon Broadcasting System*; H. Baum/M. Saitō, in: HB Japanisches Recht, § 7 Rn. 139. Hierzu M. Hayakawa, in: FS Hopt (2), 3081, 3095 und zu den Hintergründen des öffentlich kontrovers disktutierten Falls vor allem die plastische Darstellung bei E. Colcera, Market for corporate control, 118ff.

ternehmenswertes (*kigyō kachi*) verortet.[152] Ob das der Fall ist, ist für die Gerichte naturgemäß nur schwer zu beantworten. Die Praxis behilft sich mit Anforderungen an den Prozess: In der wegweisenden Entscheidung *Steel Partner/Bulldog Sauce* hatte der OGH hierüber – im Ausgangspunkt im Sinne der Empfehlung der TakeoverRL[153] – die diskriminierende Ausgabe von Bezugsrechten auf Erforderlichkeit (*hitsuyō-sei*) und Angemessenheit (*sōtō-sei*) geprüft, dabei innerhalb des ersten Punktes dann aber hauptsächlich auf die überwältigende Zustimmung der Aktionäre in der Hauptversammlung abgestellt.[154] Auf die Entscheidung eines unabhängigen Gremiums, wie es der TSE vorschwebt, wird sich die Gesellschaft daher kaum verlassen können. Die vom OGH verlangte Wahrung der Aktionärsinteressen kommt einem *de facto*-Erfordernis eines Hauptversammlungsbeschlusses auch bei der Durchführung von Abwehrmaßnahmen gleich.[155] Aus der Sicht der Praxis ist die Frage nach der institutionellen Entscheidungsbefugnis über die Abwehrmaßnahme damit entschieden: Über 90 % der präventiv implementierten Abwehrmaßnahmen basieren auf einem Beschluss der Hauptversammlung.[156]

IV. Mehr prinzipienbasierte Regulierung

Die Gestaltung der Selbstregulierung durch die TSE war bislang durchweg regelbasiert. Der Trend dürfte indes eher in die von der FSA vorgelebte Richtung zu mehr Flexibilisierung gehen. So beginnt die TSE, komplementär zum bisherigen Regelungsansatz, zumindest in Teilbereichen wie der Equity-Finanzierung (1), einen prinzipienbasierten Regulierungsansatz zu implementieren. Interessant für die Corporate Governance sind dabei jüngere Versuche, die den Umgang mit Unternehmensskandalen betreffen und damit die offene Flanke der wachstumsorientierten Governance schließen (2).

---

[152] OG Tōkyō, in: Hanrei Taimuzu 1186 (2005), 254, 264 – *Nireco*. Das Gericht bezieht sich hierbei auf die Passage TAKOVERRL, 11 f.; = ZJapanR 21 (2006) 143, 155 (bei Fn. 10); krit. zur inhaltlichen Ambivalenz H. BAUM/M. SAITŌ, in: HB Japanisches Recht, § 7 Rn. 142.

[153] Vgl. TAKOVERRL, 6= ZJapanR 21 (2006) 143, 150 f.

[154] OGH, Beschluss vom 09. Juli 2007, Minshū 61/6/2215 (2007) = Hanrei Taimuzu 1252 (2007) 125, 130 f. = H. ODA, in: Business law in Japan, 323, 326 – *Bulldog Sauce*; siehe hierzu W. TANAKA, Shōji Hōmu 1810 (2007), 15, 22 f.; H. BAUM/M. SAITŌ, in: HB Japanisches Recht, § 7 Rn. 147 ff.; sowie ausführlich zu den Hintergründen J. BUCHANAN ET AL., Hedge Fund Activism, 213 ff.

[155] C. J. MILHAUPT, in: Enterprise Law, 177, 189 f.; S. MIYAKE, Nikkei vom 31. März 2008 (Chō-kan), *19* auch unter Berufung auf *K. Egashira*: Verweis auf ein unabhängiges Gremium im Lichte der OGH-Entscheidung nicht mehr als „Beruhigungsmittel" (*kiyasume*).

[156] M. MOGI/K. TANINO, Shōji Hōmu 2120 (2016), 12, 14; K. EGASHIRA, *Kabushiki Kaisha-hō*, 799.

1. Equity-Finanzierung

Im Jahr 2014 formulierte die TSE die vier *Principles of Equity Financing,*[157] die sich maßgeblich gegen Umgehungsstrategien im Bereich der Eigenkapitalfinanzierung richten. Dem liegt die Erkenntnis zu Grunde, dass auch Praktiken problematisch sein können, die sich zumindest formal im Rahmen der gesetzlichen Vorschriften bewegen. Eine regelbasierte Regulierung *ex post* sei zwar aus Gründen der Transparenz und der Vorhersehbarkeit erforderlich, stoße aber in der Praxis an seine Grenzen und begünstige faktisch unredliche Verhaltensweisen.[158] Beispiel in dieser Hinsicht waren vor allem Finanzierungspraktiken bei der Privatplatzierung.[159] Nicht jede gesetzes- und regelkonforme Art der Finanzierung außerhalb des Marktes ist nach der Prämisse der TSE auch erwünscht. Eigenkapitalfinanzierung muss vielmehr i) einen Beitrag zum Unternehmenswert leisten, ii) darf die Interessen bestehender Aktionäre nicht unterlaufen oder iii) schädliche Auswirkungen auf Vertrauen und Fairness des Marktes haben und muss schließlich iv) insgesamt transparent sein. Auch wenn sich die inhaltlichen Neuerungen in Grenzen halten dürften, soll dieser Wechsel im Regulierungsstil vor allem die grundlegenden Kriterien für das Tätigwerden der TSE offenlegen und so den gelisteten Gesellschaften, aber auch Beratern, einschließlich Anwälten, und Investoren informierte Entscheidungen hin zu einer autonomen Beurteilung ihres Verhaltens ermöglichen. Zudem sollen die Prinzipien zur Lückenfüllung bei der Anwendung von Auffangtatbeständen dienen und ferner Argumentationslinien für die Begründung einer Entscheidung bereithalten. In der Tat dürfte die Innovationsfreudigkeit des Finanzmarktes eher noch zu einer weitergehenden Diversifizierung der Möglichkeiten der Eigenkapitalfinanzierung führen,[160] was die regulatorische Handhabung nicht unerheblich erschwert.

2. Unternehmensskandale und Compliance

Gewissermaßen als Gegengewicht zur mit dem Corporate Governance Code und dem Stewardship Code verfolgten „wachstumsorientierten" Corporate Governance nahm die JPX-R die Unternehmensskandale der letzten Jahre zum Anlass, weitere Regelwerke zu erlassen. Die Principles for Responding to Cor-

---

[157] JPX-R, *Ekuiti fainansu no hinshitsu kōjō ni mukete* [Zur Verbesserung der Qualität der Eigenkapitalfinanzierung], 1. Oktober 2014, siehe hierzu die engl. Zusammenfassung unter <http://www.jpx.co.jp/english/regulation/ensuring/listing/equity-finance/>.

[158] Ausführlich S. Tanigawa, Shōji Hōmu 2046 (2014), 16, 19.

[159] Y. Kubota, Shōji Hōmu 2041 (2014), 26, 30 im Hinblick auf die von der Reform des GesG nicht erfassten Fälle der Privatplatzierung ohne Kontrollwechsel; S. Tanigawa, Shōji Hōmu 2046 (2014), 16, 18 am Beispiel der Kombination der Privatplatzierung mit (überbewerteten) Sacheinlagen.

[160] S. Ōsaki, in: KK Taikei, 429, 457 f.

porate Scandals von 2016 („Responding Principles“)[161] sowie die Principles for Preventing Corporate Scandals von 2018 („Preventing Principles“)[162] sollen zum Vertrauen in den japanischen Finanzmarkt beitragen. Sie sind weniger etablierte *best practices*, sondern sammeln eher Lehren aus den Skandalen der letzten Jahre und drücken so die Erwartungshaltung der Börse gegenüber den Unternehmen aus. Beispielsweise unterstreichen die Preventing Principles die Bedeutung der Unternehmenskultur und fordern das Management auf, realistische Ziele im Einklang mit den tatsächlichen Fähigkeiten der Gesellschaft vorzugeben (Prinzip 2). Übermäßiger interner Druck zur Erreichung unrealistischer Ziele waren gerade im Fall *Toshibas* zum Problem geworden.[163] Handfester sind demgegenüber Empfehlungen wie die Unterstützung eines Informationsaustausches zwischen Management und Belegschaft (Prinzip 3 Preventing Principles), die sich zumindest mittelbar auf den Umgang mit den Empfehlungen des Corporate Governance Codes zum Wistleblowing (Prinzip 2.5 JCGC) oder zu Vorkehrungen zum Risikomanagement (Prinzip 4.3 JCGC) auswirken können.[164]

Es handelt es sich bei den Responding Principles und den Preventing Principles in erster Linie um unverbindliche Leitlinien, deren Nichtumsetzung als solche keine Sanktionen nach sich zieht. Sie geben aber Aufschluss über die Kriterien, die die Börse bei der Festlegung von Durchsetzungsmaßnahmen heranzieht, sollte es zu einem Verstoß gegen Regelungen der Börsenzulassungsregeln kommen. Auch wenn dem Ansatz Potential zur Absicherung der Corporate Governance-Reform zugetraut wird, sind gerade die Preventing Principles weit unverbindlicher als andere Regelungen. Ob man hier von Soft Law sprechen kann, hängt vor allem davon ab, ob und inwiefern die Prinzipien beginnen, in die Praxis hineinzuwirken.[165] Die weitere Entwicklung bleibt abzuwarten.

V. Selbstregulierung von oben

Die Bezeichnung „Selbstregulierung“ für die Regulierung durch die Börse in Trägerschaft einer privaten – selbst börsennotierten – Gesellschaft darf nicht darüber hinwegtäuschen, dass die diese aufs Engste mit dem Staat verwoben ist. Schon die Zuordnung der Börsenregeln zum Privatrecht fällt auch wegen der eher spärlichen und wenig eindeutigen Rechtsprechung alles andere als leicht

[161] *Jōjō kaisha ni okeru fushōji taiō purinshipuru* vom 24. Februar 2016, siehe in Englisch unter <https://www.jpx.co.jp/english/regulation/ensuring/listing/principle/index.html>.

[162] *Jōjō kaisha ni okeru fushōji yobō purinshipuru*, siehe TSE, Publication of Principles for Preventing Corporate Scandals, 30. März 2018, abrufbar unter <https://www.jpx.co.jp/english/regulation/ensuring/listing/preventive-principles/>.

[163] Siehe oben Kapitel 2. B. III. 2.

[164] T. Satō, Shōji Hōmu 2166 (2018), 14, 22.

[165] H. Kawamura, Hōritsu jihō 91:3 (2019), 25, 30.

(1).[166] Selbstregulierung erfolgt nur unter Genehmigungsvorbehalt und unter der ständigen hoheitlichen Aufsicht durch die FSA, die mit weitgehenden Eingriffsbefugnissen ausgestattet ist (2); es handelt sich um Selbstregulierung von oben, die zwangsläufig im „Schatten des Hard Law" und unter Einfluss des Staates[167] erfolgt (3). Dies wirft die Frage nach den legitimatorischen Grenzen des Regelungssystems auf (4).

1. Rechtsnatur der Börsenzulassungsregeln

Basis für die Einbeziehung der Börsenzulassungsregeln ist zunächst das privatvertragliche Verhältnis zwischen Emittentin und Börse. So ist die Zulassung zum Handel von Wertpapieren an der TSE an den Abschluss eines Börsenzulassungsvertrages (*jōjō keiyaku*) geknüpft (Regel 203 BörsZR). Im Falle der Börsennotierung verspricht die Emittentin die Einhaltung sämtlicher auf die Emittentin und deren Aktien anwendbarer Teile der Betriebsregelungen, der Börsenzulassungsregeln und sonstiger Regeln zu deren Behandlung, und zwar in ihrer gegenwärtigen und zukünftigen Fassung, genauso wie die Befolgung aller auf deren Basis ergehenden Maßnahmen, einschließlich des Ausschlusses vom Handel (*jōjō haichi*) oder der Aussetzung des Handels.[168] Die Grundzüge des Verwaltungsrechts sollen auf die im Kern privatrechtlich ausgestalteten Regelungen der Börse nach der Rechtsprechung nicht ohne Weiteres anwendbar sein:

> „Das Gesetz weist die Festlegung von Standards und Methoden zum Ausschluss vom Handel der Börse zu (Art. 117 Abs. 4 FBG) und überlässt dieser daher die Bestimmung des Verfahrens. Der Argumentation des Klägers für eine uniforme Pflicht zur Befolgung der oben genannten Verfahren [nach dem Verwaltungsverfahrensgesetz (*Gyōsei tetsudsuki-hō*) und verwandten Verfahren] kann daher nicht gefolgt werden."[169]

In der gerichtlichen Praxis kommt die Behandlung von zivilrechtlichen Klagen, die sich gegen ein *delisting* durch die TSE wandten, einer Überprüfung der Rechtsanwendung durch eine Behörde auf ermessensgemäßes Einschreiten allerdings doch sehr nahe. Im Wesentlichen vergleichbar zur deutschen Dogmatik prüft das japanische Gericht bei gebundenen Entscheidungen einer Behörde das Vorliegen der Tatbestandsvoraussetzungen, bei Ermessensentscheidungen zusätzlich die Angemessenheit von Prüfung und Beurteilung.[170] Ähnlich zurück-

---

[166] Vgl. N. Matsuo, *Kin'yū shōhin torihiki-hō*, 504 sowie M. Dernauer, ZJapanR Sonderheft 10 (2018), 3, 8 f. zu den MarktTR.

[167] X. Wen, Soft Law Journal 22 (2013), 141, 144 ff.

[168] N. Matsuo, Bessatsu Junkan Shōji Hōmu 332 (2009), 23, 24; ders., *Kin'yū shōhin torihiki-hō*, 16; M. Kondo et al., *Kin'yū shōhin torihiki-hō*, 472, siehe TSE, *Kabuken jōjō keiyaku* [Vertrag zur Börsenzulassung von Aktien]. Der Mustervertrag ist abrufbar unter: <http://www.jpx.co.jp/equities/listing-on-tse/format/00-02.html>.

[169] DG Tōkyō, Urteil vom 20.07.2013, in: Hanrei Taimuzu 1385 (2013), 236, 241 (Übers. des Verf.).

[170] Vgl. allgemein zur Anfechtung von Verwaltungsakten OGH, Urteil vom 29.10.1992,

haltend zeigen sich die Gerichte, wenn es darum geht, Maßnahmen der Börse im Hinblick auf die ihr übertragenen Kompetenzen oder einen Verstoß gegen die von der Börse erlassenen Regeln selbst zu prüfen.[171]

Anlass hierfür boten vor allem Entscheidungen, in denen Gesellschaften wegen Falschangaben im Wertpapierbericht vom Handel ausgeschlossen wurden. Bis ins Jahr 2013 verlangte Regel 601 Abs. 1 Nr. 11 BörsZR als Voraussetzung für einen Ausschluss wegen Verletzung der Publizitätspflichten nach dem FBG die Feststellung „schwerwiegender Auswirkungen" auf den Handel durch die Börse (sogenannte *eikyō jūdai yōken*).[172] In älteren Fällen hatte das DG Tōkyō eine eigene „objektive" Prüfung der Voraussetzungen des *delisting* angestellt. Im Ergebnis entsprach diese freilich der Bewertung durch die TSE.[173] Dies wurde von der herrschenden Meinung noch im Sinne einer vollen Prüfungsbefugnis der Gerichte interpretiert.[174] In einer jüngeren Entscheidungen stellte das DG Tōkyō dagegen ein weites Ermessen (*kōhan no sairyō-ken*) der TSE bei der Anwendung der von ihr gesetzten Regeln ausdrücklich fest und beschränkte seine Prüfung lediglich darauf, ob die TSE die Grenzen ihres Ermessens etwa durch Willkür überschritten hatte.[175] Auch die in einem anderen Fall vom OG Tōkyō durchgeführte Überprüfung einer prozessualen Regelung der Börsenzulassungsregeln auf Angemessenheit (*gōri-sei*) ähnelt, trotz der auf Schadensersatz gerichteten zivilprozessualen Einkleidung, eher einer impliziten Normenkontrolle: In diesem Fall wandte der Kläger sich gegen den Ausschluss vom Handel infolge unerlaubter Fusionsaktivitäten (R. 601 Abs. 1 BörsZR Nr. 9) und dabei implizit gegen das Erfordernis, dem Antrag auf (erneute) Prüfung ein Bestätigungsschreiben durch einen leitenden Marktteilnehmer (*kanji torihiki sanka-sha*) gemäß Regel 605 Abs. 2, 3 BörsZR beizufügen.[176]

---

in: Hanrei jihō 1441 (1992) 37, 46 f. – *Ikatachi gehatsu*; T. Ichinose, in: HB Japanisches Recht, § 31 Rn. 38. Die japanische verwaltungsrechtliche Dogmatik kennt im Gegensatz zur deutschen Terminologie (Beurteilungsspielraum), jedenfalls in bestimmten Fällen, etwa der Notwendigkeit besonderer Expertise, auch ein „Ermessen" auf Tatbestandsseite (*yōken sairyō*) anzuerkennen (K. Uga, Gyōsei-hō I, 315 f.).

[171] X. Wen, Soft Law Journal 22 (2013), 141, 158 f.

[172] N. Matsuo, Kin'yū shōhin torihiki-hō, 504.

[173] DG Tōkyō, Urteil vom 15. November 1971, in: Hanrei Taimuzu 271 (1972), 126,130; Beschluss vom 07.07.2006, in: Hanrei Taimuzu 1232 (2007), 341, 347.

[174] N. Matsuo, Shōji Hōmu 1960 (2012), 4, 5 f.; X. Wen, Soft Law Journal 22 (2013), 141, 158 f.

[175] DG Tōkyō, in: Hanrei Taimuzu 1385 (2013), 236, 240. Das Ermessen der TSE im Rahmen der Marktverwaltung stellt auch OG Tōkyō, Urteil vom 24. Juli 2013, Kinyū Shōji Hanrei 1422 (2013) 20 heraus.

[176] OG Tōkyō, Beschluss vom 6. August 2010, in: Kin'yū hōmu jijō 1907 (2010) 84, 87 f. Hintergrund der Regelung ist der Schutz des Entscheidungsverfahrens vor einer Unterwanderung des Marktes durch antisoziale (mafiöse) Elemente, siehe die Anmerkungen zur Entscheidung, *ibid.*, 85.

Andere Entscheidungen deuten eher eine zivilrechtliche Behandlung an. Im Gegensatz zur herkömmlichen Behandlung von öffentlich-rechtlichen Normen sind die Gerichte wohl jedenfalls zum Teil bereit, Dritten in Schadensersatzprozessen gegen Wertpapierhandelsunternehmen zu erlauben, sich auf einen Verstoß gegen Regeln zu stützen, die der Selbstregulierung der Börse entstammen.[177] Zudem dürfte eine zivilrechtliche Haftung der Börse selbst jedenfalls dann in Frage kommen, wenn die Börse gewinnorientierte Dienstleistungen außerhalb der ihr gesetzlich übertragenen Kompetenzen (und damit außerhalb des konkreten Zugriffs der FSA) ausübt.[178] Dies zeigt ein Fall, der nicht das Verhältnis zwischen Börse und Emittenten, sondern das Verhältnis zwischen Marktteilnehmern und Börse betrifft. Auch hier sieht die Selbstregulierung der TSE ein eigenes Regelwerk vor, die Regelungen für Marktteilnehmer („MarktTR").[179] Deren Ausgestaltung erfolgt, wie die Börsenzulassungsregeln, im Kern auf vertragsrechtlicher Basis in einem privatrechtlichen Marktteilnehmervertrag.[180] Das OG Tōkyō hatte über eine Schadensersatzklage der Wertpapierfirma *Mizuho Shōken* gegen die TSE zu entscheiden. Anlass war die fehlende Möglichkeit zur Korrektur im Umgang mit der von der TSE bereitgestellten Handelssoftware. Hierbei setzte die TSE trotz Beanstandung eines offensichtlichen und ganz erheblichen Tippfehlers einer *Mizuho*-Angestellten (Verkauf von 610.000 Aktien zu JPY 1 anstelle einer Aktie zu JPY 610.000) den Handel zunächst fort. Bis dieser schließlich ausgesetzt wurde, summierten sich die aus der Tätigung von Deckungsgeschäften entstandenen Schäden der *Mizuho Shōken* auf ca. JPY 40 Milliarden (etwa EUR 320 Millionen). Zur Lösung des Falles zog das Gericht den gesetzlichen Auftrag der Börse heran und konstruierte aus Sicht des „öffentlichen Interesses und Anlegerschutzes" eine deliktische Pflicht, den Handel auszusetzen und noch größere Schäden abzuwenden – hier hätte die Börse zu spät reagiert. Das Verhältnis zur abgedungenen vertragsrechtlichen Haftung der Börse nach dem Marktteilnehmervertrag wurde nicht näher konkretisiert.[181]

---

[177] M. Dernauer, ZJapanR Sonderheft 10 (2018), 3, 9 f.

[178] X. Wen, Soft Law Journal 22 (2013), 141, 160.

[179] TSE, *Torihiki sanka-sha kitei* [Trading Participants Regulations] vom 1. November 2007 i. d. F. vom 1. April 2019, abrufbar unter: <http://jpx-gr.info/rule/tosho_regu_201305070004001.html> und in der engl. Übers. <http://www.jpx.co.jp/english/rules-participants/rules/regulations/index.html>. Siehe zur Selbstregulierung der Marktteilnehmer T. Iwakura, Soft Law Journal 5 (2006), 119 ff.

[180] Torihiki sanka-sha keiyaku, R. 5 Abs. 1 MarktTR; M. Kondō et al., Kin'yū shōhin torihiki-hō, 472 f.

[181] OG Tōkyō, in: Kin'yū Shōji Hanrei 1422 (2013) 20 ff. = M. Sumida, ZJapanR 38 (2014), 235, 235 ff. mit kritischen Anmerkungen. Aus rechtsvergleichender Sicht eingehend H. Baum et al., RabelsZ 82 (2018), 740, Abschnitt V.

2. Genehmigungserfordernis und Aufsichtsbefugnis

Trotz der im Ausgangspunkt privatrechtlichen Ausgestaltung der Verhältnisse mit den börsennotierten Gesellschaften und den Marktteilnehmern ist die Selbstregulierung der japanischen Börsen in ganz erheblichem Maße öffentlichrechtlich durchdrungen. Die Steuerung durch Selbstregulierungskörperschaften (*jishukisei kikan*) erfolgt komplementär zum Gesetz und unter behördlicher Aufsicht (*gyōsei kantoku*). Es handelt sich daher um eine in das staatliche Regulierungskonzept integrierte Selbstregulierung „von oben", bei dem der Verwaltung weitreichende Eingriffsbefugnisse zustehen.[182]

Der Betrieb eines „Marktes für den Handel mit Finanzprodukten" (*kin'yū shōhin torihiki-jo*) bedarf nach Art. 80 Abs. 1 FBG der Erlaubnis (*menkyo*) durch die FSA und ist darüber hinaus im Sinne der Mission der Börse zur Förderung der Fairness des Wertpapierhandels und des Anlegerschutzes zu betreiben (Art. 110 FBG).[183] Im Grundsatz bedürfen die Satzung der Börse sowie deren Geschäftsordnung (*gyōmu kitei*) der hoheitlichen Genehmigung. Hierzu gehören neben den Standards für die Zulassung zum und den Ausschluss vom Handel mit Wertpapieren (Art. 117 Abs. 1 FBG) auch die Regelungen für Marktteilnehmer sowie die Börsenzulassungsregeln der TSE für Wertpapiere. Nach dem Konzept des Gesetzes stehen Gesetz und Selbstregulierung in einem komplementären Verhältnis zueinander, bei dem der Börse als im Kern private Organisation eine aktive Rolle innerhalb des staatlichen Regulierungskonzepts zugedacht wird, ohne dass sie unmittelbar in den Verwaltungsapparat eingegliedert wäre.[184]

Das tägliche Geschäft, die sogenannten Selbstregulierungsangelegenheiten (*jishu kisei gyōmu*), übt die Börse in eigener Verantwortung aus. Hierunter fällt zunächst die Zulassung von Finanzprodukten zum Handel und der Ausschluss von diesem (Art. 84 Abs. 2 Nr. 1 FBG) sowie die Prüfung, ob das Verhalten von Mitgliedern und Marktteilnehmern mit Gesetz und Verordnungen, Satzung, anderen Regelungen sowie den Grundsätzen fairen Handels konform ist (Art. 84 Abs. 2 Nr. 2 FBG). Das Spektrum der Selbstregulierungsdienste umfasst die Marktverwaltung (*jōjō kanri*), also insbesondere die „Prüfung aller von der Emittentin von börsennotierten Wertpapieren veröffentlichten und angebotenen Informationen, sowie die Vornahme von Verfügungen (*shobun*) und sonstigen Maßnahmen (*setchi*) gegenüber der Emittentin von börsennotierten Wertpapie-

---

[182] X. Wen, Soft Law Journal 22 (2013), 141, 147 f.; H. Kanda, Soft Law Journal 22 (2013), 29, 34 f.; vgl. auch H. Baum, RabelsZ 64 (2000), 633, 642, 652: „Selbstverwaltungsorganisationen".

[183] M. Kondō et al., *Kin'yū shōhin torihiki-hō*, 476 f.; N. Matsuo, *Kin'yū shōhin torihiki-hō*, 497; formell ergeht die Genehmigung durch den Premierminister.

[184] X. Wen, Soft Law Journal 22 (2013), 141, 150 ff.; M. Kondo et al., *Kin'yū shōhin torihiki-hō*, 473.

ren“[185] und darüber hinaus die Aufstellung, Änderung und Aufhebung von Regeln in Bezug auf alle zuvor genannten Punkte. Auch die Ahndung von Verstößen gegen diese Regelungen, gleichsam aber auch von Rechtsverstößen, bleibt in erster Linie der Selbstregulierung der Börse überlassen. Die Regelungen zur Umsetzung der Selbstregulierungsdienste sind im Rahmen des Verwaltungsverfahrens zur Erlaubniserteilung vorzulegen (Art. 82 Abs. 2 FBG) und damit der Kontrolle durch die FSA zugänglich. Auch Änderungen bedürfen ferner der behördlichen Genehmigung (*ninka*, Art. 149 Abs. 1 FBG).[186] Regelungen außerhalb des Anwendungsbereiches der Selbstregulierungsdienste sind der FSA immerhin vorzulegen (Art. 149 Abs. 2 FBG).

Weitreichende Aufsichtsbefugnisse ermöglichen der FSA, gegen eine Absenkung des Schutzniveaus einzuschreiten.[187] So kann die FSA bei Verstoß gegen im Rahmen der Selbstregulierungsdienste erlassene Regelungen Maßnahmen gegenüber der Börse (Entzug der Erlaubnis, Unterbrechung des Betriebs) oder direkt gegenüber deren Mitgliedern und Marktteilnehmern (Ausschluss und andere von der Satzung der Börse vorgesehene Maßnahmen) treffen (Art. 151, 152 FBG).[188]

Das doppelte Fundament aus öffentlich-rechtlicher Genehmigung und privatrechtlichem Vertrag mag ein Grund dafür sein, dass sich die Selbstregulierung der Börse nicht widerspruchsfrei in die japanische zivilrechtliche Dogmatik einflechten lässt. Das Verständnis der Regelungskompetenz der Börse als Selbstregulierung ist eher jüngeren Datums; die Behandlung der Regelungen in Anlehnung an die verwaltungsrechtliche Dogmatik mag daher auch einer nicht allzu lang zurückliegenden (noch) stärkeren Verflechtung mit dem Verwaltungsapparat geschuldet sein.[189] Die von *Harald Baum* hervorgehobene Einheitlichkeit des japanischen Regelungsansatzes lässt sich angesichts der Komplexität im Detail daher nicht aus sich heraus, sondern nur im Gegensatz zur noch komplizierteren deutschen Regelung verstehen. Nach dem deutschen Konzept erlässt die von einem privatrechtlichen Börsenträger (§ 5 Abs. 1 BörsG)[190] betriebene Börse als Anstalt öffentlichen Rechts (§ 2 Abs. 1 BörsG) die Börsenordnung als Satzung mit öffentlich-rechtlicher Rechtsqualität (§ 12 Abs. 2 BörsG). Eine ähnliche Differenzierung kennt das nach US-amerika-

---

[185] Art. 84 Abs. 3 FBG i. V. m. Art. 7 Nr. 4 Kabinettsverordnung Nr. 54/2007 i. d. F. der Kabinettsverordnung Nr. 35/2020, *Kin'yū shōhin torihikijo-tō ni kansuru naikaku furei* [Kabinettsverordnung u. a. zur Börse für Finanzprodukte].

[186] M. Kondō et al., *Kin'yū shōhin torihiki-hō*, 473; X. Wen, Soft Law Journal 22 (2013), 141, 147.

[187] K. Kawamura, Shōji Hōmu 1940 (2011), 51, 55; X. Wen, Soft Law Journal 22 (2013), 141, 154.

[188] M. Kondō et al., *Kin'yū shōhin torihiki-hō*, 473; X. Wen, Soft Law Journal 22 (2013), 141, 147.

[189] T. Iwakura, in: Soft Law and Commerce, 33, 42.

[190] Börsengesetz vom 16.07.2007 (BGBl. I 1330, 1351) i. d. F. des Gesetzes vom 20. November 2019 (BGBl. I 1626), „BörsG“.

nischem Vorbild gestaltete[191] japanische Recht genauso wenig, wie die dem deutschen Recht eigene Differenzierung zwischen dem öffentlich-rechtlich ausgestalteten regulierten Markt (§ 32 ff. BörsG) und dem privatrechtlich durch den Börsenträger organisierten Freiverkehr (§ 48 Abs. 1 BörsG).[192]

3. Selbstregulierung im Schatten des Rechts

Trotz der aufgezeigten Eingriffsmöglichkeiten dürfte es zu weit gehen, die Selbstregulierung der Börse auf eine Rolle als „ferner Arm der FSA“[193] zu reduzieren. Dies liegt vor allem daran, dass die FSA ein veritables Eigeninteresse an der Funktionsfähigkeit der Selbstregulierung hat. Die Vorzüge der Selbstregulierung – vor allem Sachnähe, Kosteneffizienz und die gesteigerte Akzeptanz einer selbstregulatorischen Lösung – sind bekannt und werden auch in der japanischen Literatur gesehen. Gleiches gilt für die Nachteile: Selbstregulierung steht immer auch in Verdacht, Partikularinteressen zu Lasten der öffentlichen Interessen zu bevorzugen sowie zur Vermeidung einer hoheitlichen Lösung instrumentalisiert zu werden.[194]

Die eigentliche Bedeutung der Selbstregulierung der Börse im japanischen Kontext dürfte gerade in der Ermöglichung einer flexiblen, indirekten Steuerung liegen, bei der der Staat die Kontrolle nie aus der Hand gibt.[195] Zwar reagiert die FSA selten auf spezifische Unregelmäßigkeiten im Markt und gibt der Börse Weisungen zur Reform von Regelungen. Solche Fälle kommen in der Praxis aber durchaus vor. Bisweilen fordert die FSA die TSE auch zur Verbesserung ihrer Geschäftsordnung auf, etwa indem sie die Überprüfung einer öffentlich-rechtlichen Betriebserlaubnis bei der Börsennotierung verlangte.[196] In der Regel ist ein solches Vorgehen wegen des erheblichen indirekten Einflusses der FSA auf die Regelsetzung nicht notwendig. Der Einsatz von Beratungskommissionen erlaubt hoheitlichen Akteuren, bereits während der Vorbereitung auf die Regelsetzung Einfluss auszuüben.[197] So orientiert sich die TSE bei der Er-

---

[191] S. Maeda, in: FS Kawamoto, 91, 118; X. Wen, Soft Law Journal 22 (2013), 141, 147.

[192] H. Baum et al., RabelsZ 82 (2018), 740, Abschnitt V: „ein Gesetz, eine Aufsichtsbehörde, eine Institution als Börse, eine Regelungsphilosophie und einen Rechtsweg“; siehe für Deutschland G. Bachmann, WM 2001, 1793: „eigentümliche Doppelstruktur.“; P. Buck-Heeb, Kapitalmarktrecht, Rn. 120.

[193] M. Saitō, in: Markt und Staat, 191, 199.

[194] T. Katō, in: FS Egashira I (2), 683, 689 ff.; M. Kondo et al., *Kin'yū shōhin torihiki-hō*, 472.

[195] X. Wen, Soft Law Journal 22 (2013), 141, 161, die sonst tendenziell eher die Gefahren der Selbstregulierung betont.

[196] X. Wen, Soft Law Journal 22 (2013), 141, 147 f., siehe etwa FSA, Business Improvement Administrative Order against Tokyo Stock Exchange, Pressemitteilung vom 24. Mai 2004, abrufbar unter <http://www.fsa.go.jp/news/newse/e20040524-2.html>.

[197] M. Matsunaka, 62 Handai Hōgaku 1031, 1050 (2012); vgl. generell zur Funktion von *shingi-kai* in der Vorbereitung der Gesetzgebung F. J. Schwartz, Advice and Consent, 86 ff.

stellung ihrer Regelungen, z. B. bei der Zulassung von verschiedenen Aktienklassen (*shurui kabushiki*)[198] oder im Hinblick auf den Durchsetzungsmechanismus des Code of Corporate Conduct, an den Empfehlungen der 2006 bei der TSE selbst eingerichteten *Advisory Group on Improvements to TSE Listing System.*[199] Im Interesse einer kohärenten Regelsetzung gehören Vertreter der TSE in der Regel zudem auch den bei der FSA eingerichteten Kommissionen an und werden so frühzeitig in den Regelsetzungsprozess einbezogen. Umgekehrt reagiert die TSE auch auf „Vorschläge" von Forschungsgruppen und Kommissionen, die bei anderen Institutionen eingerichtet sind. Zum Beispiel waren die Ergebnisse der am METI eingerichteten *Corporate Value Study Group* Ausgangspunkt für die Adressierung von Verteidigungsmaßnahmen gegen feindliche Übernahmen in den Börsenregeln.[200] Regeln zur Kapitalerhöhung durch Privatplatzierung (*daisan-sha wariate zōshi*) gingen auf die finanzmarktrechtlich ausgerichteten Empfehlungen des *Financial System Council* (*Kin'yū shingi-kai*) der FSA zurück.[201] Schließlich basiert auch der Corporate Governance Code selbst wortgleich auf den Beratungen einer gemeinsam von FSA und TSE organisierten Expertenkommission.[202]

Will man eine abschließende Verortung vornehmen, wird man die Selbstregulierung der japanischen Börse wohl am ehesten konzeptionell zwischen Freiverkehr und reguliertem Markt verorten können. Auch ohne die explizite Anordnung einer öffentlichen Rechtsnatur sind die Einflussmöglichkeiten der FSA als Aufsichtsbehörde so gravierend, dass die japanischen Börsen als Gebilde von „semi-exekutivem Gemeinwohlcharakter"[203] kaum weniger in die mittelbare Staatsverwaltung einbezogen sein dürften als ihre deutschen Entsprechungen.[204]

4. Legitimatorische Grenzen

Trotz der im Wesentlichen privatrechtlichen Ausgestaltung des Verhältnisses übernimmt die Börse auch im japanischen Konzept hoheitliche Aufgaben. Die Notwendigkeit der Legitimation einer so verstandenen mittelbaren Selbstverwaltung wird im deutschen Kontext als Faktum angesehen.[205] Sieht man den

---

198 M. Saitō, in: Markt und Staat, 191, 200.

199 *Jōjō Seido Seibi Kodan-kai* [Advisory Group on Improvements to TSE Listing System]. Siehe hierzu die Übersicht auf <http://www.jpx.co.jp/equities/improvements/general/>.

200 M. Matsunaka, 62 Handai Hōgaku 1031, 1047 f. (2012); CVSG Report 2005 (2005), 80; CVSG Report 2006 (2006), 40 ff.

201 H. Kanda, Kin'yū Hōmu Jihō 1909 (2010), 18, 20; M. Kondo et al., *Kin'yū shōhin torihiki-hō*, 482.

202 Siehe hierzu unten Kapitel 3. C. I.

203 X. Wen, in: *Kaisha, Kin'yū, Hō* (1), 375, 396: *jun-seifu-teki na kōeki seishitsu.*

204 Vgl. J. Seiffert, in: S. Kümpel et al. (Hrsg.), Bank- und Kapitalmarktrecht, Rn. 4.178 f.

205 S. Bredt, WM 2013, 1839, 1846; U. Burgard, WM 2011, 1973, 1977 f.

Sinn der Selbstregulierung der Börse dagegen maßgeblich in der Erstellung effektiver Regelungen,[206] drängt sich die Legitimationsfrage nicht auf. Stattdessen herrscht eine Sichtweise vor, die die Implementierung von einzelnen Regeln in die Kapitalmarktregulierung oder in das Gesellschaftsrecht weitestgehend als Frage der Praktikabilität versteht. Die Zuordnung der Regeln mag dabei auch ein Stück weit rechtshistorischem Zufall und bestehenden Pfadabhängigkeiten geschuldet sein.[207] Wird die Börse aber als „flexibler" Teil der Verwaltung wahrgenommen, der weniger an statuarische und prozessuale Grenzen gebunden ist als die Aufsichtsbehörde,[208] verwundert nicht, dass bisweilen eine stärkere Formalisierung der Selbstregulierung in Anlehnung an das Verwaltungsrecht zur Sicherstellung von Transparenz und Gerechtigkeit gefordert wird.[209]

Auch wenn eine ausdrückliche und klare Regelung hierzu fehlt, ergibt sich die Regelungsbefugnis der Börse zum Erlass von Regeln zur Corporate Governance für die japanische Literatur in erster Linie aus den vom FBG übertragenen Befugnissen. Ob und in welcher Form dem parallelen Verweis auf den Börsenzulassungsvertrag[210] eine eigenständige Legitimationsfunktion zukommt, wird nicht deutlich. Allerdings dürfte ersichtlich sein, dass von einer materiellen Vertragsfreiheit hier kaum die Rede sein kann. Ist die Selbstregulierung der Börse damit aber in erster Linie dem Regime des FBG zuzuordnen, so stellt sich die Frage nach der Tragweite der öffentlich-rechtlichen Legitimationsbasis:

> „Natürlich, bloß weil es sich bei dem Börsenzulassungsvertrag um einen Vertrag handelt, bedeutet das ja nicht, dass man darin alles verlangen könnte. Wenn eine Seite im Vertrag eine dominierende Stellung einnimmt, dann ergeben sich Probleme mit der Balance. [...] Ich möchte jedenfalls anmerken, dass es der weiteren Betrachtung verdient, inwiefern die Börse in der Lage ist, alle Aspekte [der Corporate Governance] anzugehen, einschließlich der Frage nach der legitimatorischen Grundlage."[211]

Zunächst müssen die von der Börse erstellten Regeln im Einklang mit ihrer dualen Mission stehen, nach dem Gesetz also einen „fairen und reibungslosen" (*kōsei katsu enkatsu*) Betriebs des Marktes für Wertpapiere usw. gewährleisten und einen Beitrag zum Investorenschutz leisten (Art. 110 FBG).[212] Die Regeln

---

[206] T. Katō, in: FS Egashira I (2), 683, 690.

[207] H. Kanda, in: H. Kanda et al., Shōji Hōmu 1823 (2008), 13, 16; vorsichtiger T. Yamashita, in: H. Kanda/T. Yamashita, *Kin'yū shōhin torihiki-hō*, 469.

[208] X. Wen, Soft Law Journal 22 (2013), 141, 161.

[209] N. Matsuo, Shōji Hōmu 1960 (2012), 4, 12; ders., *Kin'yū shōhin torihiki-hō*, 18, der dabei an Anhörungs- und Transparenzvorschriften sowie die Statuierung einer generellen Treuepflicht (vgl. Art 36 FBG) denkt.

[210] N. Matsuo, Bessatsu Junkan Shōji Hōmu 332 (2009), 23, 32, der sich aus Gründen der Rechtssicherheit für eine gesetzliche Verankerung der Regelungsbefugnis aussprechen, etwa in den *operational rules* (vgl. Art. 117 FBG).

[211] H. Kanda, Kin'yū Hōmu Jihō 1909 (2010), 18, 25 f. (Übers. des Verf.).

[212] K. Kawamura, Shōji Hōmu 1940 (2011), 51, 54 f.; vgl. Art. 110 FBG: „A Financial Instruments Exchange Market shall be operated so as to achieve the fair and smooth sales and purchase of Securities and Market Transactions of Derivatives, as well as to contribute to

der TSE zur Corporate Governance hingegen zielen maßgeblich darauf ab, proaktiv die Attraktivität der gelisteten Gesellschaften für Investoren zu erhöhen[213] und fügen sich so zumindest nicht reibungslos in diese Zielsetzung ein. Konzeptionell baut das FBG auf dem Grundsatz des eigenverantwortlichen Investors auf und bezweckt eine effektive Kapitalverteilung durch den Markt.[214] Vermittelt durch die Selbstregulierung der Börse wird die Aufsichtsbehörde in die Lage versetzt, auf Prozesse einzuwirken, für die ihre eigene Legitimation, wie im Bereich der Corporate Governance-Regulierung, zumindest zweifelhaft erscheint.[215] Wer, wie *Kenjirō Egashira*, den Zweck der Kapitalmarktregulierung maßgeblich in der Bereitstellung von „Investitionsinformationen" erblickt, die sich unmittelbar im Preis der Finanzprodukte usw. widerspiegeln, mag daher mit der schleichenden „Vergesellschaftsrechtlichung" (*kaishahō-ka*) der Börsenzulassungsregeln[216] nicht einverstanden sein:

> „Anders ausgedrückt, der vom FBG geleistete Investorenschutz beschränkt sich auf die Bereitstellung von Investitionsinformationen, die sich im Preis der Aktien usw. ausdrücken. Prozessuale und materielle Regeln des Gesellschaftsrechts (Regeln zur Struktur der Organe usw.), die hiermit in keinem Zusammenhang stehen, darf es nicht durchsetzen."[217]

Zwar bezieht sich die Argumentation *Egashiras* vordergründig nur auf Regeln des materiellen Gesellschaftsrechts im FBG. So ließen sich etwa die Regelungen zum zwingenden öffentlichen Erwerbsangebot in Art. 27:2 FBG (*kyōsei kōkai kaitsuke*)[218] nur schwer mit dem Topos des Investorenschutzes erklären.[219] Weitergehend sieht *Tatsuo Uemura* die Mission der Börse final auf die Sicherstellung fairer (*kōsei-teki*) Preisbildung beschränkt und in der Erstellung des Corporate Governance Codes ohne Einbeziehung des MoJ eine Kompetenzüberschreitung der FSA.[220] Die Auffassung wird von der wesentlich pragmatischeren herrschenden Meinung nicht geteilt. Diese sieht in der Zuweisung von

---

the protection of investors" (Japanese Law Translation, < http://www.japaneselawtranslation.go.jp>).

213 M. Yanaga, in: *Shihon shijō seido*, 227, 257 f.

214 K. Egashira, in: *Genjō to kadai*, 115, 122 f.

215 X. Wen, Soft Law Journal 22 (2013), 141, 151.

216 M. Yanaga, in: *Shihon shijō seido*, 227, 249 ff. am Beispiel des externen Organmitglieds, der Offenlegung von strategischen Beteiligungen sowie der Adressierung von Privatplatzierung von Aktien und MSCB.

217 K. Egashira, in: *Genjō to kadai*, 115, 123 (Übers. des Verf.); siehe allgemein zur Diskussion auch T. Yamashita, in: H. Kanda/T. Yamashita, *Kin'yū shōhin torihiki-hō*, 467 Fn. 3.

218 Siehe ausführlich H. Baum/M. Saitō, in: HB Japanisches Recht, § 7 Rn. 49 ff.

219 K. Egashira, in: *Genjō to kadai*, 115, 124 ff. Verbreitet dürfte indes eine duale Begründung sein, die jedenfalls auch auf den Investorenschutz abstellt (siehe M. Kondo et al., *Kin'yū shōhin torihiki-hō*, 368 f.).

220 T. Uemura, Aoyama Accounting Journal 5 (2015), 87 unter Verweis auf „einen der führenden Gesellschaftsrechtler Japans", gemeint dürfte *K. Egashira* sein.

Regeln zum Gesellschaftsrecht oder zur Kapitalmarktregulierung weniger eine konzeptionelle, als vielmehr eine pfadabhängige Entscheidung, die sich aus den Beschränkungen des Gesellschaftsgesetzes und der Notwendigkeit einer regulatorischen Einflussnahme ergibt.[221] Als der japanische Corporate Governance-Diskurs sich noch maßgeblich auf das Thema der feindlichen Übernahmen konzentrierte, wurde der Vorstoß der Börse auf diesem Gebiet von der federführenden Expertenkommission vor allem mit der Unzulänglichkeit der bestehenden Regelungen erklärt:

„Bei der Corporate Governance handelt es sich zwar eindeutig um ein Problem des Gesellschaftsgesetzes. Unter der Annahme einer mannigfaltigen Diversifizierung der unternehmerischen Aktivitäten kann es für die Börse aber erforderlich sein, aus Sicht des Investorenschutzes Vorkehrungen zur Sicherung der Corporate Governance der bei ihr notierten Unternehmen zu treffen."[222]

Andere gestehen immerhin zu, dass es jedenfalls im Konfliktfall – und nur dann – erforderlich sein kann, die unterschiedliche Zielsetzung von (materiellem) Gesellschaftsrecht und Kapitalmarktregulierung in Einklang zu bringen.[223]

Auch wenn keineswegs ausgemacht ist, dass selbst bei Annahme einer Beschränkung der Befugnisse der FSA diese auch auf die mittelbare Steuerung der Regelsetzung der Börse durchschlägt,[224] bleibt der von *Egashira* aufgeworfene Punkt wertvoll. Dieser hebt wesentlich auf die Verlagerung der Regelsetzung weg vom MoJ als dem traditionell federführenden Ministerium ab und lenkt so den Fokus der weiteren Analyse auf die Urheber der Regelsetzung.[225] So ergeben sich aus dem unterschiedlichen Auftrag von MoJ auf der einen sowie METI und FSA auf der anderen Seite Unterschiede etwa darin, welche Aufmerksamkeit der rechtsdogmatischen Durchdringung der Regelungen geschenkt wird.[226] *Masao Yanaga* merkt an:

„Verallgemeinernd lässt sich sagen, dass die Reform durch das FBG und die darauf basierenden Kabinettsverordnungen, Börsenregeln und Regeln der JSDA im Vergleich zu einer Neugestaltung gesellschaftsrechtlicher Bestimmungen zwar dynamischer erfolgt; im Gegenzug sei aber auf das Problem hingewiesen, dass eine ausreichende Zustimmung der Betroffenen nicht eingeholt oder lediglich ein vereinfachter *due process* eingehalten wird."[227]

---

[221] H. Kanda, in: H. Kanda et al., Shōji Hōmu 1823 (2008), 13, 16: „natürliche Entwicklung"; vgl. auch E. Kuronuma, Hōritsu jihō 78:5 (2005), 24; M. Saitō, in: Markt und Staat, 191, 193.

[222] FSA, *Chūkan Seiri* (2005), 21 (Übers. des Verf.).

[223] M. Kondō et al., *Kin'yū shōhin torihiki-hō*, 62.

[224] Vgl. vorsichtig X. Wen, in: *Kaisha, Kin'yū, Hō* (1), 375, 382.

[225] K. Egashira, Shōji Hōmu 1940 (2011), 4; T. Uemura, Aoyama Accounting Journal 5 (2015), 87; vgl. M. Matsunaka, 62 Handai Hōgaku 1031, 1043 ff. (2012); M. Saitō, Shōji Hōmu 1940 (2011), 18, 19 f.

[226] Auf Nachfrage K. Egashira, in: Shihō 74 (2012), 101, 104 f.; vgl. K. Egashira, 92:1 Waseda Hōgaku 95, 107 (2016).

[227] M. Yanaga, in: *Shihon shijō seido*, 227, 270 f. (Übers. des Verf.).

Sofern im deutschen Schrifttum Defizite in der personellen Legitimation des Börsenträgers wahrgenommen werden, werden diese durch die Nähe des privaten Börsenträgers zur Sachentscheidung für ausgleichbar erachtet.[228] Die Dominanz von Expertenkommissionen für die Regulierungspraxis der Börse lässt sich, worauf *Takahiro Katō* hinweist, damit auch als Indiz sehen, dass sich ohne den Rückgriff auf Formen öffentlicher, also staatlich gelenkter Konsensbildungsprozesse gewisse Themen wie die Zusammensetzung des Verwaltungsrates durch die Börse nicht adressieren und durchsetzen ließen.[229] Der starke Staatseinfluss auf die Regelsetzung geht indes zu Lasten der Anreize für eine wahrlich selbstregulatorische Lösung, was sich wiederum negativ auf die erhofften Vorteile der Selbstregulierung auswirken dürfte.[230]

Die Kohärenz mit den Vorarbeiten anderer Regelungsakteure muss derweil nicht immer auf einen impliziten Druck zur Verrechtlichung zurückzuführen sein. So argumentiert *Manabu Matsunaka* am Beispiel der Regulierung von Abwehrmaßnahmen, eine Bezugnahme der Börse auf die Vorarbeiten von Forschungsgruppen usw. sei auch aus Effizienzgründen und den mit dem erhöhten Begründungsaufwand verbundenen Kosten einer völlig autonomen Regelsetzung durchaus rational. Dies gelte jedenfalls solange die Vorarbeiten eine gewisse Plausibilität für sich in Anspruch nehmen könnten.[231] Auch ohne die bestehenden personellen Überschneidungen wird dies in Anbetracht der personellen Expertise und Sachnähe regelmäßig der Fall sein. Eine breite Einbeziehung der betroffenen Interessen scheint dabei nicht zwangsläufig gewährleistet,[232] auch wenn fraglich ist, ob dies, wie *Katō* meint, im ebenfalls auf der Regulierung der Expertenkommissionen beruhenden legislativen Prozess notwendigerweise der Fall ist. Hierauf wird im Rahmen der Analyse der legitimatorischen Wirkung des Corporate Governance Codes zurückzukommen sein.[233]

C. Corporate Governance Code

Formal in die Selbstregulierung der TSE eingebettet, verlangt der „offensichtliche faktische Schatten des Staates" über dem Corporate Governance Code,[234] vielmehr aber noch das dahinterstehende regulatorische Konzept von den „zwei

[228] S. Bredt, WM 2013, 1839, 1846; vgl. G. Bachmann, WM 2001, 1793, 1798 unter Verweis auf die Besonderheiten der Branche.

[229] T. Katō, Soft Law Journal 18 (2011), 55, 79 Fn. 52; ders., ZJapanR Sonderheft 10 (2018), 183.

[230] T. Katō, in: FS Egashira I (2), 683, 720; M. Matsunaka, 62 Handai Hōgaku 1031, 1052 (2012); vgl. allgemein J.-H. Binder, Regulierungsinstrumente, 276 f.

[231] M. Matsunaka, 62 Handai Hōgaku 1031, 1047 f. (2012).

[232] T. Katō, ZJapanR Sonderheft 10 (2018), 183, 191 f.

[233] Siehe unten Kapitel 4. B. III.

[234] H. Noda, Shōji Hōmu 2109 (2016), 14, 16; ähnlich H. Kansaku, in: Perspectives, 243, 266.

Wagenrädern“[235] in Verbindung mit dem sogleich zu besprechenden Stewardship Code nach einer gesonderten Behandlung. In ihrer Essenz zielt die mit dem Corporate Governance Code verfolgte „*growth-oriented governance*“ auf das „proaktive Eingehen von Risiken“ (*sekkyoku-teki na risukuteiku*) hin zu einem nachhaltigen Wachstum (*jizoku-teki na seichō*):

„The Code seeks ‚growth-oriented governance‘ by promoting timely and decisive decision-making based upon transparent and fair decision-making through the fulfillment of companies’ accountability in relation to responsibilities to shareholders and stakeholders.“[236]

Diese Zielrichtung wurde vom *Follow-up Council* bei der Reform des Corporate Governance Codes im Jahr 2018 noch einmal hervorgehoben.[237]

Mit Erlass des Corporate Governance Codes im Jahr 2015 schließt Japan mit aller Kraft zur internationalen Kodexbewegung auf[238] (I). Zentral für das Konzept ist, wie bei seinen Vorbildern auch, dass der Corporate Governance Code nach Maßgabe des *comply-or-explain*-Mechanismus den betreffenden Gesellschaften erlaubt, von den Prinzipien abzuweichen, sofern diese Abweichung begründet wird. Ob ein Prinzip verwirklicht ist, soll nicht durch starre Auslegung erfolgen, sondern auf Basis eines prinzipiengestützten Ansatzes im Dialog zwischen Gesellschaft und Investoren ermittelt werden (II). Inhaltlich geht der Corporate Governance Code dabei weit über die bisherigen Eingriffe der TSE in die Corporate Governance bei gelisteten Gesellschaften hinaus (III). Der Corporate Governance Code soll Gesellschaften zudem empfänglicher machen für den konstruktiven Dialog mit den (institutionellen) Investoren und zielt so zusammen mit dem im Anschluss zu besprechenden Stewardship Code auf eine stärkere Berücksichtigung der Aktionärsinteressen (IV).

I. Japan schließt zur internationalen Kodexbewegung auf

Ausgehend vom britischen Cadbury-Report von 1992 hat sich das Konzept der Regulierung durch Kodizes und deren Verbindung mit dem *comply-or-explain*-Mechanismus schnell zu einem zentralen Pfeiler des europäischen Sekundärrechts entwickelt. Dieses schreibt den Erlass eines Kodex zwar nicht explizit vor. Durch die Einführung einer korrespondierenden Erklärung zur Unternehmensführung für börsennotierte Unternehmen legt es den Erlass eines solchen indes nahe – was, soweit ersichtlich, auch von allen Mitgliedstaaten umgesetzt

---

[235] M. Yūfu et al., Shōji Hōmu 2062 (2015), 47, 49; H. Kansaku, Shōji Hōmu 2101 (2016), 4, 5 f.

[236] CG-Kommission, JCGC Final Draft (2015), Rn. 7.

[237] Follow-up Council, CG Revision 2018; Y. Tahara et al., Shōji Hōmu 2171 (2018), 4 ff.

[238] H. Baum, in: FS Hopt II, 33, 36 f.

wird.[239] Entsprechende Kodizes finden sich zunehmend auch in nicht vom Gemeinschaftsrecht beeinflussten Jurisdiktionen, so dass von einer im transnationalen Umfeld entstandenen Kodexbewegung gesprochen wird. Gemein ist den mit Blick auf Urheberschaft, Regelungsdichte und Durchsetzung teils sehr verschiedenen Regelwerken die Einflussnahme auf die Belange börsennotierter Unternehmen sowie ihre Einordnung als Soft Law.[240] Typischerweise stellen die Kodizes keinen Teil des formalen Gesellschaftsrechts dar. Wie im britischen und japanischen Beispiel finden sie sich als Teil der Börsenzulassungsregeln oder werden, wie im Falle der Erklärung zum DCGK nach § 161 AktG, mit dem kodifizierten Gesellschaftsrecht durch Aufnahme einer Erklärungspflicht verwoben.[241]

Japan spielte hierbei lange Zeit eine Sonderrolle. Zwar gab es ein Regelwerk zur Corporate Governance, die Principles of Corporate Governance for Listed Companies der TSE („TSE Principles") von 2004.[242] Diese waren nicht nur der äußeren Form nach stark an den OECD Principles of Corporate Governance in der Fassung von 2004 angelehnt, lassen sich aber weder im Hinblick auf die inhaltliche Tiefe noch auf den Durchsetzungsmechanismus mit einem Kodex vergleichen. Ausdrücklich verzichtete die TSE darauf, die TSE Principles mit einem *comply-or-explain*-Mechanismus zu verbinden:

„These Principles of Corporate Governance have not been designed to stipulate a specific model policies or aggregations of policies on corporate governance as the best or minimum standards for corporate governance. Therefore, the purpose of these Principles is not to require listed companies to adopt minimum standard policies or models for corporate governance, nor to demand companies that do not adopt the best policies or models to explain why."[243]

Die TSE Principles sollten allein durch ihre Vorbildfunktion wirken und setzten auf die freiwillige Einbeziehung durch die Unternehmen im Sinne eines Wettbewerbs der Systeme.[244] Die TSE Principles wurden im Jahr 2009 umfassend

---

[239] Europäische Kommission, Grünbuch Corporate Governance-Rahmen (2011), 2; vgl. Erwägungsgrund 10 der Richtlinie 2006/46/EG vom 14. Juni 2006, ABl. EU L 224/1 sowie nunmehr Art. 20 Richtlinie 2013/34/EU vom 26. Juni 2013, Abl. EU L 182/19.

[240] K. J. Hopt, ZHR 175 (2011), 444, 457 ff.; zur Notwendigkeit der Kodexvergleichung H. Fleischer, ZGR 2012, 160, 184; sowie zu verschiedenen Charakteristika ausgewählter Kodizes M. Weiß, Hybride Regulierungsinstrumente (2011), 118 ff.

[241] Zu weiteren Beispielen siehe M. Habersack, in: Gutachten E (69. DJT), E 49 f.: Luxemburg, Malta, Estland, Russland, Australien, Singapur und Kanada in den jeweiligen Börsenregeln, ähnlich dem deutschen Modell Frankreich, Italien, Niederlande, Österreich, Dänemark, Portugal und Spanien, Polen und Ungarn.

[242] TSE, *Kōporēto Gabanansu Gensoku* [Principles of Corporate Governance for Listed Companies] vom 16. März 2004.

[243] TSE Principles 2004, 3 (in der engl. Übers.).

[244] H.-D. Assmann/C. Förster, in: FS Yamauchi, 11, 26; K. Kawamura, Shōji Hōmu 1940 (2011), 51, 53.

überarbeitet,[245] konnten sich aber auch in Folge nicht durchsetzen. Sie finden sich ohne konkrete Verbindung zu den Börsenzulassungsregeln immer noch im Kanon der Regelungen der TSE,[246] spielen aber für den heutigen Diskurs nicht einmal mehr eine referenzielle Rolle. Der Corporate Governance Code ersetzt die inhaltlich eher vagen TSE Principles zwar nicht formal, die Aufforderung zur Befolgung der TSE Principles im nicht verpflichtenden Teil des Code of Corporate Conduct (Regel 445-3 BörsZR) wurde aber in eine Aufforderung zu Respekt gegenüber Zielsetzung und Geist des Codes umgewandelt.[247]

Mit dem Erlass des Corporate Governance Codes und dessen Kopplung an den *comply-or-explain*-Mechanismus in den Börsenzulassungsregeln zum 1. Juni 2015 schließt Japan mit dem globalen Trend auf. Wie auch im Fall des DCGK entspringt auch der Corporate Governance Code keiner autonomen Selbstregulierung, sondern als „künstliches" (*jin'i teki*) Soft Law vielmehr einer „Kooperation von Staat und Börse unter Einbeziehung von institutionellen Investoren und Emittenten als betroffene Kreise."[248] Der Entschluss zur Erstellung eines Corporate Governance Code geht auch hier, wie im Falle des Stewardship Codes, auf die Exekutive zurück. Ab August 2014 wurde eine gemeinsam von FSA und TSE eingerichtete Expertenkommission, das *Council of Experts Concerning the Corporate Governance Code* („CG-Kommission"),[249] unter Leitung des Ökonomieprofessors *Kazuhito Ikeo* mit der Erstellung eines Entwurfs beauftragt. Die Parallelen zur Erstellung von Corporate Governance Kodizes in anderen Ländern, etwa der Erstellung des DCGK durch die hiermit beauftragte Regierungskommission, sind offensichtlich.[250] Der Corporate Governance Code lehnt sich, wie bereits die TSE Principles von 2004, in seiner Grundstruktur an die Empfehlungen der OECD zur Corporate Governance an und ist somit in den Kontext der internationalen Kodexbewegung zu setzen.[251] Am einflussreichsten in dieser Beziehung war sicher der Combined Code des Vereinigten Königreichs;[252] Erfahrungen mit dem DCGK flossen aber, wenn auch weniger auf materieller Ebene, ebenfalls in die Beratungen mit ein.[253]

---

[245] TSE, *Kōporēto Gabanansu Gensoku (2009nen kaitei-han)* vom 22. Dezember 2009 (TSE Principles 2009); siehe C. Förster, in: Markt und Staat, 209.

[246] Siehe TSE, <http://www.jpx.co.jp/equities/listing/cg/03.html> bzw. <http://www.jpx.co.jp/english/equities/listing/cg/03.html>.

[247] T. Satō, Shōji Hōmu 2065 (2015), 57, 58; vgl. R. 445-3 BörsZR.

[248] H. Kansaku, Shōji Hōmu 2068 (2015), 13, 17.

[249] *Kōporēto Gabanansu Kōdo no settei ni kansuru Yū'ishiki-sha Kaigi*. Liste der Mitglieder beigefügt als Annex E.

[250] H. Kansaku, Shōji Hōmu 2068 (2015), 13, 17, 19: „sehr gewöhnlich" was den auf Regelungsakteur und das Verfahren belangt.

[251] M. Yūfu et al., Shōji Hōmu 2062 (2015), 47, 51. Die jüngeren OECD, OECD Grundsätze 2015 (2015) konnten nicht mehr berücksichtigt werden, H. Kanda, Jurisuto 1484 (2015), 14, 17.

[252] H. Kansaku, Shōji Hōmu 2068 (2015), 13, 14.

[253] K. Funatsu, Dōshisha hōgaku 68:1 (2016), 399, 401 m. w. N. auch für die weite Be-

Die CG-Kommission tagte erstmals im August 2014 und veröffentlichte nach nur acht Sitzungen zum 12. Dezember 2014 einen ersten Entwurf, der nach der Berücksichtigung der überwiegend positiven öffentlichen Kommentare die Basis für den am 5. März 2015 veröffentlichten Final Draft (*gen'an*) für den Corporate Governance Code bildete. Die wenigen kritischen Stimmen weisen auf die beschränkte Autonomie hin, die aus der universellen Anwendung des Codes folgt, sowie die zu kurz bemessene Zeit zur Implementierung.[254] Zuvor hatte die TSE bereits am 24. Februar 2015 die TSE eine Inkorporation des Corporate Governance Codes durch Änderung ihrer Börsenzulassungsregeln angekündigt.[255] Der *Final Draft* wurde von der TSE unter eigenem Zeichen mit Ausnahme der erläuternden Einleitung und der Kommentierung des Hintergrunds einiger Nebenprinzipien[256] dann auch nahezu wortgleich in den Anhang der Börsenzulassungsregeln übernommen und zum 1. Juni 2015 der *comply-or-explain*-Mechanismus in Regel 436-3 BörsZR implementiert. Das Muster für die Erstellung des Corporate Governance Codes wurde auch bei dessen Revisionen 2018 und 2021 unter Federführung des von der FSA eingerichteten *Follow-up Councils* beibehalten.[257]

II. Der Corporate Governance Code als Soft Law

Kennzeichnend für die Durchsetzung von Corporate Governance Kodizes ist deren Verbindung mit dem *comply-or-explain*-Mechanismus.[258] Dieser setzt zum einen regulatorische Impulse, indem er die Grundsätze „guter" Corporate Governance definiert und den andressierten Gesellschaften gleichzeitig die Möglichkeit eröffnet, von diesen durch Erklärung abzuweichen (1). Institutionell ist der *comply-or-explain*-Mechanismus in den Code of Corporate Conduct der Börsenzulassungsregeln der TSE eingebettet (2). Das gibt der Börse starke

achtung des DCGK in der akademischen Diskussion; vgl. die Erläuterung zum DCGK durch M. Yūfu in: CG-Kommission, *Dai-ni kai giji-roku* [Sitzungsprotokoll zur zweiten Sitzung], 4. September 2014, abrufbar unter: <http://www.fsa.go.jp/singi/corporategovernance/gijiroku/20140904.html>.

[254] Insgesamt gingen in der angesetzten Frist 121 Kommentare auf Japanisch und Englisch ein, von denen etwa zwei Drittel zustimmend und nur wenige ablehnend waren, siehe CG-Kommission, *Kōporēto Gabanansu Kōdo (Gen'an) pabulikku komento no gaiyō* [Final Draft des Corporate Governance Codes. Übersicht über die *public comments*], 3. Mai 2015, abrufbar unter: <http://www.fsa.go.jp/news/26/sonota/20150305-1/01.pdf>.

[255] TSE, *Kōporēto Gabanansu Kōdo no settei ni tomonau no jōjō seido no seibi ni tsuite* [Zur Einführung von Börsenregeln begleitend zum Erlass des Corporate Goverannce Code], 24. Februar 2014, abrufbar unter: <http://www.jpx.co.jp/rules-participants/public-comment/detail/d1/nlsgeu0000007k0q-att/150305_jojo1.pdf>.

[256] Der Final Draft enthält soche Hintergrunderläuterungen (*seikei setsumei*) für das Prinzip 4-9 und die Nebenprinzipien 1.1.2, 2.2.2, 4.8.1 JCGC.

[257] Zur Revision 2018 Y. Tahara et al., Shōji Hōmu 2171 (2018), 4 f. sowie Follow-up Council, CG Revision 2021.

[258] Siehe nur K. J. Hopt, ZHR 175 (2011), 444, 545; P. C. Leyens, ZEuP 2016, 389 ff.

Durchsetzungsmechanismen an die Hand, deren Einsatz aber kaum zu erwarten ist (3). Im Einklang mit dem gegenwärtigen Trend der Regulierung durch FSA und TSE kombiniert der Code den *comply-or-explain*-Mechanismus zudem mit dem prinzipiengestützten Ansatz (*principles based approach*).

1. Comply-or-explain-Mechanismus

Mit seiner Kombination aus regulatorischem Effekt und flexibler Rücksichtnahme auf den Einzelfall scheint der *comply-or-explain*-Mechanismus eine Antwort auf die Probleme allgemeinverbindlicher Regeln zu bieten. In der Tat lässt sich die Eleganz des Lösungsansatzes kaum bestreiten. Anstelle der Vorgabe einer zwingenden Regelung wird von den Adressaten nur verlangt, sich im Falle der Nichtumsetzung zu den Gründen zu erklären.[259] Im Falle der Corporate Governance-Kodizes entfaltet der Mechanismus seinen regulatorischen Gehalt durch die Kombination mit den Grundsätzen „guter" Unternehmensführung.[260]

Formal wird durch den *comply-or-explain*-Mechanismus nur ein zusätzlicher „Informationskanal" angelegt, der spezifisch auf die Bedürfnisse der interessierten Öffentlichkeit, hier insbesondere der Inverstoren ausgerichtet ist.[261] Den Kern der marktbasierten Durchsetzung von Corporate Governance Kodizes bildet die Prämisse, dass die Befolgung „guter" Corporate Governance-Standards Einfluss auf die Investitionsentscheidungen der Anleger hat. Die Annahme ist nicht unumstritten und ihre empirische Belegbarkeit zumindest zweifelhaft.[262] Ihre Richtigkeit unterstellt, wird durch die Abbildung der Standards in Kodizes die Vergleichbarkeit unter Wettbewerbern erhöht (*benchmark*). Soweit die Bewertung der Abweichung von den Standards „dem Kapitalmarkt überlassen" bleibt,[263] wird im Sinne der Effizienzmarkthypothese angenommen, dass Marktpreise alle öffentlich verfügbaren Informationen korrekt abbilden. Demzufolge sollte eine Entscheidung zur Nichtbefolgung der Regeln zu höheren Kapitalkosten führen, jedenfalls solange das Unternehmen nicht die Investoren durch die gegebene Begründung von der Richtigkeit dieser Entscheidung zu überzeugen versteht.[264] Indem der Mechanismus so Gesellschaften die Mög-

[259] Siehe nur T. BAUMS, Bericht Baums-Kommission, 29; M. HABERSACK, in: Gutachten E (69. DJT), E 54; K. J. HOPT, in: FS Hoffmann-Becking, 563, 569 f.; zuletzt P. C. LEYENS, ZEuP 2016, 389 ff.

[260] W. GOETTE, in: FS Hommelhoff, S. 157, 260; vgl. M. HABERSACK, in: Gutachten E (69. DJT), E 50 ff.; S. MEDER, in: Transnationales Recht, 257, 265 ff.

[261] Statt vieler M. HABERSACK, in: Gutachten E (69. DJT), E 54; P. C. LEYENS, ZEuP 2016, 389, 394 ff.

[262] S. BHAGAT ET AL., 108 Colum. L. Rev. 1803, 1826 ff. (2008); S. PRIGGE, in: FS Hopt I, 1153, 1165 f.

[263] T. BAUMS, Bericht Baums-Kommission, 29.

[264] T. TRÖGER, ZHR 175 (2011), 745, 751 ff.; M. HABERSACK, in: Gutachten E (69. DJT), E 50 f. m. w. N.; aus der japanischen Literatur H. NODA, 8 Soft Law Journal 1, 8 f. (2007); DERS., Shōji Hōmu 2109 (2016), 14, 16 f.

lichkeit zur Abweichung eröffnet, greift er weniger stark in deren Freiheit ein. Diese Freiheit ist allerdings nicht absolut, sondern erfährt gerade erst durch die Pflicht zur Erklärung ihre Legitimation.[265]

Hinter dem *comply-or-explain*-Mechanismus steht damit auch der Gedanke, dass individuelle Unterschiede unter den angesprochenen Unternehmen hinsichtlich Größe, Marktumfeld, Eignerstruktur, usw. verschiedene effektive Corporate Governance-Strukturen bedingen; der Merksatz „*one size fits all*" gilt hier gerade nicht.[266] Ob sich eine bestimmte Corporate Governance-Struktur, etwa die Bestellung von Externen in das Leitungsorgan, tatsächlich positiv auf die Entwicklung des jeweiligen Unternehmens auswirkt, lässt sich mit letzter Gewissheit im Vergleich kaum beantworten.[267]

Im japanischen Kontext hat die These der individuell passenden Corporate Governance seit jeher viele Verfechter. Das Bedürfnis nach Flexibilität wird nicht zuletzt zur Begründung der verschiedenen Wahlmöglichkeiten angeführt, die das Gesellschaftsgesetz japanischen Unternehmen zur Gestaltung ihrer Leitungsorgane eröffnet,[268] und lag ebenso bereits den TSE Principles zugrunde.[269] Die Notwendigkeit einer flexiblen Handhabung auch innerhalb der Regeln für börsennotierte Gesellschaften wird im japanischen Kontext deutlich, wenn man sich vergegenwärtigt, dass selbst unter den mehr als 3.700 börsennotierten Gesellschaften viele kleine bis mittelständische Unternehmen sind, die die Börsennotierung weniger zur Finanzierung als aus Reputationsgründen nutzen.[270] Ebenso beruft sich der Entwurf für den Corporate Governance Code auf die Diversität japanischer börsennotierter Gesellschaften im Hinblick auf Branche, Größe, Besonderheiten des Unternehmens sowie Organverfassung und Umfeld der Gesellschaft.[271]

2. *Einbettung in die Börsenzulassungsregeln*

Mit Wirkung zum 1. Juni 2015 wurde der *comply-or-explain*-Mechanismus für den Corporate Governance Code als Teil des verpflichtenden Teils des Code of Corporate Conduct in Regel 436-3 BörsZR implementiert. Wie im britischen Vorbild[272] und im Unterschied zur deutschen Regelung (§ 161 AktG) ist die-

---

265 K. Sergakis, Account. Econ. Law 5:3 (2015), 233, 252.

266 Etwa A. Pietrancosta, in: FS Hopt I (1), 1109, 1109; P. C. Leyens, ZEuP 2016, 389, 412; H. Kansaku, Shōji Hōmu 2068 (2015), 13, 17 f.; T. Fujita, UT Soft Law Review 5 (2013), 9, 11.

267 S. Bhagat/B. S. Black, 27 The Journal of Corporation Law 231, 263 (2001); J. N. Gordon, 59 Stanford Law Review 1465, 1500 (2007).

268 K. Egashira, *Kabushiki Kaisha-hō*, 556; siehe unten Kapitel 4. A. I.

269 So ausdrücklich die revidierte Fassung TSE Principles 2009, 10; siehe zur ursprünglichen Fassung von 2004 H.-D. Assmann/C. Förster, in: FS Yamauchi, 11, 25.

270 K. Egashira, Hōritsu jihō 86:12 (2014), 59, 62; siehe oben Kapitel 2. A. III. 2.

271 CG-Kommission, JCGC Final Draft, Rn. 9.

272 Financial Conduct Authority, Listing Rule 9.8.6 i. d. F. vom 3. Juli 2016.

ser mithin nicht gesetzlicher Natur, sondern Teil der Börsenzulassungsregeln, in deren Anhang der von einer Expertenkommission erstellte Entwurf für den Corporate Governance Code aufgenommen wurde.[273] Der *comply-or-explain*-Mechanismus soll die Transparenz der individuellen Corporate Governance der Gesellschaften erhöhen und so die Basis für eine angemessene Bewertung der Gesellschaft durch Investoren sowie für den konstruktiven Dialog bilden.[274] Regel 436-3 BörsZR verpflichtet die Emittenten der Aktien japanischer Gesellschaften – im Gegensatz zur deutschen Regelung also gerade nicht deren Organe – in einer gesonderten Sektion des CG Berichtes zu erklären, welchen Prinzipien sie nicht entsprochen haben. Entsprechend bedarf es damit keiner gesonderten Erklärung zur Anwendung des Corporate Governance Codes.[275]

Der *comply-or-explain*-Mechanismus gilt nicht für alle börsennotierten Gesellschaften im gleichen Umfang: Nach dem ursprünglichen Konzept mussten Gesellschaften in der *First* und *Second Section* der TSE erklären, wenn sie von einem der 73, später 77 und schließlich 87 Prinzipien abweichen. In den Marktsegmenten *Mothers* und *Jasdaq* gelistete Gesellschaften waren nur in Bezug auf die fünf Hauptprinzipien (*kihon gensoku*) an den *comply-or-explain*-Mechanismus gebunden. Dies erklärte sich aus dem Fokus der letztgenannten Marktsegmente auf kleine und wachsende Unternehmen,[276] erschien in dem abrupten Abfall der Regelungsdichte indes etwas willkürlich.[277] Regel 445-3 BörsZR forderte, als Teil der als „wünschenswert“ eingestuften Regelungen des Code of Corporate Conduct, aber auch diese Gesellschaften sowie ausländische Emittenten auf, Inhalt und Geist der Prinzipien zu respektieren und auf ein Verlangen der Aktionäre zur Umsetzung einzugehen.[278] Die verbleibenden weiteren japanischen Börsen haben entsprechende Regelungen in ihre Börsenregeln übernommen und so den Final Draft des Corporate Governance Codes inkorporiert.[279] Dabei folgt die NSE dem Modell der TSE und erstreckt den *comply-or-explain*-Mechanismus für ihren Hauptmarkt (*First*/*Second Section*) auf den gesamten Kodex.[280]

---

[273] T. Satō, Shōji Hōmu 2065 (2015), 57, 57 ff.

[274] H. Kansaku, Shōji Hōmu 2068 (2015), 13, 17 f.

[275] H. Noda, Shōji Hōmu 2109 (2016), 14, 16.

[276] R. 436-3 BörsZR i. d. F. vom 01. Juni 2015; siehe T. Satō, Shōji Hōmu 2065 (2015), 57, 59 f.; vgl. § 161 Abs. 2 AktG, nach dem der deutsche *comply-or-explain*-Mechanismus nur auf solche im Freiverkehr gehandelten Gesellschaften Anwendung findet, die einen Handel von anderen emittierten Wertpapieren an einem organisierten Markt selbst veranlasst haben.

[277] T. Uemura, Aoyama Accounting Journal 5 (2015), 87, 90.

[278] T. Satō, Shōji Hōmu 2065 (2015), 57, 58.

[279] M. Sawaguchi et al., JCGC Practical Guide, 3. Aufl. (2018), 219 f.; H. Kanda, Jurisuto 1484 (2015), 14.

[280] R. 31-3 NSE, *Jōjō yūkashōken no hakkōsha no kaisha jōhō no tekiji kaiji nado ni kansuru kisoku* [Regulierung zur *ad hoc*-Publizität von Emittenten börsennotiertert Wertpapiere] vom 1. Juni 1988 i. d. F. vom 1. Juni 2015; siehe NSE, *Kōporēto gabanansu kōdo no seittei ni tomonau jōjōkitei no seibi ni kakawaru „Jōjō yūkashōken no hakkōsha no kaisha jōhō no tekiji kaiji nado ni kansuru kisoku“ nado ni kansuru ichibu kaisei ni tsuite* [Zur teilweisen Reform u. a. der Regulierung zur *ad hoc*-Publizität von Emittenten börsennotiertert Wertpapiere

Die noch kleineren Börsen in Fukuoka[281] und Sapporo[282] beschränken die Anwendung des Mechanismus, wie die NSE in dem Marktsegment *centrex*, auf die fünf „Hauptprinzipien".

Im Zuge der beschlossenen Neuordnung der Marktsegmente der TSE greift der *comply-or-explain*-Mechanismus ab dem 4. April 2022 bezogen auf den gesamten Corporate Governance Code für alle Gesellschaften in den Segmenten *Standard* und *Prime.*[283] Nur Gesellschaften im Segment *Growth* dürfen sich in ihren Erklärungen auf die fünf Hauptprinzipien beschränken. Vor allem aber sieht der Corporate Governance Code in der Fassung vom 11. Juni 2021 erstmals Differenzierungen innerhalb des Hauptmarktes selbst vor und enthält nun für das Segment *Prime* Empfehlungen, die gerade bei der erforderlichen Zahl an unabhängigen Direktoren deutlich über das bisherige Niveau hinausgehen. Während Gesellschaften ihre Erklärungen im CG Bericht insgesamt bis Ende des Jahres an den JCGC 2021 anpassen müssen, greift für diese Empfehlungen der *comply-or-explain*-Mechanismus ab dem 4. April 2022.[284]

3. *Sanktionsmöglichkeiten und Durchsetzung*

Die Implementierung des *comply-or-explain*-Mechanismus in den verpflichtenden Teil des Code of Corporate Conduct in Regel 436-3 BörsZR gibt der TSE höchst einschneidende Zwangsmaßnahmen bei Verstoß gegen die Regelung an die Hand. Diese können von der öffentlichen Kennzeichnung (Regel 508 Abs. 1 Nr. 2 BörsZR) bis zum Ausschluss vom Handel (Regel 611 Abs. 11 BörsZR) reichen.[285] Im Kern geht der JCGC aber davon aus, dass die Umsetzung des Corporate Governance Codes durch die Gesellschaft im Dialog mit den Aktionären „und anderen Stakeholder" erfolgen soll.[286] Durchaus auch im Sinne anderer Jurisdiktionen, die den *comply-or-explain*-Mechanismus – anders als

---

bezüglich der Erstellung von Börsenregeln in Begleitung zum Erlass des Corporate Governance Codes] vom 14. Mai 2015, abrufbar unter <http://www.nse.or.jp/rule/amendment/files/kaisei150514.pdf>.

[281] Fukuoko Stock Exchange, R. 6-2 *Kigyō kōdō kihan ni kansuru kisoku* [Regulierung zum Code of Corporate Conduct] vom 1. Mai 2008 i. d. F. vom 1. Juni 2015.

[282] Sapporo Stock Exchange, R. 5-3 *Kigyō kōdō kihan ni kansuru kisoku* [Regulierung zum Code of Corporate Conduct] vom 1. Juni 2008 i. d. F. vom 1. Juni 2015.

[283] R. 436-3 BörsZR i. d. F. vom 11. Juni 2021, für die im *Jasdaq* notierten Gesellschaften gilt dies schon seit dem 1. November 2020. Zur Neuordnung siehe oben Kapitel 3. B. I. 3.

[284] Nebenbestimmung zu R. 436-3 BörsZR i. d. F. vom 11. Juni 2021; siehe TSE, *Kōporēto gabanansu kōdo no ichibu kaitei ni kakawaru yūkashōken jōjō kitei no ichibu kaitei ni tsuite (Shijō kubun no saihenn ni kawaru dai-sanji seido kaisei jikō)* [Zur Reform eines Teils der Börsenzulassungsregeln anlässlich der Reform eines Teils des Corporate Governance Codes (Reformschritt Drei zur Neuordnung der Marktsegmente)] vom 11. Juni 2021, abrufbar unter <https://www.jpx.co.jp/rules-participants/rules/revise/nlsgeu000005lokr-att/gaiyou.pdf>.

[285] T. Satō, Shōji Hōmu 2065 (2015), 57, 58 f.; M. Sawaguchi et al., JCGC Practical Guide, 15; siehe oben Kapitel 3. B. II. 3.

[286] Vgl. CG-Kommission, JCGC Final Draft (2015), Rn. 10: „It is anticipated that com-

Deutschland – in die Börsenregulierung implementiert haben,[287] gibt sich die TSE betont zurückhaltend, wenn es darum geht, diese Sanktionen auch einzusetzen. Maßnahmen auf Basis der vorgesehenen Sanktionskaskade stellt die TSE nur in Fällen in Aussicht, in denen die Nichtumsetzung eines Prinzips „objektiv offensichtlich" (*kyakkan-teki ni akiraka*) ist, sich die Gesellschaft einer Erklärung verweigert (*setsumei wo kyozetsu*) oder die Erklärung offensichtlich unwahr (*akiraka ni kyogi*) ist.[288] Von der Praxis wird dies dahingehend verstanden, dass die TSE zumindest keine inhaltliche Überprüfung der Gründe für die Nichtbefolgung anstellen wird.[289] Allzu sicher fühlen dürfen sich Gesellschaften dennoch nicht. Durch Einbindung der Selbstregulierung der TSE in die Strukturen des FBG tragen der Durchsetzungsmechanismus wie auch die weiteren Börsenzulassungsregeln gleichzeitig privat- wie öffentlich-rechtlichen Charakter, der es der FSA ermöglicht, bei Verstoß gegen Erklärungspflicht die TSE zur Tätigkeit aufzufordern oder selbst Maßnahmen zu ergreifen.[290]

Angesichts der erklärten Zurückhaltung der TSE bei der Überprüfung der abgegebenen Erklärung wird die Durchsetzung des Corporate Governance Codes damit weit stärker dem Kapitalmarkt überlassen als dies die starken Sanktionsmöglichkeiten erwarten ließen. Im Fokus der japanischen Literatur steht hierbei aber weniger die Konnotation einer Bestrafung durch den Kapitalmarkt bei Nichtbefolgung als vielmehr die Belohnung einer überzeugenden Corporate Governance Strategie durch niedrigere Kapitalkosten.[291] Im Kern etabliert der Corporate Governance Code eine ständige Erklärungspflicht und vertraut so bei der Durchsetzung auf den konstruktiven Dialog mit den Aktionären. Dieser soll wiederum zur Etablierung passender *best practices* führen und der Prämisse eines jeweils individuellen Zuschnitts der optimalen Corporate Governance Struktur Rechnung tragen.[292] Da es sich bei der Durchsetzung von Kodizes erfahrungsgemäß um die „Achillesverse" des Konzepts handelt,[293] soll dieser im Anschluss besondere Beachtung zukommen.[294] Dies gilt vor allem für die auf europäischer Ebene aufgeworfenen Zweifel an der Qualität von Erklärungen und der Funktionsfähigkeit der „*explain*"-Komponente.[295]

---

panies that are accountable to shareholders and other stakeholders will apply appropriate interpretations of the terminology in accordance with the aim and spirit of the Code."

[287] K. J. Hopt, ZHR 175 (2011), 444, 545.

[288] T. Satō, Shōji Hōmu 2065 (2015), 57, 59.

[289] M. Sawaguchi et al., JCGC Practical Guide, 222; S. Nakamura et al., CGC *no subete* (2017), 13.

[290] H. Kansaku, in: FS Egashira II, 1005, 1018.

[291] H. Noda, Shōji Hōmu 2109 (2016), 14, 16; vgl. dagegen R. Nowak et al., ZGR 2005, 252, 259 f.; T. Tröger, ZHR 175 (2011), 745, 744 f.

[292] H. Kansaku, Shōji Hōmu 2068 (2015), 13, 17 f.; T. Eguchi, in: Reforming Corporate Governance, 43, 59.

[293] K. J. Hopt, in: FS Hoffmann-Becking, 563, 566.

[294] Siehe unten Kapitel 4. B. I. 1.

[295] Europäische Kommission, Grünbuch Corporate Governance-Rahmen (2011), 4

4. *Prinzipienbasierter Ansatz*

Die Prinzipien des Corporate Governance Codes stellen keinen Tatbestand im herkömmlichen Sinne mit einer zur Auslegung befugten hoheitlichen Instanz dar.[296] Jedenfalls in Teilbereichen trifft dies zwar auch für den DCGK zu.[297] Im Falle des japanischen Corporate Governance Codes wird der *principles based approach* aber auf das gesamte Regelwerk und die Auslegung der jeweiligen Empfehlungen erstreckt. So sind die Adressaten der Regulierung selbst aufgerufen, die stark abstrakt gehaltenen Formulierungen nach eigener Beurteilung auszulegen und anzuwenden, wobei nicht jedes der Prinzipien von den börsennotierten Gesellschaften zwingend eine aktive Handlung erfordert.[298] In diesem Sinne führt die CG-Kommission in der Erklärung zum *principles based approach* aus:

> „The significance of this approach is found in having parties confirm and share the aim and spirit of the principles and review their activities against the aim and spirit, not against the literal wording of the principles, even where the principles may look abstract and broad on the surface."[299]

Erst wenn eine Gesellschaft zu dem Schluss kommt, dass sie die Umsetzung eines Prinzips nicht für angebracht hält, so hat sie nach dem *comply-or-explain*-Mechanismus den Grund hierfür offenzulegen. Flexibilität auf Inhaltsseite und die Möglichkeit zur (erklärungspflichtigen) Abweichung sollen so ein einheitliches, zweistufiges Konzept ergeben.[300] Ganz im Sinne des Soft Law-Ansatzes wird Flexibilität damit größere Bedeutung beigemessen als einer erhöhten Verbindlichkeit.[301]

Wenn in Folge von den hohen Befolgungsquoten des Corporate Governance Codes die Rede sein wird,[302] ist diese Kombination aus eigenverantwortlicher Auslegung und Abweichung immer zu berücksichtigen. Nicht wenige der Prinzipien überlassen es der jeweiligen Gesellschaft, zu bestimmen, ob eine gewisse Praxis „angemessen" oder „notwendig" ist, zum Beispiel die Errichtung freiwilliger Nominierungskomitees. Auf Einführung eines objektiven Standards hierfür wurde oftmals bewusst verzichtet. Dies kann dazu führen, dass eine Ge-

---

unter Verweis auf RiskMetrics Group, RiskMetrics Study (2009) sowie D. Seidl et al., 17 Journal of Management and Governance 791, 814 (2013).

[296] H. Kansaku, Shōji Hōmu 2068 (2015), 13, 16.

[297] G. Bachmann, in: T. Kremer et al. (Hrsg.), Kodex-Kommentar, 42; beispielhaft A. von Werder, Der Betrieb 2011, 1285, 1286 im Hinblick auf Tz. 5.5.3 S. 2 DCGK 2010 und die Empfehlung zur Niederlegung des Aufsichtsratsmandats bei „wesentlichen und nicht nur vorrübergehenden Interessenskonflikten."

[298] S. Nakamura et al., CGC *no subete*, 12.

[299] CG-Kommission, JCGC Final Draft, Rn. 10 [in semioffzieller Übers.].

[300] M. Yūfu et al., Shōji Hōmu 2062 (2015), 47, 49 f.

[301] H. Kansaku, Shōji Hōmu 2068 (2015), 13, 16; vgl. J. Köndgen, AcP 206 (2006), 477, 502.

[302] Siehe unten Kapitel 4. B.

sellschaft erklärt, sämtliche Prinzipien des Codes umzusetzen, weil sie für sich zu dem Schluss gekommen ist, einige Empfehlungen seien für sie nicht einschlägig oder bereits hinreichend umgesetzt.[303] So soll die Gesellschaft nach Prinzip 4.10.1 JCGC unabhängige Direktoren in wichtige Fragen wie die Nominierung in den Verwaltungsrat und dessen Vergütung „angemessen" einbeziehen. In der Fassung von 2015 waren hierfür noch freiwillige Komitees als Beispiele für eine solche Einbeziehung genannt. Eine Gesellschaft konnte das Prinzip auch ohne Errichtung eines solches Komitees umsetzen, ohne offenlegen zu müssen, wie sie ihre unabhängigen Direktoren „angemessen" in die Entscheidungen einbezieht.[304] In ähnlicher Weise empfiehlt etwa Prinzip 4.8 JCGC, dass eine Gesellschaft einen Plan für die Ernennung einer „angemessene" Anzahl von unabhängigen Direktoren erstellen soll, aber nur sofern die Gesellschaft und unter Berücksichtigung einer ganzen Reihe von Faktoren zu dem Schluss kommt, ihr Verwaltungsrat sollte zu mehr als einem Drittel aus unabhängigen Mitgliedern zusammengesetzt sein. In der ursprünglichen Fassung empfahl Prinzip 4.8 JCGC 2015 sogar lediglich die Veröffentlichung eines Plans, sofern die Gesellschaft „nach eigener Einschätzung" zu dem Schluss kommt, die Besetzung des Verwaltungsrats mit einem Drittel an Unabhängigen sei erforderlich.

III. Inhaltlicher Überblick

Den Kern des Corporate Governance Codes bilden fünf Hauptprinzipien (*kihon gensoku*): Sicherung der Aktionärsrechte, Kooperation mit den Stakeholdern, angemessene Informationsversorgung und Transparenz, Verantwortung des Leitungsgremiums (als im Englischen als *board* bezeichnet) sowie der konstruktive Dialog mit den Aktionären. Diese sind jeweils mit einer kurzen Erläuterung (*kangaekata*) versehen. Die Hauptprinzipien werden wiederum durch ursprünglich 30 Prinzipien (*gensoku*) und 38 Nebenprinzipien (*hojū gensoku*) ausgefüllt. Mit der Revision von 2018 ist der Code um das neueingeführte Prinzip 2.6 und weitere vier Nebenprinzipien angewachsen. Die Revision 2021 ergänzt den Kanon um weitreichende Empfehlungen zur Diversität im Mid-Management und zur Governance im Konzern. Erstmals werden für Gesellschaften im neuen Marktsegment *Prime* strengere Vorgaben eingeführt, etwa bei der Besetzung des Verwaltungsrats mit Unabhängigen. Damit wächst der Corporate Governance Code auf insgesamt 87 Prinzipien an. Eine dem DCGK entsprechende Differenzierung in Empfehlungen, die dem *comply-or-explain*-Mechanismus unterfallen, und Anregungen außerhalb seines Anwendungsbereichs kennt der Code dagegen in dieser Form nicht.

---

303 H. Kawamura, Hōritsu jihō 91:3 (2019), 25, 29.
304 M. Sawaguchi et al., JCGC Practical Guide, 175.

Inwiefern die konkreten Empfehlungen zur Zielsetzung des Codess, also nachhaltigem Wirtschaftswachstum, beitragen sollen, ist nicht immer klar ersichtlich.[305] Vielmehr erscheint der Corporate Governance Code wie eine Mischung aus eher unproblematischen, sinnvollen Ergänzungen zum Gesellschaftsgesetz – etwa im Hinblick auf die Vitalisierung der Hauptversammlung oder die geforderte Offenlegung nichtfinanzieller Informationen – und teils kontroversen regulatorischen Vorgaben. Den größten Impuls für die Neuausrichtung der japanischen Corporate Governance im Sinne einer Wachstumsorientierung aber soll die Ernennung unabhängiger Direktoren und die damit erhoffte Stärkung der Aufsichtsfunktion des Verwaltungsrates setzen.[306] Die Vorschläge des Codes sind damit im weitesten Sinne als Reaktion auf Praktiken zu verstehen, die den Verwaltungsrat und hierbei insbesondere den Präsidenten bislang gegenüber den Aktionären isolierten und dienen damit vornehmlich einer Steigerung der Rechenschaftspflicht (*accountability*) des Managements.[307]

Die folgende Darstellung soll das umfangreiche Werk nicht abschließend kommentieren,[308] sondern vielmehr einen Überblick über dessen zentrale Empfehlungen vermitteln.

1. Sicherung der Aktionärsrechte (Hauptprinzip 1)

Die Aktionäre sind nach der Auffassung des Corporate Governance Codes zwar nicht die einzigen relevanten Stakeholder einer Gesellschaft, übernehmen „als Kapitalgeber aber eine besonders wichtige Rolle“ und bilden daher den „wichtigsten Ausgangspunkt für die Regeln zur Corporate Governance.“[309] Vor diesem Hintergrund verpflichtet Hauptprinzip 1 JCGC börsennotierte Gesellschaften auf die Errichtung einer Umgebung, in der Aktionärsrechte auch in der Praxis gewährleistet sind (*jijitsu-teki ni kakuho*) und deren Ausübung ermöglicht wird.

Im Zentrum des ersten Teils der Hauptprinzip 1 JCGC untergeordneten Prinzipien stehen Maßnahmen, die den Aktionären, vor allem aber institutionellen Investoren mit einer Vielzahl von Investitionsobjekten eine effektivere Durchsetzung ihrer Rechte ermöglichen sollen.[310] Der zweite Teil sowohl des Haupt-

[305] Eher noch kritischer K. Egashira, 92:1 Waseda Hōgaku 95, 109 f. (2016).

[306] K. Mishina, Shōji Hōmu 2109 (2016), 57, 63; H. Nakahara/K. Kajimoto, Shōji Hōmu 2077 (2015), 4, 5 f.

[307] K. Ōsugi, in: Reforming Corporate Governance, 181, 214.

[308] Siehe hierzu die fortgesetzte Kommentierung bei M. Yūfu et al., Shōji Hōmu 2062 (2015), 47 ff.; Shōji Hōmu 2063 (2015), 51 ff.; Shōji Hōmu 2064 (2015), 35 ff.; Shōji Hōmu 2065 (2015), 46 ff. sowie aus Sicht der anwaltlichen Praxis S. Nakamura et al., CGC *no subete*, 22 ff.; M. Sawaguchi et al., JCGC Practical Guide; A. Watanabe, CG Code (2015), 78 ff.

[309] Erklärung zu Hauptprinzip 1 JCGC; M. Yūfu et al., Shōji Hōmu 2062 (2015), 47, 52.

[310] *Ibid.*

prinzips als auch des Abschnitts beschäftigt sich mit der Gewährleistung der Gleichberechtigung der Aktionäre, wie sie etwa in der grundsätzlichen Absage an Abwehrmaßnahmen gegen feindliche Übernahmen[311] zum Ausdruck kommt. Daneben adressiert der Abschnitt auch die Behandlung von konkreten Interessenkonflikten zwischen Gesellschaft und Mitgliedern ihrer Leitungsorgane oder bedeutenden Aktionären (*interested party negotiations*). Prinzip 1.7 JCGC empfiehlt hierbei die Implementierung, Offenlegung und Überwachung von Vorgaben unter Berücksichtigung der Bedeutung der jeweiligen Transaktion. Dabei zielt die Empfehlung auf die Etablierung von Standards jenseits des gesellschaftsrechtlichen Minimums, überlässt die Details und das Prozedere – etwa die Erforderlichkeit eines Beschlusses des Verwaltungsrates oder einer unabhängigen Kommission – aber der Einschätzung der Gesellschaft.[312]

2. Einbeziehung anderer Stakeholder (Hauptprinzip 2)

Hauptprinzip 2 unterstreicht die Bedeutung anderer Stakeholder wie Angestellter, Kunden, Geschäftspartner, Gläubiger und lokaler Gemeinschaften für die Schaffung nachhaltigen Wachstums. Das wirkt auf den ersten Blick zwar wie eine Referenz an die traditionelle Stakeholder-Orientierung japanischer Gesellschaften.[313] Die Bezugnahme entspringt aber dem Vorbild der OECD Principles,[314] die freilich mehr auf die Stellung der direkt betroffenen Stakeholder und insbesondere der Arbeitnehmer zugeschnitten sind.

Mit seinem Fokus auf formalisierter Unternehmensethik (Prinzip 2.1 und 2.2 JCGC) sowie Maßnahmen zur nachhaltigen Entwicklung (Prinzip 2.3 JCGC) zielt Abschnitt 2 inhaltlich stärker auf die Auseinandersetzung mit einem zeitgeistgemäßen Verständnis von *Corporate Social Responsibility*,[315] als auf die Voranstellung von Arbeitnehmerinteressen im Sinne der tradierten *community firm*. Die Empfehlungen des zweiten Abschnitts mit ihrem expliziten Verweis auf „*ESG (environmental, social and governance) matters*“ stellt die Vereinbarkeit unternehmerischen sozialen Engagements mit rationalen, marktgetriebenen Erwägungen, namentlich langfristigen Investitionsstrategien im Sinne eines „*doing well by doing good,*“ in den Vordergrund.[316] Mit der Revision 2021 wird das Thema Nachhaltigkeit gerade mit Blick auf den Klimawandel im neugefassten Nebenprinzip 2.3.1 JCGC und dem Hinweis auf die Arbeiten der

---

311 Prinzipien 1.4, 1.5 und 1.6 sowie Nebenprinzip 1.5.1 JCGC.

312 M. Yūfu et al., Shōji Hōmu 2062 (2015), 47, 54.

313 *Ibid.*

314 Vgl. OECD Grundsätze 2004, 24; OECD Grundsätze 2015, 41 ff.

315 M. Yūfu et al., Shōji Hōmu 2062 (2015), 47, 53 f.

316 M. Sawaguchi et al., JCGC Practical Guide, 100 f.; vgl. Erklärung zu Hauptprinzip 2 JCGC; kritisch zur prominenten Stellung im JCGC K. Mishina, Shōji Hōmu 2109 (2016), 57, 60. Siehe zur Betonung von ESG-Investment in der japanischen Regulierung auch unten Kapitel 3. D. I. 3.

Task Force on Climate-related Financial Disclosure (TFCD)[317] noch einmal unterstrichen. Neben der Risikominimierung geht es dabei auch gerade auch um die Erkenntnis, entsprechend ausgelegte Geschäfts- und Investitionsstrategien, die neben den klimatischen Folgen auch die Wahrung von Menschenrechten und soziale Arbeitsbedingungen berücksichtigen, als Chance zur Generierung von Unternehmenswert auf mittel- und langfristige Sicht zu begreifen.[318] Auf konkrete Vorgaben verzichtet der Corporate Governance Code an dieser Stelle jedoch (noch). Auch an der zentralen Rolle, die der Code den Aktionären im Zusammenspiel mit dem Stewardship Code zuweist, ändert die Einbeziehung nachhaltiger Faktoren nichts. So betont Hauptprinzip 4 JCGC die treuhänderische Verpflichtung des Verwaltungsrats (*jutaku-sha sekinin*) und dessen Rechenschaftspflicht (*setsumei sekinin*) gegenüber den Aktionären. Damit wird deutlich, dass der Corporate Governance Code trotz des Hinweises auf die Bedeutung einer „angemessenen Kooperation aller Stakeholder" zur Erzielung eines nachhaltigen Wachstums ideologisch eher in die Nähe eines *shareholder primacy* bzw. *shareholder value*-Ansatzes zu rücken ist.[319] Ob dies tatsächlich die Praxis der Großunternehmen reflektiert,[320] ist freilich auch eine Frage der Perspektive.[321]

Ebenso von globalen Trends beeinflusst erscheint Prinzip 2.4 JCGC, das Diversität im Unternehmen in den Kontext nachhaltigen Wachstums zur rücken versucht. *Diversity* (jap. *tayō-sei*) verstanden als Pluralität von Perspektiven soll – auch wenn die aktive Einbeziehung von Frauen als Stakeholder-Gruppe gesondert hervorgehoben wird – nicht nur auf die Beseitigung struktureller, geschlechtsspezifischer Ungleichgewichte zu beziehen sein, sondern ist möglichst weit auch auf Faktoren „wie den Lebenslauf, Alter, Nationalität und den kulturellen Hintergrund" zu erstrecken. Die Empfehlung betrifft bereits in ihrer regulatorischen Zielsetzung lediglich die Angestelltenseite[322] und ist damit trotz des Verweises auf nachhaltiges Unternehmenswachstum eher sozialpolitischer

---

[317] Hierbei handelt es sich um eine Initiative des Financial Stability Boards der G20 unter Leitung von *Michael R. Bloomberg*. Die Empfehlungen des TFCD verstehen sich als „framework for companies and other organizations to develop more effective climate-related financial disclosures through their existing reporting processes" (Task Force on Climate-related Financial Disclosures, TFCD Status Report 2020). Die Recommendations der TFCD vom 15. Juni 2017 sind abrufbar unter <https://www.fsb-tcfd.org/recommendations/>.

[318] Follow-up Council, CG Revision 2021, 3 f.

[319] H. Kansaku, Shōji Hōmu 2068 (2015), 13, 19; G. Gotō, in: Reforming Corporate Governance, 215, 227.

[320] A. Morita, Dōshisha hōgaku 68:1 (2016), 65, 87.

[321] Sehr kritisch T. Uemura, Aoyama Accounting Journal 5 (2015), 87, 89 f.: „nicht mehr als die persönliche Meinung der Verfasser." (Übers. des Verf.). Dagegen vermisst C. P. A. Jones, The Japan Times vom 12. März 2017, das Versäumnis eines klaren Bekenntnisses zu den Aktionären.

[322] M. Yūfu et al., Shōji Hōmu 2063 (2015), 51, 56; S. Nakamura et al., CGC *no subete*, 66.

denn gesellschaftsrechtlicher Natur.[323] Eine (verhaltene) regulatorische Relevanz jenseits eines bloßen Appells dürfte dem Diversitätsgedanken im Corporate Governance Code erst seit der Revision 2021 zukommen. Hierzu führt das *Follow-up Council* aus:

„In addition, while fully recognizing the situations, etc. surrounding companies in Japan, it is very important to build a system to ensure diversity in terms of gender, internationality, work experience, etc. at the middle managerial level, which supports the top management and board, and to appoint these core human resources to the top management and directors while they accumulate experience. […] Based on this perspective, listed companies should be required to present their policies and voluntary and measurable targets for ensuring diversity in the promotion to core human resources, such as the promotion of women, foreign nationals and mid- career hires to middle managerial positions, as well as disclosing their status.“[324]

Dem folgend ruft das neu eingefügte Nebenprinzip 2.4.1 JCGC nun auf, freiwillige und messbare Ziele für die Beförderung von Frauen, Ausländern und Externen, sogenannten *midcareer hires*, in Positionen des mittleren Managements zu veröffentlichen. So sollen Positionen geschaffen werden, die perspektivisch auf die Bestellung ins Topmanagement vorbereiten.[325] Der Corporate Governance Code versteht Diversität so nunmehr vor allem auch als Frage der Resilienz und setzt neue Akzente. Frühere, eher volkswirtschaftlich motivierte Vorstöße des Gesetzgebers zur „Sichtbarmachung“ (*mieru-ka*) trugen noch stärker den Charakter einer „Frauenförderung“.[326] Mit einem marktrationalen Ansatz hatte das wenig zu tun. In seinen konkreten Auswirkungen wird sich aber auch der neue Vorstoß zu mehr Offenheit im Unternehmen noch bewähren müssen. Die im deutschen Kontext gemachten Erfahrungen mit freiwilligen Selbstverpflichtungen sind nicht gerade ermutigend,[327] setzten aber auch auf Ebene von Aufsichtsrat und Vorstand und damit in einem weitaus sensibleren Bereich an.

---

[323] Sehr kritisch im deutschen Kontext etwa M. Habersack, in: Gutachten E (69. DJT), E 36 ff.

[324] Follow-up Council, Opinion V (2020), 4.

[325] Follow-up Council, CG Revision 2021, 4 – der Verweis auf die Herausforderungen der COVID-19 Krise scheint dagegen eher rhetorischer Natur.

[326] Art. 8 Gesetz Nr. 64/2015, *Josei no shokugyo katsuyaku no okeru katsuyaku no suishin ni kansuru hōritsu* [Gesetz zur Förderung der Aktivität von Frauen im Erwerbsleben] verlangt von Unternehmen mit mehr als 300 Angestellten die Erstellung eines allgemeinen Aktionsplanes, der dem Ministerium für Gesundheit, Arbeit und Soziales (*Kōseirōdō-shō*) vorzulegen ist und auf der Seite <http://www.gender.go.jp/policy/suishin_law/> veröffentlicht wird.

[327] Bundesministerium für Familien, Senioren, Frauen und Jugend, Evaluationsgutachten FüPoG (2020) kritisiert für deutsche börsennotierte Gesellschaften eine fehlende Durchsetzung von selbstgesteckten Zielgrößen auf Vorstandsebene im Vergleich zur festen Quote im Aufsichtsrat; M. Habersack, in: Gutachten E (69. DJT), E 39, 43 erkennt zwar die geringere Eingriffsintensiätt eine „Flexiquote“ an, betont aber die schweren Folgen einer Quote auf Vorstandsniveau.

3. Publizität und Transparenz (Hauptprinzip 3)

Empfehlungen zur Publizität bilden, wie bereits gesehen, einen zentralen Aspekt des Corporate Governance Codes. Gerade die Darstellung nichtfinanzieller Informationen wurde bislang als zu formalistisch wahrgenommen. Die wirksame und effiziente (*kōka-teki katsu kōritsu-teki*) Informationsversorgung soll nicht länger Selbstzweck, sondern Grundlage sein für den mit den institutionellen Investoren angestrebten konstruktiven Dialog.[328]

Der dritte Abschnitt empfiehlt die proaktive Veröffentlichung von Informationen in Bezug auf die Unternehmensziele, die grundlegende Sichtweise (*kihon-teki no kangaekata*) des Unternehmens in Bezug auf die Corporate Governance, Grundsätze der Vergütung des Managements und der Direktoren sowie die Prozesse für deren individuelle Nominierung (Prinzip 3.1 JCGC). Nach Darstellung des in der Entwicklung des Codes maßgeblich involvierten Wirtschaftsanwalts *Kazuhiro Takei* sollen Unternehmen durch diese Empfehlungen motiviert werden, eine individuelle „Corporate Governance-Story" ausgehend von der Unternehmensethik über die Unternehmensstrategie hin zum konkreten Geschäftsplan zu erzählen.[329] Im Sinne des ESG-Ansatzes wurden die Publizitätsempfehlungen mit der Revision 2021 zudem noch weiter ausgebaut. Stärker als zuvor rückt das neu eingefügte Nebenprinzip 3.1.1 den Fokus auf das Thema der Nachhaltigkeit und fordert Gesellschaften auf, etwa auch den Einfluss ihrer Geschäftsaktivitäten auf das Klima zu beleuchten.[330]

Die Informationsempfehlungen gehen über die ohnehin bereits umfangreichen Publizitätsvorschriften in Gesetz und Börsenzulassungsregeln hinaus und bilden so das Rückgrat des Corporate Governance Codes: Entscheidet sich die Gesellschaft, sie zu befolgen, empfehlen eine Vielzahl von Prinzipien die Offenlegung von Informationen zu[331]

- strategischen Beteiligungen (Prinzip 1.4 JCGC),
- Interessenkonflikten zwischen Leitung und Aktionären (*kanren tōji-sha no torihiki*, Prinzip 1.7 JCGC),
- Maßnahmen und selbstgesteckten Ziele zur Förderung von Diversität im Unternehmen (Nebenprinzip 2.4.1),
- nichtfinanziellen Informationen (Prinzip 3.1 JCGC), insbesondere zu langfristigen Investitionen (geistiges Eigentum, Humanressourcen) und zur Nachhaltigkeit (Nebenprinzip 3.1.1 JCGC),

---

[328] M. Yūfu et al., Shōji Hōmu 2064 (2015), 35, 35 f.; H. Kansaku, Shōji Hōmu 2101 (2016), 4, 9 f.; J. Iguchi, Shōji Hōmu 2101 (2016), 16, 20 unterstreicht die besondere Bedeutung nichtfinanzieller Informationen für das ESG-Konzept.

[329] K. Takei, Shōji Hōmu 2069 (2015), 4, 8 f.

[330] Siehe bereits oben Kapitel 3. C. III. 2.

[331] Siehe auch die Übersicht bei S. Nakamura et al., CGC *no subete*, 21; K. Takei, Jurisuto 1484 (2015), 60, 65.

- der Rolle des Verwaltungsrates und der Delegation von Geschäftsführungsaufgaben auf das Management (Nebenprinzip 4.1.1 JCGC),
- der Zahl unabhängiger Direktoren und Beurteilungsstandards für die Unabhängigkeit (Prinzip 4.8 und 4.9 JCGC),
- Leitlinien für die Nominierung von Kandidaten für den Verwaltungsrat unter Berücksichtigung der Vielfalt von Erfahrungen (*diversity*) und der Gremiengröße (Nebenprinzip 4.11.1 JCGC),
- Nebentätigkeiten von Organmitgliedern (Nebenprinzip 4.11.2 JCGC),
- der Selbstbewertung des Verwaltungsrates (Nebenprinzip 4.11.3 JCGC),
- Maßnahmen zur Fortbildung (*training*) von Direktoren und Prüfern (Nebenprinzip 4.14.2 JCGC),
- Leitlinien für den konstruktiven Dialog mit Aktionären (Prinzip 5-1, Nebenprinzip 5–1-2 JCGC).

Im Vergleich zum bisherigen Publizitätsregime liegen die Unterschiede eher im stilistischen als im inhaltlichen Bereich.[332] Viele der Empfehlungen finden bereits weitestgehend Entsprechung in der Verordnung der FSA zum Inhalt des Wertpapierberichtes (*yūkashōken hōkoku-sho*). So sind beispielsweise Angaben zu externen Direktoren, der Vergütung des Verwaltungsrates, strategischen Beteiligungen und dergleichen bereits seit 2010 Teil des Wertpapierberichts.[333] Angesichts der parallelen, fragmentierten Publizitätsregime mit jeweils eigenen Zielsetzungen nach dem Gesellschaftsgesetz (Bilanz/Geschäftsbericht), dem FBG (Wertpapierbericht) und der Selbstregulierung der Börse selbst (*keisan tanshin* einschließlich CG Bericht), sind inhaltliche Überschneidungen, etwa zwischen Wertpapierbericht und dem aufgewerteten CG Bericht, kaum verwunderlich und führen in der Praxis bisweilen zu einer gewissen Unübersichtlichkeit;[334] gelegentlich wird in den empfohlenen Offenlegungen auch schlicht auf die Angaben in den zwingenden Publikationen verwiesen.[335] Insofern können die von der FSA angestoßenen Überlegungen zur Neuordnung der Publizitätspflichten und -anforderungen mit ihrer Tendenz zu einer freieren Gestaltung auch als Fortschreibung des prinzipienbasierten Ansatzes gesehen werden. Ganz einer selbstregulatorischen Lösung zu trauen, scheint man indes nicht und verbindet die Bezeichnung von Punkten, die bei der Veröffentlichung von nichtfinanziellen Informationen zu berücksichtigen sind, mit dem Hinweis auf die eventuell bestehende Notwendigkeit einer gesetzlichen Regelung.[336]

---

[332] M. Sawaguchi et al., JCGC Practical Guide, 48.

[333] Siehe Y. Taniguchi, Shōji Hōmu 1808 (2010), 21, 21 ff. und zu den Überschneidungen im Detail S. Nakamura, Shōji Hōmu 2098 (2016), 18, 21.

[334] H. Kansaku, Shōji Hōmu 2101 (2016), 4, 10; S. Nakamura, Shōji Hōmu 2098 (2016), 18, 20 ff.

[335] M. Sawaguchi, Shōji Hōmu 2109 (2016), 48, 54 f.

[336] FSA, FSC Report 2016 (2016), 13 f.; siehe H. Kansaku, Shōji Hōmu 2101 (2016), 4, 11.

Bisweilen tragen die Offenlegungsempfehlungen aber auch klar regulatorischen Charakter. So zielt die Offenlegung von Leitlinien zur Vergütung und Bestellung des Managements bzw. der Nominierung von Kandidaten für den Verwaltungsrat gegenüber der Hauptversammlung (Prinzip 3.1 Nr. iii und iv JCGC) darauf ab, dass Gesellschaften solche Leitlinien überhaupt erst einmal erstellen.[337] Damit soll, genauso wie durch die individuelle Erklärung der Kandidaten gegenüber der Hauptversammlung,[338] die weitverbreitete Praxis einer willkürlichen Entscheidung durch den Präsidenten eingeschränkt werden, ohne diese jedoch selbst – bei entsprechender Ausgestaltung, etwa durch Einbeziehung unabhängiger Direktoren – für unangemessen zu erklärten. Dies setzt voraus, dass die Gesellschaft sich zu dieser Praxis bekennt.[339] Mit der Empfehlung zur Offenlegung der Leitlinien wird hierbei bewusst eine Selbstbindung der Gesellschaft geschaffen. Handelt die Gesellschaft nicht im Einklang mit ihren eigenen Leitlinien, geht sie ein rechtliches Risiko ein, etwa in Form einer Schadensersatzklage der Investoren bei Fehlangaben. Die Empfehlungen des Corporate Governance Codes ergänzen dies durch einen weiteren Kontrollmechanismus, nämlich den einer Abwertung durch den Kapitalmarkt bei unzureichenden oder nicht stimmigen Angaben.[340]

4. Verantwortung des „Verwaltungsrats usw.“ (Hauptprinzip 4)

Ausgehend von der treuhänderischen Stellung gegenüber den Aktionären formuliert Hauptprinzip 4 JCGC die Pflichten des Verwaltungsrats. Dieser soll nach dem Verständnis des JCGC i) strategische Entscheidungen vorgeben, vor allem aber ii) ein Umfeld schaffen, in dem das Management risikoangemessene Entscheidungen treffen kann und iii) das Management – einschließlich der vom Verwaltungsrat mit Geschäftsführungsaufgaben betrauten *senior officer* – von einem unabhängigen und objektiven Standpunkt aus hierbei überwachen. Überschrieben mit der Verantwortung des „Verwaltungsrats usw.“ (*responsibilities of the board*), bringt der Abschnitt durch die Erweiterung zum Ausdruck, dass technisch nicht nur das Organ selbst gemeint ist. Das unterstreicht die Erwartungshaltung der Autoren, die weniger der vom Gesellschaftsgesetz vorgegebenen Organverfassung und der traditionellen Rolle des Verwaltungsrats in der Praxis folgt, als vielmehr sich am *global standard* orientiert.[341]

---

337 M. Yūfu et al., Shōji Hōmu 2064 (2015), 35, 36 f.
338 Prinzip 3 Nr. v JCGC; siehe M. Sawaguchi et al., JCGC Practical Guide, 124.
339 Y. Tahara et al., Shōji Hōmu 2171 (2018), 4, 9 f.
340 M. Yūfu et al., Shōji Hōmu 2064 (2015), 35, 37.
341 K. Takei, Jurisuto 1484 (2015), 60, 63 f.

a) Stärkung der Aufsichtsfunktion und monitoring model

Den Kern des Abschnittes bildet die Bestellung mindestens zweier unabhängiger Direktoren (Prinzip 4.8 Abs. 1 JCGC) sowie die Formulierung von Erwartungen an den Beitrag von *unabhängigen* Mitgliedern des Verwaltungsrates (*dokuritsu torishimari-yaku*) zum Wachstum des Unternehmens (Prinzip 4.7 JCGC). Im engen Zusammenhang mit der so bezweckten Steigerung der Aufsichtsfunktion des Verwaltungsrates stehen Empfehlungen zur Nachfolgeplanung (*kōkei-sha no keikaku*) für den CEO der Gesellschaft (Nebenprinzip 4.1.3 JCGC) und zur Einführung einer anreizorientierten Vergütung (Prinzip 4.2 und Nebenprinzip 4.2.1 JCGC). Neben der Implementierung unabhängiger Direktoren durchzieht die Idee des *monitoring model* in ihren Grundzügen auch die Empfehlung zur Errichtung freiwilliger Beratungskomitees (*i'nin no shimon i'in-kai*), etwa zur Vergütung und Nominierung von Verwaltungsrat und Management (Prinzip 4.10 und Nebenprinzip 4.10.1 JCGC). Empfahl die ursprüngliche Fassung des Corporate Governance Codes von 2015 hier lediglich die Prüfung solcher Ausschüsse, spricht sich die revidierte Fassung nunmehr klar für deren Errichtung aus, soweit unabhängige Direktoren keine Mehrheit im Verwaltungsrat stellen.[342]

Der Corporate Governance Code mag so die Implementierung eines dem US-amerikanischen Vorbild entsprechenden *monitoring model* nicht notwendigerweise voraussetzen. Er legt ein solches Verständnis aber, gerade auch durch die Beförderung der Implementierung unabhängiger Mitglieder in den Verwaltungsrat, doch zumindest als Leitbild nahe.[343] Das bezeichnet ein Konzept, in dem das von den Aktionären berufene Organ, hier der Verwaltungsrat (*torishimari yakkai*), zumindest im Grundsatz ähnlich dem dualistischen System der deutschen Aktiengesellschaft, nicht mit den Einzelheiten der Geschäftsführung befasst ist. Das Tagesgeschäft, also die Geschäftsführung, wird dem Management überlassen. Beim maßgeblich aus Unabhängigen zusammengesetzten *Board* verbleiben die Prüfung und Bestätigung wichtiger unternehmerischer Entscheidungen, die Festsetzung der Vergütung sowie die Auswahl und Entlassung des Managements. Hinter der Entwicklung, die in den Vereinigten Staaten Ende der 1970er Jahre ansetzte, steht die Etablierung des Shareholder Value-Konzepts und der gestiegenen Aussagekraft des Aktienpreises für die Entwicklung einer Gesellschaft.[344] Vor allem die Empfehlungen zum Rollenverständnis

---

[342] Y. Tahara et al., Shōji Hōmu 2171 (2018), 4, 10 f.

[343] K. Takei, in: *Kōporēto Gabanansu Kōdo no jissen*, 49 f.; M. Sawaguchi et al., JCGC Practical Guide, 136 f.; vgl. M. Yūfu et al., Shōji Hōmu 2064 (2015), 35 f.: Trennung von Aufsicht und Kontrolle.

[344] J. N. Gordon, 59 Stanford Law Review 1465, 1509 f. (2007); wegweisend M. A. Eisenberg, The structure of the corporation: A legal analysis (1976), 139 ff.; siehe zu den Hintergründen aus globaler Sicht umfassend H. Baum, in: Independent Directors in Asia, 21 ff.

des Verwaltungsrats gehören zum zentralen Kern des Corporate Governance Codes und erfordern daher eine eingehendere Analyse.[345]

b) Anreize für unternehmerisches Risiko

Daneben enthält der Abschnitt eine ganze Reihe zusätzlicher Vorgaben zur Funktionsweise des Leitungsorgans. Prinzip 4.2 JCGC wirbt für ein Umfeld, das unternehmerisches Risiko honoriert und bringt so die Zielsetzung der wachstumsorientierten Governance am Deutlichsten zum Ausdruck. Konkret bedeutet dies vor allem die Einführung anreizbasierter Vergütungssysteme, die die mittel- bis langfristige Entwicklung der Gesellschaft sowie deren Risiken abbilden.

Anders als in der westlichen Debatte liegt der Schwerpunkt hier weniger auf der Frage, wie ein exzessives Eingehen von Risiken verhindert werden kann, als vielmehr auf der Setzung von Anreizen für einen bewussten Umgang mit Chancen.[346] Zu der im internationalen Vergleich eher niedrigen Vergütung japanischer Manager trugen ergebnisabhängige Elemente bislang wenig bei: Der typische Vergütungsmix vor Erlass des Corporate Governance Codes setzte sich in der Regel aus sieben Teilen Festgehalt, zwei Teilen kurzfristigen Anreizen – beispielsweise Bonuszahlungen – und nur einem Teil aus langfristigen Anreizen wie Aktienoptionen zusammen.[347] Motivationsquelle japanischer Manager war somit eher die gesellschaftliche Reputation in der *community firm* als monetäre Interessen. Die Debatte um die Neuausrichtung der Vergütungsstrukturen versucht, einen der *agency*-Theorie entsprechenden Kulturwandel anzustoßen, der auf eine monetäre Schicksalsgemeinschaft mit den Aktionären entsprechend den Vorlieben gerade ausländischer institutionellen Investoren setzt.[348] In dem Verweis auf die im anglo-amerikanischen Raum dominierenden leistungsabhängigen Vergütungsschemata schwingt auch die Sorge mit, in der internationalen Konkurrenz um Managementtalente zurückzufallen.[349]

Das mit der Reform 2018 umformulierte Nebenprinzip 4.2.1 JCGC nimmt den Verwaltungsrat in die Pflicht, indem es diesen zur Etablierung objektiver und transparenter Verfahren zur Bestimmung der Vergütung auffordert. Diese soll die mittel- bis langfristige Entwicklung der Gesellschaft berücksichtigen und so auf ein angemessenes Verhältnis von Vergütungsbestanteilen in bar und solchen in Anteilen an der Gesellschaft zielen. Die Formulierung solcher Ver-

---

[345] Siehe auch T. Spiegel, Independent Directors, 242 ff. sowie sogleich unten Kapitel 4. A.

[346] M. Yūfu et al., Shōji Hōmu 2064 (2015), 35, 40; allgemeiner A. Watanabe, CG Code, 253.

[347] Etwa Ito-Review (2014), Sektion 4.2; geringfügig andere Zahlen auch bei Y. Kuroda et al., Shōji Hōmu 2100 (2016), 33, 34.

[348] S. Uchigasaki/T. Takeda, Shōji Hōmu 2083 (2016), 27, 28; T. Watanabe, in: Reforming Corporate Governance, 249, 252 f.

[349] H. Nakahara/K. Kajimoto, Shōji Hōmu 2077 (2015), 4, 8.

gütungsrichtlinien soll es der Hauptversammlung erleichtern, eine eigene Bewertung anzustellen. Dieser kommt nach dem Gesetz die Entscheidungsbefugnis über die Vergütung der Mitglieder des Verwaltungsrates (sogenanntes *say on pay*, Art. 361 Abs. 1 GesG) zu. Bislang eher als Schutz gegenüber einer Selbstbedienung des Managements verstanden, soll diese Bewertung nunmehr aktiv zur Steigerung des Unternehmenswertes beitragen.[350] Ob externe oder nicht geschäftsführende Direktoren in die Vergütungsschemata miteinzubeziehen sind, lässt der JGCG in Prinzip 4.2 bewusst offen.[351] Die japanische Literatur orientiert sich an dem aktuellen Stand der Erkenntnisse und versucht, schmerzhafte Lernerfahrungen wie insbesondere in der jüngsten Finanzkrise zu vermeiden. Unter dem Eindruck der westlichen Vorbilder werden Instrumente wie langfristig orientierte Schemata der Eigenkapitalvergütung, die einen übermäßigen Fokus auf der kurzfristigen Steigerung des Aktienkurses zu Lasten einer nachhaltigen Entwicklung durch Haltefristen zu verhindern suchen, von vorneherein in der Diskussion berücksichtigt.[352] Flankiert wird die gesellschaftsrechtliche Analyse durch Anpassungen des Steuerrechts. So ließ sich die Vergütung in Vorzugsaktien anders als monetäre Vergütung lange Zeit nicht von der Körperschaftssteuer absetzen, was deren Ausgabe sehr unattraktiv für die Unternehmen machte.[353]

Anders als die Einführung variabler Vergütungskomponenten ist die individuelle Offenlegung der Vergütung, die in den Anfangsjahren des DCGK die zu einem ersten ernsten Streit über die Bindungswirkung des Kodex führte,[354] in Japan nicht dem Soft Law überlassen, sondern vom Hard Law vorgegeben. Eine Pflicht zur Offenlegung jedenfalls hoher Beträge im Wertpapierbericht hatte die FSA bereits im Jahr 2010 im Wege einer Verordnungsänderung beschlossen, ohne dass dies größere Aufmerksamkeit erregte. Der Grenzwert für die individuelle Offenlegung liegt bei jährlich JPY 100 Millionen (in etwa EUR 800.000).[355] Bereits diese Vorgaben zielten indes nicht auf eine (mittelbare) Reduzierung der Bezüge ab, sondern sollten deren Bewertung durch Investoren ermöglichen.[356] Auch wenn kaum zu beurteilen ist, wie ef-

---

[350] Zf. 7 Anlage 3 zu METI, CGS Report 2015.

[351] M. Yūfu et al., Shōji Hōmu 2064 (2015), 35, 41; siehe auch K. Mishina, Shōji Hōmu 2109 (2016), 57, 64, der vor dem Verlust der „Bremsfunktion" unabhängiger Verwaltungsratsmitglieder warnt.

[352] Vgl. die nationalen wie internationalen *case studies* bei H. Nakahara/K. Kajimoto, Shōji Hōmu 2077 (2015), 4, 8 ff. sowie die als METI, Guidebook Stock-based Compensation (2016) veröffentlichten Fallbeispiele und Q&A.

[353] Gesetz Nr. 15/2016, *Shōtoku-zei hō-tō no ichibu wo kaisei suru hōuritsu* [Gesetz u. a. zur teilweisen Reform des Einkommenssteuergesetzes]; siehe hierzu Y. Kuroda et al., Shōji Hōmu 2100 (2016), 33, 36 ff.

[354] Siehe nur M. Habersack, in: Gutachten E (69. DJT), E 52 f.; unten Kapitel 4. B. II. 2.

[355] Das ergibt sich aus den Erläuterungen zu den von den Gesellschaften bei Abgabe eines Wertpapierberichts zu benutzenden Formblättern (*yōshiki*) nach der FBG-PubVO.

[356] Y. Taniguchi, Shōji Hōmu 1808 (2010), 21, 22 f.

fektiv die Durchsetzung in der Praxis erfolgt, handelt es sich um ein scharfes Schwert.[357]

c) Diversität auf Leitungsebene

Während Prinzip 2.4 JCGC den Unternehmen zumindest auf Ebene der Belegschaft eine Förderung von Diversität im Betrieb aufträgt, ist dieses Bekenntnis für die Leitungsebene weitaus verhaltener ausgeprägt. Prinzip 4.11 JCGC empfiehlt eine ausgewogene Zusammensetzung des Leitungsorgans. Seine Mitglieder sollen sowohl das erforderliche Wissen, die Erfahrungen und Fähigkeiten mitbringen, um ihrer Verantwortung gerecht zu werden, gleichzeitig sind auch Diversität sowie eine angemessene Größe des Gremiums zu beachten. Diversität in den Leitungsorganen in Abschnitt 4 des Codes war ursprünglich als Frage der Perspektive auf die Unternehmensführung zu verstehen und damit ein Aspekt, der gerade mit der verstärkten Einführung externer Direktoren zusammenhing.[358] Gemeint waren Experten in Wachstumssektoren sowie Personen mit einem Hintergrund außerhalb des Kerngeschäfts, oder, mit Blick auf das globale Geschäft, mit internationaler Erfahrung.[359] Erst mit der Reform 2018 wurde Prinzip 4.11 JCGC dahingehend konkretisiert, dass unter Diversität nunmehr ausdrücklich auch „Geschlecht und internationale Erfahrung" zu verstehen sind.

Welche Zusammensetzung des Verwaltungsrates ausgewogen ist, bleibt den Unternehmen überlassen. Solange diese den Grundgedanken des Prinzips nicht gänzlich ablehnen, ist auch keine Erklärung erforderlich. Teilt die Gesellschaft die Philosophie, Diversität im Verwaltungsrat sei im Grunde notwendig, gelangt aber zu der Einschätzung, man wolle das Gremium schlank halten und habe daher keinen Platz für eine zusätzliche Direktorin, so handelt sie formal im Einklang mit Prinzip 4.11 JCGC. Nebenprinzip 4.11.1 JCGC empfiehlt lediglich die Erstellung von Leitlinien für die Nominierung von Kandidaten unter Berücksichtigung einer „guten Balance aus Kenntnissen, Erfahrungen und Fähigkeiten und der Größe des Verwaltungsrats".[360] Es muss dann noch nicht ein-

---

[357] Das Ermittlungsverfahren gegen den ehemaligen CEO der Nissan Corporation, *Carlos Ghosn*, das zu dessen Verhaftung Ende 2018 und letztendlich spektakulärer Flucht aus der Untersuchungshaft ins Ausland führte, wurde u. a. auf den Vorwurf zu niedrig ausgewiesener Vergütungszahlungen im Wertpapierbericht i. H. v. akkumuliert JPY 9,14 Milliarden (etwa EUR 73,2 Millionen) gestützt. Ob aber eine zu niedrig ausgewiesene Vergütung im Wertpapierbericht einen „wichtigen Punkt" i. S. d. der Strafvorschrift des Art. 197 Abs. 1 Nr. 1 FBG darstellt, ist bislang ungeklärt (dafür S. Mihara, Kantō gakuin hōgaku 29:1 (2020), 33, 46 ff.). Es handelt sich um den ersten bekannten Fall dieser Art.

[358] S. Nakamura et al., CGC *no subete*, 161; vgl. M. Yūfu et al., Shōji Hōmu 2063 (2015), 51, 56 und Shōji Hōmu 2065 (2015), 46, 50, die auf Ebene des Verwaltungsrates keine weiteren Ausführungen zur Diversität machen.

[359] Follow-up Council, Opinion III (2016), 4.

[360] M. Yūfu et al., Shōji Hōmu 2063 (2015), 51, 56.

mal eine Abweichung erklärt werden. In ähnlicher Weise soll sich „internationale Erfahrung“ gerade nicht auf die Nationalität beziehen[361] und dürfte damit auch eine gewisse Zeit im Ausland abdecken. In japanischen Unternehmen ist eine vorübergehende Entsendung von Führungskräften in Tochterunternehmen üblich. Überspitzt formuliert dürfte sich gegebenenfalls auch eine Affinität zum Urlaub im Ausland unter das Prinzip fassen lassen.

Von einer (selbst-)regulatorischen Verfestigung einer Geschlechterquote schien der Code somit zunächst weit entfernt.[362] Angesichts einer nahezu vernachlässigbaren Repräsentation von Frauen im Verwaltungsrat börsennotierter japanischer Unternehmen[363] mag dies überraschen. Zwar war zuletzt ein Trend zur Bestellung weiblicher *externer* Direktoren gerade unter Großunternehmen und Unternehmen mit hohem Anteil institutioneller Investoren zu verzeichnen.[364] Dieser dürfte sich mit der vom Kapitalmarkt geforderten Anpassung an internationale Standards erklären lassen, wirft aber kein besseres Licht auf die Karrierestrukturen in den Unternehmen. Große Effekte waren hier, zumal in Zusammenschau mit dem prinzipienbasierten Ansatz nicht zu erwarten. Von der zwischenzeitlich verfolgten Idee einer konkreten Frauenquote von 30% in „Führungspositionen“ bis zum Jahr 2020[365] war die Regierung wieder abgerückt und sprach in Folge nur noch von Maßnahmen zur Stärkung der Attraktivität des Diversity-Gedankens unter Unternehmen und Investoren.[366] Ob die bestenfalls kosmetische Ergänzung in Prinzip 4.11 JCGC Auswirkungen hat, kann getrost bezweifelt werden. Von selbstgesteckten oder gar im Rahmen des *comply-or-explain*-Mechanismus festen Vorgaben zur Diversität schreckt auch der Corporate Governance Code in der Fassung von 2021 zurück und setzt stattdessen auf die perspektive Förderung von Diversität in der Kernbelegschaft, „die den Verwaltungsrat bei seinen Aufgaben unterstützt“. Dies geschieht in der Erwartung, dass sich so auch der Pool an Kandidat:innen mit unterschiedlichen Perspektiven erweitert.[367]

---

[361] M. Sawaguchi et al., JCGC Practical Guide, 181.

[362] Mit Kabinettsverordnung Nr. 70/2015 zur Reform der FBG-PubVO wurden die Formblätter für den Wertpapierbericht dahingehend abgeändert, dass nun auch Anzahl und Anteil von Frauen unter den Organmitgliedern gesondert auszuweisen sind (M. Sawaguchi et al., JCGC Practical Guide, 116 f.).

[363] Vor der Reform des JCGC für das Jahr 2018 geht man von einem Anteil von 3,7% an weiblichen Mitgliedern im Verwaltungsrataus, siehe Follow-up Council, CG Revision 2018; im Jahr 2020 war dieser auf etwa 6,2% gestiegen, was mehr als dem Vierfachen des Werts von 2012 entspricht, siehe <https://www.gender.go.jp/policy/mieruka/company/yakuin.html>.

[364] T. Nakanishi/T. Seki, *Genjō bunseki* (2016), 11 und im Detail 41 ff.: Anteil von Frauen unter den externen Mitgliedern im Verwaltungsrat von 7,3%, bei Unternehmen mit hohem Anteil ausländischer Anteilseigner noch höhere Quoten.

[365] Shushō Kantei, Revitalization Strategy 2014 (2014), 8.

[366] Revitalization Strategy 2016, 46.

[367] Nebenprinzip 2.4.1 JCGC, siehe oben Kapitel 3. C. III. 2.

5. Dialog mit den Aktionären (Hauptprinzip 5)

Zielt Abschnitt 1 auf die Ausübung der Aktionärsrechte und Abschnitt 3 auf die hinreichende Informationsversorgung, bildet Hauptprinzip 5 JCGC die Schnittstelle zum Stewardship Code.[368] Es fordert die Unternehmensleitung zur direkten Interaktion (*mensetsu*) mit den Investoren „in angemessenem Rahmen" (Nebenprinzip 5.1.1 JCGC) auf. Auch diese Bestimmung unterliegt nach dem *principles based approach* der Einschätzung durch die Gesellschaft in Abhängigkeit von Thema, Kontext und dem tatsächlichen Anteilsbesitz der Investoren.[369] Eine entsprechende Empfehlung zur Wahrnehmung eines konstruktiven Dialogs mit Aktionären in aufsichtsratsspezifischen Angelegenheiten durch den Aufsichtsratsvorsitzenden wurde als internationale *best practice* zum März 2017 auch in den DCGK aufgenommen.[370]

Dass der Corporate Governance Code den konstruktiven Dialog mit den Investoren hierbei durchaus als regulatorisches Instrument versteht, wird an dem mit der Reform 2018 ergänzten Prinzip 5.2 JCGC deutlich. So sind bei der Erklärung der Unternehmensstrategie auch Ziele hinsichtlich Kapitaleffizienz und Profitabilität „nach der Identifikation der Kapitalkosten" anzugeben. Bezüglich der Verwirklichung der Ziele sollen die Unternehmen dabei auch die Schwerpunkte ihres Ressourceneinsatzes unter Prüfung ihres Geschäftsportfolios, festen Aktiva, Forschungskosten und dergleichen „in verständlicher Sprache erklären." Dahinter steht der Befund, dass sich japanische Unternehmen bislang oftmals scheuen würden, ihren Besitzstand im Lichte eines gewandelten Geschäftsumfelds aus eigener Initiative kritisch zu hinterfragen, und dabei ihre Kapitalkosten vernachlässigen würden.[371]

IV. Weitere Maßnahmen zur Stärkung des konstruktiven Dialogs

Das Zusammenspiel zwischen Corporate Governance Code und Stewardship Code ist prägend für die japanische „wachstumsorientierte Governance": Die Öffnung der Gesellschaften für einen konstruktiven Dialog soll diese empfänglicher machen für die Interessen (langfristig orientierter) Investoren und damit zum maßgeblichen Treiber für nachhaltiges Wachstum werden.[372] Neben dem eher vagen Prinzip 5 und den bereits angesprochenen Empfehlungen zur Publizität enthält der Corporate Governance Code noch weitere Prinzipien, die den Dialog mit den Aktionären und dabei gerade den institutionellen Investoren fördern sollen. In regulatorischer Hinsicht von größerer Bedeutung dürfte der

---

368 M. Yūfu et al., Shōji Hōmu 2065 (2015), 46, 53.

369 M. Sawaguchi et al., JCGC Practical Guide, 198.

370 Ziffer 5.2 Abs. 2 DCGK 2017; Siehe Regierungskommission DCGK, Pressemitteilung vom 14. Februar 2017.

371 Y. Tahara et al., Shōji Hōmu 2171 (2018), 4, 7.

372 Ito-Review (2014), 24 ff., hierzu sogleich Kapitel 3. D. I.

bestrebte Abbau von Überkreuzbeteiligungen zwischen Unternehmen (1) und die abermalige Adressierung von Abwehrmaßnahmen gegen feindliche Übernahmen (2) sein. Dazu enthält der Corporate Governance Code weitere Vorgaben, die es den Aktionären erleichtern sollen, an einer Hauptversammlung teilzunehmen und so die effektive Ausübung von Aktionärsrechten erleichtern (3).

1. Abbau von Überkreuzbeteiligungen

Traditionell trug vor allem der hohe Anteil stabiler Aktionäre zur Isolation des Managements bei.[373] Zwar ging die Zahl solch strategischer Beteiligungen seit den 1990er Jahren stetig zurück. Deren Verharren auf einem gewissen Niveau und die damit zusammenhängenden Interessenkonflikte behindern die Entwicklung eines konstruktiven Dialoges aber weiterhin.[374] Die Problematik der „strategischen Beteiligungen" (*seisaku hoyū kabushiki*), die in Prinzip 1.4 JCGC adressiert werden, verdient daher besondere Beachtung.

In ihrer Reichweite ist die Empfehlung alles andere als klar: Eine Gegenseitigkeit ist trotz der weitläufigen Bezeichnung Überkreuzbeteiligungen (*sōgō mochiai*) gerade nicht erforderlich. Bestehende Verordnungen legen eine Definition als Aktienbesitz nahe, der nicht aus Investitionszwecken (*juntōshi mokuteki*) getätigt wurde und mithin nicht der Partizipation an Dividenden oder Kursgewinnen dient.[375] Letztendlich liegt die Auslegung, was unter einer strategischen Beteiligung zu verstehen ist, auf Basis des prinzipiengestützten Ansatzes aber wieder bei der Gesellschaft.[376] Hält diese das Prinzip in ihrem Fall für einschlägig, waren nach der ursprünglichen Fassung in einem ersten Schritt Richtlinien für den Umgang mit entsprechenden Beteiligungen zu erstellen und offenzulegen (Prinzip 1.4 Abs. 1 S. 1 JCGC 2015), in einem zweiten Schritt jährlich wichtige strategische Beteiligungen unter Beachtung ihres Ertrags und Risikos auf ihre mittel- bis langfristige wirtschaftliche Angemessenheit und den künftigen Fortbestand durch den Verwaltungsrat zu eruieren und, basierend darauf, den Aktionären gegenüber eine „konkrete Erklärung" (*gutai-teki na setsumei*) in einem Format ihrer Wahl abzugeben (Abs. 1 S. 2). Wie institutionelle Investoren auch sollen die Unternehmen zudem Leitlinien für die Ausübung ihrer Stimmrechte in strategischen Beteiligungen erarbeiten und veröffentlichen. Durch die Erklärung sollte die Gesellschaft dazu gebracht werden, die Sinnhaftigkeit ihrer strategischen Beteiligungen zu reflektieren. Vor allem aber soll

---

[373] Siehe nur K. Egashira, Fundamental issues, 53 ff. und oben Kapitel 2. B. II. 3.

[374] Follow-up Council, Opinion I (2015); vgl. K. Egashira, Hōritsu jihō 86:12 (2014), 59, 61.

[375] M. Sawaguchi et al., JCGC Practical Guide, 75; S. Nakamura et al., CGC *no subete*, 44 unter Verweis auf Formblatt 2 Hinweis (53) a (e) zu FBG-PubDV.

[376] M. Yūfu et al., Shōji Hōmu 2063 (2015), 51, 57 Fn. 14; N. Nakamura/Y. Kurahashi, JCGC *Yomikata* (2015), 52.

eine Diskussion mit den Aktionären angestoßen werden, in der Hoffnung, dass die Gesellschaft so zusammen mit dem Kapitalmarkt zu einer objektiven Einschätzung und Lösung des Problems gelangt.[377] Die Empfehlung hatte damit, stärker noch als die bereits 2010 eingeführte Offenlegungspflicht für strategische Beteiligungen im Wertpapierbericht,[378] bereits in ihrer Ursprungsfassung regulatorischen Charakter. Indem sie sich aber auf die Veröffentlichung einer Selbstbewertung durch die Gesellschaft beschränkte, verbarg sich dieser hinter einer vagen Formulierung, der den Gesellschaften Ausweichmöglichkeiten ließ. Trotz eines gewissen Verständnisses für die Schwierigkeiten der Auflösung von strategischen Beteiligungen, etwa aus Rücksicht auf bestehende Geschäftsbeziehungen, wurde die Empfehlung so auch gerade von institutionellen Investoren kritisiert, die sich stärkeren Druck zum Abbau der Überkreuzbeteiligungen wünschten. Denn der Nachweis, warum eine strategische Beteiligung aus wirtschaftlicher Sicht sinnvoll sei, sei ohnehin nur schwer zu leisten.[379]

Die Empfehlung zum Umgang mit strategischen Beteiligungen wurde im Rahmen der ersten Revision des Corporate Governance Codes im Juli 2018 neugefasst und verschärft. Die nach Prinzip 1.4 S. 1 JCGC 2018 geforderte Offenlegung von Leitlinien sollen sich nun klar auf den Abbau von strategischen Beteiligungen beziehen. Zudem soll der Verwaltungsrat der Gesellschaften nun jedes Jahr eruieren, ob strategische Beteiligungen aufrechterhalten oder abgebaut werden sollen. Dabei hat der Verwaltungsrat den individuellen Nutzen der jeweiligen Beteiligung und die aufgewandten Kapitalkosten zu berücksichtigen, andernfalls muss eine Abweichung nach dem *comply-or-explain*-Mechanismus erklärt werden. Nach dem *principle-based*-Ansatz dürfte es wohl genügen, die Analyse vorzubereiten und im Gremium eine zusammenfassende mündliche Erörterung zu geben, solange noch Raum für die Diskussion wichtiger strategischer Beteiligungen besteht und alle Direktoren das Ergebnis der Bewertung teilen.[380] Dieses Ergebnis ist nunmehr offenzulegen, also in den Corporate Governance-Bericht mitaufzunehmen. Eine individuelle Begründung für jede Beteiligung ist hierbei gerade nicht erforderlich. Wohl aber soll die Offenlegung konkret auf die vom Verwaltungsrat vorgenommene Bewertung und die für diesen entscheidenden Gesichtspunkte eingehen, etwa begründen, warum der jeweilige Beteiligungszweck angemessen ist und auf welcher Basis der Verwaltungsrat zu dem Schluss kommt, dass der Nutzen der Beteiligungen in angemessenem Verhältnis zu den Risiken und den aufgewandten Kapitalkosten

[377] M. Yūfu et al., Shōji Hōmu 2063 (2015), 51, 52.

[378] Siehe hierzu Y. Taniguchi, Shōji Hōmu 1808 (2010), 21, 24; M. Kondo et al., *Kin'yū shōhin torihiki-hō*, 284.

[379] Tōshi-ka fōrumu un'ei i'inkai [Investor's Forum], Shōji Hōmu 2084 (2015), 24, 28 f., die zudem darauf verweisen, dass die Privilegierung „reinen" Investments außerhalb der Geschäftstätigkeit der Gesellschaft wenig Sinn macht.

[380] M. Sawaguchi et al., JCGC Practical Guide, 81.

steht.[381] Konkreter wird die Problematik aus den neu hinzugefügten Nebenprinzipien ersichtlich. So wird von den börsennotierten Gesellschaften verlangt, nicht mehr mit dem Abbruch der Geschäftsbeziehungen zu drohen, sobald ein Geschäftspartner sie über einen geplanten Verkauf der an der betreffenden Gesellschaft gehaltenen strategischen Beteiligungen informiert (Nebenprinzip 1.4.1 JCGC). Nach Nebenprinzip 1.4.2 JCGC sollen die Gesellschaften zudem nicht mehr an bestehenden Geschäftsbeziehungen zu Unternehmen festhalten, an denen sie strategische Beteiligungen halten, ohne die Angemessenheit der Bedingungen zu prüfen. Ein unreflektiertes Festhalten an solchen Geschäftsbeziehungen dient so als Beispiel für ein Geschäft zu Lasten der Interessen der Gesellschaft und der Aktionäre. Damit greift der Corporate Governance Code noch stärker in den Bereich der Geschäftsführung ein.

Vor diesem Hintergrund wird mit Spannung zu erwarten sein, ob die Regelungen in Zukunft auch Auswirkungen auf den Pflichtenmaßstab der Organe haben werden. Nebenprinzip 1.4.2 JCGC dürfte zwar immer noch Möglichkeiten zur Rechtfertigung alter Geschäftsbeziehungen offenlassen. Will das Management aber an den tradierten Überkreuzbeteiligungen festhalten, erfordert dies dennoch, die Loyalität gegenüber alten Weggefährten transparent zu machen.

2. (Erneut) Abbau von Abwehrmaßnahmen

Die oben beschriebenen Bemühungen der TSE[382] haben Abwehrmaßnahmen gegen feindliche Übernahmen zwar reglementiert, diese indes nicht völlig verschwinden lassen. Bei Einführung des Corporate Governance Codes im Juli 2015 verfügten noch 478 der an der TSE gelisteten Gesellschaften über Abwehrmaßnahmen, seitdem hat sich die Zahl auf 329 Gesellschaften im Juli 2019 stark reduziert.[383]

Der Corporate Governance Code knüpft an die Bemühungen der TSE an und adressiert in Prinzip 1.5 JCGC „sogenannte Abwehrmaßnahmen gegen Übernahmen" (*iwayuru baishū bō'ei-saku*). Durch die offene Formulierung erfasst der Anwendungsbereich des Prinzips auch Maßnahmen, die über die auf Kapitalmaßnahmen bezogene Definition der TakeoverRL und der TSE hinausgehen. Maßnahmen, deren Ziel faktisch in der Abwehr einer Übernahme liegen, sind unerwünscht und erklärungspflichtig, soweit diese dem Selbsterhalt der Position von Verwaltungsrat oder Management dienen. Das entspricht dem *principles based approach*, bleibt in seiner genauen Reichweite aber unklar. So soll das Prinzip zwar sämtliche Praktiken erfassen, die einen faktischen Übernahmeeffekt bewirken.[384] Im Kern aber gehen Kommentatoren davon aus, dass Maß-

---

[381] Y. Tahara et al., Shōji Hōmu 2171 (2018), 4, 14 f.; M. Sawaguchi et al., JCGC Practical Guide, 82.

[382] Siehe oben Kapitel 3. B. III.

[383] M. Mogi/K. Tanino, Shōji Hōmu 2212 (2019), 33, 34.

[384] M. Yūfu et al., Shōji Hōmu 2063 (2015), 51, 53.

nahmen im Einklang mit den Börsenzulassungsregeln, den TakeoverRL und gegebenenfalls den Empfehlungen der CVSG von 2008 auch weiterhin zulässig sein sollen.[385] Wohl nicht gemeint sind daher rein faktische Hindernisse wie die gesondert unter der Bezeichnung strategische Beteiligungen in Prinzip 1.4 JCGC angesprochenen Überkreuzbeteiligungen.[386]

Nebenprinzip 1.5.1 JCGC legt Verwaltungsrat und Prüferrat auf, „aus Sicht der treuhänderischen Pflicht gegenüber den Aktionären" die Implementierung und Ausführung von Abwehrmaßnahmen auf Notwendigkeit und Angemessenheit genauestens zu überprüfen (*shikkari to kentō*) sowie diese den Aktionären „hinreichend zu erklären" (*jubun na setsumei wo okonau beki*). Art und Umfang der Erklärung sind ins Ermessen der Gesellschaft gestellt. Das entspricht dem gewählten prinzipienbasierten Regulierungsansatz, führt aber kaum zu mehr Transparenz. Auch die Empfehlung, Maßnahmen nach Abgabe eines öffentlichen Erwerbsangebots zu unterlassen, „die die Übernahme in unfairer Weise behindern" (Nebenprinzip 1.5.2 JCGC), sagt zunächst nichts über die mögliche Gestattung von Abwehrmaßnahmen im Einzelfall aus. Stattdessen soll die Erwartungshaltung einer sorgfältigen Prüfung unter dem Gesichtspunkt der treuhänderischen Verpflichtung des Verwaltungsrates gegenüber den Aktionären zum Ausdruck gebracht werden. Was angemessen ist, etwa die Privatplatzierung von Aktien zugunsten eines *white knight*, bleibt der Beurteilung der Gesellschaft überlassen.[387] Gleiches gilt nach Prinzip 1.6 JCGC für Kapitalmaßnahmen, die einen Kontrollwechsel oder eine starke Verwässerung der Aktionärsrechte zur Folge haben.

Angesichts der deutlich verringerten Bedeutung von Abwehrmaßnahmen scheint die Regulierung mittels Soft Law an dieser Stelle aufgegangen zu sein. Welcher Anteil den eher schwach formulierten Prinzipien hierbei zukommt, ist indes schwer zu sagen. Abwehrmaßnahmen gehören zu den formalen Aspekten der Corporate Governance, die institutionelle Investoren typischerweise nicht schätzen.[388] In den Stimmrechtslinien großer institutioneller Investoren wird die Aufrechterhaltung von Abwehrmaßnahmen daher oftmals mit Ablehnung quittiert. Auch wenn fraglich scheint, wie stark diese Ablehnung tatsächlich ist,[389] ist die Problematik doch konkret genug, dass sie sich besonders gut

---

[385] S. Nakamura et al., CGC *no subete*, 47 f.; M. Sawaguchi et al., JCGC Practical Guide, 100.

[386] Siehe unten Kapitel 3. C. IV. 1.

[387] S. Nakamura et al., CGC *no subete*, 51 f.; M. Yūfu et al., Shōji Hōmu 2063 (2015), 51, 53.

[388] R. J. Gilson, 2004 Colum. Bus. L. Rev. 21, 37 (2004); ders. / J. N. Gordon, 113 Colum. L. Rev. 863, 887 f. (2013).

[389] S. Choi et al., 58 Emory Law Journal 869, 880 (2010), die keinen signifikaten Einfluss von der Existenz von Abwehrmaßnahmen auf die Empfehlungen von Stimmrechtsberatern feststellen konnten; vgl. auch S. Bhagat et al., 108 Colum. L. Rev. 1803, 1825 (2008), wonach Abwehrmaßnahmen für kommerzielle Analysten im Vergleich zur hierauf stark fokussierten US-amerikanischen Literatur einen weniger prominenten Faktor bilden.

für den konstruktiven Dialog eignet. Es handelt sich vielleicht um das Thema, in dem der Einfluss aktivistischer Aktionäre in Japan am deutlichsten wird.[390]

3. *Vitalisierung und Virtualisierung der Hauptversammlung*

Der Corporate Governance Code legt einen Fokus auf die Bereitstellung nichtfinanzieller Informationen zur umfassenden Analyse der Gesellschaft und der Offenheit für direkte Interaktion. Daneben bildet die Wahrnehmung von Aktionärsrechten auf der Hauptversammlung den rechtlich greifbarsten Aspekt des *shareholder engagement*.[391] Eine kurze Erläuterung ist nötig, um das Ausmaß der Aufgabe, die Hauptversammlung zu einem Ort konstruktiven Dialogs umzubilden, zu erfassen. Ordentliche Hauptversammlungen (*teigi kabunushi sōkai*) haben in Japan traditionell eher zeremoniellen Charakter mit nur wenigen Teilnehmern, nur wenigen Fragen und nur äußerst vereinzelten Anträgen seitens der Aktionäre.[392] Die Praxis klagt dagegen über einen erheblichen Vorbereitungsaufwand für die Veranstaltung, der im krassen Gegensatz zu deren Dauer steht. In der Mehrzahl der Fälle dauert diese kaum länger als eine Stunde.[393]

Bislang hielt die überwiegende Mehrheit japanischer börsennotierter Gesellschaften ihre ordentliche Hauptversammlung an einem Termin innerhalb einer kurzen Zeitspanne von nur wenigen Tagen in der zweiten Hälfte des Monats Juni ab, der sogenannten „Hauptversammlungssaison" (*kabunushi sōkai kisetsu*). Dies erschwerte auch Portfolioinvestoren die individuelle Analyse der Tagungspunkte der einzelnen Gesellschaften in der Hauptversammlungssaison ganz erheblich, von der physischen Teilnahme ganz zu schweigen.[394] Zum Teil wurde die Konzentration mit dem Schutz der Hauptversammlung vor der Teilnahme von kriminellen Elementen, sogenannten *sōkaiya*, in Verbindung gebracht.[395] Diese „Hauptversammlungsbetreiber" stellten in der Hochphase der japanischen Wirtschaft den Ablauf der Hauptversammlung „sicher", sei es durch Einschüchterung kritischer Aktionäre, sei es durch pure Erpressung der Gesellschaft.[396] In den letzten Jahren hatte der Fokus auf den Monat Juni da-

---

[390] M. Mogi/K. Tanino, Shōji Hōmu 2212 (2019), 33, 39 ff.

[391] H. Kansaku, Shōji Hōmu 2101 (2016), 4, 7.

[392] H. Kansaku/M. Bälz, in: HB Japanisches Recht, § 3 Rn. 129; siehe H. Mitoma, in: Reforming Corporate Governance, 135 ff.; für eine Analyse von Daten aus dem Jahr 2015 sowie die anekdotische Darstellung einer Hauptversammlung bei V. Meckel, Corporate Governance (2010), 165 fff.

[393] H. Mitoma, in: Reforming Corporate Governance, 135, 144 ff. spricht anhand eines Datensatzes von 1.704 Gesellschaften von einer frühen Vorbereitung, (mehreren) Proben und Hunderten antizipierten Fragen.

[394] M. Yūfu et al., Shōji Hōmu 2063 (2015), 51, 54; ausführlich W. Tanaka, in: FS Egashira I (1), 415, 422 ff. Noch im Jahr 2015 hielten 1,880 und damit etwa zwei Drittel der an der TSE notierten Gesellschaften ihre ordentliche Hauptversammlung an einem von nur vier Tagen im Juni ab, H. Mitoma, in: Reforming Corporate Governance, 135, 136 f.

[395] M. D. West, 93:3 Northwestern University Law Review 767, 799 f. (1998–1999).

[396] *Ibid.*, 771 ff.

gegen wohl weniger schillernde, rechtsstrukturelle Ursachen. Indem man den Tag des bilanziellen Jahresabschlusses (*keisanbi*) Ende März mit dem Stichtag für die Ausübung der Aktionärsrechte auf der Hauptversammlung (*kijunbi*) zusammenfallen ließ, war es möglich, Neuaktionäre von Dividendenzahlungen für das bereits abgeschlossene Geschäftsjahr auszuschließen.[397] Im Lichte veränderter Einberufungsfristen ist dies zwar nicht mehr erforderlich. Eine davon abweichende Vorgehensweise, etwa ein späteres Ansetzen des Stichtages und die Verlegung der Hauptversammlung in den Juli – wie nicht zuletzt von der Expertenkommission empfohlen[398] – stößt aber nach wie vor auf eine Reihe praktischer Probleme: Sie verzögert den Beschluss und die damit verbundenen Ausschüttung der Dividende, führt wegen der seit Abschluss des Geschäftsjahrs verstrichenen Zeit aber auch zu Schwierigkeiten bei der Evaluierung der aktuellen Performance des Verwaltungsrates.[399] Nebenprinzip 1.2.3 JCGC fordert die Gesellschaften dennoch auf, neben der Sicherstellung der Richtigkeit der verbreiteten Information das Datum der Hauptversammlung auch mit Blick auf die Förderung des konstruktiven Dialogs mit den Aktionären festzulegen.

Als Reaktion auf den Bedeutungszuwachs internationalen Anteilsbesitzes empfiehlt Nebenprinzip 1.2.4 JCGC, eine elektronische Ausübung der Stimmrechte zu ermöglichen sowie kumulativ die Einberufung der Hauptversammlung ins Englische zu übersetzen. Diese Verbindung erfolgt bewusst. Ihr liegt offensichtlich die Überlegung zu Grunde, dass gerade ausländische institutionelle Aktionäre von der Möglichkeit einer elektronischen Stimmrechtsabgabe profitieren. Warum aber die Ermöglichung einer elektronischen Stimmrechtsausübung ohne – ggf. teilweise – englische Übersetzung der Einberufung für sich genommen erklärungspflichtig sein soll,[400] erschließt sich zumindest nicht unmittelbar. Die Mitteilung soll nach Nebenprinzip 1.2.2 JCGC so früh wie möglich erfolgen, um Investoren hinreichend Zeit zur Analyse zu geben; weiterhin sollen die Gesellschaften die Mitteilung und die erforderlichen Dokumente elektronisch, und zwar bereits vor der postalischen Versendung veröffentlichen.[401] Für offene Gesellschaften wird dies kaum eine Option darstellen. Mit der Beschränkung auf diese bislang eher unübliche Praxis[402] blieb der Corporate Governance Code noch hinter den Möglichkeiten des Gesellschaftsgesetzes zu

---

397 K. Egashira, *Kabushiki Kaisha-hō*, 217; im Detail W. Tanaka, in: FS Egashira I (1), 415 ff.; siehe auch H. Kansaku, in: Perspectives, 243, 265.

398 Erläuterung zu Nebenprinzip 1.2.3 JCGC und H. Mitoma, in: Reforming Corporate Governance, 135, 137.

399 H. Kansaku, Shōji Hōmu 2101 (2016), 4, 9; M. Sawaguchi et al., JCGC Practical Guide, 65.

400 M. Yūfu et al., Shōji Hōmu 2063 (2015), 51, 53 f.; anders nunmehr M. Sawaguchi et al., JCGC Practical Guide, 68 bei kleinen Gesellschaften auf mit wenigen internationalen Aktionären im Sinne des prinzipiengestützten Ansatzes.

401 H. Kansaku, in: Perspectives, 243, 267.

402 M. Yūfu et al., Shōji Hōmu 2063 (2015), 51, 54 Fn. 8 verweist auf 151 Gesellschaften im Jahr 2014.

einer ersatzweisen elektronischen Veröffentlichung von Dokumenten im Vorfeld der Hauptversammlung[403] oder gar der elektronischen Einberufung, wohl auch aus Angst vor der Marginalisierung der Privatanleger,[404] zurück. Wie auch in Deutschland[405] wurde das Prinzip der Präsenzversammlung in Japan (Art. 298 Abs. 1 Nr. 4, 312 GesG) schrittweise gelockert, erst durch die Gestattung einer Ausübung der Aktionärsrechte durch Vertreter mittels einer schriftlichen Vollmacht (*i'nin-jō*, sogenanntes *proxy voting,* Art. 310 Abs. 1 GesG), später durch die fakultative Ermöglichung einer schriftlichen Stimmrechtsausübung für Gesellschaften mit mehr als tausend Aktionären und schließlich durch die freiwillige Ermöglichung einer elektronischen Ausübung des Stimmrechts (*denji-teki hōhshiki ni yoru giketsuken kōshi*). Es besteht aber insofern fort, als dass eine physische Hauptversammlung zwingend abgehalten werden muss, sofern nicht alle stimmberechtigen Aktionäre einer schriftlichen oder elektronischen Durchführung zugestimmt haben. Somit wird gewährleistet, dass jedenfalls die Möglichkeit zur physischen Teilnahme besteht.[406]

Die globale Pandemie unterwirft diese Vorgaben einem harten Praxistest. Zur Eindämmung der Corona-Pandemie fanden im Frühjahr 2020 Hauptversammlungen verbreitet als Hybridveranstaltungen statt. Hierbei stellte die Gesellschaft zwar einen Raum für die Versammlung der Aktionäre zur Verfügung, bat diese aber um vorrangig virtuelle Teilnahme. Zum Teil befanden sich die Organmitglieder noch nicht einmal im selben Raum wie die versammelten Aktionäre, sondern wurden ebenfalls über ein Videokonferenzsystem zugeschaltet. Dass dies eigene Probleme aufwirft, etwa mit Blick auf die reduzierten Einwirkungsmöglichkeiten der nur virtuell anwesenden Aktionäre, liegt auf der Hand.[407] Ob die eher verhaltenen Empfehlungen des Corporate Governance Codes unter diesen Bedingungen tatsächlich zu einer Revitalisierung der Hauptversammlung beitragen können, scheint fraglich. Möglich ist auch, dass die Hauptversammlung als maßgebliches Forum für den Dialog mit den Aktionären nicht mehr den modernen Anforderungen entspricht.[408] Auch aus der japanischen Praxis mehren sich die Stimmen, die nicht zuletzt wegen des damit

---

403 Art. 94 Abs. 1 Durchführungsverordnung zum Gesellschaftsgesetz [*Kaisha-hō shikō kisoku*], Ministerialverordnung Nr. 12/2006 („GesG-DVO"). Weil vermehrt krititisert wurde, dass die Zeit für die Analyse der Referenzmateriellen zu knapp bemessen sei, wurde deren verpflichtende elektronische Verfügbarmachung mit der Gesellschaftsgesetzreform von 2019 beschlossen, siehe H. KANDA, *Kaisha-hō*, 192 f. Aufgrund einer Sonderregelung treten die Art. 325:2 ff. GesG in der Fassung des Reformgesetzes 2019 voraussichtlich erst 2024 in Kraft.

404 H. KANSAKU, Shōji Hōmu 2101 (2016), 4, 7 f. Eine elektronische Einberufung der Hauptversammlung erfordert die individuelle Zustimmung der Aktionäre, Art. 301 Abs. 2, 299 Abs. 3 GesG.

405 Vgl. § 118 Abs. 2 AktG, siehe A. HELLGARDT/A. HOGER, ZGR 2011, 38; G. SPINDLER, in: Perspectives, 203, 209.

406 Art. 319 Abs. 1 GesG, siehe K. EGASHIRA, *Kabushiki Kaisha-hō*, 359.

407 M. SAWAGUCHI, Jurisuto 1548 (2020), 16, 21 ff.

408 Vgl. den Verweis bei J.-E. SCHIRMER, in: VGR 2016, 181, 187.

verbundenen Ressourcenaufwands eine Abkehr vom Prinzip der Präsenzveranstaltung fordern.[409]

D. Stewardship Code und der konstruktive Dialog

„Solange man die Fundamente, auf der die Corporate Governance ruht (den sogenannten ‚Unterbau'), nicht ändert, werden sich auch die japanischen Unternehmen nicht ändern."[410]

Kenjirō Egashiras provokante These verweist auf die traditionelle Passivität institutioneller Investoren in Japan, die das Management nahezu unbehelligt von Effizienzanreizen agieren lassen. Zunehmender Druck seitens der Investoren erscheint im Umkehrschluss als Möglichkeit, bestehende Ineffizienzen in der individuellen Corporate Governance der Unternehmen zu adressieren.[411] Angesichts des erheblichen Anteils, den institutionelle Investoren mittlerweile an japanischen Unternehmen halten,[412] überrascht es nicht, dass gerade diese im Fokus des Corporate Governance-Diskurses stehen – wenn auch eher als Versprechen auf eine wachstumsorientierte Corporate Governance denn als tatsächlicher Machtfaktor. Genau hier setzt der Stewardship Code an.

Übergeordnetes Ziel der japanischen Reformen ist die Gewährleistung mittel- bis langfristigen Wachstums in der Investitionskette. Die japanische Regulierungspraxis bedient sich hierbei mit dem Stewardship Code – wie auch die Europäische Kommission bei der Revision der AktionärsrechteRL[413] – eines weiteren *legal transplant* aus dem Vereinigten Königreich, das sogar noch stärker auf Mechanismen der Selbstregulierung vertraut. Ohne kontextuale Anleihen am stilprägenden britischen Vorbild lässt sich also weder das Prinzip des Stewardships selbst noch der Stewardship Code erklären,[414] wobei der „konstruktive Dialog" zwischen institutionellen Investoren und den von diesen gehaltene Gesellschaften eine deutlich weniger konfrontativ ausgerichtete Note erhält (I). Die Bindungswirkung des Stewardship Codes ist eher schwach ausgeprägt (II); die im Folgenden (III) zusammengefassten Regeln sollen vor allem durch Überzeugung wirken. In seinen Regelungen entspricht der Stewardship

---

[409] Sehr kritisch zu dem Erfordernis einer physichen Hauptversammlung: H. Mitoma, in: Reforming Corporate Governance, 135, 153 f.: kein Raum für Ressourcenverschwendung; vorsichtiger dagegen für eine Lockerung der gesetzlichen Beschränkungen: H. Matsui, Jurisuto 1548 (2020), 22, 27 f.; vgl. auch J.-E. Schirmer, in: VGR 2016, 181, 187.

[410] K. Egashira, Hōritsu jihō 86:12 (2014), 59, 60.

[411] T. Eguchi/Z. Shishido, in: HB Shareholder Power, 552, 567; Z. Shishido et al., in: Reforming Corporate Governance, 155, 166 ff. die im Vergleich auf die gute Entwicklung von Familienunternehmen mit großen, aber nicht herrschenden Blockaktionären verweisen.

[412] Siehe oben Kapitel 2. A. III. 1

[413] T. Baums, ZHR 2019, 605, 610; T. Tröger, ZGR 2019, 126, 137.

[414] H. Kansaku, in: *Kigyō-hōsei* 2015, 104, 108; vgl. zur Vorreiterrolle des Vereinigten Königreichs H. Fleischer, ZGR 2011, 155, 163 f.; P. C. Leyens, ZEuP 2016, 389, 420 f.

Code weitestgehend dem europäischen Trend und bleibt teilweise sogar hinter den später erlassenen europäischen Vorgaben zurück. Eine Besonderheit stellen hierbei der enge Konnex zum Corporate Governance Code und die ergänzenden Leitlinien zum Dialog zwischen Gesellschaften und Investoren dar (IV). Angesichts struktureller Faktoren, die einem fortgesetztem *engagement* entgegenstehen, lassen sich hochgesteckten Erwartungen indes am ehesten als Anpassung an die internationale Praxis verstehen (V).

I. Entdeckung des „konstruktiven Dialogs" für nachhaltiges Wachstum

Die Zielrichtung einer nachhaltigen Entwicklung teilt der Stewardship Code mit seinem britischen Vorbild[415] und den europäischen Regelungen.[416] Er setzt damit am westlichen Diskurs an, entwickelt diesen aber weiter. Nicht die Verhinderung von Exzessen steht im Vordergrund, sondern die Generierung von Wirtschaftswachstum (1). Zentrales Mittel hierfür ist der konstruktive Dialog, eine kooperative Spielart des *shareholder engagement* (2). Zudem verfolgt der Stewardship Code, dem Zeitgeist verpflichtet, einen ganzheitlichen Ansatz, der Investoren zur Berücksichtigung nichtfinanzieller Elemente auffordert (3). Der Enthusiasmus und die Erwartungshaltung, die hiermit in Japan verbunden werden, stehen im auffälligen Gegensatz zu der eher vorsichtigen bis kritischen Rezeption, die der Stewardship-Ansatz in Deutschland erfahren hat (4).

1. Nachhaltiges Wachstum im Gegensatz zu kurzfristiger Ausrichtung

Die zunehmende Bedeutung institutionellen Anteilsbesitzes rückt die Investitionskette zwischen den Anlegern als den eigentlichen Kapitalgebern (*ultimate capital provider*), den Fonds als formelle Aktionäre (*asset owner*) und den von diesen beauftragen Vermögensverwaltern (*asset manager*) in den Fokus der Betrachtung. Vor allem die britische Aufarbeitung der internationalen Finanzmarktkrise des Jahres 2008 im Walker-Review[417] und dem kurz darauf erlassenen Kay-Review,[418] aber auch die hierauf aufbauende Analyse der Europäischen Kommission[419] hatten die Debatte befeuert: Zu lange hätten sich institutionelle Investoren auf passive Investitionsstrategien und die kurzfristige Steigerung ihrer Erträge beschränkt und seien damit ihrer funktionellen Monitoring-Rolle im Gefüge der externen Corporate Governance nicht mehr gerecht geworden. Anstelle ihren Einfluss auf die Gesellschaften auszuüben (*voice*),

---

[415] G. Gotō, 15:2 Berkeley Business Law Journal 365, 397 (2018).

[416] Vgl. Art. 3h sowie Erwägungsgrund 14 AktionärsrechteRL.

[417] D. Walker: A review of corporate governance in UK banks and other financial industry entities (2009), 5.10 ff.

[418] J. Kay: The Kay Review of UK Equity Markets and Long-Term Decision Making (2012).

[419] Europäische Kommission, Grünbuch Finanzinstitute (2010), 8 ff.; Grünbuch Corporate Governance-Rahmen (2011), 12 ff.

würden institutionelle Investoren vor allem „mit den Füßen abstimmen" (*exit*), was in der Argumentation des Kay-Review auf die langfristige Entwicklung der Unternehmen durchschlägt.[420] Wird auch das Management der Zielgesellschaften maßgeblich am Aktienkurs gemessen, so der Grundgedanke hinter dem als *short termism* bezeichneten Phänomen, führe diese Ausrichtung zwangsläufig zu einer Vernachlässigung erst langfristig erfolgreicher Projekte.[421]

Als reines Investitionsvehikel dienen institutionelle Investoren zunächst nur der Profitmaximierung im Interesse ihrer Auftraggeber.[422] Vermögenswerte halten sie nicht im eigenen Interesse, sondern in dem ihrer Kunden. Das portfoliobasierte Geschäftsmodell birgt nur wenig Anreize zu einem mit Kosten verbundenen proaktiven *monitoring* der Investitionsziele. Analyse der Investitionsziele und Intervention in deren Entwicklung, wenn erforderlich, sind aufwendig, im Erfolg ungewiss und versprechen selbst im Erfolgsfalle keine spezifischen Gewinne, die nicht vom Markt absorbiert würden. Vermögensverwalter haben daher nur wenig originäre Anreize, aktiv auf die Gesellschaften einzuwirken, deren Anteile sie im Sinne ihrer Anleger verwalten.[423] Dies gilt in verschärftem Maße noch für sogenannte Indexfonds, die bei niedrigen Margen die Entwicklung eines festgelegten Index nachvollziehen.[424]

Die aus dem Geschäftsmodell des Portfolioinvestments resultierenden Hindernisse für ein intensives und individuelles Monitoring der Gesellschaften werden, angesichts, der globalen Ausrichtung des Geschäftsmodells kaum verwunderlich, auch in Japan festgestellt. Im sogenannten Ito-Review aus dem Jahre 2014 analysierte eine am METI um *Kunio Itō* eingerichtete Forschergruppe etwa ein halbes Jahr nach Inkrafttreten des Stewardship Codes die strukturellen Probleme in der Investitionskette. Die Abhandlung bildet die intellektuelle Grundlage für die Verzahnung von institutionellem Anteilsbesitz, Corporate Governance-Reform und nachhaltigem Wirtschaftswachstum[425] und trifft zugleich prägnante Aussagen zum Zustand der japanischen Wirtschaft. In der Bestands-

---

[420] Kay-Review (2012), 37 ff. Zur Differenzierung zwischen *voice* (Versuch der Einflussnahme auf eine Geschäftsbeziehung) und *exit* (Beendigung einer Marktbeziehung) als grundlegende Strategien A. O. Hirschman, Exit, voice, and loyalty (1970), 3 ff.

[421] Siehe R. H. Kraakman et al., Anatomy, 52; L. L. Dallas, 37 The Journal of Corporation Law 264, 267 f. (2011) m. w. N.

[422] R. M. Buxbaum, in: Institutional Investors, 3, 12 f.: „Institutional investors are not individual human subjects, but reified functions."

[423] R. J. Gilson/J. N. Gordon, 113 Colum. L. Rev. 863, 889 ff. (2013); siehe T. Tröger, ZGR 2019, 126, 133 ff. m. w. N.

[424] L. A. Bebchuk/S. Hirst, 119 Colum. L. Rev. 2029, 2050 ff. (2019).

[425] K. Itō: *Jizoku-teki seichō he no kyōsōryoku to insentibu – Kigyōto tōshika no nozomashii kankei kōsō" purojekuto (Itō Repōto)* [Ito Review of Competitiveness and Incentives for Sustainable Growth – Building Favorable Relationships between Companies and Investors] vom August 2014; siehe etwa K. Takei, in: H. Kanda et al., Shōji Hōmu 2055 (2015), 9, 23 sowie Y. Miwa/J. M. Ramseyer, 28:2 Osaka Gakuin Rev. Ec. 15, 71 (2015), die dem Ito-Review eine indirekte, aber wichtige Rolle für die Diskussion um die Einführung eines externen Verwaltungsratmitglieds zusprechen.

aufnahme nährt der Ito-Review zum einen den anekdotischen Verdacht,[426] strategische Finanzierung sei nicht gerade eine Stärke japanischer Unternehmen. Nicht zuletzt aufgrund der traditionell wichtigen Rolle der Kreditfinanzierung seien sich japanische Unternehmen der Bedeutung ihrer (Eigen-)Kapitalkosten oftmals nicht bewusst. Im Vergleich zu US-amerikanischen oder europäischen Unternehmen äußert sich dies in einer weit geringeren Eigenkapitalrendite (*return on equity*). Diese müsse, so der Ito-Review, auf zumindest 8% steigen, damit japanische Unternehmen wettbewerbsfähig bleiben.[427] Zwar erkennt der Bericht keine oder nur geringe Anzeichen für eine kurzfristige Ausrichtung der Geschäftsführung japanischer Unternehmen. Die mangelnde Attraktivität japanischer Unternehmen auf lange Sicht ließe Investoren indes keine andere Wahl als kurzfristig zu agieren – Marktanreize auf Investorenseite, Hochfrequenzhandel, aber auch eine jedenfalls bislang im Hinblick auf die langfristige Strategie eher unzureichende Informationspolitik japanischer börsennotierter Gesellschaften würden ihren Beitrag leisten.[428]

Mit der Betonung des mittel- bis langfristigen Wachstums, die sich durch alle Reformprojekte zieht, hat man eine mit der traditionellen Ausrichtung der japanischen Corporate Governance kompatible und damit konsensfähige Chiffre gefunden. Die Analyse des Ito-Reviews reiht sich ein in eine gewissen Tradition japanischer Kritik an der kurzfristigen Orientierung der Märkte,[429] hat mit der ursprünglichen Debatte zum *short termism* aber nicht mehr viel gemein. Hinter dem Ruf nach nachhaltig ausgerichtetem Investment steht nicht zuletzt eine Absage an ein weites Verständnis der Effizienzmarkthypothese. Unter der Prämisse funktionierender Kapitalmärkte müsste sich auch die künftige Entwicklung der Gesellschaft inklusive aller absehbaren Risiken im gegenwärtigen Aktienkurs widerspiegeln.[430] Entsprechend umstritten ist der Befund vom *short termism* geblieben. So ist längst nicht ausgemacht, dass die kurzfristige Orientierung nicht dennoch zum Wohle der Aktionäre erfolgt. *Marc J. Roe* etwa verweist auf die unterschätzte Selbstkorrektur des Marktes und gerade den Erfolg derjenigen Gesellschaften, die sich weitestgehend im institutionellen Be-

[426] K. Ōsugi, Shōji Hōmu 2109 (2016), 4, 10 führt dies darauf zurück, dass Manager in der Regel aus den Abteilungen Planung, Entwicklung, Produktion oder dem operativen Geschäft, selten aber der Finanzabteilung rekrutiert würden; siehe auch K. Mishina, Shōji Hōmu 2109 (2016), 57, 61.

[427] Ito-Review (2014), 21, 51. Der Review gibt für das für das Jahr 2012 ROE Werte der 500 größten börsennotierten Unternehmen in Japan von im Durchschnitt 5,3% (dabei 4,6% für das produzierende Gewerbe und 6,3% nicht produzierendes Gewerbe) an, im Vergleich zu 22,9% (respektive 28,9% bzw. 17,6%) in den USA und 15,0% in Europa (respektive 15,2% bzw. 14,8%).

[428] *Ibid.*, 95 ff.

[429] K. Takei/Y. Ishizaki, Shōji Hōmu 2097 (2016), 21, 22 und Fn. 24 unter Verweis auf *Kenosuke Matsushita*, den Gründer des Elekronikhersteller Panasonic, der allerdings auch schon den Zusammenhang zur Berücksichtigung der Interessen der Anteilseigner betonte.

[430] D. Zetsche, NZG 2014, 1121, 1124.

sitz befinden.[431] Ging es in der britischen Debatte um die Verantwortlichkeit institutioneller Investoren nicht zuletzt darum, verlorenes Vertrauen in Funktionsfähigkeit der Investitionskette wiederherzustellen und Fehlentwicklungen bei der strategischen Ausrichtung zu beeinflussen,[432] verkehren sich Ursache und Wirkung so in ihr Gegenteil. In der japanischen Lesart erhält die Anlehnung am Topos *short termism* stärker referenziellen Charakter und schwört Investoren auf einen Beitrag zur mittel- bis langfristigen Entwicklung der Investitionsziele ein,[433] nimmt aber gleichzeitig vor allem auch die Unternehmen selbst in die Pflicht, auf wirtschaftlichen Wandel flexibel zu reagieren und ihre Wettbewerbsfähigkeit auf mittlere Sicht durch eine stärkere Ausrichtung an den Interessen der Aktionäre zu sichern.[434] Es mag auch an diesen unangenehmen Botschaften gelegen haben, dass der Ito-Review für sich genommen in der Praxis auf eher verhaltene Resonanz gestoßen ist.[435]

2. *Vom shareholder engagement zum „konstruktiven Dialog"*

Das Verständnis des institutionellen Investors als *steward* basiert auf dem *Common Law*-Konzept der Treuhänderpflichten (*fiduciary duty*). Grundlegend hierfür ist ein Verständnis, das Investoren und Gesellschaft nicht isoliert, sondern als integrierten Teil einer Investitionskette betrachtet, die von den wirtschaftlich begünstigten Kunden der Investitions- und Rentenfonds als Eigentümer der Anteile über die Vermögensverwalter hin zu den börsennotierten Unternehmen reicht. Jede Stufe der Investitionskette hat unabhängig vom Bestehen vertraglicher Pflichten ausschließlich im Interesse der Kapitalgeber als den Endbegünstigten zu agieren.[436] Das umschreibt die Verantwortung der formell berechtigten institutionellen Investoren, insbesondere der Anleger und Pensionäre, für das Funktionieren der Investitionskette insgesamt. Rufe nach mehr *shareholder engagement* haben Tradition in der britischen Diskussion und erfuhren in Folge der Finanzkrise zusätzlichen Aufwind, was schließlich zum Erlass des UK Stewardship Codes von 2010 führte.[437] Unter *engagement* ist zunächst die Ausübung von Aktionärsrechten zu verstehen, darüber hinaus aber auch ein aktives Bemühen um die Belange des Investitionsziels im eigenen Interesse der

[431] M. J. Roe, 68 Business Lawyer 977, 987 ff. (2013); für eine Verteidigung kurzfristigen Aktionärsverhaltens auch L. A. Bebchuk et al., 115 Colum. L. Rev. 1085, 1098 ff. (2015) und im Anschluss hieran W. Tanaka, Gekkan Kansa-yaku 629 (2014), 66, 70 f.

[432] Vgl. Kay-Review (2012), 44 ff.

[433] Vgl. Prinzip 7 JSC; H. Kansaku, in: *Kigyō-hōsei* 2015, 104, 128 f.

[434] Vgl. G. Gotō, 15:2 Berkeley Business Law Journal 365, 394 f. (2018).

[435] J. Buchanan et al., ZJapanR 47 (2019), 69, 92 f.

[436] Ito-Review (2014), 11 f.; siehe etwa H. Sanpei, in: H. Kanda et al., Shōji Hōmu 2055 (2015), 9, 25; J. Iguchi, Shōji Hōmu 2101 (2016), 16, 21 f. und Kay-Review (2012), 76 ff.

[437] Für einen kritischen Überblick zu Entwicklung im Vereinigten Königreich siehe B. R. Cheffins, 73 The Modern Law Review 1004, 1007 ff. (2010).

Anteilseigner.[438] Der Stewardship Code spricht, wenn er Aktivisten meint, auf Japanisch wörtlich von „Aktionären, die ihre Meinung sagen" (*mono iu kabunushi*). Aus regulatorischer Sicht geht es darum, Anreize für institutionelle Investoren zu schaffen, damit diese durch Ausübung der Aktionärsrechte, aber auch durch informelle Methoden auf das Management einwirken[439] – und zwar im Sinne einer mittel- bis langfristig ausgerichteten Geschäftsführung.

Stewardship verlangt so eine Rückstellung der eigenen Interessen über das vertraglich Vereinbarte hinaus, steht aber immer auch unter dem Vorbehalt des effektiven Ressourceneinsatzes. Anders als treuhänderische Beziehungen im Zivilrecht wird diese „Verantwortung" in erster Linie durch Soft Law geprägt.[440] Die Präambel des Stewardship Codes sieht die institutionellen Investoren in der Verantwortung, im Interesse der eigenen Kunden auf eine Steigerung der Rentabilität des Investments auf mittlere bis längere Sicht hinzuwirken. Im Fokus dieser *stewardship responsibility* (*suchuwādoshippu sekinin*) steht hierbei gerade die Steigerung des Unternehmenswertes durch „konstruktiven, zielgerichteten Dialog" (*kensetsu-teki na mokuteki wo motta taiwa*):

„In this Code, ‚stewardship responsibilities' refers to the responsibilities of institutional investors to enhance the medium- to long-term investment return for their clients and beneficiaries (including ultimate beneficiaries; the same shall apply hereafter) by improving and fostering the investee companies' corporate value and sustainable growth through constructive engagement, or purposeful dialogue, based on in-depth knowledge of the companies and their business environment and consideration of sustainability (medium- to long-term sustainability including ESG factors) consistent with their investment management strategies."[441]

Damit greift der japanische Kodex die Definition von *engagement* im UK Stewardship Code als „*purposeful dialogue*" über Corporate Governance und strategische Themen[442] auf und entwickelt sie weiter. In der Natur des Dialogs schwingt eine Gegenseitigkeit mit, die kennzeichnend für die japanische Debatte zur Investitionskette ist. Ausdrücklich versteht der Stewardship Code den konstruktiven, zielgerichteten Dialog mit den Investoren so *auch* als Aufgabe des Verwaltungsrates und bemüht hierbei erstmals das Bild der „zwei Wagenräder".[443]

Endgültig zur Gegenseitigkeit zwischen Unternehmen und Investoren mahnt die gegenwärtige Formulierung des konstruktiven Dialogs (*kensetsu teki na*

---

[438] T. Eguchi, Shōji Hōmu 2109 (2016), 24, 26; D. Zetsche, NZG 2014, 1121, 1124.
[439] Kay-Review (2012), Rn. 1.31.
[440] H. Kansaku, in: *Kigyō-hōsei* 2015, 104, 122; P. C. Leyens, ZEuP 2016, 389, 421.
[441] Präambel JSC 2020 [in der engl. Fassung].
[442] Financial Reporting Council, UK SC (2012), Rn. 4: „For investors, stewardship is more than just voting. Activities may include monitoring and engaging with companies on matters such as strategy, performance, risk, capital structure, and corporate governance, including culture and remuneration. Engagement is purposeful dialogue with companies on these matters as well as on issues that are the immediate subject of votes at general meetings."
[443] M. Kasahara, Shōji Hōmu 2029 (2014), 51, 61.

taiwa), wie sie sich erstmals im Ito-Review von 2014 findet. Nach der Logik des Ito-Reviews ist der konstruktive Dialog mit den Investoren das maßgebliche Instrument zur Reduzierung der Kapitalkosten japanischer Unternehmen. Hohe Innovationskraft und langfristiges Investment würden sich so in einem positiven Kreislauf bedingen.[444] Durch ihr Verhalten würden Unternehmen ihre Anteilseigner letztendlich selbst wählen: Sie müssten akzeptieren, dass Investoren verschiedene Strategien verfolgten und sich mit einer entsprechenden Informationsstrategie gerade um langfristig ausgerichtete (institutionelle) Investoren wie etwa Rentenfonds bemühen.[445] Die Formulierung „konstruktiver Dialog" im Ito-Review unterscheidet sich leicht von dem im Stewardship Code gewählten Bild des „konstruktiven, zielgerichteten Dialogs". Eine größere Bedeutungsverschiebung bewirkt dies aber nicht. Vielmehr soll durch den Dialog ein besseres Verständnis für die Interessen der anderen Partei erreicht werden, das über ein anlassbezogenes *engagement* hinausgeht. Damit wird aber auch die konfrontative Konnotation der westlichen Diskussion etwas entschärft.[446] Um den vom Stewardship Code angestoßenen Prozess zu unterstützen, regt der Ito-Review die Erstellung des Corporate Governance Codes an:

„As mentioned earlier, Japan's Stewardship Code asks institutional investors to improve and refine their dialogue with companies and methods for evaluating corporate value. At the same time, it presents an opportunity for companies to understand the importance of having dialogue with investors, and reviewing their organizations and management styles in light of aiming towards better dialogue. In order to further promote this process, Japan should consider the introduction of a ‚Corporate Governance Code' by first examining those that exist in other countries and carefully studying their purpose, content, establishment, and execution."[447]

Im Vergleich zur bisherigen Corporate Governance-Debatte vollzieht sich so ein bemerkenswerter Rollenwandel: Verstand der britische Cadbury-Report *shareholder engagement* noch als unterstützenden Bestandteil zur Förderung der *best practices* der Unternehmensführung,[448] wird der Corporate Governance Code nun zum „zweiten Rad des Wagens" neben dem zuvor erlassenen Stewardship Code. Was hiermit gemeint ist, ergibt sich am deutlichsten aus dem Entwurf zum JCGC selbst:

„The Code asks companies to examine whether there are issues in their corporate governance in light of the aim and spirit of the principles of the Code, and take self-motivated

---

444 Ito-Review (2014), 60; K. Takei, Practical Introduction, 41.

445 Ito-Review (2014), 97; T. Eguchi, Shōji Hōmu 2109 (2016), 24, 28; ders., in: Reforming Corporate Governance, 43, 71 f.

446 So die Erklärungen von H. Sanpei und T. Seki, in: H. Kanda et al., Shōji Hōmu 2055 (2015), 9, 26 bzw. 28, wobei letzterer lieber von einem verantwortungsvollem Dialog (*sekinin aru taiwa*) spricht; siehe auch G. Gotō, 15:2 Berkeley Business Law Journal 365, 386 (2018).

447 Ito-Review (2014), 22.

448 Cadbury-Report (1992), Rn. 6.10.

actions in response to those issues. Such efforts by companies will make possible further corporate governance improvements, supported by purposeful dialogue with shareholders (institutional investors) based on Japan's Stewardship Code. In this sense, the Code and Japan's Stewardship Code are the ‚two wheels of a cart', and it is hoped that they will work appropriately and together so as to achieve effective corporate governance in Japan."[449]

Dass Japan zuerst den Stewardship Code erließ und sich dann dem Corporate Governance Code zuwandte, ist eine weltweite Besonderheit, die die Bedeutung des Stewardship Codes im Reformansatz tendenziell überbewerten mag.[450] Sie unterstreicht aber die hohen Erwartungen an die institutionellen Investoren, wenn es darum geht, auf die Verbesserung der Corporate Governance und damit den Wert japanischer Unternehmen hinzuwirken.[451] Zielt der konstruktive Dialog vor allem auf die Senkung von Kapitalkosten durch den Abbau von Präferenzunterschieden zwischen Investoren und dem Management,[452] wird klar, dass hiermit vor allem eine stärkere Orientierung der Unternehmen an den Interessen der Kapitalgeber und im Kontrast zur traditionellen Stakeholder-Orientierung der *community firm* erreicht werden soll,[453] allerdings ohne die Gesellschaften durch ein zu aktivistisches Auftreten zu verschrecken. So bringt die Präambel des Stewardship Codes auch klar zum Ausdruck, welche Art von Investoren die Autoren sich wünschen. „Verantwortungsvolle Investoren" (*seki'nin ga aru tōshi-ka*) im Sinne des Stewardship Codes sind solche, die langfristig investieren und durch konstruktiven Dialog zum nachhaltigen Wachstum der Investitionsziele beitragen, mithin, sich ihrer Verantwortung als Stewards bewusst sind.[454]

3. *Die Präferenz für ESG-Investment*

Betontes Ziel des Stewardship Codes wie auch des Corporate Governance Codes ist die Erzeugung nachhaltigen Wachstums. Hierin zeigt sich die Erwartungshaltung gegenüber ganzheitlichen Investmentstrategien, die nicht nur auf

---

[449] CG-Kommission, JCGC Final Draft (2015), Rn. 8; siehe etwa auch H. Kansaku, Shōji Hōmu 2101 (2016), 4; ders., in: Perspectives, 243, 268; vgl. N. E. Benes, Asahi Judiciary (2014), der den Vorschlag eines Corporate Governance Code in den Kontext einer Unterstützung der bislang ergriffenen Maßnahmen setzt.

[450] J. Buchanan et al., ZJapanR 47 (2019), 69, 94, spekulieren unter Berufung auf Quellen bei der FSA, man sei zunächst mit der Finalisierung der Reform des GesG beschäftigt gewesen, bevor man sich dem JCGC habe zuwenden können. Das mag auf den ersten Blick nicht unplausibel sein, steht aber doch im Kontrast dazu, dass die betreffenden Expertenkommissionen bei verschiedenen Ministerien angesiedelt sind.

[451] H. Kansaku, in: Perspectives, 243, 266.

[452] K. Takei, Jurisuto 1484 (2015), 60; ders., in: H. Kanda et al., Shōji Hōmu 2055 (2015), 9, 24.

[453] H. Kansaku, in: Perspectives, 243, 273 f.; G. Gotō, 15:2 Berkeley Business Law Journal 365, 396 f. (2018).

[454] M. Kasahara, Shōji Hōmu 2029 (2014), 51, 61.

die Entwicklung des Aktienkurses achten. Man spricht von „ESG“-Investment, das bei der Investitionsentscheidung auch Umwelt- (*environmental*), soziale (*social*) und Governance-Faktoren mitberücksichtigt. Damit greift der Stewardship Code ein weiteres Soft Law-Projekt auf, nämlich die *Principles for Responsible Investment* (PRI), das unter Schirmherrschaft der Vereinten Nationen von Vertretern großer institutioneller Investoren selbst entwickelt wurde.[455] Seit der Revision 2020 bringen die Autoren des Stewardship Codes diese Präferenz schon in der Präambel zum Ausdruck und unterstreichen sie zudem mit einem eigenen Prinzip.[456]

Der Ruf nach verantwortungsvollem Investment reiht sich ein in Überlegungen, nach denen Unternehmen ihre Wettbewerbsfähigkeit gerade auch durch die Einbeziehung der sozialen Folgen ihrer Handlungen steigern (*shared value* oder „*doing well by doing good*“). Das lässt sich zum einen damit begründen, dass gewisse Strategien wie die bewusste Inkaufnahme eines Raubbaus an der Natur, Ausbeutung der Arbeitnehmer in Entwicklungsländern, die Manipulation von Produktdaten, Bilanzfälschung etc. auf kurze Frist durchaus erfolgreich sein mögen, langfristig aber enormes Schadenspotential haben. Verantwortungsvoll agierende Unternehmen vermeiden solche Risiken.[457] Auch wenn unklar bleibt, ob der Kapitalmarkt in der Lage ist, die externalisierten Folgen kurzfristigen Handels auch korrekt einzupreisen, ist die Reduktion von Risiken, die nicht nur einzelne Gesellschaften, sondern wie Umweltschäden die gesamte Wirtschaft treffen können, gerade für Portfolioinvestoren interessant. Es mag daher auch an internalisierten Markterwartungen und politischem Druck liegen, wenn ein Zusammenhang zwischen institutionellen Besitz und verstärktem Engagement der Unternehmen in sozialen Angelegenheiten und Umweltfragen einhergeht.[458] Nach Auffassung des Ito-Reviews sollten sich Investoren auch auf die ESG-Aktivitäten der Unternehmen fokussieren, wenn sie die Nachhaltigkeit ihres Investments analysieren:

> „ESG (environment, society and governance) is connected to the trustworthiness of companies. Corporate value can be regarded as the manifestation of the level of trust by stakeholders. Therefore activities to improve trust lead to corporate value creation. […]. When evaluating the sustainable competitiveness of companies, investors should also focus on ESG activities of such companies.“[459]

---

[455] Prinzipien für verantwortliches Investieren, Brochüre 2019, abrufbar unter <https://www.unpri.org/pri/about-the-pri>; siehe J. Iguchi, in: K. Takei, Practical Introduction, 112 ff.

[456] Vgl. Unterprinzip 3-3 JSC 2020, siehe Y. Tahara et al., Shōji Hōmu 2138 (2017), 15, 20, vgl. schon die klare Empfehlung in Ito-Review (2014), 41 Rn. 16 f.

[457] R. Bénabou/J. Tirole, 77 Economica 1, 9 f. (2010); M. E. Porter/M. R. Kramer, Harvard Business Review 1 2011, 62, 66.

[458] A. Dyck et al., 113:3 Journal of Financial Economics 693, 703 ff. (2019); siehe C. A. Weber/B. Kebekus, ZHR 2020, 324, 334 f. m. w. N.

[459] Ito-Review (2014), 41.

Der Verweis auf die soziale Verantwortung von Unternehmen stößt in Japan auf offene Ohren. Historische Beispiele für eine Tradition gesellschaftlich verantwortungsvollen Wirtschaftens lassen sich ohne Weiteres ausmachen, etwa in den Handelsfamilien der *Edo*-Zeit, die nach der sogenannten Dreiteilungsregel (*rieki sanbun shugi*) jedenfalls einen Teil ihres Gewinns auch ihren Arbeitnehmern sowie der lokalen Gemeinschaft zukommen ließen.[460] In der Debatte um die Zielsetzung des Unternehmens wird *Corporate Social Responsibility* so auch nicht selten unter dem Stichwort *shakai-teki sekinin* (gesellschaftliche Verantwortung) mit der klassischen Orientierung als Gegenbild zum *shareholder value* verknüpft. So ist fraglich, ob man hier immer auf einer Wellenlänge mit den Anteilseignern ist, und soziales Engagement nicht doch nur als Vorwand dient, eine unzureichende Performance zu kaschieren.[461] Die eigenen Bemühungen werden auch heute noch gerne herausgestellt. Der Ito-Review attestiert japanischen Unternehmen eine vorbildliche Berichterstattung in den Bereichen Umwelt und Soziales, moniert aber den oftmals fehlenden Nexus zur langfristigen Entwicklung sowie Unterrepräsentation von Informationen zur Governance.[462] Institutionelle Investoren, die nicht müde werden, den ESG-Ansatz in Verbindung mit dem Stewardship Code stärker publik zu machen, unterstreichen jedenfalls klar die Bedeutung nichtfinanzieller Informationen, weisen aber auch darauf hin, dass im Zweifel die Bedeutung der weichen Faktoren hinter den wirtschaftlichen Kennzahlen zurücktritt.[463]

4. Zum Vergleich: Europäische Vorgaben, Zurückhaltung in Deutschland

Bei der Einführung des Stewardship Codes im Jahr 2014 orientierte sich Japan vor allem direkt am britischen Vorbild. Die Entwicklung verlief zunächst weitgehend unbeeinflusst von den konkreten Wegen der europäischen Debatte, die ihrerseits stark durch den britischen Einfluss geprägt wurde.[464] So sollen die Mitgliedstaaten der EU sicherstellen, dass institutionelle Anleger und Vermögensverwalter eine Mitwirkungspolitik ausarbeiten, in der sie unter anderem angeben, wie sie Zielgesellschaften hinsichtlich wichtiger Angelegenheiten überwachen, Dialog mit den Gesellschaften führen, Stimmrechte ausüben und dergleichen. Wie zu sehen sein wird, gehen die Vorgaben der AktionärsrechteRL von 2017 in einigen, nicht unwesentlichen Punkten sogar über den –

[460] A. Sendō, CSR (2014), 127 ff. am Beispiel der Reishändler-Dynastie *Homma*, die ein Drittel ihres Gewinns ihrer Heimatstadt Sakata, heutige Präfektur Yamagata, vermachte.
[461] K. Ōsugi, in: FS Ochiai, 1, 26 f.: „CSR als Ausrede“ (*iiwake toshite no CSR*); siehe zum sich wandelnden Bedeutungsgehalt des CSR-Begriffs in der japanischen Diskussion A. Sendō, CSR, 17 ff.
[462] Ito-Review (2014), 105 f.
[463] J. Iguchi, Shōji Hōmu 2101 (2016), 16, 18 f.; H. Sanpei. in: H. Kanda et al., Shōji Hōmu 2055 (2015), 9, 27.
[464] H. Fleischer, ZGR 2011, 155, 162 ff.

zumindest im Ausgangspunkt – unverbindlichen Stewardship Code hinaus. In ihrer Betonung der Rolle institutioneller Investoren und dem Ziel eines langfristigen Wachstums geht die Entwicklung in der Europäischen Union aber grundsätzlich in eine ähnliche Richtung wie die Politik der *Abe*-Regierung.[465] Sie fließt natürlich in die japanische Debatte ein. Etwa orientiert sich die erst mit den Revisionen erfolgte Ausdehnung des Stewardship Code auf Stimmrechtsberater an den europäischen Vorschriften.[466]

In der deutschen Literatur wurde die von der Europäischen Union angestoßene Initiative aus rechtsökonomischen Überlegungen heraus anfangs überwiegend als wenig zielführende *„box ticking excercise“* aufgenommen.[467] Bestrebungen hin zu mehr Transparenz bezüglich des Stimmverhaltens institutioneller Investoren auf grundsätzlicher Ebene wurden zwar nicht in Abrede gestellt. Gleichzeitig zweifelte gerade die deutsche Rechtswissenschaft daran, dass diese Transparenz für das adressierte Publikum überhaupt relevant sei.[468] Diese Kritik war nicht geeignet, den europäischen Trend nach britischem Vorbild aufzuhalten. Der deutsche Gesetzgeber hat sich entschieden, die Vorgaben der AktionärsrechteRL für institutionelle Investoren zum Jahr 2019 im Aktiengesetz zu verankern.[469] In ihrem Anwendungsbefehl sind die Regeln also einschneidender als der auf Freiwilligkeit basierende Stewardship Code, allerdings auch nicht wesentlich konkreter in ihren inhaltlichen Vorgaben. In der Vorarbeit dürften die Vorschriften zu institutionellen Investoren eher wenig Beachtung und auch in ihrer konkreten Ausformung eher kritische Resonanz gefunden haben.[470]

Einen über die gesetzlichen Vorgaben hinausgehenden eigenen Stewardship Code gibt es dagegen (noch) nicht; die Einführung eines solchen wird aber bisweilen von berufener Stelle im Gespräch gehalten.[471] Der Grund für die eher verhaltene Sichtweise mag zum einen darin zu finden sein, dass ein Dialog zwischen Gesellschaft und institutionellen Investoren weit stärker noch als im japanischen Kontext als Selbstverständlichkeit angesehen wird;[472] zum anderen aber mag sie auch mit der nur begrenzten Empfänglichkeit des rigiden Systems

---

[465] H. Kansaku, in: FS Egashira II, 1005, 1022 f.

[466] Y. Tahara et al., Shōji Hōmu 2138 (2017), 15, 22.

[467] Siehe etwa H. Fleischer, ZGR 2011, 155, 164 ff.; K. J. Hopt, ZGR 2013, 165, 207 ff.; ganz im Sinne der japanischen Debatte dagegen H.-C. Hirt, ZGR 2012, 280 ff.; ders. et al., AG 2016, 725 ff.

[468] U. Seibert, in: FS Hoffmann-Becking, 1101, 1104 f.; H. Fleischer, ZGR 2011, 155, 167 ff.

[469] §§ 134a bis 134d AktG i. d. F. des Gesetzes zur Umsetzung der zweiten Aktionärsrechterichtlinie (ARUG II) vom 12. Dezember 2019, BGBl. I 50, 2637.

[470] T. Tröger, ZGR 2019, 126, 131 ff. m. w. N.; noch zum Kommissionsentwurf D. Zetsche, NZG 2014, 1121, 1123 ff.

[471] T. Baums, ZHR 2019, 605, 610; W.-G. Ringe, ECGI Law Working Paper No. 501/2020.

[472] Vgl. H.-C. Hirt et al., AG 2016, 725, 728 f.

der deutschen Aktiengesellschaft für Soft Law zu tun haben.[473] So steht das auf das monistische (britische) System zugeschnittene Konzept des *shareholder engagement* in einem Konflikt zur tradierten Kompetenzverteilung von Vorstand und Aufsichtsrat in der deutschen Aktiengesellschaft und ihrem von Passivität geprägten Aktionärsleitbild.[474] In einem Beitrag versucht *Wolf-Georg Ringe* jüngst, diese Erklärungsansätze zu entkräften und verweist auf die politische Sorge vor einem Regulierungsinstrument, das faktisch nur inländische Investoren andressiert. Angesichts des dominierenden Anteils ausländischer Investoren würden die deutschen Regulatoren wie bisher lieber an den Gesellschaften ansetzen.[475] Klar ist jedenfalls: Im Zuge eines globalen Trends hin zu mehr Vorgaben für institutionelle Investoren gerät die zurückhaltende deutsche Haltung zusehends unter Rechtfertigungsdruck.

Der DCGK spricht den im japanischen Kontext so dominanten Dialog mit den institutionellen Investoren nur am Rande an. In Ansehung der bevorstehenden europäischen Regulierung hatte sich die Regierungskommission 2017 entschieden, einen Appell an die institutionelle Investoren zur Ausübung ihrer Eigentümerrechte im Rahmen eines konsistenten und transparenten Regelwerks zwar nicht in die Empfehlungen des DCGK selbst,[476] aber ein entsprechendes Bekenntnis immerhin in dessen Präambel zu implementieren.[477] Diskutiert man im japanischen Kontext nun breit über die Instrumentalisierung des konstruktiven Dialogs im Dienste der Volkswirtschaft, beschäftigt die deutsche Debatte vor allem die Vereinbarkeit mit tradierten Konzepten. Trotz der gesetzlichen Konzeption des Aufsichtsrats als Binnenorgan setzt sich indes die Erkenntnis durch, dass man sich einem Informationsaustausch des Aufsichtsrats mit den Investoren innerhalb der Grenzen von dessen Kompetenzen kaum verwehren können wird.[478] Der DCGK trägt diesem Meinungsstand mit der Aufnahme einer Anregung in die Version von 2017 Rechnung: Danach sollte der Aufsichtsratsvorsitzende bereit sein, im angemessenen Rahmen „mit Investoren über aufsichtsratsspezifische Themen Gespräche zu führen". Damit ist sogleich klargestellt, dass es nur um die Kernkompetenzen des Aufsichtsrats geht – vor allem die Besetzung des Vorstandes, Nachfolgeregelung und Vergütungsstruk-

[473] H. Kansaku, in: Perspectives, 243, 273.

[474] P. Hommelhoff, NZG 2015, 1329, 1332 und jedenfalls implizit U. Seibert, in: FS Hoffmann-Becking, 1101, 1103 f.; ähnlich M. Habersack, in: Gutachten E (69. DJT), E 87 ff.

[475] W.-G. Ringe, ECGI Law Working Paper No. 501/2020, 21 ff.

[476] So noch Regierungskommission DCGK, Pressemitteilung vom 2. November 2016.

[477] Vgl. den 2017 neu in die Präambel des DCGK eingefügten Abs. 3: „Institutionelle Anleger sind für die Unternehmen von besonderer Bedeutung. Von ihnen wird erwartet, dass sie ihre Eigentumsrechte aktiv und verantwortungsvoll auf der Grundlage von transparenten und die Nachhaltigkeit berücksichtigenden Grundsätzen ausüben."

[478] H.-C. Hirt et al., AG 2016, 725, 729 ff.; siehe ausführlich zur Diskussion G. Bachmann, in: VGR 2016, 135, 141 ff.

tur – daneben aber allenfalls um die strategische Beratung;[479] anderseits unterfällt die Formulierung gerade nicht dem *comply-or-explain*-Mechanismus. Auch bei der weitgehenden Neukonzeption des DCGK im Jahr 2019 hat die Regierungskommission die Chance einer weitgehenden Verknüpfung mit den gesetzlichen Vorgaben für institutionelle Investoren nicht genutzt.[480]

II. Bindungswirkung des Stewardship Codes

Die Unterzeichnung des Stewardship Codes erfolgt freiwillig, ist also zunächst einmal eine autonome Entscheidung der angesprochenen institutionellen Investoren und soll hierbei möglichst vielen Formen des institutionellen Investments offenstehen. In seinem Bestreben, die Investitionskette möglichst vollständig zu erfassen, verzichtet der Stewardship Code auf eine klare Bestimmung seines Anwendungsbereiches und eine Definition des institutionellen Investors und vertraut so auf eine Selbsteinordnung der angesprochenen Kreise.[481] Der Stewardship Code baut dabei auf einem bereits 2009 angestoßenen selbstregulatorischen Prozess auf, der zur Erstellung und Veröffentlichung eigener Leitlinien zur Stimmrechtsausübung auffordert, und entwickelt diesen weiter.[482] Er richtet sich gleichermaßen an Vermögensverwalter (*un'yō kikan* bzw. *asset manager*), die die Fonds zusammenstellen und die ihnen anvertrauten Gelder in Gesellschaften investieren, wie auch an institutionelle Anleger (*asset owner*), mithin die nominellen Eigentümer der Aktien wie Rentenfonds oder Versicherungsunternehmen, die sich für ihre Anlagen der Vermögensverwalter bedienen.[483] Sachlich setzt der Stewardship Code am Investment in die börsennotierten Aktien japanischer Unternehmen an. Mit der Reform 2018 wurde ein zusätzliches Prinzip für die Dienstleister von institutionellen Investoren, insbesondere Stimmrechtsberater, neu geschaffen und damit der Anwendungsbereich ausgedehnt. Seit 2020 nimmt der Stewardship Code zudem ausdrücklich Bezug auf weitere Formen der Kapitalanlage, soweit diese im Zusammenhang mit den Zielen des Stewardship Codes steht.[484]

---

[479] G. Bachmann, in: VGR 2016, 135, 178 ff.

[480] K. J. Hopt/P. C. Leyens, ZGR 2019, 929, 942 f.

[481] M. Kasahara, Shōji Hōmu 2029 (2014), 51, 61; N. Ariyoshi, Shōji Hōmu 2034 (2014), 18, 20 f.

[482] H. Kansaku, in: *Kigyō-hōsei* 2015, 104, 131 f.; vgl. FSA, FSC Report 2009, 17 f. Entprechende Regelungen zur Erstellung von *guidelines* betreffend die Stimmrechtsausübung und deren Veröffentlichung auf der Homepage der Mitglieder sahen zuvor etwa bereits die *Trust Companies Association of Japan* (jap. *Shintaku Kyōkai*); die Investment Trusts Association of Japan (jap. *Tōshi Shintaku Kyōkai*) sowie die *Investment Advisers Association of Japan* (jap. *Nihon Tōshi Komon Kyōkai*) vor, siehe M. Kasahara, Shōji Hōmu 2029 (2014), 51, 60.

[483] Präambel Rn. 7 JSC.

[484] Präambel Rn. 10 JSC.

In der Ausdehnung auf nationale wie internationale institutionelle Investoren gleichermaßen wird deutlich, dass es dem Stewardship Code maßgeblich um die Verbesserung der Corporate Governance japanischer Unternehmen geht, und nicht darum, die Interessen japanischer Anleger auch im Ausland zu stärken.[485] Die von der FSA ständig aktualisierte Liste der Unterzeichner soll dabei neben der Verbreitung der Ideen des Stewardship Codes zur Steigerung des Marktdrucks auf die Unternehmen beitragen und institutionelle Investoren zur Implementierung des Stewardship Codes bewegen.[486] Eine rechtliche Pflicht zur Unterzeichnung besteht dagegen ausdrücklich nicht; auch gibt es keine Aufsichtsbehörde, die die Einhaltung der Prinzipien des Stewardship Codes überwachen würde. Dahinter steht vor allem die Überlegung, dass die Geschäftsmodelle der institutionellen Investoren zu verschieden sind, um konkrete verbindliche Vorgaben für alle machen zu können.[487] Die Bindungswirkung des Stewardship Codes ist damit von vornherein schwach ausgeprägt und vertraut im Wesentlichen darauf, dass die Regelungen aus sich heraus sinnvoll sind, eine konsistente Stewardship-Politik also vom Markt nachgefragt und honoriert wird.[488] Institutionellen Anlegern als Auftraggeber der Vermögensverwalter kommt in diesem Konzept eine Schlüsselrolle zu, die diese bislang aber kaum zur Zufriedenheit der Regulatoren ausüben.[489]

Für das japanische Recht war die Einführung eines *comply-or-explain*-Mechanismus im Jahr 2014 nicht nur neu und ungewohnt, sondern gerade auch in der Kombination mit dem prinzipienbasierten Regulierungsansatz stilprägend.[490] Der Stewardship Code enthält nur wenig konkrete Handlungsvorgaben, im Wesentlichen die Aufforderung zur Erstellung eigener Leitlinien, die dann zu veröffentlichen sind. Er setzt vor allem darauf, dass die Unterzeichner selbst aktiv auf die Umsetzung der abstrakten Prinzipien im Sinne des Stewardship Codes hinarbeiten.[491] Entschließt sich ein institutioneller Investor zur Unterzeichnung, so hat er die Selbstbindung an den Stewardship Code sowie die nach dessen Prinzipien zu publizierenden Punkte, etwa die selbst entwickelten Stewardship-Leitlinien, auf seiner Homepage zu veröffentlichen. Werden ein-

---

[485] G. Gotō, 15:2 Berkeley Business Law Journal 365, 396f. (2018), vgl. demgegenüber die Anknüpfung des Anwendungsbereichs der § 134a AktG ff. an die versicherungsrechtliche Erlaubnis als „extraterritoriale Zwangsbeglückung" ausländischer Portfoliogesellschaften, T. Tröger, ZGR 2019, 126, 141f.

[486] M. Kasahara, Shōji Hōmu 2029 (2014), 51, 68.

[487] H. Kansaku, in: FS Egashira II, 1005, 1020.

[488] *Ibid.*, 1007.

[489] Follow-up Council, Opinion IV (2019), 3.; siehe H. Kansaku, in: FS Egashira II, 1005, 1018f.; ders., ZJapanR Sonderheft 10 (2018), 61, 74f.

[490] H. Kansaku, in: *Kigyō-hōsei* 2015, 104, 136; M. Kasahara, Shōji Hōmu 2029 (2014), 51, 62.

[491] Präambel Rn. 12 JSC.

zelne Prinzipien einschließlich der sie erläuternden Richtlinien nicht umgesetzt, sind auch die Gründe hierfür anzugeben.[492]

Empfehlungen zur Offenlegung scheinen zwar zur Förderung von *engagement* aus theoretischer Sicht durchaus geeignet, da zumindest große institutionelle Investoren nicht gänzlich immun gegenüber Reputationserwägungen sein dürften und ein Interesse haben, von ihren Kunden, aber auch von den Regulatoren als gute Stewards wahrgenommen zu werden.[493] Die Prämisse einer selbstregulatorischen Internalisierung des Konzepts ist – gerade mit Blick auf die eingangs beschriebenen strukturellen Hindernisse – keineswegs selbstverständlich. Entsprechend verlangt die AktionärsrechteRL, deren Transparenzvorgaben, wie zu sehen sein wird, im Wesentlichen mit dem operativen Gehalt des japanischen Stewardship Code vergleichbar sind bzw. noch über diese hinausgehen, dass die Mitgliedstaaten die Erfüllung dieser Vorgaben nach Maßgabe des *comply-or-explain*-Mechanismus „sicherstellen“. An eine Nichtbefolgung der nationalen Umsetzungsakte, also ein Verstoß gegen den *comply-or-explain*-Mechanismus, sind hierbei Sanktionen zu knüpfen, die „wirksam, verhältnismäßig und abschreckend“ sind.[494] Die vergleichsweise große Akzeptanz des Stewardship Codes mag sich demgegenüber zu einem nicht unerheblichen, wenn nicht sogar dominanten Teil, aus der politischen Erwartungshaltung und dem damit verbundenen Druck auf den institutionellen Investoren zur Umsetzung ergeben.[495]

Auch wenn dem Stewardship Code selbst ausdrücklich keine Rechtswirkung zukommt, und dieser daher für die Pflichten institutioneller Investoren zunächst keine unmittelbare Wirkung entfalten soll, bedeutet das nicht, dass ein *opt-in* rechtlich bedeutungslos wäre: Denkbar ist vor allem, die unter Eindruck des Stewardship Codes selbst veröffentlichten Leitlinien der Vermögensverwalter und Anleger bei der Ausfüllung der vertraglichen Pflichten gegenüber deren Kunden heranzuziehen.[496] In begrenztem Umfang wohnt der durch den Stewardship Code ausgefüllten Stewardship-"Verantwortung“ (*suchuwādoshippu sekinin*) darüber hinaus auch ein materieller Gehalt inne, der Berührungspunkte zu den zivilrechtlichen Sorgfaltsanforderungen sowie zum aufsichtsrechtlichen Pflichtenkanon nach dem FBG aufweist.[497] Auch wenn dies in der japanischen Literatur, soweit ersichtlich, in dieser Form so ausdrücklich (noch) nicht diskutiert wird, erscheint damit jedenfalls denkbar, dass sich im Rahmen der Entwicklung des Stewardship-Gedankens *best practices* verselbstständigen und

---

[492] Präambel Rn. 15 JSC.

[493] L. A. Bebchuk/S. Hirst, 119 Colum. L. Rev. 2029, 2072 ff. (2019).

[494] Vgl. Artt. 3g bis 3j und Art. 14b AktionärsrechteRL. Dabei erscheint fraglich, ob die mit der Implementierung ins Aktienrecht verbundenen Maßgabe der privaten Durchsetzung dem gerecht wird, siehe T. Tröger, ZGR 2019, 126, 147 ff.

[495] T. Eguchi, in: Reforming Corporate Governance, 43, 54 ff.

[496] N. Ariyoshi, Shōji Hōmu 2034 (2014), 18, 20 und 22.

[497] H. Kansaku, in: FS Egashira II, 1005, 1044.

auch gegenüber Investoren Wirkung entfalten, die sich nicht dem Stewardship Code verschrieben haben.[498]

III. Inhaltlicher Überblick zum Stewardship Code

Der Stewardship Code lehnt sich in Inhalt, Stil und Gliederung stark an den britischen UK Stewardship Code von 2010 an. Er stellt aber ein eigenständiges Werk dar, das die japanischen Besonderheiten sowie die politische Zielsetzung berücksichtigt.[499] Vor allem ist dieser unter Maßgabe des *engagement* als konstruktiver Dialog wesentlich stärker kooperativ denn konfrontativ ausgerichtet und bisweilen erheblich weniger konkret formuliert als das britische Vorbild.[500] Auf eine längere Erläuterung der Hintergründe sowie der Funktionsweise des Regulierungsmodells in der Präambel folgen ursprünglich sieben, nunmehr acht Prinzipien, deren Bedeutung jeweils durch einige wenige Richtlinien (*shishin*), bzw. *guidance* in der englischen Fassung, ausgeführt werden. Der Schwerpunkt des Stewardship Codes liegt auf der Erstellung und der Veröffentlichung eigener Leitlinien (*hōshin*) durch die Unterzeichner.[501] Diese betreffen zum einen die Rolle der eigenen Stewardship-Aktivitäten (Prinzip 1), zum anderen den Umgang mit Interessenkonflikten (Prinzip 2). Institutionelle Investoren sind aufgerufen, die Situation der Investitionsziele angemessen zu erfassen (Prinzip 3) und gemäß ihren Leitlinien in konstruktiven Dialog mit den Gesellschaften zu treten (Prinzip 4). Sie sollen Leitlinien für die Stimmrechtsausübung entwickeln und ihr Abstimmungsverhalten – zumindest in aggregierter Form – offenlegen (Prinzip 5). Ihren Auftraggebern gegenüber sind sie über ihre Stewardship-Aktivitäten berichtspflichtig (Prinzip 6). Prinzip 7 JSC zielt darauf, das Geschäftsmodell der institutionellen Investoren im Sinne des Stewardship-Gedankens fortzuentwickeln und hat vor allem appellativen Charakter. Schließlich adressiert der Stewardship Code seit der Revision 2020 Stimmrechtsberater und andere Berater in einem eigenen Prinzip 8. Der *comply-or-explain*-Mechanismus bezieht sich grundsätzlich auf die Prinzipien als solche, einschließlich der Konkretisierung in den Richtlinien, wobei nicht jede Richtlinie eine konkrete Handlungsanweisung enthält.[502]

---

[498] Vgl. zur Behandlung von untergesetzlichen Verhaltensstandards als Handelsbräuche und Verkehrssitte im deutschen Zivilrecht P. C. Leyens, AcP 215 (2015), 611, 633.

[499] H. Kansaku, in: *Kigyō-hōsei* 2015, 104, 107; M. Kasahara, Shōji Hōmu 2029 (2014), 51, 60; siehe aber auch G. Gotō, 15:2 Berkeley Business Law Journal 365, 397f. (2018), der darauf verweist, dass auch der UK Stewardship Code das Ziel des nachhaltigen Wachstums kennt.

[500] W. Tanaka, Gekkan Kansa-yaku 629 (2014), 66, 68.

[501] N. Ariyoshi, Shōji Hōmu 2034 (2014), 18, 24, der aus Sicht der Praxis auch die Adressierung der Prinzipien 3, 6 und 7 JCGC durch Leitlinien nahelegt, die vom JSC nicht ausdrücklich gefordert wird.

[502] Präambel Rn.15 JSC 2020.

1. Verankerung des Stewardship-Gedankens (Prinzip 1 JSC)

Am Deutlichsten ausgeprägt ist der prinzipiengestützte Ansatz in Prinzip 1 JSC, das zunächst die Entwicklung von klaren Leitlinien zur Ausfüllung der Stewardship-Verantwortung empfiehlt, ohne diese konkret zu umreißen.[503] Eine grundlegende Transparenzpflicht über die eigene Anlagestrategie und deren Beitrag zur mittel- bis langfristigen Weiterentwicklung der Vermögenswerte vergleichbar der deutschen Regelung[504] kennt der Stewardship Code zwar nicht. Letztendlich ist es aber genau aber das, was von den Unternehmen erwartet wird, wenn diese aufgefordert werden, die Rolle des individuellen Geschäftsmodells in der Investitionskette und den eigenen Beitrag im Rahmen eines konstruktiven, „zielgerichteten Dialogs (*engagement*)“ zur nachhaltigen Steigerung des Unternehmenswertes der Investitionsziele zu reflektieren (vgl. Richtlinie 1-1 und 1-2 JSC). In der Praxis wird dieses Prinzip auch von nahezu allen Unterzeichnern umgesetzt.[505] Es ist daher anzunehmen, dass institutionelle Investoren, die das Konzept des Stewardship Codes und dessen ideologische Ausrichtung bereits im Grundsatz ablehnen, von der Unterzeichnung absehen.

Im Laufe seiner Entwicklung hat der Stewardship Code einen immer stärkeren Fokus auf die Stewardship-Aktivitäten der *asset owner,* also der institutionellen Anleger, bekommen. In der Durchsetzung des Stewardship-Konzepts können diese, nicht zuletzt wegen des renditeorientierten Geschäftsmodells der Vermögensverwalter und deren geringen Eigeninteresse an einem intensiven Stewardship, zum entscheidenden Glied in der Investitionskette werden.[506] Das zielt gerade auch auf die Anbieter von Betriebsrenten und folgt dem Ziel der Revision von 2017, diese stärker für die Umsetzung des Stewardship-Konzepts zu gewinnen.[507] Üben institutionelle Anleger ihre Aktionärsrechte selbst aus, so sollen sie auch selbst im Sinne des Stewardships aktiv werden und in Dialog mit den von ihnen gehaltenen Gesellschaften treten (Richtlinie 1-3 JSC). Bedienen sie sich hierbei in erster Linie der Dienste der Vermögensverwalter, so sollen sie bereits bei der Auswahl auf deren Stewardship-Konzepte achten (Richtlinie 1-4 JSC), vor allem aber auch die Ausübung der Stewardship-Aktivitäten durch die Vermögensverwalter überwachen, beispielsweise durch Abgleich der von den Vermögensverwaltern durchgeführten Selbstevaluation mit den Stewardship-Prinzipien der institutionellen Anleger (Richtlinie 1-5 JSC).

---

503 M. Kasahara, Shōji Hōmu 2029 (2014), 51, 63.

504 Vgl. Art. 3h AktionärsrechteRL/§ 134c Abs. 1 AktG, siehe T. Tröger, ZGR 2019, 126, 143 f.

505 Siehe H. Kansaku, ZJapanR Sonderheft 10 (2018), 61, 67 f.

506 H. Kansaku, ZJapanR Sonderheft 10 (2018), 61, 80; G. Gotō, 15:2 Berkeley Business Law Journal 365, 405 f. (2018).

507 Y. Tahara et al., Shōji Hōmu 2138 (2017), 15, 17 f.; siehe Follow-up Council, Opinion III (2016), 4 f.

Inhaltlich bleibt das hinter der in im Zuge der AktionärsrechteRL in das deutsche Aktiengesetz eingeführten Publizitätspflicht zurück. So verlangt § 134c Abs. 2 S. 2 AktG von den institutionellen Anlegern zu begründen, sofern sie keine Vereinbarung mit den Vermögensverwaltern über deren Stewardship-Aktivitäten treffen. Hierzu gehören eine Reihe von Punkten wie die Berücksichtigung der mittel- bis langfristigen Entwicklung der Investitionsziele sowie die Mitwirkung in der Gesellschaft einschließlich der Ausübung der Aktionsrechte. Dies bezweckt den Abschluss einer solchen Vereinbarung.[508] Der Stewardship Code übt keinen vergleichbaren Erklärungsdruck aus, im Gegenteil: In der Fassung von 2020 wurden die Richtlinien durch den Hinweis ergänzt, dass institutionelle Anleger ihre Stewardship-Aktivitäten nach Maßgabe ihrer Größe und Fähigkeiten ausüben sollen. Weder wird von diesen notwendigerweise erwartet, zum konstruktiven Dialog beizutragen oder ihre Aktionärsrechte (selbst) auszuüben, noch, dass diese den Vermögensverwaltern individuelle und spezifische Anweisungen geben.[509]

2. Behandlung von Interessenkonflikten (Prinzip 2 JSC)

Die Überwindung von gleich mehreren Interessenkonflikten innerhalb der Investitionskette stellt die zentrale Herausforderung für den Stewardship Code dar. Verhältnismäßig konkret fordert Prinzip 2 JSC institutionelle Investoren auf, Leitlinien für den Umgang mit Interessenkonflikten aufzustellen und diese zu veröffentlichen. Richtlinie 2-1 JSC lässt keinen Zweifel daran, dass die Interessen der Kunden und Begünstigten gegebenenfalls vorgehen. Daraus folgt die Schwierigkeit, sich der Existenz von Interessenkonflikten überhaupt erst gewahr zu werden, um sodann konkrete Maßnahmen von organisatorischen Vorkehrungen über die Offenlegung bis hin zur Einstellung der Geschäftsbeziehung zu benennen.[510] Interessenkonflikte treten unter anderem in zwei Konstellationen auf, der direkten Kollusion – etwa die Abstimmung eines Rentenfonds in der Hauptversammlung über die Verwendung von Pensionsbeiträgen[511] – oder, häufiger, in der wirtschaftlichen Verflechtung der Unterzeichnerin selbst oder einer ihrer Konzerngesellschaften mit der Zielgesellschaft im Rahmen von Dienstleistungs- oder Lieferbeziehungen.[512] Für institutionelle Investoren, gerade Rentenfonds, sind Zielgesellschaften gleichzeitig auch Kunden und Kapitalquelle, was grundsätzliche Fragen an einem zu aggressiven Stewardship aufwirft.[513]

[508] T. Tröger, ZGR 2019, 126, 145.
[509] Fn. 11 und 12 zu Richtlinie 1-5 JSC 2020.
[510] N. Ariyoshi, Shōji Hōmu 2034 (2014), 18, 25.
[511] M. Kasahara, Shōji Hōmu 2029 (2014), 51, 64.
[512] Follow-up Council, Opinion III (2016), 2.
[513] Vgl. L. A. Bebchuk/S. Hirst, 119 Colum. L. Rev. 2029, 2062 ff. (2019).

Aufgrund der verbreiteten Zugehörigkeit von Vermögensverwaltern zu großen Finanzkonzernen ist gerade dieser letzte Punkt in Japan von besonderer Bedeutung. Es bleibt aber fraglich, ob der selbstregulatorische Ansatz des Stewardship Codes in seiner gegenwärtigen Form genügend zur Entflechtung solcher Interessenkonflikte beitragen kann.[514] Jedenfalls einen Schritt in Richtung stärkerer Regulierung geht die 2017 neu eingeführte Richtlinie 2-3 JSC, die speziell Vermögensverwalter zur Implementierung von *governance*-Mechanismen zur Sicherung der Kundeninteressen aufruft. Beispielhaft werden dabei zur Entscheidungsfindung oder der Aufsicht über die Stimmrechtsausübung befasste Komitees aus Dritten wie auch ein von der Muttergesellschaft unabhängiger Verwaltungsrat genannt. So soll nicht zuletzt auch die Glaubwürdigkeit der Investoren bei der Ausübung ihrer Stewardship-Aktivitäten erhöht werden.[515] Die den Unabhängigen in diesem Bereich zugedachte Rolle entfernt sich damit von dem keinesfalls klaren Leitbild als Vertreter der (Minderheits-)Aktionäre in der börsennotierten Gesellschaft[516] und entwickelt sich stärker in Richtung einer Universalstrategie. Mag man auch den speziellen Fall des gruppeninternen *agency conflict* so einigermaßen regulieren können, so ist damit noch nicht gesagt, dass die Vermögensverwalter stärker im Interesse ihrer Kunden agieren, als es der Markt erfordert.[517] Richtlinie 2-4 JSC, die das Management der Vermögensverwalter an ihre „wichtige Rolle bei der Stärkung der Corporate Governance und im Umgang mit Interessenkonflikten“ erinnert,[518] dürfte insofern bestenfalls appellativer Charakter zukommen.

3. Zielgerichteter Dialog (Prinzipien 3 und 4 JSC)

Grundlage für einen auf langfristiges Wachstum ausgerichteten Dialog nach Maßgabe des Stewardship Codes bildet das genaue Erfassen der Situation der Investitionsziele (Prinzip 3 JSC). Die englische Fassung spricht hier nicht von „erfassen“ (*ha'aku*), sondern von *monitoring*, was wesentlich weniger kooperativ klingt. Im Kern ist dasselbe gemeint.

In der Zusammenschau zielen die Prinzipien 3 und 4 JSC auf die Offenlegung einer Mitwirkungspolitik, wie sie von europäischen institutionellen Investoren nach Maßgabe des *comply-or-explain*-Mechanismus in Umsetzung der AktionärsrechteRL verlangt wird (vgl. 134b Abs. 1 Nr. 1 bis 3 AktG), allerdings

---

514 Ausführlich JACD SC-Vorschlag 2017, 7, der zur Lösung Empfehlungen zur unabhängigen Vergütung, zu den Entscheidungsprozesse sowie zur individuellen Offenlegung des Abstimmungsverhaltens vorsieht.

515 Y. Tahara et al., Shōji Hōmu 2138 (2017), 15, 19.

516 Siehe unten Kapitel 4. A. IV.

517 T. Katō, Jurisuto 1515 (2018), 16, 20.

518 Y. Tahara et al., Shōji Hōmu 2138 (2017), 15, 19 f., vgl. auch Richtline 7–2 JACD SC-Vorschlag 2017 der abstrakter die Verantwortung des Managements auch jenseits der Bewältigung von Interessenkonflikten unterstreicht.

ohne einen entsprechenden Mindestkatalog vorzugeben. Aus Rücksichtnahme auf verschiedene Investitionsstrategien sieht der Stewardship Code keinerlei inhaltliche Vorgaben, geschweige denn Überprüfungsprozesse für die Reichweite der Analyse vor.[519] Stattdessen sollen institutionelle Investoren über klare Leitlinien verfügen, wie durch Dialog mit den Investitionszielen die Herstellung eines gemeinsamen Verständnisses (*ninshiki no kyōyū*) befördert und zur Verbesserung (*kaizen*) der Situation beigetragen werden kann (Prinzip 4 und Richtlinie 4-1 JSC). Wie der Stewardship Code in einer Fußnote zu Richtlinie 4-1 JSC hervorhebt, soll der Dialog mit den Gesellschaften kein Selbstzweck sein. Das bedeutet zwar nicht zwangsläufig, dass *engagement* ein konkretes Problem voraussetzt, lässt eine solche Konnotation aber erkennen.[520]

Der Verzicht auf konkrete Vorgaben zur Mitwirkungspolitik macht gerade die Forderung nach einem konstruktiven Dialog als eigentlichem Kern des Stewardship-Ansatzes, stärker noch als andere Prinzipien anfällig für eine bloß formale Befolgung ohne Umsetzung von Zielsetzung und Geist des Codes.[521] Entsprechend enthält das Prinzip weitere Vorgaben, wie man sich den konstruktiven Dialog aus Sicht der Autoren wünscht: Dieser soll nach Richtlinie 4-2 JSC 2020 in einer Weise erfolgen, die der Investitionsstrategie der institutionellen Investoren entspricht und der mittel- bis langfristigen Steigerung des Unternehmenswertes sowie der nachhaltigen Entwicklung der Gesellschaft dient. Hiermit wird noch einmal die Präferenz der Autoren für ein aktives ESG-Investment unterstrichen.[522] Passiv ausgerichtete Strategien wie beispielsweise Indexfonds, wie sie bislang im japanischen Kontext dominierten, stellen dagegen ein erhebliches Hindernis für die konzeptionelle Umsetzung des konstruktiven Dialogs dar.[523] Nach Auffassung des *Follow-up Council* könnten aber gerade diese wegen der langfristigen Abbildung von Marktchancen und Risiken von einer kohärenten Einbeziehungsstrategie profitieren.[524] Diese Erwartungshaltung kommt ausdrücklich in der 2017 neu gefassten Richtlinie 4-2 JSC zum Ausdruck, die auch passive Investoren wegen der beschränkten Optionen zum Verkauf der Anteile zu einer „aktiven" Teilnahme am *engagement* und der Ausübung ihres Stimmrechts auffordert.[525]

---

[519] M. Kasahara, Shōji Hōmu 2029 (2014), 51, 60.

[520] *Ibid.*, 65.

[521] Vgl. Follow-up Council, Opinion IV (2019).

[522] Siehe oben Kapitel 3. D. I. 3.

[523] Ito-Review (2014), 110 Rn. 112, der von einem Anteil passiver Strategien von 70 bis 80% an der Investitionssumme spricht (*ibid.*, 75); siehe ausführlich zur Problematik L. A. Bebchuk/S. Hirst, 119 Colum. L. Rev. 2029, 2050 ff. (2019).

[524] Follow-up Council, Opinion III (2016), 4 f.; vgl. L. J. Strine, 114 Colum. L. Rev. 449, 477 ff. (2014); ähnlich auch R. Nonnenmacher, Die Wirtschaftsprüfung 2018, 709, 710.

[525] Y. Tahara et al., Shōji Hōmu 2138 (2017), 15, 20.

Während institutionelle Investoren ihr *engagement* auch im Lichte der Reaktionen der Gesellschaften anpassen sollen,[526] verzichtet der Stewardship Code auf eine Empfehlung zur Erarbeitung von Richtlinien bezüglich einer Eskalation der Stewardship-Tätigkeiten und damit auf die konfrontative Konnotation des britischen Vorbilds.[527] Ebenso enthält der Stewardship Code keine konkrete Empfehlung zur Erstellung von Richtlinien zur Vornahme gemeinsamer Handlungen (*acting in concert*).[528] Lediglich die möglichen Synergien eines gemeinsamen Vorgehens hebt Richtlinie 4-5 hervor, geht aus Sorge um den inhaltlichen Gehalt des konstruktiven Dialogs aber nicht weiter. Ein echtes *acting in concert* käme nach Auffassung der Expertenkommission in der japanischen Praxis ohnehin nicht vor.[529] Die rechtlichen Grenzen eines gemeinsamen Vorgehens sind eng. Institutionelle Investoren laufen Gefahr, dass ihre Stimmrechtsanteile addiert werden und sie so neben einer Meldepflicht für Großaktionäre (*dairyō hōyū hōkoku*)[530] auch die Pflicht zur Abgabe eines öffentlichen Erwerbsangebots (*kyōsei kōkaitsuke*)[531] auslösen. Man kann also durchaus von strukturellen Hindernissen für einen positiv verstandenen Aktionärsaktivismus sprechen.[532] Ein Informationsaustausch der Aktionäre über das allgemeine Vorgehen bewegt sich nach Auffassung der FSA aber noch im Rahmen des rechtlich Neutralen, soweit nicht die Ausübung konkreter Stimm- und anderer Aktionärsrechte betroffen ist und sich die gegenseitige Mitteilung des beabsichtigten Stimmverhaltens auf Einzelfälle beschränkt.[533] Für die Praxis sind diese Hinweise der Aufsichtsbehörde entscheidend,[534] auch wenn sie die auftretenden Probleme nicht abschließend regeln.[535]

Um einen Konflikt mit Insiderregelungen auszuschließen, sind Investoren wie Investitionsziele schließlich gehalten, wichtige unveröffentlichte Informa-

---

[526] Fn. 18 zu Richtline 4-1 JSC.

[527] W. Tanaka, Gekkan Kansa-yaku 629 (2014), 66, 68; vgl. Principle 4 UK SC.

[528] Vgl. Principle 5 UK SC, S. 8 f.

[529] FSA, *Shiryō 3: Nushi na paburikku komento (eibun) no gaiyō oyobi sore ni tai suru kaitō'an* [Materialien 3: Überblick über repräsentative öffentliche Kommentare (Englisch) und Antworten auf diese], 26. Februar 2014, Rn. 29. Abrufbar unter: <http://www.fsa.go.jp/singi/stewardship/siryou/20140227.html>.

[530] Art. 27-23 Abs. 4 und 5 FBG; siehe H. Baum/M. Saitō, in: HB Japanisches Recht, § 7 Rn. 69. Die Schwelle liegt hierbei bereits bei aggregiert 5 % der Stimmrechtsanteile.

[531] Art. 27-2 Abs. 1 i. V. m. Abs. 7 Nr. 2 FBG, sog. faktischer Standard für eine verbundene Person (*tokubetsu kankei-sha*), siehe N. Matsuo, *Kin'yū shōhin torihiki-hō*, 232 f.

[532] W. Tanaka, Jurisuto 1515 (2018), 40, 44.

[533] FSA, *Nihon-han suchuwādoshippu kōdo no sakutei wo fumaete hō-teki ronten ni kakawaru kangaekata no seiri* [Anordnung zur Denkweise über rechtliche Probleme im Zusammenhang mit der Ausarbeitung des japanischen Stewardship Code], 26. Februar 2014, 9 ff. Abrufbar unter <http://www.fsa.go.jp/singi/stewardship/siryou/20131127/03.pdf>.

[534] N. Ariyoshi, Shōji Hōmu 2034 (2014), 18, 26. Insofern erfüllt der in Fn. 12 zu Richtlinie 4-4 JSC aufgenommene Hinweis eine wichtige Informationsfunktion.

[535] T. Katō, Jurisuto 1515 (2018), 16, 20.

tionen im Sinne des Art. 166 Abs. 2 FBG von ihrem Dialog auszunehmen.[536] So stellt auch Richtlinie 4-6 JSC noch einmal heraus, dass wegen des Grundsatzes der Gleichbehandlung der Aktionäre der konstruktive Dialog auf Basis öffentlich zugänglicher Informationen zu erfolgen hat.

4. Ausübung von Stimmrechten und Veröffentlichung (Prinzip 5 JSC)

Der Ausübung von Stimmrechten kommt im Rahmen der Ausfüllung der Stewardship-Aktivitäten fundamentale Bedeutung zu.[537] Prinzip 5 JSC empfiehlt daher die Erstellung und Veröffentlichung von Leitlinien zur Stimmrechtsausübung.

Eine individualisierte Offenlegung der Stimmrechtsausübung für die einzelnen Investitionsziele nach US-amerikanischem Vorbild sah der JSC anfangs dagegen nicht vor. In seiner ursprünglichen Fassung gab sich der Stewardship Code mit der Veröffentlichung der Ergebnisse der Stimmrechtsausübung in „zumindest aggregierter" Form zufrieden, also geordnet nach Betreff unter rein numerischer Addition der positiven und negativen Entscheidungen (Richtlinie 5-3 JSC 2014). Hinter dieser Zurückhaltung stand die Sorge vor einer zu mechanischen Umsetzung und dem daraus folgenden negativen Auswirkungen auf den Dialog mit den Gesellschaften. Auch sollten Investoren, die bislang noch gar keine Ergebnisse veröffentlichten, schonend an die neue Stewardships-Pflicht herangeführt werden.[538] Unter den großen institutionellen Investoren hat sich die individualisierte Offenlegung der Stimmrechtsergebnisse derweil indes faktisch durchgesetzt. Mit der Revision des Stewardship Codes 2017 ergänzte man Richtlinie 5-3 JSC daher um die individuelle Offenlegung der Ergebnisse der Stimmrechtsausübung.[539] Auch diese Empfehlung unterfällt dem *comply-or-explain*-Mechanismus,[540] lediglich als Auffangtatbestand stellt die Richtlinie klar, dass eine Veröffentlichung jedenfalls in aggregierter Form erfolgen soll. Richtlinie 5-3 JSC 2017 verbindet dies mit dem unverbindlichen Hinweis, aus Sicht des konstruktiven Dialogs und zur Steigerung der Sichtbarkeit institutioneller Investoren sei auch eine Offenlegung der Gründe für das Abstimmungsverhalten sinnvoll.

In der Folge stieg die Zahl der institutionellen Investoren, die ihr Stimmverhalten für jede der betreffenden Investitionsgesellschaften offenlegten, auf 123 der Unterzeichner bei fast 200 Vermögensverwaltern im Februar 2020. Eine Erläuterung der Abstimmungsentscheidung, wie sie § 134b Abs. 3 S. 2 AktG für die wichtigsten Abstimmungen vorsieht, blieb in der Praxis indes die Ausnah-

[536] FSA (oben Fn. 533), 13.
[537] M. Kasahara, Shōji Hōmu 2029 (2014), 51, 68.
[538] M. Kasahara, Shōji Hōmu 2029 (2014), 51, 66.
[539] Siehe Follow-up Council, Opinion III (2016), 4; Y. Tahara et al., Shōji Hōmu 2138 (2017), 15, 21 f.
[540] Y. Tahara et al, Shōji Hōmu 2138 (2017), 15, 24.

me.[541] In der Fassung des Stewardship Codes vom März 2020 fordert Richtlinie 5-3 JSC institutionelle Investoren nun direkter auf, jedenfalls bei Punkten, die für den konstruktiven Dialog als wichtig einzuschätzen sind, auch die Gründe für ihre Zustimmung oder Ablehnung offenzulegen.

Die Vorgaben des Stewardship Codes zur Offenlegung des Stimmrechtsverhaltens sind damit im Wesentlichen mit den europäischen Regelungen, die ebenfalls auf *comply-or-explain*-Basis erfolgen, vergleichbar.

5. Bericht über Stewardship-Aktivitäten (Prinzip 6 JSC)

Anders als die von den Unterzeichnern geforderten Richtlinien über die Ausübung der Stimmrechte (Richtlinie 5-2 JSC) und insoweit anders auch als Art. 3g Abs. 1 lit. b AktionärsrechteRL / § 134b Abs. 2 i. V. m. 5 AktG soll der Bericht über die Stewardship-Aktivitäten wegen der Verankerung im Auftragsverhältnis ohne Zustimmung der Kunden im Grundsatz nicht veröffentlicht werden.[542] Entsprechende Vorschläge[543] konnten sich bislang nicht durchsetzen. Vielmehr wird zwischen Vermögensverwaltern, die ihren Auftraggebern regelmäßig berichten sollen (Richtlinie 6-1 JSC), sowie Investmentgesellschaften, die den Begünstigten zumindest einmal jährlich Bericht über ihre Stewardship-Aktivitäten ablegen sollen, unterschieden (Richtlinie 6-2 JSC). Wie – und in welchem Turnus – der Bericht zu erfolgen hat, bleibt nach Richtlinie 6-1 JSC den institutionellen Investoren selbst überlassen, wobei die Zustimmung der Kunden, die Nutzen und Kosten des Berichts zu berücksichtigen sind. Eine Publikation der Stewardship-Aktivitäten kann ausdrücklich dann eine Alternative zum individuellen Bericht sein, wenn dessen Erstellung mit praktischen Schwierigkeiten verbunden ist. Das soll vor allem institutionellen Anlegern mit einer großen Zahl an Begünstigen wie Rentenfonds betreffen.[544]

6. Ressourcennutzung (Prinzip 7 JSC)

Prinzip 7 JSC fordert institutionelle Investoren auf, die erforderlichen analytischen Fähigkeiten und Ressourcen für einen Beitrag zur langfristigen wirtschaftlichen Entwicklung der Investitionsziele bereitzuhalten. Das soll zu einem positiven Klima für einen Dialog zwischen Investoren- und Gesellschaftsseite beitragen.[545] Prinzip 7 JSC kommt als Besonderheit des japanischen Stewardship Codes im Vergleich zum britischen Vorbild, wie *Kansaku* anmerkt, vor

---

[541] Follow-up Council, Opinion IV (2019); M. Sawaguchi et al., Shurui Shōji Hōmu 432 (2020), 71, 74: nur 20 Vermögensverwalter Ende 2018.

[542] H. Kansaku, in: FS Egashira II, 1005, 1020.

[543] Vgl. Follow-up Council, Opinion IV (2019).

[544] Fn. 16 zu Richtlinie 6-2 JSC; M. Kasahara, Shōji Hōmu 2029 (2014), 51, 67.

[545] M. Kasahara, Shōji Hōmu 2029 (2014), 51, 67.

allem ein „aufklärender und erzieherischer" Charakter hinsichtlich der Bedeutung institutioneller Investoren für die Corporate Governance zu.[546]

Eine eigene regulatorische Wirkung hat das Prinzip erst seit der Reform 2018. Richtlinie 7-4 fordert Vermögensverwalter auf, ihre Stewardship-Aktivitäten selbst zu evaluieren und das Ergebnis zu veröffentlichen. Vorbild ist hier wiederum das Vorgehen der britischen Aufsichtsbehörde FRC, die anhand der Selbstevaluation der institutionellen Investoren die Qualität der Stewardship-Erklärungen bewertet und kategorisiert (sogenanntes *tiering*) und schließlich bei unzureichender Qualität der Erklärungen institutioneller Investoren sogar ganz von der Liste der Unterzeichner des UK Stewardship Code entfernt hatte.[547] Auf einen entsprechenden aufsichtsrechtlichen Durchsetzungsmechanismus verzichtet der Stewardship Code ganz, hält aber institutionelle Anleger dazu an, die Wahl der Vermögensverwalter an deren Selbstevaluation auszurichten.[548]

7. Stimmrechtsberater und weitere Dienstleister (Prinzip 8 JSC)

Stimmrechtsberater wie *ISS* oder *Glass Lewis*, teils als „heimliche Corporate Governance Macht"[549] beschrieben, sind, kaum verwunderlich, auch in Japan aktiv. Diesen wurde ursprünglich eher eine referenzielle und weniger prominente Rolle als im westlichen Kontext zugeschrieben.[550] In den letzten Jahren mag der Einfluss solcher Beratungsunternehmen indes eher zugenommen haben, was vor allem an der Verbreitung passiver Investitionsstrategien unter den institutionellen Investoren liegen dürfte.[551] Das wirft eine Reihe grundlegender rechtspolitischer Fragen auf, die teils in den Interessenstrukturen im Auftragsverhältnis selbst begründet liegen, sich teils plastisch an der Marktmacht einiger weniger Berater entladen, hier jedoch nicht weiter behandelt werden können.[552] Hat schon die bloße Veröffentlichung der Ergebnisse der Stimmrechtsausübung das Potential, zur Angleichung des Stimmverhaltens und damit *de facto* zu weniger *engagement* beizutragen,[553] so stellen Stimmrechtsberater

---

[546] H. KANSAKU, in: *Kigyō-hōsei* 2015, 104, 129.

[547] Siehe FRC removes Tier 3 categorization for Stewardship, PN 39/17 vom 3. August 2017, abrufbar unter <https://www.frc.org.uk/news/august-2017/frc-removes-tier-3-categorisation-for-stewardship>.

[548] Y. TAHARA ET AL., Shōji Hōmu 2138 (2017), 15, 23.

[549] H. FLEISCHER, ZGR 2012, 160, 194.

[550] ITO-REVIEW (2014), 120 Rn. 165; M. KASAHARA, Shōji Hōmu 2029 (2014), 51, 66 unter Verweis auf eine Umfrage von 2013 der *Investment Advisers Association of Japan*, nach der „nur" 29 % der Anlageberater ihre Stimmrechte auf Basis der Empfehlungen von Stimmrechtsberatern ausüben würden. Vgl. aber zur Frage des tatsächlichen Einflusses von Stimmrechtsberatern S. CHOI ET AL., 58 Emory Law Journal 869, 905 f. (2010).

[551] FOLLOW-UP COUNCIL, Opinion IV (2019).

[552] Siehe EUROPÄISCHE KOMMISSION, Grünbuch Corporate Governance-Rahmen (2011), 17; H. FLEISCHER, ZGR 2011, 155, 169 ff.; T. TRÖGER, ZGR 2019, 126, 149 ff.

[553] K. J. HOPT, ZGR 2013, 165, 207 f. auch in aggregierter Form, siehe aber FOLLOW-

eine noch größere Herausforderung für eine firmenspezifische Analyse auf individueller Basis dar.[554]

Für Japan relevant sind vor allem Überlegungen, wie Stimmrechtsberater in das Konzept des Stewardship Codes einbezogen werden können und so ihren Beitrag zum effektiven Funktionieren der Investitionskette hin zu nachhaltigem Wachstum leisten können. Dasselbe gilt für Anlageberater, die an der Ebene der institutionellen Anleger ansetzen und gerade für Rentenfonds von Relevanz sind.[555] Hinter der Regelung steht der festgestellte formale Umgang mit den Prinzipien. Die Struktur der Stimmrechtsberater, die in Japan nur geringe Humanressourcen vorhalten, sei für die Erstellung von Bewertungen unzureichend.[556] Daran wird deutlich, wie sehr die Tätigkeit der Stimmrechtsberater vom gewünschten „aktiven" Investorenleitbild abweicht.

Der Stewardship Code setzt darauf, dass sich auch Stimmrechtsberater und weitere Dienstleister freiwillig dem Stewardship Code unterwerfen, soweit dessen Prinzipien auf sie Anwendung finden. Im Vergleich zur Version des Stewardship Codes von 2017, der erstmals Stimmrechtsberater in einer Richtlinie direkt adressierte, wurden die Erwartungen an diese mit dem neu eingeführten Prinzip 8 JSC 2020 noch einmal bekräftigt. Stimmrechtsberater und andere Dienstleister wie Investmentberater werden aufgefordert, ihren eigenen Beitrag zur Verbesserung der Funktionalität der Investitionskette durch die Bereitstellung angemessener Dienstleistungen zu erbringen. Dahinter verbergen sich im Wesentlichen Empfehlungen zur Offenlegung, die inhaltlich nicht weit von der mit der Umsetzung der AktionärsrechteRL erfolgten – indes verpflichtenden – Regulierung der Stimmrechtsberater in § 134d AktG entfernt sind. Dies betrifft zum einen die Veröffentlichung einer Strategie zum Umgang mit Interessenkonflikten (Richtlinie 8-1 JSC), die leicht aus doppelschichtigen Beratungsverhältnissen erwachsen können.[557] So stellt etwa *ISS* seine den Stimmrechtsempfehlungen zugrundeliegenden Leitlinien jährlich in der japanischen Fachpresse mit konkreten Bitten an die analysierten Gesellschaften zur Diskussion,[558] bietet institutionellen Investoren zudem aber auch auf den Stewardship Code zugeschnittene Beratungsdienstleistungen an.[559] Spezifischer erlegt Richtlinie 8-2 JSC den Stimmrechtsberatern auf, die erforderlichen Humanressourcen – einschließlich einer eigenen Niederlassung in Japan – vorzuhalten, um korrekte

---

up Council, Opinion III (2016), 4, die entsprechende Befürchtungen für individualisierte Aspekte nicht für einschlägig erachten.

[554] Vgl. M. Kasahara, Shōji Hōmu 2029 (2014), 51, 66 am Beispiel eines festen Standards zur Implementierung mindestes eines externen Verwaltungsratsmitglieds.

[555] Präambel Rn. 9 JSC 2020, siehe Follow-up Council, Opinion IV (2019), 3 f.

[556] Y. Tahara et al., Shōji Hōmu 2138 (2017), 15, 22.

[557] Vgl. H. Fleischer, ZGR 2011, 155, 171.

[558] T. Ishida, Shōji Hōmu 2093 (2016), 23, 35 f. mit Hinweisen, wie Informationen für die Zwecke der Stimmrechtsberater besser dargestellt werden können.

[559] Abrufbar unter <https://www.issgovernance.com/solutions/japan-stewardship-code/>.

Empfehlungen auszugeben.[560] Vor allem aber sollen die Berater Transparenz über die Basis ihrer Analyse herstellen und, soweit vorhanden, ihre Leitlinien erläutern. Ebenfalls im Sinne der Transparenz sollen Stimmrechtsberater Gesellschaften auf deren Wunsch hin Gelegenheit zur Stellungnahme zu den Empfehlungen geben (Richtlinie 8-3 JSC). Letztendlich liegt es an den Kunden der Stimmrechtsberater, mit diesen zusätzlichen Informationen umzugehen.

Schon bei den Publizitätspflichten in der deutschen Umsetzung der AktionärsrechteRL ist fraglich, welchen Anpassungsdruck diese auf dem stark konzentrierten Markt entfalten können.[561] Das gilt für die weit weniger einschneidenden Vorgaben des japanischen Stewardship Codes in noch größerem Umfang. Für die großen Stimmrechtsberater sollte es jedenfalls kein Problem sein, die Vorgaben des Stewardship Codes zu erfüllen. Es ist daher nur folgerichtig, wenn der Stewardship Code institutionelle Investoren an ihre eigene, nicht delegierbare Verpflichtung gegenüber ihren Kunden erinnert und diese auffordert, den Rückgriff auf die Empfehlungen von Stimmrechtsberatern kenntlich zu machen.[562] Solange aber von institutionellen Investoren als Grundlage für die Empfehlungen keine individualisierte Analyse nachgefragt wird, wird die Problematik weiterhin auf der Tagesordnung stehen.

IV. Guidelines for Investor and Company Engagement

Drei Jahre nach Einführung des Stewardship Codes stellte das *Follow-up Council* fest, dass viele Gesellschaften noch nicht den konstruktiven Dialog mit den Investoren entschlossen suchten. Umgekehrt wurde kritisiert, dass der Dialog oftmals auf formaler Ebene stehen blieb. Fälle wie die der Führungsnachfolge bei *Seven & i,*[563] in denen sich der Dialog für die Gesellschaften bemerkbar machte, waren die Seltenheit.[564] Im Zuge der Revision des Corporate Governance Codes 2018 beschloss das *Follow-up Council* daher, den Kodex mit der Veröffentlichung von Leitlinien für den Dialog mit den Investoren zu verbinden. Die *Guidelines for Investor and Company Engagement* (Engagement Guidelines) liegen nunmehr in der zweiten Fassung vor.[565] Sie stehen außerhalb

---

[560] Das für sich genommen zeigt schon ein gewisses Misstrauen gegenüber dem Geschäftsmodell an sich, bisweilen wird auch konkreter vor einer unreflektierten Erstreckung anglo-amerikanischer Vorstellungen auf den japanischen Kontext gewarnt, vgl. JACD SC-Vorschlag 2017, 14.

[561] Vgl. T. Tröger, ZGR 2019, 126, 159 f.

[562] Richtlinie 5-4 JSC; siehe H. Kansaku, in: *Kigyō-hōsei* 2015, 104, 128.

[563] Siehe unten Kapitel 4. A. IV. 4.

[564] Follow-up Council, CG Revision 2018; Y. Tahara et al., Shōji Hōmu 2171 (2018), 4.

[565] Follow-up Council, *Tōshi-ka to Kigyō no Taiwa Gaidorain* vom 26. März 2018, i. d. F. vom 11. Juni 2021, abrufbar in engl. Übers. unter <https://www.fsa.go.jp/en/news/2018/follow-up/20180601/01.pdf>.

des *comply-or-explain*-Mechanismus und sollen maßgeblich zur Durchsetzung in der Praxis beitragen. Damit wird eine Agenda angeregt, auf die sich Investoren berufen können, wenn sie den Dialog mit der Gesellschaft suchen, ohne aber eine „mechanische Checkliste" vorzugeben. Als „Nebentext" (*fuzoku shomen*) zu Corporate Governance und Stewardship Code wird von den Adressaten beider Kodizes sogar erwartet, die Engagement Guidelines bei der Auslegung der Prinzipien schwerpunktmäßig zu berücksichtigen. Demnach sind diese für die Frage, ob ein Punkt des Corporate Governance Codes umgesetzt ist oder der Erklärung bedarf, heranzuziehen.[566]

Insgesamt sind die Engagement Guidelines eng auf den Inhalt und Wortlaut des Corporate Governance Codes abgestimmt. So stellt etwa Ziffer 4.2.1 der Engagement Guidelines in einer Fußnote klar, dass sich „strategische Beteiligungen" im Sinne des Prinzips 1.4 JCGC auch auf solche Beteiligungen beziehen können, die die betreffende Gesellschaft zwar nicht direkt, aber indirekt hält. Soweit das Prinzip die börsennotierten Gesellschaften dazu auffordert, ihre jeweiligen strategischen Beteiligungen zu evaluieren und dieses Ergebnis offenzulegen, soll abstrakten Ausführungen durch eine „leicht verständliche Offenlegung und Erklärung dieses Ergebnisses" entgegengewirkt werden.[567] In ähnlicher Weise wird etwa im Bereich der Vergütung des Managements die von Nebenprinzip 4.2.1 JCGC geforderte Festlegung der Vergütung durch „objektive und transparente Verfahren" durch die Aufforderung zum Dialog darüber präzisiert, inwieweit ein unabhängiges Vergütungskomitee eingerichtet wurde (Ziffer 3.5 der Engagement Guidelines). Mit der Revision des Corporate Governance Codes 2021 wurden weitere Fragen formuliert, die institutionelle Investoren den Gesellschaften im Rahmen ihres Dialogs stellen können (nach der regulatorischen Intention eher: sollten), etwa wie diese auf die steigende Nachfrage nach ESG und Nachhaltigkeit reagieren und hierzu Strukturen geschaffen hat. Dass dieselbe Ziffer 1.3 der Engagement Guidelines 2021 auch die wachsende Bedeutung von *cyber security* und den Einfluss der internationalen Lage auf die Sicherheit ihrer Lieferketten adressiert, mag den ganzheitlichen Ansatz unterstreichen. Insgesamt lässt es die Engagement Guidelines aber mehr noch wie eine Ideensammlung, denn schlüssiges Konzept erscheinen.

Leitlinien und Vorgaben zu bestehenden Praktiken sind ein weitverbreitetes Instrument der japanischen Regulierungspraxis.[568] Dass Soft Law weitere nicht verbindliche Auslegungsvorschriften nach sich zieht, stellt eine bemerkenswerte Abkehr vom ursprünglich avisierten – und in den Kodizes weiterhin aufrechterhaltenen – prinzipienbasierten Ansatz dar.

---

566 Y. Tahara et al., Shōji Hōmu 2171 (2018), 4, 6.
567 *Ibid.* 14 f.
568 Siehe oben Kapitel 3. E. III.

V. Eine Frage der Perspektive

Angesichts der im westlichen Schrifttum aufgeworfenen Zweifel an der Wirksamkeit des Stewardship-Ansatzes erscheint die Prämisse, man könne institutionelle Investoren zu Agenten der Governance-Reform und, damit verbunden, zum Treiber von Wirtschaftswachstum machen, fraglich. In Zeiten einer hochgradig diversifizierten Anlagestrategie bei nur minimaler Marge haben einzelne Investoren nicht zwangsläufig ein Interesse an einem kompetitiven Vorteil jeder einzelnen Zielgesellschaft, sondern an einem im Vergleich zu ihren Konkurrenten besseren Abschneiden des von ihnen angebotenen Portfolios. Aktives Stewardship ist aufwendig und setzt ein intensives und damit kostspieliges Monitoring voraus. Selbst erfolgreiche aktivistische Kampagnen erzeugen aber nicht zwangsläufig einen relativen Vorteil, vielmehr profitiert auch die Konkurrenz an einer höheren Attraktivität der Zielgesellschaft. Institutionelles Investment befördert daher passives Aktionärsverhalten.[569] Die zunehmende Dominanz passiv gemanagter Fonds, die einen im Voraus definierten Index abbilden, befördert diese Dynamik noch weiter. Die Attraktivität solcher Indexfonds ergibt sich in erster Linie aus minimalen Verwaltungskosten; aus einem aufwendigen Dialog mit einzelnen Gesellschaften lassen sich dagegen nur minimale absolute Zugewinne erzielen.[570] Die Überlegungen dürften grundsätzlich auf den japanischen Kontext übertragbar sein.[571] Zwar scheint es durchaus möglich, mit erhöhten Transparenzvorgaben auch eine nachfragegetriebene Steigerung von Stewardship-Aktivitäten zu erreichen, da sie Investoren erlaubt, die Effektivität des Einsatzes der von Ihnen beauftragten Vermögensverwalter zu ermessen.[572] Der vom Stewardship Code stipulierte Gleichlauf der Interessen in der Investitionskette in Bezug auf ein nachhaltiges Wachstum aber ist nicht mehr als eine Fiktion.

Die mit dem Stewardship Code verbundenen Erwartungen lassen sich so nur aus der Perspektive einer verzögerten Entwicklung verstehen. Die Diskussion zum Aktionärsaktivismus in Japan setzt an einem wesentlich niedrigeren Ausgangspunkt an als etwa in Deutschland, wo bilaterale Gespräche zwischen Investoren und Aufsichtsräten – jedenfalls unter den Gesellschaften des DAX 30 – nichts Ungewöhnliches sind.[573] Zwar können auch japanische institutionelle Investoren durchaus meinungsstark sein. So richtet beispielsweise die *Pension Fund Association* (*Kigyō Nenkin Rengō-kai*), eine Art Dachorganisati-

[569] R. J. Gilson/J. N. Gordon, 113 Colum. L. Rev. 863, 888 ff. (2013); T. Tröger, ZGR 2019, 126, 137 ff. m. w. N.

[570] L. A. Bebchuk/S. Hirst, 119 Colum. L. Rev. 2029, 2050 ff. (2019).

[571] W. Tanaka, Shōji Hōmu 2007 (2013), 30, 70 f.; G. Gotō, 15:2 Berkeley Business Law Journal 365, 402 f. (2018); H. Kansaku, ZJapanR Sonderheft 10 (2018), 61, 77 f.

[572] L. A. Bebchuk/S. Hirst, 119 Colum. L. Rev. 2029, 2125 (2019).

[573] H. Kansaku, in: Perspectives, 243, 273; siehe zur Praxis in Deutschland H.-C. Hirt et al., AG 2016, 725, 728 ff.

on privater Rentenfonds japanischer Unternehmen und im Jahr 2010 der fünfzehntgrößte Rentenfonds der Welt, ihre Stimmrechtsleitlinien für selbst gehaltene Aktien nicht nur an Corporate Governance-Grundsätzen, sondern auch an ökonomischen Leitdaten aus.[574] In der Masse wurde aber gerade nationalen institutionellen Investoren wie Versicherungsgesellschaften und Treuhandbanken nachgesagt, trotz ihres erheblichen Investitionsvolumens aufgrund bestehender Geschäftsbeziehungen oftmals zu nachsichtig gegenüber dem Management der von ihnen gehaltenen Gesellschaften zu sein.[575]

Das von *Ronald J. Gilson* und *Jeffrey N. Gordon* entworfene Gegenmodell zum Stewardship sieht die Rolle institutioneller Investoren eher in der Unterstützung der Kampagnen von „geborenen Aktivisten" wie etwa Hedgefonds. Indem diese ihr Geschäftsmodell gerade darauf ausrichten, unterbewertete Gesellschaften zu identifizieren und versteckte Potentiale zu heben, müssten institutionelle Investoren auf deren Vorstöße nur reagieren, um selbst ohne größeren Aufwand am Kursgewinn zu partizipieren.[576] Dieses Modell mag in der Logik überzeugender sein als der Stewardship-Ansatz, weil es die Anreizstruktur für institutionelle Investoren in einem Markt mit nur geringen Margen, die einem kostenintensiven Monitoring entgegenstehen, berücksichtigt. Es dürfte im japanischen Kontext aber politisch kaum vermittelbar sein. Dort waren es anfangs vor allem ausländische Investoren, die in ihrem Beharren auf höheren Corporate Governance-Standards den Diskurs in Japan vorantrieben. Im stärkeren Maße von Informationsasymmetrien betroffen als ihre lokalen japanischen Pendants, legen gerade ausländische Investoren ihren Entscheidungen dabei auch qualitative Merkmale wie die formelle Ausgestaltung von Corporate Governance-Strukturen zugrunde.[577] Wegbereiter in dieser Beziehung waren der kalifornischen Pensionsfonds *CalPERS* (California Public Employees' Retirement System) und seine lokalen Partner, die in den 1990er Jahren auch auf den japanischen Kapitalmarkt drängten. Mit ihren stark anglo-amerikanisch geprägten Maßstäben stießen sie indes auf wenig Verständnis.[578] Klassische Hedgefonds-Strategien, die auf die Hebung versteckter Potentiale durch aggressive Intervention in die Geschäftsführung abzielen, dürften in Japan dagegen aus gesamtwirtschaftlicher Sicht als gescheitert gelten. Vor allem haben entsprechen-

---

[574] B. E. Aronson, 7:2 NYU Journal of Law & Business 571, 615 ff. (2010), der für die Pension Fund Association ein Investitionsvolumen von umgerechnet USD 113 Mrd. im Vergleich zu USD 130 Mrd. für CalPERS angibt.

[575] K. Egashira, Hōritsu jihō 86:12 (2014), 59, 60; G. Gotō, 15:2 Berkeley Business Law Journal 365, 395 (2018).

[576] R. J. Gilson/J. N. Gordon, 113 Colum. L. Rev. 863, 896 ff. (2013); T. Tröger, ZGR 2019, 126, 139 f.

[577] C. Ahmadjian, in: Corporate Governance in Japan, 125, 140 ff.; H. Miyajima/T. Hoda, 11:3 PRI Pub. Pol. Rev. 361, 389 f. (2015); siehe auch T. Eguchi/Z. Shishido, in: HB Shareholder Power, 552, 562 ff.

[578] J. Buchanan et al., Hedge Fund Activism, 142 f.; ausführlich zur Entwicklung der Aktivitäten des CalPERS in Japan S. M. Jacoby, 55 Am. J. Comp. L 239 (2007).

de Versuche in den frühen 2000er Jahren eine starke Abneigung gegen die Einmischung von Investoren hervorgerufen, nicht nur bei den Unternehmen selbst, sondern auch in Politik und Gesellschaft.[579]

Eine tatsächlich wachstumsorientierte Corporate Governance lasse sich, so *Kenjirō Egashira*, nur erreichen, indem der gesellschaftliche Widerstand gegen konfrontative Investmentstrategien abgebaut wird.[580] Im gegenwärtigen, rechtskonservativen politischen Umfeld mit seinem Fokus auf kooperativer, ganzheitlicher Entwicklung der gesamten Nation ist das kaum zu erwarten. Wie *Gen Gotō* über die Beratungen zum Stewardship Code berichtet, war das Konzept des langfristigen Wachstums durch konstruktiven Dialog dagegen bereits inhaltlich von Seiten der Exekutive vorgegeben gewesen.[581] Die Diagnose eines kurzfristigen Aktionärsverhaltens (*short termism*), auf die das Konzept des Stewardship Codes im Vereinigten Königreich doch ursprünglich eine Antwort finden sollte, basieren dabei aber auf gänzlich anderen strukturellen Faktoren.[582]

In Anbetracht der weiterhin prominenten internen Governance-Mechanismen in japanischen Unternehmen verstehen zum Beispiel *Takaaki Eguchi* und *Zenichi Shishido* die Rolle eines *shareholder engagement* ausdrücklich weniger westlich-konfrontativ als vielmehr kooperativ. Ziel der Regelungen sei ein aktives Investment im Sinne eines Inputs von außen, kein aktivistisches.[583] Selbsteinschätzung der Investoren und deren Wahrnehmung durch die Investitionsziele müssen sich keineswegs decken, wenn es darum geht nachhaltige Strategien (und entsprechender Intervention) und kurzfristigen Aktionismus voneinander abzugrenzen.[584] *Eguchi*, ein ehemaliger Vermögensverwalter, fordert ein neues Investorenleitbild, das seine Kraft aus der „Unterstützung der vom Management gewählten Strategie“ (*kei'ei-sha ni yoru torikomi no ato'oshi*) schöpft. Gefragt seien nunmehr

> „gewandte Investoren, die grundsätzlich in der Lage sind, die fundamentalen Informationen der Investitionsziele angemessen zu bewerten, und, sollten sie von den Entscheidungen des Managements enttäuscht sein, nicht zurückschrecken, Maßnahmen auf Basis ihres Aktienbesitzes zu ergreifen.“[585]

Solche Aussagen sind an ein japanisches Publikum gerichtet und tendieren dazu, die Signifikanz der Maßnahmen und den Grad des zu erwartenden Wandels zu überbetonen. Sie sind aber in Perspektive zu rücken, dienen sie doch

579 J. Buchanan et al., Hedge Fund Activism, 210 f., 240 ff.

580 K. Egashira, 92:1 Waseda Hōgaku 95, 115 f. (2016).

581 G. Gotō, 15:2 Berkeley Business Law Journal 365, 391 f. (2018).

582 W. Tanaka, Gekkan Kansa-yaku 629 (2014), 66, 70 f., siehe oben Kapitel 3. D. I. 1.

583 T. Eguchi/Z. Shishido, in: HB Shareholder Power, 552, 566 f.; ähnlich auch K. Takei und H. Sanpei, in: K. Takei, Practical Introduction, 268 f. und J. Buchanan et al., Hedge Fund Activism, 292 f.: *quiet activism*.

584 K. Takei/Y. Ishizaki, Shōji Hōmu 2098 (2016), 36, 42.

585 T. Eguchi, Shōji Hōmu 2109 (2016), 24, 25 (Übers. des Verf.).

gerade dem Zweck, für die Reformen und deren Erfolgt zu werben. An ein internationales Publikum gerichtete Veröffentlichungen sind in der Regel weitaus verhaltener bis kritisch. *Gen Gotō* geht sogar so weit zu argumentieren, das Ziel des Stewardship Codes liege maßgeblich darin, japanische Investoren dazu zu drängen, sich so zu verhalten, wie es institutionelle Investoren in anderen Jurisdiktionen schon länger tun.[586]

E. Weitere Regelungsakteure

Zusätzlich zum Kerninteresse dieser Arbeit mit ihrem Fokus auf den jüngeren Soft Law-Instrumenten der *growth-oriented governance* soll an dieser Stelle kurz auf den Einfluss weiterer Akteure im Mehrebenensystem[587] hingewiesen werden. Beispiele der Selbstregulierung finden sich auf allen Ebenen. Zum Teil sind diese, wie im Falle der Wertpapierhandelsunternehmer (I), institutioneller Natur, zum Teil erst jüngst ins Zentrum der Aufmerksamkeit gerückt und damit, wie im Fall der Wirtschaftsprüfer auch dem gegenwärtigen Soft Law-Boom zuzurechnen (II). Flankiert wird dies von einer kaum überschaubaren Vielfalt an weiteren Richtlinien und Regelwerken, die, mal mehr mal weniger, zwischen den Polen staatlicher und privater Regelsetzung zu verorten sind (III). Die folgende Aufzählung ist dabei nicht als abschließend zu verstehen.

I. Selbstregulierung der Wertpapierhandelsunternehmen

Das FBG kennt neben der Börse auch die Selbstregulierung der Wertpapierhandelsunternehmen (*kin'yū shōhin torihiki gyōsha*). Der Zusammenschluss zu sogenannten Selbstregulierungseinheiten verbindet selbstregulatorische Elemente mit der Einbindung in die verwaltungsrechtliche Regulierung des Wertpapierhandels. Die Selbstregulierung umfasst die Regelsetzung gegenüber den Mitgliedern der betreffenden Einheiten sowie deren Überwachung und Durchsetzung. Ebenfalls mit der Streitschlichtung unter den Mitgliedern befasst, sollen diese Selbstregulierungseinheiten die Einhaltung von Gesetzesrecht sicherstellen und können im Auftrag der Exekutive über ihren Mitgliederkreis hinaus aktiv werden. Die zuvor in Einzelgesetzen enthaltenen Regelungen für verschiedene Typen der Selbstregulierung in diesem Bereich wurden erst mit der Reform von 2006 im FBG ganzheitlich kodifiziert. Dieses differenziert zwischen öffentlich-rechtlich organisierten, sogenannten autorisierten Vereinigungen von Wertpapierhandelsunternehmen (*ninka kin'yū shōhin torihiki kyōkai,* Art. 67 ff. FBG) und solchen „anerkannten" Vereinigungen (*nintei kin'yū shōhin*

[586] G. Gotō, 15:2 Berkeley Business Law Journal 365, 395 f. (2018).
[587] Vgl. H. Fleischer, ZGR 2011, 155, 191 ff.

torihiki kyōkai, Art. 78 ff. FBG), die nach dem Zivilgesetz als gemeinnützige Vereine (*kōeki hōjin*) gegründet sind.[588]

Die bei Weitem bedeutendste Selbstregulierungsorganisation in diesem Kontext sowie zum gegenwärtigen Zeitpunkt einzige im Sinne des Art. 67 Abs. 1 FBG autorisierte Vereinigung ist die 1973 gegründete *Japan Securities Dealers Association* (JSDA).[589] Anerkannte Vereinigungen existieren daneben für den Handel mit sogenannten Typ II-Finanzprodukten[590] und mit Termingeschäften befasste Wertpapierhandelsunternehmen, Anlageberater sowie treuhänderische Investmentfonds.[591] Auch wenn eine ausdrückliche Pflicht zur Mitgliedschaft nicht besteht, ergibt sich ein entsprechender faktischer Druck aus den Folgen, die das Gesetz an die fehlende Mitgliedschaft knüpft:[592] So ergeht die Erlaubnis bestimmter Geschäfte (Typ I und II Wertpapierhändler sowie Asset Management durch Finanzproduktehändler und Finanzinstitutionen) für nicht der Selbstregulierung unterworfene Wertpapierhandelsunternehmen bei der FSA seit Kurzem nur, wenn gesellschaftsinterne Vorkehrungen zur Befolgung der durch die jeweiligen Selbstregulierungsorganisationen aufgestellten Regeln getroffen wurden.[593] Zur Vermeidung von Interessenkonflikten zwischen der öffentlich-rechtlichen Funktion, der Regulierung der Mitarbeiter und deren Interessenvertretung geht das Gesetz davon aus, dass die öffentlich-rechtlichen Selbstregulierungsangelegenheiten getrennt von den übrigen Geschäften ausgeübt werden, ohne eine konkrete Organisationsform vorzuschreiben. Im Falle der JSDA besteht eine organisatorische Trennung zwischen Selbstregulierung und der strategischen Interessenvertretung innerhalb der Vereinigung selbst, die Modelle anderer Selbstregulierungseinheiten sehen eine Konzentration allein auf die Selbstregulierung vor oder implementieren ein Selbstregulierungskomitee außerhalb der Organisation selbst.[594]

Dass die Selbstregulierung der Wertpapierhandelsunternehmen sich mittelbar auch auf das Gesellschaftsrecht auswirkt,[595] lässt sich an einem Beispiel aus dem Übernahmerecht illustrieren. So zieht die Rechtsprechung zur Auslegung des unbestimmten Rechtsbegriffes des „besonders vorteilhaften Preises“ i. S. d. Art. 201 Abs. 1, 199 Abs. 3 GesG, ab dem die Privatplatzierung von

---

588 N. Matsuo, *Kin'yū shōhin torihiki-hō*, 458 ff.

589 *Nihon shōken-gyō kyōkai*, siehe <http://www.fsa.go.jp/koueki/koueki10a.html>.

590 Darunter fallen insbesondere Finanzderivate, Art. 28 Abs. 2, 2 Abs. 8 Nr. 7 FBG, N. Matsuo, *Kin'yū shōhin torihiki-hō*, 350.

591 Type II Financial Instruments Firms Association, The Financial Futures Association of Japan, Japan Investment Advisors Association, Investment Trust Association, siehe die Übersicht bei <http://www.fsa.go.jp/koueki/koueki10b.html>.

592 N. Matsuo, *Kin'yū shōhin torihiki-hō*, 260 f.

593 Siehe die durch das Reformgesetz 2014 eingeführte Art. 29-4 Abs. 1 Nr. 4 (ni), Art. 33-5 Abs. 1 Nr. 4 FBG.

594 N. Matsuo, *Kin'yū shōhin torihiki-hō*, 458 f. unter Verweis auf die FFAJ bzw. die Japan Investment Advisors Association.

595 N. Matsuo, *Kin'yū shōhin torihiki-hō*, 12.

Aktien eines Beschlusses der Hauptversammlung bedarf, eine Richtlinie der JSDA[596] heran. Diese untersagt ihren Mitgliedern den Erwerb von jungen Aktien im Wege der Privatplatzierung sobald gewisse Schwellenwerte unterschritten sind. Als Ausfluss der Selbstregulierung ist die Regel eigentlich nur für die Mitglieder der JSDA verbindlich. Die Rechtsprechung geht *prima facie* von der Angemessenheit der Lösung aus und greift so auf Soft Law außerhalb der Selbstregulierung der Börse zurück.[597]

II. *Wirtschaftsprüfer*

Auch Rechnungsprüfern (*kōnin kaikeishi*) bzw. Wirtschaftsprüfergesellschaften (*kansa hōjin*) weist die Corporate Governance-Regulierung börsennotierter japanischer Unternehmen eine Rolle zu, indem diese den Bericht der Gesellschaft zum internen Kontrollsystem (Art. 193-2 Abs. 2 FBG i. V. m. Art. 24-4 FBG) bewerten müssen. Die Vorschrift wurde im Wege der Neukodifikation des FBG im Jahr 2008 eingeführt und lehnt sich stark am US-amerikanischen Sarbanes-Oxley Act an. Die – strafbewehrte – Erklärung der Wirtschaftsprüfer beschränkt sich auf die abstrakte Bewertung des internen Kontrollsystems der Gesellschaft ohne die Geschäftsaktivitäten konkret zu berücksichtigen und beschränkt sich dabei im Wesentlichen auf das Aufzeigen „wesentlicher Schwächen" (*jūyō na fubi*) in dem Bericht. Die Einzelheiten zur Prüfung werden von einem an der FSA eingerichteten Komitee, dem *Business Accounting Council*, vorgegeben.[598] Eine wirklich unabhängige Prüfung des Kontrollsystems sieht der sogenannte JSOX indessen nicht vor. Auch dürfte die Schwelle zur Berichtspflicht weit höher anzusetzen sein als im ohnehin eher kritisch gesehenen US-amerikanischen Vorbild.[599]

Die eingangs erwähnten Skandale[600] haben das ihre zum Verlust des Vertrauens in die Funktion der Wirtschaftsprüfer als *gate keeper* beigetragen. Nicht zuletzt als Reaktion auf den *Toshiba*-Skandal und in Ablehnung einer selbstregulatorischen Lösung[601] hat die FSA wiederum bei einer Expertenkommission unter Leitung von *Tetsuo Seki*, Verwaltungsratsmitglied bei der *Mizuho Finan-*

---

596 JSDA, *Daisan-sha wariate tōzōshi nado no tori atsukai ni kansuru hōshin* [Richtlinie zum Umgang mit der Drittzuweisung junger Aktien], 1. April 2010, abrufbar unter: <https://www.jsda.or.jp/about/kisoku/files/c0301.pdf>.

597 DG Tōkyō, Urteil vom 1. Juni 2004, Hanrei jihō 1873 (2005), 159, 161: *ichiō no gōrisei*; siehe H. Kanda, *Kaisha-hō*, 34 f.; M. Nakahigashi, in: KK Taikei, 403, 420 f.

598 Standards for Management Assessment and Audit concerning Internal Control Over Financial Reporting vom 30. März 2011, in der engl. Übers. abrufbar unter: <http://www.fsa.go.jp/en/news/2011/20110729-1/01.pdf>.

599 Z. Shishido/S. Ōsaki, in: *Kigyō-hō kaikaku*, 367, 382 ff., vgl. zum US-amerikanischem Sarabannes-Oxley-Act vor allem R. Romano, 114 Yale Law Journal 1521, 1529 ff. (2005): „quack corporate governance".

600 Siehe oben Kapitel 2. B. III. 2.

601 Nikkei Asian Review vom 5. März 2016.

cial Group, die Erarbeitung eines Governance Codes für Wirtschaftsprüfergesellschaften in Auftrag gegeben. Der am 31. März 2017 veröffentlichte japanische Audit Firm Governance Code („AFGC“)[602] entspricht in Stil und Aufbau mit seinen Haupt- und Nebenprinzipien dem aus dem Corporate Governance Code und Stewardship Code bekannten Schema. Er basiert ebenfalls weitestgehend auf einem britischen Vorbild, dem Audit Firm Governance Code von 2010.[603] Wurde ursprünglich noch vermutet, der AFGC würde einer zu großen Nähe zwischen Wirtschaftsprüfern und geprüften Gesellschaften durch periodische Umstellung der Teams vorbeugen,[604] bleibt der AFGC weitaus offener. Im Kern geht es um ein transparentes Bekenntnis des Managements und dessen Verankerung in den Wirtschaftsprüfergesellschaften.

Die fünf Prinzipien des AFGC beziehen sich auf die öffentliche Rolle der Wirtschaftsprüfer, strukturelle Vorgaben und Transparenz, Überprüfung und Bewertung der Effektivität der gewählten Strukturen unabhängig vom Management, proaktiven Diskurs und Meinungsaustausch mit den geprüften Gesellschaften sowie die Berücksichtigung anderer Stakeholder. So soll das Topmanagement transparent auf die Ausfüllung der Rolle der Wirtschaftsprüfer innerhalb der Gesellschaftsregulierung, namentlich den „offenen und freien Diskurs“ mit den geprüften Gesellschaften hinwirken (Prinzip 1 AFGC). Wie auch der Stewardship Code folgt der AFGC einem *opt-in*-Modell, das wiederum mit einen *comply-or-explain*-Mechanismus verbunden ist. Kooperation wird jedenfalls von den großen Wirtschaftsprüfungsgesellschaften mit vielen Partnern erwartet, während kleinere Wirtschaftsprüfer in ihrer Entscheidung frei sein sollen.[605] Der Erfolg dieses Konzepts ist noch nicht absehbar, auch wenn sich bislang immerhin 17 Wirtschaftsprüfergesellschaften dem Konzept unterworfen haben.[606] Nimmt man die Selbsteinschätzung des britischen Vorbilds zum Maßstab, die die für das Konzept des AFGC zentralen Transparenzberichte als *„compliance documents of limited interest“* bezeichnet,[607] drängt sich die Notwendigkeit weiterer Soft Law-Vorgaben an die Transparenz zumindest nicht unmittelbar auf.

---

[602] *Kansa Hōjin no Soshiki-teki na Kei'ei ni kansuru Gensoku (Kansa Hōjin no Ganabansu Kōdo)* [Principles for Effective Management of Audit Firms (The Audit Firm Governance Code)] vom 31. März 2017. Abrufbar in engl. Übers. unter <https://jicpa.or.jp/english/news/2017/fsa_publishes_audit_firm_gover.html>.

[603] Financial Reporting Council, Audit Firm Governance Code (revised 2016), abrufbar unter: <https://www.frc.org.uk/auditors/audit-assurance/audit-firm-governance-code>.

[604] Nikkei Asian Review vom 5. März 2016.

[605] Vgl. Präambel des AFGC.

[606] FSA, *„Kansa Hōjin no Soshiki-teki na Un'ei ni kansuru Gensoku“ (Kansa Hōjin Gabanansun Kōdo“) wo saiyō shita kansa hōjin no lisuto* [Liste an Wirtschaftsprüfergesellschaften, die den AFGC übernommen haben] vom 1. Juli 2019, abrufbar unter: <https://www.fsa.go.jp/news/28/sonota/20170331-auditfirmgc/4.pdf>.

[607] So wurde die Notwendigkeit einer Revision gerade mit der geringen Sichtbarkeit des UK AFGC und den eher verhaltenen Erfahrungen im Hinblick auf die Kommunikation der Wirtschaftsprüfer mit den Investoren begründet, siehe Präambel UK AFGC, 2.

III. Expertenkommissionen (kenkyū-kai), private Interessensgruppierungen und andere

Zumindest im Kontext erwähnt werden sollen an dieser Stelle zudem die kaum überschaubare Zahl weiterer an den Ministerien[608] oder der Börse[609] angesiedelter, aus Privatpersonen bestehenden Kommissionen.[610] Wenngleich diese Berichte mit keinerlei Durchsetzungsmaßnahmen verbunden sind, wird von den Adressaten erwartet, dass sie diese zur Kenntnis nehmen und entsprechend umsetzen. So verfolgt etwa auch der bereits erwähnte Ito-Review als intellektuelle Grundlage für den derzeitigen Corporate Governance-Diskurs eine regulatorische Zielsetzung, indem es die Erwartungen an die Unternehmen zum konstruktiven Dialog mit den Aktionären und damit verbunden die Steigerung der Kapitaleffizienz zum Ausdruck bringt.[611]

Neben diesem „Soft Law von oben" entwickeln auch private Interessensgruppierungen wie der einflussreiche Verband der japanischen Wirtschaft, *Japan Business Federation* (*Keidanren*). eigene Vorschläge „von unten". Zum Teil richten sich diese im Sinne einer *member regulation* direkt an ihre Mitglieder.[612] Andere, wie etwa der Vorschlag der *Japan Association of Corporate Directors* (JACD) zum Erlass eines Corporate Governance Codes, wollen einen Beitrag zur Diskussion leisten[613] oder zielen auf die Vorbereitung einer Reaktion durch die Regulatoren, etwa durch die Börse.[614] Zwar ist es schwierig, den konkreten Effekt dieser Berichte zu ermessen. Indem sie bestimmte Themen adressieren und so im Diskurs verankern, sind aber ebenfalls Teil des Soft Laws.

---

608 Siehe etwa den Überblick zu den allein beim METI angesiedelten Forschungskommissionen zur Corporate Governance die Übersicht auf: <http://www.meti.go.jp/policy/economy/keiei_innovation/keizaihousei/corporategovernance.html>.

609 Siehe hierzu bereits oben Kapitel 3. B. V. 1.

610 Allgemein auch F. J. Schwartz, Advice and Consent, 105 ff.

611 J. Buchanan et al., ZJapanR 47 (2019), 69, 92 f. und im Detail unten Kapitel 3. D. I.

612 H. Kanda, in: Theory of Soft Law (1), 153, 154 am Beispiel der *Kigyō Kōdō Kenshō* [Unternehmensverfassung] des Keidaren auf dem Gebiet der CSR.

613 JACD, *Kigyō no taizoku seichō ni muketa ‚Seme no kōporēto gabanansu' ni mukete – Kōporēto Ganbanansu Kōdo* (Nihon Torishimari-Yaku Kyōkai-An) [Zur „wachstumsorientierten Governance" für ein nachhaltiges Unternehmenswachstum: Corporate Governance Code (Vorschlag der JACD)] vom 6. Okotober 2014, siehe hierzu T. Fujita, Shōji Hōmu 2038 (2014), 4 ff.

614 X. Wen, in: *Kaisha, Kin'yū, Hō* (1), 375, 376.

Kapitel 4

Formaler Erfolg und ausbleibender struktureller Wandel

Der Charme von Soft Law liegt in seiner Kombination aus Flexibilität und Bindungswirkung. Sind die Regelungsadressaten im Grundsatz frei, einer Norm zu folgen, dürfte die Befolgung von größerer Akzeptanz getragen sein, zumal dann, wenn die Interessen der Regelungsadressaten in die Erstellung der Norm eingeflossen sind. Je stärker dagegen die Bindungswirkung einer Norm ist, umso wichtiger ist deren legitimatorische Grundlage.[1] Die japanischen Erfahrungen zeigen, dass es nicht leicht ist, hier die richtige Balance aus Bindung und Erwartung der Regulatoren zu finden.

Welch starke Bindungswirkung auch der *comply-or-explain*-Mechanismus in Abhängigkeit von seiner rechtsinstitutionellen Einkleidung entfalten kann, lässt sich anhand des mit dem Reformgesetz 2014 in das Gesellschaftsgesetz eingeführten Art. 327:2 nachvollziehen. Die Ernennung externer Direktoren zielt darauf ab, die Rolle des Verwaltungsrats in japanischen Unternehmen stärker als Organ mit Aufsichtsfunktion zu definieren, und veranschaulicht gleichermaßen, wie die einzelnen Ebenen des Mehrebenensystems aus Gesellschaftsgesetz, Regeln der Börse und dem Corporate Governance Code ineinandergreifen. Auf formaler Ebene waren die Regelungen mit ihrer Kombination aus theoretischer Flexibilität und erwarteter Umsetzung sehr erfolgreich und führten rasch dazu, dass sich die Bestellung mindestens eines externen Direktors als neuer Standard etablierte. Daraufhin wurde der gesetzliche *comply-or-explain*-Mechanismus mit dem Reformgesetz 2019 wieder abgeschafft (A). Gleichzeitig beklagt man bei der Bewertung des Doppelcode-Konzepts, dass die erwünschten Effekte ausblieben und Gesellschaften die Prinzipien des Corporate Governance Codes nur auf formaler Ebene befolgten, ohne sich deren Geist zu verschreiben. Dasselbe gilt für das zweite „Wagenrad", den Stewardship Code, und den konstruktiven Dialog mit den Investoren. Wiederholt mahnte das *Follow-up Council* daher an, es sei notwendig, die Reform der Corporate Governance zu vertiefen und diese nicht nur formal (*keishiki-teki*), sondern materiell (*jisshitsu-teki*) umzusetzen.[2] Dass Investoren wie Unternehmen den Geist der Kodizes noch nicht verinnerlicht haben, mag sich dadurch erklären lassen, dass die

[1] Siehe oben Kapitel 1. B.

[2] Follow-up Council, Opinion I (2015); Opinion IV (2019).

Kodizes als Soft Law „von oben" weniger legitimiert sind, als es das Konzept der Selbstregulierung ermöglichen würde (B).

A. Die Anreizschraube zur Stärkung der Aufsichtsfunktion des Verwaltungsrates

Kernthema der letzten Jahre in der japanischen Corporate Governance-Debatte war die Aufgabe und das Selbstverständnis des Verwaltungsrates. Im Zentrum steht hierbei der graduelle Umschwung vom traditionellen *management board* zum sogenannten *monitoring model.*[3] Augenscheinlich wird dies an der Frage, ob, und wenn ja wie viele, Mitglieder des Verwaltungsrats als sogenannte externe Direktoren (*shagai torishimari-yaku*) nicht aus den Zirkeln der Gesellschaft kommen sollten oder diese sogar unabhängig (*dokuritsu torishimari-yaku*) von der Gesellschaft und seinen Konzernstrukturen sein müssten.[4] Die Antwort hierauf hat ganz erhebliche Auswirkungen auf das Rollenverständnis des Verwaltungsrats. Ein zunehmend mit Unabhängigen besetztes Gremium kann nicht mehr in ähnlichem Maße in die Geschäftsführung involviert sein wie das traditionelle *management board*, das auch über kleine Details im Gremium entscheidet.[5] Es sorgt zudem für ein gewisses Maß an Konkurrenz innerhalb der Gesellschaft, deren Führungsriege sich bislang nahezu ausschließlich aus verdienten langjährigen Mitarbeitern mit ähnlichem Hintergrund und Erfahrungen zusammensetzte.[6]

Das Mittel der japanischen Regulatoren liegt in der sogenannten „Anreizschraube" (*insentibu no nejire*),[7] einem komplexen Nebeneinander von Regelungen im Gesellschaftsgesetz, das verschiedene Möglichkeiten für die Organisationsverfassung einer offenen Aktiengesellschaft bereithält (I), und den Bestrebungen der Börse um die Einführung unabhängiger Organmitglieder (II). Diese wurde über die Jahre zunehmend enger gezogen.[8] Der mit dem Reformgesetz 2014 in das Gesellschaftsgesetz eingeführte *comply-or-explain*-Mechanismus zur Ernennung mindestens eines externen Direktors brachte trotz der im Ansatz bestehenden Flexibilität in seiner konkreten Ausgestaltung eine ganz

---

[3] Ausführlich G. Gotō et al., in: Independent Directors in Asia, 135, 137ff. und die Dissertation von T. Spiegel, Independent Directors, 128f.; bereits zu den Reformen bis zum Erlass des GesG R. J. Gilson/C. J. Milhaupt, 53 Am. J. Comp. L 343, 349f. (2005).

[4] Siehe schon oben Kapitel 2. B.IV.

[5] K. Ōsugi, in: Enterprise Law, 252, 216: T. Spiegel, Independent Directors, 233ff.

[6] F. Waldenberger, 29:3 Japan Forum 354, 371 (2017).

[7] H. Kanda, Kin'yū Hōmu Jihō 1909 (2010), 18, 26; M. Saitō, Shōji Hōmu 1940 (2011), 18, 26.

[8] H. Kanda, Jurist 1484 (2015), 14, 17: „Die Regelungstechnik mag kompliziert sein, ihr Ziel ist es nicht." (Übers. des Verf.). Zum Ganzen im Detail auch T. Spiegel, Independendet Directors, 183ff.

neue Qualität der Regulierung mit sich (III), die zusammen mit den Empfehlungen im Corporate Governance Code zur inhaltlichen Ausformung des Konzepts (IV) zumindest auf formaler Ebene höchst erfolgreich waren. Die Überführung von Art. 327:2 GesG in eine verpflichtende Regelung zum 1. März 2021 ist so nur die logische Konsequenz einer Entwicklung hin zu immer strengerer Regulierung (V). Für das Konzept der Regulierung durch Soft Law bedeutet dies trotz hoher Befolgungsquoten nichts Gutes (VI).

I. Drei Möglichkeiten der Organisationsverfassung im Gesellschaftsgesetz

Zwei Jahrzehnte intensiv geführter Debatte haben die näheren Wahl- und Kombinationsmöglichkeiten in der Organisationsverfassung, die japanischen Aktiengesellschaften zur Verfügung stehen, erheblich erweitert. Dem liegt in der Theorie der Gedanke zu Grunde, Gesellschaften würden die für sie passende Governance-Struktur in einem „Wettstreit der Systeme" selber wählen.[9] Zudem ist der Regelungsansatz spezifisch japanisch: Verpflichtende Regelungen gerade zur Bestellung externer oder gar unabhängiger Direktoren waren lange Zeit politisch nicht durchsetzbar. Also ermöglichte man reformwilligen Unternehmen voranzuschreiten, erlaubte dem überwiegenden Teil der Gesellschaften aber, es bei den althergebrachten Strukturen zu lassen.[10]

Diese konservative Position geriet zunehmend unter Rechtfertigungsdruck. Im Fokus auch der jüngsten Reformen um die Verpflichtung zur Einführung externer Direktoren steht so in erster Linie die Gesellschaft mit Prüferrat (1), nach wie vor das beliebteste Organisationsmodell. Die 2002 eingeführte Gesellschaft mit Ausschüssen weist externen Direktoren eine zentrale Rolle zu und kommt so dem *monitoring model* am nächsten (2), konnte sich aber gerade deswegen in der Praxis nie durchsetzen.[11] Mit dem Reformgesetz 2014 schuf der Gesetzgeber zusätzlich, als eine Art niedrigschwelliges Angebot an die Unternehmen,[12] eine dritte Möglichkeit der Organisationsverfassung, die Gesellschaft mit Kontrollausschuss mit einer weniger prominenten Rolle externer Direktoren (3).

1. Gesellschaft mit Prüferrat

Im Zentrum der japanischen Corporate Governance steht der Verwaltungsrat (*torishimari yakkai*), der in offenen Gesellschaften zwingend zu errichten ist (Art. 327 Abs. 1 GesG). Als Kollegialorgan nach Art. 362 Abs. 2 GesG ist dieser zum einen mit Entscheidungen über die Geschäftsführung (*gyōmu shikkō no*

---

9 K. Egashira, *Kabushiki Kaisha-hō*, 556: *seido-kan kyōsō*.
10 R. J. Gilson/C. J. Milhaupt, 53 Am. J. Comp. L 343, 353 f. (2005).
11 G. Gotō et al., in: Independent Directors in Asia, 135, 139.
12 G. Gotō, ZJapanR 35 (2013), 13, 22.

kettei), zum anderen mit der Überwachung seiner Mitglieder, in Anlehnung an das englischsprachige Schrifttum auch teils als Direktoren bezeichnet, betraut. Dem Grundkonzept nach beauftragt der Verwaltungsrat bestimmte herausgehobene Direktoren mit Vertretungsmacht (*daihyō torishimari-yaku*) mit der Geschäftsführung sowie der Umsetzung der Beschlüsse des Verwaltungsrats. Die allermeisten Gesellschaften werden von einem Präsidenten (*shachō*) bzw. CEO als Vorsitzenden des Verwaltungsrats geführt. Das Amt ist als solches im Gesellschaftsgesetz nicht vorgesehen, fällt aber in der Regel mit der Vertretungsmacht und einer weitgehend umfassenden Geschäftsführungsbefugnis zusammen. Die Kompetenzen weiterer vertretungsberechtigter Direktoren (oftmals als Vizepräsidenten o. ä. bezeichnet) sind dagegen enger abgesteckt und oft auf bestimmte Bereiche beschränkt.[13] Die Debatte um die Stärkung der Aufsichtsfunktion *kantoku kinō*) ist Reaktion auf schon länger bestehende Zweifel an der Fähigkeit des Verwaltungsrates, seiner dualen Funktion gerecht werden zu können. Die Wahl und Abwahl der Direktoren wie auch die Genehmigung ihrer Vergütung obliegt nach dem Gesetz zwar der Hauptversammlung (Art. 329 Abs. 1, Art. 339 bzw. Art. 361 GesG). In der Praxis dürfte es jedoch oftmals der Präsident sein, der diese Entscheidungen trifft und nur noch von der Hauptversammlung absegnen lässt. Die Aufsichtsfunktion des Verwaltungsrates wird so nahezu vollständig entwertet.[14]

Nach dem Gesetz müssen große[15] (offene) Gesellschaften im Grundsatz einen sogenannten Prüferrat (*kansa yakkai*) errichten (Art. 328 Abs. 1 GesG) oder alternativ Komiteestrukturen nach einer der beiden anderen Organisationsverfassungen vorsehen. Die TSE erstreckt diese Pflicht auf alle bei ihr gelisteten Gesellschaften (Regel 437 Abs. 1 Nr. 2 BörsZR) unabhängig von deren Größe. In ihrer traditionellen Organisationsverfassung verfügt die japanische Aktiengesellschaft neben dem Verwaltungsrat so über ein weiteres Organ, das speziell mit der Prüfung der Aktivitäten der Gesellschaft betraut ist (Art. 381 GesG). Während das Konzept des Verwaltungsrates erkennbare Anleihen an dem Gesellschaftsrecht der US-Bundstaaten nimmt, handelt es sich bei dem Prüferrat um eine Anlehnung an den Aufsichtsrat der deutschen Aktiengesellschaft, die noch auf die erste Phase der Rechtsrezeption im ausgehenden 19. Jahrhundert zurückgeht. Im scharfen Gegensatz zum deutschen Aufsichtsrat war dem Prüferrat allerdings nie Personalkompetenz zugedacht. Ohnehin sind dessen Kom-

---

[13] K. Egashira, *Kabushiki Kaisha-hō*, 380 ff. und Fn. 4. Insgesamt sind der Delegation aber vergleichsweise enge Grenzen gesetzt: Über wichtige Personalfragen hat der Verwaltungsrat etwa genauso als Kollegialorgan zu entscheiden, wie über die Verfügung wichtiger Vermögensgegenstände oder die Aufnahme erheblicher Kredite (Art. 362 Abs. 4 GesG), siehe Y. Itō, Institute for Law and Finance/Working Paper Series 125 (2011), 14 f.

[14] K. Ōsugi, Kin'yū kenkyū 32:4 (2013), 105, 170, 188 f.; ders., Hōritsu jihō 87:3 (2015), 4, 6 f.

[15] Also solche mit einem Stammkapital größer JPY 500 Millionen (etwa EUR 4 Millionen).

petenzen bei der Prüfung (*kansa*) zumindest im Grundsatz auf die Rechtmäßigkeit der Pflichtausübung und damit bei unternehmerischen Entscheidungen des Verwaltungsrats auf eine Ermessenskontrolle beschränkt. Einfluss auf die Geschäftsführung kann der Prüferrat lediglich durch die Erhebung einer Unterlassungsklage (Art. 385 Abs. 1 GesG) geltend machen.[16] Auch die Prüfer werden von den Aktionären auf Vorschlag der Gesellschaft (oftmals des Präsidenten) gewählt (Art. 329 Abs. 1 GesG), wobei die persönliche Eignung für den Posten oftmals nur ein und nicht zwangsläufig das entscheidende Kriterium neben strategischen Überlegungen sein dürfte.[17] Ob gerechtfertigt oder nicht, die beschränkten Befugnisse des Prüferrats boten gerade institutionellen Investoren nicht selten Anlass für Kritik an der Adäquanz der Aufsichtssysteme in der japanischen Corporate Governance.[18]

Auch in der althergebrachten Gesellschaft mit Prüferrat befinden sich die Rollen der einzelnen Organe und ihr Verhältnis zueinander seit einiger Zeit im Fluss. Waren externe Direktoren lange die Ausnahme, zeichnete sich bereits vor den jüngsten Reformen unter den größeren Unternehmen ein langsamer, aber kontinuierlicher Trend zur Ernennung jedenfalls eines externen Direktors ab,[19] der sich im Vorfeld der Einführung des Art. 327:2 GesG stark beschleunigte.[20] In vielen Unternehmen wurden zudem Positionen wie die des *senior officer* (*shikkō yaku'in*, teilweise auch *shikkō-yaku*), eine Art Geschäftsführer, für verdiente Angestellte unterhalb der Ebene des Verwaltungsrats geschaffen. Dies ermöglicht eine sukzessive Verkleinerung des Verwaltungsrates selbst, ohne mit dem Prinzip der senioritätsbasierten Beförderung zu brechen. Indem auch diese *senior officer* mit Aspekten der Geschäftsführung beauftragt werden, ist es möglich, dass der so verkleinerte Verwaltungsrat sich auf Entscheidungen von strategischer Bedeutung konzentriert.[21] Auch im Rahmen des Systems der Gesellschaft mit Prüferrat lässt sich das *monitoring model* mithin zumindest im Rahmen der rechtlichen Grenzen umsetzen. So propagiert etwa der gut vernetzte Wirtschaftsanwalt *Kazuhiro Takei* eine Sichtweise, die sich stark am US-amerikanischen *board* anlehnt. Er unterscheidet hierbei innerhalb eines imaginären „*supervisory board*" aus Verwaltungsrat und Prüferrat zwi-

[16] K. Egashira, *Kabushiki Kaisha-hō*, 531 f.; H. Kanda, *Kaisha-hō*, 257 f.

[17] Y. Itō, Institute for Law and Finance/Working Paper Series 125 (2011}, 13 ff.

[18] Etwa B. E. Aronson, ZJapanR 35 (2013), 85, 97 ff.: „quasi compliance officer"; dagegen unter ausdrücklicher Betonung der Bedeutung der Prüfer für das Gesamtsystem K. Ōsugi, in: Enterprise Law, 252, 257; A. Morita, Dōshisha hōgaku 68:1 (2016), 65, 85 f.

[19] H. Miyajima/R. Ogawa, Shōji Hōmu 1973 (2012), 81 f. verzeichneten für die Jahre 2005 bis 2010 einen Anstieg von Gesellschaften in der *First Section* der TSE, die mindestens ein unabhängiges Verwaltungsratsmitglied bestellt hatten, von 40,2 % auf 47,3 %.

[20] W. Tanaka, in: Kaisei 2014, 17, 18 f.: 76 % der Gesellschaften in der *First Section* er TSE zum 03. Februar 2015 bei 66 % aller börsennotierten Gesellschaften.

[21] R. Dore, in: Corporate Governance in Japan, 370, 377 ff.; B. E. Aronson, in: Independent Directors in Asia, 431, 444 f. am Beispiel der Corporate Governance Strukturen von Asahi Glass; siehe auch J. Westhoff, in HB Japanisches Recht, § 5 Rn. 64 f.

schen geschäftsführenden und nicht-geschäftsführenden Organmitgliedern (*yaku'in*).[22] Wie zu sehen sein wird, zielt sowohl die Gesellschaftsreform von 2014 als auch die Adressierung der Problematik durch Soft Law darauf ab, solche Konvergenzbestrebungen zu unterstützen.[23]

2. *Gesellschaft mit Ausschüssen*

Die 2002 eingeführte Gesellschaft mit Ausschüssen entspricht am ehesten dem Leitbild des *monitoring model*.[24] In Abgrenzung zur neu eingeführten Organisationsstruktur firmiert diese seit Inkrafttreten der Reform von 2014 unter der etwas schwerfälligen Bezeichnung *shimei i'inkai-tō setchi kaisha*, also als Gesellschaft mit einem Nominierungsausschuss usw. Sie erlaubt eine weitreichende Übertragung der Geschäftsführung vom Verwaltungsrat (Art. 402, 416 Abs. 4 GesG) auf mindestens einen Geschäftsführer (*shikkō yaku*), der auch dem Verwaltungsrat angehören kann (Art. 402 Abs. 6 GesG).[25] Die Aufgaben des Prüferrats werden in Gesellschaften mit dieser Organisationsverfassung von einem Prüfungsausschuss (*kansa i'inkai*) vorgenommen, dessen Mitglieder selbst Teil des Verwaltungsrats sind. Nach Art. 400 Abs. 2, 3 GesG müssen dieser sowie die anderen beiden konstituierenden Ausschüsse zur Nominierung (*shimei i'inkai*) und Vergütung (*hōshū i'inkai*) mindestens zur Hälfte aus externen Direktoren (*shagai torishimari-yaku*) bestehen. So soll der Einfluss auch einer vergleichsweise geringen absoluten Anzahl externer Mitglieder ohne Mehrheit im Verwaltungsrat insgesamt spürbar bleiben und für Transparenz im Nominierungsprozess sorgen. Dem Verwaltungsrat steht demgegenüber kein eigenes Vetorecht gegen Beschlüsse der Ausschüsse hinsichtlich der Nominierung und der Entlassung seiner Mitglieder zu (Art 404 Abs. 1 GesG).[26]

Trotz einiger prominenter Fälle unmittelbar nach Einführung des Ausschussmodells, in denen Großunternehmen wie die *Sony Corporation* die Konformität ihrer Corporate Governance mit dem „westlichen" Standard demonstrierten,[27] variierten die individuellen Gründe für eine Adaption der neuen Organisati-

---

[22] K. Takei, in: L & E Corporate Governance, 304 ff.; ders., Shōji Hōmu 2069 (2015), 4, 12; ähnlich auch die Übersicht bei H. Kansaku, Shōji Hōmu 2101 (2016), 4, 12.

[23] G. Gotō et al., in: Independent Directors in Asia, 135, 174; K. Ōsugi, in: Enterprise Law, 252, 214.

[24] K. Egashira, *Kabushiki Kaisha-hō*, 557 ff.; siehe H. Kansaku/M. Bälz, in: HB Japanisches Recht, § 3 Rn. 131. In früheren Abhandlungen wurden die Organisationsform z. T. als „monistisches" dem „dualistischen" System mit Prüferrat gegenübergestellt (V. Meckel, Corporate Governance, 188 ff.; O. Kirchwehm, Corporate Governance, 93 ff.). Hierauf soll angesichts der spezifischen und originären Befugnisse des Prüferrats verzichtet werden, um Missverständnisse zu vermeiden.

[25] K. Egashira, *Kabushiki Kaisha-hō*, 576 ff., vgl. den Katalog des Art. 362 Abs. 4 GesG, der keine Anwendung auf die Gesellschaft mit Ausschüssen findet.

[26] K. Egashira, *Kabushiki Kaisha-hō*, 566 f.; T. Miyajima, Essenz, 289.

[27] B. E. Aronson, in: Independent Directors in Asia, 431, 444 ff.

onsstruktur.[28] In der Breite aber konnte sich die Gesellschaft mit Ausschüssen gerade wegen des erheblichen Einflusses externer Direktoren in dieser nicht durchsetzen.[29] Vor Erlass des Reformgesetzes 2014 waren weniger als sechzig börsennotierte Gesellschaften in der Form der Gesellschaft mit Ausschüssen organisiert.[30]

3. Gesellschaft mit Kontrollausschuss

Mit dem Reformgesetz 2014 reagierte der Gesetzgeber auf den ausbleibenden Erfolg der 2002 eingeführten Gesellschaft mit Ausschüssen. Die Organisationsverfassung der *kansa-tō i'inkai setchi kaisha*, was sich frei als „Gesellschaft mit Kontrollausschuss" übersetzen lässt,[31] als dritte Option bietet einige der Vorteile des Ausschussmodells, sieht aber keine ähnlich weitreichenden Befugnisse externer Direktoren vor. Den Unternehmen wird so ein Angebot zur erleichterten Einführung des *monitoring model* gemacht.[32]

Im Vergleich zum Ausschussmodell verfügt die Gesellschaft obligatorisch nur noch über einen Ausschuss, den namensgebenden Kontrollausschuss (*kansa-tō i'inkai*). Die Bezeichnung bringt zum Ausdruck, dass die Befugnisse des Ausschusses weitreichender sind als die des Prüferrats in der klassischen Organisationsverfassung. Da die Mitglieder des Kontrollausschusses gleichzeitig dem Verwaltungsrat angehören (Art. 399:2 Abs. 2 GesG), führen sie ihre Prüfung „aus dessen Mitte heraus"[33] durch. Wie in den anderen Organisationsverfassungen ist der Verwaltungsrat zur Aufsicht (*kantoku*) über die Ausübung der Pflichten durch die Verwaltungsräte verpflichtet (Art. 399:3 Abs. 1 Nr. 2 GesG). Seine Mitglieder haben insbesondere Stimmrecht bei Entscheidungen des Verwaltungsrates und sollen die Angemessenheit der Geschäftsführung aus unter-

---

[28] R. J. GILSON/C. J. MILHAUPT, 53 Am. J. Comp. L 343, 365 f. (2005).

[29] G. GOTŌ, ZJapanR 35 (2013), 13, 18; G. GOTŌ ET AL., in: Independent Directors in Asia, 135, 139; M. MAEDA, in: KK Taikei, 253, 269.

[30] Seitdem zeichnet sich ein leichter Trend zu einer steigenden Beliebtheit der Organisationsverfassung ab, siehe im Detail JACD, *Shimei i'in kai-tō setchi-kaisha risuto (jōjō kigyō)* [Liste von Gesellschaften mit Nominierungsausschuss (börsennotierte Unternehmen)], 3. August 2020, abrufbar unter <https://www.jacd.jp/news/opinion/jacd_iinkaisecchi.pdf>. Beispiele für als Gesellschaft mit Ausschüssen konstituierte Unternehmen sind etwa *Sony*, *Nomura Securities*, *Toshiba* sowie *Japan Post Bank*, *Mitsubishi UFJ Financial Group* sowie *Hitachi Kōki*, die Struktur erst nach 2015 einführten.

[31] Wörtlich „Gesellschaft mit einem Ausschuss für Prüfung usw." In englischen Publikationen ebenfalls gebräuchlich ist die Bezeichnung „*Company with an audit and supervisory committee*" (etwa G. GOTŌ ET AL., in: Independent Directors in Asia, 135, Fn. 31. Im Sinne der Konsistenz orientiert sich diese Arbeit an der von T. SPIEGEL, Independent Directors in Japan vorgeschlagenen Übersetzung, die auch mit der englischen Fassung des JCGC [„*Company with Supervisory Committee*"] übereinstimmt.

[32] Hierzu G. GOTŌ, ZJapanR 35 (2013), 13, 22 ff.

[33] So die Erklärung bei T. MIYAJIMA, Essenz, 280 für die etwas schwierig greifbare Bezeichnung *kansa-tō* („Prüfung usw."), die auf die Aufsichtsfunktion hinziele.

nehmerischer Sicht überwachen.[34] Wie in der Gesellschaft mit Ausschüssen ist auch der Kontrollausschuss mehrheitlich mit externen Direktoren besetzen (Art. 331 Abs. 6 GesG); die Externen haben indes keinen direkten Einfluss auf die Nominierung für den Verwaltungsrat oder die Vergütung seiner Mitglieder. Die externen Direktoren sind lediglich berechtigt, gegenüber der Hauptversammlung ihre jeweilige Einschätzung vorzutragen, was die im Vergleich zur Gesellschaft mit Ausschüssen eingeschränkteren Kompetenz ausgleichen soll.[35] Sofern mehr als die Hälfte des Verwaltungsrats mit externen Mitgliedern besetzt sind oder die Satzung dies bestimmt, eröffnet die Organisationsverfassung zudem weitreichendere Möglichkeiten der Delegation der Geschäftsführung, die mit der Gesellschaft mit Ausschüssen vergleichbar sind (Art. 399:13 Abs. 5 und 6 GesG). Dennoch dürfte die Aufsichtsfunktion des Verwaltungsrats in der Gesellschaft mit Ausschüssen stärker ausgeprägt sein als in der neuen Organisationsverfassung. So erscheint fraglich, ob der Kontrollausschuss, wenn er Gebrauch von seinem Fragerecht (Art. 399:9 Abs. 3 GesG) macht, ohne eigene Personalkompetenz dieselben Antworten von den vertretungsberechtigten Mitgliedern des Verwaltungsrats erhält, wie ein Prüfungsausschuss in der Gesellschaft mit Ausschüssen.[36]

II. Unabhängige Organmitglieder in den Bemühungen der Börse

Für Gesellschaften mit Prüferrat und damit die ganz überwiegende Anzahl japanischer börsennotierter Gesellschaften bestand bis zur Einführung des Art. 327:2 GesG 2015 keine gesetzliche Regelung zur Ernennung eines externen Direktors. Die Lücke in der Regulierung wurde zunächst vor allem durch Soft Law und die Selbstregulierung der Börse versucht zu schließen. Dies betrifft zum einen das Erfordernis unabhängiger Stimmen in den Aufsichtsorganen selbst (1), zum anderen den an die Externen angelegten Standard (2).

1. Unabhängigkeit des Verwaltungsrates

Ein erster Versuch mit einem dem *comply-or-explain*-Prinzip zumindest nahekommenden Ansatz zeigte sich bereits in den seit 2006 für den Corporate Governance-Bericht von der TSE verlangten Formblättern. Danach hatten auch Gesellschaften mit Prüferrat Angaben zu externen Direktoren zu machen oder den Grund anzugeben, warum die Gesellschaft nicht über ein solches verfügte.[37] Im Anschluss an die Empfehlungen der *Corporate Governance Study*

---

34 K. EGASHIRA, *Kabushiki Kaisha-hō*, 591; siehe auch T. NAKADA/T. WITTY, ZJapanR 39 (2015), 199, 202.

35 M. MAEDA, Jurisuto 1472 (2014), 18, 23; siehe Art. 342:2 Abs. 4, Art. 361 Abs. 5 GesG.

36 Kritisch K. EGASHIRA, *Kabushiki Kaisha-hō*, 593, Fn. 1.

37 M. SAITŌ, in: Markt und Staat, 191, 196 f.; vgl. auch Y. TANIGUCHI, Shōji Hōmu 1808

Group, einer gemeinsamen Initiative von METI und FSA, gab die TSE diesen Ansatz jedoch im Jahr 2009 auf. Regel 436-2 BörsZR i. d. F. von Dezember 2009 verlangte nun im verpflichtenden Teil des Codes of Conduct die Ernennung eines unabhängigen Organmitgliedes (*dokuritsu yaku'in*), also mindestens eines externen Direktors oder externen Prüfers, dessen Ernennung zusätzlich keine Befürchtung für Konflikte mit den Interessen der gemeinen Aktionäre entstehen lässt (*ippan kabunushi to rieki sōhan ga shōjiru osore ga nai*). Damit war für die TSE die unabhängige Vertretung der Interessen der gemeinen Aktionäre zunächst wichtiger als die spezifische Zuordnung zu Verwaltungs- oder Prüferrat.[38]

Die Maßnahme ergriff die TSE dabei nicht aus eigener Initiative, sondern entsprach hiermit den Wünschen der Exekutive.[39] Die Alternative, daran lässt der Beschluss der *Corporate Governance Study Group* wenig Zweifel, wäre die Einführung einer gesetzlichen Regelung gewesen:

> „So on this occasion the Corporate Governance Study Group decided to adopt measures that do not require any revision to the law, and concluded that it is realistic to require this to be established by financial instruments exchanges. Therefore, the study group does not draw a conclusion regarding the requirements for ‚outsider' status and whether such requirements could be ignored for those persons who have not violated the ‚outsider' requirements for a given period of time (for example, three or five years) in the recent past (review of ‚the requirements regarding past status'), as this is also linked to revision of the law."[40]

Für die Unternehmen änderte sich zunächst nicht viel. Der Prüferrat musste auf Grund der seit 2006 geltenden Rechtslage ohnehin zur Mehrheit mit externen Prüfern (*shagai kansa-yaku*) besetzt sein (Art. 335 Abs. 3 GesG). Von den Unternehmen wurde daher nicht mehr verlangt, als bei einem ihrer externen Prüfer darauf zu achten, dass dieser auch das eher vage Unabhängigkeitskriterium erfüllte. Tiefgreifende Änderungen für das interne Corporate Governance-System waren damit nicht zu erwarten. Insbesondere bestand kein Anreiz, Leitungspotential außerhalb des Unternehmens zu suchen. Neben den beschränkten Kompetenzen des Prüferrats kritisierten institutionelle Investoren an der Corporate Governance traditionell geführter japanischer Unternehmen daher vor allem die fehlende Repräsentation „gemeiner Aktionäre" in der Aufsicht über das Management und verlangten nach *„truely independent directors*."[41] Dagegen verwiesen die Kritiker einer verpflichtenden Regel, insbeson-

(2010), 21, 22 zum Formblatt *2-gō yōshiki* (bei Fn. 57 lit. a unter 7). der FSA für den Wertpapierbericht.

[38] M. Shizuka, Shōji Hōmu 2029 (2014), 29, 34.

[39] T. Katō, ZJapanR Sonderheft 10 (2018), 183, 189 f.; vgl. K. Egashira, 92:1 Waseda Hōgaku 95, 107 (2016).

[40] Corporate Governance Study Group, CGSG Report 2009, 6 f., siehe H. Kanda, Jurisuto 1484 (2015), 14, 16; ausführlich ders., Kin'yū Hōmu Jihō 1909 (2010), 18, 24 ff.

[41] K. Ōsugi, in: Enterprise Law, 252, 258; G. Gotō et al., in: Independent Directors in Asia, 135, 161; B. E. Aronson, ZJapanR 35 (2013), 85, 100.

dere der mächtige Industrieverband *Keidanren*, neben der Existenz des Prüferrats als Aufsichtsorgan immer wieder darauf, dass Unternehmen die für sie passende Corporate Governance Struktur letztendlich selbst wählen würden.[42] Diese Position war freilich zunehmend unter Druck geraten, nachdem auch die *Toyota Motor Corporation*, lange Zeit das erfolgreiche Beispiel für die Vorzüge des traditionellen Modells, nach Aufdeckung gravierender Qualitätsprobleme und kostspieliger Rückrufaktionen sich zur Bestellung externer Direktoren entschied.[43]

Unter dem Eindruck des *Olympus*-Skandals und des weiter gestiegenen Interesses an der Aufsichtsfunktion in japanischen Unternehmen sah sich die TSE indes bereits im Mai 2012 veranlasst, ihre Präferenz zur Ernennung unabhängiger Direktoren, wenn auch etwas verklausuliert, im nichtzwingenden Teil des Code of Corporate Conduct zum Ausdruck zu bringen:

> „Börsennotierte Gesellschaften werden angehalten, sich zu bemühen, bei der Ernennung unabhängiger Organmitglieder auch zu bedenken, dass [der Begriff] *dokuritsu yaku'in* semantisch auch solche Personen mit Stimmrecht im Verwaltungsrat erfasst."[44]

Dass die TSE die verpflichtende Einführung von externen bzw. unabhängigen Direktoren nicht längst verlangt hatte, sondern für weitergehende Standards auf die Unterstützung der Exekutive angewiesen war, führt *Takahiro Katō* darauf zurück, dass bestimmte Themen trotz der vorhandenen Marktmacht die Fähigkeiten der Börse überstiegen. Hierzu gehört auch die Zusammensetzung des Verwaltungsrates, die nicht zuletzt eng mit den Bedingungen der *community firm* verbunden ist. Gerade bei solch politisch hochsensiblen Aspekten bedürfe es Mechanismen zur Erzielung eines allgemeinen Konsenses zwischen den widerstreitenden Interessen, über die die Börse nicht verfüge.[45]

2. *Höhere Anforderungen an die Unabhängigkeit*

Wie soeben gesehen baut die Definition der Unabhängigkeit der TSE auf der Definition des externen Direktors, respektive des externen Prüfers i. S. d., im Gesellschaftsgesetz auf und ergänzt diese um das qualitative Merkmal der Freiheit von Interessenkonflikten (Regel 436 BörZSR). Die vom Gesetz an die externen Mitglieder der Leitungsorgane angelegten Anforderungen wurden hierbei im Detail sukzessive erhöht, zuletzt mit der Reform des Gesellschaftsgesetzes zum

---

42 G. Gotō et al., in: Independent Directors in Asia, 135, 161; T. Spiegel, Independent Directors, 193 f. m. w. N.; die Analyse von Y. Miwa/J. M. Ramseyer, 14:2 Journal of Economics & Management Strategy 299 (2005) bestätigt diese Position.

43 B. E. Aronson, in: Independent Directors in Asia, 431, 440 ff.

44 Regel 445-4 BörsZR i. d. F. Mai 2012 (abgedruckt bei H. Kanda, Jurisuto 1484 [2015], 14, 16) (Übers. des Verf.); siehe auch G. Gotō et al., in: Independent Directors in Asia, 135, 141 Fn. 121.

45 T. Katō, ZJapanR Sonderheft 10 (2018), 183, 190 f.; ders., Soft Law Journal 18 (2011), 55, 69 ff.

Jahr 2015. Der Unterschied zwischen Externalität und Unabhängigkeit ist aber immer noch von Bedeutung. So schließt das Merkmal „extern“ (wörtlich: außerhalb der Gesellschaft) nach den Art. 2 Nr. 15 GesG bzw. Art. 2 Nr. 16 GesG für die Prüfer eine Vorbeschäftigung bei der Gesellschaft oder einer ihrer Tochtergesellschaften in den letzten zehn Jahren nunmehr genauso aus, wie die wirtschaftliche Abhängigkeit vom Hauptaktionär.[46] Anschaulicher als der Negativkatalog der Legaldefinition selbst dürfte der Kreis der Personen sein, die damit weiterhin als externe Direktoren oder Prüfer i. S. d. GesG in Frage kommen, namentlich solche mit Verbindungen zu wichtigen Geschäftspartnern,[47] die wie Banken nicht selten auch Aktionäre der Gesellschaft sind.[48]

Der strengere Standard der TSE für unabhängige Organmitglieder zielt darauf, solche Interessenkonflikte im Sinne der Minderheitsgesellschafter zu vermeiden. Die Durchsetzung setzt an der verpflichtenden Abgabe einer detaillierten Meldung mit Informationen zur Person des von der Gesellschaft bestimmten unabhängigen Organmitglieds an, der sog. *Independent Director/Auditor Notification*.[49] In detaillierten „Unabhängigkeitstandards“ (*dokuritsu kijun*) präzisiert die TSE, in welchen Fallgruppen sie eine Unabhängigkeit typischerweise als nicht mehr als gewährleistet ansieht und welche Personen damit auch nicht als unabhängige Direktoren oder Prüfer in Frage kommen.[50] Hierunter fallen geschäftsführende Direktoren des Hauptgeschäftspartners und der Muttergesellschaft genauso wie Berater und Anwälte der Gesellschaft oder andere von dieser mit einem hohen Betrag vergütete Personen.[51] Auch wenn eine Person die Unabhängigkeitstandards erfüllt, bedeutet dies nicht zwangsläufig, dass sie auch als unabhängig anzusehen ist, nämlich wenn ihre Wahl Interessenkonflikte mit den gemeinen Aktionären befürchten ließe und diese damit nicht mehr unter die allgemeine Definition des unabhängigen Direktors in Regel 436-2 BörsZR fallen. Das liegt nahe etwa im Falle von Holdinggesellschaften bei Geschäftsführern von wichtigen Geschäftspartnern der operativ tätigen Tochtergesellschaft. Solche Personen werden von den formalen Negativkriterien der Unabhängigkeitsstandards nicht erfasst, bedürfen aber trotzdem eingehender Überlegungen.[52] Die TSE begegnet dem, indem sie verlangt, die Affiliation (*zoku-sei*) der

---

[46] M. Maeda, Jurisuto 1472 (2014), 18, 21; eingehend T. Spiegel, Independent Directors, 218 ff.

[47] K. Egashira, *Kabushiki Kaisha-hō*, 557; ein Ausschluss dieser wurde im Rahmen der Reform zwar diskutiert, aber wegen der Schwierigkeit der Definition wieder gestrichen (M. Maeda, Jurisuto 1472 [2014], 18, 21).

[48] M. Shizuka, Shōji Hōmu 2029 (2014), 29, 30.

[49] *Dokuritsu yaku'in todoke-desho*, R. 436-2 Abs. 2 BörsZR i. V. m. R. 436-2 BörsDR.

[50] TSE, *Jōjō kanri-tō ni kansuru gaidorain* [Guidelines Concerning Listing Examination, etc.], unter Nr. 5 Abs. 3–2 i. d. F. vom 1. November 2020.

[51] K. Egashira, Kabushiki Kaisha-hō, 390 Fn. 8.

[52] TSE, *Dokuritsu yaku'in no kakuho ni kakawaru jitsumujō no ryūijikō* [In der Praxis zu beachtende Punkte bei der Gewährleistung unabhäniger *yaku'in*] i. d. F. von Februar 2020, abrufbar unter: <http://www.jpx.co.jp/equities/listing/ind-executive/>.

betreffenden Person in der *Independent Director/Auditor Notification* sichtbar zu machen. Die betreffenden Personen, worunter etwa auch ehemalige Organmitglieder, wichtige Aktionäre sowie Personen aus dem Unternehmen wichtiger Geschäftspartner fallen, kommen dennoch als unabhängige Direktoren potenziell in Frage.[53]

Auch wenn wesentlich strenger als die Vorgaben des Gesellschaftsgesetzes an externe Direktoren, geben die Unabhängigkeitstandards der TSE damit lediglich einen abstrakten aber bereits weitgehenden Mindeststandard[54] vor. Die sehr kritische Diagnose von *Spiegel*[55] an der Definition der Unabhängigkeit geht daher ein Stück weit fehl. Zudem ruft der auch der Corporate Governance Code in Prinzip 4.9 JCGC die Gesellschaften zur Erstellung und Veröffentlichung noch weitergehender, eigener Unabhängigkeitsstandards im Lichte ihrer konkreten Situation auf. Dies erlaubt einerseits einen individuellen Zuschnitt, erschwert aber andererseits die Vergleichbarkeit der Personen, die als unabhängig gelten, ganz erheblich.[56] Ein anderer Weg lässt sich aber kaum gehen. Bei der Unabhängigkeit handelt es sich im Kern um eine subjektive Eigenschaft, deren Definition sich zwangsläufig in einem Ausschluss von potenziell konfliktträchtigen Fallkonstellationen erschöpfen muss,[57] die für jede Gesellschaft aber von unterschiedlicher Relevanz sind.

III. Numerische Vorgaben und der gesetzliche comply-or-explain-Mechanismus in Art. 327:2 GesG 2015

Mit der Reform von 2014 griff der Gesetzgeber, jedenfalls dem äußeren Anschein nach, den *comply-or-explain*-Mechanismus auf. Art. 327:2 GesG 2015 verlangte auch von Gesellschaften, die nach dem klassischen Modell mit Prüferrat organisiert waren, auf der ordentlichen Hauptversammlung den Grund zu erläutern, warum in dem korrespondierenden Geschäftsjahr die Ernennung eines externen Verwaltungsratsmitgliedes nicht angemessen war (*shagai torishimari-yaku wo oku no ha sōtō de nai riyū wo setsumei shinakereba narenai*).[58] Das Versprechen einer marktinduzierten Regulierung und damit die Flexibilität für abweichende Regelungen, wie sie mit dem *comply-or-explain*-Konzept verbunden wird, konnte Art. 327:2 GesG 2015 indes nie einlösen. Das lag zum einen an der konkreten Ausgestaltung des Mechanismus selbst, der hohe Anforderungen an die Erklärung stellte, wenn sich eine Gesellschaft entschloss,

[53] R. 415 Abs. 1 Nr. 6 BörsDR; hierzu T. Spiegel, Independent Directors, 224 f. Anders als dort nahegelegt, wurden die Unabhängigkeitsstandards nicht ersetzt.

[54] M. Yūfu et al., Shōji Hōmu 2065 (2015), 46, 48 f.

[55] T. Spiegel, Independent Directors, 227.

[56] *Ibid.*, 225 f.

[57] Vgl. T. Baums, ZHR 180 (2016), 697, 702 f.; R. Nonnenmacher, Die Wirtschaftsprüfung 2018, 709, 712.

[58] Abgedruckt in eigener Übersetzung als Annex A.

kein externes Verwaltungsratsmitglied zu bestellen (1) und an dessen Einkleidung in das Gefüge des Gesellschaftsgesetzes, die mit erheblichen rechtlichen Unsicherheiten einherging (2). Im Vergleich zur deutschen Regelung des § 161 Abs. 1 AktG entfaltete Art. 327:2 GesG 2015 so von Beginn an stärkere Bindungswirkung (3), die durch komplementäre Regelungen in den Börsenzulassungsregeln (4) und dem Corporate Governance Code noch verstärkt wurde (5).

1. Qualifizierte inhaltliche Anforderungen an die Erklärung

Die Einführung des *comply-or-explain*-Mechanismus in das japanische Gesellschaftsrecht war in erster Linie Folge eines politischen Kompromisses. Der politische Wille bestand durchaus, im Zuge der wachstumsorientierten Governance dem Drängen institutioneller Investoren auf die Einführung externer Direktoren nachzugeben. Dagegen betonten Wirtschaftskreise wie zuvor die Notwendigkeit individueller Lösungen und sprachen sich weiterhin vehement gegen eine Pflicht aus.[59] Die komplizierte Gemengelage und die weiterhin bestehende regulatorische Zielrichtung hatte Folgen für die Ausgestaltung des Art. 327:2 GesG 2015. Bereits aus dem Wortlaut der Norm und der Negation „nicht angemessen" wird deutlich, dass es sich um eine Ausnahmevorschrift mit hohen Anforderungen an den Grund für eine Abweichung handelte.

Nach verbreiteter Meinung stellte nicht jeder von den Gesellschaften angeführte Grund auch eine legitime Erklärung dar, warum die Ernennung eines externen Verwaltungsratsmitglieds nicht angemessen sei. Nach der ursprünglichen Konzeption der Norm sollte es zwar den Aktionären als Adressaten überlassen bleiben, die Erklärung zu bewerten.[60] Allerdings wurden schnell Befürchtungen laut, es könnten sich „rechtssichere" Standardformulierungen, etwa von den Industrieverbänden vorbereitet, durchsetzen. Diese hätten das Potential, den Sinn der Vorschrift zu konterkarieren und den *comply-or-explain*-Mechanismus gänzlich auszuhebeln.[61] Im Gesetzgebungsverfahren wurde Art. 327:2 GesG 2015 so durch weitere Regelungen in den Ausführungsvorschriften zum Geschäftsbericht und den Referenzmaterialien für Hauptversammlung flankiert. Die *alleinige* Bezugnahme auf den Umstand, die Gesellschaft habe bereits mehr als zwei externe Prüfer bestellt, sollte so nicht als angemessener Grund für ausbleibende Ernennung eines externen Direktors anzusehen sein. Zudem hatte der Grund die Umstände der Gesellschaft zum Zeitpunkt der Hauptversammlung bzw. der Erstellung der Referenzmaterialien zu erfassen.[62] Gerade Stimmen aus der anwaltlichen Praxis folgerten hieraus, die Gesellschaft könne sich im Rahmen des Art. 327:2 GesG 2015 allenfalls sicher auf negativen Folgen berufen,

[59] Ausführlich G. Gotō et al., in: Independent Directors in Asia, 135, 160 ff.; T. Spiegel, Independent Directors, 193 ff.
[60] W. Tanaka, in: Kaisei 2014, 17, 26 f.; M. Maeda, Jurisuto 1472 (2014), 18, 19 f.
[61] T. Fujita, UT Soft Law Review 5 (2013), 9, 13.
[62] Art. 74:2 Abs. 3 bzw, 124 Abs. 3 GesG-DVO 2015.

die eine Ernennung eines externen Direktors konkret auf die Gesellschaft hätte.[63] Für akzeptabel wurde etwa die Erklärung angesehen, die Gesellschaft habe zum betreffenden Zeitpunkt keinen geeigneten Kandidaten finden können, der die erforderlichen Qualifikationen für einen Direktor der betreffenden Gesellschaft mitbrächte. Denn mit einer solchen Begründung schloss sich die Gesellschaft implizit auch der von der Vorschrift stipulierten Angemessenheit eines externen Direktors an.[64] Die allgemeine Aussage, durch einen externen Direktor sei eine Verbesserung der Aufsichtsfunktion nicht zu erwarten, hätte indes zu kurz gegriffen,[65] so dass auch die Zulässigkeit selbst klarer Bekenntnisse zum *management board* zumindest diskussionswürdig schien.[66]

Ob die Gerichte, auf deren Ermessen die japanische Literatur möglicherweise auch zur eigenen Absicherung verwies,[67] ähnlich strenge Anforderungen gestellt hätten, wurde während des kurzlebigen Bestehens des Art. 327:2 GesG 2015 nicht getestet. Für die betroffenen Gesellschaften war damit in hohem Grade unklar, ob die gegen die Ernennung eines externen Direktors angeführten Gründe als legitim anzusehen waren. Diese Unsicherheit dürfte auch dazu beigetragen haben, dass Gesellschaften eher einen externen Direktor wählen ließen als die Bewertung, ob der angegebene Grund der Erklärungspflicht des Art. 327:2 GesG 2015 genügte, den Gerichten zu überlassen.[68] In jedem Fall zeigt die Debatte, wie weit sich der *comply-or-explain*-Mechanismus in Art. 327:2 GesG 2015 vom Leitbild der marktinduzierte Durchsetzung entfernt hatte.

2. *Institutionelle Einkleidung*

Der Anwendungsbereich des Art. 327:2 GesG 2015 wie auch der Nachfolgeregelung erfasst große Gesellschaften mit Prüferrat, die verpflichtet sind, einen Wertpapierbericht (*yūkashōken hōkoku-sho*) vorzulegen. Dazu gehören zunächst Gesellschaften mit börsennotieren Aktien, aber auch die Emittenten anderer börsennotierter Wertpapiere (Art. 24 Abs. 1 Nr. 1 FBG) sowie eine Reihe weiterer Gesellschaften. In der Diskussion wird der Anwendungsbereich in der Regel auch wegen den weitergehenden Bestimmungen der TSE mit der Bör-

---

63 Tendenziell im Hinblick auf börsennotierte Unternehmen noch strenger Y. Ōta/H. Takagi, Shōji Hōmu 2048 (2014), 17, 39 Fn. 13; vgl. W. Tanaka, in: Kaisei 2014, 17, 26 m. w. N.

64 T. Fujita, in: H. Kanda et al., Soft Law Journal 24 (2014), 51, 73; W. Tanaka, in: Kaisei 2014, 17, 36.

65 W. Tanaka, in: Kaisei 2014, 17, 28 f.; ähnlich Y. Ōta, in: Jitsumu taiō, 30, 38; flexibler M. Maeda, Jurisuto 1472 (2014), 18, 19.

66 T. Fujita, Shōji Hōmu 2038 (2014), 4, 13 Fn. 48; ders., in: H. Kanda et al., Soft Law Journal 24 (2014), 51, 73.

67 W. Tanaka, in: Kaisei 2014, 17, 39.

68 So die Prognose von W. Tanaka, Kaisei 2014, 17, 27.

sennotierung gleichgesetzt.[69] Eine Gesellschaft, die sich gegen die Bestellung eines externen Direktors entschied, ging wegen der konkreten Einbettung des Art. 327:2 GesG 2015 in das Gefüge des Gesellschaftsgesetzes ein nicht unerhebliches rechtliches Risiko ein, sollte die Erklärung fehlerhaft oder unvollständig sein.

Die entsprechende Erklärung war zum einen auf der Hauptversammlung gegenüber den Aktionären abzugeben, zum anderen dem Geschäftsbericht sowie den Referenzmaterialien zur Hauptversammlung (*kabunushi sōkai sankō shorui*) für eine schriftliche Stimmrechtsausübung beizufügen.[70] Im Entwurf der Legislativkommission war ursprünglich nur vorgesehen, dass die Erklärung zur fehlenden Angemessenheit in den Geschäftsbericht (*jigyō hōkoku*) aufzunehmen sei.[71] Bereits unterlassene oder fehlerhafte Angaben im Geschäftsbericht können gegebenenfalls sogar strafrechtliche Konsequenzen haben und mit einem persönlichen Bußgeld (Art. 976 Nr. 7 GesG) geahndet werden.[72] Auch eine Aktionärsklage gegen den Verwaltungsrat wegen unterlassener oder fehlerhafter Erklärungen als Verletzung der Pflicht zur ordnungsgemäßen Geschäftsführung (*kanzen chū'i gimu*) schien jedenfalls denkbar.[73]

Im Rahmen des Gesetzgebungsprozesses erfuhr der *comply-or-explain*-Mechanismus durch die Pflicht zur Erklärung vor der Hauptversammlung sowie die Aufnahme der Erklärung in die Referenzmaterialien für eine schriftliche Ausübung des Stimmrechts zusätzliche Aufwertung. Dies erhöhte nicht nur das Diskussionspotential bei der Wahl von Direktoren,[74] sondern barg nach verbreiteter Ansicht auch ein erhebliches Risiko für die Gesellschaft. Wie im deutschen Recht können Verstöße gegen gesetzliche Vorschriften bei der Einberufung oder der Durchführung einer Hauptversammlung wegen formeller Fehlerhaftigkeit (*tetsudsuki-jō kaji*) mit einer Anfechtungsklage (*kabunushi sōkai ketsugi tori-*

---

[69] R. 436-2 BörsZR 2015; vgl. H. Kansaku, Jurisuto 1542 (2020), 40: *jōjō kaisha-tō* (börsennotierte Gesellschaften usw.) sowie den neu eingefügten R. 437-2 BörsZR 2021, der das Erfordernis externer Verwaltungsratsmitglieder auch auf (nicht große) Gesellschaften erstreckt, die nicht Art. 327:2 GesG 2021 unterfallen.

[70] Art. 74:2 Abs. 3 bzw, 124 Abs. 3 GesG-DVO 2015.

[71] G. Gotō, ZJapanR 35 (2013), 13, 22. Der Geschäftsbericht umfasst nach Art. 435 Abs. 2 GesG i. V. m. Art. 118 f. GesG-DVO i. d. F. Ministerialverordnung Nr. 6/2015 u. a. die wesentlichen Angaben zur Situation der Gesellschaft, den Inhalt von Entscheidungen von Relevanz für das interne Kontrollsystem sowie, bei offenen Gesellschaften, Angaben zu den Mitgliedern von Verwaltungs- und Prüferrat (*yaku'in*), Großaktionären, Bezugsrechten usw. Der vom Prüferrat bzw. Prüfungsausschuss bzw. Kontrollausschuss geprüfte (Art. 436 Abs. 1, 2 GesG) und vom Verwaltungsrat genehmigte Geschäftsbericht (Art. 436 Abs. 3 GesG) ist bei der Einberufung einer ordentlichen Hauptversammlung den Aktionären der Gesellschaft vorzulegen (Art. 437 GesG).

[72] S. Sakamoto et al., Shōji Hōmu 2040 (2014), 28, 37 Fn. 36. Die maximale Höhe des Bußgelds beträgt dabei JPY 1.000.000 (ca. EUR 80.000).

[73] H. Kansaku, in: H. Kanda et al., Soft Law Journal 24 (2014), 51, 65 f.

[74] T. Spiegel, Independent Directors, 200 f.

keshi no uttae) gegenüber der Gesellschaft geltend gemacht werden.[75] Nach verbreiteter Meinung war anzunehmen, dass jedenfalls das Fehlen einer Erklärung, soweit keiner der Kandidaten die Kriterien als externer Direktor erfüllte, möglicherweise aber auch falsche oder ungenügende Erklärungen zu einer Anfechtung des Wahlbeschlusses führen könnten. Denn dass die Aktionäre ihr Stimmrecht bei der Wahl des Verwaltungsrates anders ausgeübt hätten, wenn die Gesellschaft sie korrekt unter Beachtung der gesetzlichen Vorgaben über die fehlende Angemessenheit eines externen Mitglieds informiert hätte, wäre kaum auszuschließen gewesen.[76]

3. Im Vergleich zu § 161 Abs. 1 AktG erhöhte Bindungswirkung

Damit konnten Gesellschaften in der Theorie zwar weiterhin darauf verzichten, ein externes Mitglied in den Verwaltungsrat zu berufen. Allerdings dürfte bereits die Einkleidung in das Regime des Gesellschaftsgesetzes mit seinen Sanktionsmöglichkeiten sowie die verbleibenden Fragen zur Angemessenheit des Grundes stark zur Bindungswirkung des *comply-or-explain*-Mechanismus beigetragen haben. Entsprechende Erklärungsansätze sind aus der deutschen Diskussion zum im Aktiengesetz verankerten *comply-or-explain*-Mechanismus des DCGK bekannt. Neben Überlegungen zur wohl eher theoretischen[77] Gefahr einer Haftung von Vorstand und Aufsichtsrat für fehlende oder fehlerhafte Angaben im Rahmen der Entsprechenserklärung[78] zeigte sich dies insbesondere in der Rechtsprechung zur Anfechtung von Hauptversammlungsbeschlüssen.

Nach § 161 Abs. 1 AktG sind Vorstand und Aufsichtsrat deutscher börsennotierter und kapitalmarktorientierter Gesellschaften verpflichtet, zu erklären, ob den Empfehlungen des DCGK entsprochen wurde oder Gründe für Abweichungen zu benennen. Die Erklärung erfolgt zum einen dauerhaft auf der Homepage jeweiligen Gesellschaft, zum anderen als Teil der Erklärung zur Unternehmensführung im Lagebericht (§ 289 f. Abs. 2 Nr. 1 HGB). Der *comply-or-explain*-Mechanismus in dieser Form wurde erst im Jahr 2009 in das Gesetz implementiert.[79] In inhaltlicher Hinsicht enthält der DCGK, jedenfalls im Ansatzpunkt mit Art. 327:2 GesG 2015 vergleichbar,[80] unter anderem Vorgaben

---

[75] K. Egashira, *Kabushiki Kaisha-hō*, 367 ff.; H. Kansaku/M. Bälz, in: HB Japanisches Recht, § 3, Rn. 128; vgl. §§ 246, 243 Abs. 1 AktG.

[76] In der Formulierung stärker noch W. Tanaka, in: Kaisei 2014, 17, 37 ff. sowie ders. und H. Kanda, in: H. Kanda et al., Soft Law Journal 24 (2014), 51, 67 f.; tendenziell vorsichtiger S. Sakamoto et al., Shōji Hōmu 2040 (2014), 28, 37 f.; M. Maeda, Jurisuto 1472 (2014), 18, 20 mit Hinweis auch auf andere Meinungen.

[77] K. J. Hopt, in: FS Hoffmann-Becking, 563, 575.

[78] P. O. Mülbert/A. Wilhelm, ZHR 176 (2012), 286, 299 ff.; P. C. Leyens, AcP 215 (2015), 611, 631 ff.

[79] Bilanzrechtsmodernisierungsgesetz vom 25 Mai 2009, BGBl. I 1102.

[80] Vgl. T. Spiegel, Independent Directors, 67.

zur persönlichen Verbindung der Aufsichtsratsmitglieder zur Gesellschaft. Es handelt sich bei der Unabhängigkeit der Aufsicht – wie nicht anders als im Fall des sogleich zu besprechenden Corporate Governance Code, der aber in den Code of Corporate Conduct und das Durchsetzungsregime der Börsenzulassungsregeln eingebunden ist – um eines der Kernanliegen des deutschen Kodex, das in den letzten Jahren immer mehr an Bedeutung gewonnen hat.[81] Die Folgen dieser Empfehlungen für die Wahl zum Aufsichtsrat waren lange umstritten, nachdem die Rechtsprechung die Anfechtung von Hauptversammlungsbeschlüssen zur Entlastung von Vorstand und Aufsichtsrat wegen unrichtiger respektive nicht aktualisierter Entsprechenserklärung anerkannt hatte. Anlass waren hierbei jeweils später aufgetretene Interessenkonflikte in der Person der Aufsichtsratsmitglieder.[82] Einige Instanzgerichte schienen darüber hinaus bereit zu sein, auch die weitaus schwerwiegenderen Folgen der Anfechtungen von Wahlbeschlüssen in Kauf zu nehmen, sofern die Wahl auf einer Informationsverletzung basierte.[83] Angesichts der postulierten Bindung des Aufsichtsrats allein an seine Entsprechenserklärung, nicht aber an den materiellen Gehalt des DCGK, war die Praxis lange umstritten.[84] Die entstandene Rechtsunsicherheit hat der BGH erst jüngst aufgelöst und entschieden, dass ein Wahlvorschlag, mit dem sich der Aufsichtsrat in Widerspruch zu der von ihm abgegebenen Entsprechenserklärung setzt, keinen Anfechtungsgrund einer Wahl zum Aufsichtsrat darstellt. Im konkreten Fall erfüllte die Gesellschaft mit der Wahl des Kandidaten, der neben seinem Vorstandsposten in einer ausländischen Gesellschaft bereits drei Aufsichtsratsmandate ausübte, die Empfehlung des DCGK zum sogenannten *overboarding*[85] nicht mehr. Der BGH beließ es bei der Pflicht von Aufsichtsrat und Vorstand, die Entsprechenserklärung nach § 161 Abs. 1 AktG nach der Wahl zu aktualisieren. Die Entsprechenserklärung richte sich, anders etwa als Informationen zu Interessenkonflikten, in erster Linie an den Kapitalmarkt und nicht an die Hauptversammlung und müsse daher erst dann angepasst werden, wenn eine Veränderung auch tatsächlich eingetreten

[81] Siehe T. BAUMS, ZHR 180 (2016), 697, 698 f.; K. J. HOPT, in: FS Hoffmann-Becking, 563, 580 ff.

[82] BGH, Urteil vom 16. Februar 2009, II ZR 185/07, BGHZ 180, 9 = NJW 2009, 2007 – *Kirch/Deutsche Bank*; BGH, Urteil vom 21. September 2009, IX ZR 106/08, BGHZ 182, 272 = NZG 2009, 1270 – *Umschreibestopp*; siehe jeweils die Darstellung bei T. TRÖGER, ZHR 175 (2011), 745, 750 f.; D. KLEINDIEK, in: FS Goette, 239, 240 ff.

[83] OLG München, Urteil vom 6. August 2008, 7 U 5628/07, NZG 2009, 508, 510 – *MAN* ohne Feststellung eines Konflikts mit Zf. 5.4.1 DCGK (selbstgesetzte Altersgrenze für den Aufsichtrat); LG Hannover, Urteil vom 17 März 2010, 23 O 124/09, NZG 2010, 744, 746 – *Continental/Schaefer*, siehe P. O. MÜLBERT/A. WILHELM, ZHR 176 (2012), 286, 295 ff.

[84] T. TRÖGER, ZHR 175 (2011), 745, 773 ff.

[85] Ziffer 5.4.5 DCGK i. d. F. vom 2. Februar 2017, Empfehlung C.5 DCGK 2020 sieht schon eine Beschränkung auf zwei Aufsichtsratsmandate parallel zu einem gruppenexternen Vorstandsmandat vor.

ist.[86] Die praktische Relevanz und damit verbundene abschreckende Wirkung einer möglichen Anfechtung von Entlastungsbeschlüssen ist durch die Entscheidung allerdings nicht beseitig.[87]

Im Kontrast dazu war die Pflicht zur Erklärung, warum die Ernennung eines externen Direktors nicht angemessen sein sollte, im japanischen Recht als Pflicht zur Erklärung gegenüber den Aktionären ausgestaltet. Anders als im Falle des § 161 Abs. 1 AktG musste nicht erst eine sich im Fluss befindende Dogmatik übertragen werden,[88] um deren rechtliche Relevanz für Wahlbeschlüsse in den Verwaltungsrat zu begründen. Es ist daher anzunehmen, dass die durch die rechtliche Einbettung des Art. 327:2 GesG 2015 vermittelte Bindungswirkung eher noch stärker gewesen sein dürfte als die der deutschen Regelung. Die damit eng verbundene Frage zur Legitimation des DCGK als im Kern privates Regelwerk[89] stellt sich im Falle eines rein gesetzlichen *comply-or-explain*-Mechanismus wie dem ehemaligen Art. 327:2 GesG 2015 nicht.

4. *Druck auf und seitens der Börse*

Der *comply-or-explain*-Mechanismus in Art. 327:2 GesG 2015 stand nicht allein, sondern war Teil eines Konzepts, das darauf abzielte, mehr Gesellschaften zur Ernennung externer bzw. unabhängiger Direktoren zu bewegen. Hierzu trug auch die Reform der Börsenzulassungsregeln im Vorfeld des Reformgesetzes 2014, wie auch die ungefähr zeitgleich ergangenen Regeln im Corporate Governance Code bei.[90] Allerdings ging die Initiative nicht von der TSE selbst oder deren Aufsichtsbehörde aus. In einem bislang einmaligen Vorgang forderte die zur Reform des Gesellschaftsgesetzes beim Justizministerium eingesetzte Legislativkommission (*hōsei shingi-kai*) in der Form eines Nebenbeschlusses (*futai ketsugi*) die Börse direkt auf, auf die Einführung externer Direktoren zu drängen:

> „1. Wie anhand der bisherigen Diskussion und der derzeitigen Situation zur Ernennung externer Direktoren deutlich wird, ist es betreffend die Regelung zu externen Direktoren notwendig, als Maßnahme zum jetzigen Zeitpunkt […] in den Regeln der Börse eine Anordnung zu treffen, nach der sich die börsennotierten Gesellschaften bemühen, sicherzustellen, dass mindestens ein unabhängiges Organmitglied dem Verwaltungsrat angehört.

---

[86] BGH, Urteil vom 9. Oktober 2018, II ZR 78/17, NZG 2019, 262; ähnlich schon P. O. Mülbert/A. Wilhelm, ZHR 176 (2012), 286, 297 f.

[87] E. Vetter, NZG 2019, 379, 382 f.

[88] Vgl. T. Tröger, ZHR 175 (2011), 745, 771 ff.; K. J. Hopt, in: FS Hoffmann-Becking, 563, 570 f.

[89] Vgl. nur P. O. Mülbert/A. Wilhelm, ZHR 176 (2012), 286, 318 ff.; T. Tröger, ZHR 175 (2011), 745, 758 ff.

[90] M. Shizuka, Shōji Hōmu 2029 (2014), 29, 35; H. Kanda, Jurisuto 1484 (2015), 14, 17.

2. Alle betroffenen Kreise werden für eine reibungslose und rasche Umsetzung der Regel unter 1 nach dem Verfahren der Börse um ihre ernsthafte Kooperation gebeten.“[91]

Da es sich um einen Aspekt der Börsenzulassungsregeln handelte, hielt man es für nicht angemessen, diesen Beschluss in den an den Justizminister adressierten Vorschlag für die Reform des Gesellschaftsgesetzes (sogenannter *yōkō*-Entwurf) aufzunehmen.[92] Zwar wurde der Beschluss der Legislativkommission auch von einem Vertreter aus dem Management der TSE mitgetragen. Dennoch ist diese Einmischung in die Selbstregulierung der Börse und deren Aufsicht durch die FSA bemerkenswert. Die zum 10. Februar 2014 neugefasste Regel 445-4 BörsZR im nicht-verpflichtenden Teil des Code of Corporate Conduct setzte den Nebenbeschluss der Legislativkommission mithin auch fast wörtlich um.[93] Effektiver als diese Bemühenspflicht ohne rechtliche Konsequenzen dürfte aber der indirekte Druck gewesen sein, den die Börse gegenüber den gelisteten Gesellschaften ausübte. So wird von einem Brief seitens des Präsidenten der TSE noch vom Tag des Beschlusses der Legislativkommission berichtet, in dem dieser die CEOs der Gesellschaften zur Einführung unabhängiger Direktoren aufforderte. Dass sich Unternehmen einer solchen Bitte widersetzen würden, erscheint im japanischen Kontext mehr als fraglich.[94]

5. *Komplementäre Empfehlungen im Corporate Governance Code*

Bereits in seiner ursprünglichen Fassung empfahl der Corporate Governance Code die Ernennung mindestens zweier unabhängiger Direktoren, die hinreichend qualifiziert sein sollen, einen Beitrag zum nachhaltigen Wachstum und der mittel- bis langfristigen Steigerung des Unternehmenswertes zu leisten (Prinzip 4-8 JCGC 2015). Die Empfehlung reiht sich damit ein in die kontinuierlichen Bemühungen der TSE zur Erhöhung des Anteils an unabhängigen Mitgliedern im Verwaltungsrat sowie den jüngsten regulatorischen Eingriff des Gesetzgebers. Die Kriterien an die Unabhängigkeit in den Börsenzulassungsregeln der TSE versteht der Corporate Governance Code lediglich als Mindeststandard und fordert Gesellschaften nach Maßgabe des prinzipienbasierten Ansatzes auf, eigene Kriterien für die Unabhängigkeit zu erstellen und zu veröffentlichen.[95]

---

[91] MoJ, Hōsei shingi-kai, *Kaisha-hō Kaisei-bu, Dai-24kaigi gijiroku*, [Protokoll zu 24. Sitzung der Legislativkommission, Abteilung Gesellschaftsrechtsreform], 1. August 2012, 2, abrufbar unter: <http://www.moj.go.jp/shingi1/shingi04900149.html>.

[92] *Ibid.*, Äußerung des Entsandten des MoJ, *Saboru Sakamoto*.

[93] Regel 444:5 BörsZR i. d. F. vom 10. Februar 2014: *„Jōjō kaisha ha torishimariyaku de aru dokuritsu yaku'in wo sukunakutomo 1mei ijō kakuhō suru yō tsutomeru.“* [Börsennotierte Unternehmen bemühen sich, sicherzustellen, dass mindestens ein unabhängiges Organmitglied dem Verwaltungsrat angehört.], siehe H. Kanda, Jurist 1484 (2015), 14, 16.

[94] H. Kanda, in: H. Kanda et al., Soft Law Journal 24 (2014), 51, 76.

[95] M. Yūfu et al., Shōji Hōmu 2065 (2015), 46, 48 f.; siehe oben Kapitel 4. A. II. 2.

Die noch sehr vage ursprüngliche Fassung des Prinzips 4-8 Abs. 2 JCGC 2015 rief die börsennotierten Gesellschaften dazu auf, nach eigener Beurteilung und soweit die Gesellschaft dies für notwendig erachtet, „abhängig von Wirtschaftssektor, Unternehmensgröße, Charakteristika des Unternehmens, der organisatorischen Struktur und sonstiger Umstände" einen Plan für die Implementierung einer Verwaltungsratsstruktur mit mindestens einem Drittel unabhängiger Mitglieder zu veröffentlichen. Da eine Erklärung aber nicht erforderlich war, soweit die Gesellschaft von dieser Notwendigkeit nicht überzeugt war,[96] hatte man der Empfehlung in der Praxis zunächst kaum eine über einen Denkanstoß hinausreichende Wirkung[97] beigemessen. In der Fassung des Codes von Juni 2018 wurde die Empfehlung zunächst nur geringfügig verschärft: Anstelle der Erarbeitung eines Plans verlangte *compliance* mit dem Prinzip nunmehr gleich die *erforderliche* Anzahl von unabhängigen Direktoren zu bestellen. Diese Lösung sah weiterhin von der weitergehenden Konkretisierung der erforderlichen Anzahl ist damit der aktuellen Vorgabe im DCGK nicht unähnlich. Im Hinblick auf die vielfältigen Aufgaben, die der Corporate Governance Code den Unabhängigen zumisst, scheint dieser flexible Ansatz – gerade für international agierende Unternehmen – konzeptionell der überzeugendere,[98] zumal die umfassende Ernennung von Unabhängigen ein Maß an Delegation der Aufgaben impliziert, das jedenfalls in der Gesellschaft mit Prüferrat erheblich von der gesetzlichen Konzeption abweicht. In der Fassung von 2021 sieht der Corporate Governance Code indes noch weitergehende Anforderung vor.[99]

IV. Die Rolle unabhängiger Direktoren

Wichtiger als der Umstand der Ernennung externer Direktoren dürfte die Frage sein, welche spezifische Rolle diese in der Gesellschaft einnehmen.[100] Der Corporate Governance Code enthält hierauf eine Antwort, auch wenn diese nicht unbedingt konsistent wirkt (1). Damit die Unabhängigen eine wichtige Rolle spielen können, ist zunächst erforderlich, geeignete Kandidaten zu finden (2). Die Einbindung in unabhängige Beratungskomitees soll den Unabhängigen, nicht anders als in der Gesellschaft mit Ausschüssen angelegt, einen erheblichen Einfluss auf die strategische Ausrichtung der Gesellschaft vermitteln (3). Wie sich dies in der Praxis auswirken kann, zeigt ein Beispiel aus dem Gebiet der Unternehmensnachfolge (4). Letztendlich stellt sich aber die Frage, ob die

---

[96] M. Yūfu et al., Shōji Hōmu 2065 (2015), 46, 55; M. Sawaguchi et al., JCGC Practical Guide, 221.

[97] M. Sawaguchi, Shōji Hōmu 2109 (2016), 48, 53; vgl. T. Saitō, in: Theorie of Soft Law, 267, 279, der für den Soft Law-Diskurs auf die Bedeutung einer symbolischen Wirkung des Rechts auch jenseits einer funktionellen Wirkung hinweist.

[98] S. Morimoto, Shōji Hōmu 2087 (2015), 4, 9.

[99] Siehe unten Kapitel 4. A. V. 4.

[100] T. Spiegel, Independent Directors, 276 f.; H. Baum, in: FS Hopt II, 33, 45.

enge Ausrichtung des Corporate Governance Codes am *monitoring model* überhaupt mit den gesetzlichen Vorgaben vereinbar ist (5). Gerade in seinem Verhältnis zum traditionellen Aufsichtsorgan, dem Prüferrat, bleibt der Code unschlüssig (6).

1. Rollenverständnis

Ein einheitliches Rollenverständnis externer respektive unabhängiger Direktoren gibt es nicht. Üblicherweise werden diese als Repräsentanten der (Minderheits-)Anteilseigner wahrgenommen und sollen darüber hinaus das Management im Sinne der Aktionäre überwachen und Missmanagement vorbeugen, erscheinen aber gleichzeitig als Allzweckwaffe zur Milderung aller Art von *agency*-Problemen.[101] Auch innerhalb des japanischen Diskurses ist die Antwort auf die Frage nach dem Zweck der Berufung Unabhängiger selbst ohne Berücksichtigung alternativer Ansätze in der Wissenschaft durchaus vielseitig. So darf bezweifelt werden, dass Gesetzgeber, Exekutive und die mit der Erstellung des Corporate Governance Codes betraute Kommission ein einheitliches und bis ins Detail kohärentes Konzept verfolgten.[102]

Die Legislativkommission ließ sich 2014 bei dem Vorschlag der Einführung externer Direktoren im Wesentlichen von der Idee des *monitoring model* lenken, das von einer weitgehenden Delegation der Geschäftsführungsaufgaben vom *board* auf das Management ausgeht: Externe Direktoren sollten ihre Stimmrechte im Verwaltungsrat ausüben und so dessen Aufsicht über die Performance des Managements stärken. Gleichzeitig sollten sie das Management beraten sowie Interessenkonflikte (etwa bei der Frage von Abwehrmaßnahmen) überwachen.[103] Der Corporate Governance Code geht in eine ähnliche Richtung,[104] unterstreicht aber hierbei die Beratungsfunktion der Externen (Prinzip 4.7 Nr. i) JCGC).[105] Erst danach nennt der Code ii) die Aufsicht über das Management inklusive der personellen Entscheidungen über das (Top-)Management, iii) die Aufsicht über Interessenkonflikte zwischen Gesellschaft und Ma-

[101] R. H. Kraakman et al., Anatomy, 65: „potentially valuable for treating all agency problems (as well as externities), but not exclusively dedicated to treating any". Siehe auch W.-G. Ringe, EBOR 14 (2013), 401, 406.

[102] G. Gotō, in: Reforming Corporate Governance, 215, 236 f.; T. Spiegel, Independent Directors, 241.

[103] G. Gotō, in: Reforming Corporate Governance, 215, 221 f.; ähnlich auch der METI, CGS Report 2015 in den *Besshi 3: Hō-teki ronten ni kansuru kaishaku hōshin* [Zusatzblatt 3: Auslegungsrichtlinien zu rechtlichen Fragen], 5, der neben der Beratung auch die Teilnahme an der Geschäftsführung nennt; abrufbar unter < https://www.meti.go.jp/policy/economy/keiei_innovation/keizaihousei/pdf/r160318_150724_corp_gov_sys_4.pdf>.

[104] Siehe oben Kapitel 3. C. III. 4.

[105] In diese Richtung inbesondere K. Takei, Jurisuto 1484 (2015), 60; ders., in:: die Aufgabe des unabhängigen Verwaltungsratsmitgliedes als *coaching device* (*kōchingu kinō*) sei das Stellen von „good questions".

nagement bzw. zwischen kontrollierenden und Minderheitsaktionären sowie iv) die Repräsentation der Perspektiven von Minderheitsaktionären und anderen Stakeholdern von einem unabhängigen Standpunkt aus.[106] Das entspricht zwar einem Verständnis, das die primären unternehmerischen Entscheidungen – und damit die Wachstumsorientierung – dem Management zuweist, entfernt sich aber ein Stück vom klassischen Bild des *monitoring model* und damit wohl auch von der Stoßrichtung des Reformgesetzes 2014.[107] Vor allem aber betont die verantwortliche Expertenkommission wie wichtig es ist, die Rolle und Pflichten der Unabhängigen durch die Gesellschaft zu klären, und stellt zugleich klar, dass allein die Ernennung von unabhängigen Direktoren nicht zum Wachstum der Gesellschaft führen werde.[108] Die mit der Corporate Governance-Reform erhofften Wachstumsimpulse sind so nur schwer zu begründen.[109]

Leitlinien des METI wiederum vermeiden eine solch klare Positionierung zum *monitoring model* und sehen stärker die Gesellschaften in der Pflicht, die individuelle Rolle der externen Dirketoren in ihrem Unternehmen selbst zu definieren – und zwar vor der Entscheidung über die personelle Frage.[110] Betont wird dabei auch die große Bedeutung einer externen Perspektive, die der rein interne Arbeitsmarkt nicht schaffen kann:

> „From a long-term perspective, as the employee-level mobility of employment and efforts to invite external management members increase, external knowledge and experiences will be reflected in management. It, however, would take time to realize it. Utilization of outside directors would be an option that companies can take immediately."[111]

In ähnliche Richtung gehen spätere Erklärungsansätze des *Follow-up Councils*, die eine stärkere Rolle von Unabhängigen mit einer größeren Effizienz, aber auch einer gesteigerten Resilienz in Zeiten der Krise assoziieren. Nichtlinearen Veränderungen im Geschäftsumfeld wie etwa der Covid-Krise ließe sich nur mit einem adäquat zusammengesetzten *board* als Kombination von Wissen, Erfahrung und Fähigkeiten beikommen:

> „In this context, independent directors are expected to play a more important role in ensuring that companies anticipate changes in the business environment and reflect them in their business strategies. In particular, inviting people with a wide range of management experience, not limited to the relevant company, to join the board and reflecting their skills in the board's discussions are expected to contribute significantly to improving the board's effectiveness."[112]

---

[106] Prinzip 4.7 JGCG, siehe M. Yūfu et al., Shōji Hōmu 2062 (2015), 47, 55 Fn. 43.

[107] G. Gotō, in: Reforming Corporate Governance, 215, 229 f.

[108] CG -Kommission, JCGC Final Draft, Erklärung zu Prinzip 4.8 JCGC; M. Yūfu et al., Shōji Hōmu 2065 (2015), 46, 47; ähnlich auch Ito-Review (2014), 8 f.

[109] K. Egashira, Hōritsu jihō 86:12 (2014), 59; Y. Miwa/J. M. Ramseyer, 28:2 Osaka Gakuin Rev. Ec. 15, 74 f. (2015); T. Fujita, Shōji Hōmu 2038 (2014), 4, 9.

[110] METI, CGS Guidelines 2017, 19 ff.

[111] *Ibid.*, Fn. 12 (S. 17 in der engl. Übers.).

[112] Follow-up Council, Opinion V (2020); siehe auch CG Revision 2021, 2.

Nicht zuletzt die Entscheidung für eine verpflichtende Bestellung externer Direktoren mit dem Reformgesetz 2019 ist dagegen, zumindest formal, eher vom klassischen Gedanken des Aktionärsschutzes und dem Bild des externen Direktors als Vertreter der Minderheitsaktionäre geprägt.[113] Wie das *Follow-up Council* feststellt, wird diese Scharnierfunktion der unabhängigen Direktoren als Anlaufstelle bislang aber noch nicht hinreichend für den konstruktiven Dialog mit den Aktionären genutzt:

„[...] it is important for directors including independent directors to understand and recognize the perspective of institutional investors through dialogue. However, it has been pointed out that constructive dialogue with independent directors is not sufficiently advanced. In order to ensure appropriate response to any shareholder concerns by attendees of dialogue, it is important to take appropriate measures, such as appointing a lead independent director."[114]

Den angesprochenen *lead independent director* sieht der Code dagegen vor allem zur nicht gerade konfliktfreien Kommunikation mit dem Management und der Kooperation mit den Prüfern vor.[115]

Umgekehrt haben sich noch radikalere Ansätze mit dem Ziel, durch Außenstehende den internen Zirkel der Entscheidungsfindung in der *company community* aufzubrechen und so Spannung zwischen Management und anderen Stakcholdern zu erzeugen,[116] ersichtlich nicht durchsetzen können.[117] In der Tat dürfte der Nutzen einer bewussten Entkopplung der Interessen von Präsident und (Top-)Management von den Interessen der übrigen Stakeholder durch Aufbrechen der starken internen Elemente der japanischen Corporate Governance eher fraglich sein.[118]

2. Besetzung mit geeigneten Kandidaten

Stellt man die Beratungsfunktion der Unabhängigen in den Vordergrund, kommt deren Fähigkeit, sich einen eigenen Standpunktüber die wirtschaftlichen Akti-

[113] Siehe unten Kapitel 4. A. V. 3. und kritisch zur sog. *trustee*-Strategy R. H. Kraakman et al., Anatomy, 85 f.

[114] Follow-up Council, CG Revision 2021, 3.

[115] Nebenprinzip 4.8.2 JCGC; vgl. M. Yūfu et al., Shōji Hōmu 2065 (2015), 46, 48: delikate und nernvenaufreibende (*hone wo oru*) Aufgabe; siehe auch K. Egashira, Hōritsu jihō 86:12 (2014), 59, 63, der einen solchen *lead independent director* für zwingend erforderlich hält.

[116] K. Toyama, in: Dokuritsu Torishimariyaku, 107, 117, basierend auf einem Verständnis der Corporate Governance nicht als „Brems- sondern als Gaspedal."

[117] G. Gotō, in: Reforming Corporate Governance, 215, 237; kritisch auch S. Morimoto, Shōji Hōmu 2087 (2015), 4, 7. Insofern geht die Schwerpunktsetzung bei Y. Miwa/J. M. Ramseyer, 28:2 Osaka Gakuin Rev. Ec. 15, 108 ff. (2015) auf der Argumentation *Toyamas* als Kritik am JCGC fehl.

[118] K. Ōsugi, Hōritsu jihō 87:3 (2015), 4, 11; vgl. T. Eguchi/Z. Shishido, in: HB Shareholder Power, 552, 558 f.: externe Verwaltungsratsmitglieder als Mittel zur Stärkung des Managementskurses durch die Aktionäre.

vitäten der Gesellschaft zu bilden, besondere Bedeutung zu.[119] Prinzip 4.9 S. 2 JCGC rät zu Kandidaten, von denen in „aufrichtiger und lebhafter Weise ein Beitrag zur konstruktiven Prüfung erwartet werden kann." Dabei ist der Verwaltungsratsrat aufgerufen, sich selbst Richtlinien zur Auswahl von Kandidaten zu geben, die neben einer Balance aus Wissen, Erfahrung und Talenten auch Vielfalt und Größe des Verwaltungsrates berücksichtigen (Nebenprinzip 4.11.1 JCGC).

Geeignete Kandidaten in einem System zu finden, das maßgeblich auf *in-house*-Karrieren setzt, ist nicht einfach.[120] Gerade zu Beginn der Entwicklung waren externe Direktoren mit Managementerfahrung im Vergleich zu Regierungsbeamten, Anwälten, Wirtschaftsprüfern und Universitätsprofessoren so eher unterrepräsentiert.[121] Jedenfalls unter Japans größten Unternehmen scheint sich dies in den letzten Jahren gewandelt zu haben,[122] wobei auch hier durchaus noch Potential besteht. Die am METI eingerichtete *CGS Study Group* sieht den Schlüssel zur Lösung des Knappheitsproblems in der Vergabe von Doppelmandaten. Vor allem pensionierte, ehemalige Manager sollen ihre Expertise nunmehr auch anderen Gesellschaften zur Verfügung stellen.[123] Vor diesem Hintergrund wird klar, warum Nebenprinzip 4.11.1 JCGC 2021 die Gesellschaften auffordert, bei der Erstellung von Anforderungsprofilen auch unabhängige Direktoren mit Management-Erfahrung in anderen Unternehmen zu berücksichtigten.[124]

Als Schritt zu einer Professionalisierung der Aufsichtstätigkeit ist die in Nebenprinzip 4.11.2 JCGC etwas versteckt angeregte Offenlegung und Begrenzung der Anzahl von Mandaten für (externe) Direktoren und Prüfer sicher zu begrüßen. Wie viele Mandate noch angemessen sind, wird hierbei den betroffenen Individuen selbst anvertraut zu entscheiden.[125] Das kann keineswegs als ideal bezeichnet werden, ist aber wohl zwangsläufig, will man die Zahl der in Frage kommenden Kandidaten nicht noch weiter begrenzen. Bedenkt man, dass

---

[119] M. Yūfu et al., Shōji Hōmu 2065 (2015), 46, 56 Fn. 50; M. Sawaguchi et al., JCGC Practical Guide, 220.

[120] F. Waldenberger, 29:3 Japan Forum 354, 370 (2017).

[121] I. Sakai, Shōji Hōmu 2080 (2015), 57, 62: 34,5 % Erfahrung als Mitglied des Verwaltungs- oder Prüferrats in einer börsennotierten Gesellschaft, 17,6 % Finanzinstitute, 13,4 % Exekutive, 15,1 % Anwälte, 8,1 % Wirtschaftsprüfer und Steuererater und immerhin 11,4 % Universitätsprofessoren (Daten von 2015 für die First Section der TSE).

[122] Mitsubishi UFJ Trust and Banking Corporation, Shiryō-han Shōji Hōmu 438 (2020), 6, 12: So hatten in einer Stichprobe von 384 börsennotierten Gesellschaften aus den Nikkei 500 bei insgesamt 1,496 externen Verwaltungsratsmitgliedern im Jahr 2020 bereits drei Fünftel (63,3 %) einen unternehmerischen Hintergrund, gegenüber 11,6 % Hochschullehrer, 11,8 % Anwälte und 5,3 % Wirtschaftsprüfern.

[123] METI, CGS Guidelines 2017, 21 f.

[124] Vgl. Follow-up Council, CG Revision 2021, 32, womit ausdrücklich nicht ehemalige CEOs etc. gemeint sollen.

[125] M. Yūfu et al., Shōji Hōmu 2065 (2015), 46, 50. Vgl. zum Problem des *overboarding* in Deutschland bereits M. Lutter, NJW 1995, 1133 ff. und nunmehr Empfehlung C 4 bzw. C 5 DCGK.

die Professionalisierung des Aufsichtsrats auch in Deutschland und vom DCGK immer wieder thematisiert wird,[126] zeichnet sich ein langer Weg ab.

3. Unabhängige Beratungskomitees

Die konkrete Rolle, die der Corporate Governance Code den Unabhängigen zudenkt, ergibt sich erst in Zusammenschau mit den anderen Empfehlungen des vierten Abschnitts, die als *best practices* zur effektiven Einbeziehung der unabhängigen Direktoren zu verstehen sind.[127] Von Bedeutung sind hierbei vor allem optionale Nominierungs- und Vergütungskomitees in Parallele zur Gesellschaft mit Ausschüssen, unabhängig davon, dass diese in den anderen Organisationsverfassungen nicht vorgeschrieben sind. Auch Gesellschaften mit Prüferrat hatten in den letzten Jahren vermehrt solche sogenannten Beratungskomitees (*shimon i'inkai*), teils auch unter abweichender Bezeichnung, errichtet. Da diese Komitees vom Gesetz in der Gesellschaft mit Prüferrat und der Gesellschaft mit Kontrollausschuss nicht vorgegeben sind, sind die Gesellschaften freier in deren Besetzung und Festlegung der Kompetenzen.

Im Zentrum von Nebenprinzip 4.10.1 JCGC stand von Anfang an die Einbeziehung unabhängiger Mitglieder des Verwaltungsrats als „konstituierende Hauptakteure" (*shuyō no kōsei'in*) bei besonders wichtigen Entscheidungen zur Steigerung der Unabhängigkeit und Transparenz des Verwaltungsrates. Bewusst wurde in der ersten Fassung des Corporate Governance Codes noch darauf verzichtet, den Beratungskomitees eine spezifische Funktion vorzugeben.[128] Die nur formelle Errichtung von Komitees ohne faktische Bedeutung sollte zwar den Anforderungen des Prinzips nicht genügen,[129] dennoch herrschte wohl weitgehende Unklarheit über deren Kompetenzen und Mandat.[130] Nebenprinzip 4.10.1 JCGC 2018 verlangte weitergehend, dass es sich um unabhängige Komitees handeln soll; eine mehrheitliche Besetzung mit Externen wie in der Gesellschaft mit Ausschüssen war selbst im *Follow-up Council* selbst umstritten und musste daher nicht unbedingt erfolgen.[131]

Tatsächlich gab es auch unter den Gesellschaften teils stark abweichende Vorstellungen, was denn nur unter einem unabhängigen Komitee zu verstehen sei.[132] Nicht gänzlich konsequent erscheint dann, wenn nach dem Nebenprinzip in der Fassung von 2021 „insbesondere" die unabhängigen Komitees in den

---

[126] D. Rubner/J.-B. Fischer, NZG 2015, 782, 782 ff.
[127] M. Yūfu et al., Shōji Hōmu 2065 (2015), 46, 47.
[128] *Ibid.*
[129] Y. Tahara et al., Shōji Hōmu 2171 (2018), 4, 10.
[130] Follow-up Council, CG Revision 2021, 3.
[131] M. Sawaguchi et al., JCGC Practical Guide, 177 f., etwa durch Besetzung des Beratungsausschusses mit einem unabhängigen Vorsitzenden.
[132] H. Kawamura, Hōritsu jihō 91:3 (2019), 25, 29, der hieraus die Notwendigkeit eines comply *and* explain ableitet.

Gesellschaften im *Prime*-Segment „im Grundsatz" mehrheitlich auch von unabhängigen Direktoren gebildet werden soll. Die konkrete Rolle der Komitees wurde im Zuge der Revisionen des Corporate Governance Codes dagegen nur dezent weiterentwickelt und bleibt weiterhin im Wesentlichen den Gesellschaften überlassen. Es sich vor allem um die Fragen der Nominierung und Vergütung, zu der die Komitees „signifikante Beiträge" leisten sollen, ohne aber, wie in der Gesellschaft mit Ausschüssen über ein Vorschlagsrecht gegenüber der Hauptversammlung zu verfügen. Nebenprinzip 4.10.1 JCGC 2021 stellt nun weiter heraus, dass es vor allem auch um die Frage der Führungsnachfolge (*succession plan*) geht, wobei die Komitees nunmehr auch *gender* und Diversitätsperspektiven abdecken sollen. Der Code adressiert in Nebenprinzip 4.8.3 JCGC 2021 nunmehr auch erstmals den Sonderfall börsennotierter Gruppengesellschaften. Hier soll ein aus Unabhängigen gebildetes „Sonderkomitee" als zusätzliche Kontrollinstanz Transaktionen mit dem herrschenden Gesellschafter überwachen und so Interessenkonflikte mit den Minderheitsaktionären entschärfen.[133]

4. *Fallbeispiel: Führungsnachfolge*

Auch „freiwillige" Beratungskomitees mit einer nur geringen Anzahl an unabhängigen Direktoren können einen großen Einfluss auf die gelebte Corporate Governance-Praxis haben. Ein fast prototypisches Beispiel für deren Funktionsweise in Zusammenspiel mit den institutionellen Investoren bietet die Kontroverse um die Führungsnachfolge im Einzelhandelskonzern *Seven & i Holdings, Ltd.* Franchise-Filialen der Tochtergesellschaft *7-Eleven Japan, Ltd.*, des mit Abstand bedeutendsten Unternehmensteils, sind in Japan nahezu allgegenwärtig. Obwohl bereits als designierter Nachfolger gehandelt, verlor der vertretungsberechtigte Chief Operating Officer der 7-Eleven, *Ryūichi Isaka*, der gleichzeitig dem Verwaltungsrat der Holding angehörte, das Vertrauen des Patriarchen *Toshifumi Suzuki*, der im Alter von 83 Jahren weiterhin als Verwaltungsratsvorsitzender (*kaichō*) der Holding vorsaß. *Suzuki*, der *Isaka* einen mangelnden eigenen Beitrag zur Entwicklung des Unternehmens vorwarf, gilt als Managementlegende, nachdem er die US-amerikanische Marke *7-Eleven* in den 1970ern für den Einzelhandelskonzern lizenzierte und das Konzept des Minisupermarkts in Japan zu beispiellosem Erfolg führte, schließlich sogar die namensgebende texanische Gesellschaft erwarb.[134]

Im April 2016 lancierte *Suzuki* über den erst im März 2016 eingerichteten Nominierungs- und Vergütungsausschuss der Holding einen Vorschlag zur Ablösung *Isakas*. Das Gesellschaftsgesetz sieht ein solches Organ für die Gesellschaft mit Prüferrat zwar nicht vor, eine entsprechende freiwillige Gestaltung

[133] *Ibid.*, 5.
[134] Reuters vom 7. April 2016.

wird aber von Nebenprinzip 4.10.1 JCGC zur Steigerung von Unabhängigkeit und Objektivität in Bezug auf Nominierung und Vergütung empfohlen. Der Empfehlung entsprechend nimmt der Ausschuss die Rolle eines beratenden Organs (*shimon kikan*) unter der Leitung eines von insgesamt vier externen Direktoren ein.[135] Bereits im Januar 2016 war der CEO des als aktivistisch bekannten US-amerikanischen Fonds *Third Point* an den Vorsitzenden des Ausschusses herangetreten, den bereits in akademischer Funktion in dieser Abhandlung in Erscheinung getretenen Ökonomen *Kunio Itō*. Für den Investor erschien eine Ablöse von *Isaka* trotz der glänzenden Zahlen der *7-Eleven Japan, Ltd.* in dem vorangegangenen Jahr gänzlich unbegreiflich. Mangels eigener satzungsgemäßer Rechte und ohne Beschlussfassung leitete der Ausschuss die Vorlage dem Verwaltungsrat der Holding weiter, der wiederum zu entscheiden hatte, ob diese an die Hauptversammlung zur Umsetzung gegeben wird. Nach Darstellung der *Nihon Keizai Shinbun* (*Nikkei*) verfehlte der Antrag auf Ablösung *Isakis* gerade auf das Betreiben *Itōs* hin die erforderliche Mehrheit im Verwaltungsrat. *Suzuki* und der ebenfalls vertretungsberechtigte Präsident der Holding gaben in Folge bekannt, von ihren Ämtern zurücktreten zu wollen. Die für den 26. Mai 2016 angesetzte Hauptversammlung wählte gemäß dem nunmehr vorliegenden Vorschlag des Verwaltungsrats *Isaka* zum vertretungsberechtigten Präsidenten der Holding.[136] Trotz der von *Itō* geäußerten Bedenken bezüglich eines weiterhin bestehenden Einflusses des scheidenden Vorsitzenden blieb *Suzuki* dem Unternehmen in der neu geschaffenen Position des „Ehrenberaters" (*meiyo komon*) erhalten.[137]

Das Beispiel *Seven & i* illustriert, wie unabhängige Direktoren und damit einhergehend zusätzliche Transparenz die Machtstrukturen in japanischen Unternehmen zum Positiven verändern können.[138] Vor allem aber zeigt es anschaulich, dass verschiedene Faktoren zusammenwirken müssen – die Komiteestruktur ohne verbindliche Kompetenzen zur Nominierung allein hätte wohl wenig bewirkt, sie schuf aber eine Anlaufstelle für den konstruktiven Dialog des Investors mit der Gesellschaft, der in *Itō* einen einflussreichen Partner fand. Sicherlich dürfte nicht jeder unabhängige Direktor ähnliches Profil zeigen. Das gilt gerade für die zu Anfang der Entwicklung widerwillig vorgenommene Neubesetzung des Verwaltungsrates mit Gefälligkeitskandidaten (Berühmtheiten, Anwälten ohne Managementerfahrung, Professoren und dergleichen).[139] Auch

---

135 Seven & I Holdings, Ltd., *Kōporēto Gabanansu Repōto – stēkuhorudā tono komyunikēshon ni mukete* [Corporate Governance Report – Zur Kommunikation mit den Stakeholdern] vom 1. November 2016, 20 f. abrufbar unter: <http://www.7andi.com/dbps_data/_template_/_user_/_SITE_/localhost/_res/ir/library/pdf/7andi_gvnc_doc20161101_r.pdf>.

136 Siehe für eine Dokumentation Nikkei vom 21. bis 23. April 2016.

137 Nikkei vom 25. Mai 2016 (Chō-kan), 13.

138 K. Ōsugi, in: K. Ōsugi et al., Nikkei vom 14. April 2016 (Chō-kan), 9.

139 S. Morimoto, Shōji Hōmu 2087 (2015), 4, 9; T. Ishida, Shōji Hōmu 2093 (2016), 23, 27; siehe oben Kapitel 4. A. IV. 2.

darf nicht vergessen werden, dass sowohl *Olympus* als auch *Toshiba* durchaus über externe Direktoren verfügten.[140] Dennoch zeigten sich selbst Kenner der japanischen Corporate Governance-Debatte überrascht, wie schnell erste Auswirkungen der Reformen in der Praxis spürbar wurden.[141]

Bei der Besetzung der Unternehmensspitze mit qualifiziertem Personal handelt es sich um eines der drängendsten Probleme der japanischen Corporate Governance, wie nicht zuletzt von *Kenjirō Egashira* immer wieder hervorgehoben wird. Dass hier unabhängige Direktoren einen maßgeblichen Einfluss auf den Pool der in Frage kommenden Kandidaten haben könnten, etwa indem ein ehemaliger CEO seine Expertise als unabhängiger Direktor in einem anderen Unternehmen einbringt und vielversprechende Kandidaten von seiner ehemaligen Wirkungsstätte abwirbt, ist für ihn nur schwer vorstellbar.[142] So reagiert auch die Nachjustierung des Corporate Governance Codes mit der Revision 2018 ausdrücklich darauf, dass bislang nur wenige Unternehmen ausreichend Zeit für den in Nebenprinzips 4.1.3 JCGC vorgesehenen Nachfolgeplan sowie die formalisierte Ausbildung potentieller Kandidaten aufgewandt hatten.[143] Es lässt tief blicken, wenn in den 2018 ergänzten Nebenprinzipien 4.2.3 und 4.2.4 JCGC nun „objektive, zeitlich passende und transparente Abläufe" für die Wahl eines CEO „unter Aufwendung von genügend Zeit und Ressourcen" angemahnt werden. Bislang handelt es sich hierbei um Prinzipien mit einer vergleichsweise hohen Abweichungsquote.[144] Im Umkehrschluss stützt dies nur die Beobachtung, dass die Nachfolge in Führungspositionen bislang intransparent und im Wesentlichen nach subjektiven Gesichtspunkten entschieden wurden.[145]

5. *Kompatibilität mit der tradierten Kompetenzverteilung*

Mit dem Drängen auf die Einführung mehrerer unabhängiger Direktoren und der Annäherung an die Praktiken in der Gesellschaft mit drei Ausschüssen ohne vollständige Trennung von Überwachung und Geschäftsführung leistet der Corporate Governance Code einer Entwicklung Vorschub, die man als „Hybridmodell" bezeichnen kann, also einer Gesellschaft zwischen dem traditionellen *management board* und dem *monitoring model,*

---

[140] B. E. Aronson, in: Independent Directors in Asia, 431, 447 f. sowie The Economist vom 03.11.2012.

[141] W. Tanaka, in: W. Tanaka et al., Shōji Hōmu 2108 (2016), 6, 7.

[142] K. Egashira, 92:1 Waseda Hōgaku 95, 113 (2016); siehe auch ders., Hōritsu jihō 86:12 (2014), 59, 60.

[143] CG Revision 2018, 2.

[144] Siehe unten Kapitel 4. B. I. 1.

[145] Vgl. K. Ōsugi, Hōritsu jihō 87:3 (2015), 4, 6 f.

„die im Verwaltungsrat eine entschlossenere und dynamischere Entscheidungsfindung anstrebt, indem externe Mitglieder, die nicht die Mehrheit einnehmen, sich durch konstruktive Vorschläge usw. in den Verwaltungsrat einbringen“.[146]

So empfiehlt der Code zur „Sicherung der vom Verwaltungsrat erwarteten Rechenschaft (*accountability*) und einer effektiven Aufsicht“ auch in den anderen Organisationsverfassungen die Implementierung von Beratungsgremien nach dem Vorbild der Gesellschaft mit Ausschüssen,[147] ohne wie gesehen konkrete Vorgaben zu machen. Von einer Umsetzung des *monitoring model* in seiner Reinform dürften die Empfehlungen des Corporate Governance Codes zwar noch ein ganzes Stück entfernt sein.[148] Trotzdem stellt sich die Frage nach der konzeptionellen Vereinbarkeit mit der tradierten Kompetenzverteilung.[149]

Unabhängig von der konkreten Organisation des Leitungsorgans der Gesellschaft unterstreicht Hauptprinzip 4 JGCG in Anlehnung an die OECD-Richtlinien ein Rollenverständnis des Verwaltungsrates auch als Organ mit Aufsichtsfunktion (*kantoku kinō*), als „*board*“ im US-amerikanischen Sinne.[150] Dieses soll i) die grundlegenden strategischen Richtungen vorgeben, ii) für das Management ein Umfeld schaffen, welches das Eingehen „angemessener“ Risiken (*kensetsu na risukuteiku*) befördert, und schließlich iii) seine Aufsicht von einem unabhängigen und objektiven Standpunkt ausüben (Hauptprinzip 4 Abs. 1 JCGC, siehe auch Prinzip 4.3 JCGC). Um eine Diskussionsgrundlage für die Besprechung von Geschäftszielen und -strategien zu schaffen, fordert Nebenprinzip 4.1.1 JCGC den Verwaltungsrat auf, den Umfang der Delegation von Aufgaben auf das Management klar zu definieren und offenzulegen. Spricht der JGCG also vom Verwaltungsrat und dessen Mitgliedern, bezieht sich dies in der Regel auf nichtgeschäftsführende Mitglieder unter Einschluss externer bzw. unabhängiger Mitglieder in Unterscheidung zum Management (*kei'ei-han*).[151] Die Entscheidung über die Reichweite der Delegierung und damit über das Rollenverständnis des Verwaltungsrates bleibt der Gesellschaft selbst überlassen.[152]

Unabhängig davon, ob man die Frage nach der Umsetzung des *monitoring model* nicht eher als Mentalitätsfrage verstehen möchte,[153] dürfte eine Umset-

[146] T. Muramoto, in: H. Kansaku et al., Shōji Hōmu 2089 (2016), 8, 9 (Übers. des Verf.); siehe auch bereits B. E. Aronson, ZJapanR 35 (2013), 85, 96 ff.

[147] Nebenprinzip 4.10.1 JCGC; siehe M. Yūfu et al., Shōji Hōmu 2065 (2015), 46, 49 sowie oben Kapitel 4. A. IV. 3.

[148] M. Sawaguchi et al., JCGC Practical Guide; A. Morita, Dōshisha hōgaku 68:1 (2016), 65, 84 ff.

[149] So auch S. Morimoto, Shōji Hōmu 2087 (2015), 4, 11; vgl. T. Fujita, Shōji Hōmu 2038 (2014), 4, 10 ff. zum JACD CGC-Vorschlag 2014, der allerdings noch stärker in Richtung des *monitoring model* geht als der JCGC.

[150] K. Takei, Shōji Hōmu 2069 (2015), 4, 12; ders., in: Kōporēto Gabanansu Kōdo no jissen, 44 ff.; vgl. M. Yūfu et al., Shōji Hōmu 2064 (2015), 35, 38 f.

[151] S. Morimoto, Shōji Hōmu 2087 (2015), 4, 6; K. Takei, Jurist 1484 (2015), 67.

[152] S. Morimoto, Shōji Hōmu 2087 (2015), 4, 11.

[153] T. Fujita/M. Sawaguchi, Jurisuto 1500 (2016), 2, 4 f.

zung auch in der Gesellschaft mit Prüferrat zwar möglich sein. Sie stößt aber an rechtskonzeptionelle Grenzen, indem sie ein Maß an Delegation der Geschäftsführung verlangt, das im klassischen Modell der japanischen Corporate Governance mit dem Verwaltungsrat vornehmlich als Organ der Geschäftsführung in dieser Form nicht vorgesehen ist. Lassen die Gesellschaft mit Ausschüssen und die Gesellschaft mit Kontrollausschuss (bei mehr als hälftiger Besetzung des Verwaltungsrates mit Externen) eine weitgehende Übertragung von Aufgaben des Verwaltungsrates an einzelne Personen zu,[154] scheitert das hier bereits am Gesetz, das eine ganze Reihe von Geschäftsführungsaufgaben von der Delegation ausklammert.[155] In der Praxis werden indes bereits die Möglichkeiten zur Delegation in der Gesellschaft mit Ausschüssen kaum genutzt.[156] Gleichzeitig genießt die Hauptversammlung weitreichende Kompetenzen, die gerade im Hinblick auf finanzielle Aspekte der Gesellschaft – teils durch Richterrecht und Selbstregulierung – bis auf die Geschäftsführung durchschlagen.[157] Die mit der graduellen Annäherung an das *monitoring model* in der Gesellschaft mit Prüferrat verbundene „Hybridisierung" führt angesichts der auf die Geschäftsführung im *management board* zugeschnittenen Rechtsdogmatik und Rechtsprechung zudem zu schwierigen Folgefragen im Hinblick auf die Anwendung von Haftungsgrundsätzen bei der Vorstandshaftung, denen hier nicht weiter nachgegangen werden kann. In jedem Fall entfernt sich eine solche Governance-Struktur von dem tradierten Verständnis der Aufgaben der Direktoren in der japanischen Rechtsdogmatik und ihrem einheitlichen Pflichtenkanon.[158] Zusätzliche Brisanz erfährt die Entwicklung dadurch, dass der Corporate Governance Code selbst die Empfehlungen als gegebenenfalls haftungsrelevante Konkretisierung der gesellschaftsrechtlichen Sorgfaltspflicht versteht, die die Angemessenheit des unternehmerischen Entscheidungsprozesses sichern sollen.[159]

---

[154] Art. 416 Abs. 4 bwz. Art. 399:13 Abs. 5 GesG (bei hälftiger Besetzung des Verwaltungsrats mit externen Direktoren). T. Fujita, Shōji Hōmu 2038 (2014), 4, 8.

[155] Art. 362 Abs 4 GesG; siehe S. Morimoto, Shōji Hōmu 2087 (2015), 4, 11.

[156] T. Fujita, Shōji Hōmu 2038 (2014), 4, 11 und Fn. 37.

[157] A. Morita, Dōshisha hōgaku 68:1 (2016), 65, 80 ff., der im Sinne der *director primacy* eine Beschränkung der Befugnisse für erforderlich hält, unter Verweis auf etwa die Befugnis zur Festsetzung der Dividenden und die Entscheidung über den Rückkauf von Aktien sowie die Möglichkeit zur Festlegung auch strategischer Entscheidungen in der Satzung (z. B. hypothetischer Ausschluss der Atomstromerzeugung selbst in Energiekonzernen).

[158] T. Miyajima, Essenz, 279.

[159] Erklärung zu Hauptprinzip 4 JCGC; M. Yūfu et al., Shōji Hōmu 2064 (2015), 35, 39; siehe zur Haftungsproblematik H. Kansaku et al., Shōji Hōmu 2089 (2016), 8 ff.

6. Rolle der Prüfer

Gerade zu Anfang scheint der Corporate Governance Code zu sehr auf die Rolle der unabhängigen Direktoren fokussiert gewesen. Eine überzeugende Antwort auf die künftige Rolle der Prüfer blieb er hierbei zunächst schuldig.[160]

Dies zeigte sich bereits im Grundansatz: Nach der Maßgabe des Codes werden in der Gesellschaft mit Prüferrat „Rolle und Pflichten [des boards] teilweise durch Prüferrat (*kansa yakkai*) und die Prüfer (*kansa-yaku*) ausgeübt."[161] Dementsprechend sind die *kansa-yaku* aufgerufen, sich nicht nur auf „defensive" Aspekte der Corporate Governance zu beschränken, sondern ihre Rolle proaktiv zu interpretieren auszuüben und sich gegenüber dem Verwaltungsrat und dem Management zu Wort zu melden (Prinzip 4.4 Abs. 2 JCGC). Unter Eindruck des Corporate Governance Codes versteht deren Interessenvertretung *Japan Audit & Supervisory Board Members Association* (JASBA) die Rolle des Prüferrats als *audit & supervisory board* nun auch in der teilweisen Übernahme der auf nachhaltiges Wachstum gerichteten Aufsichtsfunktion (*kantoku kinō*) in eigener Verantwortung:

> „Die Prüfer (*kansa-yaku*) und der Prüferrat überwachen, ob der Verwaltungsrat die ihm obliegende, unten näher ausgeführte Aufsichtsfunktion (*kantoku kinō*) angemessen ausübt, [in deren Rahmen] auf nachhaltiges Wachstum und mittel- bis langfristige Steigerung des Unternehmenswerts drängt sowie auf die Verbesserung der Ertragskraft und der Kapitaleffizienz hinwirkt; gleichzeitig obliegt [dem Prüferrat] im Rahmen seiner eigenen Dienstpflichten ein Teil dieser Aufsichtsfunktion."[162]

Die Regeln der JASBA entfalten als *best practices* zunächst keine Rechtspflicht,[163] stehen aber stellvertretend für den Bedeutungswandel des Prüferrats, der bereits in der englischsprachigen Übersetzung in Anlehnung an die neue Gesellschaft mit Kontrollausschuss (*company with an audit and supervisory committee*) deutlich wird.[164] Inhaltlich bleibt diese Rollenzuweisung wie auch die Beziehung des vom Corporate Governance Code angelegten Verständnis eines *one-tier board* zur tradierten Kompetenzverteilung unklar. Wie *Tatsuo Uemura* anmerkt, ändert

---

[160] A. Morita, Dōshisha hōgaku 68/1 (2016), 65, 85, der die den unabhängigen Verwaltungsratsmitgliedern vom JCGC zugedachte Funktion im Wesentlichen auch durch *kansa-yaku* für erfüllbar hält.

[161] Hauptprinzip 4 JCGC: „where a part of these roles and responsibilities are performed by *kansayaku* and the *kansayaku* board".

[162] Art. 13 Abs. 2 JASBA, *Kansa-yaku kansa kijun* [Code of Kansayaku] vom 25. März 1975 i. d. F. vom 23. Juli 2015 (Übers. des Verf.), abrufbar unter: <http://www.kansa.or.jp/support/el001_150731_2_1a.pdf>.

[163] M. Sawaguchi et al., JCGC Practical Guide, 217.

[164] K. Takei, in: L & E Corporate Governance, 304, 308 f.; siehe *Nihon Kansa-yaku Kyōkai* [vorherige englische Selbstbezeichnung: Japan Corporate Auditor Association], New Recommended English Translation for „Kansayaku" and „Kansayaku-kai" vom 23. Oktober 2012, abrufbar unter: <http://www.kansa.or.jp/en/ns121023.pdf>.

„[d]ie Verwendung des ‚board' als Konzept in einem Corporate Governance Code oder Ähnlichem das Gesellschaftsrecht nicht. So etwas existiert in Japan nicht."[165]

Das Gesellschaftsrecht weist dem Prüferrat eine originär auf die Prüfung der Rechtmäßigkeit (*kansa*) beschränkte Rolle zu, wobei die Überlappungen zur Angemessenheitsprüfung fließend sind. Da das Problem aber im Gesellschaftsrecht selbst angelegt ist, wird sich die strukturell motivierte Kritik am *kansa-yaku*-System auch durch größte Anstrengungen zur Erklärung gegenüber den internationalen Investoren genauso wenig beheben lassen, wie durch eine bloße Umdeutung der Rolle des Prüferrats.[166] In der Gesellschaft mit Kontrollausschuss dürfte zudem das Verhältnis zwischen dessen Kompetenzen in Personalangelegenheiten und den zusätzlichen Beratungsgremien Fragen aufwerfen.[167]

In den letzten Jahren hat die defensive (*mamori no*) Seite der Corporate Governance wieder an Aufmerksamkeit gewonnen. Entsprechend wendet sich der Corporate Governance Code seit 2018 wieder verstärkt der Rolle der Prüfer zu. Obwohl hierzu prädestiniert, seien die *kansa-yaku* ihrer Aufsichtsrolle in den Finanzskandalen der jüngeren Zeit keinesfalls gerecht geworden. Das lag nach Ansicht des *Follow-up Council* auch daran, dass das *internal audit department*, über das Gesellschaften neben dem organschaftlich mit der Prüfung betrauten Prüferrat bzw. Prüfungsausschuss verfügen, in den meisten Gesellschaften unter direkter Kontrolle des Präsidenten steht.[168] Entsprechend enthalten Prinzip 4.13 und die folgenden Nebenprinzipien Vorgaben, die auf eine aktivere Rolle der Prüfer bzw. in den beiden anderen Organisationsverfassungen der mit der Prüfung beauftragten Direktoren drängen. Zudem soll eine direkte Berichtspflicht des *internal audit department* gegenüber dem Verwaltungsrat und dem Prüferrat etabliert werden (Nebenprinzip 4.13.3 JCGC 2021). Natürlich macht dies nur Sinn, sofern auch die Besetzung des Prüferrats angemessenen Kriterien und Prozessen folgt.[169] Auch die Erweiterung des Prinzips 4.2 JCGC 2018, welches nunmehr bei den *kansa-yaku* die finanziellen, buchhalterischen und rechtlichen Kenntnisse voraussetzt, die zur Ausübung der Prüfung der Geschäftsführung und der Bilanzen notwendig sind,[170] ist so eher als Rückbesinnung auf die Ursprünge des Prüferrolle zu verstehen.

---

[165] Sehr kritisch T. Uemura, Aoyama Accounting Journal 5 (2015), 87, 90; ähnlich auch A. Morita, Dōshisha hōgaku 68:1 (2016), 65, 85.

[166] T. Fujita, Shōji Hōmu 2038 (2014), 4, 17 Fn. 43, für eine stärkere Einbindung der Prüfer in die Geschäftsführung etwa A. Morita, Dōshisha hōgaku 68:1 (2016), 65, 87.

[167] S. Morimoto, Shōji Hōmu 2087 (2015), 4, 13, vgl. Art. 399:2 Abs. 2 Nr. 2 GesG i. V. m. Art. 342:2 Abs. 4 GesG (Beschluss bzgl. Nominierung) bzw. Art. 361 Abs. 6 GesG (Beschluss bzgl. Vergütung).

[168] Follow-up Council, Opinion IV (2019), 4.

[169] Follow-up Council, Opinion IV (2019), 4; CG Revision 2021, 6.

[170] Y. Tahara et al., Shōji Hōmu 2171 (2018), 4, 13.

V. Opfer des eigenen Erfolgs: Eine zwingende Regelung für externe Direktoren

Nach Inkrafttreten des Reformgesetzes 2019 und den hierauf angepassten Börsenzulassungsregeln müssen alle an der TSE notierte Gesellschaften ein externes Mitglied in ihren Verwaltungsrat entsenden. Mit der Umwandlung von Art. 327:2 GesG in eine zwingende Regelung findet das zeitweilige Experiment mit dem gesetzlichen *comply-or-explain*-Mechanismus nach nur sechs Jahren ein jähes Ende. Es überrascht kaum, dass die Reform ihr primäres Ziel schnell erreichte: Unter den an der TSE notierten Unternehmen ist die Ernennung zumindest eines externen Direktors innerhalb kürzester Zeit auch für Gesellschaften mit Prüferrat zum Standard geworden. Eine wirkliche Chance, sich zu bewähren, hatte der *comply-or-explain*-Mechanismus in Art. 327:2 GesG 2015 indes nie. Bereits bei seiner Einführung stand dieser im Schatten einer möglichen Nachschärfung (1). Dies war schon ausreichend, um der Regelung zu einer nahezu umfassenden Durchsetzung zu verhelfen (2). Damit waren die regulatorischen Ziele auf ersten Blick erreicht, die zwingende Regelung wird mit deren Sicherung begründet (3). Rückblickend war der gesetzliche *comply-or-explain*-Mechanismus nicht mehr als ein Zwischenschritt in der Debatte um die Einbeziehung von Externen bzw. Unabhängigen in den Verwaltungsrat: In der jüngsten Fassung des Corporate Governance Codes wird den führenden Gesellschaften seit April 2022 ein Verwaltungsrat empfohlen, der sich zu mindestens einem Drittel aus unabhängigen Direktoren zusammensetzt (4).

1. Schatten der möglichen Nachschärfung

Mit der Einführung des *comply-or-explain*-Mechanismus für externe Direktoren folgte der japanische Gesetzgeber dem Ruf nach mehr Regulierung in der Form eines Kompromisses. Dieser mag im Wesentlichen politisch motiviert gewesen sein,[171] basierte aber auch auf einer ökonomischen Logik: Zwar ließ sich empirisch kein konkreter Zusammenhang zwischen der Ernennung von externen Direktoren und dem Aktienkurs der betreffenden Unternehmen nachweisen.[172] Andere Studien legten dagegen nahe, dass japanische Gesellschaften ihre Leitungsstrukturen nicht immer optimal wählten. So hätten gerade Unternehmen, die weniger stark dem Druck des Kapitalmarkts ausgesetzt sind oder deren hohe Kapitalreserven auf bestehende Agency-Probleme hindeuten, seltener externe Direktoren bestellt. Insbesondere aber in Fällen, in denen die Informationenversorgung Externer aufwendig wäre, könnten die mit der Einbeziehung von Unabhängigen verbundenen Kosten die Effizienzgewinne durch das

[171] G. Gotō et al., in: Independent Directors in Asia, 135, 164 f.

[172] Y. Miwa/J. M. Ramseyer, 14:2 Journal of Economics & Management Strategy 299, 322 (2005); H. Miyajima/R. Ogawa, Shōji Hōmu 1973 (2012), 81, 93.

externe Monitoring übersteigen.[173] Der *comply-or-explain*-Mechanismus sollte hier – zumindest im Ausgangspunkt – Flexibilität gewähren und Gesellschaften die Möglichkeit lassen, die für sie passende Lösung im Sinne eines *no size fits all* selbst zu bestimmen.[174]

Diesen Ansatz hat der japanische Gesetzgeber, wenn überhaupt, nicht konsequent verfolgt. Art. 327:2 GesG 2015 stand von Anfang an unter dem dunklen Schatten einer drohenden Verpflichtung zur Ernennung eines externen Direktors. Dass es der Gesetzgeber ernst meinte, war bereits im Reformgesetz 2014 in Form eines Zusatzartikels selbst angelegt:

> „Zwei Jahre nach Inkrafttreten dieses Gesetzes wird die Regierung die Änderung der sozio-ökonomischen Situation usw., wie z. B. die Lage bei der Ernennung von externen Direktoren, betrachten, darüber hinaus den Zustand des Corporate Governance-Systems untersuchen, und, sollte sie es für nötig erachten, auf diesem Ergebnis aufbauend eine Pflicht zur Ernennung externer Direktorien und andere notwendige Maßnahmen ergreifen."[175]

Der disziplinierende Effekt solcher deutlichen Hinweise auf eine mögliche zwingende Norm ist aus der deutschen Debatte wohlbekannt. Wie *Johannes Köndgen* zum DCGK vorausschauend anmerkte, ist *„der Schatten des Rechts über diesem Kodex besonders lang*."[176] In der ersten Dekade im Umgang mit dem neuen Instrument machte sich der deutsche Gesetzgeber Initiativen der Kodexkommission wie die Offenlegung von Vorstandsbezügen oder auch das Erfordernis einer *cooling-off*-Phase für den Wechsel aus dem Vorstand in den Aufsichtsrat mehrfach zu eigen, weil diese bei den Kodexadressaten nicht genügend Akzeptanz erfahren hatten. Der Eindruck, der DCGK sei nur ein Testballon für den Gesetzgeber und die gesetzliche Regelung lasse sich nur durch Befolgung der Empfehlungen umgehen, hat maßgeblich zum Eindruck einer faktischen Bindungswirkung des Kodex beigetragen.[177]

2. *Zwingende Regelung trotz hoher Umsetzungsquoten*

Der Anteil an Gesellschaften in der *First Section* der TSE, die mindestens einen externen Direktor ernannt haben, stieg im Zuge der Verabschiedung des Reformgesetzes 2014 zwischen 2014 und 2015 sprunghaft von 74,3 % auf 94,3 % an. Schon Ende Juli 2018 und damit zu Beginn der Diskussionen um eine aber-

---

[173] T. Saitō, in: Kigyō tōji, 181, 210; ders., PRI Pub. Pol. Rev. 11:3 (2015), 395, 408 f.; H. Miyajima/R. Ogawa, Shōji Hōmu 1973 (2012), 81, 93 f.; siehe G. Gotō et al., in: Independent Directors in Asia, 135, 151 ff. sowie T. Spiegel, Independent Directors, 181 ff. für eine ausführliche Diskussion der empirischen Daten.

[174] T. Fujita, UT Soft Law Review 5 (2013), 9, 12 f.

[175] Zusatzartikel 25 zu Gesetz Nr. 90/2014 (Übers. des Verf.).

[176] J. Köndgen, AcP 206 (2006), 477, 499 im Hinblick auf die ebenfalls drohende unionsrechtliche Regulierung.

[177] E. Vetter, ZIP 1257 (2008); siehe etwa im Detail K. J. Hopt, in: FS Hoffmann-Becking, 563, 576 ff.; M. Habersack, in: Gutachten E (69. DJT), E 52 f.

malige Gesellschaftsrechtsreform machten von der Möglichkeit, kein externes Verwaltungsratsmitglied zu bestellen, über alle Marktsegmente hinweg nur noch 82 Gesellschaften und damit 2,3 % der an der TSE damals notierten 3.598 Gesellschaften Gebrauch, von denen lediglich sieben den 2.009 Gesellschaften der *First Section* angehörten. Im Sommer 2020 waren es in der *First Section* noch drei Gesellschaften, in der *Second Section* noch vier, die keinen externen Direktor bestellt hatten. In den Gesellschaften der *First* und *Second Section* ist vielmehr entsprechend den Empfehlungen des Corporate Governance Codes die Ernennung mindestens zweier *unabhängiger* Direktoren zur Norm geworden:[178]

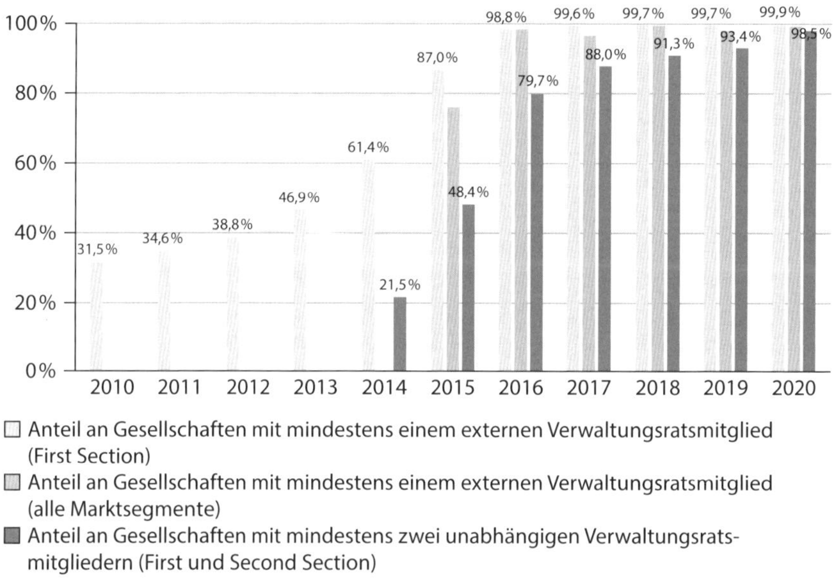

Abbildung 2: Externe/unabhängige Direktoren in an der TSE gelisteten Gesellschaften

Der Schluss liegt nahe, dass die hohen Umsetzungsquoten weniger auf die innere Überzeugung der Gesellschaften vom Nutzen externer Direktoren als auf die durch Art. 327:2 GesG ausgeübte Bindungswirkung zurückzuführen ist. Dabei hatten *Gen Gotō*, *Manabu Matsunaka* und *Souichirou Kozuka* noch argumentiert, dass die Regelung in Art. 327:2 GesG die Anreize zur Ernennung

[178] TSE, Appointment of Independent Directors and Establishment of Nomination and Remuneration Committees by TSE-Listed Companies vom 2. September 2020, sowie historische Daten 2015 bis 2020, abrufbar unter <https://www.jpx.co.jp/english/listing/others/ind-executive/index.html>, vor 2015 Daten nur für externe Direktoren in der *First Section*; siehe auch G. Gotō et al., in: Independent Directors in Asia, 135, 145 ff.; H. Kansaku, Jurisuto 1542 (2020), 40 f.

externer Direktoren nicht optimal setzen würde. Der wirtschaftliche Druck zur Umsetzung in Form höherer Kapitalkosten träfe vor allem Unternehmen mit einem großen Anteil ausländischer Investoren, während gerade Unternehmen mit einem nur geringen Anteil ausländischer Investoren am stärksten von der Ernennung Externer profitieren würden.[179] Die Argumentation geht erkennbar von einer marktinduzierten Durchsetzung des *comply-or-explain*-Mechanismus aus, wie sie die spezifische Ausgestaltung der Norm nie wirklich entfalten konnte.

Auch die sehr hohe Befolgungsquote von Prinzip 4.8 Abs. 1 JCGC und die verbreitete Wahl mindestens zweier unabhängiger Direktoren unter den Unternehmen der *First* und *Second Section* ist auffällig. Bereits jetzt setzt sich in der Mehrheit der Gesellschaften in der *First Section* der Verwaltungsrat zu mehr als einem Drittel aus Unabhängigen zusammen. Nach der flächendeckenden Ernennung externer respektive unabhängiger Direktoren ist die Einführung zusätzlicher, freiwilliger Komitees der neueste Trend in der japanischen Corporate Governance, dem bereits über die Hälfte der Unternehmen in der *First Section* und etwa drei Viertel der Gesellschaften im Nikkei 400 Index folgen.[180] Im Gegensatz zum Art. 327:2 GesG 2015 basiert die Durchsetzung der Empfehlungen des Corporate Governance Codes auf dem *comply-or-explain*-Mechanismus in seiner klassischen Form. Dieser findet zudem in den unteren Märkten der TSE keine direkte Anwendung, sondern erfasste nach Regel 436-3 BörsZR zunächst „nur" die ca. 2.500 in der *First* und *Second Section* gelisteten Gesellschaften. Hier ist die These einer selektiven Wirkung auf Gesellschaften mit starkem internationalen Anteilsbesitz überzeugender, allein schon aufgrund der Aufnahme eines entsprechenden Standards von zwei unabhängigen Direktoren als *benchmark* in die Richtlinien des Stimmrechtsberaters ISS.[181]

3. *Absage an die marktbasierte Durchsetzung*

Mit Wirkung zum 1. März 2021 verlangt Art. 327:2 GesG i. d. F. des Reformgesetzes 2019 nun von allen Gesellschaften mit Prüferrat in seinem Anwendungsbereich, in erster Linie großer börsennotierter Gesellschaften, die Bestellung eines externen Direktors.[182] In Reaktion hierauf dehnt die TSE ab dem 1. März 2021 die Anforderung an alle bei ihr notierten Gesellschaften aus und erfasst so auch diejenigen Gesellschaften mit Prüferrat, die keine großen Gesellschaften i. S. d. Art. 2 Nr. 5 GesG sind.[183]

---

[179] G. Gotō et al., in: Independent Directors in Asia, 135, 157 f.

[180] TSE (Fn. 178), siehe auch K. Ōsugi, in: Reforming Corporate Governance, 181, 198 f.

[181] T. Ishida, Shōji Hōmu 2093 (2016), 23, 26.

[182] Art. 327:2 GesG 2021 in eigener Übersetzung abgedruckt als Annex B.

[183] R. 437:2 BörsZR i. d. F. vom 1 März 2021; siehe TSE, *Reiwa gan'nen kaisha-hō kaisei ni tomonau jōjō seido no seibi ni kakakwaru yūka shōken jōjō kitei-tō no ichibu kaisei ni tsuite* [Zur Reform u. a. eines Teils der Zulassungsregeln für Wertpapiere zur Gewährleis-

Die Überführung in eine zwingende Regelung erfolgte nicht deswegen, weil die Befolgungszahlen zu niedrig gewesen wären – im Gegenteil. Hätte die Regierung eine ergebnisoffene Überprüfung der Maßnahmen durchgeführt, wie im Zusatzartikel des Reformgesetzes 2014 angekündigt, hätte sie wenig Grund zum Eingreifen gefunden.[184] Nachdem nahezu alle in der *First* und *Second Section* der TSE notierten Gesellschaften über einen externen Direktor verfügten, bedurfte es eines neuen Begründungsansatzes. So stellt ein vom MoJ im Februar 2018 veröffentlichter Zwischenbericht die verpflichtende Einführung zumindest eines externen Verwaltungsratsmitglieds erneut zur Disposition. Die Begründung ist aufschlussreich:

„[…] in der gegenwärtigen Situation, in der es Hinweise darauf gibt, dass selbst die Gesellschaften, die kein externes Verwaltungsratsmitglied bestellt haben, dessen Bedeutung erkannt haben, und unabhängig von der Frage, ob sich nach der Ernennung externer Direktoren ein kausaler Zusammenhang zu einer unmittelbaren Verbesserung des Unternehmenswertes nach Ernennung eines externen Verwaltungsratsmitglied feststellen lässt, wird aufgezeigt, dass zumindest als Mindeststandard die Ernennung eines externen Verwaltungsratsmitglieds notwendig ist, das die gemeinsamen Interessen aller Aktionäre inklusive der Minderheitsaktionäre vertritt und von einem objektiven Standpunkt unabhängig von den mit der Geschäftsführung betrauten Personen aus die Aufsicht über Unternehmensleitung ausübt sowie von dem die Aufsicht über die Interessenkonflikte zwischen Managern bzw. herrschenden Aktionären und den Minderheitsaktionären zu erwarten ist.“[185]

Wurde der *comply-or-explain*-Mechanismus anfangs noch als in der Theorie flexible Reaktion auf die individuellen Corporate Governance-Probleme einzelner Gesellschaften erklärt, sah man nun die Notwendigkeit eines Mindeststandards, um das Vertrauen in den Kapitalmarkt zu sichern.[186] Diese Argumentationslinie setzt sich in der Begründung zum *Yōkō*-Entwurf für die abermalige Reform des Gesellschaftsgesetzes vom Januar 2019 fort, der zwischen einer zwingenden Vorschrift als Mindeststandard (Vorschlag A) und dem Status quo (Vorschlag B) unterscheidet:

„Der Unterausschuss ist der Ansicht, dass zur Schaffung eines Umfelds des Vertrauens in den japanischen Kapitalmarkt als Ganzes börsennotierte Unternehmen einheitlich verpflichtet werden sollten, als Mindeststandard und grundlegende Voraussetzung von ex-

---

tung eines Börsensystems in Einklang mit der Reform des Gesellschaftsgesetzes von 2019], 12. Februar 2021, abrufbar unter <https://www.jpx.co.jp/rules-participants/rules/revise/nlsgeu000005b2b9-att/gaiyou.pdf>.

184 W. Tanaka, in: H. Iida et al., Soft Law Journal 29 (2019), 21, 107 f.

185 MoJ, Hōsei shingi-kai [Legislativkommission], *Kaisha-hōsei (Kigyō tōji-tō kankei) no minaoshi ni kansuru chūkan shi'an no hosoku setsumei* [Zusätzliche Erläuterungen zum Zwischenbericht für einen Vorschlag für die Reform des Gesellschaftsrechts (u. a. zur Unternehmensführung)], vom 14. Februar 2018, 45 (Übers. des Verf.), abrufbar unter <http://www.moj.go.jp/shingi1/shingi04900348.html>.

186 W. Tanaka, in: H. Iida et al., Soft Law Journal 29 (2019), 21, 107 f. sowie H. Kansaku, Jurisuto 1542 (2020), 40, 43 f.

ternen Direktoren beaufsichtigt zu werden. Das Gesellschaftsgesetz sollte die Wahl eines externen Direktors zwingend vorschreiben und so die Botschaft aussenden, dass mindestens die Überwachung durch [einen] externen Direktor gewährleistet ist. […]

Im Unterausschuss wurde, vom Standpunkt des Vorschlags B darauf hingewiesen, dass angesichts des derzeitigen Stands der Ernennung von externen Direktoren börsennotierter Unternehmen usw. die Bewertung der Zusammensetzung des Verwaltungsrates dem Markt überlassen werden sollte und eine Pflicht zur Ernennung externer Direktoren wie in Vorschlag A nicht notwendig ist. Wird jedoch die Beurteilung der Zusammensetzung des Verwaltungsrats dem Markt überlassen, bedeutet das, dass die primäre Entscheidung über die Zusammensetzung des Verwaltungsrats, einschließlich der Frage, ob externe Direktoren ernannt werden sollen oder nicht, vom Management getroffen wird, das die Kandidaten für den Verwaltungsrat vorschlägt. Es gibt eine Grenze dessen, was vom Management, das von dem externen Direktor überwacht werden soll, bei der Entscheidung, ob ein solcher zu ernennen ist, verlangt werden kann. Selbst dort, wo es objektiv geboten ist, einen externen Direktor zu ernennen, können wir den Verdacht nicht leugnen, dass die Entscheidung, dies nicht zu tun, getroffen werden könnte.“[187]

Die eher formal gehaltene Begründung mag inhaltlich nur bedingt überzeugend sein und zielt eher darauf ab, die Legitimation der Verschärfung zu sichern. Vor allem aber ist sie eine Absage an die bisherige Vorstellung, jede Gesellschaft würde die für sie passende Corporate Governance-Struktur wählen. Indem auf das Vertrauen in den Markt, mit anderen Worten also die Vorlieben institutioneller Investoren, abgehoben wird, zementiert sie den erreichten Status unabhängig davon, ob die Implementierung eines externen Verwaltungsratsmitglieds tatsächlich zu einer Verbesserung der gelebten Corporate Governance in dem betreffenden Unternehmen oder zumindest einer Steigerung des Unternehmenswertes geführt hat.[188] War die Einführung des *comply-or-explain*-Mechanismus auch von den oben angesprochenen Forschungsergebnissen inspiriert, scheint es, als hätte der japanische Gesetzgeber sich nunmehr von einer – zumindest im Ansatz – evidenzbasierten Regulierungsstrategie verabschiedet. Überspitzt formuliert lässt sich die Begründung mit dem Vertrauen in den Finanzmarkt in ihrer Beliebigkeit, wie etwa *Gen Gotō* anmerkt, ohne Weiteres auf jeden weiteren Vorstoß zur Regulierung – etwa die Besetzung des Verwaltungsrates zu einem Drittel an externen Direktoren oder gar zur Hälfte – ausdehnen.[189]

Wenn *Hiroyuki Kansaku* auf den Beitrag der Regeln der TSE zur Etablierung von externen Direktoren unter den börsennotierten Gesellschaften hinweist und erklärt, mit der Reform von 2019 würden die Anforderungen der TSE ausschnittsweise ins Hard Law überführt,[190] so mag das für die allermeisten Unter-

[187] MoJ, Hōsei shingi-kai [Legislativkommission], *Kaisha-hōsei (Kigyō tōji-tō kankei),* Bukai shiryō 25 [Unterausschuss Gesellschaftsrecht (Unternehmensführung usw) Materialien 25] vom 28. August 2018, 15 f. (Übers. des Verf.), abrufbar unter: <http://www.moj.go.jp/shingi1/shingi04900371.html>.

[188] T. Fujita und W. Tanaka, in: H. Iida et al., Soft Law Journal 29 (2019), 21, 108.

[189] G. Gotō, in: Soft Law Journal 29 (2019), 21, 107.

[190] H. Kansaku, Jurisuto 1542 (2020), 40, 44 f.

nehmen faktisch zutreffen, überzeugt bei Blick auf die Regelungen jedoch nur bedingt. Denn zum einen legen die Börsenzulassungsregeln nach wie vor den strengeren Maßstab der Unabhängigkeit an, der – bei entsprechender Erklärung einer Abweichung von den Vorgaben des Corporate Governance Codes – auch weiterhin durch einen unabhängigen Prüfer erfüllt werden kann. Zum anderen sind von der Reform des Gesellschaftsgesetzes auch Gesellschaften betroffen, deren Aktien nicht an der TSE gehandelt werden.

4. Schärfere Vorgaben für Gesellschaften im Marktsegment Prime

Das Ende der Entwicklung ist keinesfalls erreicht. Bereits im Rahmen der Reform des Corporate Governance Codes von 2018 war diskutiert worden, gleich für alle Gesellschaften ein Drittel an unabhängigen Direktoren zu verlangen; da es den individuellen Fähigkeiten der betreffenden Personen größere Bedeutung zumaß sah das *Follow-up Council* indes zunächst hiervon ab.[191] Für Gesellschaften im neuen *Prime*-Marktsegment der TSE, genauso wie für börsennotierte Gruppengesellschaften mit einem dominierenden Gesellschafter, gilt diese Prämisse ab dem 1. April 2022 so nicht mehr. Stattdessen erstreckt sich der *comply-or-explain*-Mechanismus für diesc auf eine Zusammensetzung des Verwaltungsrats zu einem Drittel aus Unabhängigen. Sofern die Gesellschaft es in einer Gesamtabwägung aller Umstände für erforderlich hält, zielt die Empfehlung sogar auf eine mehrheitliche Besetzung mit Unabhängigen,[192] also auf die Einführung eines *supermajority independent board* nach US-amerikanischen Vorbild.[193] Für Gesellschaften in dem Marktsegment *Standard* gilt (vorerst) noch die alte Vorgabe, nach der eine Bestellung von einem Drittel an Unabhängigen nur gefordert wird, wenn es die Gesellschaft für erforderlich hält. Die Begründung des *Follow-up Councils* lautet, zumindest vordergründig, Resilienz:

> „As described in Opinion Statement No.5, under non-linear changes in the business environment, the board is required to support and effectively oversee management's prompt and decisive risk-taking as well as making important decisions.
>
> To do so, it is important for companies listed on the Prime Market, where investors could expect to find good investment opportunities in Japan, to appoint enough independent directors to account for at least one-third of the board. Further, if they consider necessary in light of their business environment and business characteristics, etc. companies should consider to appoint enough independent directors to form the majority of the board.“[194]

Inwiefern Gesellschaften mit einem *monitoring board* und einer Mehrzahl an Unabhängigen tatsächlich besser auf die nicht-linearen Verwerfungen der Co-

---

[191] Y. Tahara et al., Shōji Hōmu 2171 (2018), 4, 12.
[192] Prinzip 4.8 bzw. Nebenprinzip 4.8.3 JCGC 2021.
[193] Vgl. J. N. Gordon, 59 Stanford Law Review 1465, 1476 (2007).
[194] Follow-up Council, CG Revision 2021, 2 (engl. provisional translation).

rona-Krise reagierten haben oder diese nur rhetorischer Aufhänger sind, kann an dieser Stelle nicht untersucht werden. In dem besagten Opinion Statement 5 von 2020 lag der Fokus weit mehr noch in der Angleichung an den *global standard* und damit mittelbar den „guten Investitionsmöglichkeiten", die Investoren im neuen Marktsegment *Prime* finden sollen:

> „Looking at the codes and listing rules of other countries, the majority of countries require the appointment of enough independent directors to account for at least one third or the majority of the board.
>
> In Japan, especially in the „Prime Market (tentative name)" after the transition to the new market segments in 2022, a high standard of governance will be required for the market for companies representing Japan. In light of those points, companies listed on the said market should be required to appoint enough independent directors to account for at least one-third of the board. Furthermore, companies should be encouraged to appoint enough independent directors to form the majority of the board if they consider it necessary in light of their business environment and business characteristics, etc."[195]

Eine solche Dynamik der Entwicklung war noch vor zehn Jahren zwar von Investorenseite gewünscht, aber allenfalls als langfristiges Ziel ausgegeben worden.[196] Vor allem aber stellen die neuen Vorgaben einen weit stärkeren Bruch mit der bisherigen Praxis dar, lässt sich eine Mehrheit an Unabhängigen doch anders als Einzelpersonen nicht mehr auf bloße Möglichkeiten der Einflussnahmen verweisen. Schon aus Effizienzgründen werden Gesellschaften so weniger als bislang auf Zählkandidaten setzen können. Es wird daher spannend zu sehen sein, ob sich auch der neue Standard in ähnlicher Weise durchsetzen kann.

VI. Fazit: Comply-or-explain als de facto Hard Law

Die Überführung des *comply-or-explain*-Mechanismus in Art. 327:2 GesG 2015 in eine zwingende Regelung ist die logische Folge einer ergebnisorientierten Regulierung, die Flexibilität und Vertrauen in die Marktkräfte signalisierte, ohne danach zu handeln. Sie unterstreicht den Verdacht, es habe sich bei dem *comply-or-explain*-Mechanismus in erster Linie um einen politischen Kompromiss gehandelt. In dem Moment, in dem sich auch die Unternehmen mit der neuen Vorgabe arrangiert hatten, hatte der Mechanismus seine Schuldigkeit getan. Vor dem Hintergrund der Erfahrungen des deutschen Gesetzgebers beim Versuch, Initiativen des DCGK zu beschleunigen, erscheint eine immer weitergehende Verrechtlichung – mit Blick auf die ganz überwiegende Umsetzung der Vorgabe noch dazu eine so unnötige – nicht als beste Wahl. Entsprechende Argumente aus der Wissenschaft wie auch die Warnung, die unreflektierte Verrechtlichung würde nur einer bloß formalen Befolgung Vorschub leisten, blieben weitestgehend ungehört. Auch die nach wie vor ablehnende Haltung

---

[195] Follow-up Council, Opinion V (2020), 2 f. (engl. provisional translation).

[196] B. E. Aronson, ZJapanR 35 (2013), 85, 100 und dort Fn. 65.

der großen Industrieverbände konnte sich gegenüber regulierungsfreundlichen Stimmen von Seiten institutioneller Investoren und Wertpapierhandelsfirmen sowie der Anwaltschaft nicht durchsetzen.[197]

Es mag sein, dass die politisch aufgeladene Debatte um die Einführung des externen Verwaltungsratsmitglieds auch nicht der richtige Ort gewesen ist, um eine vielschichtigen Durchsetzungsstrategie wie den *comply-or-explain*-Mechanismus zu etablieren. Diesen hatte *Kenjirō Egashira* noch etwas zynisch als „Glück im Unglück" abgetan:[198] Große und international orientierte Gesellschaften hatten ohnehin bereits vor der Reform auf Druck institutioneller Investoren hin externe Direktoren bestellt. Die strengere Regulierung traf – in diametraler Verkehrung der oben angeführten Argumentation *Gen Gotōs et al.* – vor allem mittelständische Gesellschaften. Das mag vor dem Hintergrund der ökonomischen Literatur seinen guten Grund gehabt haben, ist aber in seinen Wirkungen auf deren Entwicklung unklar. Ohne Zuweisung einer spezifischen, nutzbringenden Funktion, also im Falle einer bloß formalen Umsetzung, stellt sich die Ernennung eines externen Verwaltungsratsmitglieds erst einmal als Kostenfaktor dar.[199]

Mag aus der Wissenschaft auch das Ende des in dieser Form für das japanische Recht neuen *comply-or-explain*-Mechanismus bedauert werden,[200] dürfte dessen Abschaffung nur wenig Folgen haben. Das Versprechen der Flexibilität konnte Art. 327:2 GesG 2015 in seiner konkreten Ausgestaltung nie erfüllen. Der Vorschrift wohnte von Anfang an ein erheblicher Handlungsimperativ zur Bestellung externer Direktoren inne, so dass von einem „reinen" (*junsui na*) *comply-or-explain* keine Rede mehr sein konnte.[201] Das lag zum einen an dem niedrig angesetzten Standard selbst, zum anderen an dessen rechtsinstitutioneller Einkleidung. In der Tat dürfte es schwer fallen zu begründen, warum in einem mehrköpfigen Gremium die Ernennung wenigstens eines externen – noch nicht einmal notwendigerweise unabhängigen – Verwaltungsratsmitglieds nicht angemessen, mithin mit negativen Folgen für die Gesellschaft verbunden sein sollte.[202] Bereits die Sanktionsdrohung in Bezug auf Art. 327:2 GesG 2015 im Fall einer fehlerhaften Erklärung und die damit zusammenhängende potentielle Überprüfung des von der Gesellschaft angegebenen Grundes durch die Gerichte dürfte zudem für ein rational agierendes Unternehmen ausreichend motivierend gewirkt haben, um den sicheren Weg in Gestalt der Ernennung

---

[197] Siehe zu den Kommentaren aus der Öffentlichkeit H. Kanda, Shōji Hōmu 2195 (2019), 4, 9.

[198] K. Egashira, Hōritsu jihō 86:12 (2014), 59, 61; weiter für den JCGC: Y. Miwa/J. M. Ramseyer, 28:2 Osaka Gakuin Rev. Ec. 15, 95 ff. (2015).

[199] Y. Miwa/J. M. Ramseyer, 28:2 Osaka Gakuin Rev. Ec. 15, 77 (2015).

[200] H. Kansaku, in: H. Iida et al., Soft Law Journal 29 (2019), 21, 110.

[201] H. Kanda, in: H. Kanda et al., Soft Law Journal 24 (2014), 51, 76.

[202] G. Gotō et al., in: Independent Directors, 135, 141 ff.

eines externen Verwaltungsratsmitglied zu wählen.[203] Inwiefern hier noch, wie *Spiegel* meint, von einem Nebeneinander von Reformdruck und einem „Druck der Märkte" gesprochen werden kann, ist fraglich.[204] Mehr Ehrlichkeit über den regulatorischen Hintergrund der Reformen wäre an dieser Stelle, wie *Wataru Tanaka* zu Recht zu Bedenken gibt,[205] wünschenswert gewesen.

B. Hohe Befolgungsraten und legitimatorische Grenzen

Angesichts der Kontroversen, die nicht zuletzt die Diskussion um die Einführung unabhängiger Mitglieder im Verwaltungsrat mit sich brachte, nahm die durch den *comply-or-explain*-Mechanismus vermittelte Flexibilität von Anfang an großen Raum in der japanischen Debatte ein.[206] Obwohl sowohl Corporate Governance als auch Stewardship Code durchaus hohe Befolgungsraten vorweisen können, entsprechen die ersten Beobachtungen nicht den in das Konzept gesetzten Erwartungen. Zu formal sei der Umgang mit den Prinzipien in der Praxis (I). Das deutet darauf hin, dass die eröffnete Flexibilität kaum genutzt wird und eine erhebliche faktische Bindungswirkung besteht. Die Gründe hierfür dürften zum Teil bereits strukturell mit dem *comply-or-explain*-Mechanismus selbst und seiner konkreten Ausgestaltung verbunden sein (II), weisen aber auch auf die eher schwache formale Legitimation des Regelungsansatzes hin (III). Auch die inhaltliche Überzeugungskraft der Regelungen vermag diesen nicht hinreichend zu kompensieren (IV). Was den Regulatoren bleibt, um den konstruktiven Dialog zu fördern, ist die Steuerung über die Nachfrageseite. Hier verfügt der Staat über Möglichkeiten der Einflussnahme – es bleibt die Frage, ob dies eine gute Idee ist (V).

I. Compliance in word but not in spirit

Auch wenn sich der Umgang der Regelungsadressaten mit Stewardship Code und Corporate Governance Code ständig weiterentwickelt, zeigen die ersten Erfahrungen ein eher gemischtes Bild. Zwar weisen beide Kodizes hohe Befolgungsraten auf. Allerdings setzen Unternehmen die Prinzipien oftmals nur formal um, das heißt sie befolgen diese ihrem Wortlaut nach, ohne aber dem Geist der Empfehlungen entsprechend zu handeln.

---

203 W. Tanaka, in: Kaisei 2014, 17, 26f.; siehe oben Kapitel 4. A. III.

204 T. Spiegel, Independent Directors in Japan, 215.

205 W. Tanaka, in: W. Tanaka et al., Shōji Hōmu 2108 (2016), 6, 32.

206 Siehe H. Kansaku, Shōji Hōmu 2068 (2015), 13, 17f.; T. Fujita, UT Soft Law Review 5 (2013), 9, 11, die hierduch vermittelte Flexbilität betont auch H. Noda, 8 Soft Law Journal 1, 7 (2007).

1. Corporate Governance Code

Die Befolgungsrate des Corporate Governance Codes ist insgesamt sehr hoch. Bereits knapp ein Jahr nach seiner Einführung setzten der weit überwiegende Teil der in der *First* und *Second Section* der TSE notierten Unternehmen mindestens neunzig Prozent der dann 73 Empfehlungen des JCGC 2015 um;[207] im Juli 2017 erklärten bereits 659 Gesellschaften und damit ein gutes Viertel der Gesellschaften, keine Abweichung von den Prinzipien des Codes:[208]

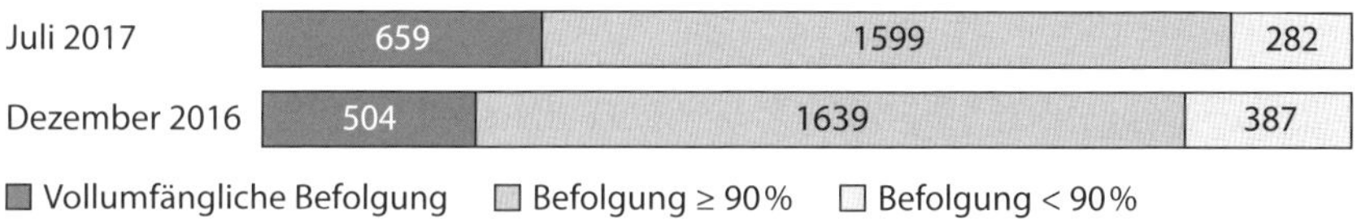

Abbildung 3: Befolgungsquoten des JCGC 2015 in der First Section und Second Section der TSE, Stand Juli 2017

Verhältnismäßig hohe Abweichungsquoten von mehr als 20% wiesen dabei nur fünf Prinzipien auf. Es handelte sich hierbei vor allem um Prinzipien, die eher konkrete Handlungsempfehlungen beinhalten:

- Nebenprinzip 1.2.4 JCGC: Einberufung einer Hauptversammlung in englischer Sprache und Ermöglichung einer elektronischen Abstimmung
- Nebenprinzip 3.1.2 JCGC: Publizität in englischer Sprache
- Nebenprinzip 4.1 JCGC: mittel- bis langfristig ausgerichtete Vergütung des Verwaltungsrates
- Nebenprinzip 4.11.3 JCGC: Selbstevaluierung des Verwaltungsrats
- Nebenprinzip 4.10.1 JCGC: Einbeziehung unabhängiger Direktoren bei der Festlegung der Vergütung/Nominierung[209]

Die anfangs hohen Abweichungsquoten sind nicht zwangsläufig als Ablehnung der Empfehlung in der Sache zu lesen. Oftmals ist dies schlicht auf anfängliche Schwierigkeiten in der Umsetzung zurückzuführen.[210]

Die Revision des Corporate Governance Codes im Jahr 2018 hat in der Breite nur zu geringen Unterschieden in den Gesamtbefolgung geführt. Unter Maßgabe der teils konkretisierten, teils neuen Bestimmungen gaben im Dezember 2018 zwar nur noch gut ein Achtel der Gesellschaften in der *First Section* der TSE keine Erklärungen zu Abweichungen von den nunmehr auf 78 Prinzi-

---

[207] Follow-up Council, Opinion II (2016).

[208] TSE, How Listed Companies Have Addressed Japan's Corporate Governance Code, 5. September 2017, 2. Abrufbar unter: <https://www.jpx.co.jp/english/equities/listing/cg/index.html>.

[209] *Ibid.*, 4.

[210] Vgl. M. Sawaguchi, Shōji Hōmu 2109 (2016), 48, 53 zur Selbstevaluierung des Verwaltungsrates.

pien angewachsenen JCGC 2018 an. Bis zum Juli 2019 war dieser Anteil aber wieder auf gut ein Fünftel gestiegen. Dagegen hat sich der Abstand zur *Second Section* vergrößert. In dieser beträgt der Anteil an Gesellschaften, die weniger als 90 % der Empfehlungen umsetzen, fast zwei Fünftel:[211]

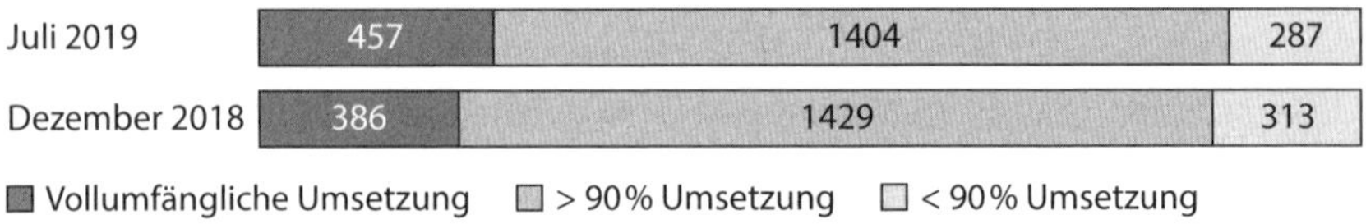

Abbildung 4: Befolgungsquoten des JCGC 2018 in der First Section und Second Section der TSE, Stand Juli 2019

Besondere Schwierigkeiten bereiten dabei auch Gesellschaften in der *First Section* die neuen Vorgaben für die Leitungsstrukturen und die Einbeziehung unabhängiger Direktoren. So konnten im Juli 2019 nur etwas mehr als die Hälfte der Gesellschaften der *First Section* und gerade einmal ein Drittel der Gesellschaften der *Second Section* die Empfehlung zur Einführung unabhängiger Nominierungs- und Vergütungskomitees (Nebenprinzip 4.10.1 JCGC 2018) umsetzen. Ebenfalls hohe Abweichungsquoten von über einem Viertel wiesen die Empfehlungen zur Erstellung eines Nachfolgeplans und der Entwicklung eines Nachfolgers (Nebenprinzip 4.1.3 JCGC 2018), die Veröffentlichung eines objektiven und transparenten Vergütungssystems (Nebenprinzip 4.1 JGCG) sowie die – ohnehin schwach formulierten – Vorgaben für Diversität im Verwaltungsrat (Prinzip 4.11 JCGC 2018) auf.[212] Dies unterstreicht, dass die Umsetzung umso schwerer fällt, je konkreter das Prinzip formuliert ist und je weniger Spielraum die Gesellschaften im Rahmen des *principles based approach* haben.

Aus Sicht der Regulatoren sind weniger die Befolgungsraten als vielmehr die Tendenz zum bloß formalen Umgang mit den Prinzipien bedenklich. Eine solche hatte das *Follow-up Council* bereits unmittelbar nach Inkrafttreten des Corporate Governance Codes im Oktober 2015 erkannt, gleichzeitig aber auch Fälle detaillierter Erklärungen positiv hervorgehoben:

„With regard to the Corporate Governance Reports which have been submitted so far, some members point out that there seems to be a tendency for companies to hesitate to ‚explain', taking it for granted that ‚compliance' is necessary. At the same time, many members point out that we are encountering cases where companies proactively explain the reason why they do not comply with a certain principle and that these kinds of explanatory efforts are preferable to superficial compliance. However, it has also been pointed

[211] TSE, Status of Response to Revision of the Corporate Governance Code and Disclosure Status of Activities of Boards of Directors, Nomination Committees and Remuneration Committees, 2. Dezember 2019. Abrufbar unter: <https://www.jpx.co.jp/english/equities/listing/cg/index.html>.

[212] *Ibid.*, 4.

out that few companies give in-depth explanations: for instance, that non-compliance, rather than compliance, will lead to an increase in corporate value of that particular company."[213]

Besonders deutlich wird diese Diskrepanz zwischen formaler Umsetzung und begründeter Abweichung im Umgang mit den Prinzipien, die die Arbeit des Verwaltungsrates betreffen. So sah sich das *Follow-up Council* veranlasst, in einem weiteren Memorandum Hinweise zur Auslegung und Beispiele für die Umsetzung der Prinzipien zu geben. Das soll Unternehmen auf dem Weg von einer formalistischen Reaktion auf den Corporate Governance Code hin zur substanziellen Umsetzung unterstützen.[214] Auch wenn diese Anregungen ihrerseits zum Teil Eingang in die Revision von 2018 gefunden haben, hat dies das Problem nicht beseitigt. So setzte sich auch die Ernennung mindestens zweier unabhängiger Direktoren, wie von Prinzip 4.7 JCGC empfohlen, schnell durch und kann heutzutage als Standard gelten.[215] Allerdings würden, wie das *Follow-up Council* feststellt, nicht zwangsläufig unabhängige Direktoren mit den erforderlichen Qualifikationen ernannt. Freiwillige Beratungskomitees fänden zwar immer weitere Verbreitung, würden aufgrund fehlerhafter Zusammensetzung aber oftmals ihrer Funktion nicht gerecht.[216] Das impliziert freilich, dass die Ernennung von entsprechend fähigen unabhängigen Direktoren in der Breite überhaupt realistisch ist.[217]

Soweit die Unternehmen Abweichungen von den Prinzipien des Codes erklären, sind diese zwar oftmals sehr wortreich, allerdings selten klar in ihrem Aussagegehalt. Das Phänomen der mangelnden Erklärungsqualität beim Umgang mit dem *comply-or-explain*-Mechanismus ist aus Europa bekannt: Sofern Unternehmen in der Praxis überhaupt von den Prinzipien der nationalen Corporate Governance Kodizes abweichen, sind auch diese angegebenen Erklärungen oftmals defizitär und enthalten lediglich austauschbare, standardisierte Begründungen ohne spezifischen Bezug zu den individuellen Umständen des Unternehmens.[218] Solchen oberflächlichen Erklärungen in Standardformulierungen (*„hinakata-teki setsumei"*) erklärt der Corporate Governance Code zwar eine Absage[219] und lernt damit aus den dem im europäischen Kontext aufgeworfe-

[213] Follow-up Council, Opinion I (2015).

[214] Follow-up Council, Opinion II (2016).

[215] Siehe oben bei Abbildung 2, S. 201.

[216] Follow-up Council, Opinion IV (2019).

[217] Kritisch K. Egashira, 92:1 Waseda Hōgaku 95, 113 (2016).

[218] Siehe nur Europäische Kommission, Grünbuch Corporate Governance-Rahmen (2011), 4 sowie Kommissionsempfehlung Comply or Explain (2014); siehe auch D. Seidl et al., 17 Journal of Management and Governance 791, 814 (2013); S. Arcot et al., International Review of Law and Economics 30 (2010), 193 ff., die auf einen nicht zu unterschätzenden Anteil von fehlenden Erklärungen im Vereinigten Königreich hinweisen.

[219] CG-Kommission, JCGC Final Draft, Rn. 12: „Of course, when companies explain their reasons for non-compliance, they should do so by explaining the measures they have taken or they will take for those non-compliant principles in a manner that non-compliance

nen Fragen. Die für die Abweichung von den eben genannten Prinzipien herangezogenen Begründungen lassen aber wenig Raum für die Annahme, dass auch japanische Unternehmen in der Breite eine höhere Erklärungsqualität aufweisen würden.[220] Beispielsweise wird eine Abweichung von Nebenprinzip 4.10.1 nicht selten lapidar damit begründet, dass die Stimmen unabhängiger Mitglieder der Leitungsorgane in der jeweiligen Gesellschaft bereits hinreichend berücksichtigt werden. Zum Teil verweisen die Unternehmen hier – im Einklang noch mit der Formulierung des Nebenprinzips 4.10.1 im JCGC 2015 – auch auf die Einrichtung von Beratungskomitees, die nicht als unabhängig einzustufen seien, weil unabhängige Direktoren in diesen keine Mehrheit stellten.[221] Auch verbreitete Erklärungen für die Nichtumsetzung des Prinzips 4.11 JCGC, die entgegen der Verhältnisse im Verwaltungsrat der Gesellschaft angeben, Diversität sei im Unternehmen – etwa in Konzerngesellschaften – gewährleistet,[222] wirken eher wie Rechtfertigungsversuche denn wie sinnvolle Begründungen. Solche inhaltlich mehrdeutigen Erklärungen lassen nicht erkennen, welche Konsequenzen sich aus der Abweichung von einer bestimmten Empfehlung ergeben. Nimmt man die Empfehlungen der Europäischen Kommission zum *comply-or-explain*-Mechanismus zum Maßstab, sind sie daher kaum „als hinreichend klar, präzise und umfassend" zu bezeichnen.[223] Vor allem aber zeugen sie eher von einer verklausulierten Ablehnung des Prinzips als einer sinnvollen Auseinandersetzung mit diesem und sind daher streng genommen nicht im Sinne des *comply-or explain*-Mechanismus.[224]

2. *Stewardship Code*

Im Zuge der Einführung des Stewardship Codes ist zwar eine Steigerung der Quantität des *engagement* zu beobachten, gleichzeitig werden die Zweifel bezüglich einer rein formellen Befolgung auch hier immer deutlicher.[225] Vor allem scheint das zur Prüfung der Reformen eingesetzte *Follow-up Council* mit dem in der Praxis erreichten Maß an Dialog nicht zufrieden zu sein. Der Dialog der Investoren mit den Unternehmen ginge bislang über eine formale Herangehensweise kaum hinaus; auch gebe es nur wenige Beispiele, in denen dieser Dialog von der Unternehmensseite spürbar wahrgenommen werde:

---

will gain full understanding from shareholders and other stakeholders. Offering a superficial explanation using boiler-plate expressions would be inconsistent with the concept of ‚comply or explain.'"

[220] T. Eguchi, in: Reforming Corporate Governance, 43, 69; vgl. auch J. Buchanan et al., ZJapanR 47 (2019), 69, 88 f.

[221] A. Taishidō/Y. Inden, Shiryō-han Shōji Hōmu 425 (2019), 125, 133 f.

[222] *Ibid.*, 135 ff.

[223] Vgl. Europäische Kommission, Kommissionsempfehlung Comply or Explain (2014), Rn. 9.

[224] K. Sergakis, Account. Econ. Law 5:3 (2015), 233, 266.

[225] T. Eguchi, in: Reforming Corporate Governance, 43, 54 ff.

„A degree of progress has been seen in corporate governance reform due to various measures including the establishment of the Stewardship Code in 2014 (revised in 2017) and the Corporate Governance Code in 2015. On the other hand, looking at the current situation, a number of issues still exist, such as the lack of decisive decisions by management at many companies. It has also been pointed out that engagement between investors and companies is often merely a formality, and there are just a limited number of cases where engagement has resulted in fruitful insights for companies.“[226]

Dabei ist auch der Stewardship Code, jedenfalls auf den ersten Blick, ein Erfolg: Stand November 2020 haben sich 291 Unterzeichner zum Stewardship Code bekannt, darunter klassische institutionelle Investoren wie Vermögensverwalter, die etwa zwei Drittel der Unterzeichner stellen, Rentenfonds und Versicherungsgesellschaften, aber auch andere Finanzintermediäre wie die Stimmrechtsberater *ISS* und *Glass Lewis* sowie neun andere Dienstleister. Auf Seite der Anleger dominiert der staatliche *Government Pension Investment Fund* (GPIF),[227] unter den Vermögensverwaltern bilden sowohl inländische Investmentgesellschaften, Treuhandbanken und Anlageberater wie auch (wenige sehr große) ausländische Gesellschaften wie *Black Rock* wichtige Blöcke:[228]

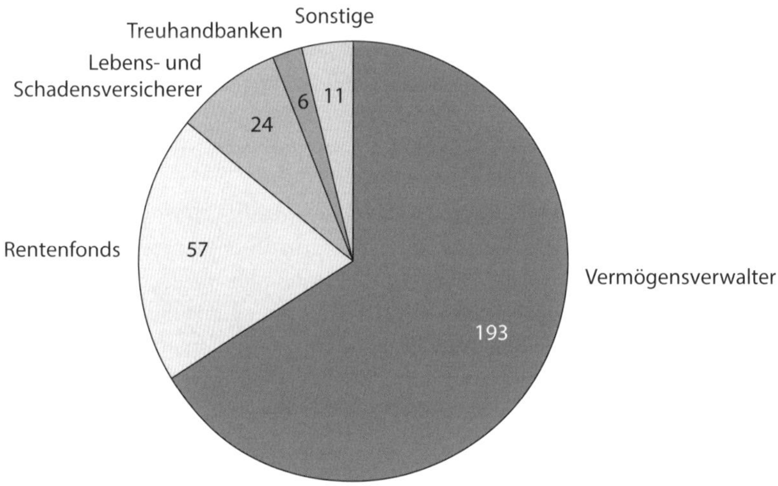

Abbildung 5: Unterzeichner des Stewardship Codes (Stand November 2020)

Für ein Instrument, dessen Befolgung ohne jeden rechtlichen Druck auskommt, ist dies sicher beachtlich, vor allem auf Seiten der Vermögensverwalter ist der

226 Follow-up Council, CG Revision 2018 (in der engl. Übers.); siehe auch Y. Tahara et al., Shōji Hōmu 2171 (2018), 4.

227 Siehe hierzu unten Kapitel 4. B. V.

228 FSA, List of institutional investors signing up to „Principles for Responsible Institutional Investors“ ‚Japan's Stewardship Code‘, 30. November 2020. Aktuelle Zahlen abrufbar unter <https://www.fsa.go.jp/en/refer/councils/stewardship/>.

Einfluss des Stewardship Codes aber zu relativieren. Zwar stellen diese den Großteil der neuen Unterzeichner ausgehend von nur 30 Rentenfonds, davon nur drei Betriebsrentenfonds, im Jahr 2018. Angesichts der mehr als 750 Betriebsrentenfonds im Land ist hier aber durchaus noch Luft nach oben.[229]

Die einzelnen Prinzipien des Stewardship Codes in seiner ursprünglichen Fassung von 2014 erfuhren zumindest auf dem Papier breite Zustimmung und erreichten im Jahr 2017 bereits Compliance-Werte zwischen 94 % (Prinzip 2 JSC: Leitlinien für die Behandlung von Interessenkonflikten) und 97 % (Prinzip 1 und 7 JSC: Mitwirkungspolitik) – mit einer Ausnahme: Die bereits von Beginn an nach Maßgabe des *comply-or-explain*-Mechanismus vorgesehene Veröffentlichung von Ergebnissen der Stimmrechtsausübung in aggregierter Form (Richtlinie 5-3 JSC) stieß zunächst auf eher geteilte Resonanz mit vergleichsweise hohen Ablehnungsraten von über 40 %, vor allem bei Vermögensverwaltern und Rentenfonds:[230]

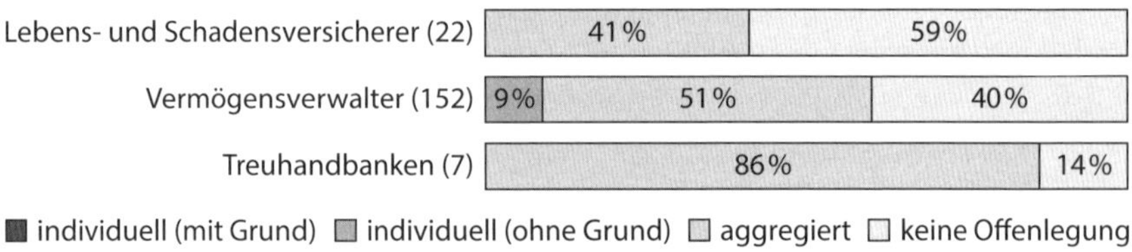

Abbildung 6: Offenlegung Stimmrechtsverhalten nach Investorentyp (Stand Dezember 2016)

Schon bald nach der Veröffentlichung des Stewardship Codes sah sich die FSA gezwungen, Unterzeichner an die Natur des prinzipiengestützten Ansatzes zu erinnern: Eine rein formale Befolgung der Prinzipien in der Form eines extern motivierten „*box ticking*" werde deren Zielsetzung und Geist nicht gerecht. Die Prinzipien stellten keinen Mindeststandards dar, vielmehr liege es an den Adressaten des Stewardship Codes, auf Basis der eigenen Situation nach insgesamt höheren Standards zu streben.[231] Aus der Forderung der Politik weg von der formalen respektive oberflächlichen (*keishiki-teki*) Implementierung hin zur materiellen (*jisshitsu-teki*) Umsetzung[232] lässt sich auf bestehende Zweifel an der Ernsthaftigkeit institutioneller Investoren in ihrem Bekenntnis zum Stewardship Code schließen. Im Zuge der ersten Revision 2017 begannen zwar

[229] G. Gotō, 15:2 Berkeley Business Law Journal 365, 406 (2018).

[230] FSA, Status of the Stewardship Code and Opinion Statement of the Follow-up Council, vom 31. Januar 2017, S 5, abrufbar unter <http://www.fsa.go.jp/en/refer/councils/stewardship/material/20170131_3.pdf>. Siehe im Detail hierzu H. Kansaku, ZJapanR Sonderheft 10 (2018), 61, 65 ff.

[231] FSA, *Kikan tōshi-ka no minasama he* [Stewardship Code: Message from the FSA], 8. September 2014, abrufbar unter: <http://www.fsa.go.jp/singi/stewardship/index.html>.

[232] Follow-up Council, Opinion III, 1.

insgesamt mehr institutionelle Investoren, ihr Stimmrechtsverhalten gemäß der ausgedehnten Richtlinie 5-3 JSC 2017 individuell offenzulegen und – jedenfalls zum Teil – auch zu begründen. Der Anteil an Vermögensverwaltern, die ihr Stimmrechtsverhalten gar nicht offenlegten, blieb indes auch bis zum Jahr 2019 stabil auf hohem Niveau:[233]

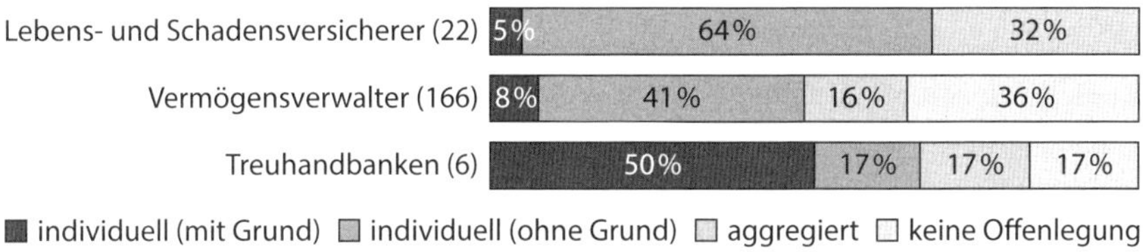

Abbildung 7: Offenlegung Stimmrechtsverhalten nach Investorentyp (Dezember 2018)

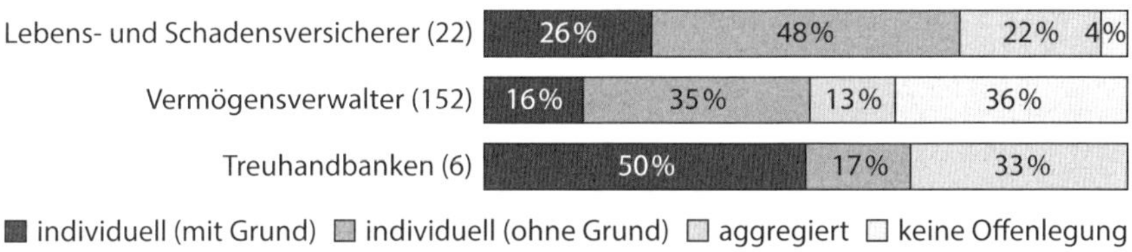

Abbildung 8: Offenlegung Stimmrechtsverhalten nach Investorentyp (September 2019)

Trotz des ausgeübten politischen Drucks zur Unterzeichnung des Stewardship Codes lässt sich aus diesen Beobachtungen erkennen, dass institutionelle Investoren grundsätzlich bereit sind, von der Flexibilität des *comply-or-explain*-Mechanismus Gebrauch zu machen. Anders gewendet: Der Stewardship Code verfügt nur über eine schwache Bindungswirkung.[234]

Nach Feststellung des *Follow-up Councils* bleibt der konstruktive Dialog zwischen Gesellschaften und institutionellen Investoren auch fünf Jahre nach Inkrafttreten des Stewardship Codes weiterhin formalistisch und trägt nicht zur Steigerung des Unternehmenswertes bei. Jedenfalls zum Teil würden institutionelle Investoren zudem weitreichende Informationen von den Gesellschaften zu verlangen, ohne aber selbst hinreichend transparent zu agieren.[235] An einer systematischen Analyse für die Gründe der Abweichungen scheint man indes weniger interessiert.

---

[233] FSA, Status and Issues of Stewardship Code, 2. Oktober 2019, 17, abrufbar unter <https://www.fsa.go.jp/en/refer/councils/stewardship/material/20191002_03.pdf>.

[234] H. Kansaku, in: FS Egashira II, 1005, 1018 f.; ders., ZJapanR Sonderheft 10 (2018), 61, 78.

[235] Follow-up Council, Opinion IV (2019).

II. Faktische Bindungswirkung (insbesondere) des Corporate Governance Codes und nicht genutzte Flexibilität

Der *comply-or-explain*-Mechanismus soll Flexibilität eröffnen und so dem Umstand Rechnung tragen, dass die individuellen Verhältnisse in den Gesellschaften unterschiedliche Reaktionen verlangen können.[236] Hohe Befolgungsraten und die festgestellte formale Umsetzung zeugen davon, dass von dieser Flexibilität gerade im Fall des Corporate Governance Codes nur verhalten Gebrauch gemacht wird. Zum Teil ist dies im *comply-or-explain*-Mechanismus bereits strukturell angelegt (1). Wie nicht zuletzt in der deutschen Debatte um die Förderung einer „Abweichungskultur"[237] gesehen, gerät das Konzept des *comply-or-explain*-Mechanismus indes zusehends unter Druck, wenn die beschworene Flexibilität nur in der Theorie besteht, eine faktische Bindungswirkung aber keinen tatsächlichen Raum für Abweichungen lässt (2). Die Tendenz zur formalen Umsetzung wird durch die Kombination mit dem prinzipiengestützten Ansatz noch einmal verstärkt. Dass eine Weiterentwicklung zu einem comply *and* explain hier Abhilfe schaffen kann, scheint wenig wahrscheinlich (3).

1. Strukturelle Gründe begünstigen formale Umsetzung

Eine gewisse Tendenz zum „*box ticking*", also einer bloßen Formalprüfung entlang der Vorgaben, dürfte einer Regulierung, die auf den *comply-or-explain*-Mechanismus setzt, bereits strukturell innewohnen.[238] Versteht man die Erklärung über die Befolgung eines bestimmten Prinzips in erster Linie als Signal an den Markt,[239] sind die verbreiteten Informationen nur so belastbar, wie deren Überprüfung erfolgt. Fehlt ein solches „Einfallstor"[240] für die Überprüfung der Einhaltung der gesetzten Signale, so verlieren diese ihre Bedeutung als Distinktionsmerkmal gegenüber Wettbewerbern. Soll die Erklärung also nicht auf einen bloßen Selbstzweck reduziert werden,[241] setzt erfolgreiche *comply-or-explain*-Regulierung mithin komplementäre Mechanismen zur Überprüfung der verbreiteten Informationen voraus.[242] Die institutionelle Ausgestaltung die-

---

[236] Für den JCGC: M. Yūfu et al., Shōji Hōmu 2062 (2015), 47, 49, siehe oben Kapitel 3. C. II. Für den JSC: H. Kansaku, in: *Kigyō-hōsei* 2015, 104, 123, siehe oben Kapitel 3. D. II.

[237] G. Krieger, ZGR 2012, 202, 216; K. J. Hopt, in: FS Hoffmann-Becking, 563, 570; vgl. Präambel DCGK: „Eine gut begründete Abweichung kann im Interesse einer guten Unternehmungsführung liegen."

[238] A. Pietrancosta, in: FS Hopt I (1), 1109, 1114; P. C. Leyens, ZEuP 2016, 389, 412; vgl. aber K. Sergakis, Account. Econ. Law 5:3 (2015), 233, 270, der hierin eher eine Form des korrigierbaren Marktversagens sieht.

[239] Sogenanntes *signalling*, siehe oben Kapitel 1.B. 1.

[240] J.-H. Binder, Regulierungsinstrumente, 266.

[241] E. E. Lehmann, in: Faktizität von Standards, 37, 52 f.: „Cheap-Talk"; vgl. H. Sanpei, in: H. Kanda et al., Shōji Hōmu 2055 (2015), 9, 27.

[242] M. Habersack, in: Gutachten E (69. DJT), E 62 f.; T. Tröger, ZHR 175 (2011), 745, 761 f.; ders., ZGR 2019, 126, 149; P. C. Leyens, ZEuP 2016, 389, 421.

ser Überprüfung hat, wie im Fall des gesetzlichen *comply-or-explain*-Mechanismus in Art. 327:2 GesG 2015 gesehen,[243] erhebliche Auswirkungen auf die konkrete Bindungswirkung. So dürfte auch im deutschen Kontext die rechtsinstitutionelle Einkleidung des *comply-or-explain*-Mechanismus in § 161 Abs. 1 AktG, die es Aktionären ermöglicht, die Erklärung im Wege der Anfechtung von Entlastungsbeschlüssen zum Gegengestand gerichtlicher Überprüfung zu machen, zur Wahrnehmung einer rechtsnormähnlichen Wirkung beigetragen haben.[244]

Die Voraussetzungen für einen flexiblen Umgang mit den Prinzipien scheinen im Fall von Corporate Governance Code und Stewardship Code so zunächst auch deutlich günstiger als im Rahmen der gesetzlichen Verankerung des *comply-or-explain*-Mechanismus in Art. 327:2 GesG 2015. Beide Kodizes stellen die den Regelungsadressaten vermittelte Flexibilität ausdrücklich in der Präambel heraus und auch in der Literatur wurden Wesen und Einkleidung des neuen Mechanismus sorgfältig erklärt. Im Falle des Corporate Governance Codes hat man sich, wie wohl nicht zuletzt von der Europäischen Kommission präferiert,[245] für eine quasi-hoheitliche Überwachung durch die TSE entschieden. Diese kann die Erklärungspflicht über ein ausdifferenziertes System an einschneidenden Sanktionsmöglichkeiten durchsetzen. Mit Blick auf die von der TSE selbst geäußerte Zurückhaltung und der Skepsis gegenüber einer inhaltlichen Überprüfung der von den Gesellschaften abgegebenen Erklärungen sind aber Zweifel angebracht, ob diese bloße Existenz solcher Sanktionen in der Praxis tatsächlich einen disziplinierenden Faktor darstellen kann.[246] Der Stewardship Code verzichtet, anders als die Forderung der AktionärsrechteRL nach wirksamen, verhältnismäßigen und abschreckenden Maßnahmen und Sanktionen zur Umsetzung auch entsprechender Pflichten, sogar vollständig auf einen Überprüfungsmechanismus.[247]

Was bleibt, ist also die Kontrolle der Erklärungen auf Seiten der Rezipienten. Die Abstrafung nicht hinreichend erklärter Abweichungen durch erhöhte Kapitalkosten ist Teil des Konzepts, erscheint aber mit Blick auf den fehlenden Beleg der Marktrelevanz von Corporate Governance-Standards nicht vollends plausibel.[248] Die gegen die Effizienzmarkthypothese vorgebrachten Argumen-

---

[243] Siehe oben Kapitel 4. A. III.

[244] W. Goette, in: FS Hommelhoff, 257, 263; M. Hoffmann-Becking, ZIP 2011, 1173, 1175; M. Habersack, in: Gutachten E (69. DJT), E 46 f.; T. Tröger, ZHR 175 (2011), 745, 759 m. w. N.

[245] Europäische Kommission, Grünbuch Corporate Governance-Rahmen (2011), 22 f.; Kommissionsempfehlung Comply or Explain (2014), Rn. 11; für Deutschland wird dies verbreitet nicht als praktikabel angesehen, siehe nur M. Habersack, in: Gutachten E (69. DJT), E 63 f.

[246] Siehe oben Kapitel 3. C. II. 2.

[247] Siehe oben Kapitel 3. D. II.

[248] S. Bhagat et al., 108 Colum. L. Rev. 1803, 1826 ff. (2008): siehe T. Tröger, ZHR

te der empirischen Verhaltensforschung[249] haben das Augenmerk hierbei noch stärker auf die Verarbeitung von Information durch Intermediäre gelenkt. Das Problem der formalen Befolgung des Corporate Governance Codes durch die Unternehmen steht somit im engen Zusammenhang mit der gering ausgeprägten Bereitschaft institutioneller Investoren zum *monitoring* der Investitionsziele.[250] Umgekehrt profitieren bei hohen Compliance-Raten auch Unternehmen von der gesteigerten Attraktivität der Finanzmärkte, die selbst nur geringe Bestrebungen zur Verbesserung ihrer Corporate Governance unternommen haben. Das dürfte sich wiederum negativ auf die Befolgungsmoral insgesamt auswirken.[251] Soll der *comply-or-explain*-Mechanismus Flexibilität gerade ermöglichen, kann dies nur erreicht werden, soweit der Markt auch bereit ist, diese Flexibilität unter Berücksichtigung der Begründung für die Abweichung zu honorieren. Zeigt er sich dagegen indifferent gegenüber Abweichungen, die nicht hinreichend oder nur formal begründet sind, so wirft dies einen schweren Schatten auf die Sinnhaftigkeit der spezifischen Empfehlung, was wiederrum dazu führt, dass als ineffektiv wahrgenommene Regelungen bestenfalls formal umgesetzt werden.[252]

Das betrifft in besonderer Weise den Umgang mit Erklärungen zur Abweichung von den Prinzipien. Werden diese vom Markt ignoriert, haben die Regelungsadressaten auch kein Interesse, eine Abweichung hinreichend oder gar überhaupt zu erklären. Entsprechend kritisch weist das *Follow-up Council* darauf hin, dass institutionelle Investoren den Wert einer Abweichung von den Prinzipien des Corporate Governance Codes nicht wertschätzten:

> „Understanding of compliance to the Code is formalistic due to the lack of an appreciation of the principle of ‚comply or explain.'"[253]

Geht es etwa um die Wahl von Kandidaten für den Verwaltungsrat, sehen viele institutionelle Investoren Mindestanforderungen in ihren Stimmrechtsleitlinien vor, die zum Teil strenger sind als die Vorgaben des Corporate Governance Code. So verlangen institutionelle Investoren für die Zustimmung zum Wahlvorschlag oftmals mindestens zwei, teils sogar zwei Drittel unabhängige Mit-

---

175 (2011), 745, 755 f. speziell zur beschränkten Aussagekraft der von R. Nowak et al., ZGR 2005, 252 ff. vorgelegten Ereignisstudie zum DCGK; siehe zudem zur Problematik externer Verwaltungsratsmitglieder in Japan die Nachweise oben Fn. 173.

249 R. J. Gilson/R. Kraakman, 28 The Journal of Corporation Law 715, 722 ff. (2003); siehe etwa E. F. Fama, Journal of Financial Economics 49 (1998), 283, 285 ff.

250 P. C. Leyens, ZEuP 2016, 389, 422 f.; K. Sergakis, Account. Econ. Law 5:3 (2015), 233, 263 ff. und für Japan insbesondere H. Noda, Shōji Hōmu 2109 (2016), 14, 18 f.; T. Eguchi, in: Reforming Corporate Governance, 43, 61 f.

251 Zur Gefahr des *freeriding*: European Company Law Experts, Shareholder Engagement (2015), 4.

252 K. Sergakis, Account. Econ. Law 5:3 (2015), 233, 270 f.; aus der japanischen Literatur T. Eguchi, in: Reforming Corporate Governance, 43, 61.

253 Follow-up Council, Opinion IV (2019).

glieder im Verwaltungsrat. Bei internen Kandidaten wird die Zustimmung zum Wahlvorschlag verbreitet von der wirtschaftlichen Entwicklung der Gesellschaft abhängig gemacht oder mit eher politischen Vorstellungen wie dem Vorhandensein von Überkreuzbeteiligungen verknüpft.[254] Das deckt sich, wie auch die Empfehlungen des Stimmrechtsberaters *ISS*,[255] in inhaltlicher Sicht mit der Stoßrichtung des Corporate Governance Codes, lässt aber bei strikter Anwendung die diesem innewohnende Flexibilität vermissen. So muss sich die Gesellschaft unter Maßgabe des *comply-or-explain*-Mechanismus nur für die Nichtumsetzung des Prinzips 4.8 JCGC erklären, sofern sie über weniger als zwei unabhängige Direktoren verfügt. In der Fassung von 2018 regt das Prinzip darüber hinaus eine Bestellung unabhängiger Mitglieder aber nur an, sofern die Gesellschaft diese selbst für notwendig erachtet.[256] Institutionelle Investoren mit hohen Ablehnungsraten bei Wahlvorschlägen für den Verwaltungsrat setzen in ihren Stimmrechtsleitlinien eher auf strenge formale Vorgaben, die sich jedenfalls zum Teil auch auf die angelegten Unabhängigkeitsstandards beziehen.[257] Sollte sich dieses vom *ISS* angelegte Verständnis der Empfehlungen des Codes als *benchmark* für gute Corporate Governance[258] durchsetzen, setzt dies den *comply-or-explain*-Mechanismus faktisch außer Kraft. Die in Deutschland festgestellte „Konkurrenzsituation“[259] zwischen den Empfehlungen der Regierungskommission und den Leitlinien der Stimmrechtsberater besteht in Japan somit auch, scheint aber weniger stark ausgeprägt.

2. (Insbesondere) Corporate Governance Code: Faktische Bindungswirkung bedingt formale Umsetzung

Aus den japanischen Unternehmen wird zudem von einer starken Erwartungshaltung zur Umsetzung gerade der Empfehlungen des Corporate Governance Codes berichtet. Die guten Zahlen für die Umsetzung führt *Takaaki Eguchi* darauf zurück, dass die Unternehmen die Befolgung des Kodex einfach als Com-

---

[254] M. Sawaguchi et al., Shurui Shōji Hōmu 432 (2020), 71, 83 f.

[255] Vgl. International Shareholder Services, ISS Guidelines 2020, 5: „At companies with a statutory auditory structure: vote for the election of directors, except: […]

– Top executive(s) if the board, after the shareholder meeting, will not include at least two outside directors;

– Top executive(s) at a company that has a controlling shareholder, unless the board, after the shareholder meeting, will include at least two independent directors and at least one-third of the board members will be independent directors based on ISS independence criteria for Japan […].“

[256] Siehe oben Kapitel 4. A. III. 5.

[257] M. Sawaguchi et al., Shurui Shōji Hōmu 432 (2020), 71, 84.

[258] T. Ishida, Shōji Hōmu 2093 (2016), 23, 26.

[259] K. J. Hopt/P. C. Leyens, ZGR 2019, 929, 945 f.

pliance-Aufgabe und damit wörtlich als „Befolgung der rechtlichen Bestimmungen“ (*hōrei junshu*) verstehen würden.[260]

Dies mag zu einem gewissen Grad rechtskulturelle Gründe haben. Japanische Unternehmen und deren Rechtsabteilungen, von *Buchanan et al.* treffend als „*compliance machine*“[261] bezeichnet, sind es gewohnt, auch unverbindliche Vorgaben gewissenhaft umzusetzen. So traf der Corporate Governance Code in Japan auf ein Umfeld, das grundsätzlich offen für regulatorische Steuerung auch durch Soft Law ist.[262] Im Vergleich zum indirekten Verwaltungshandeln (*gyōsei shidō*) früherer Tage erfolgte diese Steuerung transparenter, aber kaum weniger effektiv: Offizielle Erläuterungen von Vertretern der FSA zu den Kodizes[263] wie auch die Engagement Guidelines als (nichtverbindliches) Auslegungsmaterial[264] unterstreichen den rechtsnormähnlichen Charakter; die vielfältige Kommentarliteratur aus der Anwaltschaft[265] lässt den Bedarf der Praxis nach rechtlicher Absicherung erkennen. Mehr noch als alles andere lassen die Analysen des *Follow-up Council*[266] die Erwartungen an die Unternehmen deutlich werden und sind in ihrem Ton fast scharf. Eine entsprechende kulturelle Neigung zur – wenn auch eher widerwilligen – Umsetzung von Vorgaben, ist auch aus der Debatte um die „faktische“ oder gar „annähernd gesetzesgleiche Bindungswirkung“ des Deutschen Corporate Governance Kodex bekannt.[267] Rechtskulturelle Unterschiede zum Common Law und der britischen Tradition der Selbstregulierung mögen die geringere Bereitschaft zur Abweichung,[268] gegebenenfalls auch die Legitimationsdebatte insgesamt,[269] ein Stück weit erklären, sollten aber auch nicht überbewertet werden. Wie oben gesehen, hat der Blick auf die Befolgungsquoten allein nur beschränkte Aussagekraft und lässt keine Rückschlüsse auf die inhaltliche Akzeptanz der Empfehlungen zu.[270]

---

260 T. Eguchi, in: Reforming Corporate Governance, 43, 69.

261 J. Buchanan et al., ZJapanR 47 (2019), 69, 91 ff.

262 Siehe oben Kapitel 1. B.III.2. sowie bereits M. Bälz/M. Pfeifer, ZJapanR Sonderheft 10 (2018), 261, 280.

263 Insbesondere für den Corporate Governance Code: Yūfu et al., Shōji Hōmu 2062 (2015), 47, fortgesetzt in Shōji Hōmu 2063 (2015), 51, Shōji Hōmu 2064 (2015), 35 und Shōji Hōmu 2065 (2015), 46; zur Revision 2018: Y. Tahara et al., Shōji Hōmu 2171 (2018) 4; für den Stewardship Code M. Kasahara, Shōji Hōmu 2029 (2014), 51; Y. Tahara et al., Shōji Hōmu 2138 (2017), 15.

264 Siehe oben Kapitel 3. D.IV.

265 Insbesondere M. Sawaguchi et al., JCGC Practical Guide; S. Nakamura et al., CGC *no subete*.

266 Follow-up Council, Opinion I bis V.

267 Siehe nur M. Hoffmann-Becking, ZIP 2011, 1173 f.; W. Goette, in: FS Hommelhoff, 257, 262 ff.

268 K. Sergakis, Account. Econ. Law 5:3 (2015), 233, 259 f.; siehe auch H. Merkt, in: Autonomie im Recht, 167, 175 f.

269 K. J. Hopt, in: FS Hoffmann-Becking, 563, 568: „*deutsche Besonderheiten*“.

270 Vgl. M. Hoffmann-Becking, ZIP 2011, 1173, 1174; M. R. Theisen, Der Betrieb

Wertvoll an dem Verweis auf rechtskulturelle Unterschiede ist der Hinweis auf psychologische Faktoren. Ob die Flexibilität genutzt wird, ist dabei weniger eine Frage der rechtlichen Möglichkeit der Abweichung, die durch den Mechanismus ja gerade geschaffen wird, als vielmehr des Eindrucks, der bei den Regelungsadressaten entsteht.[271] Hierbei spielen die Politik und der Schatten einer drohenden Verrechtlichung eine ganz erhebliche Rolle. Um eine gesetzgeberische Intervention zu vermeiden, so die Wahrnehmung, bliebe nur die freiwillige Umsetzung der Empfehlungen des DCGK in vorauseilendem Gehorsam.[272] Dass es auch die japanische Regierung mit den angestoßenen Reformen durchaus ernst meint, zeigt der Umgang mit den Vorgaben zur Einführung des externen Verwaltungsratsmitglieds.[273] Der robuste Umgang mit dem gesetzlichen *comply-or-explain*-Mechanismus mag durchaus auf den Corporate Governance Code durchschlagen. So kann nicht ausgeschlossen werden, dass Assoziationen mit der Funktionsweise des Mechanismus vor allem durch dessen schärfste Variante geprägt werden. Das Nebeneinander verschiedener Regelungsebenen, die jeweils basierend auf dem *comply-or-explain*-Mechanismus mit verschiedenen Durchsetzungsstandards die Bestellung von externen bzw. unabhängigen Direktoren fördern sollen, kann daher kaum als glücklich bezeichnet werden.[274] Auch die mahnenden Worte des *Follow-up Councils* zur Durchsetzung dürften den Eindruck einer regulatorischen Erwartungshaltung eher noch unterstreichen, als dass sie zu mehr Flexibilität anregen. *Yoshirō Miwa* und *J. Mark Ramseyer* malen so ein düsteres Szenario: In den von den japanischen Regulatoren gerne bemühten Termini „Materialisierung“ (*jijistu-ka*) und „Stärkung“ (*kyōka*) sehen sie nichts anderes als Chiffren für eine weitergehende Verschärfung der Vorgaben. Aus dieser Sicht bildet der Corporate Governance Code nur den Auftakt zu weiterer Regulierung in Reaktion auf den zu erwartenden ungenügenden Umgang mit dem *comply-or-explain*-Mechanismus.[275] Diese Prognose mutet in ihrer Zwangsläufigkeit und ihrem Pessimismus etwas überzogen an, erweist sich aber angesichts der ständig erhöhten Anforderungen im Corporate Governance Code gerade im Hinblick auf die Zusammensetzung des Verwaltungsrats als erstaunlich treffsicher.

2014, 2057, 2059; siehe auch D. Seidl et al., 17 Journal of Management and Governance 791, 802 (2013).

[271] G. Bachmann, in: FS Hoffmann-Becking, 75, 82; vgl. T. Tröger, ZHR 175 (2011), 745, 759; J.-H. Binder, Regulierungsinstrumente, 204.

[272] Vgl. K. J. Hopt, in: FS Hoffmann-Becking, 563, 564 f., der dem Gesetzgeber immerhin eine „Mitschuld“ an der Kodexkrise zuspricht.

[273] Siehe oben Kapitel 4. A. V. 3.

[274] So übertragen Y. Miwa/J. M. Ramseyer, 28:2 Osaka Gakuin Rev. Ec. 15, 83 (2015) die von K. Egashira, Hōritsu jihō 86:12 (2014), 59, 61 f. an Art. 327:2 GesG 2015 geäußerte Kritik ohne weiteres auch auf den JCGC.

[275] Y. Miwa/J. M. Ramseyer, 28:2 Osaka Gakuin Rev. Ec. 15, 86 f. (2015).

3. *Comply and explain als Lösung?*

Der Blick auf die erklärten Abweichungen allein sagt somit nicht zwangsläufig etwas darüber aus, wie weit und wie stimmig die Empfehlungen in der Praxis umgesetzt werden. Zwar wird von den Autoren des Corporate Governance Codes auch betont, Umgehungsstrategien (*rūru kaihi kōdō*) seien nicht im Interesse einer angemessenen Corporate Governance.[276] Das Problem der nur formalen Umsetzung aber dürfte trotz aller Appelle an die Gesellschaften und die Investoren zum verantwortungsvollen Umgang mit dem Ziel und Geist der Prinzipien[277] durch die Kombination des *comply-or-explain*-Mechanismus mit dem *principles based approach* zumindest intensiviert werden. Denn ohne eine entsprechende Überprüfung der abgegebenen Erklärungen lädt die flexible prinzipiengestützte Regulierung zu Vermeidungsstrategien geradezu ein. Was unter „Umsetzung“ der Prinzipien zu verstehen ist, zum Teil auch, wann bestimmte Empfehlungen, etwa zum erforderlichen Anteil unabhängiger Direktoren, „unter Beachtung aller Umstände der Gesellschaft“ überhaupt einschlägig sind, entscheiden die Unternehmen selbst. So kann eine Gesellschaft etwa für sich in Anspruch nehmen, alle Prinzipien des Corporate Governance Codes umzusetzen, ohne dass immer erkennbar wäre, wie sie zu dieser Überzeugung kommt.[278] Eine „versteckte Nicht-Compliance“[279] muss hierbei nicht willkürlich sein. Widerspricht diese dem Geist der Vorschriften, wäre dies auch unzulässig.[280] Sie kann vielmehr schlicht auf Präferenzunterschieden zwischen Gesellschaft und Investoren beruhen. Umgekehrt mag eine Gesellschaft von den Vorgaben des Codes formal abweichen und stimmig begründen, dass ihre Corporate Governance-Mechanismen gleichwertig sind – und dennoch hierfür abgestraft werden.[281] Hilfreich erscheint in diesem Kontext ein Hinweis *Jens-Hindrich Binders,* nach dem offene Standards ihre inhaltliche Konkretisierung und Wirksamkeit erst über einen längeren Zeitraum im Dialog zwischen Regelungsadressaten und Regulatoren erreichen würden. Konkrete Empfehlungen in Corporate Governance-Kodizes seien daher für die Bewertung durch den

---

[276] M. Yūfu et al., Shōji Hōmu 2062 (2015), 47, 50f.

[277] Vgl. CG-Kommission, JCGC Final Draft (2015), Rn. 10: „It is anticipated that companies that are accountable to shareholders and other stakeholders will apply appropriate interpretations of the terminology in accordance with the aim and spirit of the Code. Shareholders and other stakeholders are also expected to fully understand the significance of this principles based approach in their dialogue with companies.“

[278] Siehe oben Kapitel 3. C. II. 4.

[279] H. Noda, Shōji Hōmu 2109 (2016), 14, 17f.: jap. *kakureta fu-jūnshu.*

[280] M. Yūfu et al., Shōji Hōmu 2062 (2015), 47, 50.

[281] H. Kawamura, Hōritsu jihō 91:3 (2019), 25, 29 am Beispiel der von Prinzip 4.11.1 JCGC 2018 geforderten unabhängigen Nominierungs- und Vergütungskomitees. So wäre etwa ein paritätisch mit unabhängigen und gesellschaftsinternen Verwaltungsratsmitgliedern besetztes Komitee erklärungspflichtig.

Kapitalmarkt wertvoller als auslegungsbedürftige Prinzipien.[282] Auch wenn gerade bei unklar formulierten Handlungsempfehlungen ein zivilprozessual ausgefochtener Lernprozess zur Konkretisierung ihres Inhalts nicht wirklich gewollt sein kann,[283] zeigt sich hier die Schwäche des japanischen Ansatzes, nicht nur die Bewertung einer Abweichung dem Kapitalmarkt, sondern bereits die Auslegung des Codes primär den Gesellschaften als Regelungsadressaten und sekundär dem konstruktiven Dialog mit den (institutionellen) Investoren zu überlassen.

Um dem Problem der „versteckten Nichtbefolgung" beizukommen, wird vorgeschlagen, den *comply-or-explain*-Mechanismus hin zu einem „comply *and* explain" weiterzuentwickeln. Gesellschaften sollen also nicht nur erklären, warum sie einem bestimmten Prinzip nicht folgen, sondern auch, wie sie die Prinzipien umsetzen.[284] Eine entsprechende Regelung sieht der UK Corporate Governance Code 2018 vor und war nicht zuletzt in der jüngsten Reform des DCGK diskutiert worden, konnte sich in Deutschland aufgrund heftigen Widerspruchs aus der Praxis aber nicht durchsetzen.[285] Ein konkretes Beispiel für die möglichen Auswirkungen eines solchen Paradigmenwechsels zeigt der Umgang mit der Empfehlung zu strategischen Beteiligungen in Prinzip 1.4 JCGC.[286] Das Prinzip bezweckt, einen Dialog mit den Investoren zu deren Abbau anzustoßen. 2017 gaben nahezu alle im Hauptmarkt der TSE gelisteten Gesellschaften an, in Übereinstimmung mit dem Prinzip zu handeln. In der ursprünglichen Fassung verlangte dieses lediglich die alljährliche Erklärung der Gründe für die Aufrechterhaltung der Beteiligungen und die hiermit verfolgten Ziele, nicht zwangsläufig deren Abbau.[287] Das *Follow-up Council* sah daher die Notwendigkeit, das *engagement* institutioneller Investoren diesen durch weitergehende Offenlegungsempfehlungen für die Gesellschaften zu fördern.[288] Mit der Revision des Corporate Governance Codes wurde Prinzip 1.4 JCGC dahingehend konkretisiert, dass die Gesellschaften jährlich Kosten und Nutzen jeder individuellen Beteiligung analysieren sollen. Nach S. 2 des neugefassten Prinzips 1.4 S. 2 JCGC 2018 sollen die Gesellschaften zudem ihre Bewertung der gehalten Beteiligungen offenlegen, ohne aber auf generalisierende

[282] J.-H. Binder, Regulierungsinstrumente, 265 f.; ähnlich auch A. von Werder, Der Betrieb 2011, 1285, 1287 sowie K. Funatsu, Dōshisha hōgaku 68:1 (2016), 399, 424 f., der die konkreteren Vorgaben des DCGK ausdrücklich auch als Vorbild für die japanische Diskussion begreift.

[283] G. Krieger, ZGR 2012, 202, 224.

[284] H. Kawamura, Hōritsu jihō 91:3 (2019), 25, 29; siehe auch H. Kansaku, Shōji Hōmu 2068 (2015), 13, 18 f.

[285] Siehe K. J. Hopt/P. C. Leyens, ZGR 2019, 929, 948 f. m. w. N.

[286] M. Sawaguchi, Shōji Hōmu 2109 (2016), 48, 52; grundsätzlicher noch Tōshika fōrumu un'ei i'inkai, Shōji Hōmu 2084 (2015), 24, 28.

[287] Siehe oben Kapitel 3. C.IV. 1.; im Juli 2017 betrug die Befolgungsrate für Prinzip 1.4 JCGC 2015 in der First und Second Division immerhin 96,85 % (TSE, oben Fn. 208, 3).

[288] Follow-up Council, CG Revision 2018, unter II. 4.

und abstrakte Formulierungen, etwa in der Form „im Ergebnis der Bewertung betrachtet die Gesellschaft alle Beteiligungen als angemessen“, zurückzugreifen.[289] Das Problem der formalen Befolgung ist aber keineswegs gelöst: Während einige Gesellschaften in der Tat nunmehr einen konkreten Plan zur Reduzierung von strategischen Beteiligungen offenlegen, beschränken sich viele Gesellschaften darauf, anzugeben, dass sie strategische Beteiligungen abstoßen würden, wenn eine fortgesetzte Beteiligung unter Berücksichtigung bestimmter Faktoren – beispielsweise bestehende Geschäftsbeziehungen, wirtschaftliche Entwicklung, Aktienkurse, Dividende und dergleichen – nicht mehr sinnvoll erscheine.[290] Ein wirklicher Informationsgewinn ist hiermit nicht gewonnen. Selbst unter den 500 japanischen Gesellschaften mit der höchsten Marktkapitalisierung (TPX 500) finden sich nicht wenige, die ihre Veröffentlichung auf eine generalisierende Mitteilung zur Angemessenheit der Beteiligungen beschränken.[291] Etwa ein Zehntel der Gesellschaften erklärten demgegenüber eine Abweichung von dem Prinzip, wobei der Grund für die Abweichung aus den Erklärungen oftmals nicht deutlich wird.[292]

Das Problem der „versteckten Nicht-Compliance“ hat sich damit im besten Fall verlagert. Zwar dürften Unternehmen eher eine Abweichung verschweigen, als im Rahmen einer Erklärungspflicht bewusst Unwahrheiten zu verbreiten. Hat bereits der *comply-or-explain*-Mechanismus das bekannte Problem, dass Abweichungen allenfalls formal begründet werden, so besteht wenig Hoffnung für die Annahme, eine Weiterentwicklung würde sinnvolle Ausführungen zur Umsetzung mit sich bringen. Bedenkt man, dass die Empfehlungen von Corporate Governance Code und Stewardship Code ohnehin vor allem auf Publizität setzen, scheint der Nutzen eines weitergehenden comply *and* explain daher begrenzt.

III. Formale Umsetzung als Ausdruck eines Legitimationsproblems

Stewardship Code und Corporate Governance Code entstanden unter starkem faktischem Einfluss des Staates. Als Regulierungsinstrumente zielen sie auf eine Überwindung von als ineffektiv wahrgenommenen Corporate Governance-Praktiken.[293] Beide Kodizes reihen sich ein in die japanische Tradition der kooperativen Regulierung durch Expertenkommissionen, stehen mit der eröffneten Flexibilität in Kombination mit der Wirkung des Marktes dazu auch ganz

---

[289] M. Sawaguchi et al., JCGC Practical Guide, 82.

[290] Vgl. S. Uchida/A. Kagawa, Shiryō-han Shōji Hōmu 426 (2019), 87, 88 ff.

[291] *Ibid*, 102 ff., unter Verweis etwa auf die japanische Post *Nihon Yūbin* sowie *Olympus*.

[292] A. Taishidō/Y. Inden, Shiryō-han Shōji Hōmu 425 (2019), 125, 126: 46 Gesellschaften unter den TPX 500-Gesellschaften in 2019.

[293] K. Ōsugi, in: Reforming Corporate Governance, 181, 214; H. Kansaku, ZJapanR Sonderheft 10 (2018), 61, 81.

exemplarisch für eine neue Art von Soft Law. Indem man bei der Erstellung der Regelwerke ausgewählte Vertreter betroffener Interessengruppen einbezieht und den Adressaten zumindest formal erlaubt, die Prinzipien nicht umzusetzen, vertraut man gleichsam auf selbstregulatorische Mechanismen.[294] Wie die festgestellte formale Umsetzung zeigt, gelingt es aber nur bedingt, die bindungsfördernden Effekte der Selbstregulierung nutzbar zu machen, was auf eine verringerte Legitimation der Regelungen hindeutet (1). Die zentrale Rolle kommt dabei der jeweiligen Expertenkommission zu (2). Bei aller versammelter Expertise hat allerdings auch deren legitimatorischen Wirkung Grenzen (3), zumal die Gefahr politischer Einflussnahme immer mitschwingt (4). Ergriffene legitimationssteigernde Maßnahmen können dies nur bedingt ausgleichen (5).

1. Bindungswirkung und Legitimation

Im Gegensatz zum deutschen Gesellschaftsrecht, für das die Berufung einer Regierungskommission zur Erstellung des DCGK in vielerlei Hinsicht ein Novum darstellte,[295] ist die jüngere Hinwendung zum Soft Law in der japanischen Kapitalmarktregulierung auch im Kontext einer langen Tradition der Einbeziehung Privater in die Regulierung zu sehen. Dabei dürfte sich das Prozedere bei der Erstellung des Corporate Governance Codes und des Stewardship Codes kaum von der etablierten Vorbereitung entsprechender Regeln durch Expertenkommissionen bei der TSE und der FSA unterscheiden.[296] Dies mag erklären, warum eine breite Legitimationsdebatte zu Corporate Governance Code und Stewardship Code, soweit ersichtlich, in Japan nicht geführt wird.

Formal reiht sich die Offenlegungspflicht für Abweichungen von den Prinzipien des Corporate Governance Codes nach Regel 436-3 BörsZR in den Kanon der Gesellschaftsrechtsregulierung durch die Börse ein und dürfte damit auch denselben Legitimationsmechanismen unterworfen sein. Wie gesehen, basieren diese zweigleisig sowohl auf einem privatrechtlichen Börsenzulassungsvertrag als auch auf der Einbindung in das staatliche Regelungsregime.[297] Die oben referierte Fundamentalkritik *Kenjirō Egashiras* an der „Vergesellschaftsrechtlichung" der japanischen Kapitalmarktregulierung dürfte sich insofern auch auf den Corporate Governance Code erstrecken lassen,[298] soll hier jedoch im Hinblick auf die dominierende herrschende Meinung nicht weiterverfolgt werden. Auch soll im Folgenden keinesfalls argumentiert werden, dass die Kodizes ein gravierendes Legitimationsdefizit aufwiesen oder gar gegen das Demokratieprinzip verstoßen würden. Entsprechende Debatten wurden gerade in der An-

[294] H. Noda, Shōji Hōmu 2109 (2016), 14, 16.
[295] K. J. Hopt, in: FS Hoffmann-Becking, 563, 564: „Akkumulation von Fremden"; siehe auch G.-P. Calliess/P. Zumbansen, RCRC, 197.
[296] Siehe oben Kapitel 1. B. III. 2.
[297] Siehe oben Kapitel 3. B. V. 4.
[298] T. Uemura, Aoyama Accounting Journal 5 (2015), 87 ff.

fangszeit zum DCGKgeführt. Die Stoßrichtung der Legitimationsdebatte lag dabei zunächst auf der Vereinbarkeit der faktischen Wirkungen privater Regelsetzung mit dem Demokratieprinzip,[299] andere sahen in dem eher vagen Regelungsauftrag der Regierungskommission einen Verstoß gegen das Bestimmtheitsgebot.[300] Hintergrund ist der scheinbare Widerspruch zwischen dem Selbstverständnis des DCGK als „Selbstorganisation der Wirtschaft" und dem durchaus bezweckten Befolgungsdruck, der durch den in § 161 AktG implementierten *comply-or-explain*-Mechanismus entsteht.[301] Auch in der britischen Literatur wird darauf hingewiesen, dass sich die Legitimation des *comply-or-explain*-Mechanismus gerade aus dessen Flexibilität ergibt. Zumindest formal wird niemand zur Umsetzung der entsprechenden Prinzipien gezwungen; auch die Nichtbefolgung ist legitim, soweit sie hinreichend begründet wird.[302] Eine verbreitete formale Befolgung der Prinzipien zeugt, wie *Konstantinos Sergakis* argumentiert, dagegen davon, dass der Markt kein Interesse an sinnvoll erklärten Abweichungen hat, was wiederum die Legitimation der aufgestellten Prinzipien selbst in Frage stellt.[303]

Die Frage nach der Legitimation ist daher auch für den japanischen Kontext bedeutsam, da sie im engen Zusammenhang mit der Wirkung der Kodizes und deren Bindungskraft steht.[304] Unter dem Eindruck eines starken Staatseinflusses können beide Kodizes weniger auf den akzeptanzfördernden eigenen Charakter der Normen setzen, der Selbstregulierung gegenüber einer gesetzlichen Lösung auszeichnet. Nach der hier vertretenen Sicht bezieht sich Legitimation daher vor allem auf die mit dem *comply-or-explain*-Mechanismus vermittelte faktische Bindungswirkung, die sich in der vornehmlich formalen Umsetzung des Werkes spiegelt, solange die Regelung nicht tatsächlich den Interessen der Regelungsadressaten entspricht.[305] Aus dieser Perspektive stellt sich die Legitimationsfrage für den Corporate Governance Code wegen dessen stärkerer Bindungswirkung tendenziell stärker als für den Stewardship Code,[306] ist aber auch

---

[299] Etwa P. Ulmer, ZHR 166 (2002), 150, 160 f.; siehe T. Tröger, ZHR 175 (2011), 745, 758 ff.

[300] G. Krieger, ZGR 2012, 202, 216 f.; P. O. Mülbert/A. Wilhelm, ZHR 176 (2012), 286, 312 ff.

[301] W. Goette, in: FS Hommelhoff, 257, 260; M. R. Theisen, Der Betrieb 2014, 2057; P. C. Leyens, ZEuP 2016, 389, 411.

[302] K. Sergakis, Account. Econ. Law 5:3 (2015), 233, 252 f.

[303] *Ibid.*, 270 f.

[304] H. Kansaku, in: FS Egashira II, 1005, 1042 f.; siehe oben Kapitel 1. B. II. 2.

[305] Vgl. J.-H. Binder, Regulierungsinstrumente, 271 f., der den Verzicht auf einen Durchsetzungsmechanismus bei verbreiteter Akzeptanz für möglich hält, sowie konkreter noch ders., ZJapanR Sonderheft 10 (2018), 127, 144: „there probably exists a trade-off between, on the one hand, the need to exercise some regulatory influence […] and, on the other hand, the need to preserve the necessary procedural and substantive freedom for those private actors that are engaging in the relevant self-regulatory processes."

[306] H. Kansaku, ZJapanR Sonderheft 10 (2018), 61, 75 f.

für letzteren relevant. Denn gerade wegen der schwachen Bindungswirkung ist der Stewardship Code darauf angewiesen, aus sich heraus zu überzeugen, mithin legitim zu sein.[307]

2. Die Rolle der Expertenkommissionen (erneut)

Wie auch der DCGK entstammen Inhalt und Gestalt von Stewardship Code und Corporate Governance Code jeweils den Beratungen von Expertenkommissionen, die neben Regelungsadressaten mit „fortschrittlichen" Strukturen und Vertretern anderer Stakeholder – im Falle des Corporate Governance Codes auch hier institutioneller Investoren, keinesfalls jedoch Vertretern von Arbeitnehmerinteressen – sowie zu einem geringeren Grad mit Stimmen aus der Wissenschaft besetzt waren. Wie *Takahiro Katō* anmerkt, führt diese Zusammensetzung eher zu einem Konsens unter sachverständigen Experten, kann aber ein Problem darstellen, sofern eine demokratisch nicht näher umrissene Expertenkommission sich als Parallelgesetzgeber gebiert.[308] Die Zusammenstellung des regelsetzenden Komitees erfolgt zwangsläufig nicht repräsentativ. Die Gefahr der Bevorzugung von Partikularinteressen bei der Auswahl der entsprechenden Kommission ist offenkundig, allerdings auch untrennbar mit der Idee der Einbeziehung von Privaten verbunden.[309] In der stark von *shingi-kai* geprägten japanischen Regulierungspraxis mit ihrem vorherrschenden Konsensprinzip ist die Frage der Teilhabe an den Beratungen auch eine Entscheidung darüber, wessen Interessen zählen und Stimme Berücksichtigung finden soll.[310]

Bereits im Allgemeinen zeichnet sich die Regelsetzung durch die TSE durch eine stärkere Gewichtung des Investorenschutzes im Vergleich zum ordentlichen Gesetzgebungsprozess aus.[311] Begünstigt werden damit Interessen, die im klassischen Prozess der japanischen Regulierung, zumindest bis zur Entdeckung der Investoreninteressen durch die Politik,[312] eine eher untergeordnete Rolle gespielt hatten. Die von FSA und TSE mit der Erstellung des Corporate Governance Codes betraute CG-Kommission[313] setzte sich neben dem Vorsitzenden *Kazuhito Ikeo*, einem Ökonomen, aus (nur)[314] einem Rechtswissen-

---

[307] Vgl. DERS., in: FS Egashira II, 1005, 1042 f.

[308] T. KATŌ, ZJapanR Sonderheft 10 (2018), 183, 191 f. und Fn 24: Sachverständigenkommission eher vergleichbar mit einer europäischen High-Level Group of Company Law Experts.

[309] J.-H. BINDER, Regulierungsinstrumente, 279; G. BACHMANN, Private Ordnung, 397 Fn. 26.

[310] F. J. SCHWARTZ, Advice and Consent, 284 f.: *neo-pluralism*.

[311] M. MATSUNAKA, 62 Handai Hōgaku 1031, 1043 f. (2012).

[312] Treffend The Economist vom 4. Juni 2015: „Meet Shinzo Abe, shareholder activist"; siehe auch P. D. CULPEPPER, Quiet Politics, 138.

[313] Siehe Annex E.

[314] Kritisch T. UEMURA, Aoyama Accounting Journal 5 (2015), 87, 88. Dagegen waren einschließlich des Vorsitzenden *Shinsaku Iwahara* immerhin fünf von 17 Mitgliedern des mit

schaftler (*Hideki Kanda*) und einem Wirtschaftsanwalt (*Kazuhiro Takei*), dazu Interessenvertretern der Wirtschaftsprüfer und organschaftlichen Prüfer (*kansayaku*), der institutionellen Investoren und Beratungsgesellschaften sowie drei Vertretern von börsennotierten Unternehmen zusammen. Interessant ist dabei, dass es sich bei den Unternehmen *Ryohin Keikaku Co. Ltd.* (Mutterkonzern des Handelshauses *MUJI Shokuhin*) und der *Seven & i Holdings* (*Seven Eleven*), anders als beim dritten, dem Chemieunternehmen *Toray Industries*, eher nicht um Vertreter der typischen Konglomerate, sondern um Unternehmen mit starkem Einfluss der Gründer(-familien) handelte. Zusätzlich wohnten den Beratungen ein Vertreter der OECD als Berater sowie je ein hochrangiger Vertreter von METI und MoJ als „Beobachter" (*kanji*) bei. In der Sekretariatsrolle kommt der TSE und FSA schließlich eine starke Koordinierungsfunktion zu.[315]

Das dürfte auch auf die bei der FSA eingerichtete Expertenkommission für den Stewardship Code[316] zutreffen. Bezweckt dieser den Dialog zwischen Investoren und Gesellschaften zu stärken, so ist doch erstaunlich, dass Industrievertreter in der Erstellung des Codes anfangs keine Rolle spielten.

Das *Follow-up Council* übernimmt Verantwortung für beide Kodizes, was sich bereits in dessen Namen widerspiegelt.[317] Dies hat, auch wenn Revisionen des Stewardship Codes immer noch von einer eigenen Kommission verantwortet werden, zu größeren Überschneidungen in der Autorenschaft geführt. Im Vergleich zur ersten CG-Kommission dürfte der Einfluss institutioneller Investoren auf den Corporate Governance Code bei der CG Revision 2021 zumindest numerisch eher noch zugenommen haben.[318] Kontinuität wird hierbei vor allem

---

der Vorbereitung des Reformgesetzes 2014 betrauten Legislativkommission (*hōsei shingi-kai)* Rechtswissenschaftler (*Aratani Hiroko*, *Tatsuo Uemura*, *Hideki Kanda, Masahiro Maeda*), hinzu kamen mehrere prominente Beobachter (*kanji*) ohne Stimmrecht wie *Tomotaka Fujita*, *Wataru Tanaka* und *Hiroyuki Kansaku*, siehe MoJ, *Hōsei shingi-kai kaisha-hō seibu i'in-tō meibō* [Liste der Mitglieder der Legislativkommission – Abteilung Struktur des Gesellschaftsrechts], 1. August 2012, abrufbar unter <https://www.moj.go.jp/shingi1/shingi03500005.html>. Bei der Vorbereitung des Reformgesetzes 2019 zeigt sich ein ähnliches Bild, siehe MoJ, *Hōsei shingi-kai kaisha-hōsei (kigyō tōji-tō kankei) i'in-tō meibō* [Liste der Mitglieder der Legislativkommission Struktur des Gesellschaftsrechts (Corporate Governance usw)], 28. August 2018, abrufbar unter <https://www.moj.go.jp/shingi1/housei02_00297.html>.

[315] Allgemein F. J. Schwartz, Advice and Consent, 80 ff. Vgl. exemplarisch T. Katō, ZJapanR Sonderheft 10 (2018), 183, 194 f. am Beispiel der jüngst in das FBG eingeführten *fair disclosure rule*, die bei Herausgabe von wichtigen Informationen an einzelne Analysten eine gleichzeitige bzw. und umgehende Veröffentlichung erfordert. Hier hatte die JSDA ihren Mitgliedern bereits strenge Regeln zum Umgang mit entsprechenden Informationen auferlegt, während die Emittenten grundsätzliche eine liberale Regelung bevorzugten. Siehe hierzu auch S. Ōsaki, in: Reforming Corporate Governance, 75, 77 f., der auf eine gewisse Konfliktsituation mit dem beabsichtigten *engagement* hinweist.

[316] Siehe Annex H.

[317] FSA, Establishment of „Council of Experts Concerning the Follow-up of Japan's Stewardship Code and Japan's Corporate Governance Code", 7. August 2015, abrufbar unter: <https://www.fsa.go.jp/en/news/2015/20150807-1.html>.

[318] Vgl. die Zusammensetzung des *Follow-up Councils* vom Oktober 2020 (Annex F),

durch die Vertreter der Wissenschaft, nunmehr unter Vorsitz von *Hideki Kanda* und *Hiroyuki Kansaku*, gewährleistet. Diese sind auch immer wieder in anderen *shingi-kai* aktiv. Die parallele Berufung bestimmter, bewährter Experten in mehrere Kommissionen ist aber kein neues Phänomen.[319]

Gleichzeitig kann auch die Börse die Interessen des Managements, bei dem letztendlich die Entscheidung zur Notierung und zur Vornahme von Kapitalmaßnahmen liegt, nicht gänzlich ignorieren und tut dies nach allgemeiner Auffassung im Übrigen auch nicht.[320] Dies dürfte nicht zuletzt an der starken Präferenz für Konsensentscheidungen liegen.[321] So war es der TSE nicht möglich, die Einführung unabhängiger Direktoren gegen den Widerstand einflussreicher Unternehmen im Rahmen der Selbstregulierung durchzusetzen. Es bedurfte hierfür erst eines weiteren Reformimpulses seitens der Regierung in Form der Einsetzung einer Legislativkommission (*hōsei shingi-kai*).[322] Demgegenüber hebt *Hideki Kanda* hervor, dass eine *comply-or-explain*-Regulierung bezüglich der Ernennung externer Direktoren überhaupt erst denkbar wurde, nachdem sich eine entsprechende Praxis bei Japans *top tier*-Unternehmen durchgesetzt hatte:

> „Natürlich, gegenüber den Gesellschaften mit Topergebnissen sagen Investoren nichts. Wenn man unter dieser Situation [2009] einen *comply-or-explain*-Mechanismus für ein externes Verwaltungsratsmitglied eingeführt hätte, hätte das ab der Nummer 2 abwärts gepasst, während die Topunternehmen der jeweiligen Branche sich hätten erklären müssen. International wäre das dann doch seltsam gewesen; man hat also zu jenem Zeitpunkt auf die Einführung externer Direktoren auch in Form eines *comply-or-explain*-Standards verzichtet. Die Zeiten haben sich geändert."[323]

Auch wenn im *Follow-up Council* nunmehr Vertreter von *NEC*, *Mitsubishi Chemical* und der *Sony Corporation* und damit Repräsentanten der ersten Riege japanischer Unternehmen sitzen, die selbst in den Legislativkommissionen zur Reform des Gesellschaftsgesetzes fehlten, fällt es doch schwer, wie beim DCGK von einer „Selbstorganisation der Wirtschaft"[324] zu reden. Sind solche *blue chip companies* schon länger und im stärkeren Maß dem Verlangen institutioneller Investoren ausgesetzt, fällt ihnen die Einhaltung höherer Standards etwa in Bezug auf die Struktur des Verwaltungsrates oder weitreichende

---

das mit der CG Revision 2021 befasst war, mit der Expertenkommission für den Stewardship Code (Annex H).

[319] F. J. Schwartz, Advice and Consent, 61 ff.

[320] K. Kawamura, Shōji Hōmu 1940 (2011), 51, 55; vgl. M. Matsunaka, 62 Handai Hōgaku 1031, 1044 (2012); ders., in: Reforming Corporate Governance, 429, 456.

[321] Vgl. G. Gotō et al., in: Independent Directors in Asia, 135, 163 f. zu den Beratungen des *hōsei shingi-kai* zur Einführung externer Direktoren 2014, siehe auch oben Kapitel 1. B. III. 2.

[322] T. Katō, Soft Law Journal 18 (2011), 55, 68 f., siehe aber auch *ibid.*, Fn. 52, nach der sich *Kanda* gegen eine solche Interpretation verwehrte und stattdessen auf die begrenzete Reichweite des Vorschlags des vorbildgebenden CG Report 2009 abhob.

[323] H. Kanda, in: H. Kanda et al., Shōji Hōmu 2055 (2015), 9, 18 (Übers. des Verf.).

[324] G. Cromme, Vorwort DCGK (2002).

Publizitätsanforderungen leichter. Werden diese in Gremien berufen, ist eine entsprechende Regelsetzung kaum verwunderlich.[325]

3. Grenzen einer Legitimation durch Expertise

Bei den Mitgliedern der Kommissionen handelt es sich zweifellos um allgemein anerkannte Experten auf ihrem Gebiet. Für die Praxis dürfte ihre Fachkunde so, wenn nicht die einzige, so doch eine wesentliche Legitimationsquelle der Kodizes darstellen. Das ist in Deutschland nur schwer vorstellbar. Expertise für sich allein genommen wird vielmehr als tauglicher Legitimationsgrund vehement abgelehnt und bedarf zusätzlicher kompensierender Faktoren, die die Zustimmung der Regelungsunterworfenen sicherstellen und damit die aus dem Spannungsverhältnis von Selbstbestimmung und Herrschaftskontrolle erwachsenden Konflikte zu lösen versuchen.[326] In diesem Sinne vermerkt *Hiroshi Noda* ein Problem mit Kompetenz der Expertenkommission:

> „Im Übrigen ist auch die Aufteilung [von Regelungen] zwischen Gesellschaftsgesetz und Corporate Governance Code problematisch. Richtet man sein Augenmerk auf den Umstand, dass der Code keinen parlamentarischen Beschluss und damit keinen demokratischen Prozess durchlaufen hat, gibt es Aspekte, die man nicht im Code regeln sollte, um zum zu vermeiden, dass die Legitimation [*seitō-sei*] des Code (u. a. basierend auf der Expertise [*senmon-sei*] der mit der Erstellung betrauten Personen in dem Regelungsgebiet) Schaden nimmt. Umgekehrt können Aspekte, die der Gesetzgeber nicht selbst regeln kann oder die sich für eine Verrechtlichung nicht eignen, [im Corporate Governance Code] adressiert werden."[327]

Bei den Empfehlungen der Expertenkommission handelt es sich zwar um wissenschaftlich fundierte Standpunkte. *John Buchan, Dominic C. Chai* und *Simon Deakin* weisen aber zurecht darauf hin, dass die hieraus gezogenen Schlüsse, etwa die Empfehlungen zur Rolle von Externen im Verwaltungsrat, einen teils stark von Theorie geprägten Ansatz aufweisen, der nicht unbedingt den Erfahrungen der jüngeren Praxis entsprechen müsse.[328] In der Tat kann von der Expertenkommission ein völlig objektives Ergebnis nicht erwartet werden; die Empfehlungen werden immer die dogmatische Überzeugung ihrer Autoren tragen.

Dass der Konsens unter einzelnen Experten nicht unbedingt immer auf Zuspruch aus der Praxis stoßen muss, zeigt ein Blick ins Übernahmerecht. Auf die Vorschläge der am METI angesiedelten *Corporate Value Study Group* (CVSG)

---

[325] T. Katō, ZJapanR Sonderheft 10 (2018), 183, 193; ähnlich auch K. Egashira, Hōritsu jihō 86:12 (2014), 59, 61.

[326] G. Bachmann, Private Ordnung, 176 f. und 201; G. F. Schuppert, in: Regulierte Selbstregulierung, 201, 248 f.

[327] H. Noda, Shōji Hōmu 2109 (2016), 14, 23 Fn. 27 (Übers. des Verf.) unter Verweis auf M. T. Moore, Shadow of the State, 171 ff.

[328] J. Buchanan et al., ZJapanR 47 (2019), 69, 105.

und die darauf basierenden TakeoverRL und deren Einfluss auf Abwehrmaßnahmen gegen feindliche Übernahmen wurde bereits eingegangen.[329] Auch wenn man den Einfluss der Empfehlungen auf die Gerichte nicht überschätzen sollte,[330] lassen sich diese Vorarbeiten als selbstregulatorische Verständigung über die Spielregeln im Bereich der Abwehrmaßnahmen einordnen.[331] Der dritte Bericht der CVSG aus dem Jahr 2008 bricht mit dieser Rolle und kommentiert kritisch die sich entwickelnde Gerichtspraxis:[332] In der Entscheidung *Bulldog Sauce* hatte der OGH der betreffenden Gesellschaft erlaubt, den Bieter eines öffentlichen Erwerbsangebots gegen Abfindung von Bezugsrechten auszuschließen und dabei, wenn auch nicht formal, so doch im Wesentlichen darauf abgestellt, ob die Maßnahme mit Zustimmung der Aktionäre erfolgte.[333] Die erfolgreiche Abwehr lief damit, stark vereinfacht, darauf hinaus, dass die Gesellschaft dem Bieter eine erhebliche Summe an „Lösegeld" zahlte.[334] Nach Auffassung der CVSG könne das formelle Kriterium der Befassung der Hauptversammlung im Rahmen eines „sogenannten beratenden Beschlusses" aber keinen Ersatz für die materielle Berücksichtigung von Aktionärsinteressen darstellen.[335] Aus der Praxis wurde die Empfehlung als ungerechtfertigte Hinwegsetzung einer keineswegs privaten Forschungsgruppe „auf dem Rücken der Exekutive" über die höchstrichterliche Entscheidung an prominenter Stelle kritisiert:

„Zunächst lässt sich nicht sagen, dass es sich um eine ‚private' Forschungsgruppe handelt. Auf dem Rücken des METI, einem Teil der Exekutive und damit unter der Drohung hoheitlicher Sanktionen, wird hier ein Teil der Entscheidung des OGH für die Praxis negiert und in einer generellen Weise verbreitet, die in ihrer Stellung und Beziehung zu gesetztem Recht unklar ist. Auch vom Standpunkt der Gewaltenteilung her muss man klar sagen: ein ‚Regelverstoß' […] In der Praxis wird man den dritten Bericht [der CVSG] nicht als goldene Regel verstehen, sondern selbst gezwungen sein, im Lichte der Rechtsprechung usw. zu überlegen, wie Abwehrmaßnahmen zu gestalten und zu verwenden sind."[336]

---

[329] Siehe oben Kapitel 3. B. III. 1.

[330] C. J. MILHAUPT, in: Enterprise Law, 177, 185 f.; sehr deutlich M. MATSUNAKA, in: Reforming Corporate Governance, 429, 454.

[331] P. D. CULPEPPER, Quiet Politics, 137 f.: „The guidelines based on the report simply became the uniquely accepted standard about what the Japanese would permit in defending against hostile takeovers."

[332] CVSG Report 2008; siehe M. HAYAKAWA, in: FS Hopt (2), 3081, 3099 f.; H. BAUM/M. SAITŌ, in: HB Japanisches Recht, § 7 Rn. 151.

[333] So die verbreitete Interpretation der Entscheidung OGH Hanrei Taimuzu 1252 (2007) 125, 130 f. = H. ODA, in: Business Law in Japan, 323, 326 – *Bulldog Sauce*.

[334] C. J. MILHAUPT, in: Business Law in Japan, 205, 214: „Steel Partners […] was paid JPY 2,3 billion at the behest of the mangement to, in essence, make it go away."

[335] CVSG Report 2008, 4 ausdrücklich auch unter Verweis auf die Wortwahl des OGH, die auf die Zustimmung der Aktionäre im Rahmen der Hauptversammlung, nicht die der Hauptversammlung selbst abhebt.

[336] Y. ŌTA, in: Nikkei vom 29. Juli 2008 (Chō-kan), 27 (Übers. des Verf.), der allerdings selbst auf Gesellschaftsseite mit der *Bulldog Sauce*-Entscheidung befasst war.

Dies war nach eigener Beteuerung zwar nicht die Intention der Autoren, die hierin keinen Widerspruch zur bisherigen Rechtsprechung sahen, sondern lediglich eine Schlussfolgerung aus dieser zogen.[337] Es mag zudem sein, dass die Rechtsprechung in der *Bulldog Sauce*-Entscheidung sich als Präzedenzfall nur bedingt eignet.[338] In dem stark von Konsens über die Ergebnisse von Expertenkommissionen geprägten Bereich des Soft Law aber stellt die offen in der bedeutendsten Wirtschaftszeitung des Landes erklärte Verweigerung eines namhaften Vertreters der anwaltlichen Praxis, die Vorgaben der Empfehlungen zu befolgen, einen höchst bemerkenswerten Vorgang dar, der unmittelbare Auswirkungen auf die Legitimation der Regulierung durch Expertenkommissionen hat. Auch in Japan sind der Regulierung durch Expertise Grenzen gesetzt.

4. Gefahr politischer Prädetermination

Die Zusammensetzung der Expertenkommissionen ist zwangsläufig eine politische Entscheidung. Dies gilt auch für die Berufung „neutraler" Experten und selbst von Wissenschaftlern, deren Standpunkt zu kritischen Themen aus ihren Veröffentlichungen, aber auch aus den Erfahrungen der Behörde in der Regel bekannt sein dürfte.[339] So äußert *Kenjirō Egashira,* allerdings im Kontext der Reform des Gesellschaftsgesetzes, scharfe Kritik an der Auswahl der Experten durch die Ministerialbeamten sowie deren Beratungsresistenz:

> „Oberflächlich betrachtet, wirken die Beratungen der Legislativkommission [*hōsei shingi-kai*] wie eine Gegenüberstellung von Standpunkten der Industrie [*keizai-kai*] und von Wissenschaftlern, aber der Player, der in Wirklichkeit der Industrie gegenübersteht, ist das Generalsekretariat des Justizministeriums. Es bindet nur diejenigen Wissenschaftler in die Analyse ein, deren Standpunkt dem eigenen entspricht und ignoriert andere auch bei zahlenmäßigem Übergewicht. In Wirklichkeit ist es [das Generalsekretariat] selbst, dessen Ideen mit denen der Industrie kämpfen."[340]

Für die von der FSA organisierten Kommissionen zur Erstellung von Corporate Governance Code und Stewardship Code dürfte nichts anderes gelten, gerade wenn man sich deren Zielsetzung als Instrumente im Rahmen der „wachstumsorientierten Governance" vor Augen führt. *Yoshirō Miwa* und *J. Mark Ramseyer* gehen sogar so weit zu sagen, die Einberufung von Kommissionen bezwecke lediglich die Veröffentlichung des Standpunkts des jeweiligen federführenden

---

337 H. Kanda, in: H. Kanda et al., Shōji Hōmu 1842 (2008), 4, 13: *policy*-Empfehlung im Zwiespalt zwischen der Möglichkeit zur Schadensvermeidung (*songai kainan kanōsei*) und Risikoübernahme (*kiken no hikiuke*), darüber hinaus betont H. Niihara, Shōji Hōmu 1842 (2008), 15, 17 den einhelligen Konsens zwischen den Kommissionsmitgliedern in dieser Sache.

338 H. Oda, in: Business Law in Japan, 323, 329.

339 F. J. Schwartz, Advice and Consent, 74 f.

340 K. Egashira, Hōritsu jihō 86:12 (2014), 59, Fn. 1 zur Reform des GesG von 2014 (Übers. des Verf.).

Ministeriums in Form eines wissenschaftlichen Berichtes, der kritiklos von Medien und Wissenschaft übernommen wird.[341] Entsprechende Kritik an der japanischen Regulierungspraxis durch *shingi-kai* ist freilich nicht neu, vermag aber nur zum Teil überzeugen. Denn es handelt sich bei den Experten in der Regel dennoch um Personen, deren Kompetenz über alle Zweifel erhaben ist.[342]

Man braucht den Vorwurf einer politischen Einflussnahme und die damit einhergehende inhaltliche Prädetermination der Reformen nicht zu teilen, um die starke Politisierung des Diskurses und die damit zusammenhängende Betonung des Effektivitätsgedankens in der Corporate Governance-Diskussion[343] kritisch zu sehen. Verfechter eines reinen Gesellschaftsrechts ohne politische Überformung wie *Tsukasa Miyajima* sehen dessen Funktionsfähigkeit gefährdet.[344] In ähnliche Richtung geht die Warnung *Tatsuo Uemuras* vor einer Vernachlässigung des geschriebenen Gesellschaftsrechts und dem „*Warten auf den nächsten großen Skandal*",[345] der auf die fundamentale Bedeutung des Gesellschaftsrechts als Institution hinweist:

> „Beim Gesellschaftsrecht handelt es sich, genau wie beim Zivilrecht, um grundlegende rechtliche Regeln [*kihon hōki*] der Wirtschaftsgesellschaft. Will die Regierung diese ändern, so muss dies in der Gestalt der konsistenten Fortentwicklung des Systems geschehen. Mit einer ‚growth oriented governance' im Dienste eines bestimmten Kabinettsbeschlusses zur Wachstumsstrategie sollte das nicht möglich sein. Früher gab es im Parlament einmal eine Übereinkunft zwischen Erwachsenen, die sechs [fundamentalen] Gesetze nicht zum Gegenstand der Politik zu machen, egal wie stark man sich in der Opposition befindet. Das Problem geht in dieselbe Richtung."[346]

Ein gewisser Grad von politischem Druck dürfte unabdingbar sein, um mit Soft Law den Regelungsadressaten die in sie gesetzten Erwartungen von Politik und Gesellschaft zu vermitteln. Der politische Einfluss in der Regelsetzung wäre daher weniger problematisch, sofern der letzte Impuls zur Umsetzung der betreffenden Regeln tatsächlich aus dem Markt käme.[347] Angesichts der soeben dargestellten faktischen Bindungswirkung, die vor allem auf der Erfüllung politischer Erwartungen basiert, erscheint dies zumindest fraglich.

---

[341] Y. Miwa/J. M. Ramseyer, 28:2 Osaka Gakuin Rev. Ec. 15, 43 f. (2015); vgl. K. Egashira, 92:1 Waseda Hōgaku 95, 107 (2016), der auf die Federführung von METI und FSA bei der Corporate Governance Reform hinweist.

[342] Vgl. F. J. Schwartz, Advice and Consent, 54, 86 ff. m. w. N.

[343] Y. Miwa/J. M. Ramseyer, 28:2 Osaka Gakuin Rev. Ec. 15, 126 ff. (2015)., vgl. aber auch K. Mishina, Shōji Hōmu 2109 (2016), 57, 64 f., der auch die Vorgabe von allgemeinen Profitabilitätszielen im Ito-Review in Frage stellt.

[344] T. Miyajima, Essenz, 153.

[345] T. Uemura, Aoyama Accounting Journal 5 (2015), 87, 89: *dai-fushōji machi*.

[346] Ders., Nikkei vom 2. April 2015 (Chō-kan), 28 (Übers. des Verf.).

[347] Oben Kapitel 1.B. 2.

5. Legitimation durch Prozess

Für die an der Regelsetzung beteiligten Kreise stellt das (gewohnheitsmäßige) Erfordernis einer einstimmigen Entscheidung die Zustimmung zu einem gewissen Maß sicher und trägt damit maßgeblich zur Legitimation der Empfehlungen bei.[348] Die Defizite in der Partizipation an der Regelsetzung der Kodizes und insbesondere des Corporate Governance Codes lassen sich hierdurch aber nicht gänzlich ausgleichen. Für die formale Legitimation kommt es daher darauf an, wie die Berücksichtigung anderer, nicht in der Regelsetzung repräsentierter Interessen sichergestellt werden kann.[349] In dieser Richtung ist ein aufrichtiges Bemühen seitens FSA und TSE um Transparenz in ihrer Sekretariatsrolle zu verzeichnen. Tagungspunkte und Protokolle werden gut einsehbar auf der Homepage der FSA veröffentlicht. Vor der Finalisierung des jeweiligen Kodex wird noch einmal zur Abgabe öffentlicher Kommentare aufgerufen.[350] Zudem bittet das *Follow-up Council* um die Übermittlung von Stellungnahmen, die betont anders als bei der Vorbereitung von Gesetzesvorschriften direkt die in die laufenden Beratungen einfließen sollen.[351]

Im Ergebnis nimmt die japanische Praxis so wichtige legitimationssteigernde Maßnahmen vorweg, die der mit dem DCGK befassten Regierungskommission erst abgetrotzt werden mussten.[352] Wie offen der Regulierungsprozess für Stimmen von außen tatsächlich ist, ist schwer zu sagen. Nach der Veröffentlichung der Entwürfe ist ein Effekt öffentlicher Kommentare jedenfalls nicht zu erkennen. Zwar gibt sich der regelsetzende Körper der Börse Mühe, auf geäußerte Bedenken individuell einzugehen, hebt dann aber doch nur die mehrheitliche Zustimmung zu den Vorschlägen des *Follow-up Council* hervor. Bei einer eher geringen Rücklaufquote ist kaum aus der anonymisierten Veröffentlichung[353] erkennbar, wie repräsentativ die Kommentare die Wahrnehmung unter den Regulierungsadressaten widerspiegeln.

---

[348] Siehe oben Kapitel 1. B. III. 2.; vgl. F. J. Schwartz, Advice and Consent, 87.

[349] J.-H. Binder, Regulierungsinstrumente, 279 f.

[350] H. Kansaku, in: FS Egashira II, 1005, 1042; siehe M. Kasahara, Shōji Hōmu 2029 (2014), 51, 60 (zum JSC) sowie M. Yūfu et al., Shōji Hōmu 2062 (2015), 47, 47 f. (zum JCGC).

[351] FSA, *Suchuwādoshippu Kōdo oyobi Kōporēto Gabanansu Kōdo no Forōappu Kaigi ni kakawaru iken bōshu* [Invitation for Public Comments regarding „Council of Experts Concerning the Follow-up of Japan's Stewardship Code and Japan's Corporate Governance Code"], 24. September 2015, abrufbar unter: <https://www.fsa.go.jp/news/27/sonota/20150924-1.html>.

[352] Vgl. T. Kremer et al., Kodex-Kommentar, Rn. 86 f.; M. Hoffmann-Becking, ZIP 2011, 1173, 1175 f.; K. J. Hopt, in: FS Hoffmann-Becking, 563, 572 f.

[353] Siehe zur Zusammenfassung der insgesamt 103 Einlassungen zur Revision des Corporate Governance Codes 2021: JPX, *Forō appu kaigi no teigen wo fumaeta Kōporēto Gabanansu Kōdo no ichibu kaitei ni kakawaru jōjō seido no mianoshi ni tsuite* [Summary of Public Consultation on Revisions to Japan's Corporate Governance Code and Guidelines for Investor and Company Engagement], 11. Juni 2021, abrufbar unter <https://www.jpx.co.jp/rules-

IV. Materielle Legitimation

Im Ergebnis ist die formale Legitimation der Kodizes zu schwach, um aus sich heraus eine originäre Bindungswirkung zu entfalten. Nach der Legitimationsthese *Gregor Bachmanns* lassen sich solche Defizite bei der Zustimmungskomponente der Legitimation privater Regelungen durch entsprechende Wohlstandsgewinne ausgleichen.[354] In ähnlicher Weise unterscheidet *Hiroyuki Kansaku* zwischen der formalen Legitimation (*keishishiki-teki seitō-sei*), also der Partizipation beziehungsweise der Repräsentation der Regelungsadressaten bei der Erstellung der Regelungen, und der materiellen Legitimation (*jijitsu-teki seitō-sei*), also der inhaltlichen Überzeugungskraft der Regelungen: Da es trotz aller Bemühungen an Transparenz und Öffentlichkeitsbeteiligung fehlt, kommt es bei der Bindungswirkung der Kodizes vor allem darauf an, ob die Empfehlungen in inhaltlicher Sicht überzeugend die *best practices* der Adressaten abbilden.[355]

Das ist indes nur bedingt der Fall. Wie die „Anreizschraube" zu Einführung unabhängiger Direktoren zeigt,[356] stellen die Prinzipien von Corporate Governance Code (1) und Stewardship Code (2) Regulierungsinstrumente dar, die sich eben nicht an den verbreiteten Praktiken von Unternehmen und Investoren orientieren, sondern an einem politisch definierten Zielzustand. Diese werden sich auch dem Geiste nach nur durchsetzen können, sofern sie aus Sinn der angesprochenen Kreise zu greifbaren wirtschaftlichen Vorteilen führen, mithin in inhaltlicher Hinsicht überzeugen können.

1. Corporate Governance Code

Die bis auf wenige Ausnahmen eher verhaltene Kritik am Corporate Governance Code bezieht sich in der Regel weniger auf das Regulierungsinstrument als solches, als vielmehr auf den spezifischen inhaltlichen Gehalt des innerhalb kürzester Zeit entworfenen Kodex. So kritisiert der Anwalt *Minoru Sawaguchi* die konkrete Ausgestaltung einiger Publizitätsempfehlungen aus Sicht der anwaltlichen Praxis,[357] während *Akira Morita* die Schwerpunktsetzung der Reform in Frage stellt. Diese würde sich zu sehr an der Thematik unabhängiger Direktoren abarbeiten.[358] Der Ökonom *Kazuhiro Mishina* schließlich bemängelt die

participants/public-comment/detail/d1/20210407-01.html>, auf Englisch Veröffentlichung nur in aggregierter Form unter <https://www.jpx.co.jp/english/rules-participants/public-comment/detail/d01/e20210407-01.html>.

354 Siehe oben Kapitel 1. B. II. 1.

355 H. Kansaku, in: FS Egashira II, 1005, 1042 f.; siehe auch H. Kansaku, ZJapanR Sonderheft 10 (2018), 61, 75 f.

356 Siehe oben Kapitel 4. A. VI.

357 M. Sawaguchi, Shōji Hōmu 2109 (2016), 48, 54.

358 A. Morita, Dōshisha hōgaku 68:1 (2016), 65, 66.

Gewichtung von Leistungsanreizen für das Management im Code.[359] Nur vereinzelt wird, wie von *Tatsuo Uemura*, grundsätzlicher die Natur des Codes als *legal transplant* hervorgehoben – in der japanischen „Dorfgemeinschaft“ (*murashakai*) fehle es an dem für die Selbstregulierung prägenden rechtskulturellen Hintergrund des Vereinigten Königreichs und die an der damit verbundenen Gentlemen-Kultur.[360]

Das Problem der materiellen Legitimation stellt sich aber umso mehr, je stärker die jeweiligen Prinzipien von der Realität der Regelungsadressaten abweichen. Im Fokus der Corporate Governance-Debatte stehen vor allem große, international agierende Unternehmen. Leicht geraten so die Interessen derjenigen Gesellschaften aus dem Blick, die diesem Bild nicht entsprechen. *Ōsugi* misst den strengeren Empfehlungen des Corporate Governace Codes zur Publizität auch eine Filterfunktion zu: Nicht wenige Unternehmen und gerade solche, die hauptsächlich aus Gründen des Renommees gelistet sind, dürften Schwierigkeiten haben, ihre langfristige Corporate Governance-Strategie überzeugend darzulegen. Möglich ist, dass diese Gesellschaften sich auf lange Sicht vom Kapitalmarkt zurückziehen und stattdessen Finanzierungsformen mit stärkerer direkter Aufsicht seitens der Kapitalgeber wie Kredite oder *equity*-Finanzierungen wählen.[361] Demgegenüber betont *Kenjirō Egashira* die grundsätzlichen Vorzüge eines Bestrebens auch kleinerer und mittelgroßer Unternehmen, sich an den Vorgaben des Kapitalmarkts zu messen. Einen Grund für die Ausdehnung von Standards, die institutionelle Investoren bislang nicht durchgängig implementieren konnten, sieht er nicht.[362] Sofern sich die in der Umsetzung erwarteten Wohlstandsgewinne tatsächlich einstellen, ist dagegen wohl wenig einzuwenden.[363] Werden Gesellschaften aber gegen die eigene Überzeugung mit der Erwartung konfrontiert, die Empfehlungen des Corporate Governance Codes umzusetzen, etwa eine „angemessene“ Anzahl von unabhängigen Direktoren zu ernennen, so lässt sich von diesen mehr als eine formale Umsetzung kaum erwarten. Deutlich wird dieses Dilemma gerade an der Umsetzung des *comply-or-explain*-Mechanismus in Art. 327:2 GesG 2015 mit seiner starken Bindungswirkung zur Ernennung externer Direktoren. Auch wenn Unternehmen Kandidaten mit unternehmerischem Hintergrund ernannten, fand sich selbst unter den großen Gesellschaften eine nicht unerhebliche Anzahl von Anwälten, Wirtschaftsprüfern und Hochschullehrern für den Posten,[364] deren

[359] K. Mishina, Shōji Hōmu 2109 (2016), 57, 64 f.

[360] T. Uemura, New Business Law 1047 (2015), 1; ders., Aoyama Accounting Journal 5 (2015), 87, 88 f.

[361] K. Ōsugi, in: FS Ochiai, 1, 22.

[362] K. Egashira, Hōritsu jihō 86:12 (2014), 59, 62 für Unternehmen mit einem Gesamtumsatz bis etwa JPY 10 Mrd. (ca. EUR 80 Millionen), was etwa auf 1.500 der bei der TSE gelisteten Gesellschaften zuträfe.

[363] G. Bachmann, Private Ordnung, 415, siehe oben Kapitel 1. B. II. 1.

[364] Siehe oben Kapitel 4. A. IV. 2.

Qualifikation für eine wachstumsorientierte Governance sich zumindest nicht aufdrängt. Denkt man dies weiter, so müssten Aktionäre schon bald ernüchtert feststellen, dass es mit den wohlstandsfördernden Effekten der wachstumsorientierten Governance nicht weit her sei, in ihrem Fokus auf (Kapital-)Effizienz würde die Politik allenfalls zu negativen Externalitäten für andere Stakeholder führen.[365]

Dieser Blick ist sicher zu negativ. Die Problematik der formalen Befolgung macht aber deutlich, dass die mit der Reform der Corporate Governance verbundenen hohen Erwartungen sich zumindest nicht unmittelbar erzielen lassen. Ein sofortiger Erfolg wäre angesichts der Beharrlichkeit der inneren Kräfte der japanischen Corporate Governance auch verwunderlich.[366] Wie etwa das Beispiel der Nachfolgeregelung zeigt, sind die Probleme so zentral mit dem internen Arbeitsmarkt und dem Schicksal des Unternehmens verbunden, dass diese jeglicher rechtlichen Regulierung nur schwer zugänglich sein dürften.[367] Vielmehr ist zu erwarten, dass sich die Praxis mit den neuen Regelungen arrangiert und in ihrem Sinne anpasst. So wies *Kanda* vor einigen Jahren im Zusammenhang mit der Kontroverse um die Regulierung von Abwehrmaßnahmen auf die notwendige Berücksichtigung von *spillover effects* (*hakyū kōka*) hin:

> „Angenommen, man legt eine Regel fest, die einen Beschluss durch die Hauptversammlung erfordert – was in Folge geschieht, ist ein Trend, die Hauptversammlung zur Verabschiedung [des Vorschlags] zu bringen. Legt man fest, der Verwaltungsrat sei wegen Befangenheit nicht in der Lage zu entscheiden, werden Sonderkomitees eingerichtet usw."[368]

Ob solche Ausweichreaktionen immer auch dem Zweck der angestoßenen Regelung entsprechen, darf bezweifelt werden. Es kann als Antwort auf das Phänomen der formalen Befolgung verstanden werden, dass die Börse und das *Follow-up Council* mit der CG Revision 2021 nun stärker noch zwischen den einzelnen Marktsegmenten differenzieren und so Gesellschaften ermöglichen, die an sie gestellten Corporate Governance-Anforderungen zumindest zu einem gewissen Grad selbst zu bestimmen.

2. *Stewardship Code*

Noch schwieriger als die Umsetzung von Corporate Governance Standards zeigt sich die Etablierung des konstruktiven Dialogs. Das liegt vor allem daran, dass die durch den Stewardship Code ausgeformte „Stewardship-Verantwortung" (*suchuwādoshippu sekinin*) einen Einsatz für die Interessen der Endbe-

---

[365] Y. Miwa/J. M. Ramseyer, 28:2 Osaka Gakuin Rev. Ec. 15, 77 f. (2015).

[366] H. Baum, in: FS Hopt II, 33, 44 f.

[367] K. Egashira, 92:1 Waseda Hōgaku 95, 113 (2016); F. Waldenberger, 29:3 Japan Forum 354, 370 (2017); siehe oben Kapitel 4. A. IV. 4.

[368] H. Kanda, in: H. Kanda et al., Shōji Hōmu 1843 (2008), 34, 40 (Übers. des Verf.).

rechtigten gegenüber den Zielgesellschaften beschreibt, der sich rechtlich nur schwer greifen lässt[369] und mehr politischer Wunschvorstellung als den Mechanismen des Marktes entspricht.[370] Eine Verrechtlichung des Konstrukts jedenfalls in Teilbereichen nach europäischem Vorbild scheint zwar möglich und die dahingehende Sorge besteht durchaus;[371] sie dürfte aber derzeit nicht auf der Agenda stehen. Wegen der schwächeren Bindungswirkung ist der Stewardship Code damit noch stärker als der Corporate Governance Code auf inhaltliche Überzeugungskraft angewiesen.

Die größte Schwäche des konstruktiven Dialogs dürfte dabei in seiner unklaren Prioritätensetzung liegen. Gemeinsames Ziel von Stewardship Code und Corporate Governance Code ist die langfristige Steigerung des Unternehmenswertes. Gleichermaßen soll die als moralische Treuepflicht zu verstehende Stewardship-Verantwortung final eine Ertragsmaximierung der Kapitalgeber, also der Kunden der institutionellen Anleger, bewirken.[372] Bewusst wird damit eine, wie *Wataru Tanaka* es nennt, gewisse „Unschärfe" im latenten Spannungsverhältnis zwischen dem nachhaltigen Wachstums des Unternehmens und den Interessen der Kunden bzw. Begünstigen in der Konzeption des Stewardship Codes im Kauf genommen.[373] Durch die Anreicherung mit dem ESG-Gedanken wird diese auf die gesamte Volkswirtschaft erstreckt. Die Folge ist eine abgeschwächte Shareholder-Orientierung, die auch den Interessen der Arbeitnehmer, Geschäftspartner und anderer Stakeholder Beachtung zollt und damit kaum zu einer nennenswerten Intensivierung des Drucks auf das Management führt.[374] Ob sich diese Unterschiede durch ein *shareholder engagement*, verstanden als „konstruktiver Dialog", angleichen lassen, erscheint eher fraglich. Mit den Methoden der Spieltheorie versuchen *Tomotaka Fujita* und *Toshihiro Matsumura* nachzuweisen, dass erleichterte Kommunikation zwischen Marktteilnehmern die Stabilität effektiver Gleichgewichte fördert, und zwar auch dann, wenn die Marktteilnehmer Anreizen von verschiedener Stärke ausgesetzt sind.[375] Was im theoretischen Modell funktioniert, muss jedoch vor allem im Wettbewerb bestehen. Unausgesprochene Prämisse der Forcierung eines langfristig ausgerichteten Aktionärsaktivismus ist, dass dieser nicht nur gesamtwirtschaftlich, sondern auch auf Ebene des individuellen Investments für alle Glie-

---

369 H. Kansaku, in: FS Egashira II, 1005, 1043 f.; ähnlich P. C. Leyens, ZEuP 2016, 389, 421.

370 Siehe oben Kapitel 3. D. I.

371 T. Eguchi, in: Reforming Corporate Governance, 43, 69.

372 Siehe oben Kapitel 3. D. I. 2.

373 W. Tanaka, Gekkan Kansa-yaku 629 (2014), 66, 69.

374 K. Mishina, Shōji Hōmu 2109 (2016), 57, 60; vgl. Ito-Review, 41 Rn. 16: „It should be recognized that creating value for all stakeholders leads to the creation of shareholder value, which in turn, supports the long-term creation of corporate value."

375 T. Fujita/T. Matsumura, UT Soft Law Review 5 (2013), 35, 50 f.

der der Investitionskette sinnvoll ist.[376] Ein auf Nachhaltigkeit ausgerichtetes *engagement* erfolgt zwangsläufig nicht kostenneutral und steht damit konträr zum bislang betriebenen Geschäftsmodell vieler institutioneller Investoren.[377] Dies gilt zum einen für Investitionsstrategien, die Gewinne aus kurzfristigen Marktpreisbewegungen erzielen,[378] zum anderen aber auch für die eher klassische, rationale Apathie institutioneller Investoren.[379] Anders als die japanische Konzeption suggerieren mag, kann ein *monitoring* durch institutionelle Investoren so nicht als Allheilmittel dienen. Bereits zu Beginn der Diskussion wurde darauf hingewiesen, dass sich einige Aspekte gerade formeller Natur – etwa die Berufung unabhängiger Direktoren in den Verwaltungsrat oder die Abschaffung von implementierten *poison pills* sowie leicht quantifizierbare Aspekte der Corporate Governance besser für die Aufsicht durch institutionelle Investoren eignen, als unternehmensspezifische Fragen wie etwa die personelle Besetzung der Leitungsorgane, die eine intensivere Beschäftigung mit den Belangen der Gesellschaft erfordern.[380] Gerade im Hinblick auf passive Investmentstrategien scheint der (freiwillige) *comply-or-explain*-Ansatz des Stewardship Codes dagegen kaum geeignet, das strukturell begründete Desinteresse der Investoren an der individuellen (und nicht aggregierten) Performance der jeweiligen Werte zu überwinden.[381]

Befürchtungen, die Bezugnahme auf den Stewardship Code könne institutionellen Investoren als Vorwand zur Durchsetzung aktivistischer Strategien mit kurzfristigerem Zeithorizont – Abbau von personellen Überkapazitäten, Ausschüttung von Überschüssen, Outsourcing von Forschungsaktivitäten und dergleichen – dienen,[382] erscheinen dagegen wie ein Reflex vergangener Tage. Eher bedürfte es eines Umfeldes, das geborenen Aktivisten mit allen ungewünschten Nebenwirkungen offener gegenübersteht, um eine wirklich „wachstumsorientierte Governance“[383] zu fördern. Ob sich ein solcher Kulturwandel allerdings durch Regulierungsinstrumente, noch dazu durch Soft Law, erreichen lässt, ist mehr als fraglich.[384] So weisen sowohl *Takahirō Katō* als auch *Wataru Tanaka* darauf hin, dass es in Japan im Vergleich zum US-amerikani-

---

[376] B. R. Cheffins, 73 The Modern Law Review 1004, 1025 (2010); H. Fleischer, ZGR 2011, 155, 168 f.; K. Takei/Y. Ishizaki, Shōji Hōmu 2098 (2016), 36, 43.

[377] T. Eguchi, Shōji Hōmu 2109 (2016), 24, 27.

[378] Vgl. L. L. Dallas, 37 The Journal of Corporation Law 264, 294 f. (2011).

[379] R. J. Gilson/J. N. Gordon, 113 Colum. L. Rev. 863, 888 (2013); H. Fleischer, ZGR 2011, 155, 164 ff.

[380] B. S. Black, 39 UCLA L. Rev. 811, 836 ff. (1992).

[381] Siehe oben Kapitel 3. D. V.

[382] T. Kitagawa, Stewardship & Corporate Governance (2015), 102 unter Hinweis auf maximal etwa zehn institutionelle Investoren, die tatsächlich langfristige Investitionsstrategien mit einem Zeithorizont von mehr als fünf Jahren verfolgen und über entsprechende (Human-) Ressourcen verfügen.

[383] Siehe oben Kapitel 2. B. III. 1.

[384] K. Egashira, 92:1 Waseda Hōgaku 95, 117 (2016).

schen Markt an aktivistischen Investoren wie Hedgefonds fehlt, die Potenziale zur Steigerung des Unternehmenswertes aufspüren.[385] Nach dem Konzept von *Gilson* und *Gordon* ermöglichen aber erst diese „Governance-Arbitrageure" institutionellen Investoren eine Möglichkeit zur Partizipation an der Steigerung des Unternehmenswertes, ohne selbst die Kosten ihres eigenen Engagements tragen zu müssen.[386]

V. Mehr konstruktiver Dialog durch Forcierung der Nachfrage?

All diese Punkte lassen wenig Grund zu der Annahme, dass sich durch politischen Druck zur Umsetzung des Stewardship-Konzepts viel mehr erreichen ließe. Zwar haben auch institutionelle Investoren ein Interesse, als verantwortungsbewusste Marktteilnehmer wahrgenommen zu werden und damit weitergehender Regulierung zu entgehen.[387] Man mag daher hoffen, dass die bereits die Vermittlung gesellschaftlicher Erwartungen zu ernsthaften Bemühungen um das Stewardship führen.[388] Da die Qualität des Dialogs aber letztendlich von den Zwängen des Geschäftsmodells der jeweiligen Investoren abhängt, ist zu befürchten, dass eine weitergehende Verrechtlichung eher zu einer Zunahme formaler Umsetzung führt[389] – jedenfalls so lang ein aktives Stewardship nicht von Gesellschaft und Markt honoriert wird. Im Ergebnis stellt sich der Corporate Governance Code, und damit der klassische Ansatz, so als das wesentlich größere der beiden „Wagenräder" dar.[390]

Den Hebel für eine stärkere Durchsetzung des Stewardship-Konzepts sehen die Regulatoren daher vor allem auf Nachfrageseite. So verweist *Kansaku* auf die Rolle des japanischen *Government Pension Investment Fund* (GPIF), als Sonderperson öffentlichen Rechts mit einem Volumen von über JPY 186 Billionen (etwa EUR 1,49 Billionen im Jahr 2020)[391] der weltweit größte staatliche Investitionsfond. Der *GPIF* übt selbst keine Stimmrechte aus, sondern überlässt als institutioneller Anleger die Investitionsentscheidung und die Stimmrechtsausübung vollumfänglich externen Vermögensverwaltern. In der Vergangenheit ist der *GPFI* für ein Maß an Zurückhaltung gegenüber den Investitionszielen bekannt gewesen, das denkbar weit von einem Stewardship nach britischem Vorbild entfernt war.[392] Nunmehr hat sich der *GPFI* dem Stewardship Code

---

385 T. Katō, Jurist 1515 (2018), 16, 20 f.; W. Tanaka, Jurist 1515 (2018), 40, 42 f.

386 R. J. Gilson/J. N. Gordon, 113 Colum. L. Rev. 863, 896 ff. (2013); siehe oben Abschnit Kapitel 3. D. V.

387 L. A. Bebchuk/S. Hirst, 119 Colum. L. Rev. 2029, 2071 ff. (2019).

388 *Ibid.*, 2138 f.

389 Vgl. T. Tröger, ZGR 2019, 126, 138.; European Company Law Experts, Shareholder Engagement (2015), 2 f.; siehe oben Kapitel 4. B. I. 2.

390 T. Katō, Jurisuto 1515 (2018), 16, 20.

391 *Nenkin Seiritsu Kanri Un'yō Gyōsei-hōjin*, Overview of Fiscal Year 2020 vom 7. Juli 2021, abrufbar unter <https://www.gpif.go.jp/en/performance/>.

392 J. Buchanan et al., Hedge Fund Activism, 254.

selbst verschrieben und verlangt in Ausübung seiner eigenen Stewardship-Pflichten von den von ihm beauftragten Vermögensverwalter die Befolgung eigener, selbst erlassener *Stewardship Principles.*[393] Die Unterwerfung des *GPIF* unter den Stewardship Code und die damit einhergehende jährliche Evaluierung der Stewardship-Aktivitäten der beauftragten Vermögensverwalter erscheint umso bemerkenswerter, wenn man die öffentlich-rechtliche Natur des Fonds und entsprechende Möglichkeiten der politischen Einflussnahme auf den *GPIF*[394] bedenkt. Im öffentlichen Bereich sind die Möglichkeiten hiermit noch keineswegs ausgeschöpft. So ist die Bank of Japan in der letzten Dekade durch den massiven Ankauf von ETFs selbst zu einem bedeutenden Anleger geworden und in mehr als 100 Gesellschaften, darunter so bedeutenden Firmen wie *Canon*, *Kirin Holdings* oder *All Nippon Airways*, zum größten wirtschaftlichen Anteilseigner aufgestiegen. Auch hier mehren sich Stimmen, die ein aktiveres Stewardship von Seiten des Staates fordern.[395]

Das Beispiel soll im privaten Sektor Schule machen. Gerade private Rentenfonds scheuten anfangs vor einer Unterzeichnung des Stewardship Codes zurück. Wie *Gen Gotō* anmerkt, verfügten diese in der Regel nur über ein geringes Investitionsvolumen und hätten nicht die Ressourcen, eigenes Personal zur Überwachung der Stewardship-Aktivitäten einzustellen. Da sie nicht unter der direkten Überwachung der FSA stehen, würden die privaten Rentenfonds auch weniger Druck verspüren, sich dem Stewardship Code zu verschreiben.[396] Eine elegante Lösung liegt in der Verknüpfung mit dem Corporate Governance Code, der die Unternehmen an ihre Verantwortung in der Investitionskette erinnert. Prinzip 2.6 JCGC 2018 fordert börsennotierte Unternehmen nunmehr auf, Maßnahmen zu veröffentlichen, wie sie die Investmentexpertise ihrer Betriebsrentenfonds – etwa durch Einstellung oder Entsendung qualifizierter Personen – verbessern, damit diese ihrer Rolle als institutionelle Anleger gerecht werden können. Begründet wird dies mit den Interessen der Angestellten, aber auch der Unternehmen an der Stabilität der Finanzanlagen. Die damit verbundene Ausdehnung der Investitionskette auf die Unternehmen selbst muss nicht zwangsläufig in Widerspruch zum anvisierten Abbau von strategischen Beteiligungen[397] stehen, birgt aber, worauf Prinzip 2.6 JCGC 2018 selbst hinweist, die Gefahr neuer Interessenkonflikte:[398] Im Interesse ihrer Angestellten, den Treugebern der Fonds, sollen Unternehmer auf ein Stewardship durch die ausgewählten Ver-

[393] H. Kansaku, ZJapanR Sonderheft 10 (2018), 61, 82; ders., in: FS Egashira II, 1005, 1020 f., siehe GPIF, Stewardship Activities Report 2020–2021 von März 2021, abrufbar unter <https://www.gpif.go.jp/en/investment/Stewardship_Activities_Report_2020-2021.pdf>.
[394] B. E. Aronson, 7:2 NYU Journal of Law & Business 571, 613 (2010).
[395] Nikkei vom 16. Dezember 2020 (Chōkan), 7.
[396] G. Gotō, 15:2 Berkeley Business Law Journal 365, 406 (2018).
[397] Siehe oben Kapitel 3. C. IV. 1.
[398] Vgl. L. A. Bebchuk/S. Hirst, 119 Colum. L. Rev. 2029, 2062 f. (2019), siehe hierzu bereits oben Kapitel 3. D. V.

mögensverwalter drängen, die wiederum auf ihre Investitionsziele einwirken, also die Geschäftspartner, aber auch Konkurrenten der Gesellschaften. Zur Lösung solcher Konflikte sind wiederum die Vermögensverwalter berufen, die im Rahmen des konstruktiven Dialogs darauf hinwirken sollen, dass die von den Unternehmen entwickelten Konzepte zur Vermeidung entsprechender Konflikte veröffentlicht und nachvollziehbar begründet sind.[399] In Ermangelung praktisch nutzbarer Hinweise zur Umsetzung dürfte es aber wohl vor allem darum gehen, ein Bewusstsein für die Problematik zu schaffen.[400] Die mit der Revision des JCGC 2018 angestoßene Initiative sieht das *Follow-up Council* indes noch nicht hinreichend umgesetzt und mahnt unterstützende Maßnahmen gerade im Bereich der Betriebsrentenfonds an.[401]

Die japanische Corporate Governance Reform strebt im Effekt damit nicht weniger an, als eine von Überkreuzbeteiligungen und Netzwerken geprägten Wirtschaftswelt hin zu einer effizienzgetriebenen Verantwortung für die gesamte Investitionskette zu transformieren.[402] Es ist längst nicht gesagt, dass das Konzept aufgeht und zum bezweckten Wirtschaftswachstum führt. Portfolioinvestment wird zum Teil gar mit einem Nachlassen der Wettbewerbsintensität in Verbindung gebracht, durchaus zu Lasten der Endbegünstigten, die nicht nur Investoren, sondern auch Kunden der jeweiligen Unternehmen sind. So ließ sich etwa zeigen, dass ein hoher Anteil an institutionellen Investoren in der US-Luftfahrtbranche zu steigenden Ticketpreisen führte.[403] Trotz der Gefahr, den Interessenskonflikt zwischen *community firm* und Investoren durch einen anderen zu ersetzen, nämlich den zwischen institutionellen Investoren und Begünstigen bzw. der Gesellschaft insgesamt, treiben entsprechende Sorgen vor einer Kartellierung der Wirtschaft den japanischen Diskurs indes (bislang) nicht um.

---

399 Y. Tahara et al., Shōji Hōmu 2171 (2018), 4, 17.

400 M. Sawaguchi et al., JCGC Practical Guide, 110.

401 Follow-up Council, Opinion IV (2019), 3.

402 Siehe oben Kapitel 3. D.I.

403 J. Azar et al., 73:4 Journal of Finance 1513 (2018); siehe aber dagegen L. A. Bebchuk/S. Hirst, 119 Colum. L. Rev. 2029, 2133 (2019): „*In our world, the real worry is not that index funds might do too much, but that they might do too little.*“ Siehe zudem ausführlich zur sog. *common ownership*-Debatte C. A. Weber/B. Kebekus, ZHR 2020, 324, 338 ff.

Kapitel 5

Ausblick

Mit dem Erlass des Corporate Governance Codes schloss sich Japan der internationalen Kodexbewegung an und betrat mit der Einführung des in dieser Form weltweit dritten Stewardship Codes sowohl in formeller als auch in inhaltlicher Hinsicht „Neuland". Beide fügen sich, wie auch die Selbstregulierung der Börse, in das klassische Bild der japanischen Regulierung als einer vom Meinungsaustausch *ex ante* geprägten Vorabkoordinierung ein,[1] erweiterten dieses aber um zusätzliche Regelungsebenen. Binnen weniger Jahre hat die jüngste japanische Corporate-Governance-Reform so ein erhebliches Momentum erreicht. Das dürfte weniger an der inhaltlichen Ausrichtung der Kodizes selbst, als an den damit verbundenen Erwartungen liegen. Der Corporate Governance Code orientiert sich, nicht zuletzt in seinem Fokus auf unabhängigen Direktoren, an den zentralen Themen der internationalen Kodexbewegung,[2] angereichert um den Aspekt des Dialogs mit den institutionellen Investoren.[3] Seine Kehrseite, der Stewardship Code, folgt stark dem britischen Vorbild und adressiert institutionelle Investoren weitgehend in Parallele zur, ebenfalls stark von der britischen Diskussion geprägten, Entwicklung in der Europäischen Union. Im Detail und in der Verbindlichkeit bleibt der Stewardship Code aber hinter den Vorgaben der später erlassenen AktionärsrechteRL zurück.[4] Die inhaltliche Orientierung entspricht so dem internationalen Standard. Es scheint, als ob die japanischen Regulatoren eine Methode gefunden hätten, relativ umfassende Neuerungen effektiv durchzusetzen, ohne den mühsamen Weg einer Reform des Gesetzes gehen zu müssen. Solange sich der Anpassungsdruck in Grenzen hielt, wozu sicher der prinzipiengestützte Ansatz und die hinreichend vage Formulierung der Prinzipien ihren Teil beigetragen haben,[5] verlief dies einigermaßen geräuschlos und ohne größeren Widerspruch. Nimmt man das Ziel der Reform, die Erzeugung von nachhaltigem Wirtschaftswachstum durch konstruktiven Dialog von Investoren mit den Gesellschaften, aber ernst, stellt

[1] Siehe oben Kapitel 1. B. III. 2.

[2] H. Baum, in: FS Hopt II, 33, 40 ff., siehe oben Kapitel 3. C. I.

[3] Siehe oben Kapitel 3. C. III.

[4] Siehe oben Kapitel 3. D. I.

[5] Siehe Kapitel 4. B. II. 1. und J. Buchanan et al., ZJapanR 47 (2019), 69, 91 f. unter Verweis auf Stimmen aus der unternehmerischen Praxis.

diese einen massiven Eingriff in das bestehende Corporate-Governance-System der japanischen Unternehmen dar.

Man muss hier noch nicht einmal an dem, durch die Nuance des ESG-Konzepts sozial abgemilderten, Druck zur Priorisierung der Aktionärsinteressen[6] ansetzen. Bereits die Grundkonzeption des Corporate Governance Codes mit seiner Orientierung am *monitoring model* und der zentralen Rolle von unabhängigen Direktoren steht in starkem Kontrast zur bisherigen Gesellschaftsrechtspraxis.[7] Wegen der maßgeblich betroffenen Eigeninteressen des Managements ist kaum zu erwarten, dass *private ordering* hier zwangsläufig zur effektivsten Lösung für alle betroffenen Stakeholder führt.[8] Angesichts der robusten Persistenz der internen Elemente der japanischen Corporate Governance als sogenannte *company community* zielen die Maßnahmen auf Veränderung im Rahmen des regulatorisch Möglichen.[9] In dieser Situation kann der *comply-or-explain*-Mechanismus eine Balance zwischen regulatorischem Impetus und genügender Flexibilität zur Berücksichtigung des Einzelfalls bieten (*no size fits all*). Wie nicht zuletzt das deutsche Beispiel zeigt, kommt es für den Erfolg des Regelungsmodells indes darauf an, wie ernst es die Regulatoren mit dem bekundeten Respekt von Abweichungen meinen. Schwierigkeiten dürften vor allem auftreten, soweit die mit beiden Kodizes verfolgte – und nicht zuletzt auch in Deutschland zu beobachtende[10] – „Verboardisierung" auf dem Weg zum angestrebten *monitoring model* in einem Spannungsverhältnis zur bestehenden Gesetzeslage steht. Dabei wären die konzeptionellen Ungereimtheiten zwischen dem vom JCGC propagierten *monitoring model* und der Gesetzeslage weit weniger schwerwiegend, sofern es sich nur um einen unverbindlichen Denkanstoß handeln würde.[11] Als Soft Law entfalten Corporate Governance Code und Stewardship Code über den *comply-or-explain*-Mechanismus hinaus im Schatten des Rechts aber eine weitergehende Bindungswirkung. Die Stärke dieser Bindungswirkung variiert durch die unterschiedliche institutionelle Einkleidung beider Kodizes erheblich,[12] innerhalb des Corporate Governance Codes unter Anwendung des *principles based approach* aber auch in dem Maße, wie die Gesellschaften den Kodex umsetzen.

Ohne dem Stewardship Code die Relevanz für die japanische Praxis gänzlich absprechen zu wollen,[13] scheint das Konzept doch weitestgehend ausgereizt. Trotz anekdotischer Berichte von erfolgreichen Einmischungen institutioneller

---

[6] G. Gotō, 15:2 Berkeley Business Law Journal 365, 398 f. (2018); siehe Kapitel 3. D. I. 3.

[7] Siehe oben Kapitel 4. A. IV. 5.

[8] W. Tanaka, in: W. Tanaka et al., Shōji Hōmu 2108 (2016), 6, 31 f.

[9] K. Ōsugi, Shōji Hōmu 2109 (2016), 4, 5; ders., in: Reforming Corporate Governance, 181, 212 f.; siehe oben Kapitel 2.IV.

[10] Vgl. zu den Auswirkungen G. Bachmann, in: VGR 2016, 135, 154 f.

[11] Vgl. T. Fujita, Shōji Hōmu 2038 (2014), 4, 13 f. zum JACD CGC-Vorschlag 2014.

[12] H. Kansaku, ZJapanR Sonderheft 10 (2018), 61, 74 f.

[13] H. Baum, in: FS Hopt II, 33, 36 Fn. 14.

Investoren[14] findet konstruktiver Dialog doch in der Regel lediglich auf formaler Ebene statt.[15] Ein Vorbild für Deutschland dürfte der Stewardship Code in dieser Form daher also eher nicht darstellen. Zum Teil wird zwar auch hierzulande ein entsprechender Kodex angeregt, der – wie das japanische Beispiel – auch ausländischen institutionellen Investoren offen steht oder die abstrakten Publizitätsvorgaben der AktionärsrechteRL für inländische Investoren anschaulicher aufbereitet.[16] Andere Vorschläge wie die Leitsätze des Deutschen Aktieninstituts setzen, vergleichbar den oben angeschnittenen Engagement Guidelines,[17] konkreter am konstruktiven Dialog zwischen Investor und Aufsichtsrat an.[18] Diese sollen gerade kein Soft Law sein; es handele sich um „rein private Handlungsempfehlungen, die lediglich die innerhalb des geltenden Rechts bestehenden Handlungsspielräume konkretisieren wollen" und um juristische Meinungsäußerungen ohne autoritative Kraft.[19] Das japanische Beispiel lehrt, vorsichtig mit solchen Einschätzungen zu sein. Ob sich rational kalkulierende institutionelle Investoren indes zu mehr *engagement* motivieren lassen, indem man ihnen eine Agenda für den konstruktiven Dialog in Form solcher Richtlinien zur Seite stellt, scheint fraglich.

Der konstante Anpassungsdruck auf japanische Unternehmen wird indes nicht nur bleiben, sondern eher noch zunehmen. Gerade die Empfehlungen zur Stärkung der Unabhängigkeit im Verwaltungsrat wirken wie Zielvorgaben, die beständig verschoben werden. So stellt das *Follow-up Council* unter Verweis auf die Notwendigkeit von Corporate-Governance-Reformen für die Zukunft ganz erhebliche Nachschärfungen der Empfehlungen in Aussicht. Diese werden als notwendig zur Wahrung der Wettbewerbsfähigkeit japanischer Unternehmen angesehen:

> „As changes around companies are accelerating, it is imperative that they reform their corporate governance to achieve growth-oriented governance and sustainable growth while increasing corporate value over the mid- to long-term. It is necessary to work quickly on reforms, such as making the board more effective, managing businesses with a recognition of their cost of capital, ensuring confidence in audits, and improving group governance."[20]

Rhetorischer Aufhänger für das Positionspapier wie auch die hierauf aufbauende Revision des Corporate Governance Codes sind die Herausforderungen in der postpandemischen Wirtschaftsordnung und die Notwendigkeit, auf einen

---

[14] J. Buchanan et al., ZJapanR 47 (2019), 69, 96, siehe oben Kapitel 4. A. IV. 4.

[15] Follow-up Council, Opinion IV (2019); siehe oben Kapitel 4. B. I. 2.

[16] T. Baums, ZHR 2019, 605, 610 unter Verweis auf die DVFA Stewardship Leitlinien der Deutschen Vereinigung für Finanzanalyse und Asset Management e. V.

[17] Siehe oben Kapitel 3. D. IV.

[18] Deutsches Aktieninstitut, Leitsätze für den Dialog zwischen Investor und Aufsichtsrat vom 5. Juni 2016.

[19] G. Bachmann, in: VGR 2016, 135, 139 f.

[20] Follow-up Council, Opinion V (2020).

beschleunigten Wandel flexibel zu reagieren.[21] Die Folgerungen aus dieser Diagnose, mehr Unabhängigkeit im Verwaltungsrat und Orientierung am *global standard*, weitergehende Formalisierung der unabhängigen Nominierungs- bzw. Vergütungskomitees sowie der Nachfolgeplanung, knüpfen an den bisherigen Kurs an und sind nicht ersichtlich von tagespolitischen Ereignissen geprägt. Neu an den Vorschlägen ist, dass nunmehr erstmals innerhalb des Hauptmarkts der TSE differenziert wird und die strengeren Vorgaben sich gerade auf die Unternehmen beziehen, die in das neue Marksegment *Prime* der TSE aufgenommen werden wollen.

Auch wenn die Revision des Corporate Governance Codes von 2021 das wohl noch kritischere Thema der Diversität auf Ebene des Topmanagements vorerst ausspart,[22] greift sie mit dem verlangten Drittel an unabhängigen Direktoren noch stärker in die Führung japanischer Unternehmen ein und birgt daher größeres Konfliktpotential als bislang. Die weiteren Anforderungen für Gesellschaften im Marktsegment *Prime* stießen so auch eher auf verhaltenes Echo. Zwar stimmten die meisten der abgegebenen öffentlichen Kommentare dem Vorschlag zu. Neben Stimmen, die ein noch klareres Bekenntnis zum *global standard* und eine verpflichtende Regelung forderten, gab es Meldungen, die die Aussprache für ein *supermajority independent board* als zu weitgehend empfanden. Andere warfen ein, der zur Verfügung stehende Pool an Kandidaten mit ausreichenden Qualifikationen reiche gar nicht aus, um in den börsennotierten Gesellschaften gleichzeitig umgesetzt zu werden.[23] Angesichts des eher geringen Rücklaufs von bloß etwas mehr als einhundert Kommentaren lässt sich von hiesiger Position kaum ermitteln, wie repräsentativ diese Stimmen für die Gesamtzahl der börsennotierten Unternehmen und deren Investoren sind. Sollte die Sorge um die fehlenden Humanressourcen aber zutreffen, müsste theoretisch zu erwarten sein, dass mehr Unternehmen im Prime-Markt von der Flexibilität des *comply-or-explain*-Ansatzes Gebrauch machen werden – das ist wegen der erheblichen, faktischen Bindungswirkung auch des Corporate Governance Codes jedoch keineswegs gesagt. Ebenso denkbar ist, dass diese Gesellschaften gleich aus der Empfehlung ausoptieren und sich mit dem zweiten Marktsegment (*Standard*) zufriedengeben. Das mag von der Reform der Marktsegmente und dem anvisierten Selbstverständnis des *Prime*-Markts als Markt für Gesellschaften mit einer *high quality corporate governance*[24] sogar bezweckt sein.

---

[21] Siehe oben Kapitel 4. A. V. 4.

[22] Siehe oben Kapitel 3. C. III. 4.

[23] TSE, Summary of Public Consultation on Revisions to Japan's Corporate Governance Code and Guidelines for Investor and Company Engagement, 11. Juni 2021, abrufbar unter: <https://www.jpx.co.jp/english/rules-participants/public-comment/detail/d01/e20210407-01.html>.

[24] Siehe oben Kapitel 3. B. I. 3., dort S. 74.

Ob dieses Konzept aufgeht, ist eine andere Frage. So gibt etwa *Tomotaka Fujita* in der heiklen Frage, wie viele Unabhängige dem Verwaltungsrat angehören sollen, einer Begründung der Gesellschaften, warum diese sich für eine bestimmte Struktur selbst entschieden haben, den Vorzug gegenüber einer weitergehenden numerischen Vorgabe. Andernfalls sei zu erwarten, dass sich das Schicksal des gesetzlichen *comply-or-explain*-Mechanismus wiederhole.[25] Die Folge wäre in vielen Gesellschaften ein stark mit formal unabhängigen Mitgliedern besetzter Verwaltungsrat, der dennoch unter Einfluss des Topmanagements steht. In Anbetracht der Diskussionen, die bereits die eher verhaltenen Standards zur Ernennung von ein oder zwei unabhängigen Direktoren hervorgerufen haben, dürften bei einem solch massiven Bruch mit dem Konzept des *management board* auf die japanische Corporate-Governance-Debatte spannende Jahre zukommen.

Ob sich die Kodizes nicht nur formal, sondern auch in ihrem inhaltlichen Konzept durchsetzen, kann nur die Zeit zeigen. Schon spricht das *Follow-up Council* von einer Notwendigkeit eines unabhängigen Vorsitzenden des Verwaltungsrats.[26] Nicht auszuschließen ist, dass sich die Schere zwischen den am globalen Standard orientierten Vorstellungen der Autoren der Kodizes und der Praxis jedenfalls für die Mehrheit der japanischen Unternehmen so noch weiter öffnen wird.[27] Wie durch die jüngste Reform des Gesellschaftsgesetzes mit Wirkung zum März 2021 und die damit einhergehende Pflicht, mindestens ein externes Verwaltungsratsmitglied zu ernennen, verdeutlicht,[28] besteht ein nicht unerheblicher Erfolgsdruck. Der Schatten des Rechts hängt deutlich über den Kodizes. Um der festgestellten rein formalistischen Umsetzung der Regelungen beizukommen, scheint eine weitergehende Verrechtlichung aber nicht zwangsläufig die richtige Antwort.[29] Soweit auch die japanische Debatte hier verstärkt Legitimationsaspekte in den Fokus rückt,[30] ist dies aus Sicht des Verfassers uneingeschränkt zu begrüßen. Denn Selbstregulierung, so musste auch der neuberufene Präsident der Regierungskommission für den Deutschen Corporate Governance Kodex feststellen, kann

> „nur dann funktionieren, wenn die Regierungskommission die Standards setzt, auf die es aus der Sicht möglichst vieler Stakeholder wirklich ankommt."[31]

---

[25] Vgl. T. FUJITA, in: H. IIDA ET AL., Soft Law Journal 29 (2019), 21, 111 f.

[26] FOLLOW-UP COUNCIL, CG Revision 2021, 3: „Furthermore, it is important to ensure the effectiveness of overseeing management by the board through the appointment of an independent director as the chairperson, if it is considered to be necessary in light of a company's governance structure. It is expected that this point will be further considered through dialogue with institutional investors." [engl. provisional translation].

[27] Vgl. J. BUCHANAN ET AL., ZJapanR 47 (2019), 69, 103.

[28] Siehe oben Kapitel 4. A. VI.

[29] Siehe oben Kapitel 4. B. II.

[30] Vgl. T. FUJITA, in: T. FUJITA/M. SAWAGUCHI, Jurisuto 1500 (2016), 2, 17; H. KANSAKU, in: FS Egashira II, 1005, 1041 f.; T. KATŌ, ZJapanR Sonderheft 10 (2018), 183 ff.

[31] R. NONNENMACHER, Die Wirtschaftsprüfung 2018, 709, 711.

Zusammenfassung in Thesenform

A. Selbstregulierung und Soft Law

1. In der Regulierung des japanischen Gesellschaftsrechts spielen Soft-Law-Instrumente eine immer bedeutendere Rolle. Das bezeichnet abstrakt Verhaltensregeln ohne rechtliche Verbindlichkeit, die dennoch faktische Bindungswirkung entfalten. Konkret handelt es sich um Kodizes und Richtlinien, die nicht zwangsläufig der staatlichen Sphäre zuzurechnen, als sogenanntes „Soft Law von oben" aber auf staatliche Initiative zurückzuführen sind.

2. Die Verwendung des im japanischen Diskurs gebräuchlichen Begriffes Soft Law offenbart eine unterschiedliche Perspcktive auf Phänomene, die im deutschen privatrechtlichen Schrifttum vor allem unter dem Stichwort „heteronome Selbstregulierung" diskutiert werden. Diese Begriffe sind keineswegs trennscharf voneinander abzugrenzen. Vielmehr bestehen fließende Übergänge im Hinblick auf das Gewicht des staatlichen Einflusses bei Zustandekommen und Durchsetzung. In der japanischen Diskussion zum Soft Law dominieren wirkungsspezifische Analysen, in deren Zentrum die faktische Bindungswirkung steht. Es geht darum, inwiefern trotz oder gerade wegen der reduzierten Verbindlichkeit im Vergleich zu einer zwingenden gesetzlichen Lösung mit Soft Law stärkere wohlstandsfördernde Effekte erzielt werden können.[1] Die in der deutschen Literatur zentral hervorgehobene Problematik der Legitimation privat gesetzter Regeln findet in Japan weit weniger Aufmerksamkeit. Dabei ist die Frage der Legitimation eng verwoben mit der Effektivität des Regelungsansatzes, der aus der gesteigerten Akzeptanz einer selbstregulatorischen Lösung folgt.[2]

3. Die Einbeziehung privater Stimmen und Expertise in die staatliche Regulierung in Japan blickt auf eine lange Tradition zurück. Bestes Beispiel hierfür ist die Vorbereitung gesetzlicher und untergesetzlicher Maßnahmen durch speziell hierfür berufene Expertenkommissionen (*shingi-kai*). Die dort verhandelten Kompromisse sichern die Akzeptanz der Regulierung durch die Regelungsadressaten. Daneben ist die anerkannte Expertise der Mitglieder solcher

[1] Kapitel 1. A. II., S. 12 ff.
[2] Kapitel 1. B. II., S. 22 ff.

Gruppen für die Legitimation von Soft Law von grundlegender Bedeutung. Dies mag technokratisch anmuten, wird aber allgemein akzeptiert. Durch politische Zielvorgaben ist dabei gleichzeitig eine legitimatorische Rückkopplung gegeben.[3]

4. Soweit Selbstregulierung durch flexible Regelungen einer verbindlichen Lösung durch „hartes Gesellschaftsrecht" zuvorkommt, steht sie immer auch unter einem gewissen Erfolgsdruck. Der Schatten einer drohenden Verrechtlichung ist eine maßgebliche Motivation für die freiwillige Befolgung von Regeln auch außerhalb formalisierter Durchsetzungsmechanismen.[4] Gleichwohl ist eine verbindliche Regelung nicht zwangsläufig effektiver.

B. Wandel der japanischen Corporate Governance

5. Zwei Jahrzehnte niedrigen Wachstums zusammen mit der fortschreitenden Internationalisierung der Wirtschaft haben zu erheblichen Veränderungen im japanischen System der Corporate Governance geführt. Das traditionelle Bild von der *community firm,* ein von Insidern dominiertes System mit einer starken Stakeholder-Orientierung, in dem Manager in den homogen zusammengesetzten Führungsgremien ohne stärkeren Druck seitens der Aktionäre agieren konnten, trifft so nicht mehr zu.[5] Gerade japanische Großunternehmen halten zwar an der tradierten inneren Organisation und den firmeninternen Karrierewegen fest; mit Blick auf eher formale Aspekte der Corporate Governance wie die Organisation ihrer Leitungsorgane nähern sie sich aber dem globalen Standard an. Dieser Wandel geht mit der gestiegenen Exposition großer japanischer Unternehmen gegenüber institutionellen Investoren einher. Diese haben in den letzten zwei Jahrzehnten „stabile Aktionäre" als dominierende Eigner abgelöst. Die Verschiebungen betreffen aber bei weitem nicht alle der an der Tokyo Stock Exchange gelisteten etwa 3.700 Unternehmen im gleichen Maß.[6]

6. Gerade die mangelnde Wertschätzung der Investoren wird zunehmend als Wachstumshindernis gesehen. So fördert die *community firm* als weitgehend abgeschlossenes System eine Reihe von Ineffizienzen, die sich nicht zuletzt in einem begrenzten, homogenen Pool an potenziellen Führungskräften und einem fortwährenden Einfluss alter Netzwerke ausdrücken.[7]

7. Der jüngste regulatorische Impetus in Japan steht unter der Zielsetzung der sogenannten „wachstumsorientierten Governance" (*seme no gabanansu*). *Ma-*

[3] Kapitel 1. B. III., S. 27 ff.
[4] Kapitel 1. B. I. 4., S. 20.
[5] Kapitel 2. A. II., S. 39 ff.
[6] Kapitel 2. A. III., S. 47 ff.
[7] Kapitel 2. A. IV., S. 51 ff.

mori („defensive“) und *seme* (d. h. im wörtlichen Sinne „attackierende“) Governance sollen indes nicht als Gegensatzpaar, sondern als komplementäre Elemente zu verstehen sein. Japanischen Unternehmen wird oftmals eine starke Risikoaversion attestiert, die sich in einer niedrigen Kapitalertragsquote niederschlage. Das Thema der nachhaltigen Steigerung der Produktivität (*kasegu chikara*, wörtlich *earning power*) durchzieht vor diesem Hintergrund alle drei Reformvorhaben in der Corporate-Governance-Regulierung des *Abe*-Kabinetts: den Stewardship Code von Februar 2014, die zum Mai 2015 in Kraft getretene Reform des Gesellschaftsgesetzes von 2014 und den Erlass des Corporate Governance Codes mit Wirkung zum Juni 2015.

8. Zentrales Thema der Reform ist die Auflösung bestehender Wachstumshindernisse in der japanischen *community firm* durch konstruktiven Dialog mit den institutionellen Investoren. Unternehmen sollen so beim Übergang zum sogenannten *monitoring model* begleitet werden. Eine signifikante Rolle spielt dabei die Frage der Überwachung des Managements, die vor allem durch externe und unabhängige Direktoren verstärkt werden soll. Ziel ist es, die Risikobereitschaft der Führungskräfte durch einen stärkeren Fokus auf die Interessen der Aktionäre zu fördern. Dies soll japanische Unternehmen in den Stand versetzen, unangenehme, aber unter Effektivitätsgesichtspunkten notwendige Entscheidungen zu treffen und so in der globalen Konkurrenz zu bestehen.[8]

C. Selbstregulierung und Soft Law im gesellschaftsrechtlichen Mehrebenensystem

9. Stewardship Code und Corporate Governance Code fügen sich ein in ein komplexes Mehrebenensystem der Corporate-Governance-Regulierung, das in den vergangenen Jahren neben den grundlegenden Regelungen in Gesellschaftsgesetz (GesG) und den kapitalmarktrechtlichen Vorschriften im Finanzprodukte- und Börsengesetz (FBG) zunehmend durch Vorgaben des Soft Laws und der Selbstregulierung der Börse geprägt wird.

I. Selbstregulierung der Börse

10. Soft Law in Gestalt der Börsenzulassungsregeln für Wertpapiere (*yūka shōken jōjō kitei*) der TSE hat, vor allem nach der Stärkung der Selbstregulierung (*jishu kisei*) mit der Neukodifikation des FBG, stark an Bedeutung gewonnen. Damit reagieren die Börse sowie die Financial Services Agency als deren Aufsichtsbehörde auf die konzeptionelle Ausgestaltung des Gesellschaftsgeset-

[8] Kapitel 2. B. III., S. 56 ff.

zes als Basisgesetz. Dieses sieht die Aktiengesellschaft (*kabushiki kaisha*) als Grundmodell vor, enthält aber neben ausdifferenzierten Wahlmöglichkeiten für die grundlegende Corporate-Governance-Struktur nur wenige Regeln, die spezifisch auf die Bedürfnisse börsennotierter Gesellschaften zugeschnitten sind.

11. Ausgehend von Vorgaben zur Zulässigkeit von Abwehrmaßnahmen gegen feindliche Übernahmen hat die TSE in den letzten Jahren verstärkt Regeln erlassen, die im Kern gesellschaftsrechtlicher Natur sind. So enthält der seit 2007 in dieser Form als Teil der Börsenzulassungsregeln bestehende Code of Corporate Conduct (*kigyō kōdō kihan*) eine weite Spannbreite an Organisationsvorgaben und Regeln, die ebenso der Lösung von Spezialproblemen wie der Sicherung von Aktionärsrechten im weitesten Sinne dienen.[9]

12. Die Börse verfügt hierbei – zumindest in der Theorie – über effektive Durchsetzungsmechanismen, die von der öffentlichen Kennzeichnung der betroffenen Gesellschaft über die Verhängung eines Strafgeldes bis hin zum Ausschluss vom Handel reichen. Auffällig ist dabei die große Flexibilität der Börse im Umgang mit den ihr zur Verfügung stehenden Maßnahmen. Wie nicht zuletzt der nachsichtige Umgang mit Bilanzskandalen zeigt, entfaltet sich die Bindungswirkung der Börsenzulassungsregeln stärker über die abstrakte Möglichkeit einer Sanktion und die Konsultation mit der Börse als nach einem klaren Rechtsbefehlsschema.

13. Die rechtliche Basis für die Börsenzulassungsregeln und deren Durchsetzung fußt auf doppelter Grundlage: Zum einen verspricht die betreffende Gesellschaft als Voraussetzung für die Zulassung der Börse die Befolgung der Börsenzulassungsregeln in einem privatrechtlichen Vertrag. Gleichzeitig ist die Selbstregulierung der Börse eng in die staatliche Aufsichtsstruktur eingebunden, die sowohl den Inhalt der Börsenzulassungsregeln prüft und autorisiert, als auch im Wege einer *ex post*-Aufsicht Maßnahmen gegenüber der Börse treffen kann. Die Praxis zeigt dagegen ein enges kooperatives Verhältnis zwischen Börse und Aufsichtsbehörde. Dies spiegeln auch Beispiele aus der Rechtsprechung wider, die die Vornahme von disziplinarischen Maßnahmen durch die Börse einer Ermessensprüfung unterziehen und dabei Maßstäbe anwenden, die eher dem öffentlichen Recht zuzuordnen sind.[10]

14. Die Selbstregulierung der Börse erfolgt somit im Rahmen des staatlichen Regulierungskonzepts „von oben", jedoch ohne unmittelbare Eingliederung in den Verwaltungsapparat. Pragmatisch wird die Zuweisung von Regeln zum Gesellschaftsrecht oder zur Kapitalmarktregulierung hierbei weniger als konzeptionelle, sondern vielmehr als pfadabhängige Entscheidung verstanden: Re-

[9] Kapitel 3. B. II., S. 74 ff.
[10] Kapitel 3. B. V. 1., S. 90 ff.

gelungen spezifisch für börsennotierte Gesellschaften, die sich nicht gut in das auf Publizität zugeschnittene FBG einfügen lassen, kann die Börse gegenüber den bei ihr gelisteten Gesellschaften relativ schnell einführen und durchsetzen. So werden die Aufsichtsbehörde FSA und damit mittelbar das Wirtschaftsministerium METI in die Lage versetzt, flexibel auf Prozesse einzuwirken, die wie etwa die Corporate-Governance-Regulierung jenseits des klassischen Anwendungsbereichs des FBG liegen. Die Vorbereitung solcher Regelungen durch von der FSA und der Börse organisierte Komitees entspricht dabei im Wesentlichen der Vorbereitung von Gesetzesvorschlägen in den Ministerien.

15. Soweit die schleichende „Vergesellschaftsrechtlichung" der Kapitalmarktregulierung und der Börsenzulassungsregeln überhaupt auf Bedenken stößt, beruhen diese maßgeblich auf der organisatorischen Zuordnung von Themen innerhalb der Exekutive. Die zunehmende Aufmerksamkeit für gesellschaftsrechtliche Themen seitens der FSA und der Börse zeugt aber auch von der zunehmenden Bedeutung von Investoreninteressen für das japanische Gesellschaftsrecht.[11]

II. Corporate Governance Code

16. Mit Erlass des Corporate Governance Codes schließt sich Japan mit einiger Verspätung der internationalen Kodexbewegung an. Diese nahm 1992 im Vereinigten Königreich ihren Anfang und hat sich längst zu einem wichtigen Instrument der Corporate-Governance-Regulierung innerhalb der Mitgliedstaaten der Europäischen Union, aber auch darüber hinaus entwickelt hat.[12] Wie für solche Kodizes üblich, basiert auch der Corporate Governance Code auf Vorbereitungen einer – in Japan an der FSA eingerichteten – Expertenkommission und verlangt nach Maßgabe des *comply-or-explain*-Mechanismus keine Befolgung der in dem Kodex gesammelten Prinzipien, sondern lediglich eine Begründung, wenn einzelnen Prinzipien nicht entsprochen wird.

17. Der *comply-or-explain*-Mechanismus für den Corporate Governance Code wurde in den verpflichtenden Teil des Code of Corporate Conduct der Börsenzulassungsregeln implementiert. Damit unterliegt seine Durchsetzung der börseneigenen Sanktionskaskade. Eine allzu starke Aufsichtsfunktion dürfte hiermit indes nicht verbunden sein und eine Eskalation scheint nur schwer vorstellbar. So hat die TSE angekündigt, einen Einsatz von Sanktionen auf Fälle von Falschangaben und der offenkundigen Nichtbefolgung zu beschränken. Die Vorgaben des Codes betonen den prinzipiengestützten Ansatz *(principles based approach)*, der Auslegung und Anwendung der jeweiligen Prinzipien weitest-

[11] Kapitel 3. B. V. 4., S. 89 ff.
[12] Kapitel 3. C. I., S. 101 ff.

gehend den Gesellschaften im Dialog mit den Investoren und anderen Stakeholdern überlässt. Es obliegt hierbei den Regelungsadressaten selbst, den Geist der jeweiligen Prinzipien zu erfassen und den bewusst vage gehaltenen Wortlaut mit Leben zu füllen. Die Unternehmen bestimmen also weitestgehend in eigener Verantwortung, welche Prinzipien sie als umgesetzt und welche Abweichung sie als erklärungsnotwendig ansehen.[13]

18. Inhaltlich decken die mehr als 80 Prinzipien des Corporate Governance Codes ein breites Spektrum an Themen ab. Im Zentrum steht die Stärkung der Aufsichtsfunktion des Verwaltungsrats durch unabhängige Direktoren und die Einführung freiwilliger Beratungskomitees als Empfehlung für alle börsennotierten Gesellschaften.[14] Hinzu treten Maßnahmen wie der Abbau von Überkreuzbeteiligungen, die einer Isolation des Managements entgegenwirken. Das soll Gesellschaften empfänglicher für den Druck von Aktionären machen und schließlich ganz allgemein diesen die Ausübung ihrer Rechte ermöglichen.[15] Abgesehen von der Empfehlung leistungsbasierter und mittel- bis langfristig ausgerichteter Vergütungsregelungen ist aus den Regeln indes schwer zu erkennen, wie sich die Regelungsinhalte konkret wachstumsfördernd auswirken sollen.

III. Stewardship Code

19. Deutlicher wird das Konzept hinter dem Corporate Governance Code erst im Zusammenspiel mit dem ein Jahr zuvor erlassenen Stewardship Code. Dieser soll inländische institutionelle Investoren zu mehr Aktivismus anhalten und den konstruktiven Dialog mit den Gesellschaften fördern.

20. Hinter der Entdeckung der institutionellen Investoren für die Zwecke der Corporate Governance steht ein zunehmendes Verständnis von deren Rolle in der Investitionskette ausgehend von den Endbegünstigten über institutionelle Anleger und Vermögensverwalter bis hin zu den Zielgesellschaften. Der Stewardship Code versucht, Interessenkonflikte zwischen den einzelnen Gliedern der Investitionskette durch das Konzept des konstruktiven Dialogs (*moku-teki aru taiwa*) zu überwinden. Gemeint ist ein *shareholder engagement* nach britischem Vorbild, das für die Zwecke des japanischen Corporate-Governance-Diskurses seiner konfrontativen Konnotation entkleidet wurde. Wegen ihrer Einwirkungsmöglichkeiten auf die Unternehmen kommt den institutionellen Investoren als (ideellen) Treuhändern hierbei eine Schlüsselrolle zu. Diese sollen japanische Unternehmen anhalten, ihre Ressourcen effizienter einzusetzen, und

[13] Kapitel 3. C. II., S. 104 ff.

[14] Kapitel 3. C. III. 4., S. 118 ff. und weiter Kapitel 4. A. III. 5., S. 185 sowie Kapitel 4. A. IV., S. 186 ff.

[15] Kapitel 3. A. IV., S. 124 ff.

somit der gesamten Wirtschaft einen Wachstumsschub geben. Obwohl der Stewardship Code die Präferenz der Autoren für ganzheitliche Investitionsansätze (sogenanntes ESG-Investment) betont, liegt der Fokus klar auf der Governance-Seite und der Angleichung an den *global standard* im Sinne einer (moderaten) Shareholder-Orientierung.[16]

21. Der japanische Stewardship Code von 2014 orientiert sich stark am britischen Vorbild des UK Stewardship Code und fordert institutionelle Investoren – Vermögensverwalter wie institutionelle Anleger – unter anderem zur Offenlegung ihrer Stewardship-Politik, seit der Revision im Jahr 2018 auch zur individuellen Offenlegung ihres Stimmverhaltens auf. Inhaltlich abstrakt gehalten, entspricht der Stewardship Code weitgehend den parallelen europäischen Vorgaben der Aktionärsrechterichtlinie von 2017 und deren Umsetzung in das deutsche Aktienrecht im Jahr 2019 bzw. bleibt im Detail sogar noch hinter diesen zurück.[17]

22. Im Vergleich zum Corporate Governance Code ist die Bindungswirkung des Stewardship Codes ausgesprochen schwach ausgeprägt. Die auf mittel- bis langfristiges Wachstum ausgerichtete sogenannte Stewardship-Verantwortung (*suchuwādoshippu sekinin*) als treuhänderische Verpflichtung aller Teile der Investitionskette gegenüber den Endbegünstigten soll gerade keine Rechtsqualität entfalten. In ihrer Entscheidung, den Stewardship Code zu unterzeichnen, waren die mittlerweile fast 300 institutionellen Investoren mit teils stark abweichenden Geschäftsmodellen frei von rechtlichem Druck. Auch eine hoheitliche Überprüfung der Umsetzung der entsprechenden Prinzipien findet nicht statt. Die Durchsetzung der Prinzipien soll vielmehr auf Nachfrageseite erfolgen und in der vorgelagerten Stufe der Investitionskette, etwa bei der Auswahl der entsprechenden Vermögensverwalter durch die Fondsgesellschaften, sichergestellt werden. Der Schlüssel zur Durchsetzung des Konzepts liegt demnach in seiner Akzeptanz unter den jeweiligen Marktteilnehmern, auch wenn ein mittelbares Durchschlagen auf die rechtliche Ebene zumindest theoretisch möglich scheint.[18]

23. Strukturelle Gründe aus dem Geschäftsmodell der allermeisten institutionellen Investoren stehen einem aktiven konstruktiven Dialog im Sinne des Stewardship Codes entgegen. Die hohen Erwartungen, die nicht zuletzt von der japanischen Politik in das Konzept gesetzt werden, lassen sich daher nur aus der Perspektive einer im Vergleich zu den westlichen Industriestaaten verzögerten Entwicklung erklären. Vor allem japanische institutionelle Investoren sollen so angehalten werden, ihre Passivität abzulegen und zumindest ähnlich aktiv

[16] Kapitel 3. D. I., S. 133 ff.
[17] Kapitel 3. D. III., S. 147 ff.
[18] Kapitel 3. D. II., S. � ff.

zu agieren wie ihre westlichen Pendants. Ob ein stärkeres *engagement* institutioneller Investoren tatsächlich den erhofften transformativen Einfluss auf die japanische Corporate Governance haben kann, ist angesichts der bestehenden strukturellen Hindernisse indes fraglich.[19]

D. Formaler Erfolg und ausbleibender struktureller Wandel

I. Die Anreizschraube zur Stärkung der Aufsichtsfunktion

24. Jedenfalls in formaler Hinsicht sehr erfolgreich war der japanische Reformansatz in der Kombination aus gesetzlichen Vorgaben mit Soft Law darin, die Bestellung externer und unabhängiger Direktoren zu fördern. Diese hat sich binnen weniger Jahre zum Standard unter japanischen Unternehmen entwickelt und das entgegen anfänglich großem Widerstand.

25. Die Entwicklung ist durch vorsichtige Schritte hin zu härteren Standards geprägt, die die japanische Corporate Governance dem sogenannten *monitoring model* annähern sollen. Gemeint ist ein Konzept zur Organisation der Leitungsstrukturen, das Geschäftsführung und Aufsicht trennt und hierbei nach Vorbild der Vereinigten Staaten weitgehend auf unabhängige Direktoren setzt. Bereits das Gesellschaftsgesetz eröffnet großen japanischen Aktiengesellschaften verschiedene Optionen zur Organisation der Leitungsorgane, die die Einbeziehung *externer* Direktoren unterschiedlich stark gewichten. Zuvor hatte bereits die TSE auf die Bestellung unabhängiger Organmitglieder gedrängt. Der Standard für die Unabhängigkeit baut hierbei auf dem konkreten Ausschlusskatalog für Externe auf und geht über diesen hinaus, konnte aber auch durch Mitglieder des Prüferrats erfüllt werden. Die Einbeziehung unabhängiger Direktoren auch in der weit dominieren Organisationsverfassung als Gesellschaft mit Prüferrat hatte auch die Börse so nicht durchsetzen können.[20]

26. Neben der Einführung einer dritten Option für die Ausgestaltung der Leitungsorgane reagierte der Gesetzgeber in dem Reformgesetz 2014 mit einer Norm, deren Durchsetzung zumindest formal auf dem *comply-or-explain*-Mechanismus beruhte. Unter anderem große börsennotierte Gesellschaften mussten nun ein externes Mitglied in dem Verwaltungsrat implementieren oder angeben, warum dies nicht angemessen sei. Wie sich bereits in dieser Negation zeigt, kam Art. 327:2 GesG 2015 einer verbindlichen Regelung in der Form eines eng begrenzten Ausnahmetatbestands indes nahezu gleich. Dies lag an der Kombination von hohen Anforderungen an die Gründe mit einem zumindest in der Theorie bestehenden Anfechtungsrisiko von Gesellschafterbeschlüssen.

---

[19] Kapitel 3. D. V., S. 159 f.
[20] Kapitel 4. A. II., S. 174.

Die mit der Reform betraute Kommission erhöhte zudem den politischen Druck auf die börsennotierten Gesellschaften, während ein Zusatzartikel zum Reformgesetz 2014 die Möglichkeit einer weitergehenden Schärfung der Norm unter Eindruck der Entwicklung bereits konkret in Aussicht stellte.[21]

27. Die den externen Direktoren zugedachte Rolle wird hierbei insbesondere durch die Prinzipien des Corporate Governance Codes konkretisiert, der zunächst die Bestellung mindestens zweier unabhängiger Direktoren verlangt, und eine weitergehende Besetzung mit Unabhängigen empfahl. Der Code folgt damit weitgehend dem *monitoring model* und einem an der angloamerikanischen Praxis ausgerichteten Verständnis des Leitungsorgans als *board of directors* mit geschäftsführenden (internen) und nichtgeschäftsführenden (unabhängigen) Mitgliedern. Die vom Code vorgegebene Errichtung unabhängiger Komitees soll dabei den Einfluss unabhängiger Direktoren auf Nominierung, Vergütung und Aufsicht sicherstellen. Solche Komitees sind vom Gesellschaftsgesetz in der 2002 eingeführten Gesellschaft mit Ausschüssen vorgesehen, allerdings nicht in der traditionellen Organisationsverfassung, der Gesellschaft mit Prüferrat. Damit entfernt sich der Corporate Governance Code von der gesetzlich vorgesehenen Kompetenzverteilung, nach der der Verwaltungsrat immer auch Organ der Geschäftsführung ist.[22]

28. Nicht zuletzt auch in Folge der noch weitergehenden Empfehlung im Corporate Governance Code wurde die Ernennung mindestens zweier unabhängiger Direktoren binnen kürzester Zeit zum Standard. In der Praxis machen damit nur wenige Unternehmen von der Flexibilität des *comply-or-explain*-Mechanismus Gebrauch. Dies rückt die Besetzung der Posten für unabhängige Direktoren mit geeigneten Kandidaten und Kandidatinnen und deren Funktion im Unternehmen in den Fokus. Eine führungsstarke Persönlichkeit mag im Einzelfall in der Lage sein, die Geschicke der Gesellschaft in wichtigen Fragen wie der Führungsnachfolge zu prägen[23] – das erfordert aber, dass solche Kandidaten auch tatsächlich zur Verfügung stehen und die Gesellschaft deren Einfluss auch zulässt.

29. Mit der Begründung, zum Schutz der Investoren einen Mindeststandard sichern zu müssen, ersetzte der Gesetzgeber mit dem Reformgesetz 2019 den in Art. 327:2 GesG 2015 enthaltenen *comply-or-explain*-Mechanismus durch eine zwingende Regelung. Dies ist Konsequenz einer Entwicklung, in der die theoretisch eröffnete Flexibilität weit mehr politischer Kompromiss denn regulatorisches Konzept war. Nachdem sich die Ernennung externer Direktoren durchgesetzt hatte, war der *comply-or-explain*-Mechanismus nicht mehr erforderlich.

[21] Kapitel 4. A. III., S. 178 ff.
[22] Kapitel 4. A. IV., S. 186 ff.
[23] Kapitel 4. A. IV. 4., S. 192 f.

Diese Abwendung vom marktrationalen Ansatz belegt die stark regulatorische Zielrichtung der Reform. Jedenfalls beim Thema der externen Direktoren kam es dem Gesetzgeber nie auf die durch den *comply-or-explain*-Mechanismus vermittelte Flexibilität an.[24]

30. Diese Inkonsequenz im Umgang mit dem gesetzlichen *comply-or-explain*-Mechanismus dürfte die faktische Bindungswirkung des Corporate Governance Codes eher noch verstärken, erschüttert sie doch das Vertrauen, dass eine begründete Abweichung gleichwertig zur Umsetzung ist.[25]

II. Hohe Befolgungsquoten und die legitimatorischen Grenzen des Regelungsansatzes

31. Corporate Governance Code und Stewardship Code haben sich als Regulierungsinstrumente mit einer hohen Umsetzungsquote etabliert. Allerdings entsteht der Eindruck, die Regelungsadressaten würden die Prinzipien der Kodizes oftmals nur in formaler Hinsicht befolgen, ohne aber deren Geist zu erfassen.[26]

32. Verantwortlich hierfür dürften zum einen strukturelle Gründe sein. So bedingt der *comply-or-explain*-Mechanismus mit seiner faktischen Bindungswirkung zu einem gewissen Grad eine bloß formale Umsetzung, gerade soweit auf eine effektive Überwachung verzichtet wird. Dieses Phänomen dürfte umso stärker sein, je größer der Druck zur Umsetzung ist. Im Falle der japanischen Kodizes kommt hinzu, dass sowohl Corporate Governance Code als auch Stewardship Code die durch den *comply-or-explain*-Mechanismus vermittelte Flexibilität auf der Durchsetzungsebene mit einem weiten Ermessen bei der Auslegung der Prinzipien durch die Adressaten auf Tatbestandsebene (*principles based approach*) kombinieren.[27]

33. Es verwundert daher nicht, dass gerade solche Prinzipien niedrige Befolgungsquoten aufweisen, welche konkrete Anforderungen an die Vornahme von Handlungen stellen. Die vielfältigen Prinzipien, die zur Offenlegung von Informationen oder zur Berücksichtigung bestimmter Interessen aufrufen, werden hingegen allgemein befolgt, auch weil die Offenheit der Prinzipien die Befolgung erleichtert. Dies ermöglicht gerade Unternehmen mit bislang niedriger Exposition auf dem Kapitalmarkt, sich Investoren gegenüber zu präsentieren, ohne gleichzeitig materiell erhebliche Anstrengung vornehmen zu müssen. Dies entspricht der Maßgabe, den konstruktiven Dialog mit den institutionellen Investoren zu unterstützen. Die Frage bleibt, ob diese an der Verwertung kom-

[24] Kapitel 4. A. V., S. 199 ff.
[25] Kapitel 4. A. VI., S. 206.
[26] Kapitel 4. B. I., S. 208 ff.
[27] Kapitel 4. B. II., S. 216 ff.

plexer Informationen im Sinne einer „Corporate Governance-Story" überhaupt interessiert sind.

34. Nicht zuletzt wegen der weit geringeren Bindungswirkung stellt sich das Legitimationsproblem für den Stewardship Code nicht in gleicher Weise. Das bedeutet aber auch, dass dessen Wirkung als Regulierungsinstrument bei der Überwindung tatsächlich bestehender Interessensunterschiede innerhalb der Investitionskette beschränkt ist.

35. Nach Ansicht des Verfassers hängt das Problem der formalen Befolgung damit zusammen, dass die akzeptanzfördernden Kräfte legitimierter Selbstregulierung im Falle der Kodizes schwach ausgeprägt sind. Corporate Governance Code und Stewardship Code gehen jeweils auf Vorbereitungen einer hiermit von der FSA beauftragten Expertenkommission zurück. Zwar kommen in diesen Kommissionen die Vertreter einer Reihe verschiedener Betroffener zusammen, von einer Selbstregulierung im engeren Sinne kann indes kaum gesprochen werden. Je stärker sich die von den Kommissionen vorgeschlagenen Prinzipien von der tatsächlichen Praxis der Regelungsadressaten unterscheiden, umso stärker wird die in der Kommission kumulierte Fachkenntnis zur dominierenden Legitimationsbasis. Sie kann die legitimatorischen Defizite mit Blick auf Repräsentation und Prozess allerdings nur bedingt ersetzen.

36. Indirekt wird diese These dadurch bestätigt, dass die Implementierung eines Corporate Governance Kodex erst mit der Durchsetzung entsprechender Praktiken wie der Ernennung unabhängiger Direktoren unter Gesellschaften mit einer starken Exposition gegenüber dem Kapitalmarkt überhaupt möglich wurde. Die politische Instrumentalisierung der Corporate Governance im Sinne der „wachstumsorientierten Governance" ist daher genauso kritisch zu sehen wie die Rolle nicht hinreichend legitimierter Kommissionen als Ersatzgesetzgeber.[28]

37. Soll die Regulierung mittels Soft Law nicht nur zu einer Umsetzung in formaler Hinsicht führen, sondern tatsächlich von den Regelungsadressaten internalisiert und im Sinne der Autoren gelebt werden, wird dies nur gelingen, soweit die Prinzipien auch inhaltlich überzeugen können. Letztendlich wird sich die Zukunft der Reform daran entscheiden, inwiefern die Umsetzung der Prinzipien nicht nur aus Reaktion auf regulatorische Vorgaben erfolgt, sondern konkrete wirtschaftliche Vorteile für die Adressaten mit sich bringt.[29]

---

[28] Kapitel 4. B. III., S. 224 ff.
[29] Kapitel 4. B. IV., S. 235 ff.

E. Ausblick

38. Die stärkere Verwendung von Soft Law bis hin zur Einführung des „Doppelcodes“ hat die japanische Regulierungspraxis in der Corporate Governance in den letzten Jahren bereichert. Die Kodizes haben den Fokus der Debatte auf das Zusammenspiel von Unternehmensleitung und institutionellen Investoren im komplexen System der japanischen Corporate Governance gelenkt, das naturgemäß einer hoheitlichen Einflussnahme nur bedingt zugänglich ist.

39. Auch in Zukunft wird der Druck auf japanische Unternehmen zur stärkeren Ausrichtung am *global standard* eher noch zunehmen. So erstreckt die TSE den *comply-or-explain*-Mechanismus des Corporate Governance Codes nach dessen jüngster Revision für Gesellschaften im künftigen Marktsegment *Prime* auch auf die Empfehlung, mindestens ein Drittel ihres Verwaltungsrates mit unabhängigen Direktoren zu besetzen. Dabei liegen die Kontroversen um Einführung nur eines externen Verwaltungsratsmitglieds noch nicht allzu lang zurück. Angesichts des weit massiveren Eingriffs in das Gefüge der Unternehmen wäre zu erwarten, dass mehr Gesellschaften eine Abweichung von den Prinzipien erklären oder ganz aus dem Standard ausoptieren, indem sie sich mit einer Listung im niedrigeren Marktsegment zufriedengeben. Möglich erscheint aber auch, dass die faktische Bindungswirkung des Codes eine weitgehende formale Umsetzung unter Inkaufnahme erheblicher Ineffizienzen nach sich zieht.

40. Es darf daher bezweifelt werden, dass die tatsächliche Wirkung der Instrumente mit der teils überschwänglichen Veränderungsrhetorik Schritt halten wird. So trägt die Erwartungshaltung das Risiko der Enttäuschung bereits in sich. Dies gilt gerade für den durch den Stewardship Code angestoßenen konstruktiven Dialog der institutionellen Investoren mit den Gesellschaften. Das Konzept scheint weitestgehend ausgereizt.

41. Wie nicht zuletzt die jüngste Revision des Corporate Governance Codes zeigt, hat der Aufschluss zur internationalen Kodexbewegung den japanischen Regulatoren ein Instrument an die Hand gegeben, ausgesprochen schnell und reibungsfrei auf internationale Trends zu reagieren. So gelangen Themen wie Kapitaleffizienz, ESG und Diversität auf die Agenda auch solcher börsennotierten Gesellschaften, die weniger stark dem Druck (internationaler) institutioneller Investoren ausgesetzt sind als die exponierten führenden Gesellschaften. Das ist in jedem Fall zu begrüßen.

Materialien

Annex A: Art. 327:2 Gesellschaftsgesetz i. d. F. des Gesetzes Nr. 90/2014 vom 27. Juni 2014

（社外取締役を置いていない場合の理由の開示）

第三百二十七条の二　業年度の末日において監査役会設置会社（公開会社であり、かつ、大会社であるものに限る。）であって金融品取引法第二十四条第一項の規定によりその発行する株式について有価証券報告書を内閣総理大臣に提出しなければならないもの社外取締役を置いていない場合には、取締役は、当該事業年度に関する定時株主総会において、社外取締役を置くことが相当でない理由を説明しなければならない。

Offenlegung des Grundes bei Nichtbestellung eines externen Verwaltungsratsmitglieds

Art. 327:2 GesG Hat am letzten Tag des Geschäftsjahres eine Gesellschaft mit Prüferrat (nur offene Gesellschaften, die auch große Gesellschaften sind), die nach der Regelung des Art. 24 Abs. 1 des Finanzprodukte- und Börsengesetzes verpflichtet ist, gegenüber dem Premierminister einen Wertpapierbericht abzugeben, kein externes Verwaltungsratsmitglied bestellt, so müssen die Mitglieder des Verwaltungsrates in der ordentlichen Hauptversammlung für das betreffende Geschäftsjahr den Grund erklären, warum die Bestellung eines externen Verwaltungsratsmitglieds nicht angemessen ist.

[Übersetzung d. Verf.]

Annex B:
Art. 327:2 Gesellschaftsgesetz
i. d. F. des Gesetzes Nr. 70/2019 vom 11.12.2019

(社外取締役の設置義務)

第三百二十七条の二　監査役会設置会社(公開会社であり、かつ、大会社であるものに限る。)であって金融品取引法第二十四条第一項の規定によりその発行する株式について有価証券報書を内閣総理大臣に提出しなければならないものは、社外取役を置かなければならない。

Pflicht zur Bestellung eines externen Verwaltungsratsmitglieds

Art. 327:2 GesG Gesellschaften mit Prüferrat (nur offene Gesellschaften, die auch große Gesellschaften sind), die nach der Regelung des Art. 24 Abs. 1 des Finanzprodukte- und Börsengesetzes verpflichtet sind, gegenüber dem Premierminister einen Wertpapierbericht abzugeben, müssen ein externes Verwaltungsratsmitglied bestellen.

[Übersetzung d. Verf.]

Annex C: Tokyo Stock Exchange, Börsenzulassungsregeln (*Yūkashōken Jōjō Kitei*), Auszug

Listing Regulations [Provisional Reference Translation] v. 1. November 2007 i. d. F. vom 16. Juli 2019[1]

Section 4 Code of Corporate Conduct

Sub-section 1 Matters to be Observed

Rule 432. Matters to be Observed for Third-Party Allotment

A listed company, when performing an allotment of stocks, etc. by third-party allotment (limited to cases where the ratio of voting rights specified in the Enforcement Rules is 25 % or more), or when there is the expectation of a change of a controlling shareholder due to such allotment, and conversion of offered stocks, etc. or exercise related to such allotment, shall conduct any of the procedures provided in the following items; provided, however, that the same shall not apply to cases where the Enforcement Rules specifies such allotment as a matter of extremely high urgency.

(1) Receipt of the opinion of an entity who has a specific degree of independence from the management regarding the necessity and suitability of such allotment.
(2) Confirmation of the intent of shareholders regarding such allotment by means such as a resolution in the general shareholders meeting.

Rule 436-2. Securing Independent Director(s)/Auditor(s)

1. For the protection of general investors, an issuer of listed domestic stocks must secure at least one independent director/auditor (meaning an outside director (meaning an entity falling under an outside director prescribed in Article 2, Item 15 of the Companies Act who is an outside director/auditor prescribed in Article 2, Paragraph 3, Item 5 of the Ordinance for Enforcement of the Companies Act [the Ordinance of the Ministry of Justice No. 12 of 2006]) or outside auditor (meaning an entity falling under an outside auditor prescribed in Article 2, Item 16 of the Companies Act who is an outside director/auditor prescribed

---

[1] Anmerkung des Verf.: Spätere Änderungen von Relevanz wurden im Original und eigener Übersetzung ergänzt. Die aktuell geltende Fassung ist abrufbar unter <http://jpx-gr.info/> und, soweit verfügbar, als Provisional Reference Translation, unter <https://www.jpx.co.jp/english/rules-participants/rules/regulations/index.html>.

in Article 2, Paragraph 3, Item 5 of the Ordinance for Enforcement of the Companies Act) who is unlikely to have conflicts of interest with general investors; hereinafter the same).

2. The Exchange shall specify the necessary items for securing an independent director(s)/auditor(s) in the Enforcement Rules.

3. Notwithstanding the provisions of Paragraph 1, a JASDAQ-listed domestic company in the Growth sub-division (hereinafter referred to as a „Growth-listed domestic company“) shall secure at least 1 independent director/auditor by the day of the general shareholders meeting pertaining to the first fiscal year that closes for the first time after the listing.

Rule 436-3. Explanation of Reason for Compliance or Non-Compliance with Corporate Governance Code

When the issuer of a listed domestic stock complies or does not comply with each principles of the attached „Corporate Governance Code," it shall explain reasons for such compliance or non-compliance in the report prescribed in Rule 419. In this case, the category of listed companies and the scope of the applicable principles subject to explanation of such reasons shall be as specified in the following items.

(1) Companies listed on the 1st or 2nd Section:
General Principles, Principles, and Supplementary Principles
(2) Companies listed on Mothers or JASDAQ: General Principles

BörsZR i. d. F. vom 11. Juni 2021 – gültig ab dem 1. April 2022

(コーポレートガバナンス・コードを実施するか、実施しない場合の理由の説明)

第436条の3　上場内国会社は、別添「コーポレートガバナンス・コード」の各原則を実施するか、実施しない場合にはその理由を第419条に規定する報告書において説明するものとする。この場合において、「実施するか、実施しない場合にはその理由を説明する」ことが必要となる各原則の範囲については、次の各号に掲げる上場内国会社の区分に従い、当該各号に定めるところによる。

(1) スタンダード市場及びプライム市場の上場内国会社
基本原則・原則・補充原則
(2) グロース市場上場内国会社
基本原則

Regel 436-3. Umsetzung des Corporate Governance Codes oder Erklärung der Gründe für die Nichtumsetzung

Börsennotierte Gesellschaft haben in dem Bericht nach Regel 419 zu erklären, ob sie die einzelnen Prinzipien des Anhangs „Corporate Governance Code“ umsetzen, oder die Gründe für die Nichtumsetzung zu erklären. Der Umfang der einzelnen Prinzipien, für die „Umsetzen oder Erklärung der Gründe für die Nichtumsetzung“ gilt, bestimmt sich entsprechend der folgenden Untergliederung der börsennotierten Gesellschaften für die einzelnen Gruppen:

(1) Börsennotierte Gesellschaften im *Standard* und *Prime*-Markt
Hauptprinzipien, Prinzipien, Nebenprinzipien
(2) Börsennotierte Gesellschaften im *Growth*-Markt:
Hauptprinzipien

[Übersetzung d. Verf.]

Rule 437. Organs of Listed Domestic Companies

1. A listed domestic company shall set up a body enumerated in each of the following items:

(1) A board of directors;
(2) A board of auditors, an audit and supervisory committee, or a nomination committee and other committees (meaning a nomination committee and other committees specified in Article 2, Item 12 of the Companies Act; and
(3) Accounting auditors.

2. Notwithstanding the provisions of the preceding paragraph, a Growth-listed domestic company shall establish the bodies provided in each of the items of such paragraph by the day of the general shareholders meeting pertaining to the first fiscal year that closes for the first time after one (1) year has elapsed since the listing date.

BörsZR i. d. F. vom 1. März 2021

（社外取締役の確保）

第437条の2　上場内国株券の発行者は、社外取締役（会社法第2条第15号に規定する社外取締役をいう。）を1名以上確保しなければならない。

Regel 437-2. Sicherstellung externer Direktor

Die Emittenten nationaler Wertpapiere haben sicherzustellen, dass sie über mindestens einen externen Direktor (externes Verwaltungsratsmitglied wie definiert in Art. 2 Nr. 15 GesG-DVO) verfügen.

[Übersetzung d. Verf.]

Rule 440. Matters to be Observed Pertaining to Introduction of Takeover Defense Measures

Where a listed company introduces takeover defense measures (meaning decision of the concrete substance of takeover defense measures such as making a resolution to issue new shares or subscription warrants as takeover defense measures), it shall observe the matters referred to in each of the following items:

(1) Sufficient disclosure: The listed company shall make Necessary and sufficient timely disclosure concerning takeover defense measures;

(2) Transparency: Conditions of implementation (meaning making the realization of an acquisition difficult by executing the substance of takeover defense measures; the same shall apply hereinafter) and abolishment (meaning canceling introduced takeover defense measures such as retiring new shares or subscription warrants issued as takeover defense measures) of takeover defense measures shall not depend on arbitrary decisions by the management;

(3) Effect on the secondary market:
Takeover defense measures shall not include factors which may cause extremely unstable price formation of a stock or any other factors which may cause unpredictable damage to investors; and

(4) Respect for shareholders' rights:
Takeover defense measures shall give consideration to shareholders' rights and their exercise.

Rule 444. Prohibition of Actions Damaging to the Function of the Secondary Market or Shareholders' Rights

A listed company shall, in addition to observing the provisions of Rule 432 to the preceding rule, not conduct actions deemed by the Exchange as damaging to the function of the secondary market or the rights of shareholders.

Sub-section 2
Matters Desired to be Observed

Rule 445-3. Respect for the Corporate Governance Code

Listed companies shall respect the intent and spirit of the attached „Corporate Governance Code" and make efforts to enhance their corporate governance.

Rule 445-4. Securing Independent Directors/Auditors as Directors on the Board

An issuer of listed domestic stocks must make efforts to secure at least one independent director/auditor as a member of its board of directors.

Rule 445-5. Preparation of an Environment for the Functioning of Independent Directors/Auditors

An issuer of listed domestic stocks shall make efforts to develop an environment where an independent director(s)/auditor(s) will fulfill the role expected thereof.

Rule 445-6. Provision of Information regarding Independent Director(s)/Auditor(s), etc.

An issuer of listed domestic stocks shall make efforts to provide its shareholders with information regarding an independent director(s)/auditor(s) and information regarding the independence of outside director(s)/auditor(s) as provided in Article 2, Paragraph 3, Item 5 of the Enforcement Rules of the Companies Act in a manner which contributes to the exercise of voting rights in the general shareholders meeting.

[…]

Chapter 5 Ensuring Effectiveness

Section 1 Securities on Alert

Rule 501. Designation and Cancellation of Designation of Securities on Alert

1. The Exchange may, in the cases provided in the following items, and, in addition, where the Exchange deems that improvement of the internal management system, etc. of such listed company is highly necessary, designate the listed stock, etc. issued by such listed company as a Security on Alert:

(1) […];
(2) Where a listed company falls under the following a. or b.:

a. Where a listed company has made false statements in a securities report, etc.
b. Where, in audit reports attached to financial statements, etc. or quarterly review reports attached to quarterly financial statements, etc. a certified public accountant, etc. expresses an „adverse opinion“ or the fact that „opinions are not expressed“ in an audit report, or a „negative conclusion“ or the fact that „conclusion is not expressed“ in a quarterly review report (in cases of a specified business company, an „opinion that interim financial statements, etc. do not provide useful information“ or the fact that „opinions are not expressed“); however, excluding cases where the fact that „opinions are not expressed“ or the fact that „conclusion is

stated, and such statements are made due to reasons not attributable to the listed company, such as act of providence;

(3) […];
(4) Where the Exchange deems that a listed company has violated the provisions of Chapter 4, Section 4, Sub-section 1; or
(5) Where the Exchange deems it will not recognize improvement in the execution of improvement measures and operating conditions in a listed company which has submitted an improvement report according to provisions of Paragraph 3 of the following rule […].

2. A listed company which is the issuer of a listed stock, etc. designated as a security on alert pursuant to the provisions of the preceding paragraph shall submit a document specified by the Enforcement Rules that contains the status of the internal management system, etc. (hereinafter referred to as a „Written Confirmation of Internal Management System") promptly after one (1) year has elapsed since such designation.
3. The Exchange shall conduct examination on the internal management system, etc. on the basis of the substance of the Written Confirmation of Internal Management System submitted pursuant to the provisions of the preceding paragraph and the substance, etc. of reports submitted pursuant to Paragraph 8.
4. The Exchange shall handle listed stocks, etc. as specified by each of the following items in accordance with the classifications referred to in each such item, based on the results of the examination referred to in the preceding paragraph:

(1) Where it is deemed that there is no problem in the internal management system, etc.;
Cancel the designation as a security on alert
(2) Where the Exchange deems that there is a problem in the internal management system, etc. (excluding cases where the Exchange deems that improvement can no longer be expected in the internal management system, etc. of a listed company prescribed in Rule 601, Paragraph 1, Item 11–2, Sub-item b);
Continue designation as a security on alert

5. […]

Section 5 Public Announcement

Rule 508. Public Announcement Measure

1. In cases referred to in each of the following items, the Exchange may make a public announcement of such information if the Exchange deems this necessary:

(1) […]
(2) Where the Exchange deems a listed company has breached the provisions of Chapter 4, Section 4, Sub-Section 1; or
(3) Where a listed company breaches the provisions of Article 331, Article 335, Article 337, or Article 400 of the Companies Act.

2. Where a listed company breaches any of the provisions from Rules 435 through 439, or falls under Item 3 of the preceding paragraph, the listed company shall report to the Exchange immediately.

Section 6
Listing Agreement Violation Penalty

Rule 509. Listing Agreement Violation Penalty

1. In cases provided in each of the following items, if the Exchange deems that said listed company has undermined the confidence of shareholders and investors in the Exchange market, the Exchange may claim payment of a listing agreement violation penalty against said listed company. In this case, the Exchange shall make a public announcement of such information.

(1) Where the Exchange deems that a listed company has breached the provisions of Chapter 4, Section 2;
(2) Where the Exchange deems that a listed company has breached the provisions of Chapter 4, Section 4, Sub-Section 1; or
(3) In addition to the cases provided in the preceding two items, where the Exchange deems that a listed company has breached the Securities Listing Regulations or other regulations.

2. If a listed company is requested to pay a listing agreement violation penalty pursuant to the preceding paragraph, said listed company must pay the listing agreement violation penalty as specified by the Enforcement Rules.

Chapter 6 Delisting

Section 1
Delisting Criteria for the Main Markets

Rule 601. Delisting Criteria for Listed Domestic Companies

1. Where a listed domestic stock, etc. on the Main Markets falls under any of the following items, it shall be delisted. Details of each such item in this case shall be provided by the Enforcement Rules: […]

(9) Inappropriate merger, etc. […]

(9)-2 Damage to sound transactions with controlling shareholder:
Where there is a change of a controlling shareholder due to third-party allotment, when the Exchange deems there is considerable damage to sound transactions with the controlling shareholder within the coming 3 years;

(10) Delay in submission of a securities report or a quarterly report:
Where a securities report or a quarterly report to which an audit report or a quarterly review report […] prepared by two (2) or more certified public accountants or an audit firm is attached (including an audit report or a quarterly review report pertaining to certification corresponding to audit certification by an entity corresponding to a certified public accountant or an audit firm) is not submitted to the Prime Minister, etc. within a month |after a period specified […] passes (in cases specified by the Enforcement Rules, within a period specified by the Enforcement Rules);

(11) False statement or adverse opinion, etc.:
Where such statement, etc. fall under Rule 501, Paragraph 1, Item 2, and the Exchange deems that it clearly difficult to maintain order in the market if the listed company is not delisted immediately:

(11)-2 Securities on alert, etc.
When falling under the cases specified in the following a. to c., in accordance with the classifications referred to in such a.to c.:

a. In cases enumerated in each item of Rule 501, Paragraph 1, the Exchange deems that improvement of the internal management system, etc. of a listed company is highly necessary;
Where the Exchange deems that improvement of such internal management system, etc. is not expected

b. Where designation as a security on alert was made pursuant to the provisions of Rule 501, Paragraph 1;
Where the Exchange deems that improvement of the internal management system, etc. of the listed company can no longer be expected

c. Where designation as a security on alert continues pursuant to the provision of Rule 501, Paragraph 4, Item 2;
Where the Exchange deems that the internal management system, etc. of the listed company has not been improved within one (1) year and six (6) months from the designation as a security on alert

(12) Breach of listing agreement, etc.:
Where a listed company has committed a material breach of the listing agreement as prescribed by the Enforcement Rules, where a listed company has committed a material breach as to matters taken on oath in the Written Oath […], or where a listed company ceases to be a party to the listing agreement;

[…]

(17) Unreasonable restriction on shareholders' rights:
Where the details of shareholders' rights and their exercise are unreasonably restricted as specified by the Enforcement Rules;

[…]

(20) Others:
In addition to each of the preceding items, where the Exchange deems that delisting of such security is appropriate for the public interest or the protection of investors.

Annex D: Corporate Governance Code

Japan's Corporate Governance Code Seeking Sustainable Corporate Growth and Increased Corporate Value over the Mid- to Long-Term

June 11, 2021

Tokyo Stock Exchange, Inc.[1]

In this Corporate Governance Code, „corporate governance" means a structure for transparent, fair, timely and decisive decision-making by companies, with due attention to the needs and perspectives of shareholders and also customers, employees and local communities.

This Corporate Governance Code establishes fundamental principles for effective corporate governance at listed companies in Japan. It is expected that the Code's appropriate implementation will contribute to the development and success of companies, investors and the Japanese economy as a whole through individual companies' self-motivated actions so as to achieve sustainable growth and increase corporate value over the mid- to long-term.

Section 1: Securing the Rights and Equal Treatment of Shareholders

General Principle 1

Companies should take appropriate measures to fully secure shareholder rights and develop an environment in which shareholders can exercise their rights appropriately and effectively.

In addition, companies should secure effective equal treatment of shareholders.

Given their particular sensitivities, adequate consideration should be given to the issues and concerns of minority shareholders and foreign shareholders for the effective exercise of shareholder rights and effective equal treatment of shareholders.

Principle 1.1 Securing the Rights of Shareholders

Companies should take appropriate measures to fully secure shareholder rights, including voting rights at the general shareholder meeting.

[1] Anmerkung des Verf.: Der Corporate Governance Code enthält erläuternde Kommentare zu jedem der fünf Hauptprinzipien sowie einige Fußnoten, von deren Abdruck abgesehen wurde. Die vollständige Fassung ist in der Provisional Reference Translation unter <https://www.jpx.co.jp/english/equities/listing/cg/index.html> abrufbar.

<u>Supplementary Principles</u>

1.1.1 When the board recognizes that a considerable number of votes have been cast against a proposal by the company and the proposal was approved, it should analyze the reasons behind opposing votes and why many shareholders opposed, and should consider the need for shareholder dialogue and other measures.

1.1.2 When proposing to shareholders that certain powers of the general shareholder meeting be delegated to the board, companies should consider whether the board is adequately constituted to fulfill its corporate governance roles and responsibilities. If a company determines that the board is indeed adequately constituted, then it should recognize that such delegation may be desirable from the perspectives of agile decision-making and expertise in business judgment.

1.1.3 Given the importance of shareholder rights, companies should ensure that the exercise of shareholder rights is not impeded. In particular, adequate con-sideration should be given to the special rights that are recognized for minority shareholders with respect to companies and their officers, including the right to seek an injunction against illegal activities or the right to file a shareholder lawsuit, since the exercise of these rights tend to be prone to issues and concerns.

Principle 1.2 Exercise of Shareholder Rights at General Shareholder Meetings

Companies should recognize that general shareholder meetings are an opportunity for constructive dialogue with shareholders, and should therefore take appropriate measures to ensure the exercise of shareholder rights at such meetings.

<u>Supplementary Principles</u>

1.2.1 Companies should provide accurate information to shareholders as necessary in order to facilitate appropriate decision-making at general shareholder meetings.

1.2.2 While ensuring the accuracy of content, companies should strive to send convening notices for general shareholder meetings early enough to give shareholders sufficient time to consider the agenda. During the period between the board approval of convening the general shareholder meeting and sending the convening notice, information included in the convening notice should be disclosed by electronic means such as through TDnet or on the company's website.

1.2.3 The determination of the date of the general shareholder meeting and any associated dates should be made in consideration of facilitating sufficient constructive dialogue with shareholders and ensuring the accuracy of information necessary for such dialogue.

1.2.4 Bearing in mind the number of institutional and foreign shareholders, companies should take steps for the creation of an infrastructure allowing electronic voting, including the use of the Electronic Voting Platform, and the provision of English translations of the convening notices of general share-holder meeting. In particular, companies listed on the Prime Market should make the Electronic Voting Platform available, at least to institutional investors.

1.2.5 In order to prepare for cases where institutional investors who hold shares in street name express an interest in advance of the general shareholder meeting in attending the general shareholder meeting or exercising voting rights, companies should work with the trust bank (*shintaku ginko*) and/or custodial institutions to consider such possibility.

Principle 1.3 Basic Strategy for Capital Policy

Because capital policy may have a significant effect on shareholder returns, companies should explain their basic strategy with respect to their capital policy.

Principle 1.4 Cross-Shareholdings

When companies hold shares of other listed companies as cross-shareholdings, they should disclose their policy with respect to doing so, including their policies regarding the reduction of cross-shareholdings. In addition, the board should annually assess whether or not to hold each individual cross-shareholding, specifically examining whether the purpose is appropriate and whether the benefits and risks from each holding cover the company's cost of capital. The results of this assessment should be disclosed.

Companies should establish and disclose specific standards with respect to the voting rights as to their cross-shareholdings, and vote in accordance with the standards.

Supplementary Principles

1.4.1 When cross-shareholders (i. e., shareholders who hold a company's shares for the purpose of cross-shareholding) indicate their intention to sell their shares, companies should not hinder the sale of the cross-held shares by, for instance, implying a possible reduction of business transactions

1.4.2 Companies should not engage in transactions with cross-shareholders which may harm the interests of the companies or the common interests of their shareholders by, for instance, continuing the transactions without carefully examining the underlying economic rationale.

Principle 1.5 Anti-Takeover Measures

Anti-takeover measures must not have any objective associated with entrenchment of the management or the board. With respect to the adoption or implementation of anti-takeover measures, the board and *kansayaku* should carefully examine their necessity and rationale in light of their fiduciary responsibility to shareholders, ensure appropriate procedures, and provide sufficient explanation to shareholders.

Supplementary Principle

1.5.1 In case of a tender offer, companies should clearly explain the position of the board, including any counteroffers, and should not take measures that would frustrate shareholder rights to sell their shares in response to the tender offer.

Principle 1.6 Capital Policy that May Harm Shareholder Interests

With respect to a company's capital policy that results in the change of control or in significant dilution, including share offerings and management buyouts, the board and *kansayaku* should, in order not to unfairly harm the existing shareholders' interests, carefully examine the necessity and rationale from the perspective of their fiduciary responsibility to shareholders, should ensure appropriate procedures, and provide sufficient explanation to shareholders.

Principle 1.7 Related Party Transactions

When a company engages in transactions with its directors or major shareholders (i. e., related party transactions), in order to ensure that such transactions do not harm the interests of the company or the common interests of its shareholders and prevent any concerns with respect to such harm, the board should establish appropriate procedures beforehand in proportion to the importance and characteristics of the transaction. In addition to their use by the board in approving and monitoring such transactions, these procedures should be disclosed.

Section 2: Appropriate Cooperation with Stakeholders Other Than Shareholders

General Principle 2

Companies should fully recognize that their sustainable growth and the creation of mid-to long-term corporate value are brought about as a result of the provision of resources and contributions made by a range of stakeholders, including employees, customers, business partners, creditors and local communities. As such, companies should endeavor to appropriately cooperate with these stakeholders.

The board and the management should exercise their leadership in establishing a corporate culture where the rights and positions of stakeholders are respected and sound business ethics are ensured.

Principle 2.1 Business Principles as the Foundation of Corporate Value Creation

Over the Mid- to Long-Term Guided by their position concerning social responsibility, companies should undertake their businesses in order to create value for all stakeholders while increasing corporate value over the mid- to long-term. To this end, companies should draft and maintain business principles that will become the basis for such activities.

Principle 2.2 Code of Conduct

Companies should draft and implement a code of conduct for employees in order to express their values with respect to appropriate cooperation with and serving the interests of stakeholders and carrying out sound and ethical business activities. The board should be responsible for drafting and revising the code of conduct, and should ensure its compliance broadly across the organization, including the front line of domestic and global operations.

<u>Supplementary Principle</u>

2.2.1 The board should review regularly (or where appropriate) whether or not the code of conduct is being widely implemented. The review should focus on the substantive assessment of whether the company's corporate culture truly embraces the intent and spirit of the code of conduct, and not solely on the form of implementation and compliance.

Principle 2.3 Sustainability Issues, Including Social and Environmental Matters

Companies should take appropriate measures to address sustainability issues, including social and environmental matters.

Supplementary Principle

2.3.1 The board should recognize that dealing with sustainability issues, such as taking care of climate change and other global environmental issues, respect of human rights, fair and appropriate treatment of the workforce including caring for their health and working environment, fair and reasonable transactions with suppliers, and crisis management for natural disasters, are important management issues that can lead to earning opportunities as well as risk mitigation, and should further consider addressing these matters positively and proactively in terms of increasing corporate value over the mid- to long-term.

Principle 2.4 Ensuring Diversity, Including Active Participation of Women

Companies should recognize that the existence of diverse perspectives and values reflecting a variety of experiences, skills and characteristics is a strength that supports their sustainable growth. As such, companies should promote diversity of personnel, including the active participation of women.

Supplementary Principle

2.4.1 Companies should present their policies and voluntary and measurable goals for ensuring diversity in the promotion to core human resources, such as the promotion of women, foreign nationals and midcareer hires to middle managerial positions, as well as disclosing their status. In addition, in light of the importance of human resource strategies for increasing corporate value over the mid-to long-term, companies should present its policies for human resource development and internal environment development to ensure diversity, as well as the status of their implementation.

Principle 2.5 Whistleblowing

Companies should establish an appropriate framework for whistleblowing such that employees can report illegal or inappropriate behavior, disclosures, or any other serious concerns without fear of suffering from disadvantageous treatment. Also, the framework should allow for an objective assessment and appropriate response to the reported issues, and the board should be responsible for both establishing this framework, and ensuring and monitoring its enforcement.

Supplementary Principle

2.5.1 As a part of establishing a framework for whistleblowing, companies should establish a point of contact that is independent of the management (for example, a panel consisting of outside directors and outside *kansayaku*). In addition, rules should be established to secure the confidentiality of the information provider and prohibit any disadvantageous treatment.

Principle 2.6 Roles of Corporate Pension Funds as Asset Owners

Because the management of corporate pension funds impacts stable asset formation for employees and companies' own financial standing, companies should take and disclose measures to improve human resources and operational practices, such as the recruitment or assignment of qualified persons, in order to increase the investment management expertise of corporate pension funds (including stewardship activities such as monitoring the asset managers of corporate pension funds), thus making sure that corporate pension funds perform their roles as asset owners. Companies should ensure that conflicts of interest which could arise between pension fund beneficiaries and companies are appropriately managed.

Section 3: Ensuring Appropriate Information Disclosure and Transparency

General Principle 3

Companies should appropriately make information disclosure in compliance with the relevant laws and regulations, but should also strive to actively provide information beyond that required by law. This includes both financial information, such as financial standing and operating results, and non-financial information, such as business strategies and business issues, risk and governance. The board should recognize that disclosed information will serve as the basis for constructive dialogue with shareholders, and therefore ensure that such information, particularly non-financial information, is accurate, clear and useful.

Principle 3.1 Full Disclosure

In addition to making information disclosure in compliance with relevant laws and regulations, companies should disclose and proactively provide the information listed below (along with the disclosures specified by the principles of the Code) in order to enhance transparency and fairness in decision-making and ensure effective corporate governance:

i) Company objectives (e. g., business principles), business strategies and business plans;
ii) Basic views and guidelines on corporate governance based on each of the principles of the Code;
iii) Board policies and procedures in determining the remuneration of the senior management and directors;
iv) Board policies and procedures in the appointment/dismissal of the senior management and the nomination of directors and *kansayaku* candidates; and
v) Explanations with respect to the individual appointments/dismissals and nominations based on iv).

<u>Supplementary Principles</u>

3.1.1 These disclosures, including disclosures in compliance with relevant laws and regulations, should add value for investors, and the board should ensure that information is not boiler-plate or lacking in detail.

3.1.2 Bearing in mind the number of foreign shareholders, companies should, to the extent reasonable, take steps for providing English language disclosures.
In particular, companies listed on the Prime Market should disclose and provide necessary information in their disclosure documents in English.

3.1.3 Companies should appropriately disclose their initiatives on sustainability when disclosing their management strategies. They should also provide information on investments in human capital and intellectual properties in an understandable and specific manner, while being conscious of the consistency with their own management strategies and issues.
In particular, companies listed on the Prime Market should collect and analyze the necessary data on the impact of climate change-related risks and earning opportunities on their business activities and profits, and enhance the quality and quantity of disclosure based on the TCFD recommendations, which are an internationally well-established disclosure framework, or an equivalent frame-work.

Principle 3.2 External Auditors

External auditors and companies should recognize the responsibility that external auditors owe toward shareholders and investors, and take appropriate steps to secure the proper execution of audits.

Supplementary Principles

3.2.1 The *kansayaku* board should, at minimum, ensure the following:
- i) Establish standards for the appropriate selection of external auditor candidates and proper evaluation of external auditors; and
- ii) Verify whether external auditors possess necessary independence and expertise to fulfill their responsibilities.

3.2.2 The board and the *kansayaku* board should, at minimum, ensure the following:
- i) Give adequate time to ensure high quality audits;
- ii) Ensure that external auditors have access, such as via interviews, to the senior management including the CEO and the CFO;
- iii) Ensure adequate coordination between external auditors and each of the *kansayaku* (including attendance at the *kansayaku* board meetings), the internal audit department and outside directors; and
- iv) Ensure that the company is constituted in the way that it can adequately respond to any misconduct, inadequacies or concerns identified by the external auditors.

Section 4: Responsibilities of the Board

General Principle 4

Given its fiduciary responsibility and accountability to shareholders, in order to promote sustainable corporate growth and the increase of corporate value over the mid- to long-term and enhance earnings power and capital efficiency, the board should appropriately fulfill its roles and responsibilities, including:

(1) Setting the broad direction of corporate strategy;
(2) Establishing an environment where appropriate risk-taking by the senior management is supported; and
(3) Carrying out effective oversight of directors and the management (including *shikkoyaku* and so-called *shikkoyakuin*) from an independent and objective standpoint.

Such roles and responsibilities should be equally and appropriately fulfilled regardless of the form of corporate organization – i. e., Company with *Kansayaku* Board (where a part of these roles and responsibilities are performed by *kansayaku* and the *kansayaku* board), Company with Three Committees (Nomination, Audit and Remuneration) or Company with Supervisory Committee.

Principle 4.1 Roles and Responsibilities of the Board (1)

The board should view the establishment of corporate goals (business principles, etc.) and the setting of strategic direction as one major aspect of its roles and responsibilities. It should engage in constructive discussion with respect to specific business strategies and business plans, and ensure that major operational decisions are based on the company's strategic direction.

Supplementary Principles

4.1.1 The board should clearly specify its own decisions as well as both the scope and content of the matters delegated to the management, and disclose a brief summary thereof.

4.1.2 Recognizing that a mid-term business plan (*chuuki keiei keikaku*) is a commitment to shareholders, the board and the senior management should do their best to achieve the plan. Should the company fail to deliver on its mid-term business plan, the reasons underlying the failure of achievement as well as the company's actions should be fully analyzed, an appropriate explanation should be given to shareholders, and analytic findings should be reflected in a plan for the ensuing years.

4.1.3 Based on the company objectives (business principles, etc.) and specific business strategies, the board should proactively engage in the establishment and implementation of a succession plan for the CEO and other top exec-utives and appropriately oversee the systematic development of succession candidates, deploying sufficient time and resources.

Principle 4. Roles and Responsibilities of the Board (2)

The board should view the establishment of an environment that supports appropriate risk-taking by the senior management as a major aspect of its roles and responsibilities. It should welcome proposals from the management based on healthy entrepreneurship, fully examine such proposals from an independent and objective standpoint with the aim of securing accountability, and support timely and decisive decision-making by the senior management when approved plans are implemented.

Also, the remuneration of the management should include incentives such that it reflects mid- to long-term business results and potential risks, as well as promotes healthy entrepreneurship.

Supplementary Principles

4.2.1 The board should design management remuneration systems such that they operate as a healthy incentive to generate sustainable growth, and determine actual remuneration amounts appropriately through objective and transparent procedures. The proportion of management remuneration linked to mid- to long- term results and the balance of cash and stock should be set appropriately.

4.2.2 The board should develop a basic policy for the company's sustainability initiatives from the perspective of increasing corporate value over the mid- to long- term.
In addition, in light of the importance of investments in human capital and intellectual properties, the board should effectively supervise the allocation of management resources, including such investments, and the implementation of business portfolio strategies to ensure that they contribute to the sustainable growth of the company.

Principle 4.3 Roles and Responsibilities of the Board (3)

The board should view the effective oversight of the management and directors from an independent and objective standpoint as a major aspect of its roles and responsibilities. It should appropriately evaluate company performance and reflect the evaluation in its assessment of the senior management.

In addition, the board should engage in oversight activities in order to ensure timely and accurate information disclosure, and should establish appropriate internal control and risk management systems.

Also, the board should appropriately deal with any conflict of interests that may arise between the company and its related parties, including the management and controlling shareholders.

Supplementary Principles

4.3.1 The board should ensure that the appointment and dismissal of the senior management are based on highly transparent and fair procedures via an appropriate evaluation of the company's business results.

4.3.2 Because the appointment/dismissal of the CEO is the most important strategic decision for a company, the board should appoint a qualified CEO through objective, timely, and transparent procedures, deploying sufficient time and resources.

4.3.3 The board should establish objective, timely, and transparent procedures such that a CEO is dismissed when it is determined, via an appropriate evaluation of the company's business results, that the CEO is not adequately fulfilling the CEO's responsibilities.

4.3.4 The establishment of effective internal control and proactive enterprise risk management systems has the potential to support sound risk-taking. The board should appropriately establish such systems on an enterprise basis and oversee the operational status, besides utilizing the internal audit department.

Principle 4.4 Roles and Responsibilities of *Kansayaku* and the *Kansayaku* Board

Kansayaku and the *kansayaku* board should bear in mind their fiduciary responsibilities to shareholders and make decisions from an independent and objective standpoint when executing their roles and responsibilities including the audit of the performance of directors' duties, appointment and dismissal of *kansayaku* and external auditors, and the determination of auditor remuneration. Although so-called „defensive functions," such as business and accounting audits, are part of the roles and responsibilities expected of *kansayaku* and the *kansayaku* board, in order to fully perform their duties, it would not be appropriate for *kansayaku* and the *kansayaku* board to interpret the scope of their function too narrowly, and they should positively and proactively exercise their rights and express their views at board meetings and to the management.

Supplementary Principle

4.4.1 Given that not less than half of the *kansayaku* board must be composed of outside *kansayaku* and that at least one full-time *kansayaku* must be appointed in accordance with the Companies Act, the *kansayaku* board should, from the perspective of fully executing its roles and responsibilities, increase its effectiveness through an organizational combination of the independence of the former and the information gathering power of the latter. In addition, *kansayaku* or the *kansayaku* board should secure cooperation with outside directors so that such directors can strengthen their capacity to collect information without having their independence jeopardized.

Principle 4.5 Fiduciary Responsibilities of Directors and *Kansayaku*

With due attention to their fiduciary responsibilities to shareholders, the directors, *kansayaku* and the management of companies should secure the appropriate cooperation with stakeholders and act in the interest of the company and the common interests of its shareholders.

Principle 4.6 Business Execution and Oversight of the Management

In order to ensure effective, independent and objective oversight of the management by the board, companies should consider utilizing directors who are neither involved in business execution nor have close ties with the management.

Principle 4.7 Roles and Responsibilities of Independent Directors
Companies should make effective use of independent directors, taking into consideration the expectations listed below with respect to their roles and responsibilities:

i) Provision of advice on business policies and business improvement based on their knowledge and experience with the aim to promote sustainable corporate growth and increase corporate value over the mid-to long-term;
ii) Monitoring of the management through important decision-making at the board including the appointment and dismissal of the senior management;
iii) Monitoring of conflicts of interest between the company and the management or controlling shareholders; and
iv) Appropriately representing the views of minority shareholders and other stakeholders in the boardroom from a standpoint independent of the management and controlling shareholders.

Principle 4.8 Effective Use of Independent Directors

Independent directors should fulfill their roles and responsibilities with the aim of contributing to sustainable growth of companies and increasing corporate value over the mid-to long-term. Companies listed on the Prime Market should therefore appoint at least one-third of their directors as independent directors (two directors if listed on other markets) that sufficiently have such qualities.

Irrespective of the above, if a company listed on the Prime Market believes it needs to appoint the majority of directors (at least one-third of directors if listed on other markets) as independent directors based on a broad consideration of factors such as the industry, company size, business characteristics, organizational structure and circumstances surrounding the company, it should appoint a sufficient number of independent directors.

Supplementary Principles

4.8.1 In order to actively contribute to discussions at the board, independent directors should endeavor to exchange information and develop a shared awareness among themselves from an independent and objective standpoint. Regular meetings consisting solely of independent directors (executive sessions) would be one way of achieving this.

4.8.2 Independent directors should endeavor to establish a framework for communicating with the management and for cooperating with *kansayaku* or the *kansayaku* board by, for example, appointing the lead independent director from among themselves.

4.8.3 Companies that have a controlling shareholder should either appoint at least one-third of their directors (the majority of directors if listed on the

Prime Market) as independent directors who are independent of the controlling shareholder or establish a special committee composed of independent persons including independent director(s) to deliberate and review material transactions or actions that conflict with the interests of the controlling shareholder and minority shareholders.

Principle 4.9 Independence Standards and Qualification for Independent Directors

Boards should establish and disclose independence standards aimed at securing effective independence of independent directors, taking into consideration the independence criteria set by securities exchanges. The board should endeavor to select independent director candidates who are expected to contribute to frank, active and constructive discussions at board meetings.

Principle 4.10 Use of Optional Approach

In adopting the most appropriate organizational structure (as stipulated by the Companies Act) that is suitable for a company's specific characteristics, companies should employ optional approaches, as necessary, to further enhance governance functions.

Supplementary Principle

4.10.1 If the organizational structure of a company is either Company with *Kansayaku* Board or Company with Supervisory Committee and independent directors do not compose a majority of the board, in order to strengthen the independence, objectivity and accountability of board functions on the matters of nomination (including succession plan) and remuneration of the senior management and directors, the company should seek appropriate involvement and advice from the committees, including from the perspective of gender and other diversity and skills, in the examination of such important matters as nominations and remuneration by establishing an independent nomination committee and remuneration committee under the board, to which such committees make significant contributions.
In particular, companies listed on the Prime Market should basically have the majority of the members of each committee be independent directors, and should disclose the mandates and roles of the committees, as well as the policy regarding the independence of the composition.

Principle 4.11 Preconditions for Board and *Kansayaku* Board Effectiveness

The board should be well balanced in knowledge, experience and skills in order to fulfill its roles and responsibilities, and it should be constituted in a manner to achieve both diversity, including gender, international experience, work experience and age, and appropriate size. In addition, persons with ap-propriate experience and skills as well as necessary knowledge on finance, accounting, and the law should be appointed as *kansayaku*. In particular, at least one person who has sufficient expertise on finance and accounting should be appointed as *kansayaku*. The board should endeavor to improve its function by analyzing and evaluating effectiveness of the board as a whole.

Supplementary Principles

4.11.1 The board should identify the skills, etc. that it should have in light of its managing strategies, and have a view on the appropriate balance between knowledge, experience and skills of the board as a whole, and also on diversity and appropriate board size. Consistent with its view, the board should establish policies and procedures for nominating directors and disclose them along with the combination of skills, etc. that each director possesses in an appropriate form according to the business environment and business characteristics, etc., such as what is known as a „skills matrix." When doing so, independent director(s) with management experience in other companies should be included.

4.11.2 Outside directors, outside *kansayaku*, and other directors and *kansayaku* should devote sufficient time and effort required to appropriately fulfill their respective roles and responsibilities. Therefore, where directors and *kansayaku* also serve as directors, *kansayaku* or the management at other companies, such positions should be limited to a reasonable number and disclosed each year.

4.11.3 Each year the board should analyze and evaluate its effectiveness as a whole, taking into consideration the relevant matters, including the self-evaluations of each director. A summary of the results should be disclosed.

Principle 4.12 Active Board Deliberations

The board should endeavor to foster a climate where free, open and constructive discussions and exchanges of view stake place, including the raising of concerns by outside directors.

Supplementary Principle

4.12.1 The board should ensure the following in relation to the operation of board meetings and should attempt to make deliberations active:
- i) Materials for board meetings are distributed sufficiently in advance of the meeting date;
- ii) In addition to board materials and as necessary, sufficient information is provided to directors by the company (where appropriate, the information should be organized and/or analyzed to promote easy understanding);
- iii) The schedule of board meetings for the current year and anticipated agenda items are determined in advance;
- iv) The number of agenda items and the frequency of board meetings are set appropriately; and
- v) Sufficient time for deliberations.

Principle 4.13 Information Gathering and Support Structure

In order to fulfill their roles and responsibilities, directors and *kansayaku* should proactively collect information, and as necessary, request the company to provide them with additional information. Also, companies should establish a support structure for directors and *kansayaku*, including providing sufficient staff. The board and the *kansayaku* board should verify whether information requested by directors and *kansayaku* is provided smoothly.

Supplementary Principles

4.13.1 Directors, including outside directors, should request the company to provide them with additional information, where deemed necessary from the perspective of contributing to transparent, fair, timely and decisive decision-making. In addition, *kansayaku*, including outside *kansayaku*, should collect information appropriately, including the use of their statutory investigation power.

4.13.2 Directors and *kansayaku* should consider consulting with external specialists at company expense, where they deem it necessary.

4.13.3 Companies should ensure coordination between the internal audit department, directors and *kansayaku* by establishing a system in which the internal audit department appropriately reports directly to the board and the *kansayaku* board in order for them to fulfill their functions. In addition, companies should take measures to adequately provide necessary information to outside directors and outside *kansayaku*. One example would be the appointment of an individual who is responsible for communicating and handling requests within the company such that the requests for information about the company by outside directors and outside *kansayaku* are appropriately processed.

Principle 4.14 Director and *Kansayaku* Training

New and incumbent directors and *kansayaku* should deepen their understanding of their roles and responsibilities as a critical governance body at a company, and should endeavor to acquire and update necessary knowledge and skills. Accordingly, companies should provide and arrange training opportunities suitable to each director and *kansayaku* along with financial support for associated expenses. The board should verify whether such opportunities and support are appropriately provided.

<u>Supplementary Principles</u>

4.14.1 Directors and *kansayaku*, including outside directors and outside *kansayaku*, should be given the opportunity when assuming their position to acquire necessary knowledge on the company's business, finances, organization and other matters, and fully understand the roles and responsibilities, including legal liabilities, expected of them. Incumbent directors should also be given a continuing opportunity to renew and update such knowledge as necessary.

4.14.2 Companies should disclose their training policy for directors and *kansayaku*.

Section 5: Dialogue with Shareholders

General Principle 5

In order to contribute to sustainable growth and the increase of corporate value over the mid-to long-term, companies should engage in constructive dialogue with shareholders even outside the general shareholder meeting.

During such dialogue, senior management and directors, including outside directors, should listen to the views of shareholders and pay due attention to their interests and concerns, clearly explain business policies to shareholders in an understandable manner so as to gain their support, and work for developing a balanced understanding of the positions of shareholders and other stakeholders and acting accordingly.

Principle 5.1 Policy for Constructive Dialogue with Shareholders

Companies should, positively and to the extent reasonable, respond to the requests from shareholders to engage in dialogue (management meetings) so as to support sustainable growth and increase corporate value over the mid-to long-term. The board should establish, approve and disclose policies concerning the measures and organizational structures aimed at promoting constructive dialogue with shareholders.

Supplementary Principles

5.1.1 Taking the requests and interests of shareholders into consideration, to the extent reasonable, the senior management, directors, including outside directors, and *kansayaku*, should have a basic position to engage in dialogue (management meetings) with shareholders.

5.1.2 At minimum, policies for promoting constructive dialogue with shareholders should include the following:

i) Appointing a member of the management or a director who is responsible for overseeing and ensuring that constructive dialogue takes place, including the matters stated in items ii) to v) below;

ii) Measures to ensure positive cooperation between internal departments such as investor relations, corporate planning, general affairs, corporate finance, accounting and legal affairs with the aim of supporting dialogue;

iii) Measures to promote opportunities for dialogue aside from individual meetings (e. g., general investor meetings and other IR activities);

iv) Measures to appropriately and effectively relay shareholder views and concerns learned through dialogue to the senior management and the board; and

v) Measures to control insider information when engaging in dialogue.

5.1.3 Companies should endeavor to identify their shareholder ownership structure as necessary, and it is desirable for shareholders to cooperate as much as possible in this process.

Principle 5.2 Establishing and Disclosing Business Strategies and Business Plans

When establishing and disclosing business strategies and business plans, companies should articulate their earnings plans and capital policies, and present targets for profitability and capital efficiency after accurately identifying the company's cost of capital. Also, companies should provide explanations that are clear and logical to shareholders with respect to the allocation of management resources, such as reviewing their business portfolio and investments in fixed assets, R&D, and human capital, and specific measures that will be taken in order to achieve their plans and targets.

Supplementary Principle

5.2.1 In formulating and announcing business strategies, etc., companies should clearly present the basic policy regarding the business portfolio decided by the board and the status of the review of such portfolio.

Annex E:
List of members of the Council of Experts Concerning the Corporate Governance Code (as of August 7, 2014)

Chairman	Kazuhito Ikeo	Professor of Economics and Finance, Keio University
Members	Akira Uchida	Senior Vice President, Toray Industries, Inc.
	Junji Ota	Chairperson, Japan Audit & Supervisory Board Members Association
	Akiyoshi Oba	President & CEO, Tokio Marine Asset Management Co., Ltd.
	Toshiaki Oguchi	Representative Director, Governance for Owners Japan
	Hideki Kanda	Professor, University of Tokyo Graduate Schools for Law and Politics
	Scott Callon	Director, Japan Corporate Governance Network
	Kazuhiro Takei	Partner, Attorney at Law (Nishimura & Asahi)
	Kazuhiko Toyama	Partner & CEO, Industrial Growth Platform, Inc.
	Mika Nakamura	Senior Officer, Legal Department, SEVEN & I HLDGS. Co., Ltd.
	Sadayuki Horie	Senior Researcher, Nomura Research Institute, Ltd.
	Tadamitsu Matsui	Chairman & Representative Director, RYOHIN KEIKAKU Co., Ltd.
	Kimitaka Mori	Chairman & President, The Japanese Institute of Certified Public Accountants
Advisor	Mats Isaksson	Head, Corporate Affairs Division, OECD (International Organization)
Observers	Saburo Sakamoto	Counsellor, Minister's Secretariat, Ministry of Justice
	Hirohiko Nakahara	Director, Corporate System Division, Economic and Industrial Policy Bureau, Ministry of Economy, Trade and Industry
Secretariat		Financial Services Agency Tokyo Stock Exchange, Inc.

(In Japanese alphabetical order)

Annex F: List of members of Council of Experts Concerning the Follow-up of Japan's Stewardship Code and Japan's Corporate Governance Code (as of October 2020)

Chair	Hideki Kanda*	Professor, Gakushuin University Law School
Vice Chair	Hiroyuki Kansaku	Professor, University of Tokyo Graduate Schools for Law and Politics
Members	Kazuhito Ikeo*	Professor of Economics, Rissho University
	Yoichiro Iwama,	Senior Advisor, NBRE Management Japan Advisors K. K. Outside Director and Chairman of the Board of Directors, Nikko Asset Management
	Ryoko Ueda	Senior Research Fellow, J-IRIS Research
	Akiyoshi Oba*	Chairman, Japan Investment Advisers Association
	Joji Okada	Senior Adviser, Japan Audit & Supervisory Board Members Association
	Yuri Okina	Chairperson of the Institute, The Japan Research Institute, Limited
	Toshiaki Oguchi*	Representative Director, Governance for Owners Japan
	Shinobu Obata	Senior Vice President and Chief Legal&Compliance Officer (CLCO), NEC Corporation
	Hidetaka Kawakita	Professors emeritus, Kyoto University
	Kerrie Waring	Chief Executive Officer, International Corporate Governance Network(ICGN)
	Yoshimitsu Kobayashi	Chairperson, Mitsubishi Chemical Holdings Corporation
	Hiroki Sampei	Head of Engagement, Fidelity International, Japan
	Yoshiko Takayama	Managing Director, J-Eurus IR Co., Ltd.
	Kazuhiro Takei*	Partner, Attorney at Law (Nishimura & Asahi)
	Masaaki Tanaka	Chairman of the Board, Representative Executive Officer President and CEO
	Hideaki Tsukuda	CEO, Board Advisors Japan, Inc.
	Shoichi Tsumuraya	Associate Professor, Graduate School of Business Administration, Department of Business Administration, Hitotsubashi University.
	Kazuhiko Toyama*	Chairman, Industrial Growth Platform Group
	Yuichi Haruta	Director of Economic and Social Policy Division, Department of Policy, JAPANESE TRADE UNION CONFEDERATION

* Ursprüngliches Mitglied der CG-Kommission.

	Naomi Matsuoka	Senior Vice President, Sony Corporation
Observers	Satoshi Watanabe	Counsellor, Civil Affairs Bureau, Ministry of Justice
	Genta Ando	Director, Corporate System Division, Economic and Industrial Policy Bureau, Ministry of Economy, Trade and Industry
Secretariat		Financial Services Agency Tokyo Stock Exchange, Inc.

Annex G:
Stewardship Code

Principles for Responsible Institutional Investors
„Japan's Stewardship Code"
– To promote sustainable growth of companies through investment and dialogue –
24. März 2020[1]

Principle 1

Institutional investors should have a clear policy on how they fulfill their stewardship responsibilities, and publicly disclose it.

Guidance

1-1. Institutional investors should aim to enhance the medium- to long-term return on investments for their clients and beneficiaries by improving and fostering investee companies' corporate value and sustainable growth through constructive engagement, or purposeful dialogue, based on in-depth knowledge of the companies and their business environment and consideration of sustainability (medium- to long-term sustainability including ESG factors) consistent with their investment management strategies.

1-2. Institutional investors should have a clear policy on how they fulfill their stewardship responsibilities (hereafter, „stewardship policy") and publicly disclose it. The stewardship policy should cover how they define the responsibility and how they fulfill it, in view of their role in the investment chain running from their clients and beneficiaries to the investee companies. Institutional investors should clearly specify how they take the issues of sustainability into consideration in their policy, consistent with their investment management strategies.

1-3. Asset owners, in line with their size and capabilities, etc., should encourage asset managers to engage in effective stewardship activities to secure beneficial owners' interests while taking their viewpoints into consideration. When asset owners directly manage funds and exercise their voting rights, in line with their size and capabilities, etc., they should engage in stewardship activities, such as holding dialogues with investee companies.

[1] Anmerkung des Verf.: Der Stewardship Code enthält eine erläuternde Präambel und teils umfangreiche Fußnoten, von deren Abdruck abgesehen wurde. Er ist in englischer Fassung vollständig abrufbar unter <https://www.fsa.go.jp/en/refer/councils/stewardship/20200324.html>.

1-4. When selecting or issuing mandates to asset managers, asset owners, in line with their size and capabilities, etc., should clearly specify issues and principles to be required in conducting stewardship activities including the exercise of voting rights, in order to ensure effective stewardship activities. In particular, large asset owners should proactively consider and clearly specify issues and principles to be required in conducting stewardship activities, including the exercise of voting rights, keeping in mind their positions and roles in the investment chain, instead of mechanically accepting asset managers' policies without any verification.

1-5. Asset owners, in line with their size and capabilities, etc., should monitor whether their asset managers conduct stewardship activities in line with asset owners' policies, for example, making use of asset managers' self-evaluations. In conducting such monitoring, asset owners should put emphasis on the „quality" of stewardship activities such as dialogue between asset managers and investee companies, etc., instead of mechanically checking the number of meetings held between them, the duration of such meetings and the „for" or „against" ratio of proxy voting, etc.

Principle 2

Institutional investors should have a clear policy on how they manage conflicts of interest in fulfilling their stewardship responsibilities and publicly disclose it.

Guidance

2-1 While institutional investors should put the interest of their client and beneficiary first in conducting stewardship activities, they inevitably face the issue of conflicts of interest from time to time, for example when voting on matters affecting both the business group the institutional investor belongs to and a client or beneficiary. It is important for institutional investors to appropriately manage such conflicts.

2-2 Institutional investors should put in place and publicly disclose a clear policy on how they effectively manage key categories of possible conflicts of interest.

In particular, asset managers should identify specific circumstances that may give rise to conflicts of interest which may significantly influence the exercise of voting rights and/or dialogue with companies, and set out and disclose specific policies on measures for effectively eliminating the influence of such conflicts including avoiding such conflicts, thus securing the interests of clients and beneficiaries.

2-3 Asset managers should establish and disclose governance structures, such as an independent board of directors or third party committees for decision-making or oversight of voting, in order to secure the interests of clients and beneficiaries and prevent conflicts of interest.

2-4 The management of asset managers should recognize that they themselves have important roles and responsibilities in strengthening the governance of asset managers and managing conflicts of interest, and should take action on such issues.

Principle 3

Institutional investors should monitor investee companies so that they can appropriately fulfill their stewardship responsibilities with an orientation towards the sustainable growth of the companies.

Guidance

3-1. Institutional investors should appropriately monitor investee companies so that institutional investors can fulfill their stewardship responsibility with the aim of enhancing the medium- to long-term corporate value and capital efficiency and supporting the sustainable growth of the companies.

3-2. Institutional investors should monitor investee companies continuously and review as appropriate the effectiveness of the monitoring.

3-3. When investors monitor investee companies, a variety of factors, including non-financial ones, may be considered as relevant. Factors may include, for example, the investee companies' governance, strategy, performance, capital structure, business risks and opportunities (including risks and opportunities arising from social and environmental matters), and how the companies address them. Relevance of a factor may depend on each investor's investment management strategy and may differ according to specific investee companies. Institutional investors need to use their own judgment in choosing which fac-tors to focus on in light of their stewardship responsibilities. They should endeavor to identify at an early stage issues that may result in a material loss in the value of investee companies.

Principle 4

Institutional investors should seek to arrive at an understanding in common with investee companies and work to solve problems through constructive engagement with investee companies.

Guidance

4-1. Institutional investors should endeavor to arrive at an understanding in common with investee companies through constructive dialogue, with the aim of enhancing the companies' medium- to long-term value and capital efficiency, and promoting their sustainable growth. In case a risk of possible loss in corporate value is identified through the monitoring of and dialogue with companies, institutional investors should endeavor to arrive at a more in-depth common understanding by requesting further explanation from the companies and to solve the problem.

4-2. When they engage in the issues of sustainability, institutional investors, should consciously engage in dialogue that is consistent with their investment management strategies and that leads to the medium- to long-term increase of corporate value and the sustainable growth of companies.

4-3. Because passive management provides limited options to sell investee companies' shares and needs to promote their medium- to long-term increase of corporate value, institutional investors should actively take charge of engagement and voting from a medium- to long-term perspective.

4-4. Institutional investors should have a clear policy in advance on how they design dialogue with investee companies in various possible situations.

4-5. In addition to institutional investors engaging with investee companies independently, it would be beneficial for them to engage with investee companies in collaboration with other institutional investors (collaborative engagement) as necessary.

4-6. In principle, institutional investors can well have constructive dialogue with investee companies based on public information, without receiving information on undisclosed material facts. The „G20/OECD Principles of Corporate Governance" and the Tokyo Stock Exchange's „Japan's Corporate Governance Code" set the principle of the equitable treatment of shareholders, which applies to the handling of undisclosed material facts. Institutional investors that have dialogue with investee companies should be aware that the companies are expected to abide by the principle and should in essence be discreet in receiving information on undisclosed material facts.

Principle 5

Institutional investors should have a clear policy on voting and disclosure of voting activity. The policy on voting should not be comprised only of a mechanical checklist: it should be designed to contribute to sustainable growth of investee companies.

Guidance

5-1. Institutional investors should seek to vote on all shares held. They should decide on the vote in light of the results of the monitoring of investee companies and dialogue with them.

5-2. Institutional investors should have a clear policy on voting and publicly disclose it. Institutional investors should try to articulate the policy as much as possible. The policy should not be comprised only of a mechanical checklist: it should be designed to contribute to sustainable growth of the investee company.

5-3. Institutional investors should at a minimum aggregate the voting records into each major kind of proposal, and publicly disclose them.
Furthermore, to enhance visibility of the consistency of their voting activities with their stewardship policy, institutional investors should disclose voting records for each investee company on an individual agenda item basis. If there is a reason to believe it inappropriate to disclose such company-specific voting records on an individual agenda item basis due to the specific circum-stances of an investor, the investor should proactively explain the reason.
At the time of their voting records disclosures, it is also considered beneficial in enhancing visibility for institutional investors, to explicitly explain the reasons why they voted „for“ or „against“ an agenda item. In particular, institutional investors should disclose their voting rational with respect to either „for“ or „against“ vote, which are considered important from the standpoint of constructive dialogue with the investee companies, including those perceived to have conflicts of interest or those which need explanation in light of the investors' voting policy.

5-4. When institutional investors use the service of proxy advisors, it is important that they use the service based on an understanding of the voting recommendation process, including the human and operational resources of the advisors. They should not mechanically depend on the advisors' recommendations but should exercise their voting rights at their own responsibility and judgment based on the results of the monitoring of the investee companies and dialogue with them. When disclosing their voting activities, institutional investors using the service of proxy advisors should publicly disclose the name of the advisor and how they utilize the service in making voting judgments specifically.

Principle 6

Institutional investors in principle should report periodically on how they fulfill their stewardship responsibilities, including their voting responsibilities, to their clients and beneficiaries.

Guidance

6-1. Asset managers should in principle report periodically to their direct clients on how they fulfill their stewardship responsibilities through their stewardship activities.

6-2. Asset owners should in principle report at least once a year to their beneficiaries on their stewardship policy and on how the policy is implemented.

6-3. When reporting to their clients and beneficiaries, institutional investors should choose the format and the content of the reports in light of any relevant agreement with the recipients and the recipients' convenience, and the costs associated with the reporting, and should aim to deliver effective and efficient reports.

6-4. Institutional investors should maintain a clear record of their stewardship activities, including voting activities, to the extent necessary to fulfill their stewardship responsibilities.

Principle 7

To contribute positively to the sustainable growth of investee companies, institutional investors should develop skills and resources needed to appropriately engage with the companies and to make proper judgments in fulfilling their stewardship activities based on in-depth knowledge of the investee companies and their business environment and consideration of sustainability consistent with their investment management strategies.

Guidance

7-1. To make dialogue with investee companies constructive and beneficial, and to contribute to the sustainable growth of the companies, institutional investors should develop skills and resources needed to appropriately engage with the companies and to make proper judgments in fulfilling their steward-ship activities based on in-depth knowledge of the companies and their business environment and consideration of sustainability consistent with their investment management strategies.
Institutional investors should have the necessary internal structure to have appropriate engagements and make proper judgments.

7-2. In particular, the management of institutional investors should have appropriate capability and experience to effectively fulfill their stewardship responsibilities, and should be constituted independently and without bias, in particular from their affiliated financial groups.
The management of institutional investors should also recognize that they themselves have important roles and responsibilities to carry out stewardship activities such as enhancing dialogue, structure their organizations and develop human resources, and take action on these issues.

7-3. Exchanging views with other investors and having a forum for the purpose may help institutional investors conduct better engagement with investee companies and make better judgments.

7-4. Institutional investors should endeavor to improve their policies based on the Code and the quality of their stewardship activities by reviewing at an appropriate timing the status of their implementation of each principle, including guidance.
In particular, asset managers should regularly conduct self-evaluations with respect to the status of their implementation of each principle, including guidance, disclose the results toward continued improvement of their governance structures, conflicts of interest management, and stewardship activities, etc., and disclose such results together with the results of their stewardship activities including dialogue with companies. In doing so, asset managers should be conscious that these are consistent with their investment management strategies and lead to the medium- to long-term increase of corporate value and the sustainable growth of companies.

Principle 8

Service providers for institutional investors should endeavor to contribute to the enhancement of the functions of the entire investment chain by appropriately providing services for institutional investors to fulfill their stewardship responsibilities.

Guidance

8-1. Service providers for institutional investors including proxy advisors and investment consultants for pensions should identify specific circumstances that may give rise to conflicts of interest, put in place a clear policy how to manage them effectively, develop structures for conflicts of interest management, and disclose such measures.

8-2. Proxy advisors should develop appropriate and sufficient human and operational resources, including setting up a business establishment in Japan in order to provide asset managers with proxy recommendations based on accurate information on specific companies. They should also disclose with specificity the voting recommendation process, including the above measures to assure transparency.

8-3. In providing proxy recommendations, proxy advisors should rely upon corporate disclosure, and actively exchange views with companies upon necessity.

Upon the request from a company that is the subject of a proxy recommendation, it is considered to contribute to secure accuracy of the information that is the basis for the recommendation and transparency that the proxy advisors provide the company with an opportunity to confirm whether such information is accurate, etc., and provide the submitted opinion of the company to their clients together with the recommendation.

Annex H:
List of members of the Council of Experts Concerning the Japanese Version of the Stewardship Code (as of August 5, 2013)

Chair	Kansaku Hiroyuki	Professor, University of Tokyo Graduate Schools for Law and Politics
Members	Ishida Takeyuki	Representative Director, Institutional Shareholder Services K. K.
	Takaaki Eguchi	Doctoral candidate (business law) at ICS, Hitotsubashi University; Part-time consultant at BlackRock Japan Co., Ltd. (Corporate Governance Team)
	Akiyoshi Oba	President & CEO, Tokio Marine Asset Management Co., Ltd.
	Toshiaki Oguchi	Representative Director, Governance for Owners Japan
	Junichi Kawada	Director, Senior Vice President, JX Holdings, Inc.
	Sakie Fukushima-Tachibana	President, G&S Global Advisors Inc.
	Wataru Tanaka	Associate Professor of Institute of Social Science, The University of Tokyo
	Muneaki Tokunari	Senior Managing Director, Mitsubishi UFJ Trust and Banking Corporation
	Akira Noguchi	Senior Executive Vice President, DIAM, Co., Ltd.
	Daisuke Hamaguchi	Chief Investment Officer, Pension Fund Association
	Takeshi Furuichi	Director and Executive Vice President, Nippon Life Insurance Company
	Sadayuki Horie	Senior Researcher, Nomura Research Institute, Ltd.
	Toshinao Matsushima	Representative Senior Executive Managing Director, Daiwa Asset Management Co., Ltd.
Managers	Saburo Sakamoto	Counsellor, Civil Affairs Bureau, Ministry of Justice
	Shunsuke Shirakawa	Counsellor, Japan's Economic Revitalization General Secretariat, Cabinet Secretariat
	Satoshi Miura	Director, Corporate System Division, Economic and Industrial Policy Bureau, Ministry of Economy, Trade and Industry
	Ryota Yasui	Director, Listing Department, Tokyo Stock Exchange, Inc

(In Japanese alphabetical order)

Annex I:
List of members of the Council of Experts on the Stewardship Code (as of December 4, 2019)

Chair	**Hiroyuki Kansaku***/**	Professor, University of Tokyo Graduate Schools for Law and Politics
Members	Takeyuki Ishida**	Representative Director, Institutional Shareholder Services K. K.
	Ryoko Ueda*	Senior Research Fellow, J-IRIS Research
	Taro Ogai	Managing Director, Towers Watson Investment Services K. K.
	Akiyoshi Oba*/**	Chairman, Japan Investment Advisers Association
	Joji Okada*	Senior Adviser, Japan Audit & Supervisory Board Members Association
	Yuri Okina*	Chairperson of the Institute, The Japan Research Institute, Limited
	Toshiaki Oguchi*/**	Representative Director, Governance for Owners Japan,
	Scott Callon	Chief Executive Officer, Ichigo Asset Management, Ltd.
	Hiroki Sampei*	Head of Engagement, FIL Investments (Japan) Limited
	Toshio Shibasaki	Managing Director, Eisai Employee's Pension Fund
	Yoshiko Takayama*	Managing Director, J-Eurus IR Co., Ltd.
	Kazuhiro Takei*	Partner, Attorney at Law (Nishimura & Asahi
	Wataru Tanaka **	Professor, Institute of Social Science, The University of Tokyo
	Hideaki Tsukuda*	CEO, Board Advisors Japan, Inc.
	Kazuhiko Toyama*	CEO, Industrial Growth Platform, Inc.
	Yuichi Haruta	Director of Economic and Social Policy Division, Department of Policy, JAPANESE TRADE UNION CONFEDERATION
	Ken Hokugo	Director, Head of Corporate Governance, Pension Fund Association
	Matsutani Hiroshi	Chairman, The Investment Trusts Association, Japan
	Yosuke Matsunaga	Senior Managing Director, Nippon Life Insurance Company
	Akihiro Matsuyama	Director, Mitsubishi Electric Corporation*

* Auch Mitglied im Follow-up Council 2020
** Ursprüngliches Mitglied der SC-Kommission

	Tetsuya Yonehana	Director and Senior Managing Executive Officer, Mitsubishi UFJ Trust and Banking Corporation
	Kerrie Waring*	Chief Executive Officer International Corporate Governance Network (ICGN)
Observers	Katsumi Ao	Executive Officer, Tokyo Stock Exchange, Inc.
	Riwa Sakamoto	Director, Corporate System Division, Economic and Industrial Policy Bureau, Ministry of Economy, Trade and Industry
	Toshikazu Takebayashi	Counsellor, Minister's Secretariat, Ministry of Justice
	Takashi Nishioka	Director, Actuarial Affairs Office of Private Pension Division, Pension Bureau, Ministry of Health, Labour and Welfare (MHLW)

Literaturverzeichnis

ACHARYA, VIRAL V./MYERS, STEWART C./RAJAN, RAGHURAM G.: The Internal Governance of Firms, 66:3 The Journal of Finance 689–720 (2011).

AHMADJIAN, CHRISTINA: Foreign Investors and Corporate Governance in Japan, in: M. Aoki et al. (Hrsg.): Corporate Governance in Japan. Institutional Change and Organizational Diversity (Oxford u. a. 2007), 125–150.

ALLEN, WILLIAM. T.: The Corporate Director's Fiduciary Duty of Care and the Business Judgement Rule, in: K. J. Hopt et al. (Hrsg.): Comparative Corporate Governance. The State of the Art and Emerging Research (Oxford 1998), 307–332.

AOKI, HIROKO: New Regulatory and Supervisory Architecture of Japan's Financial Markets, ZJapanR 12 (2001), 101–115.

AOKI, MASAHIKO: Toward an Economic Model of the Japanese Firm, 28:3 Journal of Economic Literature 1–27 (1990).

–: Toward a comparative institutional analysis (Cambridge, Mass. 2001).

–: Corporations in Evolving Diversity (Oxford 2010).

ARCOT, SRIDHAR/BRUNO, VALENTINA/FAURE-GRIMAUD, ANTOINE: Corporate governance in the UK: Is the comply or explain approach working?, International Review of Law and Economics 30 (2010), 193–201.

ARIKAWA, YASUHIRO/MIYAJIMA, HIDEAKI: Relationship Banking in Post-Bubble Japan: Coexistence of Soft- and Hard-Budget Constraints, in: M. Aoki et al. (Hrsg.): Corporate Governance in Japan. Institutional Change and Organizational Diversity (Oxford u. a. 2007), 51–78.

ARIYOSHI, NAOYA: *Nihon-han Suchuwādoshippu Kōdo he jitsumu taiō* [Praktische Umsetzung des Japan's Stewardship Code], Junkan Shōji Hōmu 2034 (2014), 18–29.

ARONSON, BRUCE E.: A Japanese CalPERS or a New Model for Institutional Investor Activism? Japan's Pension Fund Association and the Emergence of Shareholder Activism in Japan, 7:2 NYU Journal of Law & Business 571–639 (2010).

–: The Olympus Scandal and Corporate Governance Reform: Can Japan Find a Middle Ground between the Board Monitoring Model and Management Model?, ZJapanR 35 (2013), 85–106.

–: Case Studies of Independent Directors in Asia, in: D. W. Puchniak et al. (Hrsg.): Independent Directors in Asia. A Historical, Contextual and Comparative Approach (Cambridge 2017), 431–467.

ASAGI, SHINICHI: *Meiji, Taishō, Shōwa Zenki no Keizai Shakai no Hensen to Shōhōten: Sensō to Nihon Shihonshugi to Shōhōten* [Wandel der wirtschaftlichen Gesellschaft in Meiji, Taishō und Shōwa-Zeit und das Handelsgesetzbuch: Krieg, japanischer Kapitalismus und das Handelsgesetzbuch], Hōritsu jihō 71:7 (1999), 23–26.

ASSMANN, HEINZ-DIETER/FÖRSTER, CHRISTIAN: Gesellschaftsreform, Corporate Governance und Corporate Governance-Kodizes in Japan, in: H. Menkhaus/F. Sato (Hrsg.): Festschrift für Koresuke Yamauchi zum 60. Geburtstag (Berlin 2006), 11–29.

AUGSBERG, STEFFEN: Rechtsetzung zwischen Staat und Gesellschaft. Möglichkeiten differenzierter Steuerung des Kapitalmarktes (Berlin 2003).

AZAR, JOSÉ/SCHMALZ, MARTIN C./TECU, ISABEL: Anticompetitive Effects of Common Ownership, 73:4 Journal of Finance 1513–1565 (2018).

BACHMANN, GREGOR: Regelwerk und Rechtsgeschäft – Zur einseitgen Änderung privater Börsenregeln, WM 2001, 1793–1798.

–: Private Ordnung (Tübingen 2006).

–: Legitimation privaten Rechts, in: C. Bumke/A. Röthel (Hrsg.): Privates Recht (Tübingen 2012), 207–227.

–: Überlegungen zur Reform der Kodex-Regulierung, in: G. Krieger et al. (Hrsg.): Festschrift für Michael Hoffmann-Becking zum 70. Geburtstag (München 2013), 75–90.

–: Die Legitimation privater Macht, in: F. Möslein (Hrsg.): Private Macht (Tübingen 2016), 603–627.

–: Dialog zwischen Investor und Aufsichtsrat, in: Gesellschaftsrechtliche Vereinigung (Hrsg.): Gesellschaftsrecht in der Diskussion 2016 (Köln 2017), 135–180.

BAGGOT, ROB: Regulatory Reform in Britain: The Changing Face of Self-Regulation, Public Administration 67 (1989), 435–454.

BAINBRIDGE, STEPHEN M.: The new corporate governance in theory and practice (New York 2008).

BÄLZ, MORITZ/PFEIFER, MICHAEL: Self-Regulation in Private Law in Japan and Germany, ZJapanR Sonderheft 10 (2018), 261–280.

BASEDOW, JÜRGEN: The State's Private Law and the Economy, Commercial Law as an Amalgam of Public and Private Rule-Making, 56 Am. J. Comp. L 703–721 (2008).

BAUM, HARALD: Zur Diskussion über vergleichende Corporate Governance mit Japan, RabelsZ 62 (1998), 739–786.

–: Der japanische „Big Bang" 2001 und das tradierte Regulierungsmodell: ein regulatorischer Paradigmenwechsel?, RabelsZ 64 (2000), 633–659.

–: The Rise of the Independent Director in the West: Understanding the Origins of Asia's Legal Transplants, in: D. W. Puchniak et al. (Hrsg.): Independent Directors in Asia. A Historical, Contextual and Comparative Approach (Cambridge 2017), 21–57.

–: Internationale Trends als gesellschaftsrechtliche Reformimpulsgeber? Aktuelle Entwicklungen der Corporate Governance in Japan, in: S. Grundmann et al. (Hrsg.): Festschrift für Klaus J. Hopt zum 80. Geburtstag am 24. August 2020 (Berlin 2020), 33–46.

BAUM, HARALD/BÄLZ, MORITZ (Hrsg.): Handbuch Japanisches Handels- und Wirtschaftsrechts (Köln 2011).

BAUM, HARALD/FLECKNER, ANDREAS M./SUMIDA, MIHOKO: Haftung für Pflichtverletzungen von Börsen: Deutschland und Japan im Vergleich, RabelsZ 82 (2018), 697–740.

BAUM, HARALD/SCHAEDE, ULRIKE: Institutional Investors and Corporate Governance in Japanese Perspective, in: T. Baums et al. (Hrsg.): Institutional Investors and Corporate Governance (Berlin u. a. 1994), 610–664.

BAUMS, THEODOR: Bericht der Regierungskommission „Corporate Governance": Unternehmensführung – Unternehmenskontrolle – Modernisierung des Aktienrechts vom 15. August 2001, BTDrucks. 14/7515.

–: Unabhängige Aufsichtsratsmitglieder, ZHR 180 (2016), 697–706.

–: Institutionelle Investoren im Aktienrecht – Zur Umsetzung der ARUG II-Richtlinie, ZHR 2019, 605–616.

Bebchuk, Lucian A.: The Myth that Insulating Boards Serves Long-Term Value, 113 Colum. L. Rev. 1637–1687 (2013).

Bebchuk, Lucian A./Brav, Alon/Jiang, Wei: The Long-Term Effects off Hedge Fund Activism, 115 Colum. L. Rev. 1085–1155 (2015).

Bebchuk, Lucian A./Hirst, Scott: Index Funds And The Future Of Corporate Governance: Theory, Evidence, And Policy, 119 Colum. L. Rev. 2029–2145 (2019).

Bénabou, Roland/Tirole, Jean: Individual and Corporate Social Responsibility, 77 Economica 1–19 (2010).

Benes, Nicholas E.: *Jōjō kigyō ga mesasu besuto purakutisu no kōkō kijun wo – Nihon-han „Kōporēto gabanansu kōdo" no settei wo teian suru* [Ein *best practice* Verhaltensstandard – Vorschlag für einen japanischen „Corporate Governance Code"], *Hō to Keizai no jānaru* [Asahi Judiciary] vom 27. Januar 2014. Abrufbar unter: <https://webronza.asahi.com/judiciary/articles/2714012400001.html>.

Bernstein, Lisa: Opting out of the Legal System: Extralegal Contractual Relations in the Diamond Industry, 21:1 J. Legal Stud. 115–157 (1992).

Bhagat, Sanjai/Black, Bernard S.: The Non-Correlation Between Board Independence and Long Term Firm Performance, 27 The Journal of Corporation Law 231–274 (2001).

Bhagat, Sanjai/Bolton, Brian/Romano, Roberto: The Promise and Perils of Corporate Governance Indices, 108 Colum. L. Rev. 1803–1882 (2008).

Binder, Jens-Hinrich: Regulierungsinstrumente und Regulierungsstrategien im Kapitalgesellschaftsrecht (Tübingen 2012).

–: Self-Regulation Induced by the State in Germany, ZJapanR Sonderheft 10 (2018), 127–144.

Black, Bernard S.: Agents watching agents: The promise of institutional investor voice, 39 UCLA L. Rev. 811–888 (1992).

BMFSFJ (Bundesministerium für Familie, Senioren, Frauen und Jugend), Hrsg.: Evaluation des Gesetzes für die gleichberechtigte Teilhabe von Frauen und Männern an Führungspositionen in der Privatwirtschaft und im öffentlichen Dienst (FüPoG) vom Juni 2020, abrufbar unter: <https://www.bmfsfj.de/bmfsfj/themen/gleichstellung/frauen-und-arbeitswelt/quote-privatwitschaft/quote-fuer-mehr-frauen-in-fuehrungspositionen-privatwirtschaft-78562>.

Bredt, Stephan: Das Börsenrecht als Ausgleichsinstrument zwischen öffentlichem Auftrag, Trägerinteresse und Anforderungen der internationalen Finanzmärkte, WM 2013, 1839–1852.

Buchanan, John/Chai, Dominic Heesang/Deakin, Simon: Hedge Fund Activism in Japan (Cambridge 2012).

–: Taking a Horse to Water? Prospects for the Japanese Corporate Governance Code, ZJapanR 47 (2019), 69–109.

Buck-Heeb, Petra: Kapitalmarktrecht, 7. Aufl. (Heidelberg 2016).

Buck-Heeb, Petra/Dieckmann, Andreas: Selbstregulierung im Privatrecht (Tübingen 2010).

Burgard, Ulrich: Die börsenrechtliche Zulässigkeit des Zusammenschlusses der Deutsche Börse AG mit der NYSE Euronext im Blick auf die Frankfurter Wertpapierbörse – Teil I, WM 2011, 1973–1982.

Buxbaum, Richard M.: Comparative Aspects of Institutional Investments and Corporate Governance, in: T. Baums et al. (Hrsg.): Institutional Investors and Corporate Governance (Berlin u. a. 1994), 3–21.

Cadbury, Adrian: Report of the Committee on the Financial Aspects of Corporate Governance, abrufbar unter: <http://www.ecgi.org/codes/documents/cadbury.pdf>.

Calliess, Christian: Inhalt, Dogmatik und Grenzen der Selbstregulierung im Medienrecht, Zeitschrift für Medien- und Kommunikationsrecht (AfP) 2002, 465–475.

Calliess, Gralf-Peter/Zumbansen, Peer: Rough Consensus and Running Code (Oxford 2010).

CG-Kommission, *Kōporēto Gabanansu Kōdo no Settei ni kansuru Yūishiki-sha Kaigi* [Council of Experts Concerning the Corporate Governance Code]: *Kōporēto Gabanansu Kōdo Gen'an – kaisha no taizoku-teki na seichō to chūkan-teki na kigyō kachi no kōjō no tame ni* [Japan's Corporate Governance Code (Final Proposal): Seeking Sustainable Corporate Growth and Increased Corporate Value over the Mid- to Long-Term] vom 5. März 2015, abrufbar unter: <http://www.fsa.go.jp/news/26/sonota/20150305-1/04.pdf> (jap.) und <https://www.fsa.go.jp/en/refer/councils/corporategovernance/20150306-1/01.pdf> (engl. Übers.).

Cheffins, Brian R.: The Stewardship Code's Achilles' Heel, 73 The Modern Law Review 1004–1025 (2010).

–: The History of Corporate Governance, in: M. Wright et al. (Hrsg.): The Oxford Handbook of Corporate Governance 2013), 46–64.

Choi, Stephen/Fish, Jill/Kahan, Marcel: The Power of Proxy Advisors: Myth or Reality?, 58 Emory Law Journal 869–918 (2010).

Coffee, John C.: Racing towards the top: The impact of cross-listing and stock market competition on international corporate governance, 102 Colum. L. Rev. 1757–1831 (2002).

Colcera, Enrico: The market for corporate control in Japan: M&As, hostile takeovers and regulatory framework (Berlin u. a. 2007).

Conzelmann, Thomas/Wolf, Klaus Dieter: Doing Good While Doing Well? Potenzi, in: A. Hasenclever et al. (Hrsg.): Macht und Ohnmacht internationaler Institutionen (Frankfurt 2007), 145–175.

Cooter, Robert: Expressive Law and Economics, 27 J. Legal Stud. 585–608 (1998).

Cromme, Gerhard: Vorwort vom Vorsitzenden der Regierungskommission Deutscher Corporate Governance Kodex vom 26. Feburar 2002, abrufbar unter: <http://www.dcgk.de/de/kodex/archiv.html>.

Culpepper, Pepper D.: Quiet politics and business power (Cambridge u. a. 2011).

CVSG, *Kigyō Kachi Kenkyū-kai* [Corporate Value Study Group]: *Kigyō Kachi Hōkoku-sho – Kōsei na kigyō shakai no rūru keisei ni muketa teian* [Corporate Value Report] vom 27. Mai 2005.

–: *Kigyō Kachi Hōkoku-sho 2006 – Kigyō shakai ni okeru kōsei na rūru no teichaku ni mukete* [Corporate Value Report 2006: Toward the firm establishment of fair rules in the corporate community] vom 31. März 2006.

–: *Kinji no shokankyō no henka wo fumaeta baishū bō'ei-saku no arikata* [Takeover Defense Measures in Light of Recent Environmental Changes] vom 30. Juni 2008,

abrufbar jeweils unter: <http://www.meti.go.jp/policy/economy/keiei_innovation/keizaihousei/kachikenn.html> (jap. und engl. Übers.).

Dallas, Lyenne L.: Short-Termism, the Financial Crisis, and Corporate Governance, 37 The Journal of Corporation Law 264–363 (2011).

DAMRAU, JAN: Selbstregulierung im Kapitalmarktrecht (Berlin 2003).

DEDERER, HANS-GEORG: Korporative Staatsgewalt: Integration privat organisierter Interessen in die Ausübung von Staatsfunktionen (Tübingen 2004).

DERNAUER, MARC: Die japanische Gesellschaftsrechtsreform 2005/2006, ZJapanR 20 (2005), 123–162.

–: Terminology, Development, and Institutional Frame of Self-regulation in Japan, ZJapanR Sonderheft 10 (2018), 3–26.

DEUTSCHES AKTIENINSTITUT: Developing Shareholder Communication, Leitsätze für den Dialog zwischen Investor und Aufsichtsrat vom 5. Juni 2016, abrufbar unter: <https://www.dai.de/files/dai_usercontent/dokumente/pressemitteilungen/2016-07-05%20Leitsaetze%20fuer%20den%20Dialog%20zwischen%20Investor%20und%20Aufsichtsrat.pdf>.

DORE, RONALD: Insider Management and Board Reform: For Whose Benefit?, in: M. Aoki et al. (Hrsg.): Corporate Governance in Japan. Institutional Change and Organizational Diversity (Oxford u. a. 2007), 370–395.

DYCK, ALEXANDER/LINS, KARL V./ROTH, LUKAS/WAGNER, HANNES F.: Do institutional investors drive corporate social responsibility? International evidence, 113:3 Journal of Financial Economics 693–714 (2019).

EASTERBROOK, FRANK/FISCHEL, DANIEL R.: The Economic Structure of Corporate Law (Cambridge, Mass. u. a. 1996 [Reprint]).

The Economist: Back to the drawing board, 3. November 2012, 68.

–: Business in Japan: Meet Shinzo Abe, shareholder activist, 4. Juni 2015.

EFFINOWICZ, RUTH/BAUM, HARALD/BÄLZ, MORITZ/DERNAUER, MARC/KOZIOL, GABRIELE.: Zitierregeln 2020 für die Zeitschrift für Japanisches Recht vom 18. März. 2021, abrufbar unter: <https://www.zjapanr.de/ZJapanR_Zitierregeln_2020.pdf>.

EGASHIRA, KENJIRŌ: *Kaisha-hōsei no shōrai tenbō* [Zunkünftiger Ausblick auf das Unternehmensrecht], in: T. Uemura (Hrsg.): *Kigyō hōsei no genjō to kadai* [Lage und Probleme des Unternehmensrechts] (Tōkyō 2009), 115–132.

–: *Kaisha-hō kaisei no ronri to tenbō* [Logik einer Gesellschaftsrechtsreform und Ausblick], Junkan Shōji Hōmu 1940 (2011), 4–7.

–: *Kaisha-hō no kihon mondai* [Fundamental issues of corporation law] (Tokyo 2011).

–: *Jōjō kaisha to kabunushi* [Die börsennotierte Gesellschaft und Akitonäre], in: K. Egashira (Hrsg.): *Kabushiki kaisha-hō taikei* [System des Aktiengesellschaftsrechts] (Tōkyō 2013), 1–25.

–: *Kaisha-hō kaisei ni yotte Nihon no kaisha ha karawanai* [Durch die GesG-Reform werden sich japanische Gesellschaften nicht ändern], Hōritsu jihō 86:12 (2014), 59–65.

–: *Kōporēto gabanansu no mokuteki to shuhō* [Zweck und Methodik der Corporate Governance], 92:1 Waseda Hōgaku 95–117 (2016).

–: *Kabushiki Kaisha-hō* [Laws of Stock Corporations], 7. Aufl. (Tōkyō 2017).

EGASHIRA, KENJIRŌ/UEMURA, TATSUO/SAITŌ, MAKI/NAKAHIGASHI, MASAFUMI/OSAKI, YASUHIRO/KAWAMURA, KENJI.: *Shinpojiumu: Kaisha-hō kaisei no ronten to tenbō* [Symposium: Company Law Reform – the Theory and the Vision], Shihō 74 (2012), 101–148.

EGUCHI, TAKAAKI: *Kabushiki gaisha no shihai wo meguru kei'eisha to kabunushi to no aida no chikara kankei – kakukoku hikaku to Nihon no kabushiki mochi ai he no shisa* [Die Herrschaft über die Aktiengesellschaft im Bezug auf das Kräfteverhältnis zwischen Aktionären und Management – Ein Mehrländervergleich und dessen Hinweise für die japanischen Kreuzbeteiligungen], in: Z. Shishido (Hrsg.): *„Kigyō-hō" kaikaku no ronri* [Logik einer Reform des „Unternehmensrechts] (Tōkyō 2011), 206–226.

–: *Engējimento no jidai ni okeru kikan tōshika no yakuwari – Nihon ni okeru atarashii tōshika-sō kōshiku wo mesashite* [Die Rolle institutioneller Investoren im Zeitalter des *engagement* – Zur Konstruktion eines neuen Investorenleitbildes in Japan], Junkan Shōji Hōmu 2109 (2016), 24–34.

–: *Engējimento no jidai ni okeru kikan tōshika no yakuwari – Suchuwādoshippu to konpurai oa ekusupurein wo megutte* [Die Rolle institutioneller Investoren in der Engagement-Ära: Zu Stewardship und *Comply-or-explain*], in: Z. Shishido/G. Gotō (Hrsg.): *Kōporēto gabanansu kaikaku no teigen* [Reforming Corporate Governance] (Tōkyō 2016), 43–74.

Eguchi, Takaaki/Shishido Zenichi: The future of Japanese corporate governance: Japan's internal governance and development of Japanese-style external governance through engagement, in: J. G. Hill/R. S. Thomas (Hrsg.): Research Handbook on Shareholder Power (Cheltenham 2015), 552–571.

Eidenmüller, Horst: Kapitalgesellschaftsrecht im Spiegel der ökonomischen Theorie, JZ 2001, 1041–1051.

Eifert, Martin: Regulierungsstrategien, in: W. Hoffmann-Riem et al. (Hrsg.): Grundlagen des Verwaltungsrechts, Bd. 1, 2. Aufl. (München 2012), 1319–1394.

Eisele, Ursula Shibumi: Konzerneigenschaft horizontaler japanischer Unternehmensgruppen?, ZJapanR 17 (2004), 115–131.

Eisenberg, Melvin A.: The structure of the corporation: A legal analysis (Boston 1976).

–: Corporate Law and Social Norms, 99 Colum. L. Rev. 1253–1292 (1999).

–: The Architecture of American Corporate Law: Facilitation and Regulation, 2 Berkeley Business Law Journal 167–184 (2005).

Europäische Kommission: Grünbuch Corporate Governance in Finanzinstituten und Vergütungspolitik vom 02.06.2010, KOM(2010) 284 endgültig.

–: Grünbuch Europäischer Corporate Governance-Rahmen vom 5. April 2011, KOM(2011) 164 endgültig.

–: Empfehlung 2014/208/EU der Kommission vom 9. April 2014 zur Qualität der Berichterstattung über die Unternehmensführung („Comply or Explain") ABl. EU L 109/43.

European Company Law Experts: Shareholder Engagement and Identification vom February 2015, abrufbar unter: <https://europeancompanylawexperts.wordpress.com/publications/>.

Fama, Eugene F.: Market efficiency, long-term returns, and behavioral finance, Journal of Financial Economics 49 (1998), 283–306.

Feldman, Eric E.: The Tuna Court: Law and Norms in the World's Premier Fish Market, 94 California Law Journal 313–369 (2006).

Financial Reporting Council: UK Stewardship Code vom September 2012, abrufbar unter: <https://www.frc.org.uk/Our-Work/Publications/Corporate-Governance/UK-Stewardship-Code-September-2012.pdf>.

Fleischer, Holger: Zukunftsfragen der Corporate Governance in Deutschland und Europa: Aufsichtsräte, institutionelle Investoren, Proxy Advisors und Whistleblowers, ZGR 2011, 155–181.

–: Corporate Governance in Europa als Mehrebenensystem. Vielfalt und Verflechtung der Gesetzgeber, Standardsetzer und Verhaltenskodizes, ZGR 2012, 160–196.

Follow-up Council, *Suchuwādoshippu Kōdo oyobi Kōporēto Gabanansu Kōdo no Forōappu Kaigi* [The Council of Experts Concerning the Follow-up of Japan's Stewardship Code and Japan's Corporate Governance Code]: *Kōporēto Gabanansu Kōdo no taiō jōkyō to kongo no kaigoino un'ei hōshin* [Responses to the Corporate Governance Code and Next Steps] vom 20. Oktober 2015, abrufbar unter: <https://www.fsa.go.jp/singi/follow-up/statements.pdf> (jap.) und <https://www.fsa.go.jp/en/refer/councils/follow-up/statements.pdf> (engl. Übers.).

–: *Kaisha no taizoku-teki na seichō to chūchōki-teki na kigyō kachi no kōjō ni muketa torishimari yakkai no arikata* [Corporate Boards Seeking Sustainable Corporate Growth and Increased Corporate Value over the Mid- to Long-Term] vom 28. Februar 2016, abrufbar unter: <https://www.fsa.go.jp/singi/follow-up/statements_2.pdf> (jap.) und <https://www.fsa.go.jp/en/refer/councils/follow-up/statements_2.pdf> (engl. Übers.).

–: *Kikan tōshika ni yoru jikkō-teki suchuwādo shippu katsudō no arikata – Kigyō no taizoku-teki na seichō ni muketa ‚kensetsu-teki na taiwa' no jūjitsu no tame* [Effective Stewardship Activities of Institutional Investors – To Enhance Constructive Dialogue toward Sustainable Corporate Growth] vom 30. November 2016, abrufbar unter: <https://www.fsa.go.jp/singi/follow-up/statements_3.pdf> (jap.) und <https://www.fsa.go.jp/en/refer/councils/follow-up/statements_3.pdf> (engl. Übers.).

–: *Kōporēto Gabanansu Kōdo no kaitei to Tōshi-ka to Kigyō no Taiwa Gaidorain no settei ni tsuite* [Revision of the Corporate Governance Code and Establishment of Guidelines for Investor and Company Engagement] vom 26. März 2018, abrufbar unter: <https://www.fsa.go.jp/news/30/singi/20180326-1/01.pdf> (jap.) und <https://www.fsa.go.jp/en/news/2018/follow-up/20180330-1/01.pdf> (engl. Übers.).

–: *Kōporēto gabanansu kaikaku no sara naru suishin ni muketa kentō no hōkōsei* [Recommended Directions for Further Promotion of Corporate Governance Reform] vom 24. April 2019, abrufbar unter: <https://www.fsa.go.jp/singi/follow-up/statements_4.pdf> (jap.) und <https://www.fsa.go.jp/en/refer/councils/follow-up/material/20190410-1.pdf> (engl. Übers.).

–: *Corona-go no kigyō no henkaku ni muketa torishimari yakkai no kinō hakki oyobi kigyō no chūkaku jinzai no tayōsei no kakuho* [Board Effectiveness and Ensuring Diversity in the Core Human Resources in Companies for Post-COVID Transformation of Companies] vom 18. Dezember 2020, abrufbar unter: <https://www.fsa.go.jp/singi/follow-up/statements_5.pdf> (jap.) und <https://www.fsa.go.jp/en/refer/councils/follow-up/statements_5.pdf> (engl. Übers.).

–: *Kōporēto Gabanansu Kōdo to Tōshika to Kigyō no Taiwa Gaidorain no Kaitei ni tsuite* [Revisions of Japan's Corporate Governance Code and Guidelines for Investor and Company Engagement] vom 6. April 2021, abrufbar unter: <https://www.fsa.go.jp/news/r2/singi/20210406.html> (jap.) und <https://www.fsa.go.jp/en/news/2021/20210406/01.pdf> (engl. Übers.).

Förster, Christian: Internationale Corporate Governance Kodizes – insbesondere das Problem der Mehrrechtsaktien, in: H.-D. Assmann et al. (Hrsg.): Markt und Staat in einer globalisierten Wirtschaft: japanisch-deutsches Symposium in Kyoto vom 18. bis 20. September 2008 (Tübingen 2010), 203–225.

Franck, Jens-Uwe: Machtquellen: Grundlagen privater Machtpositionen, in: F. Möslein (Hrsg.): Private Macht (Tübingen 2016), 529–562.

FSA, *Kin'yū Shingi-kai* [Financial System Council]: *Chūkan Seiri* [Zwischenanordnung] vom Juli 2005, abrufbar unter: <https://www.fsa.go.jp/singi/singi_kinyu/siryou/kinyu/dai1/f-20050707_d1sir/a.pdf> (jap.).

–: *Wagakuni kin'yū/shihon shijō no kokusai-ka ni kansuru sutadi gurūpu hōkoku* [Report by the Financial System Council's Study Group on the Internationalization of Japanese Financial and Capital Markets] vom 17. Juni 2009, abrufbar unter: <http://www.fsa.go.jp/singi/singi_kinyu/tosin/20090617-1.html> (jap.).

–: *Disukurōjā wākingu gurūpu hōkoku – kensetsu-teki na taiwa no teishin ni mukete* [Report by „Working Group on Corporate Disclosure" of the Financial System Council – Promoting Constructive Dialogue] vom 18. April 2016, abrufbar unter: <http://www.fsa.go.jp/singi/singi_kinyu/tosin/20160418-1.html> (jap.).

–: *Shijō wākingu gurūpu „Shijō kōsō semon gurūpu" hōkokusho „Reiwa jidai ni okeru kigyō to tōshika no tame no arata na shijō ni mukete"* [Final Report by the Expert Study Group on the Structure of Capital Markets in Japan – A New Equity Market Structure Serving for Companies and Investors in the New Era of Reiwa] vom 27. Dezember 2019, abrufbar unter: <https://www.fsa.go.jp/singi/singi_kinyu/market-str/report/20191227.html> (jap.).

FSA, *Suchuwādoshippu Kōdo ni kansuru Yūishiki-sha Kentō-kai (Reiwa kan'nen nendo)* [The Council of Experts on the Stewardship Code (FY 2019)]: *Suchwāshippu Kōdo no sai-kaitei ni atatte* [Second Revision of the Stewardship Code] vom 24. März 2020, abrufbar unter: < https://www.fsa.go.jp/news/29/singi/20170529/01.pdf> (jap.) sowie <https://www.fsa.go.jp/en/refer/councils/stewardship/20200324/01.pdf> (engl. Übers.).

Fujita, Tomotaka: *Hādo rō no kage no moto de no shiteki chitsujo keisei* [Private Ordering im Schatten des hard law], in: N. Nakayama/T. Fujita (Hrsg.): *Sofuto rō no kiso riron* [Theory of Soft Law] (Tōkyō 2008), 227–245.

–: Case 29: Tōkyō High Court, 23 March 2005 – ‚Livedoor' with comment, in: M. Bälz (Hrsg.): Business Law in Japan – cases and comments: intellectual property, civil, commercial and international private law (Alphen aan den Rijn 2012), 313–322.

–: Corporate Governance and the Rule of Soft Law, UT Soft Law Review 5 (2013), 9–14.

–: *Sofuto rō no kiso riron* [Theory of Soft Law], Soft Law Journal 22 (2013), 1–14.

–: *„Shagai torishimariyaku/torishimari yakkai ni kitai suru yakuwari – Nihon tori shimari yaku kyōkai no teigen" wo yonde* [Anmerkungen zum Vorschlag der JACD „Roles Expected of Outside Directors and Boards of Directors"], Junkan Shōji Hōmu 2038 (2014), 4–17.

Fujita, Tomotaka/Matsumura, Toshihiro: *Shakai kihan no hō to keizai – so no ronri-teki tenbō* [The Law and Economics of Social Norms: Theoretical Perspective], Soft Law Journal 1 (2005), 59–103.

–: The Evolution of Social Norm: Economic Modeling, UT Soft Law Review 5 (2013), 35–52.

Fujita, Tomotaka/Sawaguchi, Minoru: *Kore kara no kaisha jitsumu* [Künftige Gesellschaftspraxis], Jurisuto 1500 (2016), 2–18.

Funatsu, Koji: *Doitsu no kōporēto gabanansu kōdo* [Deutscher Corporate Governance Kodex], Dōshisha hōgaku 68:1 (2016), 399–434.

Gilson, Ronald J.: The poison pill in Japan: The missing infrastructure, 2004 Colum. Bus. L. Rev. 21–44 (2004).

GILSON, RONALD J./GORDON, JEFFREY N.: The Agency Costs Of Agency Capitalism: Activist Investors And The Revaluation Of Governance Rights, 113 Colum. L. Rev. 863–927 (2013).

GILSON, RONALD J./KRAAKMAN, REINIER: The Mechanisms of Market Efficiency Twenty Years Later: The Hindsight Bias, 28 The Journal of Corporation Law 715–742 (2003).

GILSON, RONALD J./MILHAUPT, CURTIS J.: Choice as Regulatory Reform: The Case of Japanese Corporate Governance, 53 Am. J. Comp. L 343–377 (2005).

GILSON, RONALD J./ROE, MARC J.: Understanding the Japanese Keiretsu: Overlaps Between Corporate Governance and Industrial Organization, 102 Yale Law Journal 871–906 (1993).

–: Lifetime Employment: Labor Peace and the Evolution of Japanese Corporate Governance, 99 Colum. L. Rev. 508–540 (1999).

GNEEZY, URI/RUSTICHINI, ALDO: A Fine is a Price, 29 J. Legal Stud. 1–17 (2000).

GOETTE, WULF: Zum Prinzip des comply or explain und der Notwendigkeit einer „inhaltlich einheitlichen" Entsprechenserklärung nach § 161 AktG, in: B. Erle et al. (Hrsg.): Festschrift für Peter Hommelhoff: zum 70. Geburtstag (Köln 2012), 257–274.

GOETTE, WULF/HABERSACK, MATHIAS (Hrsg.): Münchener Kommentar zum Aktiengesetz, Bd. 2, §§ 76–117, MitbestG, DrittelbG, 5. Aufl. (München 2019).

GORDON, JEFFREY N.: The Rise of Independent Directors in the United States, 1950–2005: of Shareholder Value and Stock Market Prices, 59 Stanford Law Review 1465–1568 (2007).

GOTŌ, GEN: The Outline for the Companies Act Reform in Japan and Its Implications, ZJapanR 35 (2013), 13–38.

–: *Heisei 26nen kaisei no gaiyō (sōron)* [Übersicht über die Reform von 2014 (Einführung)], in: H. Kanda (Hrsg.): *Heisei 26nen Kaisei Kaisha-hō* [Das reformierte Gesellschaftsgesetz von 2014] (Tōkyō 2015), 1–16.

–: *Shagai torishimari-yaku dokuritsu torishimari-yaku ha do no yō na yakuwari wo kitai sarete iru no ka – kin'ji no kigyō tōji kaikaku no kōka no kenshō ni mukete* [Welche Rolle ist von den externen/unabhängigen Direktoren zu erwarten? Bestätigung des Effekts der jüngsten Corporate Governance Reformen], in: Z. Shishido/G. Gotō (Hrsg.): *Kōporēto gabanansu kaikaku no teigen* [Reforming Corporate Governance] (Tōkyō 2016), 215–247.

–: The Logic and Limits of Stewardship Codes: The Case of Japan, 15:2 Berkeley Business Law Journal 365–408 (2018).

GOTŌ, GEN/MATSUNAKA, MANABU/KOZUKA, SOUICHIROU: Japan's Gradual Reception of Independent Directors: An Empirical and Political-Economic Analysis, in: D. W. Puchniak et al. (Hrsg.): Independent Directors in Asia. A Historical, Contextual and Comparative Approach (Cambridge 2017), 135–175.

GRUNDMANN, STEFAN/MICKLITZ, HANS-WOLFGANG/RENNER, MORITZ: Privatrechtstheorie (Tübingen 2015).

HABERSACK, MATHIAS: Gutachten E: Staatliche und halbstaatliche Eingriffe in die Unternehmensführung, in: Verhandlungen des 69. Deutschen Juristentages München (München 2012).

HALEY, JOHN. O.: Authority without Power (New York 1991).

–: Japanese Perspectives and the Aesthetic Function of Law, in: K. J. Hopt et al. (Hrsg.): Corporate Governance in Context. Corporations, States, and Markets in Europe, Japan, and the US (Oxford 2005), 205–214.

HAYAKAWA, MASARU: Die Zulässigkeit von Abwehrmaßnahmen im sich entwickelnden japanischen Übernahmerecht, in: S. Grundmann et al. (Hrsg.): Festschrift für Klaus J. Hopt zum 70. Geburtstag am 24. August 2010: Unternehmen, Markt und Verantwortung, Bd. 2 (Berlin 2010), 3081–3104.

HELLGARDT, ALEXANDER/HOGER, ANDRES: Transatlantische Konvergenz der Aktionärsrechte – Systemvergleich und neuere Entwicklungen, ZGR 2011, 38–82.

HIRODA, SHINICHI: *Nihon no daikigyō no hikin chōtachi – Kigyō no sonzokukakuritsu saidaika no kanten kara* [Die Kapitalbeschaffung der großen japanischen Unternehmen – Vom Standpunkt der Maximierung der Forführungswahrscheinlichkeit des Unternehmens aus betrachtet], in: H. Miyajima (Hrsg.): *Nihon no kigyō tōji* [Die japanische Unternehmensführung] (Tōkyō 2011), 367–408.

HIRSCHMAN, ALBERT O.: Exit, voice, and loyalty: Responses to decline in firms, organizations, and states (Cambridge, Mass. 1970).

HIRT, HANS-CHRISTOPH: Perspektive aus der Praxis: Das Verhältnis zwischen institutionellen Anlegern und Vermögensverwaltern als Ansatzpunkt zur Weiterentwicklung der Corporate Governance, ZGR 2012, 280–290.

HIRT, HANS-CHRISTOPH/HOPT, KLAUS J./MATTHEUS, DANIELA: Dialog zwischen dem Aufsichtsrat und Investoren, AG 2016, 725–739.

HOFFMANN-BECKING, MICHAEL: Zehn kritische Thesen zum Deutschen Corporate Governance Kodex, ZIP 2011, 1173–1176.

HOFFMANN-RIEM, WOLFGANG: Öffentliches Recht und Privatrecht als wechselseitige Auffangordnungen – Systematisierung und Entwicklungsperspektiven, in: W. Hoffmann-Riem/E. Schmidt-Aßmann (Hrsg.): Öffentliches Recht und Privatrecht als wechselseitige Auffangordnungen (Baden-Baden 1996), 261–336.

HOHL, PATRICK: Private Standardsetzung im Gesellschafts- und Bilanzrecht, Bd. 44 (Berlin 2007).

HOMMELHOFF, PETER: Aktuelle Impulse aus dem europäischen Unternehmensrecht: Eine Herausforderung für Deutschland, NZG 2015, 1329–1336.

HOPT, KLAUS J.: ECLR – Gemeinsame Grundsätze der Corporate Governance in Europa? Überlegungen zum Einfluß der Wertpapiermärkte auf Unternehmen und ihre Regulierung und zum Zusammenwachsen von common law und civil law im Gesellschafts- und Kapitalmarktrecht, ZGR 2000, 779–818.

–: Vergleichende Corporate Governance – Forschung und internationale Regulierung, ZHR 175 (2011), 444–526.

–: Der Deutsche Corporate Governance Kodex: Grundlagen und Praxisfragen, in: G. Krieger et al. (Hrsg.): Festschrift für Michael Hoffmann-Becking zum 70. Geburtstag (München 2013), 563–587.

–: Europäisches Gesellschaftsrecht im Lichte des Aktionsplans der Europäischen Kommission, ZGR 2013, 165–215.

HOPT, KLAUS J./LEYENS, PATRICK C.: Der Deutsche Corporate Governance Kodex 2020. Grundsatz- und Praxisprobleme, ZGR 2019, 929–995.

HOSHI, TAKEO: Japanese Corporate Governance as a System, in: K. J. Hopt et al. (Hrsg.): Comparative Corporate Governance. The State of the Art and Emerging Research (Oxford 1998), 847–875.

IGUCHI, JŌJI: *Daburu kōdo jidai no kikan tōshika no torikumi ni tsuite* [Zur Vorgehensweise institutioneller Investoren in der Double-Code-Ära], Junkan Shōji Hōmu 2101 (2016), 16–22.

IIDA, HIDEFUSA/KATŌ, TAKAHIRO/KANSAKU, HIROYUKI/KANDA, HIDEKI/GOTŌ, GEN/TANAKA, WATARU/FUJITA, TOMOTAKA.: *„Kaisha-hōsei (Kigyō tōji-tō kankei) no minaoshi ni kansuru yōkō" no kentō* [Besprechung des „*Yōkō*-Entwurfs zur Reform des Gesellschaftsrechts (Unternehmensführung etc.)"], Soft Law Journal 29 (2019), 21–146.

IIDA, KAZUHIRO: *Baishū bō'ei-saku no dōnyū ni kakawaru jōjō seido no seibi* [Börsenregelungen zur Einführung von Abwehrmaßnahmen gegen Übernahmen], Junkan Shōji Hōmu 1760 (2007), 18–24.

ISS (International Shareholder Services): Japan Proxy Voting Guidelines: Benchmark Policy Recommendations. Effective for Meetings on or After February 1, 2020 vom 19.11.2019, abrufbar unter: <https://www.issgovernance.com/policy-gateway/voting-policies/>.

ISHIDA, TAKEYUKI: *2016nen ISS giketsuken kōshi jogen hōshin* [Die ISS Richtlinien zur Stimmrechtsausübung 2016], Junkan Shōji Hōmu 2093 (2016), 23–34.

ITAMI, HIROYUKI: *Jinpon shugi kigyō* [Das Unternehmen im „humanen Kapitalismus"] (Tōkyō 1987).

ITŌ, KUNIO: *„Jizoku-teki seichō he no kyōsōryoku to insentibu – Kigyōto tōshika no nozomashii kankei kōsō" purojekuto (Itō Repōto)* [Ito Review of Competitiveness and Incentives for Sustainable Growth – Building Favorable Relationships between Companies and Investors] vom August 2014, abrufbar unter: <https://www.meti.go.jp/policy/economy/keiei_innovation/kigyoukaikei/pdf/itoreport.pdf> (jap.) und <http://www.meti.go.jp/english/press/2014/pdf/0806_04b.pdf> (engl. Übers.).

ITŌ, YUJI: Das japanische Gesellschaftsrecht: Entwicklungen und Eigentümlichkeiten, Institute for Law and Finance/Working Paper Series 125 (2011). Abrufbar unter: <http://publikationen.ub.uni-frankfurt.de/frontdoor/index/index/docId/20996>.

IWAHARA, SHINSAKU: *Heisei 26nen kaisha-hō kaisei no igi* [Bedeutung der Reform des Gesellschaftsgesetzes von 2014], Jurisuto 1472 (2014), 11–17.

IWAI, KATSUHITO: The Nature of the Business Corporation: Its Legal Structures and Economic Functions, 53:2 The Japanese Economic Review 243–273 (2002).

IWAKURA, TOMOAKI: *Shōken kaisha wo meguru sofuto rō: Jisshū kisei rūru wo chūshin ni* [Soft Law zu Wertpapierfirmen: Regeln der Selbstregulierung im Fokus], Soft Law Journal 5 (2006), 119–140.

–: *Shōken shijō wo meguru sofuto rō: Jisshu kisei rūru wo chūshin ni* [Soft Law im Wertpapiermark: Selbstregulierung im Fokus], in: N. Nakayama/H. Kanda (Hrsg.): *Shijō Torihiki to Sofuto Rō* [Soft Law and Commerce] (Tōkyō 2009), 33–54.

IWAMURA, MASAHIKO: Reflections on the Past 10 Years of the Soft Law Project, abrufbar unter: <http://www.gcoe.j.u-tokyo.ac.jp/en/greetings_E.pdf> (engl.).

IZUMIDA, EI'ICHI: *Kaisha-hōron* [Gesellschaftsrechtslehre] (Tōkyō 2009).

JACD, *Nihon Torishimari-Yaku Kyōkai* [Japan Association of Corporate Directors]: *Kigyō no taizoku seichō ni muketa ‚Seme no kōporēto gabanansu' ni mukete – Kōporēto Ganbanansu Kōdo (Nihon Torishimari-Yaku Kyōkai-an)* [Zur „wachstumsorientierten Governance" für ein nachhaltiges Unternehmenswachstum: Corporate Governance Code (Vorschlag der JACD)] vom 6. Oktober 2014, abrufbar unter: <http://www.jacd.jp/news/gov/141006_01report.pdf>.

–: *Nihon-han Suchuwādoshippu Kōdo no kaitei ni kansuru teigen* [Vorschlag zur Reform des ‚Japan's Stewardship Code'] vom 10. Januar 2017, abrufbar unter: <http://www.jacd.jp/news/law/170110_post-172>.

Jacoby, Sanford M.: Convergence by Design: The Case of CalPERS in Japan, 55 Am. J. Comp. L 239–293 (2007).

Jones, Colin P. A.: Who gains from corporate governance in Japan?, The Japan Times vom 12. März 2017 (online). Abrufbar unter: <http://www.japantimes.co.jp/community/2017/03/12/issues/gains-corporate-governance-japan/#.WMbNaBiX-V4>.

Kahan, Marcel: The Limited Significance of Norms for Corporate Governance, 149 University of Pennsylvania Law Review 1869–1900 (2000–01).

Kämmerer, Jörn Axel: Selbstregulierung am Beispiel des Kapitalmarktrechts. Eine normativ-institutionelle Positionsbestimmung, in: K. J. Hopt et al. (Hrsg.): Kapitalmarktgesetzgebung im europäischen Binnenmark (Tübingen 2008), 145–163.

Kanda, Hideki: Politics, Formalism, and the Elusive Goal of Investor Protection: Regulation of Structured Investment Funds in Japan, 12 University of Pennsylvania Journal of International Business Law 569–588 (1991).

–: Legal Explanations on Bank Behaviour, in: K. J. Hopt et al. (Hrsg.): Corporate Governance in Context. Corporations, States, and Markets in Europe, Japan, and the US (Oxford 2005), 567–569.

–: *Kigyo no shakai-teki sekinin wo meguru kihan sakusei – Nihon keidanren no kigyo kōdō kenshō ya OECD no takokuseki kigyo kōdō shishin wo rei to shite* [Erstellung von Standards zur Corporate Resposibility – am Beispiel der Keidanren Unternehmenscharta sowie der OECD *Guidelines for multinational enterprises*], in: N. Nakayama/T. Fujita (Hrsg.): *Sofuto rō no kiso riron* [Theorie of Soft Law], Bd. 1 (Tōkyō 2008), 153–166.

–: *Jōjō kaisha ni kansuru kaisha-hōsei no shōrai* [Zukunft des rechtlichen Rahmens für börsennotierte Gesellschaften], Kin'yū Hōmu Jihō 1909 (2010), 18–30.

–: *Shijō torihiki to sofuto rō* [Soft Law and Commerce], Soft Law Journal 22 (2013), 29–39.

–: *Tokushū ni atatte* [Zu diesem *Special Feature*], Jurisuto 1484 (2015), 14–17.

–: *Sōkatsu ni kaete* [Anstelle einer Zusammenfassung], Junkan Shōji Hōmu 2103 (2016), 24–25.

–: *„Kaisha-hōsei (kigyō tōji-tō kankei) no minaoshi ni kansuru yōkō-an“ no kaisetsu (IV)* [Erläuterungen zum „*Yōkō*-Entwurf zur Reform des Gesellschaftsrechts (Unternehmenführung etc.)“ (IV)], Junkan Shōji Hōmu 2195 (2019), 4–12.

–: *Kaisha-hō* [Gesellschaftsrecht], 22. Aufl. (Tōkyō 2020).

Kanda, Hideki/Fujita, Tomotaka: *Kabushiki kaisha no tokuchō, tayōsei, henka* [Die Besonderheiten, Vielfalt und Wandel der Aktiengesellschaft], in: Y. Miwa et al. (Hrsg.): *Kaishahō to keizaigaku* (Tōkyō 1998), 453–485.

Kanda, Hideki/Katō, Takahito/Karatsu, Kei'ichi/Kansaku, Hiroyuki/Tanaka, Wataru/Fujita, Tomotaka.: *Zadankai: Heisei 26-nen Kaisha-hō kaisei no kentō* [Conversazione: The Examination of the 2014 Revision of Companies Act], Soft Law Journal 24 (2014), 51–149.

Kanda, Hideki/Kitagawa, Takashi/Sanpei, Hiroki/Seki, Takaya/Takei, Kazuhiro.: *Kōporēto Gabanansu Kōdo wo ikasu kigyō no seichō senryaku – „Seme no gabanansu“ no jissen ni mukete* [Wachsstumsstrategie der Unternehmen zur Umsetzung des Corporate Governance Codes – Zur Praxis der „growth-oriented governance“], Junkan Shōji Hōmu 2055 (2015), 8–39, fortgesetzt in Junkan Shōji Hōmu 2056 (2015), 4–17.

Kanda, Hideki/Kuronuma, Etsurō/Shizuka, Masaki/Ōuchi, Takatsugu/Takei, Kazuhiro.: *Zadankai: Kaisha-hō to kin'yū shōhin torihiki-hō no kōsaku to kongo no kadai (ge)* [Verwicklungen und künftige Probleme von Gesellschaftsgesetz und Finanzprodukte- und Börsengesetz (III)], Junkan Shōji Hōmu 1823 (2008), 13–20.

Kanda, Hideki/Niihara, Hiroaki/Kimura, Yūki/Takei, Kazuhiro: *Kigyō Kachi Kenkyū-kai hōkoku to kongo no baishū bō'ei-saku no arigata* [Der Bericht der Corporate Value Study Group und der künftige Zustand der Abwehrmaßnahmen gegen Übernahmen], Junkan Shōji Hōmu 1842 (2008), 4–14, fortgesetzt in Junkan Shōji Hōmu 1843 (2008), 34–41.

Kanda, Hideki/Yamashita, Tomonobu (Hrsg.): *Kin'yū shōhin torihiki-hō gaisetsu* [Financial Instruments and Exchange Act] (Tōkyō 2010).

Kansaku, Hiroyuki: Private Ordering auf dem Finanz- und Kapitalmarkt, in: H.-D. Assmann et al. (Hrsg.): Markt und Staat in einer globalisierten Wirtschaft. Japanisch-deutsches Symposium in Kyoto vom 18. bis 20. September 2008 (Tübingen 2010), 145–167.

–: *Kōporēto gabanansu kōdo no hōseiteki kentō – hikakuhō no kanten kara* [Rechtliche Untersuchung des Corporate Governance Codes – Aus dem Blickwinkel der Rechtsvergleichung], Junkan Shōji Hōmu 2068 (2015), 13–23.

–: *Nihon-han Suchuwādoshippu Kōdo to shihon shijō* [Der japanische Stewardship Code und der Kapitalmarkt], in: Shihon Shijō Kenkyū-kai (Hrsg.): *Kigyō-hōsei no shōrai tenbō – shihon shijō no kaikaku he no teigen* [Aussichten für das System des Unternehmensrechts – Vorschlag für eine Reform des Kapitalmarkts] (Tōkyō 2015), 104–138.

–: *Daburu kōdo tekiyō-ka no kōporēto gabanansu ni kakawaru seidomen no dōkō* [Entwicklung der systematischen Seite der Corporate Governance unter der Anwendung des Doppel-Codes], Junkan Shōji Hōmu 2101 (2016), 4–15.

–: The Role of Shareholders in Public Companies, in: H. Fleischer et al. (Hrsg.): German and Asian Perspectives on Company Law (Tübingen 2016), 243–274.

–: *Nihon-han Suchuwādoshippu Kōdo no kihan-sei ni tsuite* [Zur Rechtsnatur des japanischen Stewardship Code], in: E. Kuronuma/T. Fujita (Hrsg.): *Kigyō-hō no shinro. Egashira Kenjirō sensei koki kinen* [Wege des Unternehmensrechts. Festschrift für Prof. Kenjirō Egashira zum 70. Geburtstag] (Tōkyō 2017), 1005–1044.

–: Genuine Self-regulation in Japanese Capital Markets: The Stewardship Code – In Comparison with the Corporate Governance Code, ZJapanR Sonderheft 10 (2018), 61–82.

–: *Shagai torishimari-yaku: Sennin no gimutsuke, gyōmu jikkō no itaku* [Externe Direktoren: Verplichtung zur Wahl, Delegation der Geschäftsführung], Jurisuto 1542 (2020), 40–46.

Kansaku, Hiroyuki/Manzawa, Yōko/Matsuo, Naohiko/Ōsaki, Sadakazu/Masakazu, Shirai/Yanaga, Masao.: Japanese Financial Instruments and Exchange Act (Tōkyō 2018).

Kansaku, Hiroyuki/Matsui, Hideki/Matsuki, Kazumichi/Inoue, Yuri/Motomura, Takeshi.: *Haiburiddo moderu no torishimari yakukai nado ni okeru kei'ei handan to seme no gabanansu (jō)* [Unternehmerische Entscheidung und *growth-oriented governance* u. a. im Verwaltungsrat des Hybridmodells (1)], Junkan Shōji Hōmu 2089 (2016), 8–31.

Kasahara, Motokazu: *„Sekinin aru kikan tōshika no sho-gensoku" «Nihon-han Suchuwādoshippu Kōdo» no gaiyō* [Synopse zu den „Principles for Responsible Institutional Investors“ «Japan’s Stewardship Code»], Junkan Shōji Hōmu 2029 (2014), 59–71.

Katō, Takahito: *Shōken torihiki-jo to jōjō kigyō no kanri* [Wertpapierhandelsplätze und die Aufsicht über börsennotierte Unternehmen], in: E. Kuronuma/T. Fujita (Hrsg.): *Kigyō-hō no riron: Egashira Kenjirō sensei kanreki kinen* [Theorie des Unternehmensrechts: Festschrift für Prof. Kenjiro Egashira zum 60. Geburstag], Bd. 2 (Tōkyō 2007), 683–721.

–: *Kōporēto gabanansu wo meguru rūru no konbājensu* [The Convergence in Corporate Governance Rules], Soft Law Journal 18 (2011), 55–83.

–: Legitimacy and Limits of Self-regulation in Japan, ZJapanR Sonderheft 10 (2018), 183–196.

–: *Suchuwādoshippu Kōdo no riron-teki kōsatsu: Kikan tōshi-ka no insentibu kōzō no kanten kara* [Theoretische Gedanken zum Stewardship Code: Ausgehend von der Anreizstruktur institutioneller Investoren], Jurisuto 1515 (2018), 16–21.

Kawamura, Hisanaga: *Softo rō ni yoru koporēto gabanansu* [Corporate Governance unter Soft Law], Hōritsu jihō 91:3 (2019), 25–31.

Kawamura, Kenji: *Jishu kisei to kaisha-hō – Shōken torihiki-jo ni yoru jōjō kaisha kisei wo chūshin ni shite* [Selbstregulierung und Gesellschaftsrecht – anhand der Börsenregeln für gelistete Unternehmen], Junkan Shōji Hōmu 1940 (2011), 51–61.

Kawasaki, Ken: Nihon Keizai Shinbun vom 28 Februar 2015 (Chō-kan), 16: *„Kinoko no ran“ ga arawasu michi. Nihon no M&A, ippo zenshin* [Der von „*Kinoko no Ran*“ aufgezeigte Weg. Ein Fortschritt im japanischen M&A].

Kay, John: The Kay Review of UK Equity Markets and Long-Term Decision Making vom Juli 2012, abrufbar unter: <https://www.gov.uk/government/uploads/system/uploads/attachment_data/file/253454/bis-12-917-kay-review-of-equity-markets-final-report.pdf>.

Kim, Kon-Sik: *Kigyō shihai kōzō no henka – Nihon, Kankoku, Chūgoku no keiken wo sozai ni shite* [Die Strukur der Unternehmenskontrolle im Wandel – Auf Basis der Erfahrungen in Japan, Korea, China], in: S. Iwahara et al. (Hrsg.): *Kaisha, Kin'yū, Hō* [Gesellschaft, Finanzen, Recht], Bd. 1 (Tōkyō 2013), 135–185.

Kirchhof, Ferdinand: Private Rechtsetzung (Berlin 1987).

Kirchwehm, Oliver: Reformen des Corporate Governance in Japan und Deutschland (Frankfurt a. M. 2010).

Kirstein, Roland/Preiss, Matthias: Quantitavie Machtkonzepte in der Ökonomie, in: F. Möslein (Hrsg.): Private Macht (Tübingen 2016), 91–117.

Kitagawa, Tetsuo: *Suchuwādo shippu to kōporēto gabanansu. 2tsu no kōdo ga kaeru Nihon no kigyō, keizai, shakai* [Stewardship und Corporate Governance. Zwei Kodizes verändern Japans Unternehmen, Wirtschaft, Gesellschaft] (Tōkyō 2015).

Kleindiek, Detlfef: Anfechtbarkeit von Entlastungsbeschlüssen wegen unrichtiger Entsprechenserklärung nach § 161 AktG, in: M. Habersack/W. Goette (Hrsg.): Festschrift für Wulf Goette zum 65. Geburtstag (München 2011), 239–252.

Knauff, Matthias: Der Regelungsverbund (Tübingen 2010).

Köndgen, Johannes: Privatisierung des Rechts, AcP 206 (2006), 477–525.

Kondo, Mitsuo/Yoshihara, Kazushi/Kuronuma, Etsurō: *Kin'yū shōhin torihiki-hō nyūmon* [Einführung in das Finanzprodukte- und Börsengesetz], 4 Aufl. (Tōkyō 2015).

Kort, Michael: Corporate Governance-Grundsätze als haftungsrechtlich relevante Verhaltensstandards?, in: G. Bitter (Hrsg.): Festschrift für Karsten Schmidt zum 70. Geburstag (Köln 2009), 945–964.

Kozuka, Souichirou: *Keisei shutai no kawa kara mita sofuto rō – sofuto rō wo keisei suru „dantai"* [Soft law gesehen aus der Sicht der gestaltenden Subjekte – Die gestaltenden „Organisationen"], in: N. Nakayama/T. Fujita (Hrsg.): *Sofuto rō no kiso riron* [Theory of Soft Law], Bd. 1, Shohan (Tōkyō 2008), 101–121.

Kraakman, Reinier H./Armour, John/Davies, Paul/Enriques, Luca/Hansmann, Henry B./Hertig, Gérard/Hopt, Klaus J./Kanda, Hideki/Pargendler, Mariana/Ringe, Wolf-Georg/Rock, Edward B.: The anatomy of corporate law, 3rd. ed. (Oxford u. a. 2017).

Kremer, Thomas/Bachmann, Gregor/Lutter, Marcus/v. Werder, Axel. (Hrsg.): Kommentar zum Deutschen Corporate Governance Kodex, 7. Aufl. (München 2018).

Krieger Gerd: Corporate Governance und Corporate Governance Kodex in Deutschland, ZGR 2012, 202–227.

Kubo, Katsuyuki: *Haitō seisaku to koyō chōsei – Nihon kigyō ha kabunushi jūshi ni natte kita no ka* [Ausschüttungspolitik und Beschäftigungsanpassung – Wertschätzen japanische Unternehmen nun die Aktionäre?], in: H. Miyajima (Hrsg.): *Nihon no kigyō tōji* [Die japanische Unternehmensführung] (Tōkyō 2011), 409–438.

Kubota, Yasuhiko: *Daisan-sha wariate* [Privatplatzierung junger Aktien], Junkan Shōji Hōmu 2041 (2014), 26–39.

Kuhner, Christoph: Unternehmensinteresse vs. Shareholder Value als Leitmaximen kapitalmarktorientierter Aktiengesellschaften, ZGR 2004, 244–279.

Kümpel, Siegfried/Wittig, Arne/Bauer, Frieder (Hrsg.): Bank- und Kapitalmarktrecht, 4., neu bearb. Aufl. (Köln 2011).

Kurishima, Tomoaki: Reaktionen auf Corona aus öffentlich-rechtlicher Perspektive, ZJapanR 51 (2021), 69–81.

Kuroda, Yoshiaki/Tsuchiya, Mitsukuni/Matsumura, Kentarō: *‚Seme no kei'ei' wo ungasu insentibu hōshū – arata na kabushiki hōshū (iwayuru risutorikuteddo sutokku) wo chūshin ni* [Vergütung zum Vortrieb eines „wachstumsorientierten Managements" – zur neuen Form der Equity-Vergütung (sog. restricted stocks)], Junkan Shōji Hōmu 2100 (2016), 33–45.

Kuronuma, Etsurō: *Shin kaisha-hō to Shōken torihiki-jo hōsei to no kankei* [Beziehungen zwischen neuem Gesellschaftsrecht und dem System des Wertpapierbörsenrechts], Hōritsu jihō 78:5 (2005), 24–31.

La Porta, Rafael/Lopez-de-Silanes, Florencino/Shleifer, Andrei: Corporate Ownership Around the World, 54:2 The Journal of Finance 471–517 (1999).

Lehmann, Erik E.: Bindungswirkung von Standards im Bereich Corporate Governance – Anmerkungen zum Beitrag von Christine Windbichler aus einer wirtschaftswissenschaftlichen Perspektive, in: T. M. J. Möllers (Hrsg.): Geltung und Faktizität von Standards (Baden-Baden 2009), 37–61.

Lepsius, Oliver: Standardsetzung und Legitimation, in: C. Möllers et al. (Hrsg.): Internationales Verwaltungsrecht: eine Analyse anhand von Referenzgebieten, Bd. 16 (Tübingen 2007), 345–374.

Leyens, Patrick C.: Selbstbindungen an untergesetzliche Verhaltensregeln. Gesetz, Vertrag, Verband, Publizität und Aufsichtsrecht, AcP 215 (2015), 611–654.

–: Comply-or-Explain im Europäischen Vertragsrecht – Erfahrungen im Europäischen Gesellschaftsrecht und Entwichlungschancen des Regelungsansatzes, ZEuP 2016, 389–426.

Lutter, Marcus: Professionalisierung der Aufsichtsräte, NJW 1995, 1133–1134.

Maeda, Masahiro: *Kaisha no kanri un'ei to kabunushi no jichi – Kaisha-hō no kyōkō hōki-sei ni kansuru ikkōsatsu* [Die Geschäftsführung und Aktionärsautonomie – Ein Gedanke zum zwingenden Charakter des Gesellschaftsrechts], in: M. Tatsuta/S. Morimoto (Hrsg.): *Shōhō/Keizaihō no Shomondai – Kawamata Yoshiya sensei kanreki kinen* [Verschiedene Probleme des Handels- und Wirtschaftsrecht – Festschrift für Yoshiya Kawamata zum 60. Geburtstag] (Tōkyō 1994), 139–166.

–: *Kin'yū shōhin torihiki-jo ni tsuite – jishu kisei gyōmu wo chūshin ni* [Zu den Börsen für Finanzprodukte – Selbstregulierungsangelegenheiten im Fokus], in: *Kin'yū shōhin torihiki-hō kenkyū-kai* [Japan Securities Research Institute] (Hrsg.): Kenkyū-kai kiroku Nr. 20 (2007), abrufbar unter: <http://www.jsri.or.jp/publish/record/pdf/020.pdf>.

–: *Kansa yakkai to san i'in-kai to kansa/kantoku i'inkai* [Verwaltungsrat, drei Ausschüsse und Prüfungs-/Aufsichtsausschuss], in: K. Egashira (Hrsg.): *Kabushiki kaisha-hō taikei* [System des Aktiengesellschaftsrechts] (Tōkyō 2013), 253–275.

–: *Kigyō tōji* [Unternehmensführung], Jurisuto 1472 (2014), 18–24.

Maeda, Shigeyuki: *Shōken torihiki-jo ni okeru jishu kisei – Amerika oyobi Igirisu ni okeru jishu kisei no keitai to sono hatten* [Die Selbstregulierung der Wertpapierbörsen – Gestalt und der Entwicklung der Selbstregulierung an den amerikanischen und britischen Börsen], in: M. Tatsuta/K. Kanzaki (Hrsg.): *Shōken torihiki-hō taikei – Kawamoto Ichirō sensei kanreki kinen* [System des Wertpapierhandelsrechts – Anlässlich des 60. Geburstags von Prof. Ichirō Kawamoto] (Tōkyō 1986), 91–127.

Magen, Stefan: Zur Legitimation privaten Rechts, in: C. Bumke/A. Röthel (Hrsg.): Privates Recht (Tübingen 2012), 229–246.

Matsui, Hideyuki: *Bācharu onrī-kei kabunushi sōkai* [Virtual only-Hauptversammlungen], Jurisuto 1548 (2020), 22–28.

Matsunaka, Manabu: *Shōken torihiki-jo ni yoru tekitai-teki baishū to bō'ei-saku no rūru keisei* [Regelsetzung für feindliche Übernahmen und Gegenmaßnahmen durch die Wertpapierhandelsbörsen], 62 Handai Hōgaku 1031–1066 (2012).

–: *Kōporēto gabanansu to seiji katei* [Politischer Prozess und Corporate Governance], in: Z. Shishido/G. Gotō (Hrsg.): *Kōporēto gabanansu kaikaku no teigen* [Reforming Corporate Governance. The Road to Improving Firm Value and Stimulating the Economy] (Tōkyō 2016), 429–475.

Matsuo, Kenichi: *Hādo rō ni yoru kōporēto gabanansu* [Corporate Governance unter Hard Law], Hōritsu jihō 91:3 (2019), 18–24.

Matsuo, Naohiko: *Kin'yū shōhin torihiki-hō no yakuwari to kadai* [Rolle und Probleme des Finanzprodukte- und Börsengesetzes], Bessatsu Junkan Shōji Hōmu 332 (2009), 23–41.

–: *Yūka shōken hōkoku-sho nado kyōgi kisai to torihiki-jo no jōjō handan no kijun: orinpasu no jirei wo sankō ni* [Falschangaben u. a. im Wertpapierbericht und Grundsätze zu deren Behandlung durch die Börse: Unter Berücksichtigung des Beispiels Olympus], Junkan Shōji Hōmu 1960 (2012), 4–15.

–: *Kin'yū shōhin torihiki-hō* [Financial Instruments and Exchange Act], 4. Aufl. (Tōkyō 2016).

MECKEL, VERENA: Die Corporate Governance im neuen japanischen Gesellschaftsrecht unter besonderer Berücksichtigung der Aufgaben von Verwaltungs- und Prüferrat (Tübingen 2010).

MEDER, STEPHAN: Ius non scriptum – Traditionen privater Rechtsetzung, 2. Aufl. (Tübingen 2009).

MERKT, HANNO: Privatisierung der Regelsetzung und -durchsetzung im Handels- und Wirtschaftsrecht, in: H.-D. Assmann et al. (Hrsg.): Markt und Staat in einer globalisierten Wirtschaft. Japanisch-deutsches Symposium in Kyoto vom 18. bis 20. September 2008 (Tübingen 2010), 169–189.

–: Funktionsbedingungen der Selbstregulierung im Unternehmensrecht, in: C. Bumke/A. Röthel (Hrsg.): Autonomie im Recht (Tübingen 2017), 167–184.

METI, KIGYŌ TŌJI KENKYŪ-KAI [*Corporate Governance Study Group*]: *Kigyō Tōji Hōkoku-sho* [The Corporate Governance Study Group Report] vom 17. Juni 2009, abrufbar unter: <https://www.meti.go.jp/english/report/downloadfiles/200906cgst.pdf>.

METI, KŌPORĒTO GABANANSU SHISUTEMU KENKYŪ-KAI [*Corporate Governance System Study Group*]: Implementation of Corporate Governance – Incentives and Reforms toward an Increase in Corporate Value – vom 24. Juli 2015, abrufbar unter: <http://www.meti.go.jp/english/press/2015/pdf/0724_03a.pdf>.

–: *Kōporēto gabanansu shisutemu ni kansuru jitsumu hōshin (CGS Gaidorain)* [Practical Guidelines for Corporate Governance Systems] vom 31. März 2017, abrufbar unter: <https://www.meti.go.jp/policy/economy/keiei_innovation/keizaihousei/pdf/cgs/cgsguideline.pdf> (jap.).

METI, *Seme no kei'ei wo unagasu yaku'in hōshū (iwayuru ‚risutorikuteddo sutokku') no dōnyū-tō no tebiki* [Guidebook for Introducing New Stock-based Compensation („Restricted Stock") as Board Members' Compensation to Encourage Companies to Promote Proactive Business Management] vom 3. Juni 2016, abrufbar unter: <http://www.meti.go.jp/press/2016/04/20160428009/20160428009.html> (jap.).

METI/MOJ, *Kigyō kachi/Kabunushi kyōdo no rieki no kakuhō mata ha jōkō no tame no bō'ei-saku ni kansuru shishin* [Guidelines Regarding Takeover Defense for the Purposes of Protection and Enhancement of Corporate Value and Shareholders' Common Interests] vom 27. Mai 2005, abrufbar unter: <http://www.meti.go.jp/policy/economy/keiei_innovation/keizaihousei/kachikenn.html> (jap.), engl. Übers. abgedruckt in ZJapanR 21 (2006) 143–162.

MIHARA, SONOKO: *Yūka shōken hōkokusho kyogi kisai-zai ni tsuite – Nissan, Gōn shokku kara* [Zum Tatbestand der Fehlangaben im Wertpapierbericht – Nach dem Nissan-Ghosn-Schock], Kantō gakuin hōgaku 29:1 (2020), 33–59.

MILHAUPT, CURTIS J.: A Relational Theory of Japanese Corporate Governance: Contract, Culture, and the Rule of Law, 37 Harvard International Law Journal 3–64 (1996).

–: On the (Fleeting) Existence of the Main Bank System and Other Japanese Economic Institutions, 27 Law & Social Inquiry 425–437 (2002).

–: In the shadow of Delaware? The rise of hostile takeovers in Japan, 105 Colum. L. Rev. 2171–2216 (2005).

–: A lost decade for Japanese corporate reform? What has changed, what hasn't and why, in: M. Blomström/S. J. La Croix (Hrsg.): Institutional change in Japan (London/New York 2006), 97–119.

–: Case 20: Supreme Court, 10 April 2006 – ‚Janome Sewing Machine' with comment, in: M. Bälz (Hrsg.): Business Law in Japan – cases and comments: intellectual property, civil, commercial and international private law (Alphen aan den Rijn 2012), 205–214.

–: Takeover law and managerial incentives in the United States and Japan, in: Z. Shishido (Hrsg.): Enterprise law: contracts, markets, and laws in the US and Japan (Cheltenham u. a. 2014), 177–190.

Mishina, Kazuhiro: *Kei'ei gaku-sha kara mita kōporēto gabanansu kaikaku* [Die Corporate Governance Reform aus der Sicht eines Betriebswirtschaftlers], Junkan Shōji Hōmu 2109 (2016), 57–65.

Mitoma, Hiroshi: *Jōjō kigyō ni okeru teiji kabunushi sōkai un'ei no jittai to minaoshi no hōkō-sei* [Durchführung der ordentlichen Hauptversammlung börsennotierter Unternehmen und Richtung einer Reform], in: Z. Shishido/G. Gotō (Hrsg.): *Kōporēto gabanansu kaikaku no teigen* [Reforming Corporate Governance] (Tōkyō 2016), 135–145.

Mitsubishi UFJ Trust and Banking Corporation: *Shagai torishimari-yaku oyobi shagai kansa-yaku no kōsei no bunseki* [Analyse der Zusammensetzung von externen Verwaltungsratsmitgliedern und Prüfern], Shiryō-han Shōji Hōmu 438 (2020), 6–36.

Miwa, Yoshirō/Ramseyer, J. Mark: The Myth of the Main Bank: Japan and Comparative Corporate Governance, 27 Law & Social Inquiry 401–423 (2002).

–: The Multiple Roles of Banks? Convenient Tales from Modern Japan, in: K. J. Hopt et al. (Hrsg.): Corporate Governance in Context. Corporations, States, and Markets in Europe, Japan, and the US (Oxford 2005), 527–566.

–: Who Appoints Them, What Do They Do? Evidence on Outside Directors from Japan, 14:2 Journal of Economics & Management Strategy 299–337 (2005).

–: *Kaisei Kaisha-hō, Kōporēto Gabanansu Kōdo to „shagai torishimari-yaku"* [2014 Amendments to the Corporate Code, „Corporate Governance Code", and „Outside Directors"], 28:2 Osaka Gakuin Rev. Ec. 15–140 (2015).

Miyajima, Hideaki: *Jinpon shugi* [„Humaner Kapitalismus"], Nihon rōdō kenkyū zasshi 601 (2011), 58–61.

–: *Nihon no kigyō tōji no shinka wo ika ni toraeru ka – kikigo no zaisekkei ni mukete* [Wie umgegehen mit der Entwicklung der japanischen Unternehmensführung – Hin zu einem Redesign nach der Krise], in: H. Miyajima (Hrsg.): *Nihon no kigyō tōji* [Die japanische Unternehmensführung] (Tōkyō 2011), 1–70.

–: *Nihon kigyō no kabushiki hoyū kisō – reshiki-teki shinka to kokusai tokuchō* [Beteiligungstrukturen japanischer Unternehmen – historische Entwicklung und Besonderheiten im internationalen Vergleich], Junkan Shōji Hōmu 2007 (2013), 17–29.

Miyajima, Hideaki/Hoda, Takaaki: Ownership Structure and Corporate Governance: Has an Increase in Institutional Investors' Ownership Improved Business Performance?, 11:3 PRI Pub. Pol. Rev. 361–393 (2015).

Miyajima, Hideaki/Jackson, Gregory: Introduction: The Diversity and Change of Corporate Governance in Japan, in: M. Aoki et al. (Hrsg.): Corporate Governance in Japan. Institutional Change and Organizational Diversity (Oxford u. a. 2007), 1–47.

Miyajima, Hideaki/Kuroki, Fumiaki: The Unwindling of Cross-Shareholding in Japan: Causes, Effects, and Implication, in: M. Aoki et al. (Hrsg.): Corporate Governance in Japan. Institutional Change and Organizational Diversity (Oxford u. a. 2007), 79–124.

MIYAJIMA, HIDEAKI/OGAWA, RYŌ: *Nihon kigyō no torishimari yakkai kōsei no henka wo ika ni rikai dekiru – torishimari yakkai kōsei no kettei yō'in to shagai torishimari-yaku no dōnyū kōka* [Wie lässt sich der Wandel in der Zusammensetzung des Verwaltungsrates japanischer Unternehmen erklären? Faktoren für die Entscheidung der Zusammensetzung und Effekt externer Verwaltungsratsmitglieder], Junkan Shōji Hōmu 1973 (2012), 81–95.

MIYAJIMA, HIDEAKI/SAITŌ, TAKUJI/XU, PENG/KOGAWA, AKIRA/TANAKA, WATARU: *Nihon-kei kōporēto gabanansu ha doko he mukau no ka?: „Nihon kigyō no kōporēto gabanansu ni kan suru ankēto" chōsa kara yomi toku* [Wohin bewegt sich die Corporate Governance nach japanischer Art?: Lehren aus der „Umfrage zur Corporate Governance in japanischen Unternehmen"], RIETI Discussion Paper 13-P-012 (2013). Abrufbar unter: <http://www.rieti.go.jp/jp/publications/pdp/13p012.pdf>.

MIYAJIMA, TSUKASA: *Shinkaisha-hō Essensu* [Die Essenz des neuen Gesellschaftsgesetzes], 4. Aufl. (Tōkyō 2014).

MIYAKE, SHINGO: Nihon Keizai Shinbun vom 31. März 2008 (Chō-kan), 19: *Baishū bō'ei-saku dōnyū kara 3nen: Kei'ei-han no hoshin miekagure* [Drei Jahre nach Einführung der Abwehrmaßnahmen gegen Übernahmen: (Un-)Sichtbarkeit eines eigenützigen Managements].

MNOOKIN, ROBER H./KORNHAUSER, LEWIS: Bargaining in the Shadow of the Law: The Case of Divorce, 88 Yale Law Journal 950–997 (1979).

MOGI, MIKI/TANINO, KŌJI: *Tekitai-teki baishū bō'ei-saku no dōnyū jōkyō to mono iu kabunushi no dōkō* [Zustand der Verbreitung von Abwehrmaßnahmen gegen feindliche Übernahmen und Trend bei den aktivistischen Aktionären], Junkan Shōji Hōmu 2212 (2019), 33–42.

MÖLLERS, THOMAS M. J.: Standards als sekundäre Rechtsquellen – Ein Beitrag zur Bindungswirkung von Standards, in: T. M. J. Möllers (Hrsg.): Geltung und Faktizität von Standards (Baden-Baden 2009), 143–171.

MÖLLERS, THOMAS M. J./FEKONJA, BENJAMIN: Private Rechtsetzung im Schatten des Gesetzes: Ein Beitrag zur Bindungswirkung privaten Rechts am Beispiel des Deutschen Corporate Governance Kodex und der Deutschen Rechnungslegungs Standards, ZGR 2012, 777–816.

MOORE, MARC T.: Corporate Governance in the Shadow of the State (Oxford u. a. 2013).

MORCK, RANDALL/NAKAMURA, MASAO: The History of Corporate Ownership in Japan, ECGI Finance Working Paper (2003).

MORIMOTO, SHIGERU: *Torishimari yakkai no arikata to Kōporēto Gabanansu Kōdo* [Leitbild des Verwaltungsrates und Corporate Governance Code], Junkan Shōji Hōmu 2087 (2015), 4–17.

MORITA AKIRA: *Nihon no kōporēto gabanansu – oboegaki* [Japanese Corporate Governance – Memorandum], Dōshisha hōgaku 68:1 (2016), 65–89.

MORITA, HATSURU: Reforms of Japanese Corporate Law and Political Environment, ZJapanR 37 (2014), 25–38.

–: *Sofuto rō no no kihon gainen* [Grundkonzept des Soft Law], Jiyū to shōgi 67:7 (2016), 35–40.

MÖSLEIN, FLORIAN: Dispositives Recht (Tübingen 2011).

–: Genuine Self-Regulation in Germany – Drawing the Line, ZJapanR:Sonderheft 10 (2018), 83–108.

MÜLBERT, PETER O.: Shareholder Value aus rechtlicher Sicht, ZGR 1997, 129–172.

Mülbert, Peter O./Wilhelm, Alexander: Grundfragen des Deutschen Corporate Governance Kodex und der Entsprechenserklärung nach § 161 AktG, ZHR 176 (2012), 286–325.

Nakada, Toshiaki/Witty, Thomas: New Rules on Corporate Governance in Japan, ZJapanR 39 (2015), 199–208.

Nakahara, Hirohiko: *Seido kaikaku purosesu kara mita kigyō-hōsei kakaku* [Unternehmsrechtsreform aus dem Blickwinkel des Reformprozesses], in: Z. Shishido/G. Gotō (Hrsg.): *Kōporēto gabanansu kaikaku no teigen* [Reforming Corporate Governance] (Tōkyō 2016), 407–427.

Nakahara, Hirohiko/Kajimoto, Kotarō: *Kōporēto gabanansu no jissen (jō) – Kigyō kachi kōjō ni muketa insentibu to kaikaku* [Praxis der Corporate Governance (I): Anreize zur Steigerung des Unternehmenswertes und Reform], Junkan Shōji Hōmu 2077 (2015), 4–22.

Nakahigashi, Masafumi: *Bōshū kabushiki no hakkō nado* [Öffentliche Platzierung von Aktien usw.], in: K. Egashira (Hrsg.): *Kabushiki kaisha-hō taikei* [System des Aktiengesellschaftsrechts] (Tōkyō 2013), 403–428.

Nakamura, Naoto/Kurahashi, Yusaku *Kōporēto Gabanasu Kōdo no yomikata kangaekata* [Auslegung und Interpretation des Corporate Governance Code] (Tōkyō 2015).

Nakamura, Shinji: *Kōporēto Gabanansu Kōdo jikkō wo fumaeta yūka shōken hōkokusho no kisai no mi naoshi* [Neubetrachtung der Einträge im Wertpapierbericht unter Eindruck der Umsetzung des Corporate Governance Code], Junkan Shōji Hōmu 2098 (2016), 18–28.

Nakamura, Shinji/Tsukamoto, Hideo/Nakano, Tsunemichi *Kōporēto Gabanasu Kōdo no subete* [Alles zum Corporate Governance Code] (Tōkyō 2017).

Nakanishi, Toshikazu/Seki, Takaya: *Kōporēto gabanansu no genjō bunseki – Yūkashōken hōkoku-sho/rinji-hōkokusho wo taishō ni* [Analyse der gegegenwärtigen Situation der Corporate Governance – vor dem Gegenstand der Wertpapier- und Sonderberichte] (Tōkyō 2016).

Niihara, Hiroaki: *Kinji no shokankyō no henka wo fumaeta baishū bō'ei-saku no arigata – Kigyō Kachi Kenkyū-kai hōkokusho no haikei to imi* [Zustandes von Abwehrmaßnahmen unter Berücksichtigung des Wandels verschiedener Umstände – Hintergrund und Bedeutung des Berichts der Corporate Value Study Group], Junkan Shōji Hōmu 1842 (2008), 15–22.

Nihon Keizai Shinbun: *Meisō Sebun & Ai* [Herumirrendes Seven & i], 21. April 2016 (Chōkan), fortgesetzt am 22. und 23. April 2016 (Chōkan), jeweils 2.

–: *Mugen no daikabunushi, arawasanu sekinin* [Stummer Großaktionär, verborgene Verantwortung], 16. Dezember 2020 (Chōkan), 7:

Nikkei Asian Review vom 5. März 2016: Japan set to enact governance code for auditors. Abrufbar unter: <http://asia.nikkei.com/Politics-Economy/Policy-Politics/Japan-set-to-enact-governance-code-for-auditors>.

Noda, Hiroshi: *„Junshu se yo, samonakereba setsumei se yo" gesonku no kangaekata to genjitsu to no kairi wo meguru ikkōsatsu – Eikoku no „Kōporēto gabanansu ni tsuite no tōgō kihan" wo nushi no taisho to shite* [Gedanken zur Denkweise hinter dem „Comply-or-explain"-Mechanismus und der Abweichung hiervon in der Praxis – Mit dem Fokus auf dem britischen „Combined Code on Corporate Governance"], 8 Soft Law Journal 1–19 (2007).

–: *Kōporēto gabanansu to sofuto rō* [Corporate Governance und Soft Law. Die Befolgung von Standards im Zentrum], Hōshakaigaku 66 (2007), 115–127.

–: *Kōporēto Gabanansu ni okeru to hō to shakai kihan ni tsuite no ikkōsatsu* [Eine Überlegung zu Recht und sozialen in der Corporate Governance], in: N. Nakayama/H. Kanda (Hrsg.): *Shijō Torihiki to Sofuto Rō* [Soft Law and Commerce] (Tōkyō 2009), 165–191.

–: *Kōporēto gabanansu ni okeru kisei shuhō no kōsatsu – sofuto rō no sokumen wo chūshin toshite* [Gedanken zur Regulierungstechnik bei der Corporate Governance – mit dem Schwerpunkt auf Soft Law], Junkan Shōji Hōmu 2109 (2016), 14–24.

Nonnenmacher, Rolf: Corporate Governance im Spannungsfeld von Investorenerwartungen und Kodexreform, Die Wirtschaftsprüfung 2018, 709–712.

Nottage, Luke: Redirecting Japan's Multi-level Governance, in: K. J. Hopt et al. (Hrsg.): Corporate Governance in Context. Corporations, States, and Markets in Europe, Japan, and the US (Oxford 2005), 571–598.

Nowak, Ronald/Rott, Eric/Mahr, Till G.: Wer den Kodex nicht einhält, den bestraft der Kapitalmarkt? Eine empirische Analyse der Selbstregulierung und Kapitalmarktrelevanz des Deutschen Corporate Governance Kodex, ZGR 2005, 252–279.

Ochiai, Seiichi: *Kigyō-hō no mokuteki* [Zweck des Unternehmensrechts], in: S. Iwahara et al. (Hrsg.): *Kigyō to Hō* [Unternehmen und Recht] (Tōkyō 1998), 3–32.

Oda, Hiroshi: Case 30: Supreme Court, 7 August 2007 – ‚Bulldog Sauce' with comment, in: M. Bälz (Hrsg.): Business Law in Japan – cases and comments: intellectual property, civil, commercial and international private law (Alphen aan den Rijn 2012), 323–330.

OECD: G20/OECD-Grundsätze der Corporate Governance vom 2004, abrufbar unter: <http://www.oecd.org/daf/ca/corporategovernanceprinciples/32159487.pdf>.

–: G20/OECD-Grundsätze der Corporate Governance vom 2015, abrufbar unter: <http://dx.doi.org/10.1787/9789264250130-de>.

Ohashi, Yoichi: Gyōsei Shidō und Sanktionen, ZJapanR 7 (1999), 43–54.

Olympus Corporation, Third Party Committee: Investigation Report vom 6. Dezember 2011, abrufbar unter: <http://www.olympus-global.com/en/common/pdf/if111206corpe_2.pdf>.

Ōsaki, Sadakazu: *Shōken torihiki-jo no kyōsō to tōgō* [Wettbewerb und Konsolidierung von Wertpapierbörsen], Hōritsu jihō 81:11 (2009), 22–27.

–: *Puro-muke shijō no genjō to bōten* [Zustand und Ausblick des *market for professionals*], Gekkan Shihon Shijō 323 (2012), 12–17.

–: *Shikin chōtatsu hōhō no tayō-ka* [Diversifizierung der Kapitalerbringung], in: K. Egashira (Hrsg.): *Kabushiki kaisha-hō taikei* [System des Aktiengesellschaftsrechts] (Tōkyō 2013), 429–458.

–: *Fea Disukurōjā rūru ha nani wo motarasu* [Was bewirkt die *fair disclosure rule*?], in: Z. Shishido/G. Gotō (Hrsg.): *Kōporēto gabanansu kaikaku no teigen* [Reforming Corporate Governance] (Tōkyō 2016), 75–101.

Ōshida, Makoto: *Jōjō kijun ni yoru kōporēto gabanansu no igi* [Bedeutung von Börsenstandards für die Corporate Governance], Himeji Hōgaku 41–42 (2004), 121–158.

Ōsugi, Kenichi: *Kōporēto gabanansu to Nihon kei'ei: Monitoringu moderu, kin'yū kiki, Nihon-teki kei'ei* [Corporate Governance und japanisches Management: Monitoring Model, Finanzkrise, japanische Managementkultur], Kin'yū kenkyū 32:4 (2013), 105–202.

–: *Kaisha ha dare no mono ka – Kabunushi rieki saidaika to tanki shugi hihan, kaisha no shakai sekinin (CSR) ni kansuru oboekaki* [Wem gehört die Gesellschaft – Eine Denkschrift zu *shareholver value*, Kritik am *short termism* sowie zur Corporate Social Resposibility (CSR)], in: *Ochiai Seiichi sensei koki kinen* [Festschrift zum 70. Geburtstag für Prof. Seiichi Ochiai] (Tōkyō 2014), 1–36.

–: Stagnant Japan? Why outside (independent) directors have been rare in Japanese companies, in: Z. Shishido (Hrsg.): Enterprise law. Contracts, markets, and laws in the US and Japan (Cheltenham u. a. 2014), 252–266.

–: *Jōjō kaisha no kei'ei kikō – Tsuyoi „Honsha" to shachō wo kakuho suru tame ni* [Management-Mechanismen in börsennotierten Unternehmen – Zur Sicherung einer starken „Zentrale" und eines starken Präsidenten], Hōritsu jihō 87:3 (2015), 4–11.

–: *Kei'eisō no sōgō kensei kagi* [Schlüssel zu den komplementären Hindernissen der Managementklasse], Nihon Keizai Shinbun vom 3. September 2015 (Chōkan), 29.

–: *Heisei 26-nen Kaisha-hō kaisei no haikei no shinpojium no kikaku shushi* [Der Hintergrund der Gesellschaftsrechtsreform von 2014 und die Absicht des Symposium], Junkan Shōji Hōmu 2109 (2016), 4–14.

–: *Nihon-kei torishimari yakkai no keisei to kadai* [Gestalt und Probleme des Verwaltungsrats japanischer Art], in: Z. Shishido/G. Gotō (Hrsg.): *Kōporēto gabanansu kaikaku no teigen* [Reforming Corporate Governance] (Tōkyō 2016), 181–214.

Ōsugi, Kenichi/Allen, Jamy/Onji, Yoshimitsu/Takayama, Yoshiko: *Sebun tainin geki kigyō tōji ni jisa* [Rücktrittsdrama bei Seven: Hinweise für die Unternehmensführung], Nihon Keizai Shinbun vom 14. April 2016 (Chō-kan), 9.

Ōta, Yō: *Baishū bō'ei-saku. Kigyō Kachi Kenkyū-kai hōkokosho wo megutte (jō): Shi-hō handan wo teishoku suru naiyō* [Abmehrmaßnahmen gegen Übernahmen. Der Bericht der Corporate Value Study Group (I) Inhalt im Widerspruch zur Rechtsprechung], Nihon Keizai Shinbun vom 29. Juli 2008 (Chō-kan), 27.

–: *Torishimari yakkai no kantoku kikai no kyōka* [Stärkung der Aufsichtsfunktion des Verwaltungsrates], in: Y. Ōta/H. Takagi (Hrsg.): *Heisei 26nen kaisei jitsumu taiō* [Praktische Umsetzung der Reform des GesG von 2014] (Tōkyō 2014), 30–99.

Ōta, Yō/Takagi, Hiroaki: *Kōporēto Gabanansu Kōdo (Nihon Torishimari-yaku Kyōkai-an) no kaisetsu – „Seme no gabanansu" ni mukete* [Corporate Governance Code (Vorschlag der JACD) – Hin zu einer „wachstumsorientieren" Governance], Junkan Shōji Hōmu 2048 (2014), 17–23.

Pejović, Časlav: Changes in Long-term Employment and Their Impact on the Japanese Economic Model: Challenges and Dilemmas, ZJapanR 37 (2014), 51–75.

Pietrancosta, Alain: Enforcement of corporate governance codes: A legal perspective, in: S. Grundmann et al. (Hrsg.): Festschrift für Klaus J. Hopt zum 70. Geburtstag am 24. August 2010: Unternehmen, Markt und Verantwortung, Bd. 1 (Berlin 2010), 1109–1138.

Porter, Michael E./Kramer, Mark R.: Creating Shared Value, Harvard Business Review 1 (2011), 62–77.

Prigge, Stefan: Eine empirische Abschätzung der Aussagekraft von Studien über den Zusammenhang zwischen Corporate Governance und Unternehmenserfolg, in: S. Grundmann et al. (Hrsg.): Festschrift für Klaus J. Hopt zum 70. Geburtstag am 24. August 2010: Unternehmen, Markt und Verantwortung (Berlin 2010), 1153–1166.

Puchniak, Dan W.: Perverse Main Bank Rescue in the Lost Decade: Proof that Unique Institutional Incentives Drive Japanese Corporate Governance, 16 Pacific Rim Law & Policy Journal 1–61 (2007).

–: Delusions of Hostility: The Marginal Role of Hostile Takeovers in Japanese Corporate Governance Remains Unchanged, ZJapanR 28 (2009), 89–121.

–: The Derivative Action in Asia: A Complex Reality, 9 Berkeley Business Law Journal 1–28 (2012).

PUCHNIAK, DAN W./NAKAHIGASHI, MASAFUMI: Japan's Love for Derivative Actions. Irrational Behavior and Non-Economic Motives as Rational Explanations for Shareholder Litigation, Vanderbilt Journal of International Law 45 (2012), 1–82.

RAISER, LUDWIG: Vertragsfunktion und Vertragsfreiheit, in: E. von Caemmerer et al. (Hrsg.): Hundert Jahre deutsches Rechtsleben: Festschrift zum hundertjährigen Bestehen des Deutschen Juristentages 1960), 101–131.

REGIERUNGSKOMMISSION DCGK: Pressemitteilung vom 2. November 2016: Erläuterungen der Änderungsvorschläge der Regierungskommission Deutscher Corporate Governance Kodex aus der Plenarsitzung vom 13. Oktober 2016. Abrufbar unter: <https://www.dcgk.de/files/dcgk/usercontent/de/Konsultationen/2016/161102%20 Erlaeuterungen%20der%20Aenderungsvorschlaege.pdf>.

–: Pressemitteilung vom 14. Februar 2017: Beschlüsse für Kodexänderungen 2017 veröffentlicht. Abrufbar unter: <https://www.dcgk.de/files/dcgk/usercontent/de/download/pressemitteilungen/170214%20PM%20Kodexaenderungen.pdf>.

Reuters: Seven & i's 83-year-old CEO quits after board rejects his proposal, 7. April 2016. Abrufbar unter: <http://www.reuters.com/article/us-seven-i-hldgs-management changes-rejec-idUSKCN0X419D>.

RINGE, WOLF-GEORG: Independent Directors: After the Crisis, EBOR 14 (2013), 401–424.

–: Changing Law and Ownership Patterns in Germany: Corporate Governance and the Erosion of Deutschland AG, 63 Am. J. Comp. L 493–538 (2015).

–: Stewardship and Shareholder Engagement in Germany, ECGI Law Working Paper No. 501/2020 (2020). Abrufbar unter: <https://papers.ssrn.com/sol3/papers.cfm?abstract_id=3549829>.

RISKMETRICS GROUP: Study on Monitoring and Enforcement Practices in Corporate Governance in the Member States vom 23. September 2009, ETD/2008/IM/F2/126, abrufbar unter: <http://ec.europa.eu/internal_market/company/docs/ecgforum/studies/comply-or-explain-090923_en.pdf>.

ROE, MARC J.: Some Differences in Corporate Structures in Germany, Japan, and the United States, 102 Yale Law Journal 1927–1997 (1993).

–: Corporate Short-Termism – In the Boardroom and in the Courtroom, 68 Business Lawyer 977–1006 (2013).

ROMANO, ROBERTO: The Sarbanes-Oxley Act and the Making of Quack Corporate Governance, 114 Yale Law Journal 1521–1611 (2005).

RUBNER, DANIEL/FISCHER, JAN-BENEDIKT: Erneut: Professionalisierung des Aufsichtsrats: Zu den Änderungen des DCGK 2015, NZG 2015, 782–791.

SABROWSKY, KLAUS-DIETER: Selbstregulierung im Wirtschafts- und Unternehmensrecht (Bonn 1978).

SAITŌ, MAKI: Corporate Governance in Japan, in: H.-D. Assmann et al. (Hrsg.): Markt und Staat in einer globalisierten Wirtschaft. Japanisch-deutsches Symposium in Kyoto vom 18. bis 20. September 2008 (Tübingen 2010), 191–201.

–: *Kigyō tōji* [Unternehmensführung], Junkan Shōji Hōmu 1940 (2011), 18–31.

SAITŌ, TAKUJI: *Nihon kigyō ni yoru shagai torishimari-yaku no donyū no kettei yō'i to so no kōka* [Faktoren und Effekt der Einführung externer Verwaltungsratsmitglieder bei japanischen Unternehmen], in: H. Miyajima (Hrsg.): *Nihon no kigyō tōji* [Die japanische Unternehmensführung] (Tōkyō 2011), 181–213.

–: Determinants of Director Board and Auditor Board Composition: Evidence from Japan, PRI Pub. Pol. Rev. 11:3 (2015), 395–410.

Saitō, Tamimoto: *„Sofuto rō" ron keifu* [The Historical Context of Soft Law Discourse], Hōritsu jihō 77:3 (2005), 1–9.

Sakai, Isao: *Tōshō jōjō kaisha ni okeru torishimari yakkai to shagai torishimari-yaku no gaikyō to kongo no bōten* [Allgemeine Lage und Ausblick über den Verwaltungsrat und die externen Direktoren der an der TSE gelisteten Gesellschaften], Junkan Shōji Hōmu 2080 (2015), 57–68.

Sakamoto, Saburō/Takagi, Hiroaki/Miyazaki, Masayuki/Uchida, Shūhei/Tsukamoto, Hideo/Tatsumi, Kaoru/Watanabe, Kunihiro.: *Heisei 26nen Kaisei Kaisha-hō no Kaisetsu (I)* [Erläuterungen zum reformierten Gesellschaftsgesetz von 2014 (I)], Junkan Shōji Hōmu 2040 (2014), 28–37.

Satō, Takafumi: *Kin'yū kisei no shitsuteki kōjō ni tsuite (betā regyurēshon he no torikomi)* [Zur qualitativen Verbesserung der Kapitalmarktregulierung (zur Übernahme der Better Regulation)] vom 31. Juli 2007, abrufbar unter: <http://www.fsa.go.jp/common/conference/danwa/20070731.html>.

Satō, Tatsuaki: *„Jōjō kaisha ni okeru fushōji yobō purinshipuru" no kaisetu (jō)* [Erläuterungen zu den „Principles for Preventing Corporate Scandals" (1)], Junkan Shōji Hōmu 2166 (2018), 14–24.

Satō, Toshihiko: *Kōporēto Gabanansu Kōdo no sakutei ni tomonau jōjō seido no seibi no gaiyō* [Abriss des Plans für die Börsenregeln zum Corporate Governance Code], Junkan Shōji Hōmu 2065 (2015), 57–67.

Sawaguchi, Minoru: *Kōporēto gabanansu ni kansuru atarashii kaiji jōhō to sono bunseki* [Die neue Publizität der Corporate Governance und deren Analyse], Junkan Shōji Hōmu 2109 (2016), 48–56.

–: *Haiburiddo-kei bācharu kabunushi sōkai* [Hybridformen virtueller Hauptversammlungen], Jurisuto 1548 (2020), 16–21.

Sawaguchi, Minoru/Uchida, Shūhei/Takata, Yosuke: *Kōporēto Gabanansu Kōdo no jitsumu* [Pratical Guide to the Corporate Governance Code], Dai 3-han (Tōkyō 2018).

Sawaguchi, Minoru et al.: *Kikan tōshika ni giketsuken shikkō hōshin oyobi kekka no bunseki (jō)* [Analyse der Leitlinien und instituioneller Investoren zur Stimmrechtsausübung und deren Ergebnisse (1)], Shiryō-han Shōji Hōmu 432 (2020), 71–91.

Schäfer, Hans-Bernd/Ott, Claus: Lehrbuch der ökonomischen Analyse des Zivilrechts, 5. Aufl. (Heidelberg 2012).

Schirmer, Jan-Erik: Bericht über die Diskussion des Referats Bachmann, in: Wissenschaftliche Vereinigung für Unternehmens- und Gesellschaftsrecht (VGR) (Hrsg.): Gesellschaftsrecht in der Diskussion 2016 (Köln 2017), 181–188.

Schmidt-Aßmann, Eberhard: Regulierte Selbstregulierung als Element verwaltungsrechtlicher Systembildung, in: Regulierte Selbstregulierung als Steuerungskonzept des Gewährleistungsstaates. Ergebnisse des Symposiums aus Anlaß des 60. Geburtstages von Wolfgang Hoffmann-Riem, Die Verwaltung: Beiheft 4 (Berlin 2001), 253–271.

Schuppert, Gunnar Folke: Das Konzept der regulierten Selbstregulierung als Bestandteil einer als Regelungswissenschaft verstandenen Rechtswissenschaft, in: Regulierte Selbstregulierung als Steuerungskonzept des Gewährleistungsstaates. Ergebnisse des Symposiums aus Anlaß des 60. Geburtstages von Wolfgang Hoffmann-Riem, Die Verwaltung: Beiheft 4 (Berlin 2001), 201–252.

–: Governance und Rechtsetzung: Grundfragen einer modernen Regelungswissenschaft (Mannheim 2011).

Schwarcz, Steven L.: Private Ordering, 97 Northwestern University Law Review 319–348 (2002).

Schwartz, Frank J.: Advice and Consent. The Politics of Consultation in Japan (Cambridge 1998).

Seibert, Ulrich: Corporate Governance: The Next Phase – Die Corporate Governance-Debatte schreitet weiter zu den Pflichten der Eigentümer und ihrer Helfer, in: G. Krieger et al. (Hrsg.): Festschrift für Michael Hoffmann-Becking zum 70. Geburtstag (München 2013), 1101–1118.

Seidl, David/Sanderson, Paul/Roberts, John: Applying the ‚comply-or-explain' principle: discursive legitimacy tactics with regard to codes of corporate governance, 17 Journal of Management and Governance 791–826 (2013).

Sendō, Ayako: *Nihonjin to CSR – Yuge, furō taiken, daibāshiti* [Japaner und CSR – Yuge, Flow und Diversity] (Tōkyō 2014).

Sergakis, Konstantinos: Deconstruction and Reconstruction of the „Comply or Explain" Principle in EU Capital Markets, Accounting, Economics, and Law: A Convivium 5:3 (2015), 233–288.

Shishido, Zenichi: Institutional Investors and Corporate Governance in Japan, in: T. Baums et al. (Hrsg.): Institutional Investors and Corporate Governance (Berlin u. a. 1994), 665–679.

–: Reform in Japanese Corporate Law and Corporate Governance: Current Changes in Historical Perspective, 49 Am. J. Comp. L 653–677 (2001).

–: *Dōki-tsuke no shikumi toshite no kigyō to hādo rō – sofuto rō* [The firm as an incentive mechanism: Impacts of hard law and soft law], Hōshakaigaku 66 (2007), 104–114.

–: The Turnaround of 1997: Changes in Japanese Corporate Law and Governance, in: M. Aoki et al. (Hrsg.): Corporate Governance in Japan. Institutional change and organizational diversity (Oxford u. a. 2007), 310–329.

–: *Kigyō ni okeru dōki tsuke kōshō to hōseido no yakuwari* [Die Anreizbeziehungen im Unternehmen und die Rolle des Rechts], in: Z. Shishido (Hrsg.): *„Kigyō-hō" kaikaku no ronri* [Logik einer Reform des „Unternehmensrechts"] (Tōkyō 2011), 1–54.

–: Enterprise law: Contracts, Markets, and Laws in the US and Japan (Cheltenham u. a. 2014).

Shishido, Zenichi/Ōsaki, Sadakazu: *SOX-hō, JSOX-hō no hikaku to insentibu kōka* [Vergleich von SOX und JSOX und Anreizeffekte], in: Z. Shishido (Hrsg.): *„Kigyō-hō" kaikaku no ronri* [Logik einer Reform des „Unternehmensrechts"] (Tōkyō 2011), 367–395.

Shishido, Zenichi/Yanagawa, Noriyuki/Saitō, Takuji/Dazai, Hakuto: *Nihon kigyō no kōporēto gabanansu no kongo no arigata – famirii kigyō kara no shisa* [Zukünftiger Zustand der Corporate Governance japanischer Unternehmen – Hinweise von Familienunternehmen], in: Z. Shishido/G. Gotō (Hrsg.): *Kōporēto gabanansu kaikaku no teigen* [Reforming Corporate Governance] (Tōkyō 2016), 155–176.

Shizuka, Masaki: *Kōporēto gabanansu ni kan suru Tōkyō Shōken Torihiki-jo no shisaku* [Maßnahmen der Tokyo Stock Exchange betreffend der Corporate Governance], Junkan Shōji Hōmu 2029 (2014), 29–38.

Shushō Kantei [The Prime Minister of Japan and his Cabinett]: *Nippon Saikō Senryaku kaitei 2014 – mirai he no chōsen* [Japan Revitalization Strategy Revised in 2014 – Japan's challenge for the future] vom 24.06.2014, abrufbar unter: <http://www.kantei.go.jp/jp/singi/keizaisaisei/kettei.html>.

–: *Nippon Saikō Senryaku 2016 – Dai 4-shi sangyō kakumei ni mukete* [Japan Revitalization Strategy 2016: Forbereitung auf die 4te industrielle Revolution] vom 02.06.2016, abrufbar unter: <http://www.kantei.go.jp/jp/singi/keizaisaisei/kettei.html>.

–: *Kankei fushochō mōshiawase: Kōyōbun-tō ni okeru Nihon-jin no seimei no rōma-ji hyōki ni tsuite* [Gemeinsame Absprache der betroffenen Ministerien und Behörden: Zur Darstellung der Namen von Japanern in lateinischer Umschrift im Amtsstil etc.] vom 25. Oktober 2019, abrufbar unter: <https://www.kantei.go.jp/jp/singi/seimei_romaji/pdf/moshiawase.pdf>.

Snyder, David V.: Private Lawmaking, 64 Ohio State Law Journal 371–449 (2003).

Spiegel, Torsten: Independent Directors in Japan (Tübingen 2017).

Spindler, Gerald: The Role of Shareholders in Public Companies, in: H. Fleischer et al. (Hrsg.): German and Asian Perspectives on Company Law (Tübingen 2016), 203–215.

Strine, Leo J.: Can we do better by ordinary investors? A pragmatic reaction to the dueling ideological mythologists of corporate law, 114 Colum. L. Rev. 449–502 (2014).

Sumida, Mihoko: Haftung der Börse für eine fehlerhaft unterlassene Handelsunterbrechung im Falles eines Mistrade, ZJapanR 38 (2014), 235–247.

Suzuki, Motoshi: Globalization and the politics of institutional reform in Japan (Cheltenham UK 2016).

Suzuki, Takeo: *Shōken torihiki-hō to kabushiki kaisha-hō* [Wertpapierbörsen- und Wertpapierhandelsgesetz und Recht der Aktiengesellschaft], in: K. Tanaka (Hrsg.): *Kabushiki kaisha kōza* [Kurs zum Recht der Aktiengesellschaft], Bd. 1 (Tōkyō 1955), 351–368.

Tahara, Yasumasa/Someya, Hiroshi/Yasui, Keita: *Suchuwādōshippu Kōdo kaitei no kaisetsu* [Erläuterung zur Reform des Stewardship Codes], Junkan Shōji Hōmu 2138 (2017), 15–25.

Tahara, Yasumasa/Watanabe, Kōji/Someya, Hiroshi/Yasui, Keita: *Kōporēto Gabansu Kōdo no kaitei to „Tōshi-ka to Kigyō no Taiwa Gaidorain" no kaisetsu* [Erläuterungen zur Reform des Corporate Governance Code und der „Richtlichlinien zum Dialog von Invesotren und Unternehmen"], Junkan Shōji Hōmu 2171 (2018), 4–20.

Taishidō, Atsuko/Inden, Yōhei: *2019nen shīzun no CG kōdo no kaiji: Eksupurein* [Veröffentlichungen unter dem CG-Code in der Saison 2019: Explain], Shiryō-han Shōji Hōmu 425 (2019), 125–139.

Takahashi, Eiji: ‚Reception' and ‚Convergence' of Japanese and German Corporate Law, ZJapanR 38 (2014), 109–129.

Takei, Kazuhiro: *Gabanansu Kōdo wo fumaeru torishimari yakkai no kinōsei to jiko hyōka* [Funktionalität und Selbstevaluation des Boards auf Basis des Governance Codes], Junkan Shōji Hōmu 2069 (2015), 4–17.

–: *Hi-gyōmu shikkō yaku'in no yakuwari to kaisha-hō* [Gesellschaftsrecht und Rolle der nichtgeschäftsführenden officer], in: W. Tanaka/M. Nakabayashi (Hrsg.): *Kigyō tōji no Hō to Keizai* [Law and Economics of Corporate Governance] (Tōkyō 2015), 304–330.

–: *Kōporēto Gabanansu Kōdo he no taiō* [Anpassung an den Corporate Governance Code], Jurisuto 1484 (2015), 60–67.

–: *Kōporēto Gabanansu Kōdo no jissen* [A Practical Introduction to Corporate Governance Code] (Tōkyō 2015).

Takei, Kazuhiro/Ishizaki, Yasunori: *Jōjō kigyō seido ni okeru kigyō no chūchōki-teki rieki to shōto tāmizumu no chōsei* [Mittel- bis langfristiger Gewinn börsennotierter Unternehmen und Abstimmung mit short-termism], Junkan Shōji Hōmu 2097 (2016), 21–33 und fortgesetzt in Junkan Shōji Hōmu 2098 (2016), 36–46.

Tanaka, Kazuhiro: *Mein banku ha Nihon kei kigyō tōji no shuyaku datta no ka* [Main Bank as a Central Player in Japanese Corporate Governance], in: *Hitotsubashi Daigaku Nihon Kigyō Kenkyū Sentā* (Hrsg.): *Nihon Kigyō Kenkyū no Furontia* [Frontier of Japanese Business Studies], Bd. 8 (Tōkyō 2012), 1–13.

Tanaka, Wataru: *Burudoggu sōsu jiken no hōteki kentō (ge)* [Rechtliche Analyse des Bulldog Sauce-Falls (II)], Junkan Shōji Hōmu 1810 (2007), 15–28.

–: *Teiji kabunushi sōkai ha naze rokugatsu kaisai na no ka* [Warum werden ordentliche Hauptversammlungen im Juni abgehalten?], in: E. Kuronuma/T. Fujita (Hrsg.): *Kigyō-hō no riron: Egashira Kenjirō sensei kanreki kinen* [Theorie des Unternehmensrechts: Festschrift für Prof. Kenjiro Egashira zum 60. Geburstag], Bd. 1 (Tōkyō 2007), 415–497.

–: *Kabushiki hoyū kōsō to kaisha-hō: „Bunsan hoyū to jōjō kaisha no jirema" wo koete* [Struktur des Aktienbesitzes und Gesellschaftsrecht – jenseits des „Dilemmas disperser Eigentümer der börsennotierten Gesellschaft"], Junkan Shōji Hōmu 2007 (2013), 30–41.

–: *Nihon-han Suchuwādoshippu Kōdo no kentō – Kikan tōshi-ka no yakuwari ni tsuite no anbibarento no mikata* [Untersuchung des Japan's Stewardship Code – Der ambivalente Blick auf die Rolle der institutionellen Investoren], Gekkan Kansa-yaku 629 (2014), 66–75.

–: *Torishimari yakkai no kantoku kinō no kyōka – Konpurai oa ekusupurein rūru wo chūshin ni* [Die Stärkung der Aufsichtsfunktion des Verwaltungsrates – im Fokus die Comply-or-Explain-Rule], in: H. Kanda (Hrsg.): *Heisei 26nen Kaisei Kaisha-hō* [Das reformierte Gesellschaftsgesetz von 2014] (Tōkyō 2015), 17–42.

–: *Kikan tōshi-ka to akutibisumu* [Institutionelle Investoren und *shareholder activism*], Jurisuto 1515 (2018), 40–45.

Tanaka, Wataru/Kawamura, Hisanaga/Tsukuda, Hideaki/Makita, Takayuki/Ikenaga, Tomoaki.: *Saikō kei'ei sekinin-sha no senkainin/kōkkeisha keikaku-nado wo meguru kinji no kōryū to kadai* [Jüngste Enwicklung und Probleme bezüglich der Auswahl und Entlassung des CEOs, des Sukzessionsplans, usw.], Junkan Shōji Hōmu 2108 (2016), 6–33.

Tanigawa, Satoshi: *Ekuiti Fainansu no hinshitsu jōkō ni muketa torikumi: Ekuiti Fainansu no purinshipuru ni tsuite* [Vorgehensweise zur Verbesserung der Qualität der Eigenkapitalfinanzierung: Zu den Principles of Equity Finance], Junkan Shōji Hōmu 2046 (2014), 16–23.

Taniguchi, Yoshiyuki: *Jōjō kaisha no kōporēto gabanansu ni kansuru kaiji no jūjitsu nado no tame no naikaku furei nado no kaisei* [Die Reform der Kabinettsverordnung (usw.) u. a. zur Vervollständigung der Publikation bzgl. der Corporate Governance von börsennotierten Unternehmen], Junkan Shōji Hōmu 1808 (2010), 21–27.

Task Force on Climate-related Financial Disclosures: Status Report 2020 vom Oktober 2020, abrufbar unter: <https://assets.bbhub.io/company/sites/60/2020/09/2020-TCFD_Status-Report.pdf>.

Tatsuta, Misao: *Kōporēto gabanansu to kaisha-hō* [Corporet Governance und das Gesellschaftsrecht], Junkan Shōji Hōmu 1364 (1994), 29–33.

Teubner, Günther: Selbst-Konstitutionalisierung transnationaler Unternehmen? Zur Verknüpfung „privater" und „staatlicher" Corporate Codes of Conduct, in: S. Grundmann et al. (Hrsg.): Festschrift für Klaus J. Hopt zum 70. Geburtstag am 24. August 2010: Unternehmen, Markt und Verantwortung, Bd. 2 (Berlin 2010), 1449–1470.

Theisen, Manuel R.: Aufstieg und Fall der Idee vom Deutschen Corporate Governance Kodex, Der Betrieb 2014, 2057–2064.

Thier, Markus: Das japanische Insiderrecht (Tübingen 2016).

Thoma, Anselm Christian: Regulierte Selbstregulierung im Ordnungsverwaltungsrecht (Berlin 2008).

Tokutsu, Akira: Do Corporate Law Reforms Increase Profitability? The Japanese Context, ZJapanR 48 (2019), 111–126.

Tōshi-ka fōrumu un'ei i'inkai [Investor's Forum]: *Tōshi-ka kara miru kōporēto gabanansu hōkoku-sho – Tōshi-ka fōrumu to so no katsudō ni tsuite* [Der Corporate Governance Report aus Sicht der Investoren – Zum Investor's Forum und dessen Aktivitiäten], Junkan Shōji Hōmu 2084 (2015), 24–30.

Toshiba Corporation, Independent Investigation Committee for Toshiba Corporation: Investigation Report vom 20. Mai 2015, abrufbar unter: <https://www.toshiba.co.jp/about/ir/en/news/20150725_1.pdf>.

Toyama, Kazuhiko: *Kigyō kachi kōjō ni muketa torishimariyakukai – ippō susunde dokuritsu shimariyaku no yakuwari* [Die Steigerung des Unternehmenswertes als Ziel des Verwaltungsrates – Die Rolle des *independent directors* einen Schritt weitergedacht], in: JACD (Hrsg.): *Dokuritsu shimariyaku no kyōkasho* [Lehrbuch des *Independent Directors*] (Tōkyō 2015), 107–141.

Tröger, Tobias: Aktionärsklagen bei nicht-publizierter Kodexabweichung, ZHR 175 (2011), 745–786.

–: Die Regelungen zu institutionellen Investoren, Vermögensverwaltern und Stimmrechtsberatern im Referentenentwurf eines Gesetzes zur Umsetzung der zweiten Aktionärsrechterichtlinie (ARUG II), ZGR 2019, 126–162.

TSE: *Kōporēto Gabanansu Gensoku* [Principles of Corporate Governance for Listed Companies] vom 16. März 2004, abrufbar unter: <http://www.jpx.co.jp/equities/listing/cg/03.html (jap.) sowie <http://www.jpx.co.jp/english/equities/listing/cg/03.html> (engl. Übers.).

–: *Shurui kabushiki no jōjō seido seibi ni muketa jitsumu-sha kondankai*: *Shurui kabushiki no jōjō seido ni kan suru hōkokusho* [Bericht zu Regelungen für die Börsenzulassung von Aktienklassen] vom 16.01.2008, abrufbar unter: <http://www.jpx.co.jp/equities/improvements/class-shares/>.

–: *Jōjō Seido Seibi Kondan-kai* [Advisory Group on Improvements to TSE Listing System]: *Anshin shite tōshi dekiru shijō kankyō no seibi ni mukete* [For Creating Better Market Environment Where Investors Feel Secure] vom 23. April 2009, abrufbar unter: <https://www.jpx.co.jp/equities/improvements/general/tvdivq0000004uhd-att/seibi.pdf>.

–: *Kōporēto Gabanansu Gensoku (2009nen kaitei-han)* [Principles of Corporate Governance for Listed Companies (Revised on December 22, 2009)] vom 22.12.2009, abrufbar unter: <http://www.jpx.co.jp/equities/listing/cg/03.html (jap.) sowie <http://www.jpx.co.jp/english/equities/listing/cg/03.html> (engl. Übers.).

Uchida, Shūhei/Kagawa, Anaya: *2019nen shīzun no CG kōdo no kaiji: Seisaku hōyū kabushiki* [Veröffentlichungen unter dem CG-Code in der Saison 2019: Strategische Beteiligungen], Shiryō-han Shōji Hōmu 426 (2019), 87–114.

Uchigasaki, Shigeru/Takeda, Toshiyuki: *Yaku'in hōshū gabanansu no jissen – yaku'in hōshū porishî to gyōseki rendōkei kabushiki hōshū no igi (jō)* [Praxis der Governance der Organvergütung – Bedeutung von Organvergütungs-Policy und ergebnisbasierter Vergütung mit Aktien (1)], Junkan Shōji Hōmu 2083 (2016), 27–38.

Uemura, Tatsuo: *Nihon ni jōjō kaisha-hō ga naze hitsuyō no na ka* [Warum ist ein Börsengesellschaftsrecht in Japan notwendig?], in: T. Uemura (Hrsg.): *Kigyō hōsei no genjō to kadai* [Lage und Probleme des Unternehmensrechts] (Tōkyō 2009), 5–18.

–: *Gabanansu kōdo no mondaiten – Kaisha-hō kaisei he no netsu'i ga fukaketsu* [Das Problem des Governance Codes – Enthusiasmus bei der Reform des Gesellschaftsrechts ist unabdingbar], Aoyama Accounting Journal 5 (2015), 87–92.

–: Nihon Keizai Shinbun vom 2. April 2015 (Chō-kan), 28: *Kaisha-hō no saikōchiku koso ōdō* [Wiederaufbau, besser noch Königsweg, des Gesellschaftsrechts].

–: *Sofuto rō būmu ha hō no kōdoka na no ka?* [Hebt der Soft Law Boom das Gesellschaftsrecht auf eine höhere Ebene?], New Business Law 1047 (2015), 1.

Uga, Katsuya: *Gyōsei-hō gaisetsu (I):Gyōsei-hō sōron* [Verwaltungsrecht (I): Allgemeiner Teil des Verwaltungsrechts], 4. Aufl. (Tōkyō 2011).

Ulmer, Peter: Der Deutsche Corporate Governance Codex – ein neues Regulierungsinstrument für börsennotierte Aktiengesellschaften, ZHR 166 (2002), 150–181.

Veil, Rüdiger: Marktregulierung durch privates Recht am Beispiel des Entry Standard der Frankfurter Wertpapierbörse, in: U. Burgard/U. H. Schneider (Hrsg.): Festschrift für Uwe H. Schneider zum 70. Geburtstag (Köln 2011), 1313–1325.

Vetter, Eberhard: Der Deutsche Corporate Governance Kodex – nur ein Testballon für den Gesetzgeber?, ZIP 1257 (2008).

–: Die Bändigung des Tigers, NZG 2019, 379–382.

von Hein, Jan: Die Rezeption US-amerikanischen Gesellschaftsrechts in Deutschland (Tübingen 2008).

von Werder, Axel: Corporate Governance Report 2011. Zur tatsächlichen Anwendung ausgewählter Kodexbestimmungen für Hauptversammlung und Aufsichtsrat (Teil I), Der Betrieb 2011, 1285–1290.

Waldenberger, Franz: Keiretsu, in: P. Haghirian (Hrsg.): Routledge Handbook of Japanese Business and Mangement (New York u. a. 2016), 35–47 sowie Corporate governance, *ibid.*, 59–74.

–: ‚Growth oriented' corporate governance reform – can it solve Japan's performance puzzle?, 29:3 Japan Forum 354–374 (2017).

Walker, David: A review of corporate governance in UK banks and other financial industry entities vom 26. November 2009, abrufbar unter: <http://webarchive.nationalarchives.gov.uk/+/http:/www.hm-treasury.gov.uk/d/walker_review_261109.pdf>.

Watanabe, Akira: *Kōporēto Gabanansu Kōdo wo yomi toku* [Den Corporate Governance Code verstehen] (Tōkyō 2015).

Watanabe, Tetsuya: *Yaku'in ni taisuru insentibu hōshū no kazei to kōporēto gabanansu – risutorikuteddo sutokku wo chūshin ni* [Besteuerung von anreizbasierter Organvergütung und Corporate Governance – mit dem Fokus auf restricted stocks], in:

Z. Shishido/G. Gotō (Hrsg.): *Kōporēto gabanansu kaikaku no teigen* [Reforming Corporate Governance] (Tōkyō 2016), 249–278.

WEBER, CHRISTOPH ANDREAS/KEBEKUS, BENEDICT: Diversifizierung und Corporate Governance, ZHR 2020, 324–362.

WEBER, MAX: Wirtschaft und Gesellschaft, 5. Aufl. (Nachdruck) (Tübingen 2002) [ursprünglich veröffentlicht 1922].

WEIß, MICHAEL: Hybride Regulierungsinstrumente (Tübingen 2011).

WEN, XIAOTONG: *Torihiki-jo no jishu kisei to kokka kenryoku* [Die Selbstregulierung der Börsen und die Staatsgewalt], Soft Law Journal 22 (2013), 141–168.

–: *Torihiki-jo no kōporēto ganbanansu kisei to kinshō-hō* [Die Corporate Goverance Regeln der Börse und das FinanzprodG], in: S. Iwahara et al. (Hrsg.): *Kaisha, Kin'yū, Hō*, Bd. 1 (Tōkyō 2013), 375–397.

WEST, MARK D.: Legal Rules and Social Norms in Japan's Secret World of Sumo, 26 J. Legal Stud. 165–201 (1997).

–: Information, Institutions, and Extortion in Japan and the United States: Making Sense of Sokaiya Racketeers, 93:3 Northwestern University Law Review 767–818 (1998–1999).

WINDBICHLER, CHRISTINE: Bindungswirkung von Standards im Bereich Corporate Governance, in: T. M. J. Möllers (Hrsg.): Geltung und Faktizität von Standards (Baden-Baden 2009), 19–35.

WITTE, ERICH H./VAN QUAQUEBEKE, NIELS/ECKLOFF, TILMAN: Macht als sozialpsychologisches Konzept, in: F. Möslein (Hrsg.): Private Macht (Tübingen 2016), 65–81.

YANAGA, MASAO: *Kin'yū shōhin torihiki-hō no kaishahō-ka* [Die Vergesellschaftsrechtlichung des Finanzprodukte und Börsengesetzes], in: H. Kansaku (Hrsg.): *Kin'yū kiki-go no shihon shijō hōsei* [Rechtssystem des Kapitalmarkts nach der Finanzkrise] (Tōkyō 2010), 227–271.

YOSHIMORI, MASARU: Whose Company Is It? The Concept of the Corporation in Japan and the West, Long Range Planning 28:4 (1995), 33–44.

YŪFU, MOTOYUKI/NAKANO, TSUNEMICHI: *Kōporēto Gabanansu Kōdo (Gen'an) ni tsuite* [Zum Corporate Governance Code (Final Draft)], Jurisuto 1484 (2015), 18–23.

YŪFU, MOTOYUKI/WATANABE, KŌJI/TANIGUCHI, TATSUYA/NAKANO, TSUNEMICHI: *„Kōporēto Gabanansu Kōdo Gen'an" no kaisetsu* [Erläuterungen zum „Corporate Governance Code" Final Draft], Junkan Shōji Hōmu 2062 (2015), 47–55 und fortgesetzt in Junkan Shōji Hōmu 2063 (2015), 51–57, Junkan Shōji Hōmu 2064 (2015), 35–43 und Junkan Shōji Hōmu 2065 (2015), 46–56.

ZETSCHE, DIRK: Langfristigkeit im Aktienrecht? – Der Vorschlag der Europäischen Kommission zur Reform der Aktionärsrechterichtlinie, NZG 2014, 1121–1131.

Sachverzeichnis